2026
고시넷

부산광역시교육청
교육공무직원 소양평가
최신기출유형 모의고사

교육공무직원 소양평가

gosinet
(주)고시넷

정오표 및 학습 질의 안내

정오표 확인 방법

고시넷은 오류 없는 책을 만들기 위해 최선을 다합니다. 그러나 편집 과정에서 미처 잡지 못한 실수가 뒤늦게 나오는 경우가 있습니다. 고시넷은 이런 잘못을 바로잡기 위해 정오표를 실시간으로 제공합니다. 감사하는 마음으로 끝까지 책임을 다하겠습니다.

고시넷 홈페이지 접속 > 고시넷 출판-커뮤니티 > 정오표

www.gosinet.co.kr

모바일폰에서 QR코드로 실시간 정오표를 확인할 수 있습니다.

학습 질의 안내

학습과 교재선택 관련 문의를 받습니다. 적절한 교재선택에 관한 조언이나 고시넷 교재 학습 중 의문 사항은 아래 주소로 메일을 주시면 성실히 답변드리겠습니다.

이메일주소 **qna@gosinet.co.kr**

contents **차례**

부산광역시교육청 교육공무직원 소양평가 정복

파트 1 부산광역시교육청 교육공무직원 소양평가 기출문제복원

파트 2 부산광역시교육청 교육공무직원 소양평가 기출예상문제

파트 3 인성검사

파트 4 면접가이드

책 속의 책 정답과 해설

파트 1 부산광역시교육청 교육공무직원 소양평가 기출문제복원

파트 2 부산광역시교육청 교육공무직원 소양평가 기출예상문제

구성과 활용

1

채용안내 & 채용직렬 소개

부산광역시교육청 교육공무직원의 채용 절차 및 최근 채용직렬 등을 쉽고 빠르게 확인할 수 있도록 구성하였습니다.

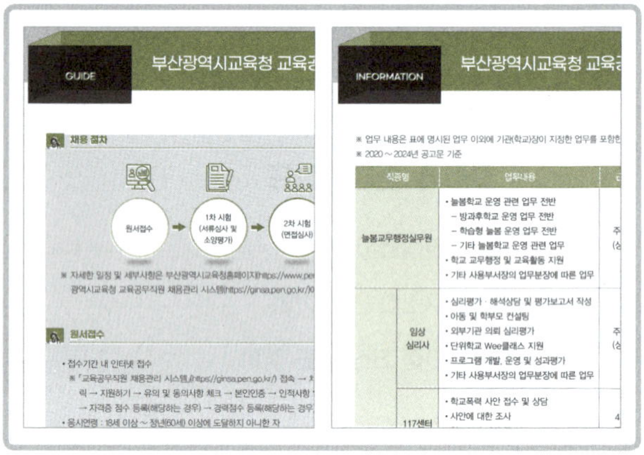

2

부산광역시교육청 교육공무직원 소양평가 기출 유형분석

부산광역시교육청 교육공무직원 소양평가의 최근 기출문제 유형을 분석하여 최신 출제 경향을 한눈에 파악할 수 있도록 하였습니다.

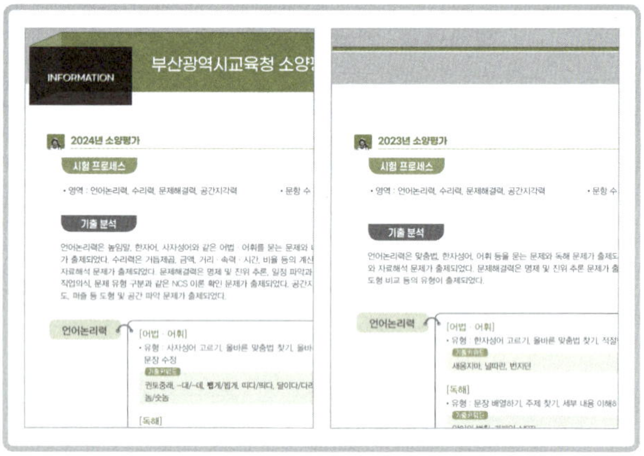

3

부산광역시교육청 소양평가 기출문제복원 수록

부산광역시교육청 교육공무직원 소양평가의 최신기출 45문항을 복원하고 1회분으로 수록하여 최신 출제의 경향성을 문제풀이 경험을 통해 자연스레 익힐 수 있도록 구성하였습니다.

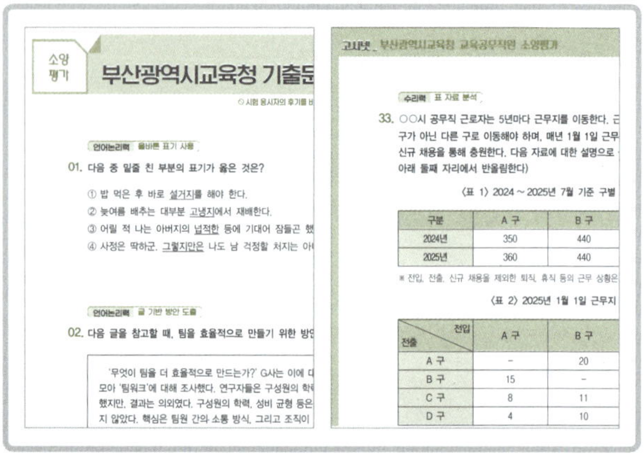

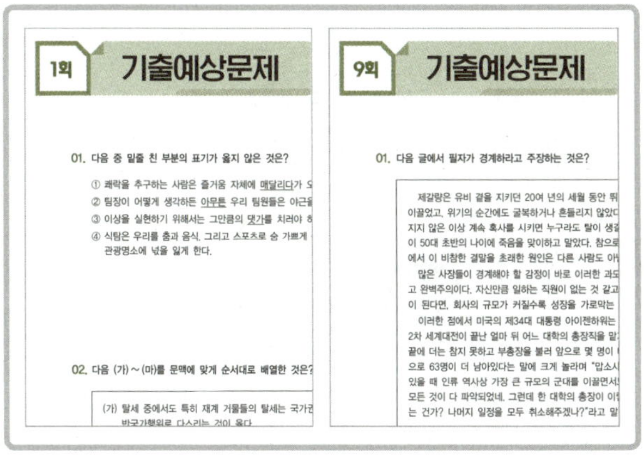

4

기출예상문제로 실전 연습

총 9회의 기출예상문제로 자신의 실력을 점검하고 완벽한 실전 준비가 가능하도록 구성하였습니다.

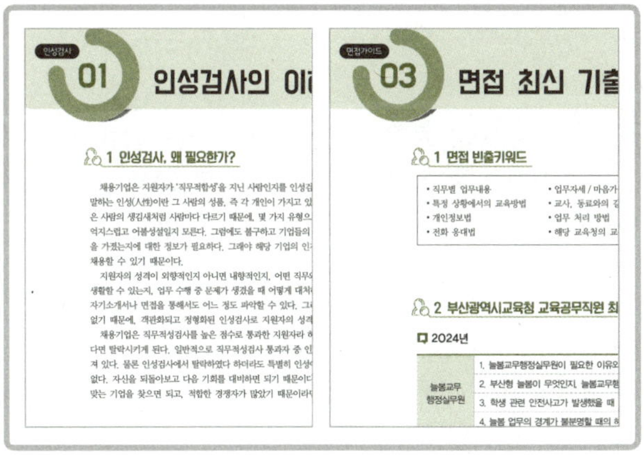

5

인성검사 & 면접가이드

최근 채용 시험에서 점점 중시되고 있는 인성검사와 면접 질문들을 수록하여 마무리까지 완벽하게 대비할 수 있도록 하였습니다.

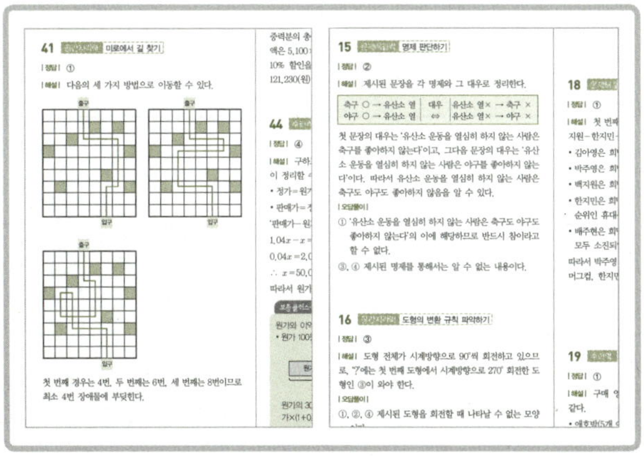

6

상세한 해설과 오답풀이가 수록된 정답과 해설

기출문제복원과 기출예상문제의 상세한 해설을 수록하였고 오답풀이 및 보충 사항들을 수록하여 문제풀이 과정에서의 학습 효과가 극대화될 수 있도록 구성하였습니다.

부산광역시교육청 교육공무직원 채용안내

채용 절차

원서접수 → 1차 시험(서류심사 및 소양평가) → 2차 시험(면접심사) → 최종합격

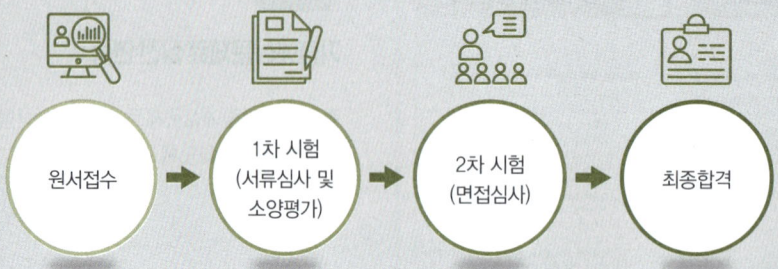

※ 자세한 일정 및 세부사항은 부산광역시교육청홈페이지(https://www.pen.go.kr) '소식 · 채용>고시/공고' 또는 부산광역시교육청 교육공무직원 채용관리 시스템(https://ginsa.pen.go.kr/)에 게재된 공고문을 참고한다.

원서접수

- 접수기간 내 인터넷 접수
  ※ 「교육공무직원 채용관리 시스템」(https://ginsa.pen.go.kr/) 접속 → 채용공고 → 채용공고 목록 → 해당 공고 클릭 → 지원하기 → 유의 및 동의사항 체크 → 본인인증 → 인적사항 입력 → 필수 자격증 등록(해당직종의 경우) → 자격증 점수 등록(해당하는 경우) → 경력점수 등록(해당하는 경우) / 접수완료(정상 접수 시 문자 발송)
- 응시연령 : 18세 이상 ~ 정년(60세) 이상에 도달하지 아니한 자
- 거주지 및 국적 : 채용시험 공고일 전일(前日)부터 면접시험일까지 계속하여 본인의 주민등록상주소지 또는 국내 거소신고(재외국민에 한함)가 부산광역시로 되어 있는 자 / 대한민국 국적 소지자(외국인 및 복수국적자 제외)
- 필수자격 요건 : 응시원서 접수 마감일까지 직종별 필수자격 요건 중 1가지 이상을 갖춘 경우에만 시험 응시 가능
- 중복하여 응시원서를 접수할 수 없으며, 중복접수로 인한 불이익(응시불가)은 응시자 책임임.
- 접수기간 동안에는 기재 사항의 수정 및 취소가 가능하나, 접수 마감일 이후에는 수정 및 취소 불가

서류심사

경력점수	• 경력은 소속 기관장이 발행한 증명서로 확인함. • 공고일 전일까지 경력을 인정하므로 증명서는 공고일 전일 기준으로 발급함. • 경력증명서에 직종명, 근무기간 및 주당 소정근로시간(주 15시간 이상) 표기 시 경력으로 인정됨. ※ 상세 내용은 직종별로 상이함.
자격증 점수	• 응시원서 접수 마감일까지 취득한 자격증에 한함. • 공고에 명시된 자격증만 인정

소양평가

- 인성검사(200문항 40분) · 직무능력검사(45문항 50분)는 문항 출제 및 결과 분석 등 평가 전반에 관한 사항을 전문 기관에 위탁하여 실시한다.
- 직무능력검사는 해당 직무 수행에 필요한 기본 능력을 진단하는 것으로 언어논리력, 수리력, 문제해결력, 공각지각력 등 4개 영역으로 구분한다.

면접심사

- 1차 시험 합격자에 한하여 2차 시험인 면접심사에 응시할 수 있으며, 면접심사는 해당 직무수행에 필요한 능력 및 적격성 등을 검증한다.

신분 및 처우

정년	60세
계약형태	무기계약직(3개월 미만의 수습기간을 둠)
근무장소	부산광역시교육청 소속 공립 각급학교 및 기관
근무지 발령	성적순 발령(발령시기는 직종별로 차이 있을 수 있음)
보수 등 처우	주 40시간 근무 기준, 매년 부산광역시교육청 교육공무직원 처우 개선 계획 등 관련 규정에 따름.

합격자 결정

※ 2024년 공고문 기준

[1차 시험] 서류심사+소양평가	• 교육실무원 : 소양평가(100점) • 늘봄교무행정실무원, 특수교육실무원, 교육복지사, 돌봄전담사, 전문상담사(임상심리사, 전문상담사), 사감, 기관운영실무원 : 서류심사(20점)+소양평가(80점) • 조리원 : 서류심사(100점)
[2차 시험] 면접심사	100점 만점으로 내부 규정에 따라 결정 ※ 조리원 직종 : 면접(문답)평가+실무능력 평가(무 채썰기)

1차 시험

- 1차 시험 점수와 가산점수를 합산하여 점수가 높은 순서대로 1차 합격자 결정
  ※ 소양평가 각 과목별 만점의 40% 이상 득점자에 한함.
- 채용예정 인원의 1.2배수를 합격자로 결정(소수점 이하 인원 절상)
- 동점자 처리 기준 : 공고 및 직종별로 상이하므로 공고 확인
- 1차 시험 합격자 공고 후 응시결격사유에 해당되거나, 자격요건 등 확인 결과, 허위로 판명되는 경우 합격을 취소함.

최종 합격자

- 가산점수를 포함한 1차 시험 점수와 2차 시험(면접심사) 점수를 합산하여 점수가 높은 순서대로 최종 합격자 결정
  ※ 면접심사 만점의 40% 이상 득점자에 한함.
- 동점자 처리 기준 : 공고 및 직종별로 상이하므로 공고 확인

INFORMATION

부산광역시교육청 교육공무직원 채용직렬

※ 업무 내용은 표에 명시된 업무 이외에 기관(학교)장이 지정한 업무를 포함한다.

※ 2020 ~ 2024년 공고문 기준

<table>
<tr><th colspan="2">직종명</th><th>업무내용</th><th>근무형태</th><th>자격 요건</th></tr>
<tr><td colspan="2">늘봄교무행정실무원</td><td>• 늘봄학교 운영 관련 업무 전반
– 방과후학교 운영 업무 전반
– 학습형 늘봄 운영 업무 전반
– 기타 늘봄학교 운영 관련 업무
• 학교 교무행정 및 교육활동 지원
• 기타 사용부서장의 업무분장에 따른 업무</td><td>주 40시간
(상시근무)</td><td>제한 사항 없음.</td></tr>
<tr><td rowspan="4">전문
상담사</td><td>임상
심리사</td><td>• 심리평가 · 해석상담 및 평가보고서 작성
• 아동 및 학부모 컨설팅
• 외부기관 의뢰 심리평가
• 단위학교 Wee클래스 지원
• 프로그램 개발, 운영 및 성과평가
• 기타 사용부서장의 업무분장에 따른 업무</td><td>주 40시간
(상시근무)</td><td>아래 자격증 중 1개 이상 취득
– 임상심리사 2급 이상(한국산업인력공단)
– 정신보건임상심리사 2급 이상(보건복지부)</td></tr>
<tr><td>117센터</td><td>• 학교폭력 사안 접수 및 상담
• 사안에 대한 조사
• 학교폭력 사안 통보
• 기타 사용부서장의 업무분장에 따른 업무</td><td>4일 기준
교대 근무</td><td rowspan="3">아래 자격증 중 1개 이상 취득
– 상담심리사 2급 이상(한국상담심리학회)
– 전문상담사 2급 이상(한국상담학회)
– 전문상담교사 2급 이상(교육부)
– 사회복지사 1급(보건복지부)</td></tr>
<tr><td>사회
복지사</td><td>• 지역사회자원연계 및 관리
• 복지사례상담 및 관리
• 프로그램 개발 및 운영
• 외부 인력 관리
• 기타 사용부서장의 업무분장에 따른 업무</td><td rowspan="2">주 40시간
(상시근무)</td></tr>
<tr><td>전문
상담사</td><td>• 학생학부모 상담수행 및 사례관리
• 단위학교 Wee클래스 지원
• 프로그램 개발 및 운영
• 학교 긴급 파견 상담
• 기타 사용부서장의 업무분장에 따른 업무</td></tr>
</table>

특수교육실무원		• 용변 및 식사지도, 보조기 착용, 착·탈의, 건강보호 등 특수교육대상 학생 개인 욕구 지원 • 이동 및 학생생활 보조, 학습자료 제작 지원 등 교수학습활동 지원 • 적응행동 촉진 및 부적응 행동 관리 등 문제행동 관리 지원 • 특수학교 통학차량 탑승지원 및 학교생활 전반 지원 • 기타 사용부서장의 업무분장에 따른 업무	주 40시간 (방학 중 비근무)	고등학교를 졸업한 사람 또는 이와 같은 수준 이상의 학력이 있다고 인정되는 사람(최종학력증명서로 확인)
교육실무원		• 교무행정 및 교육활동 지원 • 기타 사용부서장의 업무분장에 따른 업무	주 40시간 (상시근무)	제한 사항 없음. ※ 특성화고의 경우 재학증명서, 졸업(예정)증명서
교육 복지사	교육 복지 조정자	• 학생맞춤통합지원사업(교육복지안전망) 체계 구축·운영 • 교육복지우선지원사업 운영, 지역사회 네트워크 구축·운영 및 연계 • 학생 성장에 맞는 교육복지 지원 등 교육 취약학생 교육기회 제공 및 교육격차 해소를 위한 업무 • 기타 사용부서장의 업무분장에 따른 업무	주 40시간 (상시근무) (학교) 8:30~16:30 (기관) 9:00~18:00	아래 필수조건 1 또는 필수조건 2 중 한 가지 이상 충족 – (필수조건 1) 관련 전공자(사회복지학, 청소년학, 교육학)로 자격증 소지자(사회복지사, 청소년지도사, 청소년상담사, 평생교육사)이거나 초등·중등·특수·전문상담 교원자격증을 가진 자로서, 5년 이상의 교육·문화·복지 분야에서 아동 및 청소년 대상 실무경력이 있으며, 2년 이상의 지역 네트워크 사업 경력이 있는 자(세부 활동경력 증명서 제출) – (필수조건 2) 교육복지우선지원사업 중점학교 교육복지사(지역사회교육전문가) 경력이 4년 이상인 자 또는 교육복지조정자(프로젝트조정자) 경력이 2년 이상인 자
	교육 복지사	• 교육복지우선지원사업 운영, 학생 성장에 맞는 교육복지지원 업무 • 기타 사용부서장의 업무분장에 따른 업무		

사감	• 기숙사생 생활지도 및 안전관리 • 기숙사 운영에 필요한 기숙사 관리 업무 • 기숙사 외부인 출입 통제 및 야간 순찰 등 • 기타 사용부서장의 업무분장에 따른 업무	주 40시간 (상시근무) ※ 기관 사정에 따라 다름.	특별한 제한 사항은 없으나, 학교(기관) 사정에 따라 성별 제한이 있음.
조리원	• 급식품의 위생적인 취급, 조리, 배식 업무 • 급식시설 설비 및 기구의 세척, 소독 관리 • 급식실의 청소, 소독 관리 • 급식실 위생 · 안전 관리 • 기타 사용부서장의 업무분장에 따른 업무	주 40시간 (방학 중 비근무)	제한 사항 없음. ※ 특성화고의 경우 재학증명서, 졸업(예정)증명서
돌봄전담사	• 학생 관리 및 돌봄교실 관리(NEIS 활용, 출결 관리, 일지 작성 등) • 학생귀가지도, 생활지도, 간식(급식)지도 • 월간 운영계획 작성 • 돌봄교실 이용 관련 학부모 상담 • 기타 사용부서장의 업무분장에 따른 업무	주 25시간 (상시근무)	아래 자격증 중 1개 이상 취득 – 정교사 자격증(유 · 초 · 중등교사) 2급 이상 – 보육교사 2급 이상
기관운영실무원	• 기관 및 센터별 업무내용 상이 • 기타 사용부서장의 업무분장에 따른 업무	주 40시간 (상시근무) ※ 기관 사정에 따라 다름.	제한 사항 없음. ※ 특정 직종은 자격 요건이 있음.
영양사	• 집단급식소의 식단 작성, 검식 및 배식 관리 • 구매식품의 검수 및 관리 • 급식시설의 위생적 관리 및 집단급식소 운영일지 작성 • 종업원에 대한 영양지도 및 식품위생교육 • 기타 사용부서장의 업무분장에 따른 업무	주 40시간 (상시근무)	영양사 면허증
조리사	• 급식품의 위생적인 취급, 조리, 배식, 업무 • 급식시설 설비 및 기구의 세척, 소독 관리 • 급식실 청소 소독 관리 및 위생 · 안전 관리 • 구매식품의 검수 지원 • 기타 사용부서장의 업무분장에 따른 업무	주 32시간, 4일 (상시근무)	조리사 면허증

INFORMATION

부산광역시교육청 소양평가 시험분석

2024년 소양평가

시험 프로세스

- 영역 : 언어논리력, 수리력, 문제해결력, 공간지각력
- 문항 수 : 45문항
- 시간 : 50분

기출 분석

언어논리력은 높임말, 한자어, 사자성어와 같은 어법 · 어휘를 묻는 문제와 내용 일치, 빈칸 내용 추론과 같은 독해 문제가 출제되었다. 수리력은 거듭제곱, 금액, 거리 · 속력 · 시간, 비율 등의 계산과 같은 응용수리 문제와 표, 그래프 분석의 자료해석 문제가 출제되었다. 문제해결력은 명제 및 진위 추론, 일정 파악과 같은 추리 및 상황판단 문제와 논리적 오류, 직업의식, 문제 유형 구분과 같은 NCS 이론 확인 문제가 출제되었다. 공간지각력은 종이접기, 경로 파악, 쌓기블록, 전개도, 퍼즐 등 도형 및 공간 파악 문제가 출제되었다.

언어논리력

[어법 · 어휘]
- 유형 : 사자성어 고르기, 올바른 맞춤법 찾기, 올바른 높임말 사용하기, 어휘 올바르게 표기하기, 문장 수정

기출키워드

권토중래, -대/-데, 뺍게/뵙게, 띠다/띄다, 달이다/다리다, 꽃봉우리/꽃봉오리, 산봉오리/산봉우리, 수놈/숫놈

[독해]
- 유형 : 관점 파악, 빈칸 문장 채우기, 내용 이해 및 일치, 중심내용 파악

수리력

[응용수리]
- 유형 : 거리 · 속력 · 시간, 총금액, 최소공배수, 원가, 합격률, 거듭제곱, 할인율 계산

기출키워드

도착 시간 차이, 출발 시각, 물품 구매 가격, 기차의 동시 도착 횟수, 20% 이윤액, 응시 합격률, 바이러스 생성 개수, 헬스장 할인율

[자료해석]
- 유형 : 표, 그래프 등이 제시된 일반적인 자료이해, 자료계산

문제해결력

- 유형 : 조건 추론, 명제 추론, 진위 추론, 논리적 오류, 직업의식, 문제 유형, 문제해결 사고

기출키워드

팀 구성, 요일 추론, 허수아비 공격의 오류, 책임의식과 직분의식, 여름휴가 일정, 근무수당, 발생형 문제, 창의적 사고(강제연상법, 브레인스토밍)

공간지각력

- 유형 : 펀칭, 쌓기 블록, 도형 개수, 퍼즐, 전개도, 경로, 도형 변환 규칙

2023년 소양평가

시험 프로세스

• 영역 : 언어논리력, 수리력, 문제해결력, 공간지각력 • 문항 수 : 45문항 • 시간 : 50분

기출 분석

언어논리력은 맞춤법, 한자성어, 어휘 등을 묻는 문제와 독해 문제가 출제되었고, 수리력은 확률, 농도 등 응용수리 문제와 자료해석 문제가 출제되었다. 문제해결력은 명제 및 진위 추론 문제가 출제되었으며, 공간지각력은 전개도, 종이접기, 도형 비교 등의 유형이 출제되었다.

언어논리력

[어법 · 어휘]
• 유형 : 한자성어 고르기, 올바른 맞춤법 찾기, 적절한 어휘 고르기

기출키워드
새옹지마, 널따란, 번지던

[독해]
• 유형 : 문장 배열하기, 주제 찾기, 세부 내용 이해하기

기출키워드
악어의 법칙, 카페인, MBTI

수리력

[응용수리]
• 유형 : 확률, 거리 · 속력 · 시간, 일률, 농도

기출키워드
속력, 금액, 소금물

[자료해석]
• 표, 그래프 등이 제시된 일반적인 자료이해, 자료계산

기출키워드
스트레스 지수, 의료 통계 자료

문제해결력

• 유형 : 참 · 거짓 구분하기, 명제 추론하기, 조건 추론하기

공간지각력

• 유형 : 전개도 파악하기, 블록 쌓기, 펀칭, 도형 비교

고시넷 **부산광역시교육청 교육공무직원**

영역별 기출 키워드

언어논리력 어휘, 어법, 일치 · 불일치, 내용 기반 추론, 빈칸 내용, 글 수정

수리력 비율, 시간 계산, 요금 계산, 표, 그래프

문제해결력 조건 추론, 직업윤리, 상황판단, 문제 유형, 사고 유형

공간지각력 조각, 투상도, 전개도, 도형 변환, 쌓기블록, 종이접기, 경로

파트 1

2024 부산광역시 교육청 기출문제복원

- 언어논리력
- 수리력
- 문제해결력
- 공간지각력

2024 부산광역시교육청 기출문제복원

문항수	45문항
시험시간	50분

정답과 해설 2쪽

⊘ 시험 응시자의 후기를 바탕으로 복원한 문제입니다.

언어논리력 | 올바른 표기 사용

01. 다음 중 밑줄 친 부분의 표기가 옳은 것은?

① 밥 먹은 후 바로 설거지를 해야 한다.
② 늦여름 배추는 대부분 고냉지에서 재배한다.
③ 어릴 적 나는 아버지의 넙적한 등에 기대어 잠들곤 했다.
④ 사정은 딱하군. 그렇지만은 나도 남 걱정할 처지는 아니야.

언어논리력 | 글 기반 방안 도출

02. 다음 글을 참고할 때, 팀을 효율적으로 만들기 위한 방안으로 적절하지 않은 것은?

'무엇이 팀을 더 효율적으로 만드는가?' G사는 이에 대한 답을 알기 위해 각계 전문가들을 모아 '팀워크'에 대해 조사했다. 연구자들은 구성원의 학력, 성비 균형 등을 가설로 두고 조사했지만, 결과는 의외였다. 구성원의 학력, 성비 균형 등은 조직이 성과를 내는 데 크게 중요하지 않았다. 핵심은 팀원 간의 소통 방식, 그리고 조직이 자신의 의견을 중요하게 받아들인다는 믿음이었다.

그렇게 G사가 발표한 성공한 팀의 특성 중 첫 번째는 '심리적 안정감(Psychological Safety)'이었다. 심리적 안정감이란, 구성원이 업무와 관련해 그 어떤 의견을 제시해도 징계를 받거나 보복당하지 않을 거라고 믿는 조직 환경이다. 실제로 G사는 실패한 팀에 보상을 주는 특단의 방법으로 심리적 안정감을 조성하고 있다. G사 자회사의 CEO인 △△는 "발전 가능성이 전혀 없는 프로젝트에 몇 년씩 돈을 투자하느니 프로젝트의 실상을 정확히 파악하고 중단시킨 직원에게 그만큼 보상을 해주는 편이 낫다."라고 말했다. 리더가 앞장서서 안전한 실패를 할 수 있는 환경을 조성하고, 구성원들은 자유롭게 문제를 제기하고 개선할 수 있는 기회를 얻는 것이 G사의 성장 원동력인 셈이다.

① 구성원들의 학력이나 성비를 균등하게 분포시킨다.
② 구성원 누구나 자유롭게 문제를 제기할 수 있는 토론 문화를 유도한다.
③ 구성원이 자신의 아이디어나 의견을 자유롭게 펼치도록 하는 근무 환경을 조성한다.
④ 자신의 의견이 중요하게 받아들여진다는 믿음을 쌓을 수 있도록 서로 존중한다.

문제해결력 | 조건 기반 추론

03. 다음은 ○○기관의 직원 갑, 을, 병 3명에 대한 정보이다. 이를 바탕으로 유추한 직원의 취미를 바르게 짝지은 것은?

- ○○기관의 직원 갑, 을, 병의 취미는 낚시, 수영, 등산 중 하나이고, 서로 취미가 겹치지 않는다.
- 3명의 직급은 모두 다르다.
- 갑은 을의 부하 직원과 직급이 같다.
- 갑은 등산이 취미인 직원보다 취미에 시간 투자를 더 많이 한다.
- 낚시가 취미인 직원은 직급이 가장 낮고, 취미에 시간 투자도 가장 적게 한다.

① 갑－수영　② 갑－낚시
③ 을－낚시　④ 병－수영

언어논리력 | 내용 파악

04. 다음 글에서 알 수 있는 사실로 적절한 내용을 모두 고른 것은?

우리는 책을 읽으면서 다양한 정보를 얻기도 하고, 책을 나침반 삼아 앞으로 나아갈 힘을 얻기도 한다. 이러한 책 읽기는 다른 사람과 소통하는 행위이기도 하다. 책을 매개로 하여 글쓴이와 간접적으로 대화할 수 있을 뿐만 아니라, 책을 읽으면서 느끼고 깨달은 바를 다른 사람과 나눌 수 있기 때문이다. 이때, 발표를 활용하면 더 많은 사람과 생각을 나눌 수 있다. 특히 핵심 정보를 중심으로 내용을 효과적으로 구성하여 발표하면 듣는 이가 발표 내용을 정확하게 이해하고 오랫동안 기억할 수 있다. 이처럼 책 읽기를 생활화하고 핵심 정보를 담아 발표해 본다면, 우리는 다양한 삶의 가치를 탐색하고 공유하는 능력을 기를 수 있을 것이다.

ㄱ. 책 읽기의 효용성
ㄴ. 융합적 사고를 위한 책 읽기의 중요성
ㄷ. 책 읽기가 의사소통인 이유
ㄹ. 타인 앞에서 발표를 해 본 경험의 중요성

① ㄱ, ㄴ　② ㄱ, ㄷ
③ ㄴ, ㄷ　④ ㄷ, ㄹ

공간지각력 | 조각 결합

05. 다음 그림 조각들 중 3개의 조각으로 정사각형을 만들 때, 필요하지 않은 조각은?

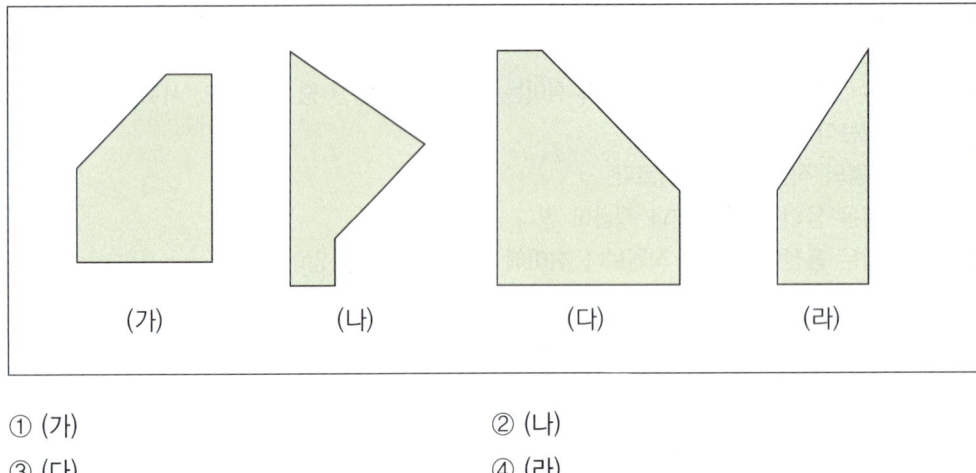

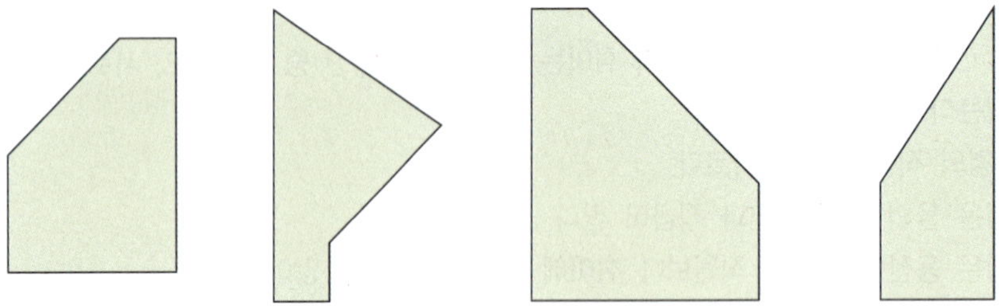

(가) (나) (다) (라)

① (가)
② (나)
③ (다)
④ (라)

언어논리력 | 사자성어 이해

06. 다음 상황과 관련 없는 사자성어로 적절한 것은?

○○팀은 중요한 프로젝트를 진행하던 중 팀원 A가 실수를 하였다고 판단했다. 처음에는 팀원 모두가 그 실수를 바로잡기 위해 해결책을 모색하려 하였으나, A는 끝까지 자신의 실수를 인정하지 않고 "나는 실수를 저지른 적이 없다."라는 말만 반복하였다. 팀원들은 A의 주장이 이상하다고 느꼈지만, A의 말을 믿고 문제가 발생한다면 협력하기로 합의를 보았다. 이후, 프로젝트는 결과적으로 실패하였다. 자체 조사 결과, 실패 원인이 A의 부주의로 인한 것임이 밝혀졌다. 그럼에도 불구하고 A는 오히려 그 원인을 다른 팀원들에게서 찾으며 책임을 전가하였다.

① 적반하장(賊反荷杖)
② 면장우피(面張牛皮)
③ 교각살우(矯角殺牛)
④ 후안무치(厚顔無恥)

언어논리력 | 올바른 어법 사용

07. 다음 글의 밑줄 친 부분 중 어법상 수정이 필요한 것을 모두 고르면?

> 미래를 예측하는 것은 언제나 어려운데, 그중에서도 경기 예측은 더더욱 그렇다. 그래도 정부나 각종 경제단체들은 경기 예측에 심열을 기울일 ㉠ <u>수밖에</u> 없다. 일기예보를 봐야 다음 날 우산을 가지고 ㉡ <u>출근할지말지</u>를 결정할 수 있듯이 경제 주체들이 미래에 대응하기 위해서는 경기 예측이 반드시 필요하기 때문이다.
>
> 그럼 경기는 어떻게 예측할까. 가장 일반적인 방법은 통계청이 매달 발표하는 경기선행지수를 참고하는 것이다. 이 지수는 장래 경제활동에 영향을 많이 주는 10개 선행지표에 가중치를 부여해 ㉢ <u>산출하는 데</u> 통상 6개월 뒤의 경기 전망을 보여주는 것으로 받아들여진다.
>
> 경기선행지수를 ㉣ <u>볼 때는</u> 지수 자체보다 지수의 전년 동월 대비 ㉤ <u>증감율</u>을 의미하는 '경기선행지수 전년 동월비'에 주목해야 한다. 이 수치가 전월보다 올라가면 경기 상승, 내려가면 경기 하강 신호로 해석된다. 과거 경험상 경기선행지수 전년 동월비가 6개월 연속 하락하면 경기가 실제 침체 국면으로 빠지는 경우가 많았다.

① ㉠, ㉡, ㉣　② ㉡, ㉢, ㉣
③ ㉡, ㉢, ㉤　④ ㉢, ㉣, ㉤

문제해결력 | 명제 판단

08. 다음의 명제가 모두 참일 때, 반드시 참인 것은?

> • 모든 신입사원은 높은 급여를 원한다.
> • 어떤 남자는 신입사원이다.

① 어떤 남자는 높은 급여를 원한다.
② 높은 급여를 원하는 사람은 신입사원이다.
③ 높은 급여를 원하지 않으면 남자가 아니다.
④ 모든 남자는 신입사원이다.

공간지각력 | 도형 규칙 추론

09. 아래 도형의 변화를 보고 '?'에 들어갈 알맞은 도형을 고르면?

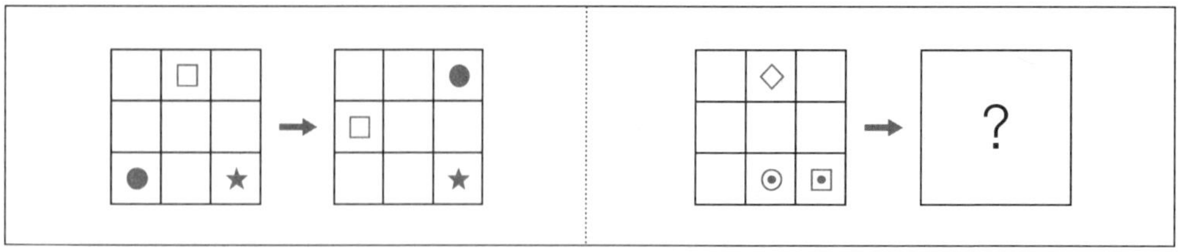

①
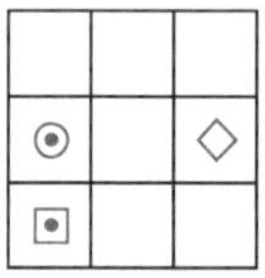

②
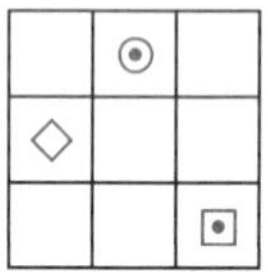

③
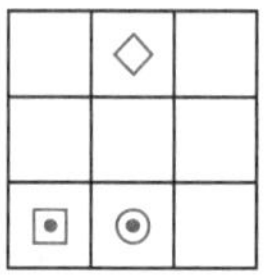

④
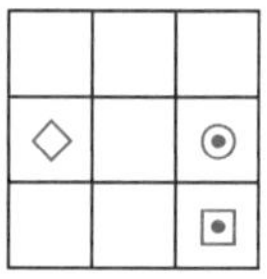

문제해결력 | 문제 유형 구분

10. 다음 중 발생형 문제로 옳은 것을 모두 고르면?

(가) 오 과장은 출장지 일정을 제대로 확인하지 않아 전시회에서의 바이어 상담 기회를 놓쳤다.
(나) 김 사원이 팀의 조직문화에 적응하지 못하고 있어 팀워크상에 문제가 될 우려가 있다.
(다) K사가 판매한 제품의 불량률이 지난해의 2배에 달해 고객관리팀에서는 비상 상황을 맞이하였다.
(라) 이번 팀장 회의에서 팀의 달라진 근무 업적을 보여 주지 못하면 노 부장은 내년 진급에 적지 않은 영향을 받게 될 위기에 처해 있다.
(마) 통근 버스를 타고 출근하던 임 대리는 차량 접촉 사고로 인해 병원에 입원하는 사고를 당하였다.

① (나)
② (라), (마)
③ (가), (다), (마)
④ (다), (라), (마)

11. 다음 중 밑줄 친 ㉠～㉣에 대한 수정사항으로 가장 적절한 것은?

> 최근 신조어나 줄임말 활용 여부가 젊은 세대와 소통하는 사람의 기준이 되고 있다. 그러나 젊은이들만의 특성과 문화라는 명목하에 신조어나 줄임말을, 이른바 ㉠ '나쁜 말'을 사용하면 ㉡ 세대 간 갈등과 단절을 조장할 뿐이다. 어느 한쪽이 다른 쪽에 일방적으로 맞추는 것은 소통이 아니다. 다양한 세대, 계층, 성별, 문화 등 모든 것을 아우르고 상대를 존중하는 말을 나눌 때 진정으로 서로를 이해할 수 있게 된다.
>
> 말은 사고(思考)를 지배한다. ㉢ '모난 돌이 정 맞는다'는 속담이 있다. 너무 뛰어난 사람은 미움받기 십상이라는 뜻이다. 그러나 어떤 사람의 경우에는 그럼 중간만 가면 되는 것 아닌가라고 생각할 수도 있다. 한편 '사촌이 땅을 사면 배가 아프다', '물이 너무 맑으면 물고기가 살지 못한다'와 같은 속담도 있다. 하지만 사촌이 땅을 사면 축하할 일이고 이로 인해 나에게 콩고물이라도 떨어질 수도 있는 것이다. 그리고 맑은 물에는 깨끗한 물을 좋아하는 물고기들이 모이기 마련이다. 이와 같이 계속해서 나쁜 말을 사용하면 부정적인 사고에 사로잡힐 수밖에 없는 것이다.
>
> 말은 곧 품격이다. 이러한 말은 사고로, 사고는 행동으로, 행동은 품격으로 이어진다. 나쁜 말은 좋은 사고와 행동을 배척하고 진취성과 창의성을 ㉣ 함양한다. 그렇기 때문에 의식적으로라도 좋은 말, 진심이 담긴 말, 진실한 말을 하도록 평소에 노력하고 연습해야 한다. 지금이라도 모두가 함께 좋은 말 쓰기 운동을 했으면 하는 바람이다.

① ㉠ : 가치판단을 담고 있는 단어이므로 필자의 주장에 맞게 '부정적인 말'로 수정하는 것이 좋다.

② ㉡ : '나쁜 말' 사용이 세대 간 갈등을 낳는다는 것은 논리적 비약이기 때문에 세대 간 단절이 생기고 그로 인해 갈등이 발생할 수 있다는 점층적인 방식으로 글의 전개방식을 수정한다.

③ ㉢ : 예시로 든 속담이 앞뒤 내용에 부합하지 않으므로 삭제하거나 다른 속담으로 대체한다.

④ ㉣ : 어떤 상태에 손상을 입혀 망가지게 한다는 의미의 '해친다'로 수정한다.

부산기출복원 | 1회 기출예상 | 2회 기출예상 | 3회 기출예상 | 4회 기출예상 | 5회 기출예상 | 6회 기출예상 | 7회 기출예상 | 8회 기출예상 | 9회 기출예상 | 인성검사 | 면접가이드

[12 ~ 13] 다음은 출판사 직원 A 씨가 이번에 출간된 책의 홍보를 위한 서평 대회를 안내하기 위해 게시한 글이다. 이어지는 질문에 답하시오.

어느 서평가의 '고단한' 혹은 '은밀한' 고백

나에게는 독후감과 서평을 나누는 기준이 있다. 우선 독후감은 책을 요약 · 정리하는 작업이다. 그 작업 중이나 끝에 나의 시각이나 의견이 살짝 끼어들 수도 있지만, 내가 보기에 그것은 독후감의 본령이 아니다. 사람들은 책을 읽고 나면 항상 자신만의 감상이나 비평을 더해야 한다는 강박을 갖고 있는데, 독후감은 그런 강박에서 자유롭다. 문제는 사람들이 그런 독후감을 만만하게 본다는 것이다. 그래서 곧 설명할 서평은 전문가의 영역인 반면, 독후감은 그보다 단계가 낮은 중 · 고등학생이나 대학생의 것으로 치부하곤 한다. 하지만 책을 요령 있게 요약 · 정리하는 일이야말로 신기의 솜씨가 없으면 못한다.

독후감이 맡겨진 책을 읽는 일이라면, 서평은 맡겨진 책 이상을 읽는 일이다. 서평을 쓰기 위해서는 저자가 이루어 놓은 그동안의 작업 속에서 책을, 또 그 책이 다룬 주제를 다른 지은이의 입장이나 그들이 성취한 수준과 비교할 줄 알아야 한다. 때문에 서평은 한 분야에서 오래 훈련받은 사람이나 그 주제에 정통한 사람이 잘 수행할 수 있는 작업이다. 정리하자면, 독후감은 문리가 트인 사람이면 분야와 상관없이 쓸 수 있는 글이고, 서평은 한 분야의 전문가만이 쓸 수 있는 글이다.

언어논리력 | 세부 내용 이해

12. 윗글을 읽고 알 수 있는 내용이 아닌 것은?

① 독후감과 서평은 질적으로 다르다.
② 독후감에 독자의 감상과 비평이 꼭 들어갈 필요는 없다.
③ 독후감은 책을 요약, 정리하는 요령과 솜씨를 필요로 한다.
④ 독후감은 학생들이 쓰는 글이다.

언어논리력 | 글 기반 추론

13. A 씨는 서평 대회에 접수된 글에 대한 1차 평가를 맡은 심사위원들에게 제공할 평가 지침을 작성하였다. 윗글을 참고할 때, 평가 지침에 들어갈 내용으로 적절하지 않은 것은?

① 서평 대상인 책의 저자가 의도한 바와 핵심 내용을 정확히 파악하지 못하고, 주변적이고 지엽적으로 언급된 사항을 토대로 글이 전개된 경우 감점이 필요하다.

② 서평 대상인 책의 전체적인 구성과 내용을 정확하게 파악하고 작성하였는지, 아니면 주요 키워드만 가지고 책과는 무관하게 자기 생각만 쓴 것인지 구별하여, 후자의 경우는 감점이 필요하다.

③ 서평 대상인 책의 주장에 동조하지 않고 비판적인 입장을 드러내는 경우 감점이 필요하다.

④ 서평 대상인 책에 대한 평가가 논리적인 근거와 타당성을 갖추고 있는지, 아니면 작성자 개인의 주관적인 인상 평가나 기호(선호)를 밝히는 것에 그치고 있는지 구별해서 후자의 경우는 감점이 필요하다.

공간지각력 | 블록 모양 추론

14. 다음은 같은 모양과 크기의 블록을 쌓아 만든 입체도형을 앞에서 본 정면도와 위에서 본 평면도이다. 이러한 형태를 유지하며 쌓을 수 있는 블록의 최대 개수는?

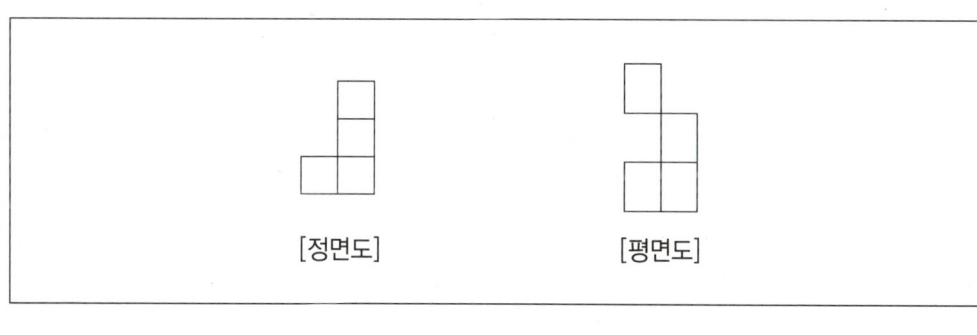

① 8개 ② 9개
③ 10개 ④ 11개

문제해결력 | 조건 기반 순위 파악

15. ○○기관은 근무평가 우수자를 선정하여 2년간 해외 연수 과정에 파견하려고 한다. 다음 기준과 〈후보자 명단〉을 바탕으로 선정할 때, 3순위로 선정되는 사람은 누구인가?

- 기본적으로 인사고과 점수에 따라 우선순위를 둔다.
- 부서장 추천이 있으면 인사고과 점수에서 3점을 가점한다.
- 징계가 있으면 인사고과 점수에서 5점을 감점한다.
- 인사고과 점수가 같으면 직급에 우선순위를 둔다.
- 위의 모든 기준에도 불구하고 TOEIC 점수가 980점 이상이면 우선 선정한다.

〈후보자 명단〉

구분	근무기간	직급	인사고과 점수	징계 여부	부서장 추천	TOEIC 점수
갑	3년	과장	90점	X	X	910점
을	4년	차장	85점	X	O	930점
병	3년	대리	85점	O	O	920점
정	4년	과장	92점	X	X	900점
무	2년	주임	88점	O	X	990점
기	1년	사원	84점	X	X	940점

① 갑 ② 을

③ 정 ④ 무

언어논리력 | 해석의 관점 비교

16. ○○기관은 우수 사원을 대상으로 해외 문화 시찰 연수를 진행하며 에두아르 마네의 「피리부는 소년」과 빈센트 반 고흐의 「자화상」을 감상하였다. 다음 중 두 작품에 대한 관점이 나머지와 다른 사람은?

① A 과장 : 1880년대 파리의 비평가들은 초상화를 고전적이고 권위적인 것이라고 여기며 멸시하는 경향이 있었다고 하네요. 하지만 반 고흐는 이 같은 흐름에 반대하며 초상화의 부활을 꿈꾸었습니다.

② B 차장 : 고흐의 「자화상」은 고흐 자신의 상반신을 표현한 작품으로, 고흐는 이 그림에서 자신의 얼굴을 부각시키려 했습니다.

③ C 사원 : 소년이 얼굴을 정면으로 향한 채 피리를 불고 있는 「피리부는 소년」은 마네가 그린 것으로, 회색 배경 앞에 경찰 모자를 쓰고 붉은 바지를 입은 작은 키의 소년이 도드라져 보입니다.

④ D 대리 : 「자화상」 속 반 고흐의 얼굴은 무척이나 수척해 보입니다. 또한 불안해 보이는 녹색 눈과 긴장한 듯한 표정에서 불안한 정신세계가 엿보이는 것 같습니다.

공간지각력 | 전개도 파악

17. 다음 중 전개도를 접었을 때 모양이 나머지와 다른 하나는?

①

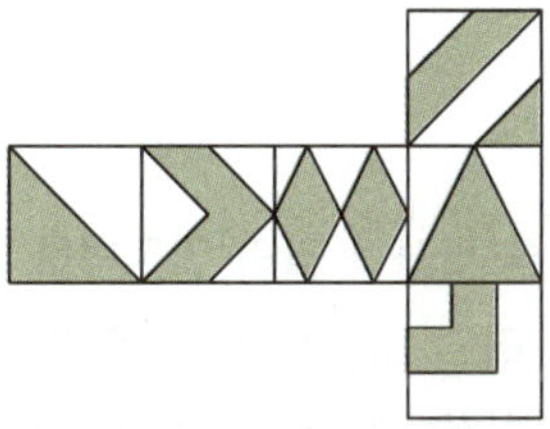

②

③

④

문제해결력 | 직업인의 자세 이해

18. 다음은 ○○기관이 배포한 윤리경영 자율실천 매뉴얼의 일부이다. 이를 참고할 때 직무 수행 중 실천할 수 있는 직업인의 기본자세로 가장 적절한 것은?

> • 아무리 가까운 사이라도 각자 돈을 내는 습관을 들일 것
> • 부패는 남의 일이라는 생각을 버릴 것
> • 평소 자신의 한 달 치 소득의 3배가 넘는 부채를 안고 있지 않을 것
> • 자신의 성품과 기질, 생활 습관이나 근무 방식, 담당 업무, 만나게 되는 사람 등 자신과 자신의 주변에 부패의 개연성이 얼마나 되는지를 솔직히 점검하고 시정하는 일에 주저 없이 나설 것
> • 빚보증 서는 것을 철저히 경계할 것
> • 도박을 철저히 멀리할 것
> • 지나친 마당발이 되려 하지 말 것
> • 청탁을 해 오는 상대방에 대해 무안하지 않게 거절하는 방법을 연습할 것
> • 직무 관련자를 만날 때에는 공개된 장소에서 만나는 습관을 들일 것

① 공평무사한 자세
② 봉사정신과 협동정신
③ 소명의식과 천직의식
④ 책임의식과 전문의식

언어논리력 | 높임법 이해

19. 신입사원인 정 사원에게 사수인 홍 대리가 "우리 회사는 다른 회사와 달리 압존법을 사용하고 있어. 정 사원도 다른 상사와 대화할 때 주의해 주길 바라."라고 조언했다. '압존법'의 정의가 다음과 같고 회사의 규칙에 따른다고 할 때, 최 부장의 "이 업무는 누가 지시한 건가?"라는 물음에 대한 정 사원의 가장 적절한 대답은?

> **압존법**[압쫀뻡]
> 문장의 주체가 화자보다는 높지만 청자보다는 낮으며, 그 주체를 높이지 못하는 어법(語法)

① 홍 대리가 지시했습니다.
② 홍 대리님이 지시했습니다.
③ 홍 대리가 지시하셨습니다.
④ 홍철수 대리님께서 지시하셨습니다.

문제해결력 | 조건 기반 추론

20. ○○기관에서는 매월 말 〈조건〉에 따라 그 다음 달의 재택근무표를 작성한다. 총무팀원 전체의 다음 달 재택근무표가 다음과 같을 때, 주 차장의 4주차 근무표로 옳은 것은? (단, 재택근무표에서 사무실 근무는 "○", 재택근무는 "X"로 표시한다)

〈총무팀 재택근무표〉

구분	1주차					2주차					3주차					4주차				
	월	화	수	목	금	월	화	수	목	금	월	화	수	목	금	월	화	수	목	금
주 차장	○	X	○	○	X	○	X	○	○	X	○	X	○	X	○					
우 과장	X	○	○	○	X	X	○	○	○	X	○	X	X	○	○	○	X	○	X	○
진 과장	○	X	○	X	○	○	X	○	X	○	X	○	○	○	X	○	○	X	○	X
박 대리	○	○	X	○	X	○	○	X	X	○	X	○	○	○	X	○	X	○	X	○
최 주임	X	○	○	○	X	X	○	○	○	X	○	X	X	○	○	○	X	○	X	○
김 주임	○	○	X	X	○	○	○	X	○	X	○	○	X	○	X	X	○	X	○	○
이 사원	○	X	○	○	X	○	X	X	○	○	X	○	○	X	○	X	○	○	○	X

조건

- 반드시 주 2회는 재택근무를 해야 한다.
- 금요일 재택근무는 개인별 월 2회까지만 허용된다.
- 과장 이상의 팀원 중 한 명은 반드시 사무실에서 근무해야 한다.
- 한 달에 단 한 번만 주중 이틀 연속 재택근무를 할 수 있다.
- 금요일을 제외한 요일에는 팀 인원의 절반 이상이 사무실에서 근무해야 한다.
- 출근 요일을 정하는 순서는 주임, 대리, 과장, 차장 순으로, 같은 직급 내에서는 이름 오름차 순으로 정한다.

①

4주차				
월	화	수	목	금
X	○	○	○	X

②

4주차				
월	화	수	목	금
X	X	○	○	○

③

4주차				
월	화	수	목	금
X	○	X	○	○

④

4주차				
월	화	수	목	금
X	○	○	X	○

문제해결력 | 진술 기반 추론

21. A ~ F 6명은 뮤지컬, 독서, 영화, 댄스 동호회 중 한 곳에서 활동하고 있다. 다음 진술이 모두 참이라고 할 때, 독서 동호회에 가입한 사람을 모두 고른 것은? (단, 각 동호회에는 적어도 1명 이상이 가입했다)

- 각 동호회에는 최대 2명까지 가입할 수 있다.
- 영화 동호회의 가입자는 B뿐이다.
- A와 F는 같은 동호회에 가입했고, F는 독서 동호회에 가입하지 않았다.
- C와 D는 같은 동호회에 가입하지 않았고, C는 댄스 동호회에 가입했다.
- E는 뮤지컬 동호회에 가입했거나 댄스 동호회에 가입했다.

① D
② E
③ C, D
④ C, E

공간지각력 | 입체도형 겉면 수 파악

22. 작은 정육면체 27개로 이루어진 큰 정육면체 (가)에서 4개의 작은 정육면체를 떼어내 도형 (나)를 만들었다. 도형 (나)에서 색칠할 수 있는 겉면의 수는 몇 개인가? (단, 아랫면까지 모두 칠한다)

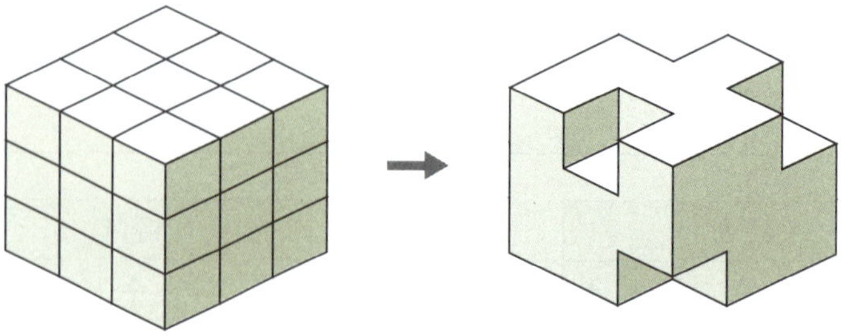
(가) (나)

① 17개
② 18개
③ 19개
④ 20개

수리력 | 세균 수 증식 계산

23. 상온에서 세균은 1시간마다 2배로 증가한다. 현재 세균 수가 3,000마리일 때, 4시간 후 세균 수는 모두 몇 마리인가?

① 24,000마리
② 36,000마리
③ 48,000마리
④ 60,000마리

수리력 | 거리 · 속력 · 시간 활용

24. 신 차장은 회사에서 거래처까지 출장을 다녀와야 한다. 회사에서 거래처까지 갈 때는 시속 60km로, 거래처에서 회사까지 돌아올 때는 시속 50km로 운전했으며, 왕복 이동시간은 총 1시간 39분이 걸렸다고 한다. 이때 회사에서 거래처까지의 편도 거리는 몇 km인가? (단, 왕복 이동 거리는 동일하다)

① 40km
② 42km
③ 45km
④ 50km

수리력 | 월급 계산

25. ○○기관의 A, B 두 직종의 2024년 월급이 전년 대비 같은 비율로 인상되어 A 직종은 222.36만 원으로, B 직종은 211.14만 원이 되었다. 2023년 A 직종의 월급이 218만 원이었을 때, 2023년 B 직종의 월급은 얼마인가?

① 205만 원
② 206만 원
③ 207만 원
④ 208만 원

수리력 | 확률 계산

26. ○○공장은 기계 A와 B로 자동차 부품을 생산한다. 기계의 일일 생산량은 A가 180개, B가 150개이며, 매일 그 생산량이 일정하다. 기계 A의 불량률은 3%이고 기계 B의 불량률은 4%일 때, 어느 하루 동안 생산된 불량품이 기계 A에서 발생할 확률은 몇 %인가? (단, 확률은 소수점 아래 첫째 자리에서 반올림하여 구한다)

① 47%
② 48%
③ 49%
④ 50%

수리력 | 교통금액 계산

27. ○○기업은 대학생을 대상으로 신제품 설명회를 개최하고자 한다. 아래 표에 따라 설명회 사전 참석 예약 인원에게만 교통비를 지급하기로 하였다면, 교통비 지급을 위해 준비할 금액으로 옳은 것은?

〈설명회 사전 참석 예약 인원〉

(단위 : 명)

수도권	강원권	충청권	경상권	전라권
150	30	50	80	70

교통비 지원 기준(사전 참석 예약자에게만 지급)

– 수도권 : 1만 원, 강원권 : 3만 원, 충청권 : 2만원, 경상권 : 4만 원, 전라권 5만 원

① 760만 원
② 950만 원
③ 1,010만 원
④ 1,140만 원

수리력 | 동시 도착 시각 파악

28. A 기차는 3분, B 기차는 5분 간격으로 ○○역에 도착한다고 한다. 두 기차가 오후 3시 35분에 동시에 ○○역에 도착하였다면, 오후 4시 20분까지 두 기차가 ○○역에 동시에 몇 번 도착하는가? (단, 3시 35분에 도착한 횟수도 포함한다)

① 3번
② 4번
③ 5번
④ 6번

수리력 | 그래프 분석

29. 다음 그래프에 대한 설명으로 옳은 것을 ㄱ ~ ㄹ에서 모두 고르면?

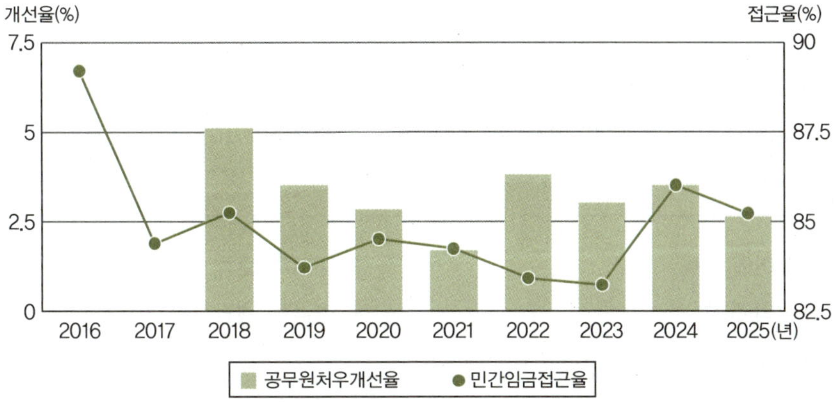

※ 민간임금접근율 : 민간의 100인 이상 상용근로자 사업체의 사무 · 관리직 종사자 임금을 100으로 보았을 때 공무원 보수가 어느 정도 수준인지를 산출한 수치

ㄱ. 2018년에 공무원에 대한 처우개선율이 가장 높았다.
ㄴ. 2016년부터 2017년까지 2년 연속 처우개선이 동결되었다.
ㄷ. 2017년 이후 현재까지 민간임금접근율이 2016년 수준에 도달하지 못하고 있다.
ㄹ. 공무원 임금 수준은 100인 이상 민간기업의 전업종에 종사하는 사람과 비교한 것이다.

① ㄱ, ㄴ
② ㄷ, ㄹ
③ ㄱ, ㄴ, ㄷ
④ ㄱ, ㄷ, ㄹ

문제해결력 | 논리적 오류 이해

30. 다음 글에서 나타나는 논리적 오류로 가장 적절한 것은?

> 외계인은 이전부터 많은 영화의 소재이기도 했고, 우리들의 상상력을 자극해 왔다. 그리고 사람들은 그 존재에 대해서 아직도 많은 갑론을박을 벌이고 있다.
>
> 이번에 NASA의 뉴호라이즌스호가 보낸 명왕성의 사진을 보고 나는 다시 한 번 더 외계인의 존재를 확신한다. 우주는 무궁무진하고 우리는 외계인이 존재하지 않는다는 점을 증명할 수 없으니 결국 외계인은 존재하는 것이다. 앞으로 뉴호라이즌스호가 외계인을 발견하길 기대해 본다.

① 애매어의 오류　　② 무지의 오류

③ 분할의 오류　　④ 성급한 일반화의 오류

공간지각력 | 종이접기 모양 추론

31. 다음과 같이 화살표 방향으로 종이를 접은 후, 마지막 그림과 같이 펀치로 구멍을 뚫고 다시 펼쳤을 때의 모양으로 옳은 것은?

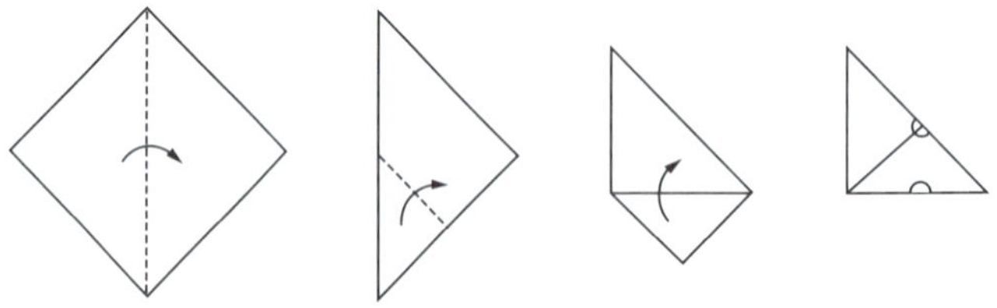

①

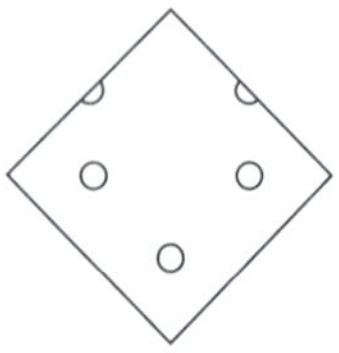

②

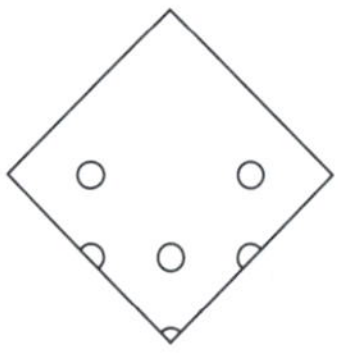

③

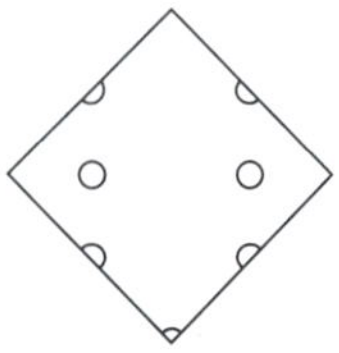

④

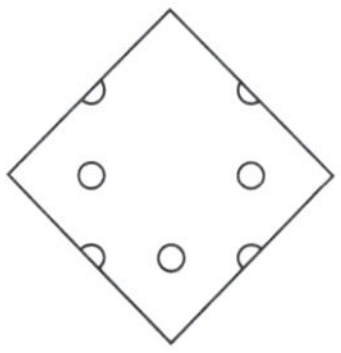

문제해결력 | 자료 기반 수당 계산

32. 다음은 AA 기관의 직원별 출퇴근 기록과 복무규정에 관한 자료이다. 자료에 따라 초과근무 수당을 가장 많이 받는 직원은?

〈직원별 7월 출퇴근 기록〉

구분	직원 갑		직원 을		직원 병		직원 정	
	출근	퇴근	출근	퇴근	출근	퇴근	출근	퇴근
10일	08 : 32	19 : 20	09 : 00	18 : 00	08 : 24	18 : 34	09 : 00	18 : 00
11일	09 : 25	20 : 31	08 : 40	19 : 10	08 : 55	20 : 01	09 : 56	20 : 10
12일	08 : 13	18 : 00	08 : 55	20 : 05	08 : 44	18 : 00	08 : 47	20 : 34

〈복무규정〉

- 정규 근무시간은 오전 9시(출근 시각)에서 오후 6시(퇴근 시각)로, 하루 근무 시간은 8시간 이상이어야 한다.
- 정오에서 오후 1시까지는 점심시간으로 근무시간에서 제외한다.
- 오전 9시를 초과하여 출근하는 경우 지각으로 처리하며, 지각한 시간만큼 정규 퇴근 시간 이후에 추가 근무를 해야 한다.
- 오후 7시부터 30분마다 5,000원의 초과근무 수당을 지급한다(단, 지각한 경우는 해당 일의 초과근무 수당을 지급하지 않는다).

① 직원 갑　　② 직원 을
③ 직원 병　　④ 직원 정

수리력 | 표 자료 분석

33. ○○시 공무직 근로자는 5년마다 근무지를 이동한다. 근무지 이동 시에는 현재 근무하고 있는 구가 아닌 다른 구로 이동해야 하며, 매년 1월 1일 근무지 이동이 끝난 후, 부족한 자리는 3월 신규 채용을 통해 충원한다. 다음 자료에 대한 설명으로 옳은 것은 모두 몇 개인가? (단, 소수점 아래 둘째 자리에서 반올림한다)

〈표 1〉 2024 ~ 2025년 7월 기준 구별 공무직 근로자 수

(단위 : 명)

구분	A 구	B 구	C 구	D 구
2024년	350	440	320	290
2025년	360	440	340	310

※ 전입, 전출, 신규 채용을 제외한 퇴직, 휴직 등의 근무 상황은 존재하지 않음.

〈표 2〉 2025년 1월 1일 근무지 이동 현황

(단위 : 명)

전출＼전입	A 구	B 구	C 구	D 구
A 구	–	20	15	10
B 구	15	–	13	22
C 구	8	11	–	13
D 구	4	10	11	–

※ A 구 전출, B 구 전입 20명은 2024년 A 구에서 근무하던 20명이 2025년 1월 1일 B 구로 근무지를 이동했음을 의미함.

(가) D 구는 2025년 3월 신규 채용 인원이 0명이다.
(나) 타 구에서의 전입 인원이 가장 많은 지역은 D 구이다.
(다) 전출 인원 대비 전입 인원이 가장 많은 지역은 D 구이다.
(라) 2024년 근로자 수 대비 2025년 1월 1일 전출 인원 비중이 가장 높은 지역은 A 구이다.

① 1개
② 2개
③ 3개
④ 4개

언어논리력 | 글의 중심내용 파악

34. 다음 글의 중심내용으로 가장 적절한 것은?

> 스위스는 북서부 유럽, 남부 유럽, 동부 유럽에 둘러싸인 나라로, 이질적인 집단으로 구성되어 있다. 스위스는 여러 민족, 언어, 종교가 뒤섞여 종교와 언어 갈등이 존재하였으나 스위스 정부가 균형적이고 다양한 언어 정책을 펼치며 서로 다른 문화가 공존할 수 있도록 하였다. 예를 들어 정부의 공식 문서를 4개 언어로 작성하고 있으며 학교에서는 주로 사용하는 언어 이외에 다른 언어를 하나 이상 의무적으로 배우도록 하고 있다.

① 민족의 차이를 존중하기 위한 노력
② 정부의 언어 정책 필요성에 대한 인식
③ 갈등을 극복하고 공존하기 위한 노력
④ 언어로 인한 지역 간 분쟁을 예방하기 위한 노력

문제해결력 | 명제 판단

35. ○○기관의 영업실적 결과가 다음과 같을 때, 반드시 참인 것은?

> • 고객접촉에 열심인 직원은 영업실적이 좋다.
> • 자기계발에 열심인 직원이 영업실적이 좋은 것은 아니다.
> • 사교성이 좋은 직원이 고객접촉에 열심이다.

① 자기계발에 열심인 직원은 사교성이 좋다.
② 영업실적이 좋지 않은 직원은 사교성이 좋지 않다.
③ 자기계발에 열심이지 않은 직원이 고객접촉에 열심이다.
④ 영업실적이 좋지 않은 직원은 자기계발에 열심이지 않다.

[36 ~ 37] 다음은 '인간의 뇌와 감각'을 주제로 발표된 학술대회 글의 일부이다. 이어지는 질문에 답하시오.

> 실재하는 대상에 대한 지각에 변화가 생기는 것이 아니라 존재하지 않는 대상을 지각하는 현상이 잘못된 지각인데, 여기에는 착각과 환각 등이 있다.
>
> 잘못된 지각이라고 해도 모두 비정상적인 것은 아니다. 특히 착각에서 언급되는 현상은 대부분 오히려 정상적이고, 이런 착각을 하지 않는 사람이 오히려 비정상적이다. 일상생활에서는 착각이 잘못된 것을 의미하지만, 착각에 정상과 비정상의 경계는 없다.
>
> (㉠)이란 지각의 변형이며, 공상과 정상 지각이 혼합되어 발생한다. 그리고 (㉡)은 감각을 유발하는 대상이 외부에 존재할 때 발생한다. 이에 비해 (㉢)은 외부 대상이 전혀 없는 상태의 지각이다. 자기 앞에 아무 것도 없는데 고양이가 보이면 환각이고, 개가 있는데 고양이로 보이면 (㉣)이다. 또 아무 소리도 들리지 않는데 사람 목소리를 들으면 (㉤)이고, 시냇물 흐르는 소리가 들리는데 이것을 사람이 소곤소곤 속삭이는 소리로 지각하면 착각이다.

언어논리력 | 적절한 어휘 선택

36. 윗글의 ㉠ ~ ㉤에 들어갈 어휘를 바르게 나열한 것은?

	㉠	㉡	㉢	㉣	㉤
①	공상	착각	환각	착각	공상
②	착각	착각	환각	착각	환각
③	환각	환각	착각	착각	환각
④	착각	착각	착각	공상	환각

언어논리력 | 글의 예시 파악

37. 다음 내용을 참고할 때, 윗글에서 설명한 '착각'의 예로 볼 수 없는 것은?

> 착각은 시각, 청각, 미각, 촉각 등 모든 감각에서 나타난다. 음식점에서 식탁보 위에 놓은 수저를 만져 보면 바로 밑의 식탁보에 비해 차갑다고 느낀다. 이것도 착각의 일종이다. 식탁보와 수저는 같은 실온에 있기 때문에 온도가 같을 것이다. 이것은 손가락에서 열이 전달되는 속도가 천보다는 금속물질이 더 빠르기 때문에 느끼는 착각이다.

① 남편과 사별한 부인이 음식을 준비할 때 남편의 발자국 소리를 듣거나 '사랑해'라는 목소리를 듣는다.
② 어둠을 무서워하는 아이가 어슴푸레한 새벽녘에 혼자 잠에서 깨면 벽에 걸린 수건만 보고도 무서워한다.
③ 영화를 볼 때, 영상필름은 토막토막의 사진을 계속 이어서 비추는 디지털 이미지인데 화면의 대상이 계속 움직이는 것처럼 보인다.
④ 마임 공연 시 배우들은 아무것도 없는 빈 공간에서 사다리를 타고 올라가는 몸짓을 하거나 벽에 기대는 몸짓을 하는데 관객은 마치 무대에 사다리나 벽이 있는 것처럼 생각한다.

공간지각력 | 조각 개수 파악

38. 다음 도형에서 찾을 수 있는 삼각형의 수는?

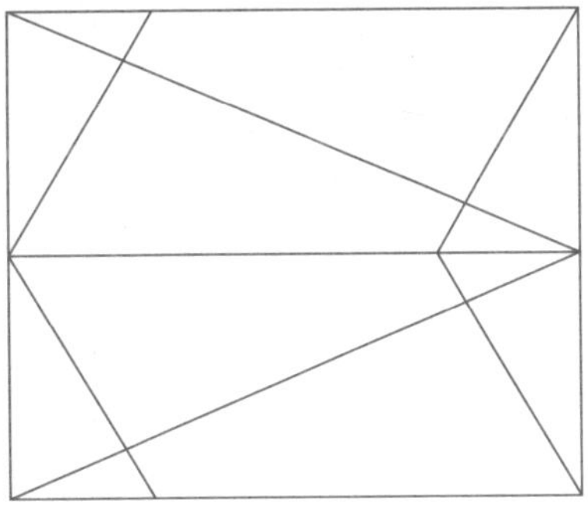

① 12개
② 17개
③ 20개
④ 22개

문제해결력 | 사고의 종류 이해

39. 다음 중 문제해결을 위한 기본요소인 창의적, 논리적, 비판적 사고에 대한 설명으로 옳은 것은?

① 창의적 사고의 개발 방법에는 강제 연상법, 자유 연상법, 비교 발상법 등이 있다.

② 브레인스토밍은 논리적 사고 기법이다.

③ 논리적 사고를 개발하기 위해서는 어떤 현상에 대해서 문제의식을 가지고 고정관념을 버려야 한다.

④ 비판적 사고를 개발하기 위해서 피라미드 구조화 방법과 So What 기법을 사용할 수 있다.

언어논리력 | 글 내용 파악

40. 다음 글에서 설명하는 조직문화와 전략의 관계를 가장 적절하게 제시한 것은?

> 기존의 연구들은 조직문화를 비이성적(irrational)인 영역으로 간주했다. 반면, 전략은 합리적이고 이성적인 영역으로 생각했다. 연구자들은 전략이 제대로 수행될 수 있도록 하려면 비이성적이고 비합리적인 영역인 조직문화를 적극적으로 관리하고 통제해야 한다고 주장했다.
>
> 대부분의 사람은 전략을 이성적이고 합리적으로 잘 세우고 나서 비이성적이고 골칫거리인 조직문화를 관리해야 한다고 생각하는 경향이 지배적이었다. 그런데 이런 가정이 과연 바람직할까? '전략 수립 → 적합한 조직문화로 변화 추진'과 같은 순차적인 방식이 요즘처럼 빠르게 경쟁하는 세상에서 적합할까?
>
> 나는 조직문화가 전략을 낳는다고 말하고 싶다. 조직문화를 '토양'으로 간주하면 나의 주장을 이해할 수 있을 것이다. 문화가 토양이라면 이는 다양한 전략을 낳고 더 건강한 전략을 선택해 자라게 할 것이다. 전략을 세우고 나서 무언가 새로운 것을 해 보는 것이 아니라 평소에 조직문화를 일상적으로 잘 가꾸어야 한다.

	조직문화	전략		조직문화	전략
①	아버지	어머니	②	식물	화분
③	배경	원인	④	환경	산출물

공간지각력 | 경로 찾기

41. 다음 미로의 입구에서 출발하여 미로 속 색칠된 장애물을 만나기 전까지 직진 이동만 가능하고 왔던 길은 되돌아갈 수 없을 때, 출구로 나가기 위해 장애물에 부딪히는 횟수는 최소 몇 번인가? (단, 미로 가장자리의 벽을 만나면 이동할 수 없다)

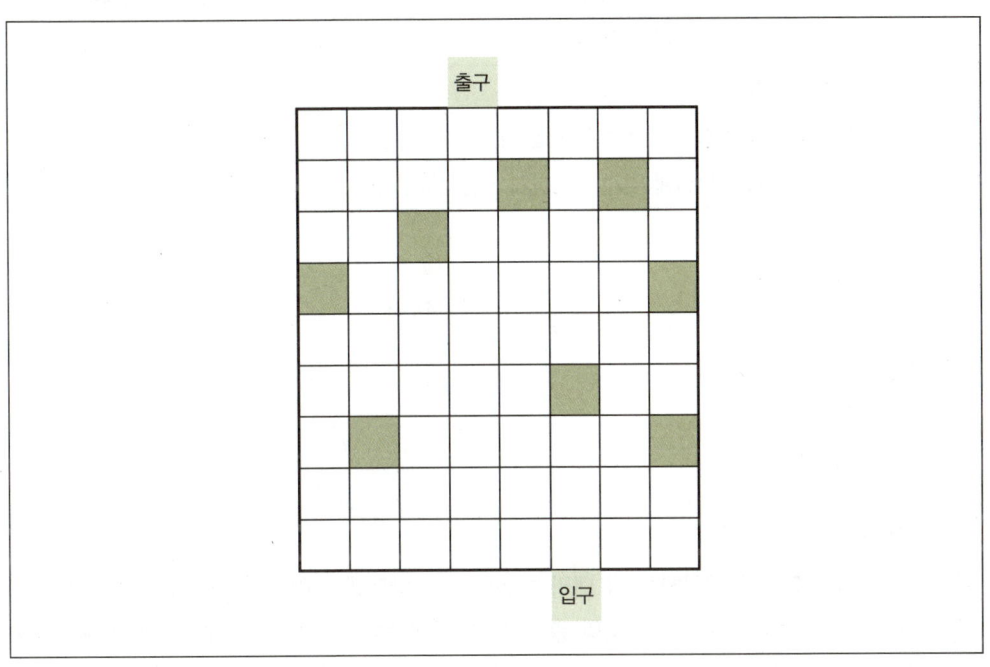

① 4번
② 6번
③ 8번
④ 9번

문제해결력 | 평가기준 파악

42. 다음은 ○○기관 신입사원 채용 면접 전형의 평가기준표이다. 평가기준의 영역이 나머지와 다른 하나는 무엇인가?

평가기준	점수		
ㄱ. 질문의 의도를 정확하게 파악했는가?	5	3	1
ㄴ. 질문에 논리적으로 대답을 하였는가?	5	3	1
ㄷ. 진지한 태도와 성실한 자세로 답변을 하였는가?	5	3	1
ㄹ. 자신의 이야기를 어법에 맞게 정확하게 전달하였는가?	5	3	1

① ㄱ　　② ㄴ

③ ㄷ　　④ ㄹ

수리력 | 결제금액 계산

43. ○○마트 구매팀에 근무하는 박 대리는 이번 ○○마트에 들여올 밀가루 상품 주문서를 다음과 같이 작성 중이다. 밀가루 상품의 총주문량이 30kg을 초과할 경우에는 7%, 60kg을 초과할 경우에는 10%를 할인받을 수 있을 때, 박 대리가 팀장에게 보고해야 하는 최종 결제금액은 얼마인가?

제품명	단가(원)	수량(개)	금액(원)
강력분 2.5kg	6,450	8	51,600
중력분 2.5kg	4,700	9	
박력분 2.5kg	5,100	8	
합계	–	–	

① 120,200원　　② 121,230원

③ 123,700원　　④ 125,271원

수리력 | 원가 계산

44. 원가에 30%의 이익을 붙여 정가를 책정하였다. 그러나 잘 팔리지 않아 정가의 20%를 할인해서 팔았고 이때의 이익은 2,000원이었다. 원가는 얼마인가?

① 32,000원
② 40,000원
③ 46,000원
④ 50,000원

공간지각력 | 퍼즐 무늬 파악

45. 〈그림 1〉은 25개의 다른 무늬가 그려진 퍼즐과 각 위치에 해당하는 번호표이다. 이를 참고할 때 〈그림 2〉 퍼즐 무늬에 해당하는 번호판으로 옳은 것은? (단, 퍼즐은 회전시킬 수 없다)

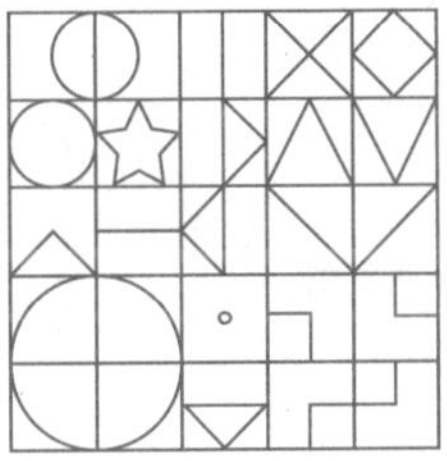

1	2	3	4	5
6	7	8	9	10
11	12	13	14	15
16	17	18	19	20
21	22	23	24	25

〈그림 1〉

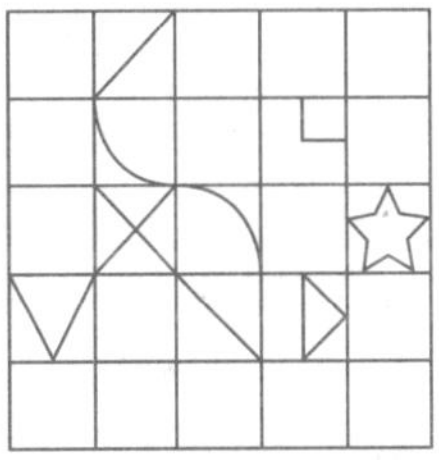

〈그림 2〉

①

	15			
	21		20	
	4	17		7
10		14	8	

②

	15			
	25		16	
	2	19		9
6		12	8	

③

	15			
	25		20	
	4	19		9
6		14	8	

④

	11			
	25		20	
	4	17		9
10		12	8	

고시넷 **부산광역시교육청 교육공무직원**

영역별 출제비중

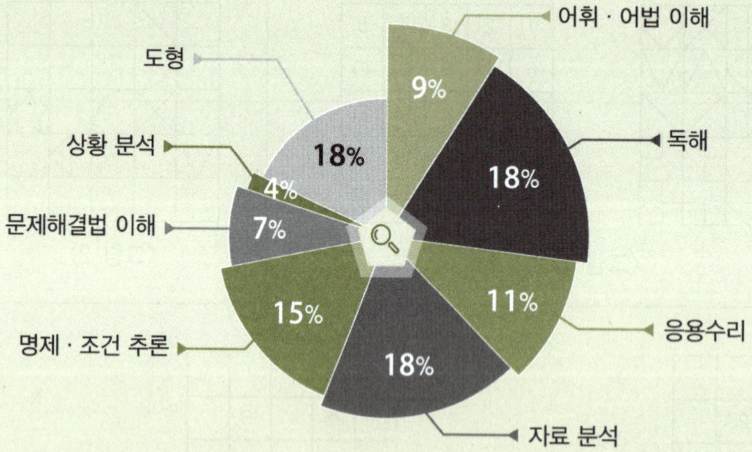

출제분석

부산광역시교육청 교육공무직원 소양평가는 1. 언어논리력 2. 수리력 3. 문제해결력 4. 공간지각력 네 가지 영역으로 출제되었다. 언어논리력에서는 올바른 어휘 · 어법을 파악하는 문제와 지문의 세부 내용 또는 주제를 파악하는 문제가 주로 출제되었다. 수리력에서는 거리 · 속력 · 시간 활용, 금액 계산, 할인율 적용과 같은 응용수리 문제와 도표 자료의 수치를 분석하는 자료해석 문제가 출제되었다. 문제해결력에서는 삼단논법을 이용한 명제 추론 문제와 조건 및 진위 추론 문제가 출제되었으며, NCS 문제해결력 이론을 확인하는 문제와 윤리, 직업의식, 물품 또는 인적자원 선정, 사회 상식 등과 관련된 자료 및 상황 분석 문제도 출제되었다. 공간지각력에서는 입체도형 파악, 조각 개수 파악, 모양 비교, 종이접기와 같은 도형 문제가 주로 출제되었다.

부산광역시교육청 소양평가

파트 2

기출예상문제

1회 기출예상문제

소양평가

문항수	45문항
시험시간	50분

정답과 해설 12쪽

01. 다음 중 밑줄 친 부분의 표기가 옳지 않은 것은?

① 쾌락을 추구하는 사람은 즐거움 자체에 매달리다가 오히려 가난해진다.

② 팀장이 어떻게 생각하든 아무튼 우리 팀원들은 야근을 거부하기로 했다.

③ 이상을 실현하기 위해서는 그만큼의 댓가를 치러야 하는 법이다.

④ 식탐은 우리를 춤과 음식, 그리고 스포츠로 숨 가쁘게 몰아가고 부리나케 여기저기 돌아다니며 관광명소에 넋을 잃게 한다.

02. 다음 (가) ~ (마)를 문맥에 맞게 순서대로 배열한 것은?

> (가) 탈세 중에서도 특히 재계 거물들의 탈세는 국가권력의 기초를 허무는 것으로, 심각한 반국가행위로 다스리는 것이 옳다.
> (나) 우리는 일반적으로 세금에 대해 '억울하게 뜯기는 돈'으로 인식하는 경우가 많아 탈세자들에게도 굉장히 관대하다.
> (다) 특히 재계 인사들이 탈세를 했다는 소식에는 '고래가 물을 뿜었나보다' 정도로 무덤덤하게 받아들일 때가 많은데 이러한 인식은 크게 잘못된 것이다.
> (라) 병역을 기피한 자들과 똑같은 의미에서 '조세도피자'라고 부르는 것이 옳다.
> (마) 그런 의미에서 이들을 '조세피난자'라고 불러서는 안 된다.

① (가)－(나)－(다)－(마)－(라)

② (나)－(다)－(가)－(마)－(라)

③ (나)－(가)－(마)－(다)－(라)

④ (가)－(나)－(다)－(라)－(마)

03. 다음의 [사실]들을 참고할 때, [결론]에 대한 설명으로 옳은 것은?

> [사실] • 떡볶이를 좋아하는 사람은 화통하다.
> • 화통한 사람은 닭강정을 좋아하지 않는다.
> • 떡볶이를 좋아하는 사람은 닭강정을 좋아하지 않는다.
>
> [결론] A. 닭강정을 좋아하는 사람은 떡볶이를 싫어한다.
> B. 닭강정을 좋아하지 않는 사람은 화통하다.

① A만 항상 옳다.
② B만 항상 옳다.
③ A, B 모두 항상 옳다.
④ A, B 모두 항상 그르다.

04. 다음 글을 참고할 때 〈보기〉의 ㉠ ~ ㉤ 중 밑줄 친 부분의 의미가 잘못 제시된 것은 모두 몇 개인가?

> 단어들이 결합하여 새로운 의미가 만들어지고, 그것이 관습적으로 사용되면서 굳어진 말을 '관용어'라 한다. 예를 들어, '눈'과 '차다'가 결합하여 만들어진 '눈에 차다'는 '마음에 들어 만족스럽다'는 의미를 새롭게 만들어 낸다.

보기

㉠ 그녀는 새 구두를 사 준다는 말에 신바람이 나고 일도 <u>손에 붙는</u> 모양이다.
→ 마음이 차분해져 일할 마음이 내키고 능률이 나다.
㉡ 그는 가난한 그녀에게 돈으로 유혹의 <u>손을 뻗어</u> 자기편 사람으로 만들었다.
→ 의도적으로 남에게 어떤 영향을 미치게 하다.
㉢ 형은 <u>손이 빨라</u> 작업을 순식간에 마무리할 수 있었다.
→ 다른 사람에게 도움을 받다.
㉣ 그이는 <u>손이 매워서</u> 한번 시작한 일은 빈틈없이 해낸다.
→ 일하는 것이 빈틈없고 매우 야무지다.
㉤ <u>손이 큰</u> 어머니는 친구가 오면 언제나 음식을 푸짐하게 차리곤 하셨다.
→ 씀씀이가 후하고 크다.

① 0개
② 1개
③ 2개
④ 3개

05. 다음을 보고 그 규칙을 찾아 '?'에 들어갈 도형으로 적절한 것을 고르면?

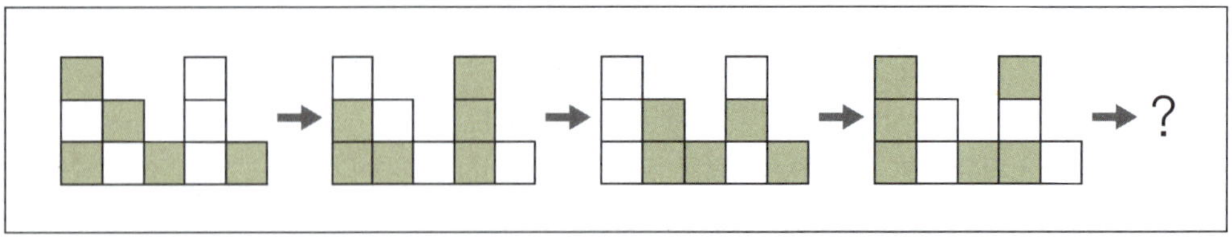

①
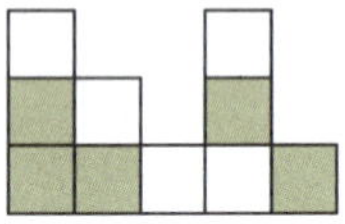

②
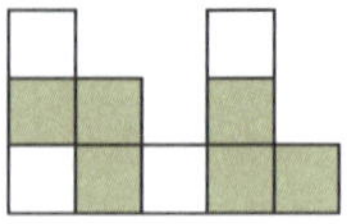

③
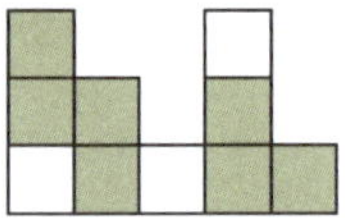

④
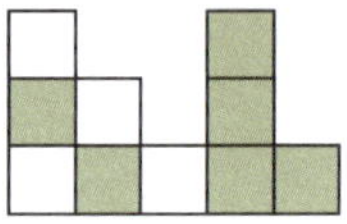

06. 다음은 20X0년 도시별 출산율 통계 자료이다. 이에 대한 설명으로 옳지 않은 것은?

〈20X0년 도시별 출산율 통계〉

구분	가임기 여성 인구 (만 명)	합계출산율 (명)	모의 연령별 출산율(명)					
			20 ~ 24세	25 ~ 29세	30 ~ 34세	35 ~ 39세	40 ~ 44세	45 ~ 49세
A 도시	122	0.761	3.5	21.5	73.8	45.3	7.1	0.2
B 도시	77	0.987	6.5	40.9	96.1	45.2	5.4	0.1
C 도시	56	1.131	9.2	55.7	106.7	45.6	6	0.1
D 도시	48	1.566	12.4	85.8	143.7	61.3	9.5	0.3
E 도시	83	0.952	8.3	41.8	88.6	42.9	5.5	0.2

※ 합계출산율 : 가임기 여성 1명이 평생 동안 출산할 것으로 예상되는 평균 출생아 수

※ 모의 연령별 출산율 : 해당 연령의 여성 인구 1천 명당 출생아 수

① 40 ~ 44세와 45 ~ 49세 간의 출산율 차이가 가장 큰 도시는 A이다.

② A ~ E 도시 모두 30 ~ 34세의 여성이 가장 높은 출산율을 보인다.

③ D 도시의 합계출산율은 A 도시 합계출산율의 두 배가 넘는다.

④ 가임기 여성 인구수가 적을수록 합계출산율이 올라가는 경향을 보인다.

07. 직원 A, B, C에 대해 다른 직원들이 진술한 내용이 〈보기〉와 같을 때, 다음 중 옳지 않은 것은? (단, 불만은 있거나 없는 경우 두 가지뿐이다)

보기

- 이직한 최 과장은 A, B에게만 불만이 있다.
- 재직 중인 이 대리는 B에게만 불만이 있다.
- 재직 중인 김 부장은 A, B에게만 불만이 있다.
- 이직한 김 사원은 C에게만 불만이 있다.
- 이직한 박 대리는 B에게만 불만이 있다.

① 재직 중인 직원은 C에게 불만이 없다.

② 대리 이상의 직급의 경우 B에게 불만이 있다.

③ B에 대한 불만은 이직에 큰 영향을 미치지 않는다.

④ 이직에는 A, C에 대한 불만이 중요하게 작용한다.

08. 정사각형 모양의 종이를 다음과 같이 접은 후, 마지막에서 표시된 부분을 자르고 다시 펼쳤을 때의 모양으로 옳은 것은?

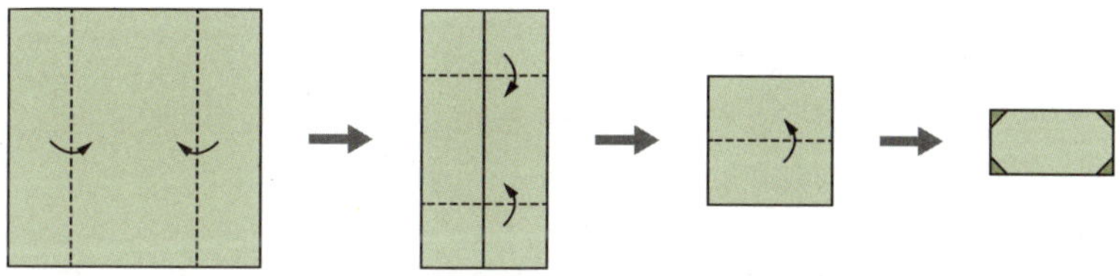

①
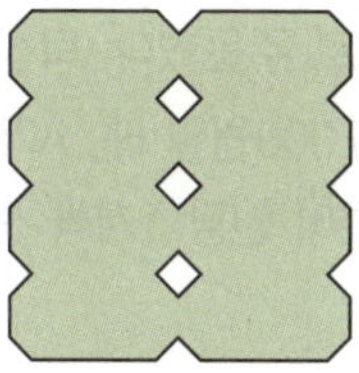

②

③

④

09. 다음 전제를 바탕으로 할 때, 반드시 참이 되는 결론은?

[전제] • 미국의 물가는 스위스보다 비싸다.
• 홍콩의 물가는 프랑스보다 싸다.
• 프랑스의 물가는 미국보다 비싸다.

[결론] • ______________________

① 스위스의 물가는 프랑스보다 싸다.
② 홍콩의 물가는 스위스보다 비싸다.
③ 홍콩의 물가는 미국보다 싸다.
④ 미국과 홍콩의 물가는 같다.

10. 경수는 여름방학을 맞아 친구들과 워터파크에 놀러 갔다. 집에서 워터파크에 갈 때와 워터파크에서 집에 올 때 걸린 시간의 차이는 20분 이상이었다. 갈 때는 시속 90km로, 올 때는 시속 60km로 이동했다고 할 때, 집과 워터파크 간 거리의 최솟값은?

① 50km
② 55km
③ 60km
④ 65km

11. A는 12명의 친구들에게 선물할 탁상용 달력과 벽걸이 달력을 인터넷으로 주문했다. 탁상용 달력은 개당 7,500원, 벽걸이 달력은 개당 9,000원이며 주문금액이 총 105,000원일 때, A가 주문한 벽걸이 달력의 개수는? (단, 배송비는 3,000원이고 달력은 종류 상관없이 인당 1개씩 선물한다)

① 5개
② 6개
③ 7개
④ 8개

[12 ~ 13] 다음 '꿈과 성공'을 주제로 한 글을 읽고 이어지는 질문에 답하시오.

(가) 그렇다면 나는 어느 편인가? 나는 스스로의 삶에 책임을 지고 꿈을 향해 나아가려 노력하는가? 아니면 쉽게 포기하고 남 탓하며 꿈도 없이 되는 대로 살아가고 있는가? 이는 옳고 그른 것을 따지는 것이 아니라 삶을 사는 데 있어 어느 편이 더 유익한가에 관한 질문이다.

(나) 꿈이 없는 사람, 즉 자신이 인생에서 무엇을 원하는지 모르는 사람이 상당한 성공을 이루었다는 말을 들어본 적이 있는가? 꿈이 분명해야 우리는 가야 할 곳을 정확히 알고 궁극적으로 성공과 행복으로 나아갈 수 있다.

(다) 꿈은 마음속 깊은 곳에 존재하는 이상이나 희망을 말한다. 꿈은 우리가 가야 할 방향과 가야 할 이유 그리고 힘과 열정의 원천을 제공한다. 꿈이 목표를 정하고 목표는 행동을 계획하며 행동은 결과를 만들고 결과는 우리에게 성공을 가져다준다. 따라서 꿈이 있는 사람과 꿈이 없는 사람의 차이는 엄청나게 크다.

(라) 그러므로 원하는 것을 이루기 위해선 목표를 먼저 설정해야 한다. 목표의 원천은 꿈이다. 목표는 꿈에서 시작된다. 꿈이 구체화된 것이 목표이며, 꿈은 우리의 인생목적이 표현된 것이다.

(마) 원하는 것을 이루는 핵심비결은 무엇일까? 그 해답은 목표를 명확히 하고 지속적으로 집중하는 것이다. 목적지를 입력하면 그곳을 향해 정진하는 자동항법장치처럼 우리의 마음도 목표가 분명해지면 그곳을 향해 정확히 움직인다.

12. 다음 중 윗글의 (가) ~ (마)를 문맥에 맞게 나열한 것은?

① (나)－(가)－(다)－(마)－(라)
② (나)－(가)－(라)－(다)－(마)
③ (마)－(라)－(가)－(다)－(나)
④ (마)－(라)－(다)－(나)－(가)

13. 윗글을 바탕으로 할 때, '꿈'의 현실화 단계에서 할 수 있는 질문으로 적절하지 않은 것은?

① 내가 설정한 목표가 꿈을 충분히 구체화한 것인가?
② 행동과 결과로 이어질 만큼 꿈이 분명한가?
③ 나의 꿈은 원대하고 다른 사람의 꿈과 차이가 있는가?
④ 내가 목표한 곳을 향한 열정을 충분히 담고 있는가?

14. 입체도형 A, B, C를 조합하여 〈보기〉와 같은 직육면체를 완성한다고 할 때, C에 들어갈 알맞은 입체도형은?

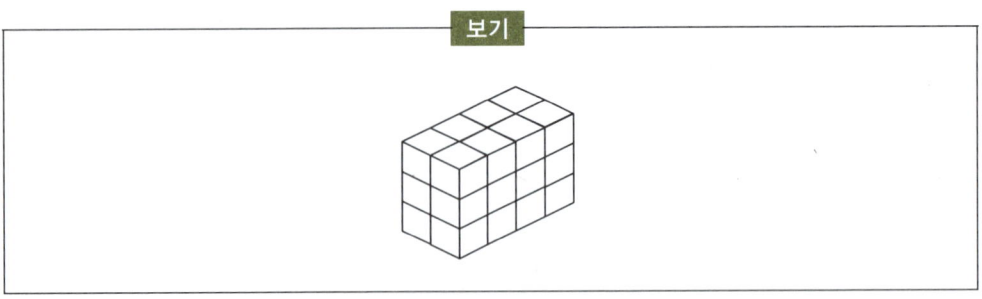

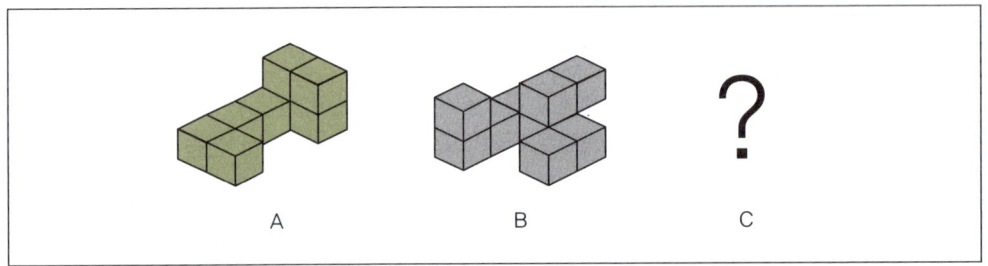

보기

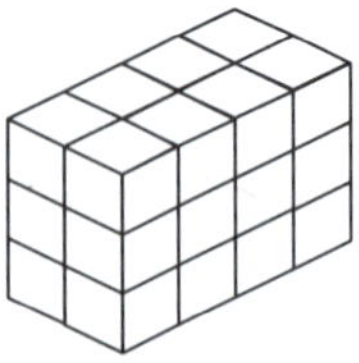

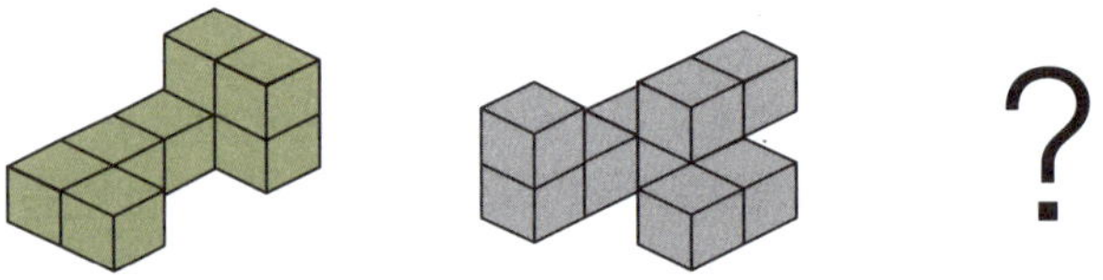

A　　B　　C

① 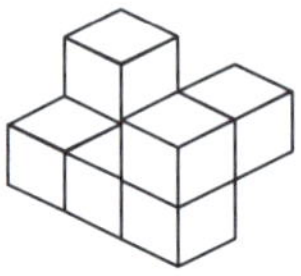

② 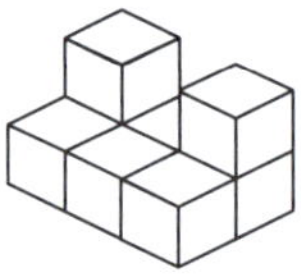

③ 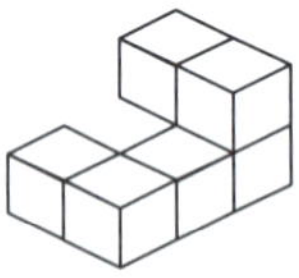

④ 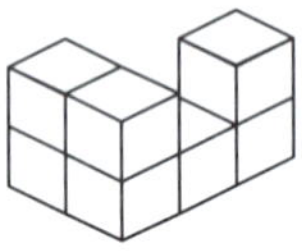

15. 다음 글의 내용과 가장 관련 있는 사자성어로 적절한 것은?

생각이 많으면 외려 분별이 흐려지고, 너무 밝으면 외려 어두워진다. 이(利)에 밝은 사람은 이치(理)에 어둡고, 돌다리만 두드리면 작은 냇물조차 건너지 못한다. 결정장애란 너무 많은 생각이 섞여서 결단과 선택을 내리지 못하는 증상이다. 어떻게 보면 현대인은 '생각부족'보다 '생각과다'에 시달리고 있다. 때로는 생각을 가지치기할 필요가 있다. 춘추시대 노나라의 대부인 계문자가 세 번 생각한 뒤에야 행동한다는 이야기를 듣고 공자는 "두 번이면 된다."라고 말했다. 복잡한 세상에서는 좀 단순하게 사는 것도 지혜다. 여러 곳에 번잡하게 신경 쓰기보다 가치 있는 일에 더 마음을 쏟자. 갈림길을 헤매다 길을 잃는 양이 되지 말자.

① 곡학아세(曲學阿世)
② 다기망양(多岐亡羊)
③ 입신양명(立身揚名)
④ 읍참마속(泣斬馬謖)

16. 다음 〈조건〉이 참일 때, 반드시 참인 추론을 〈보기〉에서 모두 고른 것은?

조건

규칙을 잘 지키거나 협동 정신이 강하면, 동정심이 강하고 성실하다.

보기

ㄱ. 동정심이 약하거나 성실하지 않으면, 규칙을 잘 지키지도 않고 협동 정신도 약하다.
ㄴ. 규칙을 잘 지키지도 않으면서 협동 정신도 강하지 않은 동시에, 동정심이 강하지 않거나 성실하지 않다.
ㄷ. 규칙을 잘 지키고 협동 정신이 강한 동시에, 동정심은 약하거나 성실하지 않을 수 있다.

① ㄱ
② ㄱ, ㄴ
③ ㄱ, ㄷ
④ ㄴ, ㄷ

17. 다음 전개도를 접었을 때 모양이 나머지와 다른 하나는?

①

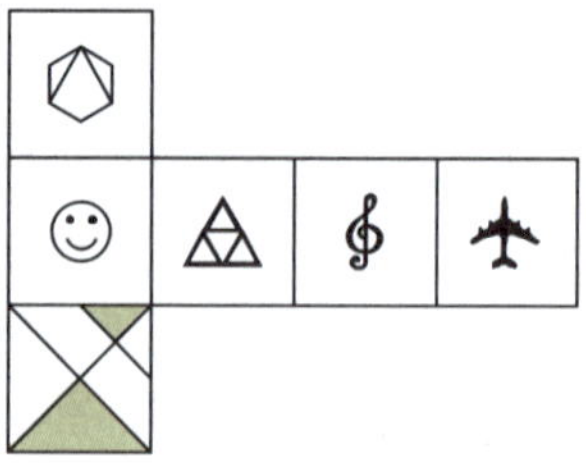

②

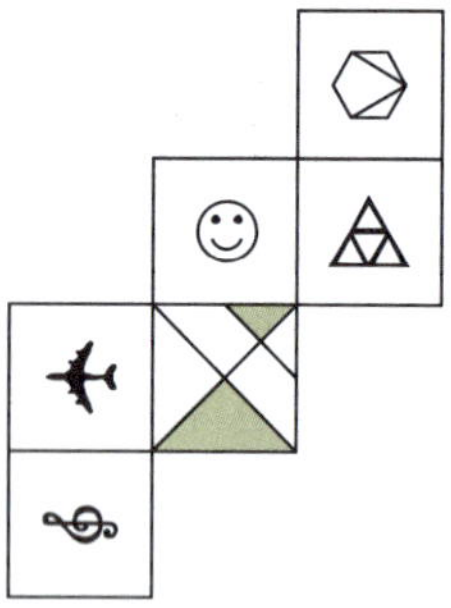

③

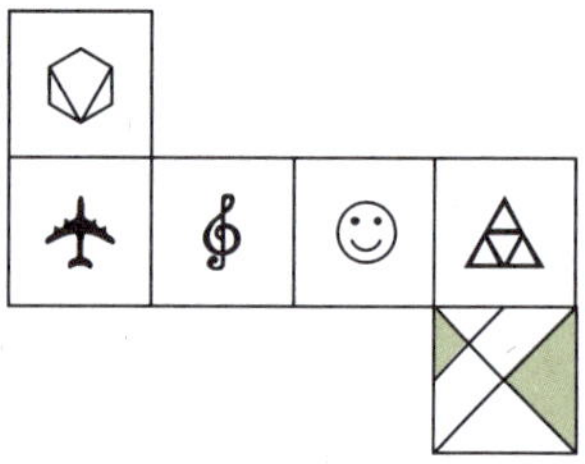

④

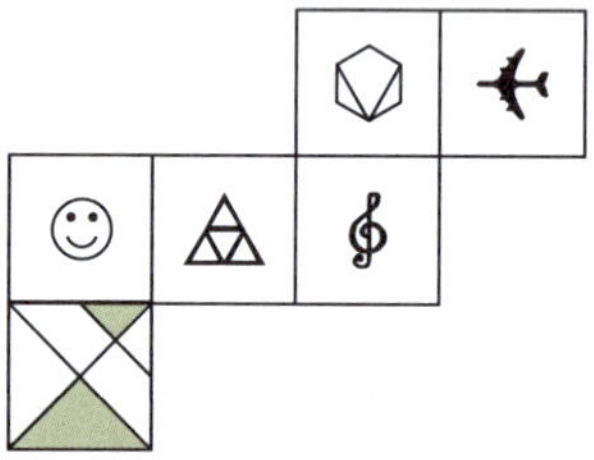

18. 다음 글의 문제 상황과 그에 대한 문제해결 태도와 가장 유사한 것은?

우리는 서로 다른 두 집단이 완벽히 같은 대우를 받을 수 없음을 알고 있다. 두 집단은 서로 다른 상황에 처해 있으므로 여러 사람을 고려하여 대우를 한다고 해도 완전히 같을 수 없다. 그래서 두 집단이 처해 있는 상황이 어떠한지 따져보고 어느 한 집단이 그나마 상황이 낫다면 상황이 좋지 못한 집단에게 좀 더 나은 대우를 해 주는 것이 옳다고 생각한다. 그러나 이러한 판단도 절대적으로 옳은 것은 아니다. 좀 더 상황이 나은 집단이 이러한 차등적인 대우를 온전히 받아들일 수 있을지 장담하기 어렵기 때문이다. 그래서 우리는 두 집단이 모두 좋은 상황에 놓이기를 바라지만 이것이 큰 이상일 뿐이라는 것을 깨닫게 된다. 다만 두 집단이 모두 좋은 상황에 놓일 수 있도록 계속해서 고민하고 행동을 취하고, 또 행동을 수정할 뿐이다.

① 인간은 절대적인 완성의 경지에 도달할 수 없다. 다만 계속해서 노력할 뿐이다.

② 이미 기회가 제한된 집단에게는 기회의 평등이 보다 적극적으로 고려되어야 한다.

③ 지역적으로 서로 다른 자원을 보유하고 있는 점을 고려하여 지역 간 협의체를 구성해야 한다.

④ 남성과 여성이 모두 인정할 수 있는 정책은 드물다. 다만 어느 성별도 차별하지 않도록 노력할 뿐이다.

19. **다음 글을 읽고 알 수 있는 직원들이 리더와 함께 일하고 싶어 하는 이유로 가장 적절한 것은?**

늘 분주한 가운데서도 후배를 잘 키우는 리더가 있다. '저 팀장님 밑에서 일하고 싶다'는 말을 듣는 리더가 이에 해당한다. 직원들에게 이유를 물으면 그 팀장과 함께 하면 자신이 성장할 수 있을 것 같다는 답을 가장 많이 한다. 직원들의 신뢰를 받는 리더들에게는 공통점이 있다. 직원들에게 그때그때 필요한 피드백을 해주고 개선된 점을 바로 알아봐준다는 점이다.

① 나의 성장을 전적으로 지원해 줄 것 같은 리더로 보여서
② 개인 업무 분배를 합리적으로 하는 상사인 것 같아서
③ 내가 일하는 스타일과 잘 맞는 상사인 것 같아서
④ 내가 일한 만큼 보상을 주는 리더인 것 같아서

20. **다음 밑줄 친 ㉠ ~ ㉣ 중 글의 흐름상 적절하지 않은 문장은?**

한국에서 화장품과 패션은 모두 고마진 산업에 속하지만, 그중에서도 화장품은 수익성이 상대적으로 높은 산업이다. ㉠ <u>옷은 원가율이 25 ~ 35% 정도인데, 화장품의 원가율은 20 ~ 30%로 옷보다 5%p나 더 낮다.</u> ㉡ <u>또한 옷은 유행과 계절을 타지만, 화장품은 소모품으로 브랜드 충성도만 높다면 유행이나 계절에 상관없이 꾸준한 매출 규모와 성장률을 기대할 수 있다.</u> ㉢ <u>홈쇼핑 채널에 대한 소비자들의 신뢰가 높아지면서 의류와 화장품의 매출 규모가 확대되었다.</u> 의류 · 패션 업종은 1년 전부터 수요를 결정하여 제품을 미리 만들어 놓고 판매를 준비하므로 만일 판매가 부진할 경우 재고 부담이 커진다. ㉣ <u>반면 화장품은 원료 배합과 용기 디자인 및 생산에 소요되는 시간이 길지 않아 구조적으로 반응생산이 쉽고 재고 부담이 적다.</u> 그리고 화장품은 옷과 달리 한번 사용해 보고 괜찮으면 계속 쓰게 되는 성향이 있어 반복 구매율과 시장 점유율이 높다. 수요 측면에서 옷은 짝퉁이 일정한 시장을 형성하고 있으나, 화장품은 피부에 직접 바르는 제품이다 보니 짝퉁에 대한 기본적인 수요가 없다.

① ㉠　　② ㉡
③ ㉢　　④ ㉣

21. 다음은 어떤 입체도형을 여러 방향에서 바라본 모양이다. 이에 해당하는 입체도형으로 옳은 것은?

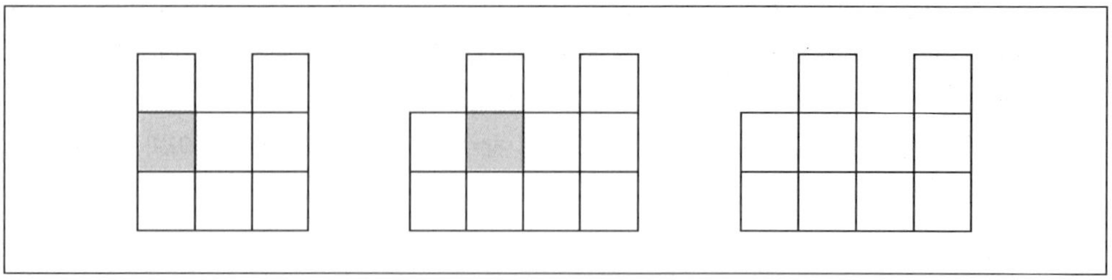

①

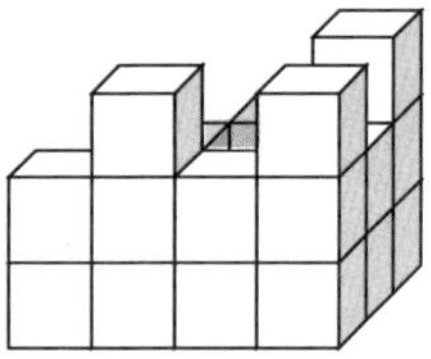

②

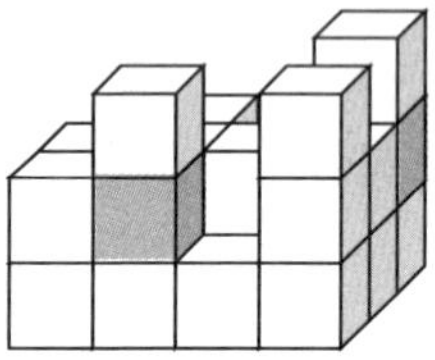

③

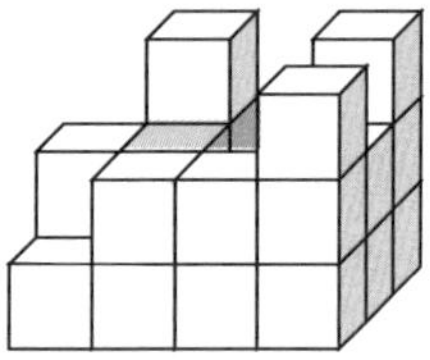

④

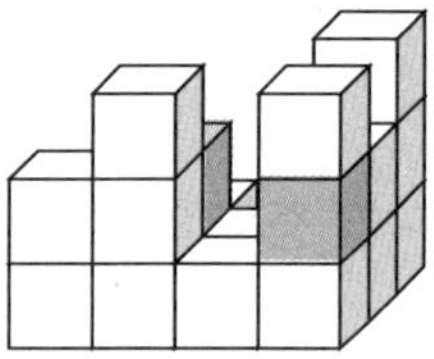

22. A ~ E 다섯 명의 영어시험 평균점수는 72점이다. A와 B의 평균점수가 65점, C와 D의 평균점수가 75점이라고 할 때, E의 점수는 몇 점인가?

① 70점

② 75점

③ 80점

④ 85점

[23 ~ 24] 다음은 어떤 유원지의 연령별 · 성별 매출액 비율이다. 이어지는 질문에 답하시오.

(단위 : %, 만 원)

연령 · 성별 \ 유원지		A	B	C	D
성인	남자	19.2	21.3	22.1	13.6
	여자	23.5	26.4	19.8	20.7
학생	남자	17.8	14.2	23.0	11.6
	여자	21.4	19.2	10.3	34.4
소인	남자	(　　)	10.7	20.7	7.2
	여자	12.3	8.2	4.1	12.5
합계		100.0	100.0	100.0	100.0
총 매출액		4,026	2,160	3,284	1,819

23. A 유원지의 총 매출액에서 소인 남자가 차지하는 비율은?

① 5.4%　　② 5.6%
③ 5.8%　　④ 6.0%

24. D 유원지에 입장한 여학생의 경우 총 매출액의 37%는 고등학생이었다. 이때 총 매출액에서 여자 고등학생이 차지하는 비율은? (단, 소수점 아래 둘째 자리에서 반올림한다)

① 11.3%　　② 12.7%
③ 14.5%　　④ 23.7%

25. 다음을 보고 그 규칙을 찾아 '?'에 들어갈 적절한 도형을 고르면?

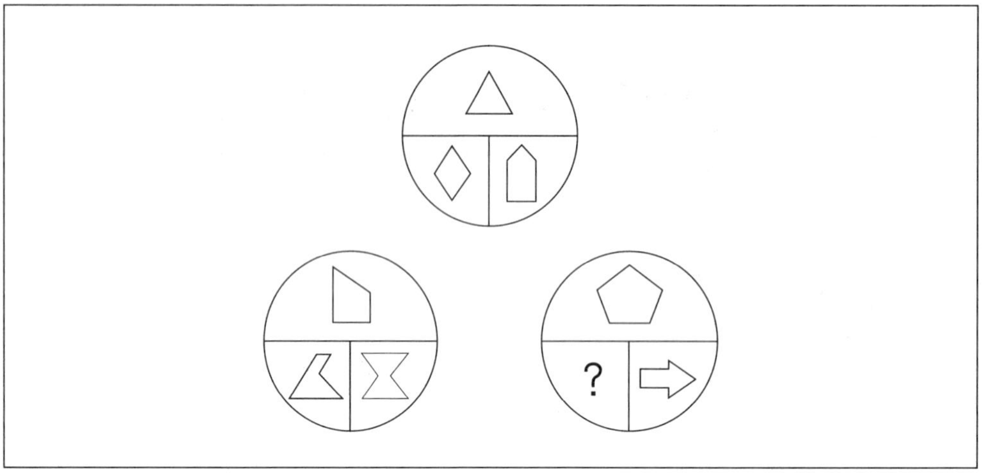

① 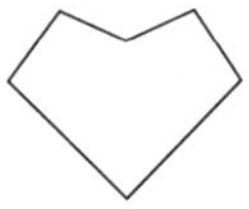

② 

③ 

④ 

26. 다음 중 밑줄 친 말이 〈보기〉의 부분과 문맥상 의미가 같은 것은?

보기

상호에 '대학'이 들어가는 시계 수리소의 사장인 제임스 이의 별칭은 수리점 상호에 맞춰 '원장'이다. 그는 한 고객이 생전에 사이가 돈독했던 시어머니가 주신 50년 된 명품 시계를 고치기 위해 수리점에 방문했던 일을 회상했다. 그 고객은 남다른 의미가 있는 그 시계를 다른 여러 수리소에서 수리할 수 없다는 말만 들어 상심해 있었다. 제임스 이는 자신만의 노하우로 그 시계를 수리할 수 있었고, 수리된 시계를 받고 기뻐하던 고객의 웃는 모습은 아직도 뿌듯한 기억으로 남아있다고 하였다.

① 부엌을 입식으로 고치다.
② 상호를 순우리말로 고치다.
③ 정비소에서 자동차를 고치다.
④ 국민 생활에 불편을 주는 낡은 법을 고치다.

27. 다음은 ○○기관 직원 A ~ D를 대상으로 실시한 시험 결과이다. A ~ D 중 평가점수의 총점이 가장 높은 1명을 우수 인재로 선발한다고 할 때, 우수 인재로 선발되는 직원은?

〈시험 결과〉

(단위 : 점)

구분	정보능력	문제해결능력	대인관계능력
A	80	86	90
B	84	80	92
C	85	90	87
D	93	88	85

※ 평가점수의 총점은 각 평가항목 점수에 해당 가중치를 곱한 것을 합산하여 구한다.
(평가항목별 가중치 : 정보능력=0.3, 문제해결능력=0.3, 대인관계능력=0.4)

① A　　② B

③ C　　④ D

28. 다음 자료에 대한 설명으로 옳지 않은 것은?

(단위 : %)

구분	남성				여성			
	비재학·취업	재학·취업	재학·비취업	비재학·비취업	비재학·취업	재학·취업	재학·비취업	비재학·비취업
15 ~ 19세	2.9	2.8	86.8	7.5	2.7	3.7	88.3	5.3
20 ~ 24세	25.4	6.2	41.6	26.8	35.8	7.2	36.2	20.8
25 ~ 29세	64.7	2.8	10.9	21.6	66.9	1.7	3.2	28.2
30 ~ 34세	85.9	1.2	0.9	12.0	58.9	0.9	0.7	39.5

① 20 ~ 24세의 경우, 남녀 모두 '재학·비취업' 비중이 가장 크다.

② 20 ~ 24세 비취업자의 비중은 남성이 여성보다 10%p 이상 높다.

③ 제시된 자료의 모든 연령대에서 남녀 모두 '재학·취업'의 비중이 가장 작다.

④ 30 ~ 34세에서 재학 중인 사람의 비중은 남녀 모두 2.5%가 채 되지 않는다.

29. 다음은 지난 1개월간 패밀리레스토랑 방문 경험이 있는 20 ~ 35세 113명을 대상으로 연령대별 방문 횟수와 직업을 조사한 자료이다. 이에 대한 설명으로 옳은 것은?

〈연령대별 패밀리레스토랑 방문 횟수〉

(단위 : 명)

구분	20 ~ 25세	26 ~ 30세	31 ~ 35세	계
1회	19	12	3	34
2 ~ 3회	27	32	4	63
4 ~ 5회	6	5	2	13
6회 이상	1	2	0	3
계	53	51	9	113

〈응답자의 직업 조사결과〉

(단위 : 명)

직업	학생	회사원	공무원	전문직	자영업	가정주부	계
응답자	49	43	2	7	9	3	113

※ 복수응답과 무응답은 없음.

① 전체 응답자 중 20 ~ 25세 응답자가 차지하는 비율은 50% 이상이다.
② 26 ~ 30세 응답자 중 4회 이상 방문한 응답자 비율은 15% 미만이다.
③ 31 ~ 35세 응답자의 1인당 평균 방문 횟수는 2회 미만이다.
④ 전체 응답자 중 직업이 학생 또는 공무원인 응답자 비율은 50% 이상이다.

30. 다음 명제가 모두 참일 때, 항상 참인 것은?

- 씨가 뾰족한 복숭아는 오이향이 난다.
- 껍질이 파란 복숭아는 오이향이 나지 않는다.
- 씨가 둥근 복숭아는 씨가 뾰족하지 않다.

① 오이향이 나는 복숭아는 껍질이 파랗다.
② 씨가 둥근 복숭아는 오이향이 나지 않는다.
③ 씨가 뾰족한 복숭아는 껍질이 파랗지 않다.
④ 껍질이 파랗지 않은 복숭아는 씨가 둥글다.

31. 다음과 같이 도형을 거울에 비친 후 그 형태를 180° 회전시켰을 때의 모양은?

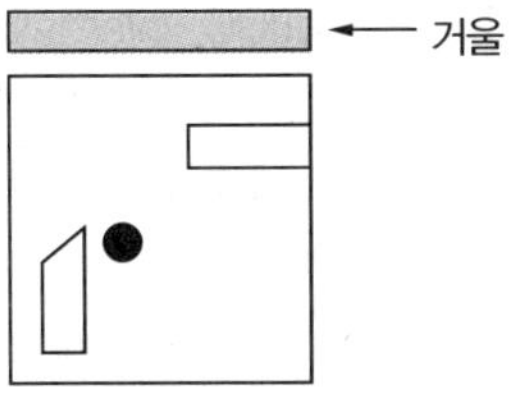

①
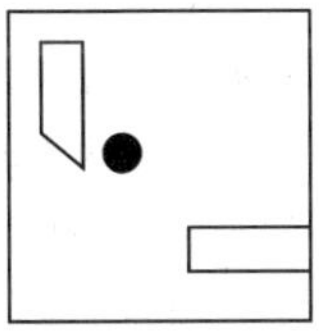

②
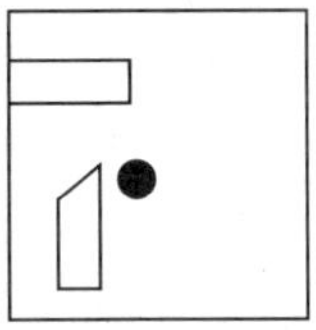

③
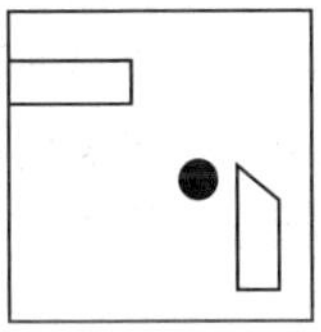

④
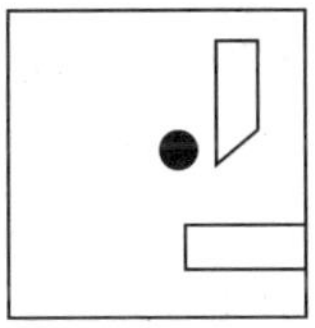

32. 다음 글의 제목으로 가장 적절한 것은?

한국 한자음이 어느 시대의 중국 한자음에 기반을 두고 있는지에 대해서는 학자들에 따라 이견이 있다. 어느 한 시대의 한자음에 기반을 두고 있을 수도 있고 개별 한자들이 수입된 시차에 따라서 여러 시대의 중국 한자음에 기반을 두고 있을 수도 있다. 그러나 확실한 것은 한국 한자음은 중국 한자음과도 다르고 일본 한자음과도 다르고 베트남 옛 한자음과도 다르다는 것이다. 그렇다고 해서 그 기원이 된 중국 한자음과 아무런 대응 관계도 없다는 것은 아니다. 그러나 그것은 한국어 음운체계의 영향으로 독특한 모습을 띠는 경우가 많다. 그래서 한국 한자음을 영어로는 'Sino-Korean'이라고 한다. 이것은 우리말 어휘의 반 이상을 차지하고 있는 한자어가 중국어도 아니고 일본어도 아닌 한국어라는 것을 뜻한다. 우리가 [학교]라고 발음할 때 중국인도 일본인도 따로 한국어를 공부하지 않는 한 그것이 'xuéxiào'나 'がっこう'인 줄 알아차리기는 힘들다.

① 한국 한자음의 특성
② 한국 한자음의 역사
③ 한국 한자음의 기원
④ 한국 한자음의 계통

33. 다음 글을 통해 알 수 있는 내용으로 적절하지 않은 것을 〈보기〉에서 모두 고르면?

올림픽은 4년마다 국제올림픽위원회(IOC, International Olympic Committee)가 선정한 도시에서 개최되는 국제 스포츠 경기대회이다. 이 대회의 목적은 신체적 · 정신적 자질의 발전을 도모하고 보다 발전되고 평화로운 세계를 건설하며 전 세계에 올림픽 정신을 보급하여 국제적인 친선관계를 도모하는 데 있다.

이 대회는 고대 그리스 제전경기인 올림피아제에 기원을 두고 있으며, 프랑스의 쿠베르탱에 의하여 근대 올림픽으로 부활하게 되었다. 1896년 그리스 아테네에서 제1회 대회가 개최되었는데, 총 13개국이 참가하여 육상, 레슬링, 사격 등 9개 종목을 겨루었다.

1916년 제6회 올림픽은 제1차 세계대전으로, 제12회(1940년)와 제13회(1944년) 올림픽은 제2차 세계대전으로 개최되지 못했다. 초기에는 하계대회만 개최되다가, 1924년 프랑스 샤모니에서 제1회 동계 올림픽대회가 개최되었다. 하계대회(통상 올림픽대회)는 2021년 일본 도쿄대회까지 32회, 동계대회는 2022년 중국 베이징대회까지 24회가 개최되었다.

1932년 제10회 미국 LA대회에 김은배 선수 등이 참가하였는데, 이는 우리나라 사람이 처음으로 올림픽대회에 참가한 것이다. 1936년 제4회 독일 가르미슈파르텐키르헨 동계대회에는 스피드스케이팅 종목에 이성덕 선수 등이 참가하였고, 1936년 제11회 독일 베를린대회에 손기정 선수가 마라톤 종목에 참가하여 세계 신기록을 수립하며 금메달을 획득하였다.

우리나라는 1947년에 IOC 가입을 완료했고, 1948년에 개최된 제5회 스위스 생모리츠 동계대회와 제14회 영국 런던대회부터 정식 국가로 참가하였다. 스위스 생모리츠 동계대회에 5명의 선수단을 파견하였으나 입상에는 실패하였고, 런던대회에는 총 67명의 선수단이 7개 종목에 참가하여 역도와 복싱에서 동메달을 획득하였다. 이후 1976년 제21회 캐나다 몬트리올대회 레슬링 종목에서 양정모 선수가 대한민국의 첫 금메달을 땄다. 1988년 제24회 대회가 서울에서 개최되었고, 2018년 제23회 동계대회가 강원도 평창에서 개최되었다.

보기

㉠ 우리나라는 스위스 생모리츠 동계대회에서 메달 획득에 실패하였다.
㉡ 우리나라 선수가 참여한 최초의 올림픽 대회는 제11회 대회이다.
㉢ 우리나라는 동계, 하계 올림픽을 모두 개최한 유일한 국가이다.
㉣ 하계 올림픽대회와 동계 올림픽대회는 같은 해에 개최된 적이 없다.
㉤ 제1회 하계 올림픽과 동계 올림픽 모두 유럽에서 개최되었다.

① ㉠, ㉡, ㉣　　② ㉠, ㉢, ㉣
③ ㉡, ㉢, ㉣　　④ ㉡, ㉣, ㉤

34. ○○기관의 사옥에서 5개 팀이 아래와 같이 2 ~ 5층을 사용하고 있다면, 다음 중 옳지 않은 것은? (단, 회계팀만 자기 층이 아닌 타 층의 복사기를 사용하며, 한 층에는 최대 2개 팀만 있을 수 있다)

> • 마케팅팀과 기획관리팀은 복사기를 같이 사용한다.
> • 4층에는 회계팀만 있다.
> • 총무팀은 홍보팀의 바로 아래층에 있다.
> • 홍보팀은 마케팅팀의 아래쪽에 있으며 3층의 복사기를 사용하고 있다.
> • 회계팀은 위층의 복사기를 사용하고 있다.

① 마케팅팀은 기획관리팀과 같은 층에 있다.
② 회계팀은 5층의 복사기를 사용한다.
③ 총무팀은 3층의 복사기를 사용한다.
④ 기획관리팀은 5층에 있다.

35. 다음 그림에서 만들 수 있는 크고 작은 삼각형은 모두 몇 개인가?

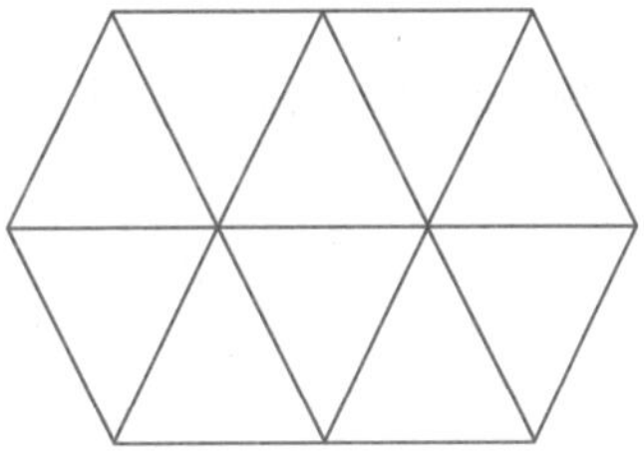

① 10개
② 11개
③ 12개
④ 13개

36. 다음은 ○○기관의 개선이 필요한 문제 사항을 조사한 자료이다. 이를 아래 〈문제유형 구분〉에 따라 구분할 때, 기관의 문제 사항과 문제유형의 연결이 바르지 않은 것은?

문제 사항
㉠ 공기청정기가 제대로 작동하지 않아 사무실 공기가 탁하다.
㉡ 직원들이 업무 절차에 익숙하지 않다.
㉢ 예산 책정 시 특정 사업에 과도하게 집중되는 경향이 있다.
㉣ 사무실 간 방음이 제대로 되지 않는다.

〈문제유형 구분〉

ㄱ. 시설 및 장비 문제

ㄴ. 재정 문제

ㄷ. 인력 문제

① ㉠－ㄱ
② ㉡－ㄷ
③ ㉢－ㄴ
④ ㉣－ㄴ

37. 1～6까지 눈이 그려진 한 개의 정육면체 주사위를 한 번 던졌을 때 2의 배수가 나올 확률은?

① $\frac{1}{2}$
② $\frac{1}{3}$
③ $\frac{2}{3}$
④ $\frac{3}{4}$

38. 다음 글을 읽고 MBTI에 대해 추론한 내용으로 적절하지 않은 것은?

> MBTI는 융의 심리유형론을 근거로 캐서린 쿡 브릭스와 이사벨 브릭스 마이어스가 고안한 자기보고서 성격유형 자료이다. MBTI에 따르면 개인은 4가지 양극적 선호경향을 가지고 있다. 자신의 기질과 성향에 따라 에너지의 방향과 주의 초점이 외향형(E)이거나 내향형(I)이며, 정보를 수집하는 인지기능이 감각형(S)이거나 직관형(N)이며, 판단기능이 사고형(T)이거나 감정형(F)이고, 이행/생활양식이 판단형(J)이거나 인식형(P)에 해당한다. MBTI는 이와 같은 4가지 선호성향에 따라 개인을 여러 성격유형으로 구분한다.
>
> MBTI는 인터넷 등을 통한 간이 테스트가 아닌 MBTI를 전문적으로 다루는 기관에서 검사를 받고 전문가의 해석을 듣는 것이 가장 좋다. MBTI는 자기를 이해하는 도구이자 다른 유형의 타인을 이해하고 존중하기 위한 목적을 가지고 있기 때문에 MBTI 검사 결과에 따라 타인을 특정 집단 안에 집어넣고 판단하는 도구로 쓰여서는 안 된다.
>
> MBTI의 유행은 코로나19 영향 중 하나로 설명할 수 있다. 코로나19로 집에 머무는 시간이 많아지고 코로나19 이전에 당연시했던 '일상의 소중함'을 인식하게 되면서 '나'라는 사람의 본질에 집중하려는 흐름이 생겨나고 이것이 MBTI의 유행으로 이어졌다고 볼 수 있다. '어느 직장 · 학교에 다니는 나'가 아닌 있는 그대로의 나를 설명하고 이해하는 도구로서 MBTI가 사용되고 있는 것이다.

① 사회적 상황의 변화에 따라 유행하게 되었다고 볼 수 있다.

② 자신의 본질뿐 아니라 나를 설명하고 이해하는 도구로 유용하다고 볼 수 있다.

③ 캐서린 쿡 브릭스와 이사벨 브릭스 마이어스의 이론을 바탕으로 만들어 졌다.

④ MBTI 결과에 따라 타인에 대해 선입견을 가지는 것은 MBTI의 의미를 훼손하는 것이다.

39. 다음 글에 대한 이해로 적절하지 않은 것은?

> 최근 과도한 스트레스와 불규칙한 생활패턴, 잘못된 식습관으로 만성피로를 겪는 현대인이 늘고 있다. 일시적인 과로로 발생한 피로가 6개월 이상 지속되거나 충분히 쉬어도 회복되지 않을 때 만성피로로 진단한다. 보통 휴식을 취하면 만성피로가 나아질 것이라고 생각하지만, 만성피로를 개선하지 않고 내버려두면 집중력이 감소하고 근육통, 두통 등이 나타나며 면역력이 떨어져 감염병에도 취약해질 수 있는 만큼 주의가 필요하다.
>
> 만성피로를 개선하려면 규칙적인 운동과 영양소가 골고루 함유된 식단이 기본이다. 하지만 일상이 바쁘고 불규칙하게 살아야 하는 현대인에게는 어려운 이야기다. 대신 하루 한 알로 피로회복에 도움 되는 성분을 간편하게 먹을 수 있는 고함량 활성비타민이 인기를 끌고 있다.
>
> 비타민 B군으로 대표되는 활성비타민은 육체 피로부터 어깨 결림, 눈 피로 등의 증상 완화에 효과가 있다. 스트레스 완화, 면역력 강화, 뇌신경 기능 유지, 피부와 모발 건강 등에도 도움을 준다고 알려졌다.
>
> 활성비타민의 효과가 알려지며 관련 시장은 매년 30% 이상 폭발적으로 성장해 다양한 제품들이 출시되고 있다. 전문가들은 비타민 제품을 고를 때 자신에게 필요한 성분인지, 함량이 충분한지, 활성형 비타민이 맞는지 등을 충분히 살펴본 다음 선택하라고 권고한다.

① 과로로 인한 피로가 1년 이상 지속될 경우 만성피로로 진단될 수 있다.

② 피로는 면역력을 감퇴시킬 수 있어 독감과 같은 전염병에 걸리기 쉽게 만든다.

③ 비타민 B군은 스트레스를 경감시키고, 모발 건강에 도움을 줄 수 있다.

④ 시중에 있는 다양한 비타민 제품은 모든 사람에게 동일한 효과를 낸다.

40. 다음 중 모양이 나머지와 다른 하나는?

①

②

③
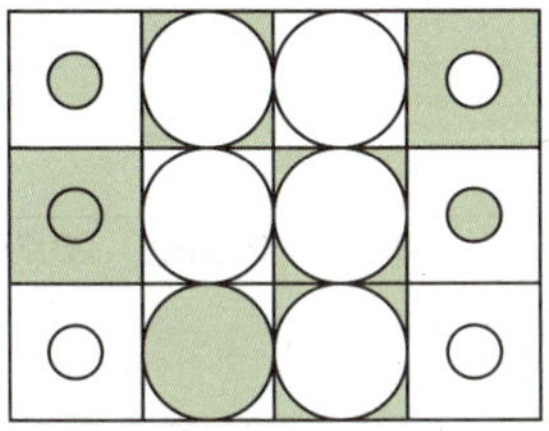

④
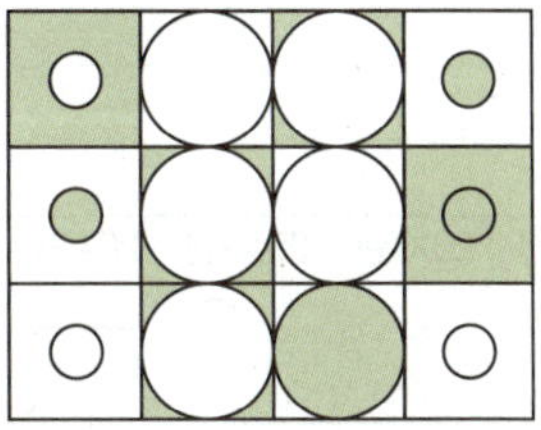

41. 다음은 우리나라 부패인식지수(CPI)의 연도별 변동 추이에 대한 표이다. 이에 대한 설명으로 적절하지 않은 것은? (단, 점수가 높을수록 청렴도가 높다)

〈부패인식지수(CPI)의 연도별 변동 추이〉

(단위 : 점, 개국, 위)

구분		20X1년	20X2년	20X3년	20X4년	20X5년	20X6년	20X7년	20X8년
CPI	점수	56.0	55.0	55.0	54.0	53.0	54.0	57.0	59.0
	조사대상국	176	177	175	168	176	180	180	180
	순위	45	46	44	43	52	51	45	39
OECD	회원국	34	34	34	34	35	35	36	36
	순위	27	27	27	28	29	29	30	27

① CPI 순위와 OECD 순위가 가장 낮은 해는 각각 20X5년, 20X7년이다.

② 자료에서 청렴도가 가장 높은 해와 20X1년도의 청렴도 점수의 차이는 3.0점이다.

③ 조사기간 동안 우리나라의 CPI는 OECD 국가에서 항상 상위권을 차지하였다.

④ 우리나라는 다른 해에 비해 20X8년에 가장 청렴했다고 볼 수 있다.

42. 다음 경찰 신고 접수 및 출동건수 현황 관련 자료에 대한 설명으로 가장 적절한 것은?

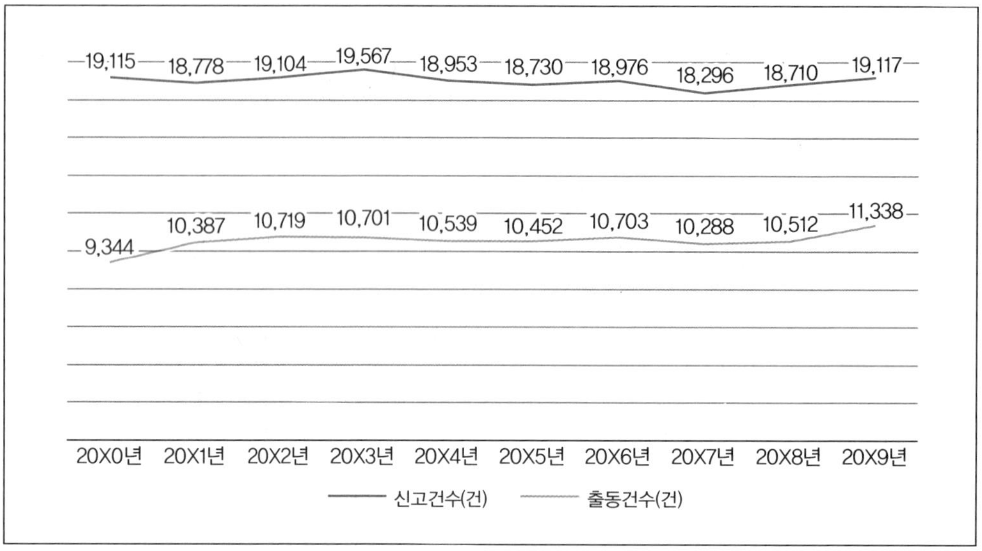

① 범죄 발생 건수는 대체로 증가 추세를 보인다.

② 신고건수 대비 출동건수는 20X2년에 가장 많았다.

③ 전년 대비 신고건수는 20X5년에 가장 많이 감소하였다.

④ 신고건수 대비 출동건수의 비율이 50%를 넘지 못하는 해는 20X0년뿐이다.

43. A ~ E 사원은 올여름 휴가 계획에 대해 다음과 같이 말했다. 한 명을 제외하고 모두 진실을 말했다고 할 때, 거짓말을 한 사원은?

A 사원 : 나는 올여름에 E 사원 바로 다음으로 휴가를 가는군.
B 사원 : 이번 여름에는 내가 마지막으로 휴가를 가는구나.
C 사원 : 나는 올여름 휴가를 D 사원보다 늦게 가겠네.
D 사원 : 나는 올여름 휴가를 B 사원, C 사원보다 늦게 가겠구나.
E 사원 : 올여름에는 내가 가장 먼저 휴가를 가네.

① A 사원　　② B 사원

③ C 사원　　④ D 사원

44. 다음 자료를 참고할 때, 총 입장료가 제일 낮은 박물관은?

〈박물관별 입장료와 방문할 단체 입장객 수〉

박물관	1인당 입장료(원)	단체 입장객 인원(명)
(가) 박물관	1,500	48
(나) 박물관	1,700	42
(다) 박물관	2,800	24
(라) 박물관	2,200	29

※ 모든 박물관은 30명 이상 단체의 총 입장료를 10% 할인해 준다.

① (가) 박물관 ② (나) 박물관 ③ (다) 박물관 ④ (라) 박물관

45. 다음 팀장 회의 좌석 배치도와 〈조건〉을 참고할 때, 항상 참인 발언을 한 사람은?

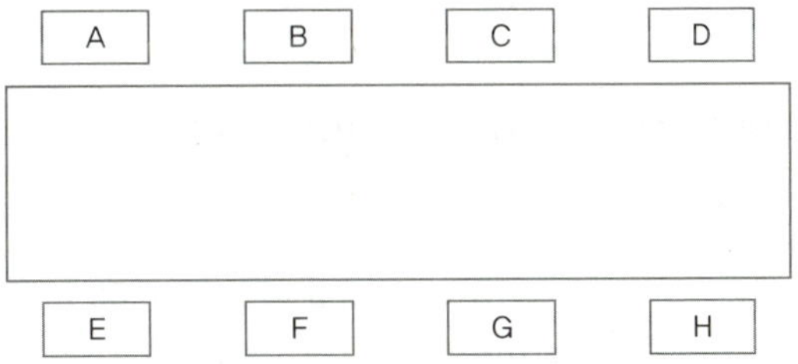

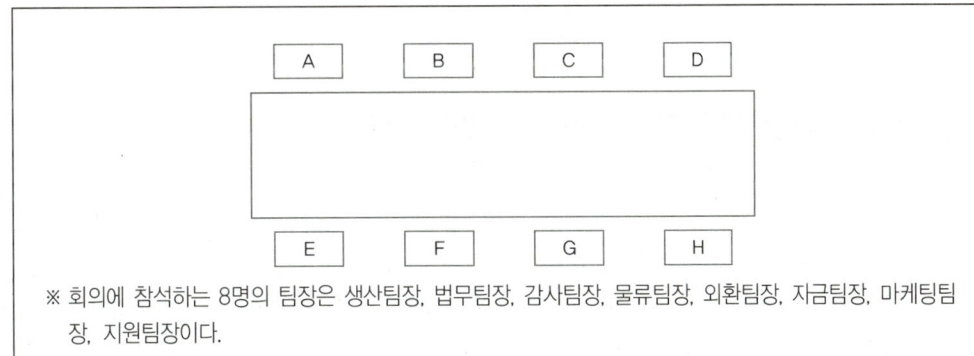

※ 회의에 참석하는 8명의 팀장은 생산팀장, 법무팀장, 감사팀장, 물류팀장, 외환팀장, 자금팀장, 마케팅팀장, 지원팀장이다.

조건

(가) 자금팀장과 감사팀장은 가장 멀리 떨어져 위치한다.
(나) 물류팀장은 외환팀장과 마주보고 있다.
(다) 지원팀장은 감사팀장, 물류팀장과 각각 떨어진 거리가 같다.
(라) 마케팅팀장은 A 자리에 위치하며 생산팀장, 법무팀장, 감사팀장, 물류팀장은 모두 같은 라인에 위치한다.

① 영규 : 마케팅팀장과 지원팀장 사이에는 한 자리가 있군.
② 서윤 : 감사팀장과 법무팀장 사이에는 두 자리가 있네.
③ 성현 : 외환팀장은 생산팀장, 법무팀장과 각각 떨어진 거리가 같구나.
④ 재선 : 생산팀장의 건너편에는 지원팀장이 위치하네.

2회 기출예상문제

소양평가

문항수 | 45문항
시험시간 | 50분

정답과 해설 22쪽

01. 다음 중 밑줄 친 말이 〈보기〉의 부분과 유사한 의미로 사용된 것은?

보기

세계적인 K-푸드 열풍을 발판으로 김과 가공 밥의 수출시장이 역대 최대치를 경신했다. 관세청에 따르면, 2023년 1월부터 10월까지 김 수출액은 전년 동기 대비 20.4%, 가공 밥은 29.9% 늘어났다. 이는 OTT 내의 한국 콘텐츠 확산과 소셜미디어의 시식 동영상 유행에 따른 한국 음식에 대한 세계인의 관심 증가와 이에 발맞추어 현지화로 세계인의 입맛에 맞는 다양한 상품을 출시한 우리 기업의 노력 덕이다.

① 우리 집 주소는 방금 말씀하신 그 주소가 맞습니다.

② 만일 내 동작이 다른 사람들과 맞지 않으면 관중이 비웃을 것이다.

③ 그것은 나의 분위기와는 전혀 맞지 않는다.

④ 이 정도 습도가 아마 아이들에게 딱 맞을 것이다.

02. 다음 글에 이어질 내용으로 가장 적절하지 않은 것은?

인간은 흔히 자기 뇌의 10%도 쓰지 못하고 죽는다고 한다. 또 사람들은 천재 과학자인 아인슈타인조차 자기 뇌의 15% 이상을 쓰지 못했다는 말을 덧붙임으로써 이 말에 신빙성을 더한다. 이 주장을 처음 제기한 사람은 19세기 심리학자인 윌리엄 제임스로 추정된다. 그는 "보통 사람은 뇌의 10%를 사용하는데 천재는 15 ~ 20%를 사용한다."라고 말한 바 있다. 인류학자 마거릿 미드는 한발 더 나아가 그 비율이 10%가 아니라 6%라고 수정했다. 그러던 것이 1990년대에 와서는 인간이 두뇌를 단지 1% 이하로 활용하고 있다고 했다. 최근에는 인간의 두뇌 활용도가 단지 0.1%에 불과해서 자신의 재능을 사장시키고 있다는 연구 결과도 제기됐다.

① 인간의 두뇌가 가진 능력을 제대로 발휘하지 못하도록 하는 요소가 무엇인지 연구해야 한다.

② 어른들도 계속적인 연구와 노력을 통하여 자신의 두뇌가 가진 능력을 충분히 발휘할 수 있도록 해야 한다.

③ 어린 시절부터 개성적인 인간으로 성장할 수 있도록 조기교육을 실시해야 한다.

④ 인간의 두뇌 개발을 촉진시킬 수 있는 프로그램을 개발해야 한다.

03. 다음은 직장인들을 대상으로 실시한 설문조사 결과를 나타낸 표이다. 이에 대한 설명으로 옳지 않은 것은? (단, 평균 점수가 높을수록 순위도 높다)

〈직장 선택의 기준〉

(단위 : 점)

항목	평균 점수	
	201X년	202X년
복리후생	2.66	2.59
조직문화	2.83	2.92
근무 지역	1.53	2.79
회사 규모	1.55	2.97
직무 적합성	2.98	3.08
고용 안정성	3.27	3.40
대외적 인지도	2.77	2.87
기업의 성장 가능성	2.66	2.66

※ 전혀 중요하지 않다(1점), 중요하지 않다(2점), 중요하다(3점), 매우 중요하다(4점)

① 두 해의 1위와 2위 항목은 동일하다.

② 두 해의 평균 점수가 동일한 항목은 1개이다.

③ 201X년보다 202X년에 순위가 하락한 항목은 1개이다.

④ 201X년보다 202X년에 평균 점수가 오른 항목은 모두 6개이다.

04. 소영이가 집에서 10km의 거리에 위치한 백화점에 가는데 시속 4km로 걷다가 특정 시점부터 시속 6km로 뛰었더니 총 2시간 20분이 걸렸다. 소영이가 뛴 시간은 총 몇 분인가? (단, 소영이는 중간에 쉬지 않았다)

① 10분　　② 20분

③ 30분　　④ 40분

05. 다음은 A 애견카페를 이용한 손님에 대한 정보이다. 제시된 정보에 대한 진위여부가 확실하지 않을 때, 〈보기〉의 추론 중 반드시 참인 것은? (단, 반려견을 동반하지 않은 반려인 출입은 불가능하다)

> [정보 1] 총 3명의 손님이 방문했다.
> [정보 2] 손님은 각각 최소 2마리 이상의 반려견과 함께 방문했다.
> [정보 3] 이날 방문한 반려견의 수는 최소 6마리이다.
> [정보 4] 이날 방문한 반려견의 수는 짝수이다.

보기

> (가) [정보 1]과 [정보 2]가 참이면 [정보 3]도 참이다.
> (나) [정보 2]가 참이면 [정보 4]도 참이다.
> (다) [정보 1]과 [정보 3]이 참이면 [정보 2]도 참이다.

① (가) ② (나)
③ (다) ④ (가), (다)

06. 다음 그림에서 만들 수 있는 크고 작은 사각형은 모두 몇 개인가?

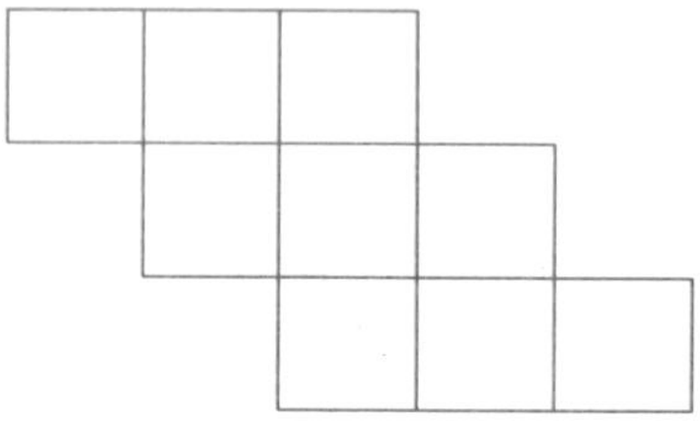

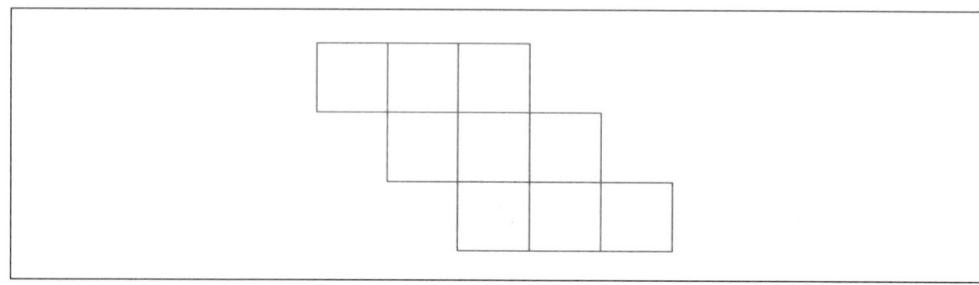

① 22개 ② 23개
③ 24개 ④ 25개

07. 다음 중 밑줄 친 부분의 표기가 옳은 것은?

① 오랫만에 고향 사람을 만나자 아주 반가웠다.
② 지난 몇일 동안 계속 내리는 장맛비로 개천 물은 한층 불어 있었다.
③ 김 과장은 반지하 전셋방에서 살림을 시작한 지 10년 만에 자기 집을 마련하였다.
④ 그것은 교사로서 할 일이 아니다.

08. 다음 글은 안중근 의사가 쓴 '동양평화론' 중 일부이다. 이 글에서 교훈을 얻어 직장생활에 적용하려고 할 때, 〈보기〉 중 적절한 것을 모두 고르면?

> 무릇 '합하면 성공하고 흩어지면 실패한다'는 말은 만고불변의 진리이다. 지금 세계는 지역이 동쪽과 서쪽으로 갈라지고 인종도 제각기 달라 서로 경쟁하기를 마치 차 마시고 밥 먹는 것처럼 한다. 농사짓고 장사하는 일보다 무기를 연구하는 일에 더 열중하여 전기포 · 비행선 · 잠수함을 새롭게 발명하니 이것들은 모두 사람을 해치고 사물을 손상시키는 기계이다. 청년을 훈련시켜 전쟁터로 몰아넣어 수많은 귀중한 생명을 희생물처럼 버리니 핏물이 내를 이루고 살점이 땅을 덮는 일이 하루도 끊이지 않는다. 살기를 좋아하고 죽기를 싫어하는 것은 모든 사람의 보통 마음이거늘 맑고 깨끗한 세상에 이 무슨 광경이란 말인가? 말과 생각이 여기에 미치자 등골이 오싹하고 마음이 싸늘해진다.

보기

㉠ 동료와 협력하고 화합하라.
㉡ 가까운 사람과 좋은 관계를 유지하라.
㉢ 창의적인 아이디어로 문제를 해결하라.
㉣ 경쟁에서 살아남을 수 있는 역량을 키워라.

① ㉠, ㉡
② ㉠, ㉢
③ ㉡, ㉣
④ ㉠, ㉡, ㉢

09. □□기업이 면접관 건, 곤, 감, 리와 지원자 갑, 을, 병, 정 여덟 명의 인원을 다음 조건에 따라 네 개의 테이블에 앉혀 일대일 면접을 진행할 때, 가능하지 않은 것은?

- 네 개 테이블의 배치는 일직선이며, 각 테이블의 면접관은 왼쪽부터 건, 곤, 감, 리 순으로 앉아있다.
- 지원자 병의 면접관은 감이 아니다.
- 지원자 정은 지원자 갑보다 왼쪽에 앉는다.
- 지원자 을은 가장 오른쪽 테이블에 앉지 않는다.

① 지원자 병이 면접관 곤의 테이블에 앉고, 지원자 정이 면접관 감의 테이블에 앉았다.

② 지원자 병이 면접관 리의 테이블에 앉고, 지원자 정은 면접관 건의 테이블에 앉았다.

③ 지원자 을이 지원자 갑보다 왼쪽에 앉는다.

④ 지원자 정이 면접관 리의 테이블에 앉는다.

10. 다음의 명제가 모두 참일 때 옳은 것은?

- 껌을 좋아하는 아이는 사탕도 좋아한다.
- 초콜릿을 좋아하지 않는 아이는 사탕도 좋아하지 않는다.
- 감자칩을 좋아하는 아이는 사탕도 좋아한다.

① 감자칩을 좋아하는 아이는 초콜릿도 좋아한다.

② 감자칩을 좋아하는 아이는 껌을 좋아하지 않는다.

③ 초콜릿을 좋아하는 아이는 감자칩도 좋아한다.

④ 껌을 좋아하는 아이는 초콜릿은 좋아하지 않는다.

11. 다음과 같이 종이를 접은 후, 마지막에서 점선 부분을 자르고 다시 펼쳤을 때의 모양으로 옳은 것은?

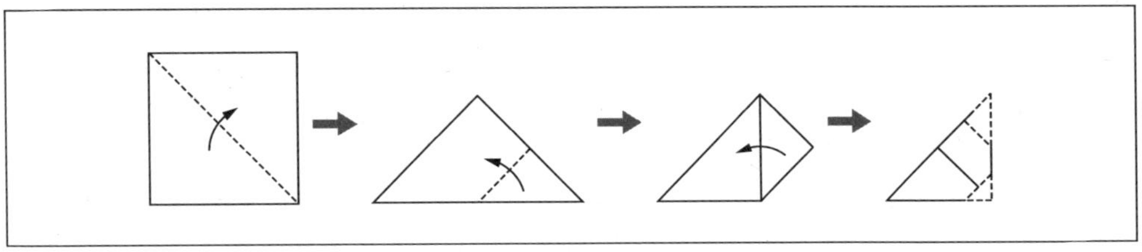

①
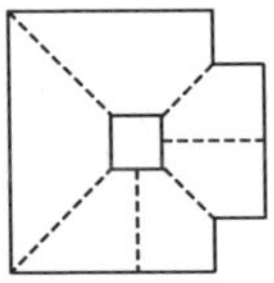

②
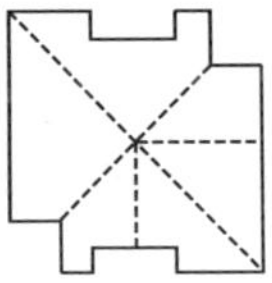

③
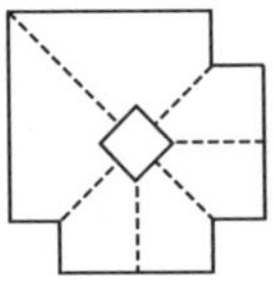

④
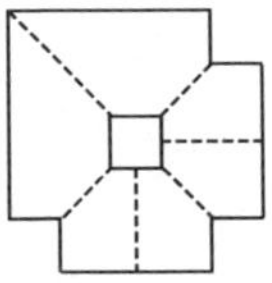

12. 다음 〈보기〉에서 상사와 대화할 때 주의할 사항으로 적절한 것을 모두 고르면?

보기

ㄱ. 상사가 어렵고 불편하다고 해서 자기 자신을 지나치게 낮출 필요는 없다.
ㄴ. 상사와 의견이 다를 경우 바로 맞받아치지 않고 상사의 말이 다 끝난 뒤에 분명한 근거를 가지고 자신의 의견을 제시한다.
ㄷ. 상사가 정확하게 의사표현을 하지 않았을 때에는 상사의 의중을 짐작하여 판단한다.
ㄹ. 업무와 관련하여 명확하게 알지 못하는 부분에 대해서는 '~인 것 같다', '~일 것이다'와 같은 표현을 사용하여 매끄럽게 넘어간다.
ㅁ. 상사의 말에 '네', '그렇군요' 등의 추임새를 넣어 대화를 자연스럽게 한다.

① ㄱ, ㄴ, ㄹ　　② ㄱ, ㄴ, ㅁ
③ ㄴ, ㄹ, ㅁ　　④ ㄷ, ㄹ, ㅁ

13. 다음 글을 읽고 추론한 내용으로 옳은 것은?

미국의 저명한 경영학자인 P 교수에 의하면 소비자의 구매 경로는 인지, 호감, 질문, 행동, 옹호의 과정을 거친다고 한다. 이 중에서 기업이 그들의 역량을 집중시켜야 하는 부분은 바로 기업의 옹호자를 만드는 과정이다. 기업의 옹호자가 된 소비자는 기업이 추구하는 철학에 공감하고 기업으로 인해 자부심을 느끼기도 하기 때문이다.

기업의 옹호자를 만들기 위해 기업에 필요한 요소는 진정성이다. 오늘날의 소비자는 제품의 가격, 품질보다는 기업의 진정성을 구매의 기준으로 삼는 경우가 많다. 이는 기술의 발달로 제품의 품질과 성능이 비슷해지면서 제품 간 차별성이 약해졌기 때문이다. 사회적으로도 기업의 투명성이 강조되면서 기업의 진정성이 어떤 방식으로 전달되는지가 중요해졌다.

기업의 진정성이 중요해진 데에는 소비자의 진화가 결정적인 요인으로 작용했다. 소비자가 기업이 제공하는 정보에 의존하던 과거와 달리 오늘날에는 소비자가 실제 제품을 사용해 본 타인의 사용 후기, 전문가 의견, 블로거 리뷰 등의 간접적인 경험을 통해 제품 구매를 결정한다. 따라서 기업은 자신들의 의도대로 소비자의 인식을 바꾸려 하기보다는 제품에 관한 모든 것을 투명하게 공개한 후 이를 직 · 간접적으로 접하게 되는 소비자의 경험 가치를 관리해야 한다. 오늘날의 소비자는 자신의 구매 활동이 개인적 활동인 동시에 사회적 의미도 내포하고 있음을 알고 있다. 이에 따라 가격과 품질만 좋다면 기업의 이미지와는 상관없이 제품을 구매했던 과거와 다르게 오늘날의 소비는 기업이 지닌 철학과 기업의 이미지를 고려하여 비록 가격이 조금 더 비싸더라도 사회적으로 긍정적인 효과를 주는 제품을 구매하기도 한다.

진정성은 광고나 구호 등으로 표현되는 것이 아니라 생산, 소비의 모든 과정에서 일련의 행동을 통해 나타나므로 기업이 진정성을 보이기 위해서는 기업의 철학과 이를 실천하고자 하는 구성원의 노력이 필수적이다. 기업은 제품 자체에 대해 진정성을 나타낼 수 있고 때로는 고객에 대해, 때로는 사회적 가치에 대해 진정성을 나타낼 수도 있다. 비록 기업에 약간의 결점이 있더라도 기업이 소비자와 공감대를 형성하고 겸손함과 같은 미덕을 보여 준다면 소비자는 그 기업을 투명한 기업으로 느끼면서 기업을 신뢰하고 옹호하게 된다.

① 제품에 관한 정보를 얻을 수 있는 경로가 다양해지면서 기업의 진정성 전달은 더욱 중요해졌다.

② 기업의 진정성을 전달하기 위해서는 소비자의 인식변화를 이끌어 내는 광고를 하는 것이 효과적이다.

③ 진정성을 보이는 전략은 기업의 이미지 개선에 도움이 되지만 매출 증대에는 별다른 영향을 주지 못한다.

④ 옷을 팔 때마다 저소득층에게 그만큼의 옷을 기부하는 것은 제품 자체에 대해 진정성을 나타내는 방법이다.

[14 ~ 15] 다음 자료를 보고 이어지는 질문에 답하시오.

〈농업 경영형태별 농가 수 추이〉

(단위 : 천 호, %)

구분	2005년	2010년	2015년	2020년	2005년 대비 2020년 증감률
합계	1,383	1,273	1,177	1,088	-21.3
논벼	787	648	523	454	-42.4
식량작물	92	126	116	138	50.2
채소	238	230	224	198	-16.9
특용작물	38	28	28	39	2.5
과수	143	145	170	172	19.9
화훼	8	10	19	14	76.2
기타작물	5	3	16	20	352.5
축산	72	82	81	53	-26.1

14. 다음 중 위의 자료를 바르게 이해하지 못한 것은?

① 조사기간 중 2020년에 가장 많은 농가 수를 보이는 농업 경영형태 유형은 3가지이다.
② 지속적으로 농가 수가 증가한 경영형태는 과수가 유일하다.
③ 2005년 대비 2020년의 농가 수 감소율이 가장 큰 경영형태는 논벼이다.
④ 전체 농가의 수는 지속적으로 감소하였다.

15. 위의 자료에서 채소를 경영하는 농가의 수가 전체에서 차지하는 비율이 높은 연도 순으로 바르게 나열한 것은?

① 2020년－2015년－2010년－2005년
② 2015년－2020년－2005년－2010년
③ 2015년－2010년－2020년－2005년
④ 2015년－2020년－2010년－2005년

16. 글쓴이가 다음 글을 작성할 때 고려한 사항이 아닌 것은?

> 2018년 여름에는 기록적인 폭염이 한반도를 덮쳤다. 지구온난화로 티베트 고원에서 달아오른 공기가 북태평양 고기압과 합세해 한반도를 비롯한 지구 북반구에 고온다습한 '열돔'을 형성했다. 이는 2018년에만 일어난 이상현상은 아니다. 미국 국립해양대기국(NOAA)의 2016년 기후현황보고서에 따르면 2016년이 기상관측 이래 가장 더운 해로 기록됐다. 해수면 높이는 6년 연속 최고치를 경신했다. 폭염은 폭염만으로 끝나지 않았다. 겨울의 혹독한 한파와 여름의 폭염이 번갈아 반복되면서 2018년의 경우 서울의 연교차는 57.4도를 기록했다. 기상청 자료에 의하면 한반도를 둘러싼 해수면 온도 역시 상승하고 있다. 매년 0.34도씩 상승했고, 해수면 온도 상승은 포획 어종까지 바꿔 놓고 있어 생태계의 변화를 실감할 수 있다.
>
> 그렇다면 지구온난화 대책으로 무엇이 있을까? 인류는 1992년 리우회의에서 유엔기후변화협약, 1997년 교토의정서 이후 많은 논의를 통해 2015년 파리협약을 체결했다. 2020년 만료된 교토의정서를 대체한 이 협약은 2020년 이후의 기후변화 대응을 담았다. 한국은 2050년 온실가스 배출 전망치 대비 37%를 감축하기로 했다. 정부나 지자체의 정책적 규제나 노력이 반드시 선행되어야 하겠지만, 우리 각자의 자발적인 고민 역시 필수적이다.

① 근거 내용의 출처를 제시해야겠군.

② 질문을 던져 주의를 환기시켜야겠군.

③ 지구온난화에 대응하기 위한 국제적 협약을 제시해야겠군.

④ 정부에서 추진하는 구체적인 규제방법을 제시해야겠군.

17. 다음 A, B 두 개의 명제가 모두 참일 때, 빈칸에 들어갈 명제로 적절한 것은?

> A. 게으르지 않은 사람은 운동을 싫어하지 않는다.
> B. 긍정적이지 않은 사람은 운동을 싫어한다.
> C. 그러므로 (   )

① 긍정적이지 않은 사람은 게으르다.

② 운동을 싫어하는 사람은 긍정적이다.

③ 운동을 싫어하지 않는 사람은 긍정적이지 않다.

④ 긍정적이지 않은 사람은 운동을 싫어하지 않는다.

18. 연속된 세 개의 짝수를 모두 더한 값이 54일 때, 이 중 가장 큰 수는?

① 16
② 20
③ 24
④ 28

19. 정수, 현민, 지혜 세 사람이 A 대학에 합격할 수 있는 확률은 각각 $\frac{1}{4}$, $\frac{1}{5}$, $\frac{1}{2}$이다. 이 중 적어도 한 명이 대학에 합격할 확률은?

① 0.5
② 0.6
③ 0.7
④ 0.8

20. 다음은 A～C 지역의 성별 인구분포에 관한 자료이다. A～C 지역의 남성 인구의 합은 300명, 여성 인구의 합은 450명일 때, 〈보기〉에서 다음 자료에 대한 설명으로 옳은 것을 모두 고르면?

〈A～C 지역의 성별 인구분포〉

(단위 : %)

구분	A 지역	B 지역	C 지역	합
남성	15	55	30	100
여성	42	30	28	100

보기

ㄱ. A 지역 남성 인구는 B 지역 여성 인구의 30% 이상이다.
ㄴ. A 지역 총인구는 C 지역 총인구보다 20명 이상 많다.
ㄷ. C 지역의 남성 인구는 같은 지역의 여성 인구보다 40명 이상 적다.
ㄹ. B 지역 남성 인구 중 80명이 C 지역으로 이주하여도, C 지역의 전체 인구는 A～C 지역 총인구의 40%에 미치지 못한다.

① ㄱ, ㄴ
② ㄱ, ㄹ
③ ㄴ, ㄷ
④ ㄷ, ㄹ

21. 왼쪽의 첫 번째 입체도형은 두 번째와 세 번째의 입체도형에 한 가지 입체도형을 추가로 결합시켜 만들 수 있다. 추가할 입체도형으로 옳은 것은?

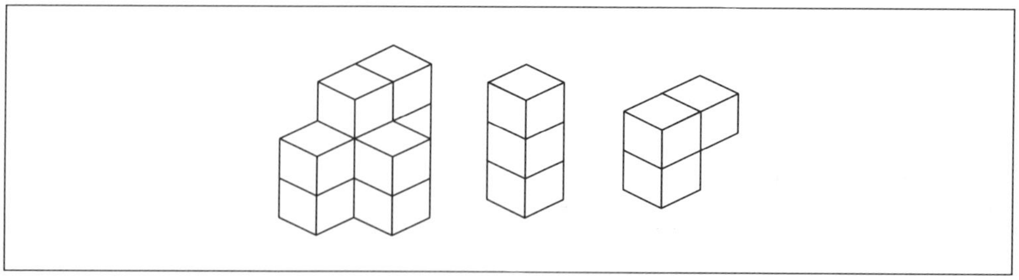

①
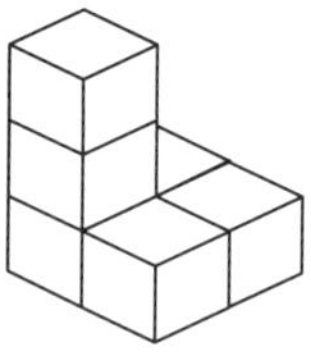

②
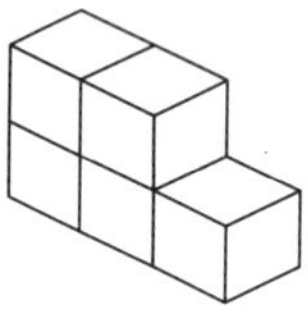

③
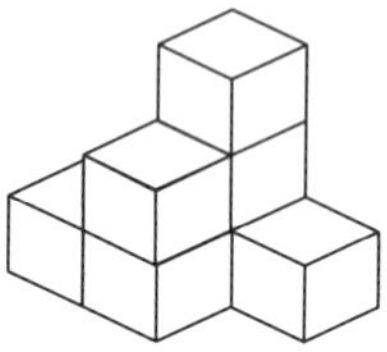

④
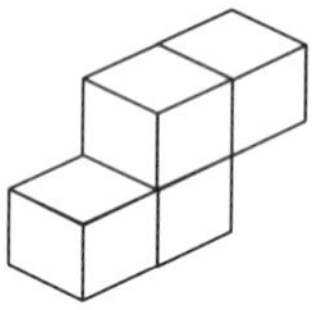

22. 다음 글을 읽고 K 씨가 농기업 CEO로 성공할 수 있었던 원인을 분석한 내용으로 가장 적절한 것은?

K 씨는 우연히 고급 호텔의 음식에 사용되는 용꽃을 발견하고 왜 먹지 못하는 것을 장식으로 내놓은 것인지 생각했다. 하지만 이내 그것을 색다른 사업 아이템이라고 생각하며 창업을 하게 되었다. 새싹채소를 작게 만들어 장식용으로 사용하면 먹는 음식에 보는 즐거움까지 얻을 수 있다는 아이디어를 바탕으로 연구에 착수해 지금은 자신만의 대표 브랜드를 가진 한 기업의 CEO로 성공했다. 이렇게 K 씨는 그 누구도 생각지 못한 아이디어로 성공해 농업계의 대표적인 성공 사례가 되어 다른 농업인에게 본보기가 되고 있고 개인 농업인들에게 희망을 주고 있다.

① 경쟁에서 이기기 위해 제품 디자인, 제품 출시 시기 등 제품의 성능 외의 부분에도 전략적으로 접근하였다.
② 문제 해결방안을 찾기 위해 내 · 외부자원을 효율적으로 활용하였다.
③ 새로운 상품을 출시하기 위하여 타사의 제품을 벤치마킹하였다.
④ 발상의 전환을 통하여 새로운 관점으로 다가갈 수 있는 아이디어를 창출하였다.

[23 ~ 24] 다음 글을 읽고 이어지는 질문에 답하시오.

> 과거에는 사무실 업무가 끝나고 맥주 한 잔을 같이 즐기거나 스포츠 중계를 함께 보거나 쇼핑을 함께할 친구가 있었다. 노동은 매일 출근하는 이유의 일부에 불과했다. 노동이 삶의 전부가 아니었고 더 큰 사회의 일부로 살아간다는 느낌이 존재했다.
>
> 그러나 현재 재택, 원격 등 예전과는 달라진 하이브리드 업무환경에서 노동과 사회적 관계는 한층 더 양극화되었다. 이러한 양극화 현상은 직업과 개인 생활 모두에 영향을 미치고 있다. 노동의 질적인 면 그리고 사람과 노동의 관계에 변화가 찾아왔다.
>
> 프라이버시 중심 이메일 업체 ○○의 COO는 "좋아하는 사람과 시간을 보내는 것, 그리고 멋진 일을 하는 것, 이 두 가지를 통해 삶의 의미를 느끼게 된다"라고 말했다. 탕비실, 사무실, 회사 내 휴게실에서 일어나는 모든 사물과 사건은 사람들로 하여금 공통적인 유대감을 생성한다. 그리고 조직에 소속되어 있다고 느끼면 노동의 의미를 더욱 심층적으로 체감할 수 있다.
>
> 재택/하이브리드 팀에서 심층적이고 유의미한 관계를 만들려면 관련된 모두가 의도적으로라도 방법을 생각해 보아야 한다. 완전 재택 환경에서는 회의실, 엘리베이터, 누군가의 책상 옆을 지나는 일이 없으므로 우연한 사건이나 마주침이 발생하지 않는다. 하지만 일부러라도 ⓐ <u>이런 일</u>을 만들려고 노력해야 한다.
>
> 이것은 일종의 '멋진 신세계'다. 어느 정도는 모든 사람이 공동으로 발견한 신대륙이다. 재택 및 하이브리드 팀에서 일하는 사람, 이질적인 팀 간 연락을 용이하게 하는 도구를 개발한 사람, 조언을 위한 독특한 솔루션을 만든 사람에게 '멋진 신세계'의 새 항해법을 질문해 보아야 한다.

23. 밑줄 친 ⓐ에 해당하는 사례로 적절하지 않은 것은?

① 입사 동기를 몇 년 만에 회사 휴게실에서 마주친 일

② 과거 프로젝트를 함께 수행했던 후배를 오랜만에 마주친 일

③ 해결하기 어렵던 과제를 해결하고 성취감을 느낀 일

④ 다른 부서로 부서 이동을 한 상사를 우연히 만난 일

24. 윗글의 필자가 주장하는 직장의 개념으로 옳은 것은?

① 직장은 건전한 의사소통을 권장하는 곳이다.

② 직장은 전문성을 갖춘 구성원들이 경쟁하는 공간이다.

③ 직장은 사람들과의 교류를 보장하는 작은 사회이다.

④ 직장은 구체적인 목표와 방향을 가지고 운영되는 체계적 조직이다.

25. 다음을 보고 그 규칙을 찾아 '?'에 들어갈 도형으로 적절한 것을 고르면?

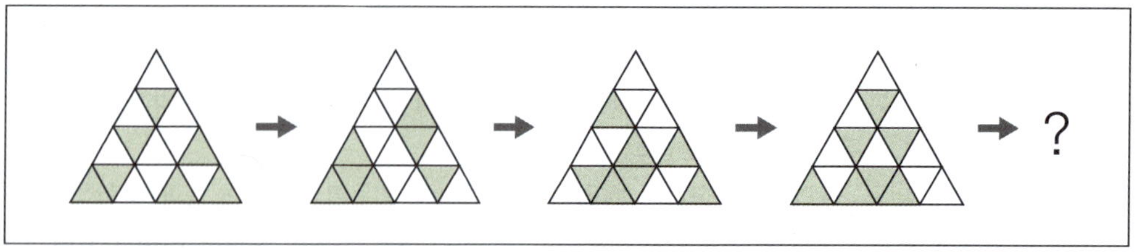

①

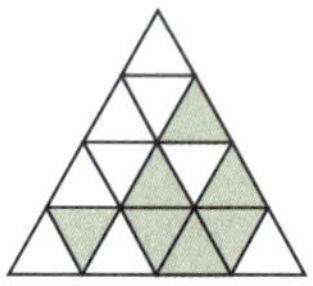

②

③

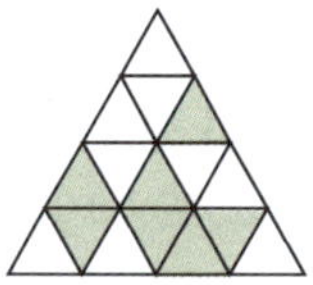

④

26. 다음은 남한과 북한의 교육기관 수를 나타낸 자료이다. 이에 대한 설명으로 옳지 않은 것은?

〈남한과 북한의 교육기관 수〉

(단위 : 개교)

구분	남한			북한		
	초등학교	중등학교	대학	소학교	중학교 (중등 · 고등)	대학
20X2년	5,895	5,465	1,518	4,800	4,600	480
20X3년	5,913	5,495	1,538	4,800	4,600	480
20X4년	5,934	5,512	1,547	4,800	4,600	490
20X5년	5,978	5,548	1,534	4,800	4,600	490
20X6년	6,001	5,562	1,532	4,800	4,600	490

① 조사기간 동안 북한의 소학교와 중학교 수는 변화가 없었다.
② 조사기간 동안 매년 남한의 대학 수는 북한의 대학 수의 3배 이상이다.
③ 조사기간 동안 남한의 교육기관 수는 대학을 제외하고 꾸준히 증가하고 있다.
④ 20X6년 남한의 총 교육기관 수는 북한의 총 교육기관 수의 1.5배 이상이다.

27. 다음은 ◇◇지역 전체 주민을 대상으로 조사한 대사증후군 위험요인 보유개수 및 위험요인별 보유자 수에 관한 자료이다. 이에 대한 설명으로 옳지 않은 것은?

〈대사증후군 위험요인 보유개수별 보유자 수〉

(단위 : 명)

성별	총인원	1개	2개	3개	4개	5개
남성	17,505	4,534	4,325	3,055	1,611	-
여성	18,498	4,440	3,000	2,206	1,169	518

※ 개수별 보유인원은 중복되지 않는다. 예를 들어 대사증후군 위험요인이 2개인 집단은 대사증후군 위험요인이 1개인 집단을 포함하지 않는다.

※ 대사증후군 위험요인을 1 ~ 2개 보유한 사람을 '대사증후군 주의군', 3 ~ 5개 보유한 사람을 '대사증후군 질환자'로 정의하며, 6개 이상의 대사증후군을 보유한 사람은 없다.

〈대사증후군 위험요인별 보유자 수〉

(단위 : 명)

성별	총인원	복부비만	고혈압	고혈당	고지혈증	낮은HDL
남성	17,505	4,929	9,010	7,802	6,393	2,949
여성	18,498	3,812	6,217	5,408	3,733	4,570

※ 자료에 제시된 것 이외의 대사증후군 위험요인은 없다.

① 복부비만과 고혈압을 모두 보유한 남성의 수는 13,939명이다.

② ◇◇지역 남성 중 복부비만 보유자의 비율은 ◇◇지역 여성 중 고혈압 보유자의 비율보다 낮다.

③ '대사증후군 주의군'에 해당하는 남성의 수는 '대사증후군 질환자'에 해당하는 남성의 수의 2배 이상은 아니다.

④ 대사증후군 위험요인을 보유하지 않은 여성의 수는 '대사증후군 주의군'에 해당하는 여성의 수보다 적다.

부산기출복원 | 1회 기출예상 | 2회 기출예상 | 3회 기출예상 | 4회 기출예상 | 5회 기출예상 | 6회 기출예상 | 7회 기출예상 | 8회 기출예상 | 9회 기출예상 | 인성검사 | 면접가이드

28. 다음은 모임의 현재 상황에 관한 설명이다. 〈정보〉를 토대로 알 수 없는 것은?

정보

- 오늘 모임은 19시에 시작할 예정이며, 총 3시간이 소요된다.
- 모임은 모든 사원이 도착해야 시작된다.
- 모임시간에 늦으면 벌금을 내야 한다.
- 민아는 현재 약속장소에 도착해 있으며 벌금을 낸다.
- 천호가 민아보다 늦게 도착한다.

① 모임에 참가하는 사람은 최소 2명이다.
② 민아는 19시까지 약속장소에 도착하지 못했다.
③ 천호는 벌금을 내야 한다.
④ 천호가 도착하면 모임이 시작된다.

29. 다음 도형이 반시계 방향으로 90° 회전했을 때의 모양으로 옳은 것은?

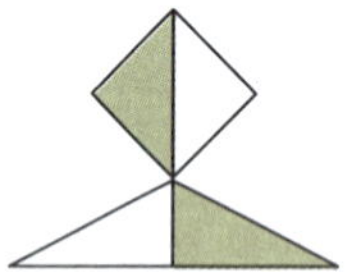

①

②
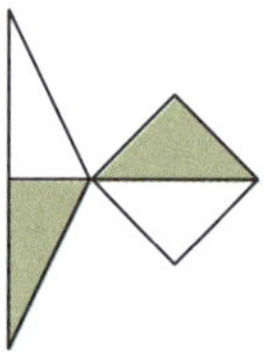

③
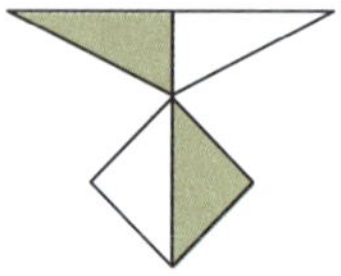

④

30. 다음 글의 주제로 적절한 것은?

> 경쟁이라는 말은 어원적으로 '함께 추구하다'라는 뜻을 내포한다. 경쟁의 논리가 기술의 진보와 생산성 향상에 크게 기여했음은 부인할 수 없다. 인간의 욕구 수준을 계속 높여 감으로써 새로운 진보와 창조를 가능케 한 것이다. 정치적인 측면에서도 경쟁 심리는 민주주의 발전의 핵심적인 동인(動因)이었다. 정치적 의지를 관철시키려는 이익집단 또는 정당 간의 치열한 경쟁을 통해 민주주의가 뿌리내릴 수 있었기 때문이다.
>
> 그러나 오늘날 경쟁의 의미는 변질되어 통용된다. 경쟁은 더 이상 목적을 달성하기 위한 수단들 가운데 하나가 아니라, 그 자체가 하나의 범세계적인 지배 이데올로기로 자리잡았다. 경쟁 논리가 지배하는 사회에서는 승리자와 패배자가 확연히 구분된다. 경쟁 사회에서는 협상을 통해 갈등을 해소하거나 타협점을 찾을 여지가 없다. 그저 경쟁에서 상대방을 이기면 된다는 간단한 논리가 존재할 뿐이다.

① 경쟁의 어원
② 경쟁의 목적
③ 경쟁의 변모
④ 경쟁의 공정성

31. 명품 매장에서 제품 도난 사건이 발생했다. CCTV 확인 결과, A ~ E가 포착되어 이들을 용의자로 불러서 조사를 진행했고 그 진술은 다음과 같다. 범인만 거짓을 말한다고 할 때 범인은 누구인가? (단, 용의자들 중 범인은 한 명이다)

> A : B는 범인이 아니다.
> B : C 또는 D가 범인이다.
> C : 나는 절도하지 않았다. B 또는 D가 범인이다.
> D : B 또는 C가 범인이다.
> E : B와 C는 범인이 아니다.

① A
② B
③ C
④ D

32. 네 자리 숫자로 이루어진 자물쇠 비밀번호가 다음 〈조건〉을 만족한다고 할 때, 비밀번호로 알맞은 것은?

조건

- 각 자리의 비밀번호는 1에서 9까지의 숫자이고 모두 홀수이다.
- 첫 번째와 세 번째 숫자의 합이 두 번째와 네 번째 숫자의 합보다 작다.
- 연속된 두 숫자의 합은 모두 같다.
- 두 번째 숫자와 네 번째 숫자의 곱은 9이다.

① 1313　　② 3159
③ 3413　　④ 9137

33. 다음 중 세 개는 동일한 그림을 회전한 것이다. 나머지와 다른 그림 하나는?

①
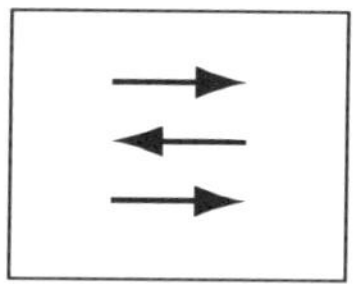

②
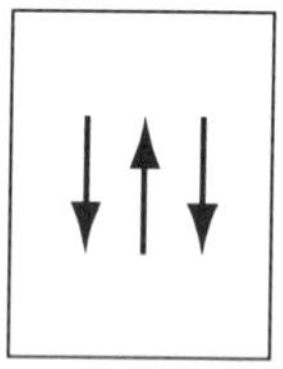

③
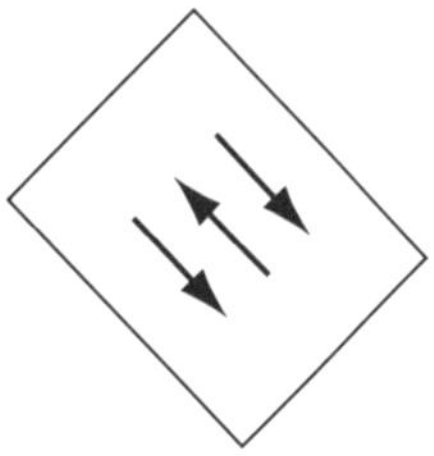

④
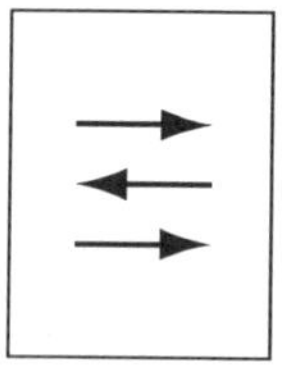

34. 다음 중 자료를 분석한 의견으로 적절하지 않은 것은?

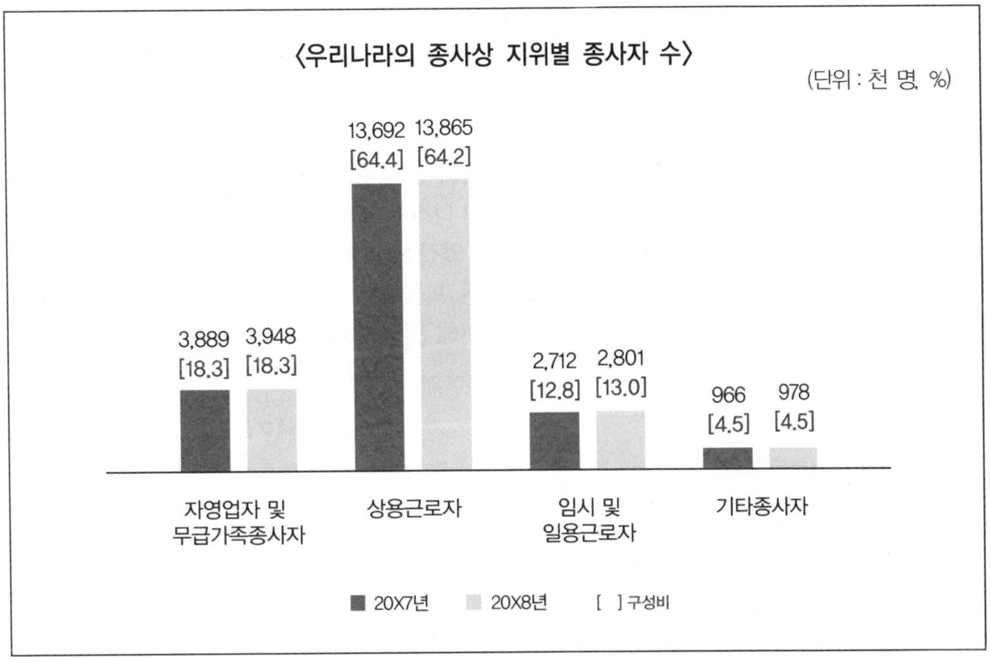

① 우리나라는 상용근로자 수가 가장 많군.

② 20X8년에 1년 전보다 종사자 수가 가장 많이 증가한 지위는 상용근로자네.

③ 종사자 수가 증가했다고 해서 그 비중도 반드시 증가하는 것은 아니로군.

④ 20X8년에 1년 전보다 종사자 수가 감소한 지위는 기타종사자뿐이구나.

35. 갑은 중간고사에서 네 과목의 평균이 89.5점이 나왔다. 마지막 영어시험까지 합하여 다섯 과목의 평균이 90점 이상 나오려면, 영어는 최소한 몇 점을 받아야 하는가?

① 88점　　② 90점

③ 92점　　④ 93점

36. 다음 글의 내용과 관련 있는 사자성어는?

> 북쪽 변방에 한 노인이 살고 있었는데, 어느 날 이 노인이 기르던 말이 멀리 달아나 버렸다. 마을 사람들이 이를 위로하자 노인은 "오히려 복이 될지 누가 알겠소."라고 말했다. 몇 달이 지난 어느 날 그 말이 한 필의 준마(駿馬)를 데리고 돌아왔다. 마을 사람들이 이를 축하하자 노인은 "도리어 화가 될는지 누가 알겠소."라며 불안해했다. 그런데 어느 날 말 타기를 좋아하는 노인의 아들이 그 준마를 타다가 떨어져 다리가 부러졌다. 마을 사람들이 이를 걱정하며 위로하자 노인은 "이것이 또 복이 될지 누가 알겠소."라며 태연하게 받아들이는 것이었다. 그로부터 1년이 지난 어느 날 마을 젊은이들은 싸움터로 불려 나가 대부분 죽었으나, 노인의 아들은 말에서 떨어진 후 절름발이였기 때문에 전쟁에 나가지 않아 죽음을 면하게 되었다.

① 유비무환(有備無患) ② 새옹지마(塞翁之馬)

③ 전화위복(轉禍爲福) ④ 자업자득(自業自得)

37. 다음의 전개도를 접었을 때의 모양으로 적절하지 않은 것은?

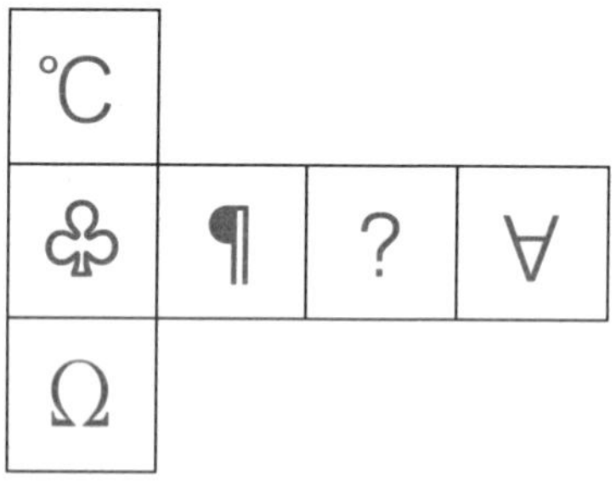

①

②

③

④

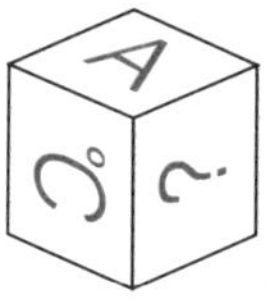

38. 다음 사례에서 드러나는 '포드'의 문제점은 무엇인가?

> 핀토(Pinto)는 1970년대에 미국 포드사에서 생산했던 자동차의 이름이다. 1978년 8월에 시속 50마일로 달리던 밴이 핀토를 뒤에서 들이받는 사건이 일어났다. 사고 당시 핀토의 연료탱크에서 발생한 화재로 인하여 핀토에 탑승하고 있던 세 사람이 사망하였다. 이에 유가족들은 포드사에 소송을 걸었고 담당 검사는 부주의에 의한 살인(Reckless Homicide)이라는 혐의로 포드를 기소하였다. 그는 포드가 핀토의 설계 결함을 이미 알고 있었고, 그것이 상당한 위험을 야기할 것을 예상했지만 핀토를 계속 판매했다는 점을 주장하였다. 실제로 포드의 과학기술자들은 핀토가 20마일 정도의 후미충격으로도 화재가 발생할 수 있는 결함을 가지고 있고, 6.65달러 정도의 추가 비용을 들여 안전장치를 설치하면 사고를 예방할 수 있다는 사실을 알고 있었다고 한다. 그러나 당시 사고차량은 연료탱크 뚜껑이 열려 있었고, 그로 인해 휘발유가 새어 나와 화재 위험이 많았다는 이유를 들며 소송에서 포드가 승리했다.

① 기업의 신용 구축의 미흡

② 소비자에 대한 믿음 부족

③ 공 · 사 구분의 모호

④ 사회 · 윤리적 직업의식의 결여

39. 김치를 담그기 위해 시장에서 무 5개와 배추 8개를 구입하니 2만 원이 있었던 지갑에 4,500원이 남았다. 무가 배추보다 개당 500원씩 비싸다고 할 때, 무와 배추의 개당 가격은 각각 얼마인가?

	무	배추
①	1,500원	1,000원
②	1,800원	1,300원
③	2,200원	1,700원
④	2,500원	2,000원

40. 다음 자료를 읽고 이해한 효율적인 보고서 작성 방법으로 옳지 않은 것은?

> 대부분의 직장생활은 아침에 이메일을 확인하는 것으로 시작해서 하루 일과를 작성하는 것으로 끝난다. 직장생활의 절반 이상이 글쓰기라고 할 수 있으며 그렇기 때문에 빠른 시간에 논리적인 글을 쓰는 능력이 직장인에게 필요한 능력이라고 할 수 있다.
>
> 논리적인 문서를 작성하기 위해서는 먼저 자신이 쓰고자 하는 것이 무엇인지 그 형식과 내용을 명백히 파악해야 한다. 간단한 예로서 메모를 하는 것은 정보를 전달하거나 기록하기 위함이고 보고서는 보고하는 것, 기획서는 기획 내용을 설득하기 위한 것이다. 이러한 것을 형식 면에서의 글의 목적이라고 한다면 메모, 보고서, 기획서 안의 구체적인 내용은 내용 면에서의 글의 목적이라고 할 수 있다. 그리고 문서 전체의 형식, 흐름, 이미지를 한눈에 파악할 수 있어야 한다. 내용이 연결되지 않거나 불필요한 자료가 들어가게 되면 간결하고 효율적인 글쓰기라고 할 수 없다.
>
> 또한 부분의 실수가 전체의 실수로 이어진다는 것을 명심해야 한다. 사소한 오타, 잘못된 표기만으로도 글의 전체적인 인상을 흐리게 만들며 읽는 이의 집중력을 저하시킨다. 마지막으로 좋은 아이디어를 가지고 있더라도 그 아이디어를 구체적인 성과로 연결시키지 못한다면 의미가 없다. 형식과 목적이 조화를 이룸으로써 쉽고 효율적으로 이해할 수 있는 글을 작성하고, 그럼으로써 글의 설득력이 더욱 커지게 되는 것이다.
>
> 물론 처음부터 논리적인 글을 쓰는 것은 어렵다. 그러나 힘들더라도 알고 있는 것부터 하나하나 적어나가다 보면 결국 그러한 습관을 통해서 글을 잘 쓰는 기초를 다질 수 있다.

① 자신이 쓰는 글의 형식 면과 내용 면의 목적을 분명하게 파악해야 한다.

② 전체를 한눈에 이해할 수 있게 해야 한다.

③ 단순히 잘 쓴 글이 아니라 업무의 성과로 연결될 수 있는 글을 써야 한다.

④ 사소한 오기나 맞춤법을 신경쓰는 것보다는 아는 것부터 하나씩 적는 습관을 들여야 한다.

41. M 씨는 가족(배우자, 딸)과 함께 여행을 계획하고 있다. 여행 후보지는 서울, 제주, 전주, 부산이며, 주어진 예산은 130만 원이다. 다음 〈조건〉을 모두 만족하는 여행지로 가장 적절한 곳은?

구분	서울	제주	전주	부산
M 씨의 선호순위	1	3	2	4
배우자의 선호순위	2	1	4	3
딸의 선호순위	3	4	1	2
최소비용	120만 원	140만 원	110만 원	130만 원
교통 편의성 점수	7	8	9	6

조건

- 최소비용은 예산을 초과할 수 없다.
- 선호순위의 합과 교통 편의성 점수의 가점을 합한 최종 점수가 가장 낮은 곳을 여행지로 선택한다.
- 교통 편의성 점수의 가점은 높은 순으로 부여한다(1위 : +1점, 2위 : +2점, 3위 : +3점, 4위 : +4점).

① 서울　② 제주　③ 전주　④ 부산

42. 다음은 ○○기관 지원자 A ~ D의 평가 점수표이다. 이 중 합격자로 선정되는 사람은?

서류점수 20%, 필기점수 30%, 실기점수 40%, 면접점수 10%를 반영하여 합산 점수가 가장 높은 사람 1명을 합격자로 선정한다.

〈○○기업 지원자 평가 점수〉

(단위 : 점)

구분	A	B	C	D
서류평가	60	70	50	50
필기시험	80	60	70	90
실기시험	70	80	90	80
면접평가	50	60	60	50

① A　② B　③ C　④ D

43. 다음은 어떤 입체도형을 여러 방향에서 바라본 모양이다. 이에 해당하는 입체도형으로 옳은 것은? (단, 화살표 방향은 정면을 의미한다)

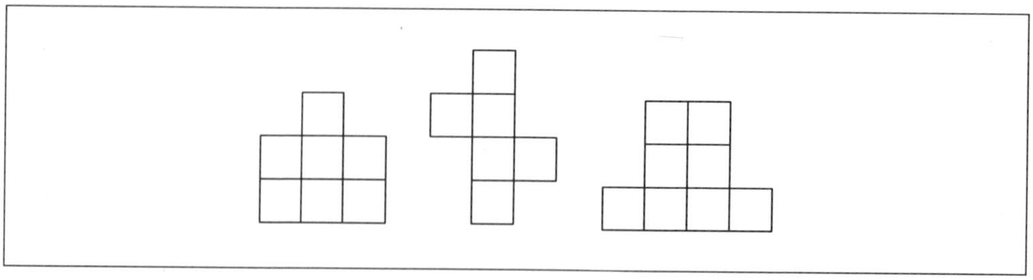

①

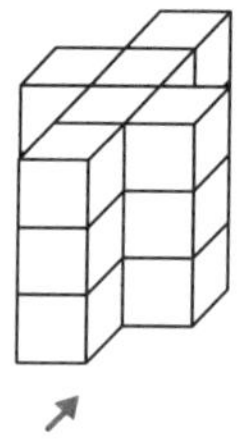

②

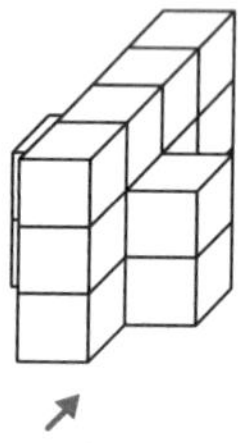

③

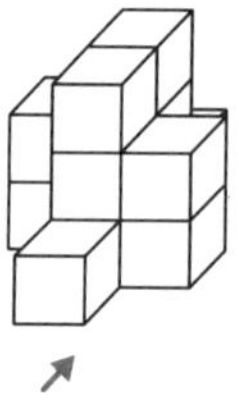

④

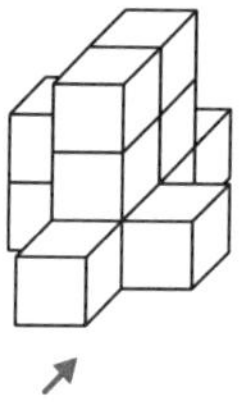

44. ○○컴퍼니에서 근무하는 한 부장은 업무협약과 관련해 7명의 담당자 A ~ G와 각각 미팅을 약속하였다. 미팅약속 순서에 관한 〈정보〉가 다음과 같을 때, 한 부장이 세 번째로 만날 담당자는?

정보

- 제일 처음으로 만나는 사람은 B가 아니다.
- G는 E, F보다 나중에 만난다.
- G보다 C를 나중에 만난다.
- B보다 F를 나중에 만난다.
- D보다 G를 먼저 만난다.
- D는 A보다 먼저 만난다.
- D를 만나고 바로 A를 만나지 않는다.

① B　　② E

③ F　　④ G

45. ○○기관 사원 A는 부서 회의를 위해 회의실 테이블과 의자를 다음 그림과 같이 배치하였다. 이러한 형태에 대한 설명으로 가장 적절한 것은?

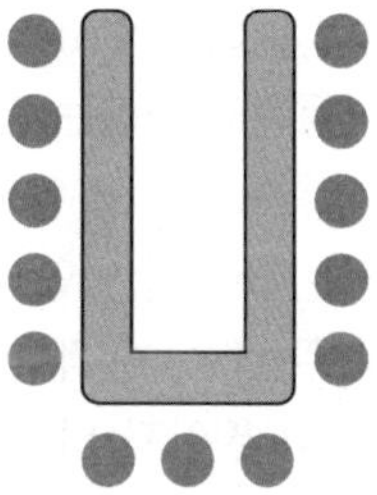

① 참가자들이 스크린이나 칠판 등의 중심점을 향해 반원으로 앉아 앞에 있는 발표자에 주의를 집중하기 쉽다.

② 상호 위치나 역할을 구분하지 않고 동등한 입장에서 회의를 진행할 수 있는 분위기를 조성한다.

③ 회의의 장을 기준으로 좌우로 서열에 따라 가까운 곳에서 먼 곳으로 좌석을 배열한다.

④ 발표자를 향해 정면으로 좌석을 배열하는 형태이다.

3회 기출예상문제

소양평가

정답과 해설 32쪽

01. 다음 중 밑줄 친 말이 〈보기〉의 부분과 유사한 의미로 사용된 것은?

보기

그 고객은 아마 <u>어쩌다가</u> 길에서 날 만나도 아는 체를 못할 거야.

① 그녀는 <u>어쩌다가</u> 그와 눈을 마주치기라도 하면 기겁을 하는 것이었다.
② 사장님께서는 업무 중에 <u>어쩌다가</u> 주무시지 자주 그러시지는 않아.
③ 너 그걸 <u>어쩌다가</u> 그렇게 다 부숴 버렸니?
④ 취직 전에는 그래도 <u>어쩌다가</u> 야구장에 가곤 했다.

02. 다음 (가), (나)가 공통적으로 시사하는 내용으로 적절한 것은?

(가) 왕발이 젊을 때에 꿈에 강신(江神)이 나타나 "내일 등왕각을 중수하는 낙성식이 있다. 그 자리에 참석하여 글을 내도록 하여라."라고 말했다. 꿈에서 깨어나서 헤아려보니 등왕각까지 700리나 떨어진 곳이라 하룻밤에 가기에는 아무래도 불가능해 보였다. 그러나 왕발은 꿈이 너무나 생생하여 배에 올랐고 갑자기 순풍이 불어와 마치 나는 듯이 달려 등왕각에 이르렀다. 왕발은 〈등왕각서〉라는 명문장으로 세상에 이름을 떨칠 수 있었다고 한다.

(나) 강서성 천복산에는 천복비라는 비석이 있었다고 한다. 한 가난한 서생이 천복비 비문을 탁본해 오면 보수를 후하게 주겠다는 말에 천복산으로 향하였다. 그러나 수천 리 길을 달려 당도한 그날 밤에 벼락이 떨어져 비석이 산산이 조각나고 말았다고 한다.

① 하루라도 선한 일을 거르지 말라.
② 사람의 운수는 하늘이 이끈다.
③ 악에는 반드시 하늘의 응징이 따른다.
④ 만족을 알고 그쳐야 할 때를 알면 일생이 편안하다.

03. 다음 도형에서 만들 수 있는 크고 작은 삼각형의 개수는?

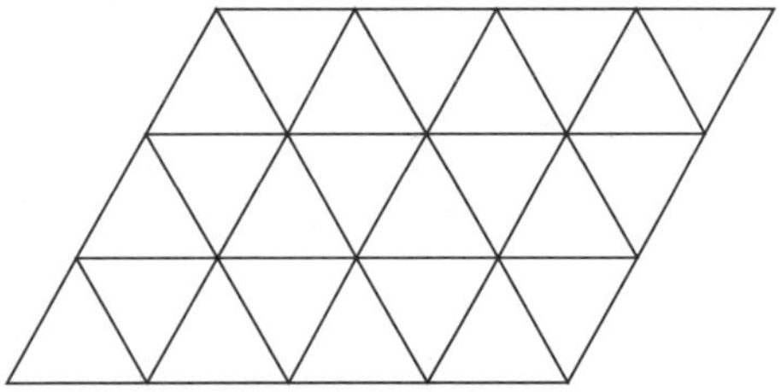

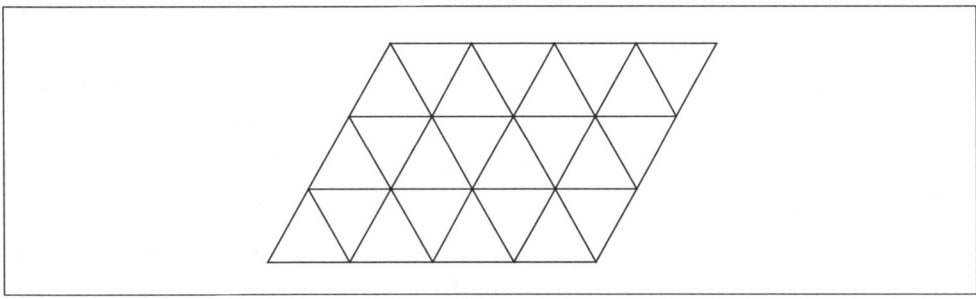

① 36개　　② 40개
③ 46개　　④ 48개

04. ○○사는 제조품의 불량률이 늘어난 상황을 해결하기 위하여 다음의 문제해결 절차에 따르려 한다. 1단계에서 수행할 업무로 가장 적절한 것은?

1단계. 문제 인식	2단계. 문제 도출	3단계. 원인 분석
– 해결이 필요한 문제들을 파악한 후 우선순위 결정 – 선정 문제에 대한 목표 명확화	– 선정 문제 분석 – 해결해야 할 사항 명확화	– 파악된 핵심 문제 분석 – 문제의 근본 원인 도출
4단계. 해결안 개발	**5단계. 실행 및 평가**	
– 근본 원인에 대한 최적의 해결 방안 수립	– 실행계획을 실제 상황에 적용 – 해결안을 사용하여 문제의 원인들 제거	

① 불량품 발생 사례를 수집하고 주요 특징에 따라 체계적으로 분류한다.
② 불량률 증가라는 현상을 생산 공정과 생산 환경, 근로조건 등의 다양한 측면에서 분석한다.
③ 드러난 문제 중 어떤 부분을 개선할 것인지 결정한다.
④ 다양한 대안을 적용한 후 그 결과를 평가하여 수행의 우선순위를 정한다.

[05 ~ 06] 다음 글을 읽고 이어지는 질문에 답하시오.

최근 우리 사회에 '급식체'로 대표되는 Z세대의 문화가 확산되고 있다. 이러한 급식체는 Z세대들의 언어에서 시대적 문화콘텐츠로 성장하고 있는 것이다. Z세대는 밀레니엄 세대(Y세대)의 다음 세대를 말하는 것으로 한국의 경우 일반적으로 1995 ~ 2005년에 출생한 640만 명을 말한다.

청년 실업과 스마트폰, 태블릿으로 대표되는 밀레니엄 세대(Y세대)와는 다르게 다양성을 중시하고 사물인터넷(IoT)으로 대표되는 Z세대는 2020년까지 전체 소비자의 40%를 차지할 것으로 전망되며 곧 시대의 주역이 될 것으로 보인다. 이에 기업들은 소비의 주역이자 시대의 주역이 될 Z세대에 주목하고 있다.

미래의 소비자가 될 Z세대의 소비는 자신의 소비에 영향을 주는 사람으로 '나 자신'을 꼽을 만큼 철저히 '나'에 집중되어 있다. 또한 이들은 사회적 문제를 일으킨 기업 상품의 불매 운동에 참여하고, 친환경적이고 사회적 책임을 다하는 브랜드를 선택하는 등의 '착한 소비'를 선호하며, 자신의 개인 정보 공유에 대해서도 '보호'가 가능한 선에서 상당히 유연한 사고를 보이고 있다.

때문에 기존의 소비를 촉진하기 위한 전통적인 전략으로는 Z세대의 소비를 이끌 수 없다. Z세대는 자신들의 의견이 존중되고, 가치 있게 여겨진다는 느낌을 중시하며, 관계를 맺고 함께 만들어 나갈 수 있어야 한다. 따라서 기업들은 기존의 전략과는 다른 전략으로 Z세대를 맞이해야 미래의 소비자를 잡을 수 있을 것이다.

05. 윗글의 제목으로 적절한 것은?

① Z세대의 빛과 암　② 미래의 고객 Z세대 탐구
③ 밀레니엄 세대의 부활　④ 기업의 성공 전략 탐구

06. 윗글에서 설명하는 Z세대의 특징으로 적절하지 않은 것은?

① Z세대의 특이한 언어습관은 '급식체'로 나타나고 있다.
② Z세대는 자신들의 의견이 존중되고 자신들이 가치 있는 존재로 인식되는 것을 선호한다.
③ Z세대의 소비는 철저히 '나'에 집중되어 있어 사회적 문제를 일으킨 기업 상품에 대한 불매 운동에 참여하는 일보다는 '나 자신'의 가치에 주목한다.
④ Z세대는 스마트폰 등으로 대표되는 Y세대와는 다르게 다양성을 중시하며 사물인터넷(IoT)으로 대표되는 세대이다.

07. 영수는 자전거를 타고 시속 100km로, 준희는 오토바이를 타고 시속 85km로 동시에 같은 지점에서 같은 방향으로 직진했다. 20분 후에 영수와 준희의 간격은 몇 km 벌어지는가?

① 3km　② 4km

③ 5km　④ 6km

08. A 상자에 진짜 보석 4개와 가짜 보석 5개가 들어 있고, B 상자에 진짜 보석 3개와 가짜 보석 5개가 들어 있다. A 상자에서 한 개를 꺼낸 후 보지 않고 B 상자에 넣은 뒤 B 상자에서 다시 한 개를 꺼낼 때 두 번 다 진짜 보석이 나올 확률은?

① $\frac{4}{81}$　② $\frac{8}{81}$

③ $\frac{16}{81}$　④ $\frac{32}{81}$

09. A는 매달 20만 원을, B는 매달 50만 원을 저축하기로 하였다. 현재 A가 모은 돈은 200만 원이고 B가 모은 돈은 100만 원이라면, B가 모은 돈이 A가 모은 돈의 두 배가 넘는 때는 지금부터 몇 개월 후인가?

① 27개월　② 29개월

③ 31개월　④ 33개월

10. 직장에서의 문서작성은 일반 글에 비해 형식이 중요시된다. 다음 중 직장에서 문서를 작성할 때의 기본원칙에 대한 설명으로 적절하지 않은 것을 모두 고르면?

> ㉠ 문서의 의미를 전달하는 데 오류가 없도록 문장은 길고 상세하게 작성한다.
> ㉡ 문서를 읽는 사람이 글을 순서대로 파악할 수 있도록 결론을 가장 나중에 쓴다.
> ㉢ 부정문, 의문문의 형식은 되도록 피하고 긍정문의 형식으로 쓴다.
> ㉣ 한자나 영어 등의 전문 용어를 적극 사용하여 글의 전문성을 높인다.
> ㉤ 문서를 전달받는 이를 고려하여 상대방이 이해하기 쉽게 작성한다.

① ㉠, ㉡
② ㉢, ㉣
③ ㉠, ㉡, ㉣
④ ㉠, ㉣, ㉤

11. 다음은 ○○기관에 최종 합격한 신입사원들의 점수와 희망부서를 나타낸 자료이다. 〈조건〉을 참고할 때 신입사원 중 최고득점자가 배정받게 될 부서는?

(단위 : 점)

합격자	서류심사	필기시험	1차 면접	2차 면접	희망부서
A	85	80	45	45	경영지원팀
B	70	90	40	35	발전환경팀
C	90	80	30	45	안전보건팀
D	80	85	40	50	재무팀

조건

- 각 채용절차에서 만점 기준은 서류심사 100점, 필기시험은 100점, 1차 면접과 2차 면접은 각각 50점으로 한다.
- 각 채용절차의 점수 반영 비율은 서류심사 10%, 필기시험 40%, 면접(1, 2차 면접 점수의 합) 50%이다.
- 비율을 반영한 각 채용절차 점수의 총합이 가장 높은 경우 최고득점자가 된다.
- 최고득점자는 반드시 희망부서에 배정하고, 나머지 합격자는 희망부서와 면접 결과를 바탕으로 업무적합도를 판단하여 결정한다.

① 경영지원팀
② 발전환경팀
③ 안전보건팀
④ 재무팀

12. 다음은 어떤 입체도형을 여러 방향에서 바라본 모양이다. 이에 해당하는 입체도형은? (단, 화살표 방향은 정면을 의미한다)

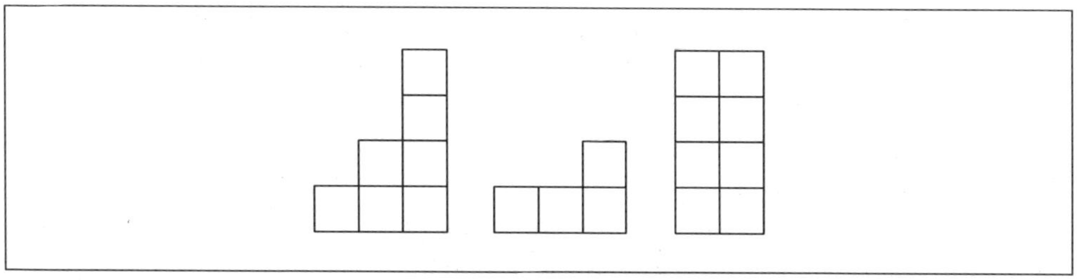

①
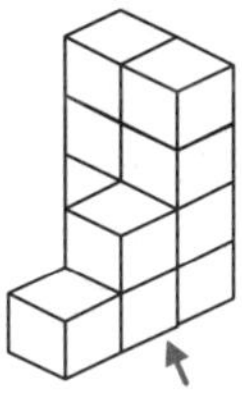

②
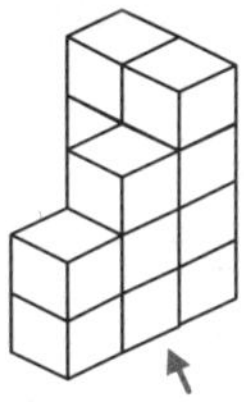

③
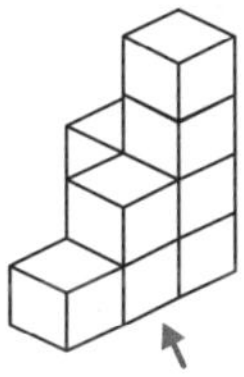

④
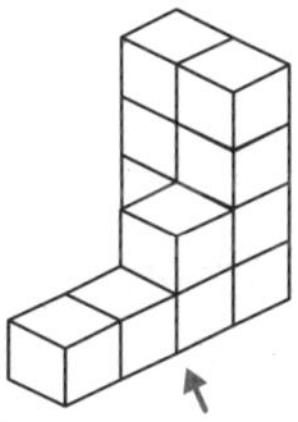

13. 다음 중 속담과 그에 대한 설명이 적절하지 않은 것은?

① 가난한 집 족보 자랑하기다. – 실속은 없으면서 허세만 부린다.
② 사또 덕분에 나팔 분다. – 남의 덕으로 분에 넘치는 행세를 한다.
③ 아쉬운 감 장수 유월부터 한다. – 돈이 아쉬워서 물건답지 못한 것을 미리 내다 판다.
④ 부모가 반팔자 – 부모는 평생 동안 자식을 위해 온갖 고생을 다한다.

14. 다음 글의 표현상의 특징으로 가장 적절하지 않은 것은?

> 청소년 참여권은 UN아동권리협약에 제시된 4가지 인권영역 중 하나이다. 국제사회에서 청소년인권은 오랫동안 아동의 권리에 포함되어 논의되어 왔다. 실제로 청소년 연령은 18세 미만으로 정의되는 아동 연령과 상당 부분 일치하기 때문에 기본적으로 청소년인권은 아동권리에 대한 국제조약인 UN아동권리협약에 규정된 내용과 관련이 깊다. 아동권리협약에 나타난 4가지 권리영역은 생존권, 보호권, 발달권, 참여권이다. 먼저 생존권은 적절한 생활수준을 누릴 권리, 안전한 주거지에서 살아갈 권리, 충분한 영양을 섭취하고 기본적인 보건 서비스를 받을 권리 등 기본적인 삶을 누리는 데 필요한 권리이다. 보호권은 모든 형태의 학대와 방임, 차별, 폭력, 고문, 징집, 부당한 형사 처벌, 과도한 노동, 약물과 성폭력 등 아동에게 유해한 것으로부터 보호받을 권리이다. 발달권은 잠재능력을 최대한 발휘하는 데 필요한 권리로서 교육받을 권리, 여가를 즐길 권리, 문화생활을 하고 정보를 얻을 권리, 생각과 양심, 종교의 자유를 누릴 권리 등이 포함된다. 하지만 청소년 참여권에 대한 명확한 정의는 아직까지 내려지지 않았다. 다만 일부 학자들은 청소년 참여의 수준을 청소년의 의견청취, 청소년의 의견표현 지원, 청소년의 의견 고려, 의사결정과정 참여, 권력과 의사결정의 책임공유의 5가지로 제시하면서 4번째인 의사결정과정 참여 보장을 최소한의 참여권 성취기준으로 분류하였다.

① 주장하는 바를 뒷받침하기 위해 필요한 사실을 열거하였다.
② 전문가의 의견을 통해 주장하는 바에 대한 근거를 제시하였다.
③ 비판을 통해 독자의 동의를 얻고자 논지를 전개하였다.
④ 근거를 바탕으로 한 주관적 해석으로 주장의 정당성을 확보하였다.

15. 다음 밑줄 친 부분에 들어갈 문장으로 적절한 것은?

> 축구를 좋아하는 사람은 유산소 운동을 열심히 한다. 야구를 좋아하는 사람은 유산소 운동을 열심히 한다. 그러므로 ______________________________

① 유산소 운동을 열심히 하는 사람은 축구도 야구도 좋아한다.
② 유산소 운동을 열심히 하지 않는 사람은 축구도 야구도 좋아하지 않는다.
③ 축구를 좋아하는 사람은 야구를 좋아한다.
④ 야구를 좋아하는 사람은 축구를 좋아하지 않는다.

16. 다음을 보고 그 규칙을 찾아 '?'에 들어갈 도형으로 알맞은 것을 고르면?

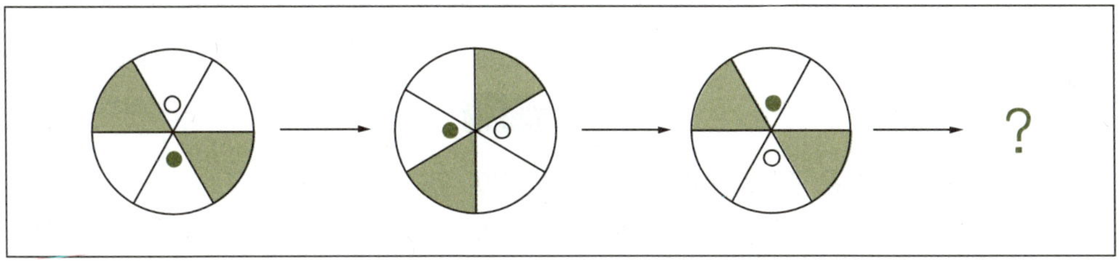

①

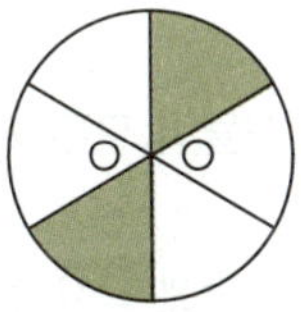

②

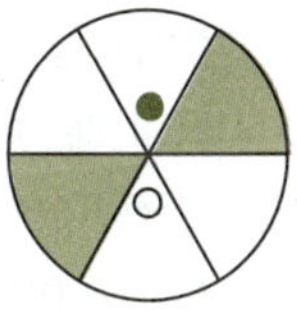

③

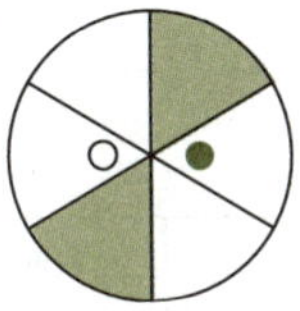

④

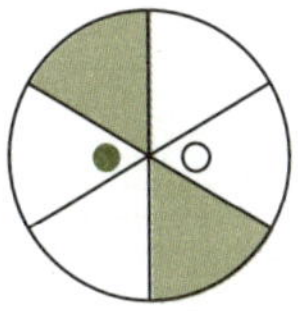

17. 다음 내용을 바탕으로 할 때, 3등으로 들어온 사람은?

- 하늘, 보리, 구름, 태양, 반달 총 다섯 명이 달리기 시합을 하였다.
- 하늘은 구름보다 늦게 들어왔다.
- 태양은 반달보다 먼저 들어왔다.
- 보리는 구름보다 먼저 들어왔다.
- 반달은 보리보다 먼저 들어왔다.

① 하늘 ② 보리

③ 구름 ④ 태양

18. ○○기관은 송년회 때 직원들에게 휴대용 가습기, 머그컵, 디퓨저 중 하나를 선물하려 한다. 〈조건〉과 기획팀 직원들의 희망 선물 자료를 참고할 때, 각 직원들에게 지급될 선물을 바르게 연결한 것은?

조건

- 근무연수가 높은 순으로 선물 지급의 우선권이 있다.
- 근무연수가 같은 경우 직급이 높은 순(부장－과장－대리－사원)으로 선물 지급의 우선권이 있다.
- 각 팀에 최대 2개까지 동일한 품목이 지급될 수 있다.
- 우선권에 따라 선물을 지급할 때, 1순위 선물을 우선 지급하고 1순위 선물이 모두 지급된 경우에는 2순위 선물을 지급한다.
- 만약 희망하는 1, 2순위 선물이 이미 모두 지급되어 남지 않았다면 마지막에 남은 선물을 지급한다.

〈기획팀 희망 선물 조사〉

이름	박주영	김아영	백지원	한지민	배주현
직급	부장	과장	대리	사원	사원
근무연수	4년	5년	3년	3년	2년
희망 1순위	휴대용 가습기	머그컵	머그컵	머그컵	휴대용 가습기
희망 2순위	머그컵	디퓨저	디퓨저	휴대용 가습기	머그컵

	박주영	김아영	백지원	한지민	배주현
①	휴대용 가습기	머그컵	머그컵	휴대용 가습기	디퓨저
②	휴대용 가습기	디퓨저	머그컵	휴대용 가습기	머그컵
③	머그컵	디퓨저	휴대용 가습기	휴대용 가습기	디퓨저
④	머그컵	휴대용 가습기	디퓨저	머그컵	휴대용 가습기

19. 다음은 ○○마트의 판매 상품 정보와 한 고객의 구매 영수증의 일부이다. 이를 바탕으로 할 때, 해당 고객의 결제 총액은 얼마인가?

〈○○마트 상품 정보〉

상품	가격	할인 정보
달걀(특란)	6,980원 / 30개입	210개 이상 구입 시 3,000원 할인
호박 고구마	6,000원 / 2kg	6kg 이상 구입 시 1,000원 할인
친환경 애호박	1,850원 / 1개	5개 이상 구입 시 개당 200원 할인
1등급 한우 등심(구이용)	8,980원 / 100g	1kg 이상 구입 시 4,500원 할인
배추김치	6,880원 / 500g	2kg 이상 구입 시 3,000원 할인

〈고객의 구매 영수증〉

- 친환경 애호박 7개
- 호박 고구마 4kg
- 달걀(특란) 180개
- 1등급 한우 등심(구이용) 300g
- 배추김치 1kg

① 106,130원　② 106,830원
③ 114,530원　④ 119,530원

20. A 매장에서는 밸런타인데이를 맞이해 다크초콜릿과 화이트초콜릿을 총 60개 준비하려고 한다. 다크초콜릿과 화이트초콜릿의 비를 4 : 1로 준비한다면, 화이트초콜릿은 몇 개 준비하겠는가?

① 6개　② 8개
③ 10개　④ 12개

21. 다음은 초 · 중 · 고등학교의 사교육비 총액을 기록한 표이다. 이에 대한 설명으로 옳은 것은?

〈학생 사교육비 총액 규모〉

(단위 : 억 원, %)

구분	20X5년	20X6년		20X7년		20X8년		20X9년	
	비용	비용	전년 대비 증감률	비용	전년 대비 증감률	비용	전년 대비 증감률	비용	전년 대비 증감률
전체	190,395	185,960	−2.3	182,297	−2.0	178,346	−2.2	180,605	1.3
초등학교	77,554	77,375	−0.2	75,948	−1.8	75,287	−0.9	77,438	2.9
중학교	61,162	57,831	−5.4	55,678	−3.7	52,384	−5.9	48,102	−8.2
고등학교	51,679	50,754	−1.8	50,671	−0.2	50,675	0.0	55,065	8.7

※ 20X8년 대비 20X9년 학생 수 감소 : 초등학교 2,715 → 2,673천 명, 중학교 1,586 → 1,457천 명, 고등학교 1,788 → 1,752천 명

① 조사기간 동안 전년 대비 증감률은 매년 고등학교가 가장 크다.

② 전체 사교육비는 20X9년에 최고 전년 대비 증가폭을 보였다.

③ 20X8년 대비 20X9년의 중학교 사교육비 감소는 비용의 순수 경감 효과이다.

④ 전체적으로 사교육에 쏟아붓는 비용이 시간의 흐름에 따라 감소하였다.

22. 왼쪽의 첫 번째 입체도형은 두 번째와 세 번째의 입체도형에 한 가지 입체도형을 추가로 결합시켜 만들 수 있다. 추가할 입체도형으로 옳은 것은?

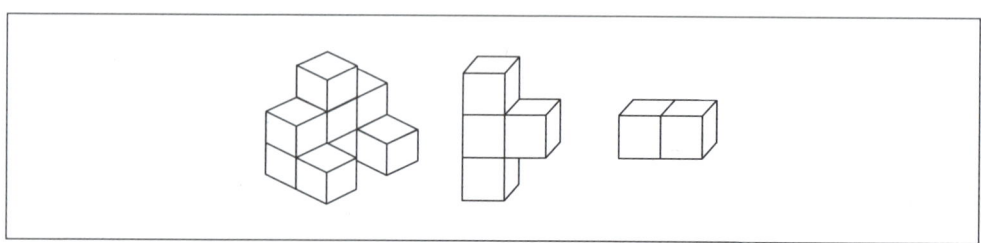

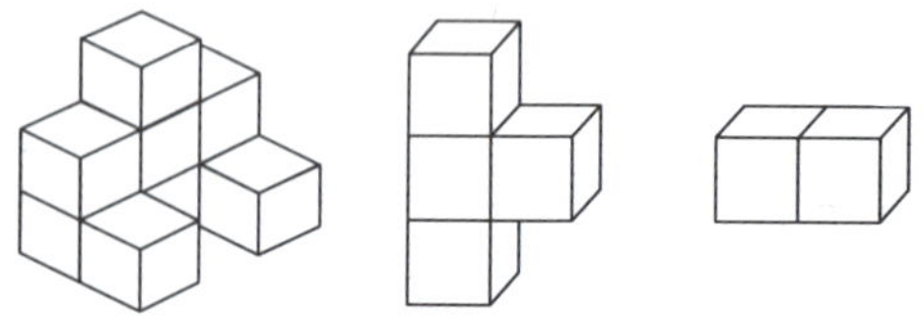

①

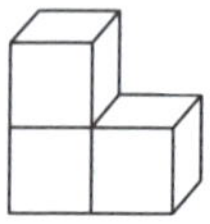

②

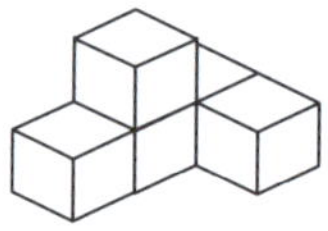

③

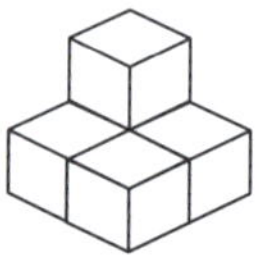

④

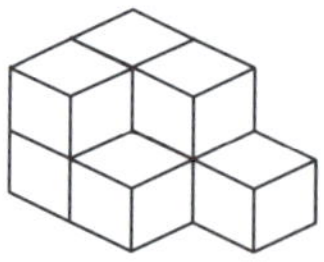

23. 신입사원 K는 사무용품을 구매하기 위해 문구점을 가려고 한다. K가 선배 사원 5명에게 문구점의 위치를 물어 다음과 같은 정보를 얻었을 때, 〈약도〉에서 문구점의 위치는 어디인가? (단, 왼쪽과 오른쪽은 아래 약도를 기준으로 한다)

약도

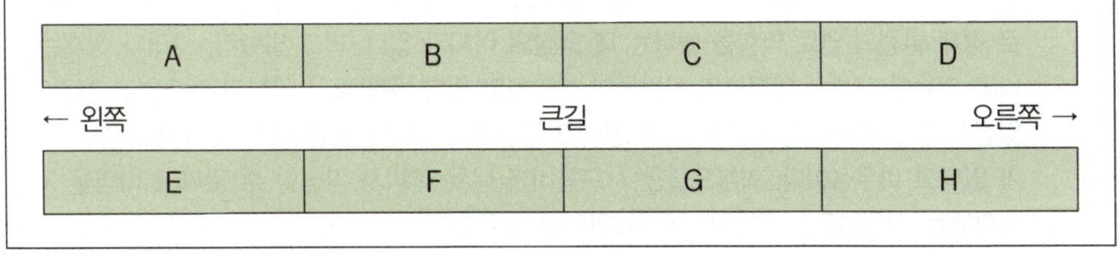

선배 1 : 큰길 건너 학원 맞은편이 문구점이야.
선배 2 : 큰길 건너 회사 바로 맞은편 베이커리와 그 오른쪽 중국집은 아는데 문구점은 어디에 있는지 모르겠어.
선배 3 : 내가 회사 오른쪽 바로 옆 피트니스센터의 회원인데 피트니스센터는 큰길 위쪽에 있어.
선배 4 : 카페 오른쪽 바로 옆이 학원이야.
선배 5 : 편의점에서 큰길 건너 맞은편이 카페이고, 카페 바로 옆이 피트니스센터야.

① A　　② D
③ F　　④ H

24. 다음 괄호 안의 단어 중 적절한 표기를 골라 순서대로 나열한 것은?

• A : 나 미용실 다녀왔어. 내 헤어스타일 어때?
• B : 그렇게 (짤막한/짧막한) 머리는 처음 해 본 거지? 잘 어울리네.
• A : 응. 정말 (벼르다가/별르다가) 한 거야. 하늘을 (나는/날으는) 기분이야.

① 짧막한, 벼르다가, 나는　　② 짧막한, 별르다가, 나는
③ 짤막한, 별르다가, 날으는　　④ 짤막한, 벼르다가, 나는

[25 ~ 26] 다음 글을 읽고 이어지는 질문에 답하시오.

(가) 모두가 동의하듯이 우리나라가 빠른 시일 안에 개발도상국에서 산업화와 민주화를 이루어 선진국의 문턱에 들어선 것은 교육의 힘이었다. 미국 컬럼비아대학의 유명 경제학자 제프리 삭스는 2015년 세계교육포럼에 참석해 "한국의 경제발전은 전례가 없는 성과이고, 교육이야말로 경제 발전의 연료 역할을 했다는 데 의심의 여지가 없다."라고 말했다. 그러나 이제는 우리나라 교육에 대해서 대부분의 사람들이 불평하고 있다. 학생들은 공부가 재미없고 지겹다면서 열심히 공부해도 취업에 도움이 안 된다고 불만이고, 기업인들은 대학을 나와도 쓸 만한 인재가 없다고 아우성이다. 학부모들은 사교육비가 너무 비싸서 감당할 수 없다고 비명을 지르고, 대학들은 재정난으로 경영이 불가능하다고 토로한다.

(나) 이러한 우리나라 교육의 문제는 단편적인 처방 몇 가지로 해결될 일이 아니라는 데에 심각성이 있다. 교육의 틀을 근본적으로 바꾸는 사회적 대전환이 필요하다. 마침 시대의 변화도 이러한 대전환을 요구하고 있다. 영국 옥스퍼드대학 연구팀에 의하면 인공지능(AI)으로 대표되는 제4차 산업혁명이 본격화되면 전문직을 포함해서 현재 있는 직업의 47%가 사라질 것이라고 한다. 또한 세계경제포럼의 예측에 의하면, 지금 초등학교에 입학하는 학생들의 65%는 현재 존재하지도 않는 직업을 가지고 일할 것이라고 한다. 학생들이 졸업 후 어떠한 일을 할지도 모르는데, 학교에서 무엇을 가르칠지는 어떻게 결정하나.

(다) 물론 이와 같은 대대적인 교육개혁에는 상당한 저항이 예상된다. 교육에는 학부모 및 교사, 사교육 종사자 등 관련자가 매우 많으며, 이들은 서로 다른 이해관계를 가지고 있기 때문이다. 게다가 이념적인 대립도 만만치 않다. 그렇다고 미리 포기할 수는 없다. 그러기에는 우리의 학생들이 너무 불쌍하다. 곧 쓸모없어질 지식을 달달 외우느라 인생의 좋은 시절을 허송하고, 살인적인 경쟁에 짓눌려 초중고 학생 4명 중 1명이 자해나 극단적 선택까지 생각해보는 것이 현실이기 때문이다. 우리 미래 세대의 행복과 나라의 발전을 위해 담대한 교육개혁의 큰 그림을 그리고 사회적 대타협을 시도하는 것이 필요한 시점이다. 물론 대타협에 이르기까지 많은 시간이 걸릴 수도 있다. 그러나 늦었다고 생각할 때가 가장 빠르다고 하지 않는가.

(라) 단순히 불평으로 끝나는 것이 아니라, 이제는 교육이 국가 주요 문제의 원인이 되는 지경에 이르렀다. 예를 들어 지난해 인구보건복지협회가 실시한 조사에 의하면 청년세대가 출산을 원치 않는 가장 큰 이유가 양육비, 교육비 등 경제적 부담이었다. 즉, 막대한 사교육비가 출산율 저하의 큰 원인인 것이다. 또한 인구의 수도권 집중현상도 큰 문제인데, 이것도 지역별로 교육기회가 고르지 못한 것이 큰 원인이다. 게다가 우리나라의 청소년 자살률은 경제협력개발기구(OECD) 국가 중 최악으로서 OECD 평균의 두 배가 넘는다. 학생들이 지나친 경쟁으로 내몰려 과도한 학업 스트레스를 견디지 못하는 것이다. 이처럼 과거 우리나라를 일으켜 세웠던 교육이 이제는 오히려 문제를 일으키는 원인으로 전락했다.

25. 윗글의 (가) ~ (라)를 문맥에 따라 바르게 나열한 것은?

① (가)–(나)–(다)–(라)
② (가)–(나)–(라)–(다)
③ (가)–(라)–(나)–(다)
④ (가)–(라)–(다)–(나)

26. 윗글의 중심내용으로 가장 적절한 것은?

① 대대적인 교육개혁에는 교육 기득권 세력의 저항이 따른다.
② 과거의 우리나라를 일으켜 세웠던 것은 교육이다.
③ 4차 산업혁명 시대에 우리 사회에서 가장 문제가 되는 것은 교육이다.
④ 담대한 교육개혁은 늦었다고 생각할 때가 가장 빠르다.

27. 다음 중 논리적 오류가 없는 문장으로 적절한 것은?

① 나의 어렸을 적 꿈은 문학 작가였다. 하지만 지금은 작가가 아니라 소설가가 되고 싶다.
② 아버지는 이 집으로 이사를 오고 나서부터 사업이 잘 풀리지 않는다며 다른 집으로 이사를 가야겠다고 하셨다.
③ 하나를 보면 열을 안다고 했다. 오늘 그의 행동을 보니 아주 형편없는 사람이다.
④ 대형 마트는 야간에도 운영하기 때문에 늦게 퇴근하는 직장인들도 쉽게 이용할 수 있다.

28. 다음 대륙별 인구 전망을 나타내는 자료에 대한 설명으로 옳은 것을 〈보기〉에서 모두 고르면?

〈대륙별 인구 전망〉

(단위 : 백만 명)

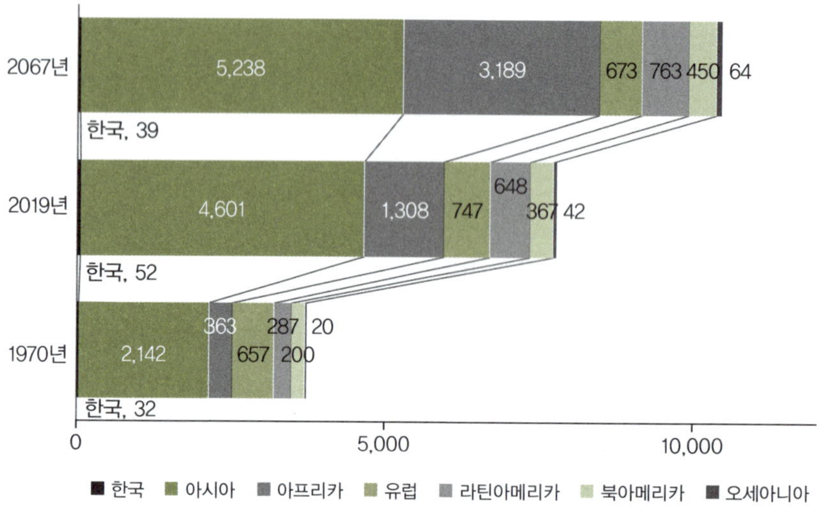

보기

(가) 아시아 인구 중 한국의 인구가 차지하는 비중은 1970년보다 2019년이 더 낮다.
(나) 세계 인구 중 아프리카의 인구가 차지하는 비중은 2019년보다 2067년이 더 높다.
(다) 1970년 대비 2067년의 인구 증가율은 북아메리카가 오세아니아보다 더 크다.
(라) 2067년에는 2019년 대비 모든 대륙의 인구 증가가 세계 인구 증가의 원인이 된다.

① (가), (나)　　② (가), (라)
③ (나), (다)　　④ (다), (라)

29. 다음 〈조건〉을 충족하는 리그의 구성으로 적절한 것은?

조건

여섯 개의 야구 팀 A, B, C, D, E, F를 세 팀씩 두 리그로 나누고자 한다. 단, E와 F 팀은 다른 리그에 속해야 하며, C가 소속된 리그에는 A 혹은 B 팀이 반드시 소속되어야 한다.

① B, C, F ② A, B, E

③ A, B, C ④ B, E, F

30. 다음과 같이 정사각형 모양의 종이를 접은 후, 마지막에서 표시된 부분을 자르고 다시 펼쳤을 때의 모양으로 옳은 것은?

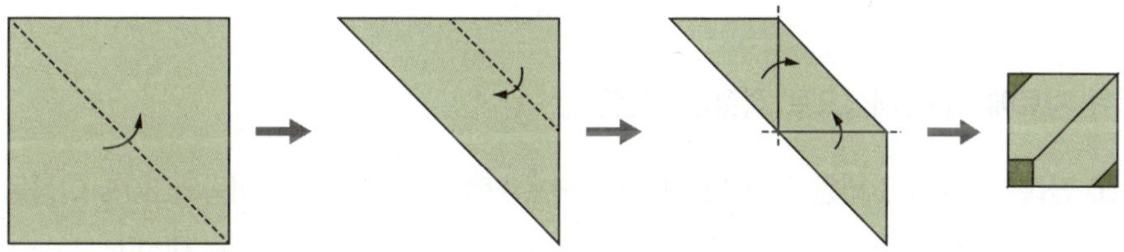

① 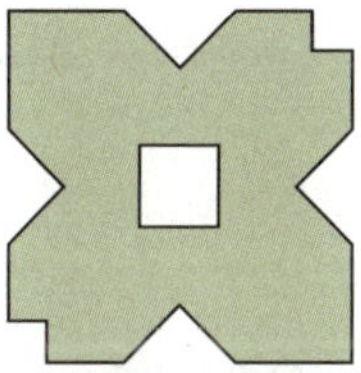 ② 

③  ④ 

[31 ~ 32] 다음 자료를 보고 이어지는 질문에 답하시오.

〈20X2년 주택형태별 에너지 소비 현황〉

(단위 : 천 TOE)

구분	연탄	석유	도시가스	전력	열에너지	기타	합계
단독주택	411.8	2,051.8	2,662.1	2,118.0	–	110.3	7,354
아파트	–	111.4	5,609.3	2,551.5	1,852.9	–	10,125
연립주택	1.4	33.0	1,024.6	371.7	4.3	–	1,435
다세대주택	–	19.7	1,192.6	432.6	–	–	1,645
상가주택	–	10.2	115.8	77.6	15.0	2.4	221
총합	413.2	2,226.1	10,604.4	5,551.4	1,872.2	112.7	20,780

※ 전력 : 전기에너지와 심야전력에너지 포함

※ 기타 : 장작 등 임산 연료

31. 위 자료에 대한 해석으로 적절한 것은?

① 단독주택에서 소비한 전력 에너지량은 단독주택 전체 에너지 소비량의 30% 이상을 차지한다.

② 모든 주택형태에서 가장 많이 소비한 에너지 유형은 도시가스 에너지이다.

③ 아파트는 다른 주택형태에 비해 가구당 에너지 소비량이 많다.

④ 모든 주택형태에서 소비되는 에너지 유형은 4가지이다.

32. 아파트 전체 에너지 소비량 중 도시가스 에너지 소비량이 차지하는 비율은? (단, 소수점 아래 둘째 자리에서 반올림한다)

① 25.2%　　② 36.2%

③ 52.4%　　④ 55.4%

부산기출복원
1회 기출예상
2회 기출예상
3회 기출예상
4회 기출예상
5회 기출예상
6회 기출예상
7회 기출예상
8회 기출예상
9회 기출예상
인성검사
면접가이드

33. 다음은 5월 1일 지하철 ○○역을 이용한 승객들을 성별, 연령별로 조사한 자료이다. 총인원이 12,000명이라고 할 때, 5월 1일에 ○○역을 이용한 20대 남성은 몇 명인가?

(단위 : %)

구분	19세 이하	20 ~ 29세	30 ~ 39세	40 ~ 49세	50 ~ 59세	60세 이상	합계
남성	5	( )	12	12	( )	2	52
여성	( )	20	15	8	( )	1	48
합계	8	( )	27	( )	7	3	100

① 1,440명
② 1,800명
③ 2,040명
④ 2,160명

34. 다음 중 전개도를 접었을 때 모양이 나머지와 다른 하나는?

①
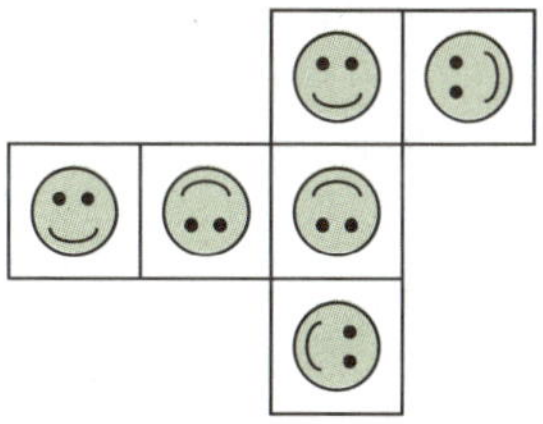

②
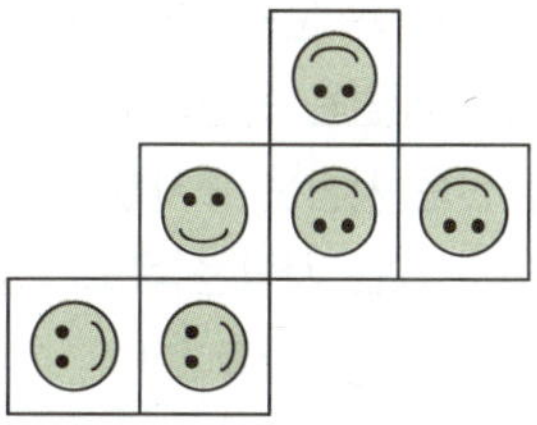

③
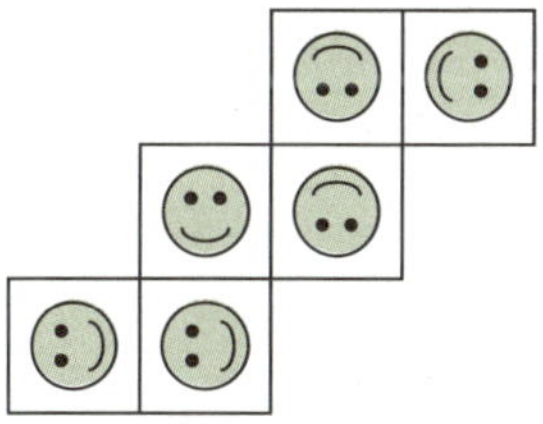

④
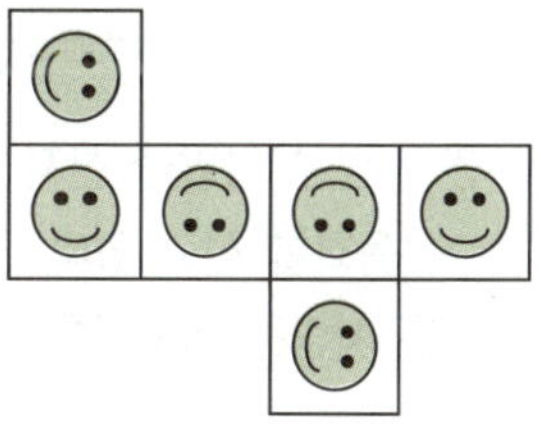

35. 어느 날 밤 ○○기관에 도둑이 들었다. 목격자를 찾기 위해 전날 야근한 사람에 대해 물어보니 직원 A, B, C, D, E가 다음과 같이 진술했다. 이 중 야근을 한 사람은 한 명이고 두 명은 거짓말을 하고 있다고 할 때, 전날 야근을 한 사람은?

- A : E는 항상 진실만을 말해.
- B : C가 야근을 했어.
- C : 나는 야근을 하지 않았어.
- D : B의 말이 맞아.
- E : A가 야근을 했어.

① A　② B
③ C　④ D

36. 다음 명제의 〈결론〉에 대한 설명으로 옳은 것은?

- 장갑을 낀 사람은 운동화를 신지 않는다.
- 양말을 신은 사람은 운동화를 신는다.
- 운동화를 신은 사람은 모자를 쓴다.
- 장갑을 끼지 않은 사람은 목도리를 하지 않는다.
- 수민이는 목도리를 하고 있다.

결론

(가) 장갑을 낀 사람은 양말을 신지 않는다.
(나) 수민이는 운동화를 신고 있다.
(다) 양말을 신은 사람은 목도리를 하지 않는다.

① (가)만 항상 옳다.　② (나)만 항상 옳다.
③ (가), (다)만 항상 옳다.　④ (가), (나), (다) 모두 항상 옳다.

37. 밑줄 친 ㉠에 해당하는 사례로 가장 적절한 것은?

> 놀이가 상품 소비의 형식을 띠면서 놀이를 즐기는 방식도 변화한다. 과거의 놀이가 주로 직접 참여하는 형식으로 이루어졌다면, ㉠ 자본주의 사회의 놀이는 대개 참여가 아니라 구경이나 소비의 형태로 이루어진다. 생산자가 이미 특정한 방식으로 소비하도록 놀이 상품을 만들어 놓았기 때문이다. 그런데 이른바 디지털 혁명이 일어나면서 놀이에 자발적으로 직접 참여하여 즐기고자 하는 사람들이 늘어나고 있다. 이런 성향은 비교적 젊은 세대로 갈수록 더하다. 이는 젊은 세대가 놀이의 주체가 되려는 욕구가 크기 때문이다. 인터넷은 주요 특성인 쌍방향성을 통해 그런 욕구의 실현 가능성을 높여 준다. 이는 텔레비전과 같은 대중 매체가 대다수의 사람들을 구경꾼으로 만들었던 것과는 근본적으로 차이가 있다.

① 진희는 직장 동료가 추천해 준 식당에 찾아가서 저녁을 먹었다.
② 성호는 제휴 카드 할인을 통해 저렴하게 미술관에 다녀왔다.
③ 민지는 여행사에서 제시한 상품을 통해 일본 여행을 다녀왔다.
④ 우주는 드라마 속에 등장하는 간접광고를 보고 놀이공원에 갔다.

38. 예지, 지수, 은주, 지유는 함께 카페에 들러 커피 2잔과 홍차 2잔을 주문하였고 내용물을 보지 않은 채 무작위로 받았다. 〈보기〉의 조건을 참고할 때 옳은 것은?

> **보기**
>
> • 예지는 자신이 주문한 음료를 받지 않았다.
> • 지수는 자신이 주문한 음료를 받았다.
> • 은주는 홍차를 주문했으나 커피를 받았다.
> • 지유는 커피를 받았다.

① 지수는 커피를 받았다.
② 지유는 자신이 주문한 음료를 받지 않았다.
③ 지유는 홍차를 주문했다.
④ 예지는 커피를 주문했다.

39. 다음 글의 내용을 포괄하는 주제로 적절한 것은?

> 원시공동체의 수렵채취 활동은 그 집단이 소비해 낼 수 있는 만큼의 식품을 얻는 선에서 그친다. 당장 생존에 필요한 만큼만 채취할 뿐 결코 자연을 과다하게 훼손하지 않는 행태는 포악한 맹수나 원시 인류나 서로 다를 바 없었다. 이미 포식한 뒤에는 더 사냥하더라도 당장 먹을 수 없고, 나중에 먹으려고 남기면 곧 부패되므로 욕심을 부릴 까닭이 없기 때문이었다. 또 각자 가진 것이라고는 하루분 식품 정도로 강탈해도 얻는 것이 별로 없으니 목숨을 걸고 다툴 일도 없었다. 더 탐해도 이익이 없으므로 더 탐하지 않기 때문에 원시공동체의 사람이나 맹수는 마치 스스로 탐욕을 절제하는 것처럼 보인다.
>
> 신석기시대에 이르면 인류는 수렵채취 중심의 생활을 탈피하고 목축과 농사를 주업으로 삼기 시작한다. 목축과 농사의 생산물인 가축과 곡물은 저장 가능한 내구적 생산물이다. 당장 먹는 데 필요한 것보다 더 많이 거두어도 남는 것은 저장해 두었다가 뒷날 쓸 수 있기에 본격적인 잉여의 축적도 이 시기부터 일어나기 시작하였다. 그리고 축적이 늘어나면서 약탈로부터 얻는 이익도 커지기 시작했다. 많이 생산하고 비축하려면 그만큼 힘을 더 많이 들여야 한다. 그런데 그 주인만 제압해 버리면 토지와 비축물을 간단히 빼앗을 수 있다. 내 힘만 충분하면 토지를 빼앗고 원래의 주인을 노예로 부리면서 장기간 착취할 수도 있으니 가장 수익성 높은 '생산' 활동은 약탈과 전쟁이다. 이렇게 순수하고 인간미 넘치던 원시 인류도 드디어 탐욕으로 오염되었고 강한 자는 거리낌 없이 약한 자의 것을 빼앗기 시작하였다.

① 저장의 시작에서 발현한 인류의 탐욕

② 목축과 농사의 인류학적 가치

③ 약탈 방법의 다양성과 진화

④ 사적 소유의 필요성

40. 다음 도형을 좌우대칭한 후 시계방향으로 90° 회전했을 때의 모양으로 적절한 것은?

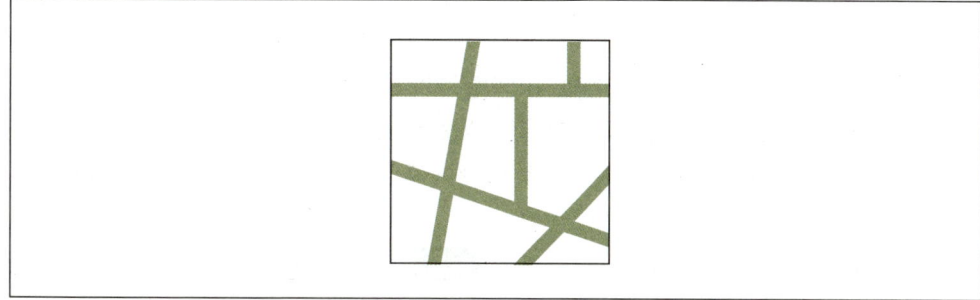

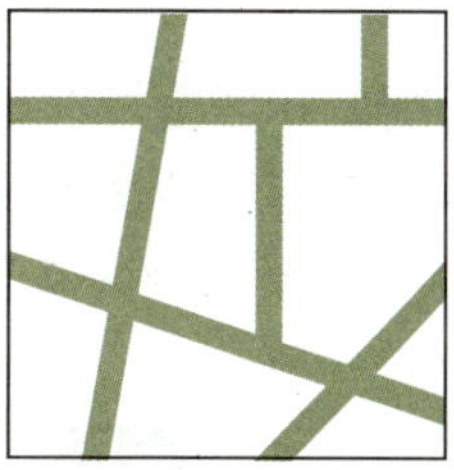

①

②

③

④

41. 어느 온라인 카페에서 회원들이 키우고 있는 동물을 조사하여 얻은 결과인 A, B, C를 통해 내릴 수 있는 결론으로 옳은 것을 〈보기〉에서 모두 고르면?

> A : 닭을 키우고 있는 사람은 개와 고양이를 키우고 있다.
> B : 개를 키우고 있지만 고양이를 키우지 않는 사람은 닭이나 물고기를 키우고 있다.
> C : 물고기를 키우고 있지 않거나 원숭이를 키우고 있는 사람은 고양이를 키우고 있지 않다.

보기

> (가) 고양이를 키우고 있는 사람은 원숭이를 키우고 있지 않다.
> (나) 원숭이를 키우고 있는 사람은 닭도 키우고 있다.
> (다) 닭을 키우는 사람은 물고기도 키우고 있다.

① (가)
② (가), (나)
③ (가), (다)
④ (나), (다)

42. 다음 글을 읽고 내린 결론으로 옳은 것은?

> IT혁명이 진행되고 있는 오늘날에는 모든 직종에서 인터넷과 컴퓨터를 빼놓을 수 없게 되었다. 정보를 미련 없이 활용하지 않으면 업무가 뜻대로 진행되지 않는다. 하지만 밀려오는 정보량은 점점 늘어만 간다. 쌓이는 이메일, 회의에 쓸 기획자료, 시장조사 리포트, 회사의 업무보고서 등 좌우를 둘러봐도 정보투성이다. 정보는 입수한 시점에서는 그 가치가 결정되지 않는 성질이 있기에 우리는 언제 사용할지 모르는 채 정보를 쌓아두기만 한다. 오늘의 뉴스가 몇 주일 후에 고객과의 대화에서 나올지도 모르기 때문이다.
>
> 그러나 정보가 쌓이게 되면 어떤 것이 도움이 되는지 점점 판단력이 둔해진다. 그 결과 업무에 도움이 되는 플러스 정보와 도움이 되지 않는 제로(0) 정보를 함께 보존하게 되고 악순환이 거듭되어 정보는 갈수록 쌓이기만 한다.

① 모든 정보가 다 유용한 것은 아니며 쓸모없는 정보는 과감히 버려야 한다.
② 정보는 언제 필요할지 모르므로 잘 갖고 있어야 한다.
③ 유용한 정보와 그렇지 않은 정보를 구분하여 합리적으로 적시에 이를 활용하는 것이 중요하다.
④ 효율적인 정보관리 방법을 숙지하여 정보를 체계적으로 관리하는 것이 요구된다.

43. 다음 중 모양이 나머지와 다른 하나는?

①
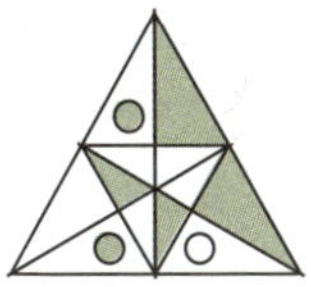

②
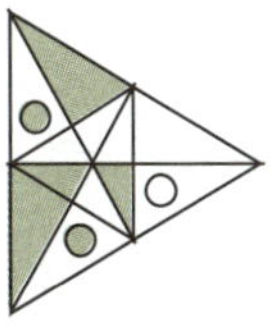

③
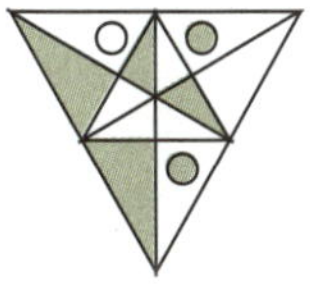

④
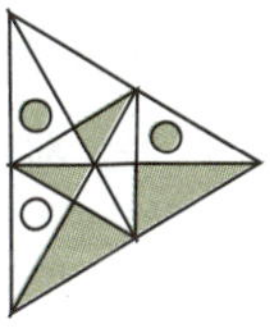

44. 다음은 한 회사의 제품 광고 반응 비율과 구매율을 나타낸 표이다. 제품을 구매한 곳이 가장 많은 지역은?

구분	광고 수신 회사	광고 반응 비율	구매율
서울	1,600개	30%	60%
부산	2,600개	60%	50%
인천	3,300개	70%	30%
대구	1,800개	30%	70%

※ 구매율(%) = $\frac{\text{구매한 대상}}{\text{광고에 반응한 회사}} \times 100$

※ 광고 반응 비율(%) = $\frac{\text{광고에 반응한 회사}}{\text{광고 수신 회사}} \times 100$

① 서울
② 부산
③ 인천
④ 대구

45. ○○기관의 올해 바둑동호회 회원 수는 작년보다 남성 회원이 5% 증가하고, 여성 회원이 10% 감소하여 작년과 동일하게 60명이다. 올해의 남성 회원 수는 몇 명인가?

① 36명
② 38명
③ 40명
④ 42명

4회 기출예상문제

소양평가

문항수	45문항
시험시간	50분

정답과 해설 41쪽

01. 다음 밑줄 친 단어의 쓰임이 잘못된 것은?

① 그녀는 건망증이 들린 사람처럼 아무것도 기억하지 못했다.
② 옷을 입어 보지 않고 대충 겨누어 보고만 샀더니 너무 헐렁하다.
③ 그는 정류장 옆에서 겻불을 쬐며 차가 오기를 기다렸다.
④ 흙벽이나 돌담만 시꺼멓게 그은 채 남아 있었다.

02. 다음 글의 내용을 대인관계 장면에 적절하게 적용한 것은?

> 대화는 혼자 할 수 없다. 혼자 하는 대화는 중얼거림이다. 정신 나간 사람이 혼자 지껄이는 말은 대화가 아니다. 대화는 둘 이상의 사람이 모여서 서로 이야기를 주고받는 일이다. 다른 사람을 무시하고 혼자 지껄이는 일은 더더욱 대화가 아니다. 자신이 말하고 상대가 그에 반응하여 말을 들어주고 또 상대에게 말할 기회를 주어 상대로 하여금 말문을 트이게 해야 진정한 대화가 이루어진다.
>
> 유머 또한 마찬가지이다. 아무리 배꼽 잡을 만큼 우스운 이야기라도 상대가 들어주어야 한다. 그리고 상대가 그에 반응하여 대꾸하면 유머는 무르익게 되며 분위기 또한 상승한다. 나 혼자 유머를 말하고 즐길 수는 없다. 자신의 유머에 상대방을 동참시켜야 이야기가 점점 무르익어 갈 것이다.
>
> 말 잘하는 달변가도 연설을 할 때는 지켜야 할 것이 있다. 일방적으로 청중에게 자신의 이야기만 전달하는 것은 듣고 싶지 않은 설교일 뿐이다. 청중을 무시한 채 저 혼자 지껄이면 재미없는 설교로 치부되어 연설의 가치 또한 떨어진다. 청중들은 그런 연설가의 말을 들으려 하지도 않고, 심드렁해서 거부 반응을 보일 것은 뻔하다. 청중들의 반응을 이끌어 내며 연설을 하는 이가 바로 프로 연설가라고 할 수 있다.

① 대인관계 장면에서 상대방에게 전문적으로 보이도록 해야 한다.
② 대인관계 장면에서 상대방의 반응을 적절히 살피는 습관이 필요하다.
③ 대인관계 장면에서 적당히 유머를 사용하여 상대방을 편안하게 해야 한다.
④ 대인관계 장면에서 말을 잘하는 것은 중요한 무기가 될 수 있다.

03. 다음 글의 내용과 가장 관련 있는 사자성어는?

> 최근 영국 · 홍콩을 비롯하여 해외 조세 피난처로 분류되는 60여 개 국가로 빠져나가는 자금이 급증하고 있다. 이 지역을 이용해 비자금을 조성하거나 탈세하는 사례는 한 개인의 단순한 세금 탈루나 재산 해외 은닉 차원을 넘어 국부를 유출시키는 행위라 볼 수 있다. 따라서 이를 그대로 방치한다면 국민의 납세 회피를 조장하고, 나라의 경제 성장 동력을 훼손할 수 있기 때문에 국가 차원에서 엄정히 대응해야 할 필요가 있다.

① 박이부정(博而不精)　② 부화뇌동(附和雷同)
③ 도탄지고(塗炭之苦)　④ 발본색원(拔本塞源)

04. ○○기관의 신입사원 채용결과, 최종 5명의 서류심사와 면접 점수가 다음과 같았다. 〈채용 기준〉에 따라 최종 점수가 낮은 2명이 탈락할 경우, 최종 탈락하는 두 사람은 누구인가?

(단위 : 점)

이름	서류심사			면접		
	1차	2차	소계	개별	집단토의	소계
김길동	9	6	15	8	6	14
최길동	7	7	14	8	7	15
박길동	6	8	14	6	9	15
조길동	8	8	16	9	7	16
권길동	7	8	15	9	6	15

채용 기준

- 각 항목에 다음과 같은 가중치를 부여하여 서류 1, 2차와 개별 면접, 집단토의 면접 항목의 개별 점수의 합이 높은 순으로 세 사람을 최종 선발한다.
- 1차 서류심사 20%, 2차 서류심사 40%, 개별 면접 15%, 집단토의 면접 25%의 가중치를 부여한다.
- 동점자의 경우, 2차 서류 심사 우수자 → 집단토의 면접 우수자의 순으로 높은 점수를 얻은 사람을 선발한다.

① 김길동, 박길동　② 최길동, 조길동
③ 김길동, 최길동　④ 조길동, 권길동

05. 다음은 문제의 유형에 대한 설명이다. 이를 참고할 때, 〈보기〉에서 탐색형 문제에 해당하는 내용을 모두 고른 것은?

- 발생형 문제 : 이미 혹은 눈앞에 발생한 문제
- 탐색형 문제 : 목표 대비 현상의 차이로 현재 상황을 개선하고자 할 때 발생하는 문제
- 설정형 문제 : 아직 발생하지 않았지만 대응할 가설이 필요한 문제

보기

㉠ 우리 회사 제품을 구매한 고객의 불만이 예상된다.
㉡ 보다 나은 인사배정을 위해 인사자료 파악이 필요하다.
㉢ 이대로 가면 올해 승진은 어려워 보인다.
㉣ 새로 산 장비가 작동하지 않는다.

① ㉠, ㉢ ② ㉡, ㉣
③ ㉠, ㉡, ㉢ ④ ㉡, ㉢, ㉣

06. A 기관에서는 얼마 전 승진 평가 시험이 있었다. 80명의 응시자 중에서 70%의 인원이 1차 시험을 통과하였고, 1차 시험 통과인원 중 $\frac{3}{4}$이 2차 시험을 통과하였다. 마지막 3차 시험에서 18명을 제외한 인원이 최종 승진에 합격했다면, 승진한 사람은 처음 80명 중 몇 %인가?

① 10% ② 20%
③ 30% ④ 40%

07. 12명의 학생 가운데 9명의 점수의 총합은 630점이고, 나머지 3명 중 두 명의 평균 점수는 84점이다. 그리고 나머지 한 명의 점수는 12명의 평균 점수보다 16점 높다면, 학생 12명의 평균 점수는?

① 70점 ② 74점
③ 86점 ④ 90점

08. 다음은 ○○국의 휴대전화 시장을 조사한 자료이다. 이에 대한 설명으로 가장 적절하지 않은 것은?

〈스마트폰 가입자 수 비중 변화〉

(단위 : %)

구분	2012년	2013년	2014년	2015년	2016년	2017년
○○국	0	25	80	90	95	95
세계	20	32	50	70	80	82

〈업체별 ○○국 내 시장 점유율〉

(단위 : %)

구분	2009년	2011년	2013년	2015년	2017년
D사	25	42	55	50	55
L사	0	12	28	25	20
M사	55	20	5	15	8

① 2013 ~ 2014년 동안 ○○국의 스마트폰 가입 비율은 세계의 수준을 추월했다.

② 2014년 이후부터 세계 시장에서 스마트폰 가입자 수 비중의 증가는 둔화되었다.

③ D사는 2011년 이후 ○○국 내 시장 점유율 1위를 차지하고 있다.

④ 조사기간 중 L사의 ○○국 내 시장 점유율이 M사보다 높은 해는 모두 3개이다.

09. S 기관의 야유회에서 10명의 사원들을 5명씩 두 팀으로 나누어 보물찾기를 하고 있다. 한 팀이 먼저 보물을 숨기고 상대 팀에게 다음과 같이 힌트를 주었는데 두 명은 거짓을 말하고 있을 때, 거짓을 말하는 사람은? (단, 보물은 한 개다)

A : 보물은 풀숲 안에 숨겼습니다.
B : 텐트 안에 보물이 있습니다.
C : D는 진실만을 말하고 있습니다.
D : 풀숲 안에 보물을 숨기는 것을 보았습니다.
E : 저희는 나무 아래에 보물을 숨겼습니다.

① A, B　　② A, D

③ B, C　　④ B, E

[10 ~ 11] 다음 글을 읽고 이어지는 질문에 답하시오.

카페인은 주의력을 높이고 피로를 줄이는 역할도 하지만 다량 섭취 시(매일 400mg 이상) 심장과 혈관에 악영향을 미친다. 카페인이 들어 있는 식품으로는 대표적으로 커피를 꼽을 수 있으며, 콜라와 초콜릿에도 포함되어 있다. 하지만 녹차의 경우 1잔(티백 1개 기준)에 15mg 정도의 적은 양이 들어 있으며, 이는 약 70mg이 들어있는 커피의 4분의 1 수준도 안 되는 분량이다. 일반적으로 카페인은 높은 온도에서 보다 쉽게 용출되는데, 보통 커피는 높은 온도에서 제조하지만 녹차는 이보다 낮은 온도에서 우려내기 때문에 찻잎에 들어 있는 카페인 성분 중 60 ~ 70%만 우러나게 된다. 이러한 연유로 1일 섭취 기준치 이상의 카페인을 녹차를 통해 섭취하기 위해서는 하루 평균 20잔 이상의 녹차를 마셔야 한다.

더불어 녹차에 들어 있는 카페인은 녹차에 들어 있는 다른 성분인 카테킨에 의해 체내 흡수가 잘되지 않으며, 녹차에만 들어 있는 아미노산의 일종인 테아닌 성분에 의해 뇌에서 작용하는 것 또한 억제가 된다. 이 때문에 사람들은 카페인이 함유되어 있는 녹차를 마시더라도 오히려 흥분을 일으키기보다는 혈압이 낮아지고 마음이 가라앉는 기분을 느낄 수 있게 되는 것이다. 적정량의 카페인은 신체에 도움을 주므로 카페인이 주는 장점만을 취하고자 한다면 커피보다 녹차를 선택하는 것이 훨씬 좋다.

10. 윗글의 주제로 가장 적절한 것은?

① 카페인이 인체에 미치는 악영향
② 커피와 녹차의 최적온도에 대한 연구
③ 카페인 섭취 시 녹차와 커피의 비교우위성
④ 카페인의 종류와 그 효능

11. 윗글의 내용과 일치하지 않은 것은?

① 카페인 다량 섭취의 기준은 매일 400mg 이상이다.
② 녹차는 커피보다 높은 온도에서 우려내야 한다.
③ 녹차의 테아닌 성분은 아미노산의 일종이다.
④ 커피에 함유된 카페인은 녹차의 4배 이상이다.

12. 입체도형 A, B, C를 조합하여 〈보기〉와 같은 직육면체를 완성한다고 할 때, C에 들어갈 알맞은 입체도형은?

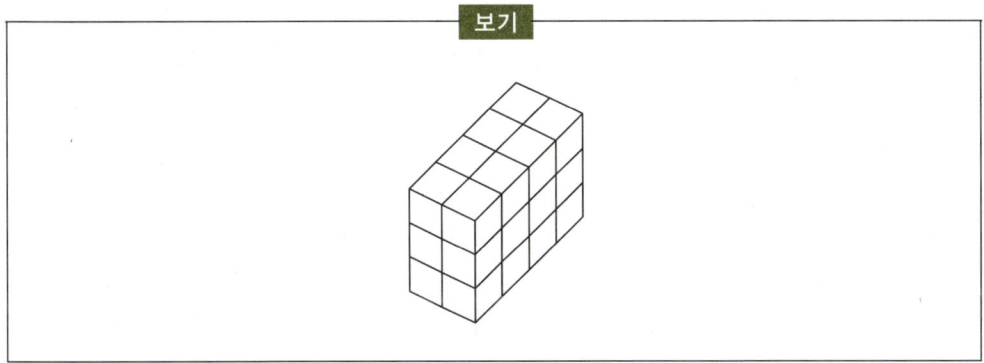

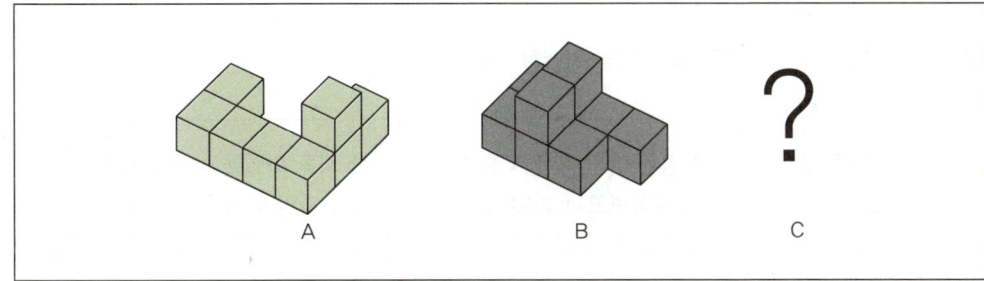

보기

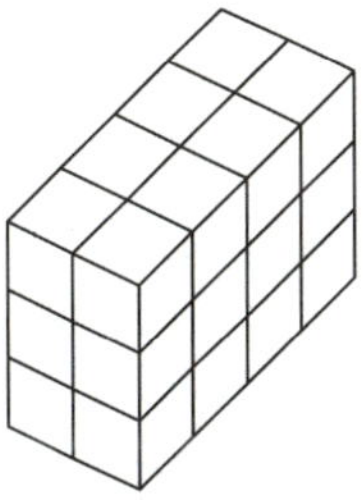

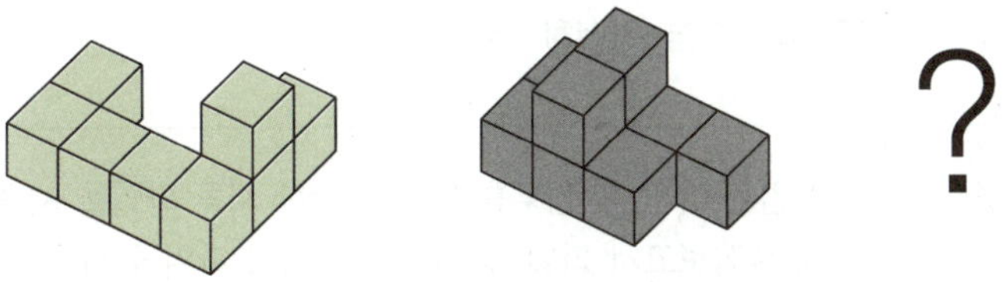

A B C

①

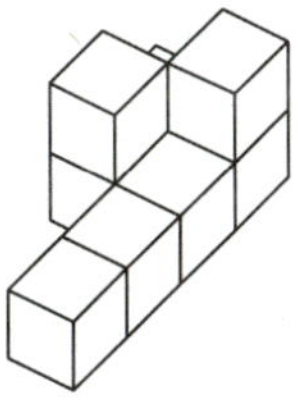

②

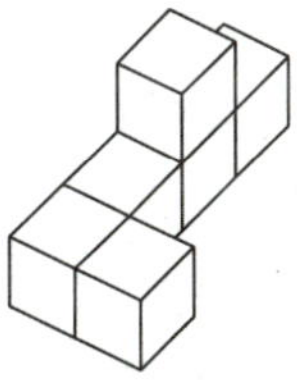

③

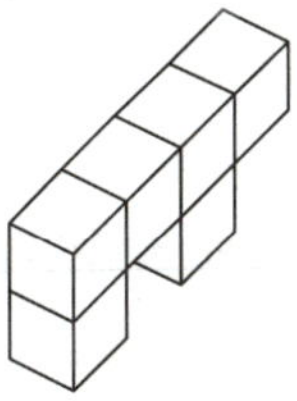

④

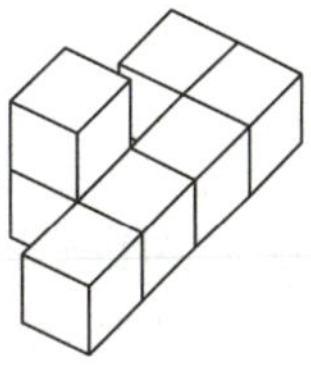

13. 다음 밑줄 친 부분에 들어갈 문장으로 적절한 것은?

> • 축구를 잘하는 사람은 감기에 걸리지 않는다.
> • 감기에 걸리지 않는 사람은 휴지를 아껴 쓴다.
> • 나는 축구를 잘한다.
> • 그러므로 ______________________

① 나는 감기에 자주 걸린다.
② 감기 환자는 휴지를 아껴 쓴다.
③ 나는 축구를 자주 한다.
④ 나는 휴지를 아껴 쓴다.

14. 다음 글을 읽고 추론한 내용으로 적절한 것은?

> 인사팀 오 대리는 잔업을 마친 후 업무를 위해 참고한 서류 파일을 서류꽂이에 다시 꽂아 두었다. 근태기록 파일, 출장보고서 파일, 경비집행 내역서 파일을 좌측부터 차례로 꽂은 다음, 인사기록 파일을 출장보고서 파일보다 좌측에, 퇴직금 정산 파일을 인사기록 파일보다 우측에 꽂아 두었다.

① 어느 파일이 맨 우측에 있는지 알 수 없다.
② 근태기록 파일이 맨 우측에 있다.
③ 출장보고서 파일이 맨 우측에 있다.
④ 경비집행 내역서 파일이 맨 우측에 있다.

15. 세전 연봉이 3,750만 원인 윤 사원은 매달 급여 실수령액의 10%를 적금으로 불입하려고 한다. 매달 세액 공제가 32만 원일 경우, 월 적금액은 얼마인가?

① 250,000원
② 275,000원
③ 280,500원
④ 312,500원

[16 ~ 17] 다음 자료를 보고 이어지는 질문에 답하시오.

〈직종별 연금 가입 현황〉

(단위 : 백 명, %)

구분	20X4년		20X5년		20X6년		20X7년	
	가입인원	가입률	가입인원	가입률	가입인원	가입률	가입인원	가입률
전문직	245	81.6	260	85.6	295	88.3	270	90.0
정규직	295	98.3	298	99.3	296	95.6	298	90.4
계약직	145	48.3	148	49.3	190	63.8	193	72.5
노동자	85	28.3	75	25.0	94	27.1	92	28.2
사업자	188	62.6	225	75.0	249	82.4	265	89.2

※ 전력 : 전기에너지와 심야전력에너지 포함

※ 기타 : 장작 등 임산 연료

16. 위 자료에 대한 설명으로 옳지 않은 것은?

① 20X4 ~ 20X7년 동안 연금 가입인원이 꾸준히 상승한 직종은 계약직과 사업자뿐이다.

② 20X4 ~ 20X7년 동안 연금 가입률이 매년 가장 높은 직종은 정규직이다.

③ 직종별 연금 가입률 순위는 20X4 ~ 20X7년 동안 매년 동일하다.

④ 20X4년 대비 20X7년의 연간 연금 가입인원 수의 증감이 가장 큰 직종은 계약직이다.

17. 다음 중 20X4 ~ 20X7년 연금 가입률의 증감 추이가 정반대로 나타나고 있는 직종끼리 바르게 짝지은 것은?

① 계약직 – 노동자

② 전문직 – 노동자

③ 정규직 – 사업자

④ 정규직 – 노동자

18. 다음 글에 나타나는 논리적 오류로 가장 적절한 것은?

김 사원과 혈액형이 같은 동료들은 모두 헌혈에 동참해야 합니다. 헌혈만이 병마와 싸우고 있는 김 사원을 살리는 인간적인 처사입니다. 비인간적인 사람이 아니라면 모두 헌혈에 동참하리라고 저는 믿습니다.

① 인신공격의 오류
② 의도 확대의 오류
③ 원천 봉쇄의 오류
④ 허수아비 공격의 오류

19. 다음 전개도를 접었을 때 모양이 나머지와 다른 것은?

①
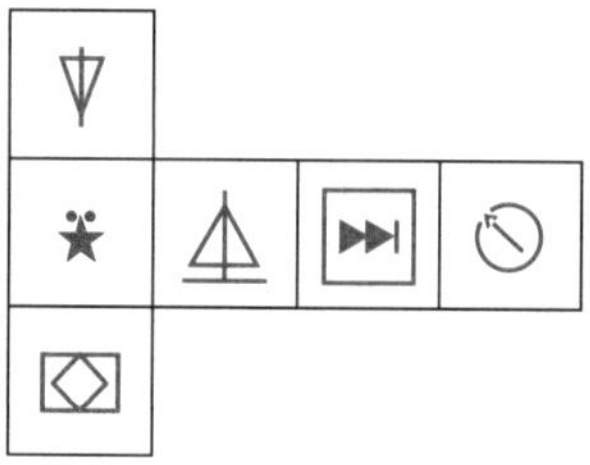

②
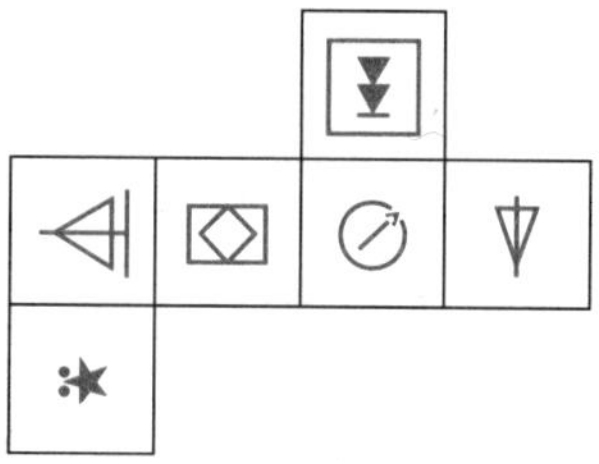

③
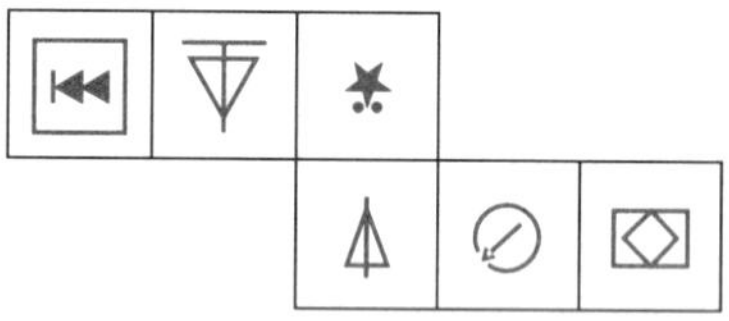

④
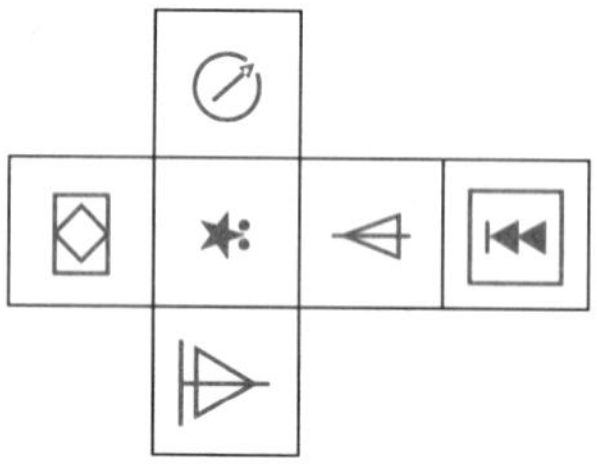

20. 다음 ㉠과 ㉡에서 적절한 표기를 골라 바르게 나열한 것은?

• 할아버지께서 갑자기 ㉠ 뇌졸중 / 뇌졸증으로 쓰러지셨다. • 그가 남긴 말이 ㉡ 꺼림칙 / 꺼름칙 / 꺼림짓하여 다시 전화를 걸었다.

① 뇌졸중, 꺼림직
② 뇌졸증, 꺼림짓
③ 뇌졸증, 꺼림칙
④ 뇌졸중, 꺼림칙

21. 다음은 어떤 입체도형을 여러 방향에서 바라본 모양이다. 이에 해당하는 입체도형으로 옳은 것은? (단, 숨겨진 색 도형은 없다)

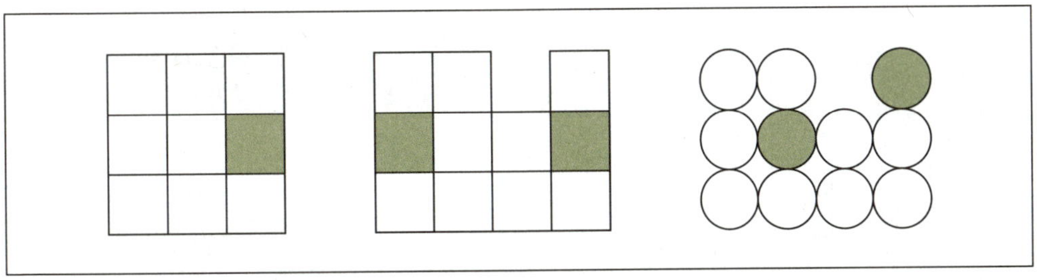

①

②

③
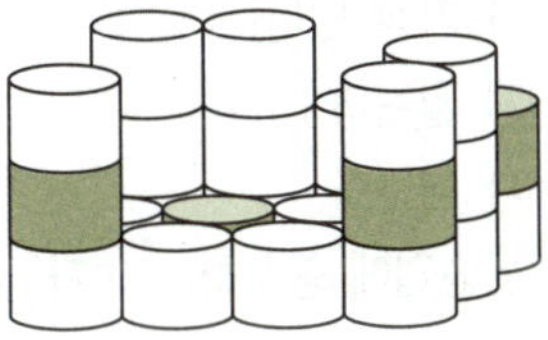

④

22. 부장, 과장, 대리, 사원 A, 사원 B는 회의를 위해 6인용 원형 테이블에 앉아 있다. 앉은 위치가 다음 〈조건〉과 같다고 할 때, 부장의 오른쪽 바로 옆자리에 앉은 사람은?

조건

- 대리와 사원 A는 나란히 앉아 있다.
- 사원 B의 왼쪽 옆자리에는 아무도 앉아 있지 않다.
- 과장은 대리의 왼쪽 옆자리에 앉아 있다.
- 사원 A는 부장과 마주 보고 앉아 있다.

① 과장
② 대리
③ 사원 B
④ 아무도 앉아 있지 않다.

23. 다음 자료에 대한 설명으로 옳은 것을 〈보기〉에서 모두 고르면?

〈20X9년 운송업 종사자 수〉

(단위 : 명)

구분		육상 운송업	수상 운송업	항공 운송업	운송 관련 서비스업	계
상용 근로자	남자	305,343	16,897	13,639	120,649	456,528
	여자	22,645	3,332	11,150	37,856	74,983
	계	327,988	20,229	24,789	158,505	531,511
임시 근로자	남자	18,409	1,468	358	14,407	34,642
	여자	3,381	79	233	4,535	8,228
	계	21,790	1,547	591	18,942	42,870

보기

㉠ 전체 운송업 종사자 중에서 운송 관련 서비스업 종사자가 가장 많다.
㉡ 전체 상용근로자 중 여자가 차지하는 비율은 10%가 되지 않는다.
㉢ 전체 임시근로자 중 육상 운송업 종사자의 비율은 50%가 넘는다.
㉣ 운송 관련 서비스업에 종사하는 남자 임시근로자는 항공 운송업에 종사하는 여자 상용근로자보다 많다.

① ㉠, ㉡　② ㉡, ㉢
③ ㉢, ㉣　④ ㉡, ㉢, ㉣

24. 다음 명제들이 참이라고 할 때, 〈보기〉에서 반드시 참이 아닌 명제를 모두 고른 것은?

- 나는 음악을 감상하면 졸리지 않다.
- 나는 졸리지 않으면 책을 읽는다.
- 나는 자전거를 타면 커피를 마시지 않는다.
- 나는 커피를 마시지 않으면 책을 읽지 않는다.
- 나는 커피를 마시면 졸리지 않다.

보기

㉠ 나는 자전거를 타면 음악을 감상하지 않는다.
㉡ 나는 커피를 마시지 않으면 졸리다.
㉢ 나는 커피를 마시면 음악을 감상하지 않는다.
㉣ 나는 책을 읽으면 졸리지 않다.
㉤ 나는 졸리면 자전거를 탄다.

① ㉠, ㉡
② ㉡, ㉢
③ ㉡, ㉣
④ ㉢, ㉤

25. 다음 기사를 통해 파악할 수 있는 직업인으로서 갖추어야 할 기본적 윤리자세로 가장 적절한 것은?

AA사는 기후 서약에 처음으로 서명한 회사다. 이 서약은 AA사가 기후 변화에 중점을 둔 조직인 글로벌 옵티미즘과 함께 설립한 것으로, 파리협정의 2050년 목표보다 10년 앞서 기업이 사업 전반에 걸쳐 탄소중립을 실천하겠다는 야심찬 포부를 내세우고 있다. 현재까지 전 세계적으로 200개가 넘는 주요 기업이 이 서약에 동참하는 등 AA사는 환경 선도 기업으로서의 위상을 견고하게 다져나가고 있다.

① 직업적인 양심과 정직
② 끈기와 인내를 실천하면서 미래를 볼 줄 아는 안목
③ 전문적인 지식과 지속적인 기술 연마
④ 노동에 대한 긍정적인 사고

26. 다음 글에 나타난 사랑에 대한 필자의 입장으로 적절하지 않은 것은?

> 사랑은 본래 '주는 것'이다. 시장형 성격의 사람은 사랑을 받는 것에 대한 교환의 의미로만 주어야 한다고 본다. 대부분의 비생산적인 성격의 사람은 주는 것을 가난해지는 것으로 생각해서 주려고 하지 않는다. 다만, 어떤 사람은 환희의 경험보다 고통을 감수하는 희생이라는 의미에서 사랑을 주는 것을 덕으로 삼는다. 그들은 모두 사랑에 대해 오해하고 있다. 생산적인 성격의 사람은 사랑을 주는 것이 잠재적인 능력의 최고 표현이며 생산적인 활동이라고 본다. 이것은 상대방의 생명과 성장에 적극적인 관심을 가지는 것이고 자발적으로 책임지는 것이며, 착취 없이 존경하는 것이다.

① 사랑은 능동적으로 활동하여 자신의 생동감을 고양하는 것이다.
② 사랑은 상대방을 있는 그대로 존중하는 것이다.
③ 사랑은 상대방에 대해 적극적인 관심을 갖는 것이다.
④ 사랑은 자신을 희생하여 상대방이 원하는 것을 들어주는 것이다.

27. 다음 글에서 밑줄 친 ㉠의 유의어로 알맞은 것은?

> 국회는 왜 존재하고 정치는 왜 하는지 되새겨야 할 때다. 이해충돌과 갈등을 조정하고 타협하며 국민을 편안하고 행복하게 하는 것이 정치의 궁극적 목표다. ㉠ <u>무릇</u> 정치는 바르게 해야 한다.

① 노상
② 자못
③ 대저
④ 비단

28. 기상청에서 A 지역에 비가 올 확률이 0.7이고 A와 B 지역 모두에 비가 올 확률이 0.4라고 발표하였다면, B 지역에 비가 오지 않을 확률은?

① $\frac{1}{7}$
② $\frac{2}{7}$
③ $\frac{3}{7}$
④ $\frac{4}{7}$

29. 3m 길이의 끈을 모두 사용하여 직사각형을 만들려고 한다. 만약 직사각형의 가로 길이가 세로 길이의 2배라면 이 직사각형의 넓이는?

① $0.5m^2$　② $0.8m^2$
③ $1.2m^2$　④ $1.5m^2$

30. 다음과 같이 종이를 접은 후 색칠된 부분을 자르고 다시 펼쳤을 때의 모양으로 옳은 것은?

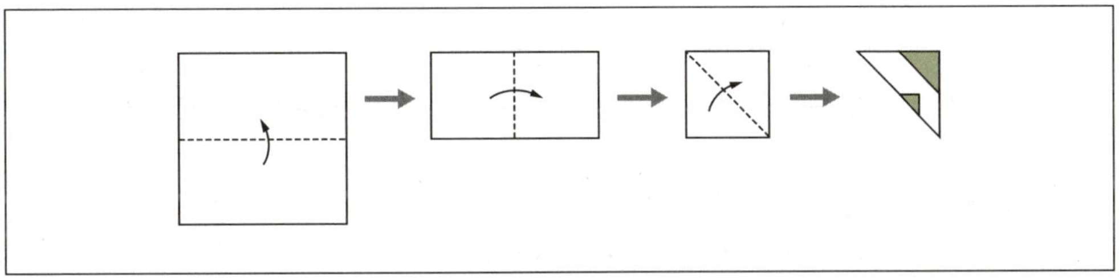

①
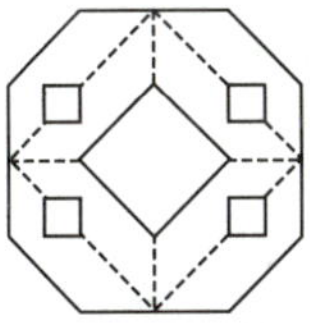

②
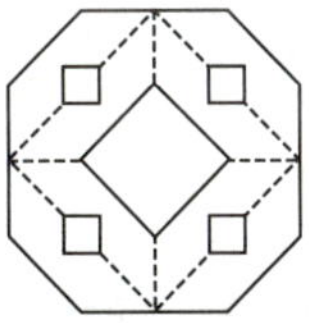

③
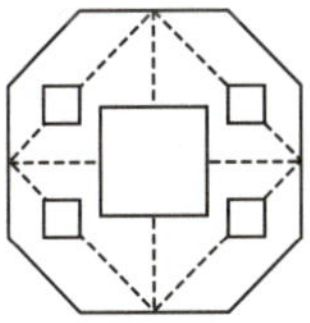

④
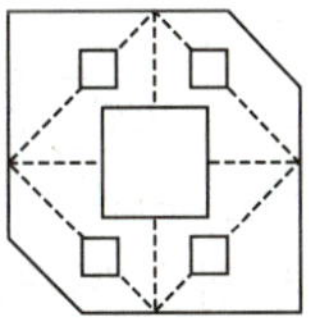

31. 다음은 청소년 인구 추이에 관한 그래프이다. 이에 대한 이해로 적절하지 않은 것은?

〈청소년 인구 추이〉

(단위 : 천 명, %)

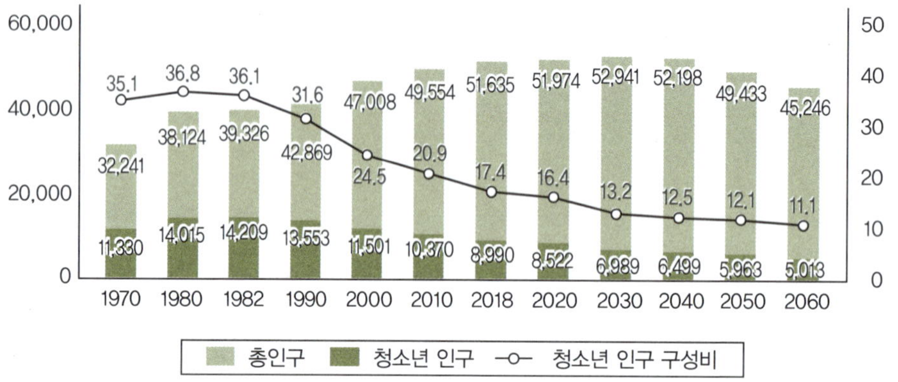

① 1980년부터 총인구 대비 청소년 인구의 비율은 점점 감소하였으며, 앞으로도 계속 감소할 것으로 전망된다.

② 1990년에는 10년 전 대비 청소년 인구가 3% 이상 감소하였다.

③ 2020년에는 10년 전 대비 총인구가 10% 이상 증가하였다.

④ 10년 전 대비 청소년 인구의 감소율은 2000년이 2010년보다 더 크다.

32. 다음 조건에 따라 세 과목을 수강신청할 수 있을 때, 수강할 과목으로 옳은 것은?

- 국어와 수학 중 한 과목 이상은 필수로 수강해야 한다.
- 미술을 수강하는 학생은 수학을 수강할 수 없다.
- 음악과 미술은 반드시 함께 수강해야 한다.
- 국어를 수강하는 학생은 음악을 수강할 수 없다.
- 영어와 수학은 동시에 수강할 수 있다.
- 영어를 선택하면 국어를 반드시 수강해야 한다.

① 국어, 미술, 음악
② 국어, 영어, 음악
③ 수학, 음악, 미술
④ 수학, 국어, 영어

33. 다음 도형을 시계방향으로 90° 회전했을 때의 모양으로 옳은 것은?

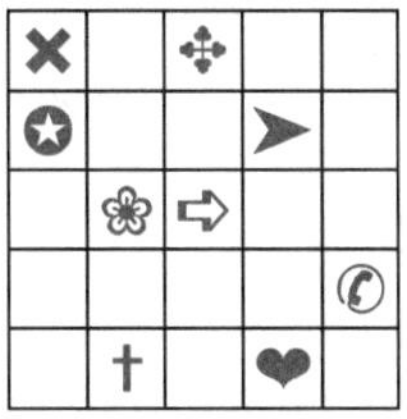

① 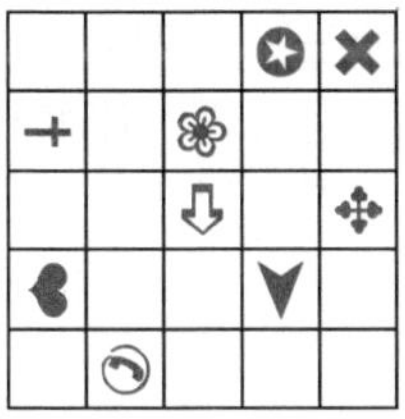

② 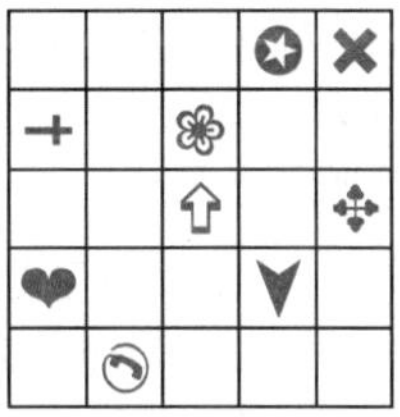

③ 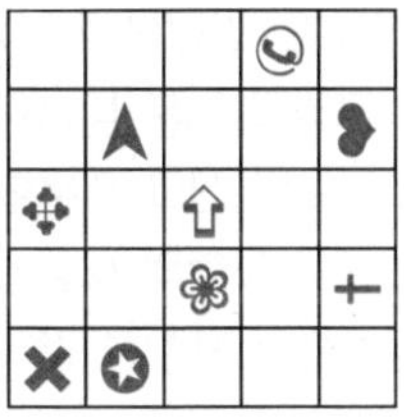

④ 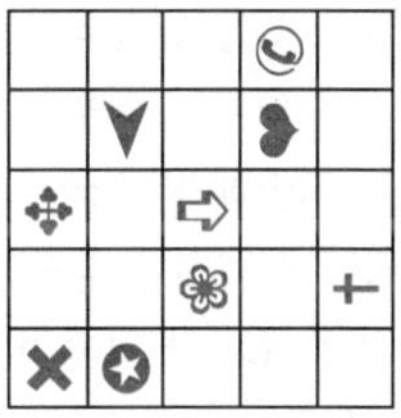

34. 다음 글에서 밑줄 친 ㉠~㉣을 글의 흐름에 맞게 수정한 내용으로 가장 알맞은 것은?

> 우리나라에서 의료에 사회보험을 처음으로 도입하려 시도한 해는 1963년 의료보험법이 제정되었을 때였다. 그러나 당시에는 시범사업에 머물러 있었고, 의료보험 제도가 본격적으로 시행되어 국민들이 가입하게 된 때는 1977년에 500인 이상 사업장의 피고용자를 대상으로 직장의료보험이 시행되면서부터였다. 이후 정부는 ㉠ <u>직장의료보험의 해당 범위를 순차적으로 확대해 나갔다.</u>
>
> 1979년에는 공무원과 사립학교 교직원을 대상으로 하는 의료보험법이 시행되어 이들이 의료보험에 편입되었다. 1988년부터는 기존 500인 이상 사업장에서 5인 이상의 사업장으로 확대되었으며, 농어촌지역주민 또한 적용 대상이 되었다. ㉡ <u>1989년에는 도시 자영업자로 적용 범위가 축소되면서</u> 실제적으로 거의 전 국민을 대상으로 한 의료보험이 시작되었다. 이후 지속적으로 관리체계를 개편해, 1998년에 직장의료보험과 지역의료보험 그리고 공무원 교원 의료보험을 통합하여 국민의료보험관리공단이 되었다. 그리고 2000년대에 다시 국민건강보험공단으로 명칭이 변경되면서 현재와 같은 형태를 유지하게 되었다.
>
> 공적 보험으로 도입된 이후 꾸준히 가입자 수와 보장 내용을 지속적으로 확대해 온 국민건강보험은 2017년부터 보장성 강화정책을 진행해 원래 62.7% 수준이었던 건강보험 보장률을 2022년까지 70% 수준으로 끌어올리는 것을 목표로 하고 있다. ㉢ <u>그리고 일부 비급여 항목을 급여로 적용하고</u> 기존에 병원급 의료기관에만 적용되던 비급여 진료비 신고 의무를 의원급 의료기관에도 확대 적용하는 정책을 시행 중이다. 이러한 조치는 건강보험의 보장성 강화 정책 이후로 비급여 진료비가 급증하면서 생긴 조치이다. 국민건강보험의 보장성 강화 이후로 ㉣ <u>비급여 항목이 줄어들고 수익성이 악화되자 일선 의원급 병원에서 줄어든 수입을 만회하기 위하여 비급여 진료비 항목을 크게 늘린 것이다.</u> 이러한 비급여 진료비의 급증은 국민건강보험의 재정에 악영향을 미치고 있으며, 동시에 국민의료건강의 급여분에 해당하지 않는 의료비를 보상하는 실손의료보험의 부담 역시 커지는 결과를 초래했다.

① ㉠ '직장의료보험의 적용 범위를 지속적으로 확대해 나갔다'로 수정한다.

② ㉡ '1989년에는 도시 자영업자까지 적용 범위가 확대되면서'로 수정한다.

③ ㉢ '그로 인해 급여항목이 축소되고'로 수정한다.

④ ㉣ '비급여 항목이 늘어나고 수익성이 증가되자 일선 의원급 병원에서 수입을 만회하기 위하여 비급여 진료를 크게 줄인 것이다'로 수정한다.

35. 다음 자료를 올바르게 해석한 것은?

구분	교원 1인당 학생 수(명)				학급당 학생 수(명)			
	초등학교	중학교	고등학교		초등학교	중학교	고등학교	
				일반				일반
2005년	28.7	20.1	19.9	20.9	35.8	38.0	42.7	44.1
2010년	25.1	19.4	15.1	15.9	31.8	35.3	32.7	33.9
2015년	18.7	18.2	15.5	16.5	26.6	33.8	33.7	35.5
2019년	16.3	16.7	14.4	15.4	24.3	32.4	32.5	34.2
2021년	14.9	15.2	13.7	14.6	22.8	30.5	30.9	32.4
2023년	14.6	13.3	12.9	13.7	22.4	27.4	29.3	30.6
2024년	14.5	12.7	12.4	13.1	22.3	26.4	28.2	29.3

① 교원의 수는 학급의 수보다 적다.

② 모든 조사연도에서 교원 1인당 학생 수는 초, 중, 고등학교 순으로 많다.

③ 자료에서 고등학교의 학급당 학생 수가 이전 조사연도보다 증가한 적은 없었다.

④ 2005년 대비 2024년의 초등학교 교원 1인당 학생 수 감소율이 동 기간 초등학교의 학급당 학생 수 감소율보다 크다.

36. 다음 중 모양이 나머지와 다른 하나는?

①

②

③

④

37. 다음은 서로 다른 무게를 가진 물체 5개에 대한 정보이다. 가벼운 물체부터 무거운 물체 순으로 바르게 나열한 것은?

- ●●는 □□와 ★보다는 가볍다.
- ▲는 □□보다는 무겁고, ♧보다는 가볍다.
- □□는 가장 무겁지도 않고, 세 번째로 무겁지도 않다.
- ♧는 세 번째로 무겁지도 않고, 네 번째로 무겁지도 않다.
- ★은 가장 무겁지도 않고, 두 번째로 무겁지도 않다.

① ▲<□□<●●<♧<★
② ★<□□<▲<♧<●●
③ ●●<▲<★<□□<♧
④ ●●<□□<★<▲<♧

38. 다음 명제가 모두 참일 때, 항상 옳은 것은?

- 고양이를 좋아하면 호랑이를 키운다.
- 개를 좋아하면 호랑이를 키우지 않는다.
- 치타를 좋아하면 고양이를 좋아한다.

① 호랑이를 키우지 않는다면 치타를 좋아하지 않는다.
② 호랑이를 키우면 반드시 개를 좋아한다.
③ 고양이를 좋아하면 치타를 좋아한다.
④ 개를 좋아하면 반드시 고양이를 좋아한다.

39. 다음 글을 참고할 때 아이의 해열제 보관 및 복용 시 주의사항으로 옳지 않은 것은?

> 어린이용 약은 어른들이 먹는 제형과 다른 데다 아이들에게 사용해서는 안 되는 성분이 따로 있기 때문에 반드시 어른용과 구분해서 사용해야 한다. 또한 연령별, 체중별로 사용 방법에 맞게 투여해야 안전하고 효과적이다.
>
> 아이는 해열제 복용 시 교차복용을 하는 경우가 많다. 일반의약품의 해열제는 크게 아세트아미노펜 성분의 해열진통제와 이부프로펜 또는 덱시부프로펜 성분의 비스테로이드성 소염진통제 두 가지로 나뉜다. 시럽 형태를 가장 많이 사용하고, 츄어블정(알약)과 좌약 형태가 있는데, 아이가 약을 먹고 토하거나 다른 이유로 먹이지 못할 경우 해열 좌약을 사용할 수 있다.
>
> 아이마다 먹는 용량이 정해져 있기 때문에 약 복용 시 용법 · 용량에 더욱 주의해야 한다. 해열제를 보관할 때는 복약지시서나 케이스를 함께 보관하고, 복용 전 성분명을 반드시 확인해 중복 복용하지 않도록 해야 한다. 복용 시간도 매우 중요하다. 보통 아세트아미노펜과 덱시부프로펜은 4 ~ 6시간 간격, 이부프로펜은 6 ~ 8시간 간격으로 복용하는 것이 일반적이며, 교차 복용을 하더라도 투여 간격은 최소 2 ~ 3시간을 유지하는 것이 좋다. 그리고 교차 복용 시에도 각 성분의 일일 섭취량을 꼭 지켜야 한다.
>
> 마지막으로 아이가 열이 난다는 것은 감염성 질환의 증후일 수 있으니 통증이 5일 이상, 발열이 3일 이상 지속되어 해열진통제를 복용하게 될 경우 반드시 소아과를 방문해야 한다.

① 약의 복약지시서나 케이스는 버리지 않고 약과 같이 보관한다.

② 이부프로펜과 덱시부프로펜은 비스테로이드성 소염진통제로 4 ~ 6시간 간격을 두고 복용한다.

③ 아이가 약을 먹고 토할 경우 시럽 형태보다 좌약을 사용하는 것이 좋다.

④ 해열진통제와 소염진통제의 교차 복용 시 투여 간격은 최소 2 ~ 3시간을 유지한다.

40. 다음 그림에서 만들 수 있는 크고 작은 사각형의 개수는?

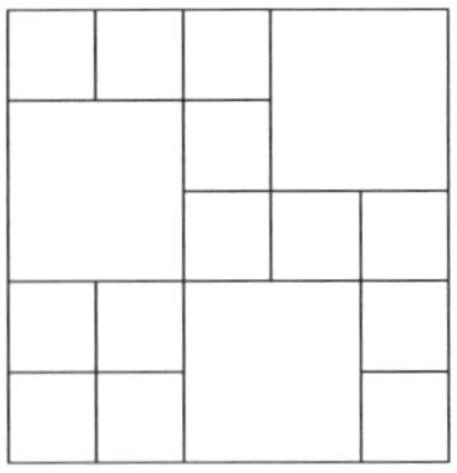

① 45개
② 49개
③ 50개
④ 53개

41. 다음 (ㄱ)~(ㄹ) 중 〈보기〉의 문장이 들어가기에 가장 적절한 곳은?

나만 그런 것은 아니겠지만 87년 민주화 이후 30년, 외환위기 이후 20년은 87년 이전에 열망했던 만큼의 행복한 시간이 아니었다. (ㄱ) 아니 차라리 투쟁해야 할 이유가 있었고, 희망을 논할 수 있었으며, 주변 모든 사람이 함께 힘들었던 시절이 그리울 정도로 우리 사회는 완전히 양극화되었고 주변을 돌아봐도 고통 속에 보내는 사람의 수는 줄어들지 않았다. (ㄴ) 70년대 말 80년대 중반까지의 엄혹한 시절을 생각해보면, 당시의 내 또래 청년들이 기껏 이런 나라를 만들기 위해 그렇게 날밤을 지샜나 하는 자괴감도 든다. (ㄷ)

나는 청소년들이 입시의 중압감에서 해방되는 행복한 세상에서 살기를 원한다. (ㄹ) 그런 세상들이 쉬이 오지 않는다는 것을 알고 있지만 이들 모두를 고통스럽게 만드는 현실은 학교나 기업 자체에 있지 않고, 한국 자본주의 사회경제 시스템, 더 거슬러 올라가면 남북한의 전쟁/분단체제와 깊이 연관되어 있다는 것이 내 생각이다.

보기

그리고 청년 비정규 노동자들이 극히 위험한 작업장에서 죽음을 무릅쓰고 불안한 고용조건, 장시간 저임금 노동에 시달리지 않는 그런 세상에 살기를 원한다.

① (ㄱ)
② (ㄴ)
③ (ㄷ)
④ (ㄹ)

42. 다음은 2010년, 2020년 주요 도시의 인구 및 주택 수에 대한 자료이다. 이에 대한 설명으로 적절하지 않은 것은?

(단위 : 천 명, 천 호, 호)

구분	2010년			2020년		
	인구	주택 수	천 명당 주택 수	인구	주택 수	천 명당 주택 수
서울	(　　)	1,973.2	199.4	(　　)	3,399.8	347.1
부산	(　　)	830.2	226.7	(　　)	1,243.1	364
대구	2,481	545	219.7	2,446	886.8	362.6
인천	2,475	632.1	255.4	2,663	936.7	351.7
광주	1,353	338.1	249.9	1,476	528.1	357.8
대전	1,368	333.5	243.8	1,502	536.1	356.9
울산	1,014	239	235.7	1,083	387.2	357.5

※ 천 명당 주택 수 = $\frac{\text{주택 수}}{\text{인구수}} \times 1{,}000$

① 인구 천 명당 주택 수가 가장 많은 지역은 2010년에는 인천, 2020년에는 부산이다.

② 2010년의 인구수 상위 3개 도시는 2020년에 들어서 모두 인구가 감소하였다.

③ 2010년의 주택 1호당 평균 인구수는 모든 주요 도시에서 4명 이상이다.

④ 10년 사이 주택 수가 가장 적게 증가한 지역은 울산이다.

43. 다음을 보고 그 규칙을 찾아 '?'에 들어갈 도형으로 알맞은 것을 고르면?

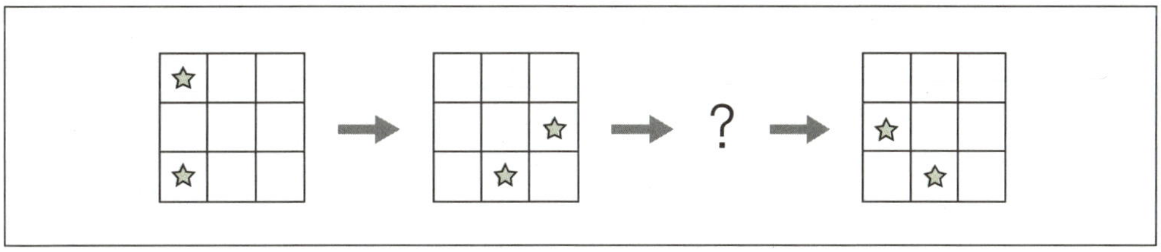

① 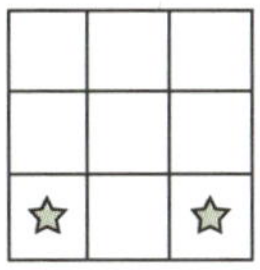

② 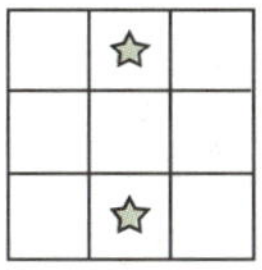

③ 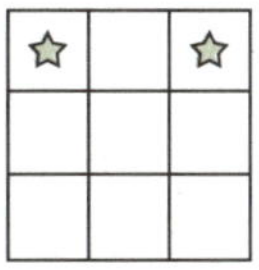

④ 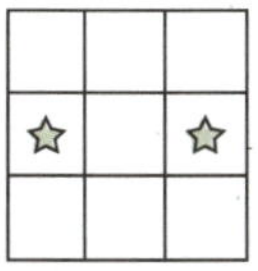

44. 다음 글을 요약한 내용으로 적절한 것은?

세계보건기구(WHO)가 휴대폰 전자파를 발암 가능성이 있는 물질인 'Group 2B'로 분류한 이후 전자파에 대한 사람들의 불안이 커지고 있는 가운데 이동전화의 전자파가 성인에 비해 7세 미만의 어린이들에게 더 잘 흡수된다는 조사 결과가 나왔다. 방송통신위원회는 한국전자통신연구원(ETRI)과 □□전자파학회, ○○대 의대, △△대 약대, 한국원자력의학원을 통해 어린이들에 대한 전자파의 영향을 조사한 결과 7세 미만 어린이들은 성인에 비해 특정 주파수 대역에서 전자파를 더 많이 흡수하는 것으로 조사되었다고 밝혔다. 해당 주파수 대역은 FM방송 주파수 대역 등으로 활용 중인 100MHz 전후의 주파수 대역과 이동통신용 주파수 대역으로 활용하고 있는 1GHz 이상의 주파수 대역이다. 국내 이동통신 서비스는 현재 800 MHz 주파수를 사용하는 한 회사의 2세대(2G) 이동통신 서비스를 제외하고는 모두 1GHz 대역 이상의 주파수를 사용하고 있기 때문에 모든 휴대폰의 전자파가 어린이들에게 더 많이 흡수되는 것으로 볼 수 있다. 또한 휴대폰을 포함한 무선 기기에서 나오는 전자파가 뇌에 손상을 입혀 십대 청소년의 노화를 촉진할 수 있다는 연구 결과나 휴대폰을 많이 사용하는 어린이의 주의력 결핍 · 과잉행동 장애(ADHD)의 발병 가능성에 대한 조사 결과가 속속 발표됨에 따라 휴대폰 전자파의 위험성에 대한 각별한 대책이 필요하게 되었다.

① 휴대폰 전자파는 성인보다 어린이들에게 더 해로울 수 있다.

② 성장기의 어린이에게 휴대폰을 사용하게 해서는 안 된다.

③ 휴대폰 전자파는 주파수 대역에 따라 흡수율이 달라진다.

④ 휴대폰 전자파에는 발암 가능성이 있는 물질이 포함되어 있다.

45. 다음 (가)～(라)를 문맥에 맞도록 바르게 나열한 것은?

(가) 이는 'hyper(초월한)'와 'text(문서)'의 합성어이며, 1960년대 미국 철학자 테드 넬슨이 구상한 것으로, 컴퓨터나 다른 전자 기기로 한 문서를 읽다가 다른 문서로 순식간에 이동해 읽을 수 있는 비선형적 구조의 텍스트를 말한다. 대표적인 예시인 모바일의 경우 정보에 접근하는 속도는 매우 빠르지만 파편성은 극대화되는 매체다.

(나) 밀레니엄 세대(Y세대)와는 다르게 다양성을 중시하고 사물인터넷(IoT)으로 대표되는 Z세대는 대개 1995년부터 2010년까지 출생한 세대를 보편적으로 일컫는 말이다. 이들은 어렸을 때부터 인터넷 문법을 습득하여 책보다는 모바일에 익숙하다. 책은 선형적 내러티브의 서사 구조를 갖는 반면, 인터넷은 내가 원하는 정보에 순식간에 접근할 수 있게 해 준다는 측면에서 정보들 사이의 서사적 완결성보다는 비선형적 구조를 지향한다. 이러한 텍스트 구조를 하이퍼텍스트라고 한다.

(다) 따라서 앞으로는 무한하게 확장된 정보 중에서 좋은 정보를 선별하고, 이를 올바르게 연결하는 개인의 능력이 중요하게 부각될 것이다.

(라) 이러한 경우, 정보의 시작과 끝이 없으므로 정보의 크기를 무한대로 확장할 수 있다는 특징을 가진다. 일반적인 문서로는 저자가 주는 일방적인 정보를 받기만 하지만 하이퍼텍스트로는 독자의 필요에 따라 원하는 정보만 선택해 받을 수 있다.

① (가) – (다) – (나) – (라)
② (가) – (나) – (다) – (라)
③ (나) – (라) – (가) – (다)
④ (나) – (가) – (라) – (다)

5회 기출예상문제

소양평가

문항수	45문항
시험시간	50분

정답과 해설 51쪽

01. 다음 (가)～(마)를 문맥의 순서에 따라 적절하게 나열한 것은?

(가) 자신의 이름을 따 상트페테르부르크로 도시명을 정한 그는 1712년 이곳으로 수도를 옮길 정도로 애착과 기대가 컸다.
(나) 그는 발트해 연안의 이곳을 '유럽으로 향하는 항'으로 삼기로 하고 새로운 도시건설에 착수하였다.
(다) 지금도 학술, 문화, 예술 분야를 선도하며 그러한 위상에는 변함이 없다.
(라) 제정 러시아의 표트르 1세는 스웨덴이 강점하고 있던 네바강 하구의 습지대를 탈환하였다.
(마) 이렇게 시작된 이 도시는 이후 발전에 발전을 거듭하여 러시아 제2의 대도시가 되었다.

① (다)－(가)－(라)－(나)－(마)
② (다)－(나)－(가)－(라)－(마)
③ (라)－(나)－(가)－(마)－(다)
④ (라)－(나)－(다)－(가)－(마)

02. 다음 대화의 내용이 모두 참일 때, 반드시 참인 것은?

갑 : 땅콩을 먹으면 아몬드를 먹지 않아.
을 : 밤을 먹으면 아몬드도 먹어.
병 : 호두를 먹지 않는 사람은 잣을 먹어.

① 밤을 먹은 사람은 잣을 먹지 않는다.
② 아몬드를 먹지 않은 사람은 밤을 먹는다.
③ 땅콩을 먹은 사람은 호두를 먹는다.
④ 땅콩을 먹으면 밤을 먹지 않는다.

03. 다음 중 외래어 표기가 옳지 않은 것은?

① tape－테이프
② frypan－후라이팬
③ license－라이선스
④ carpet－카펫

04. 다음 (가)와 (나)를 읽고 도출할 수 있는 결론으로 적절한 것은?

(가) 지난해 정부에서는 정보격차 해소를 위해 저소득층 가정의 아이들에게 컴퓨터 등의 정보 통신기기를 보급하였다. 이를 통해 정보의 접근성 및 활용능력이 향상되었고 이는 학업성적의 향상에도 도움이 될 것으로 전망하였다. 그런데 올해 정보 통신기기를 지원받은 가정의 아이들의 학업성적을 살펴본 결과, 성적이 오른 아이들은 소수에 불과하고 대부분이 전과 유사한 성적에 머물거나 오히려 하락한 경우도 나타났다.

(나) 정보 통신기기의 보급은 아이들로 하여금 다양한 지식을 쉽게 얻을 수 있도록 한다는 점에서 도움이 되지만, 수업에 대한 흥미와 집중력이 낮아지고 공부를 소홀히 하는 행동 등을 유발하여 학업성적이 떨어지는 이유가 되기도 한다. 그런데 정보 통신기기로 인한 학업성적의 하락은 저소득층 가정의 아이들에게서 더 큰 폭으로 나타나는데, 이러한 결과는 부모들의 관리에서 비롯된다고 보는 견해가 있다. 대부분 고소득층의 부모들은 자녀의 기기 활용에 대해 관리와 통제를 가하지만, 저소득층의 부모들은 이러한 관리에 대해 소홀한 경향이 있다는 것이다.

① 정보 통신기기의 보급은 정보격차 해소에는 도움이 되지만 아이들의 학업수준에는 부정적인 영향을 미친다.
② 아이들의 학업성적에는 정보 통신기기의 보급보다 기기에 대한 관리와 통제가 더 중요하게 작용한다.
③ 저소득층 아이들의 학업성적은 정보 통신기기의 보급에 따라 영향을 받으므로 적절한 조절을 통해 아이들의 성적향상을 도울 수 있다.
④ 저소득층의 정보 통신기기 보급률은 고소득층보다 낮은 수준으로, 이로 인한 정보수준의 격차가 아이들의 학업에 영향을 미친다.

05. 직각이등변삼각형 모양의 종이를 다음과 같이 접은 후, 마지막에서 표시된 부분을 자르고 다시 펼쳤을 때의 모양으로 옳은 것은?

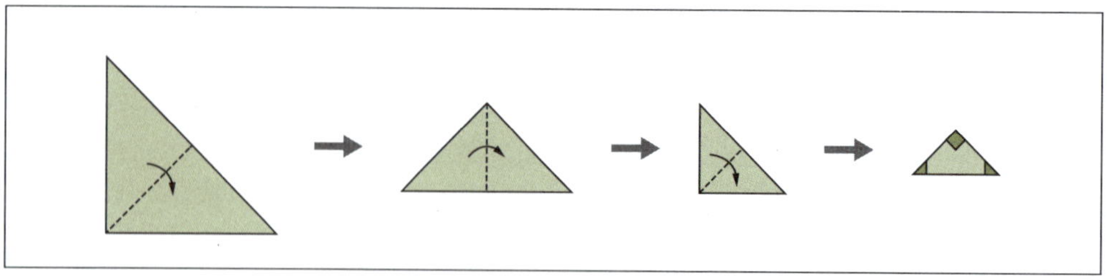

① 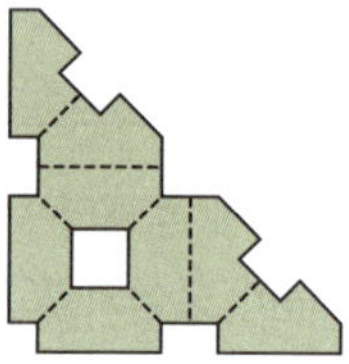

② 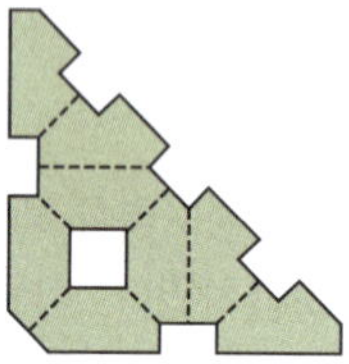

③ 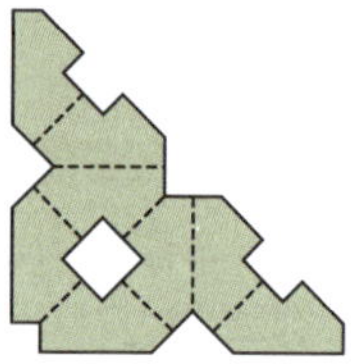

④ 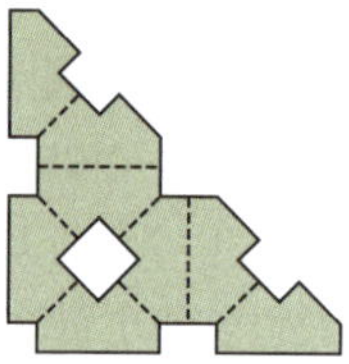

06. ○○시네마에는 4개(1 ~ 4관)의 상영관이 있고, 영화 A, B, C, D가 각각 겹치지 않게 상영되고 있다. 〈조건〉을 참고할 때 옳은 것은?

조건

- 영화 B는 2관에서 상영된다.
- 영화 A와 C가 상영되는 두 상영관은 서로 이웃한다.
- 4관에서는 영화 C를 상영하지 않는다.

1관	2관	3관	4관

① 1관에서는 영화 A가 상영된다.

② 1관에서는 영화 C가 상영된다.

③ 영화 D는 3관에서 상영된다.

④ 영화 C는 3관에서 상영된다.

07. 다음 중 갑 대표의 발언과 부합하는 대화로 적절한 것은?

> 갑 대표 : 수평적 문화를 만들기 위해 앞으로는 회사에서 선후배 간에 경어체를 사용하도록 하겠습니다. 다만, 경어체는 사람에게만 사용하도록 하고 사물에는 사용하지 않도록 합니다. 또한 고객이나 외부 사람을 부를 때는 선생님, 회사를 지칭할 때는 저희 회사로 통일하도록 하겠습니다.

① 고객 : 이 자리는 빈자리인가요?
A 사원 : 선생님, 그 자리는 비어 계십니다.
② Z 부장 : B 사원, 그 전화는 어디에서 온 건가?
B 사원 : 네, W 과장님 전화입니다.
③ C 사원 : 우리 회사는 처음 방문하시는 거죠?
고객 : 네, 처음 왔습니다.
④ D 사원 : 예산 보고서는 어떻게 작성하면 될까요?
Y 대리 : 그건 과장님께 여쭤보세요.

08. 정가가 30,000원인 신발은 30% 할인된 가격으로 구입하고, 정가가 x원인 옷은 20% 할인된 가격으로 구입해서 총 125,000원을 지불하였다. 할인 전 신발과 옷의 총가격은 얼마인가?

① 151,000원　② 160,000원
③ 170,000원　④ 180,000원

09. A 대학교 경제학과에서는 여름방학 동안 1학년 학생 41명을 대상으로 영어회화 수업과 중국어회화 수업을 개설한다. 영어회화 수업만 신청한 학생은 13명, 두 수업을 모두 신청한 학생은 11명일 때, 중국어회화 수업만 신청한 학생의 수는? (단, 모든 1학년 학생은 두 수업 중 반드시 하나 이상의 수업에 신청했다)

① 15명　② 16명
③ 17명　④ 18명

10. 다음은 최근 5년간의 주요 대도시 환경 소음도를 나타낸 자료이다. 이에 대한 설명으로 옳은 것은?

〈주요 대도시 주거지역(도로) 소음도〉

구분	20X0년		20X1년		20X2년		20X3년		20X4년	
	낮	밤	낮	밤	낮	밤	낮	밤	낮	밤
서울	68	65	68	66	69	66	68	66	68	66
부산	67	62	67	62	67	62	67	62	68	62
대구	68	63	67	63	67	62	65	61	67	61
인천	66	62	66	62	66	62	66	62	66	61
광주	64	59	63	58	63	57	63	57	62	57
대전	60	54	60	55	60	56	60	54	61	55

※ 소음환경기준의 개념 : 사람의 건강을 보호하고 쾌적한 환경을 조성하기 위한 환경정책의 목표치

※ 주거지역(도로) 소음환경기준 : 낮(06:00 ~ 22:00) 65dB 이하, 밤(22:00 ~ 06:00) 55dB 이하

※ 수치해석방법 : 소음도가 낮을수록 정온하고 쾌적한 환경을 나타냄.

① 조사기간 중 매해 낮 시간대 소음환경기준을 만족한 도시는 대구와 광주 두 도시뿐이다.

② 20X2 ~ 20X4년 동안 모든 주요 대도시의 밤 시간대 소음도의 증감 폭은 1dB 이하이다.

③ 20X3년 이후로 밤 시간대 소음도는 대전을 제외한 주요 대도시 모두 환경기준을 초과하였다.

④ 조사기간 중 밤 시간대 평균 소음도가 가장 높았던 해는 20X2년으로 소음환경기준보다 6dB 더 높았다.

11. 밑줄 친 ㉠~㉣ 중 글의 흐름상 가장 적절하지 않은 문장은?

> 한국 영화계의 중국 공략은 당위적이다. 단순 비교하자면 중국 영화 시장은 한국 영화 시장보다 9배가량 크다. 중국 영화 산업의 성장 속도를 고려할 때 이 차이는 더 벌어질 것이다. 그럼에도 불구하고 한국 영화계에 유리한 점이 있다면, 바로 한류이다. ㉠ <u>한국의 영화배우들은 중국에서 생각한 것 이상의 큰 인기를 누리고 있다.</u> 하지만 영화계에서의 한류 열풍을 배우에 의존한 형태로만 지속할 수는 없다. 유명 배우가 출연한 영화를 중국에 수출하는 방식에는 한계가 있다. ㉡ <u>한국 배우의 중국 활동으로 한국의 국가 이미지까지 올라가고 있기 때문에 영화 한류를 지속적으로 유지하기 위해서는 스타 배우를 끊임없이 발굴해 내야만 한다.</u> ㉢ <u>중국은 영화 수입에 철저히 제한을 두고 있기 때문이다.</u> 한국문화산업교류재단에 따르면, 중국은 분장제 영화 연 34편, 매단제 영화 연 30편으로, 수입할 수 있는 영화의 수를 제한하고 있다. 중국판 스크린 쿼터제이다. 이 한계를 극복하고 한류를 이어가기 위해 나온 것이 바로 한중 합작 영화다. 이 형태의 영화는 중국의 외국영화 수입제한 제도에 해당되지 않는다. 중국과의 합작 영화가 공동제작 영화로 승인받는 경우 중국 내에서 자국영화로 인정된다. ㉣ <u>현재 한중 합작 영화는 단순히 중국의 자본, 한국의 콘텐츠를 활용하는 것에 국한되지 않는다.</u> 가장 기초적인 단계부터 기획, 제작, 마케팅, 상영까지 모든 분야에서 중국과 합작하고 있다.

① ㉠　　② ㉡

③ ㉢　　④ ㉣

12. ○○기관에서 신입사원 채용을 위한 최종 면접이 진행 중이다. 면접관이 다음 질문을 통해 묻고자 하는 것은 무엇인가?

[면접관]

> 우리 기관은 외국 기업과 협업하는 일이 많습니다. 그래서 외국어 능력은 물론이고 협동심이 중요합니다. 팀원 중 어느 한 사람이 제 몫을 해내지 못하면 팀 전체의 목표를 이루지 못하니까요. 당신은 팀원들과 협력해서 하는 일에 자신이 있습니까?

① 경력　　② 팀워크

③ 리더십　　④ 유연한 사고

13. 도형들을 활용하여 다음의 평행사변형을 만들 때, 필요 없는 모양은?

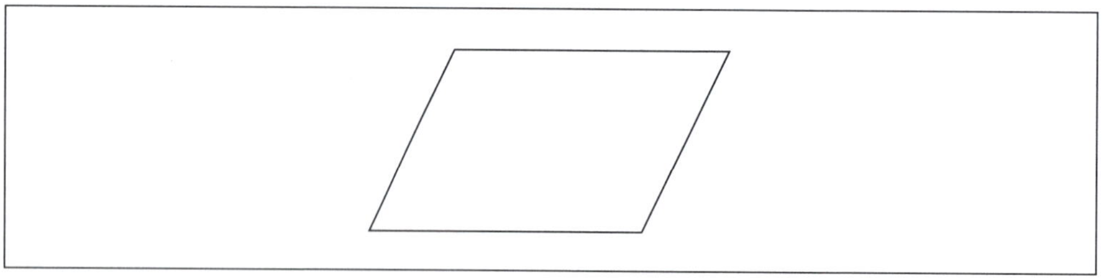

① 

② 

③ 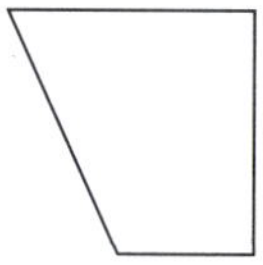

④ 

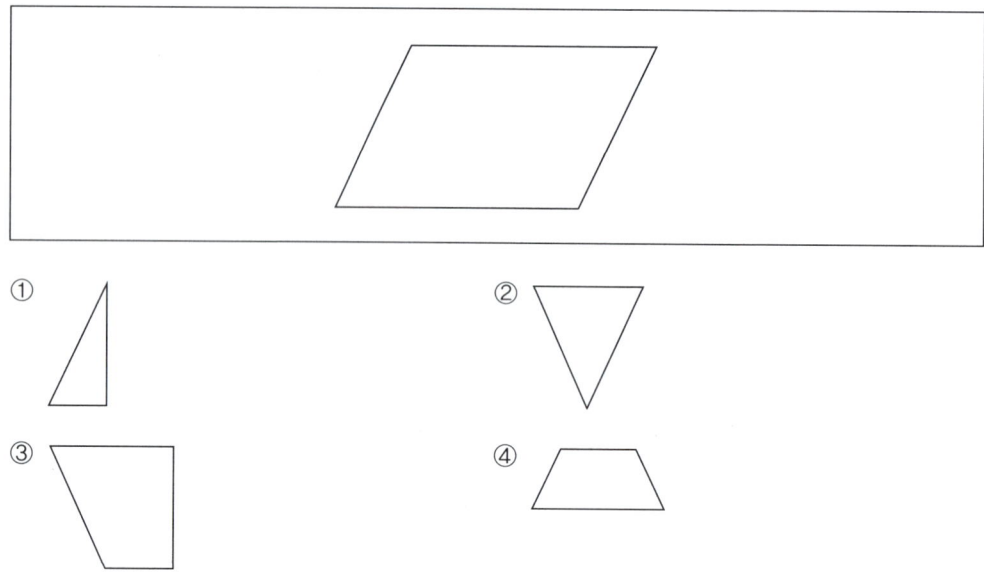

14. ○○기관 신입사원 A 씨는 부서 회의에 처음으로 참여하게 되었다. 회의실 내부 모습과 테이블 및 좌석배치가 다음 그림과 같을 때, 이를 본 A 씨의 생각 중 적절하지 않은 것은?

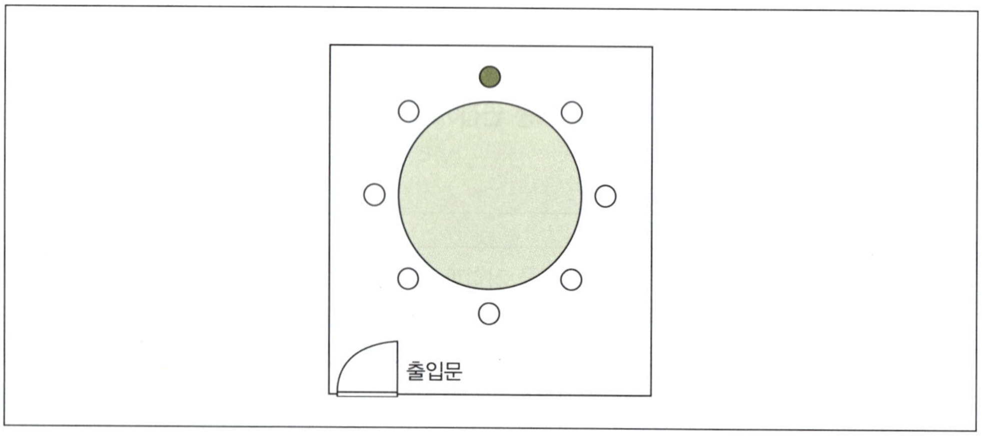

① 테이블이 원형인 것을 보니 적극적이고 개방적인 소통을 추구하는구나.
② 참석자들 간에 서로의 눈을 바라보기 쉬우니 의견을 교환하기가 보다 수월하겠어.
③ 색으로 칠해진 의자가 출입문에서 가장 먼 자리이니 가장 말단 사원인 내가 앉으면 되겠구나.
④ 서로가 너무 잘 보이니 처음 회의에 참여하는 나의 입장에서는 너무 노출이 되는 것 같아 다소 부담스럽네.

[15 ~ 16] 다음 글을 읽고 이어지는 질문에 답하시오.

앞으로 자율주행차량이 도입되면 가장 주목받는 기업으로 계속 발전할 것이라고 전망되어 2019년에 주식 상장 계획이 있던 우버에게 2017년은 악재의 연속이었다. 연초에 전직 소프트웨어 엔지니어 수잔 파울러가 성추행과 성차별이 횡행하는 우버의 사내 문화를 폭로하면서 악재가 시작되었고, 연말에는 레바논 주재 영국대사관 여직원 다이크스가 수도 베이루트에서 우버 택시 운전기사에게 살해당하는 사건이 발생했다. 우버 서비스의 고객 안전에 대한 우려가 현실로 나타난 것이다.

『파울러는 블로그에 "소속 팀장의 성희롱 사실을 인사부에 내부고발했지만 관리자가 잘못된 사내 문제를 해결하는 대신 오히려 자신을 다른 팀으로 이동시켰다."라는 글을 게재했다. 인사부의 다음 반응은 그녀에게 심한 충격을 주었다. "이런 문제가 보고된 게 처음이고 그는 우리 회사에서 가장 실적이 좋은 직원이다. 말썽이 생기는 걸 원치 않으니 한 번 참고 넘어가면 좋겠다." 또한 그녀는 다른 팀에서 일하거나 낮은 업무 평가를 받을 위험에 처할 수 있다는 얘기도 들었다고 덧붙였다. 그녀의 폭로 이후 해당 사실은 SNS를 통해 빠르게 퍼졌고 언론들은 우버 기업문화의 문제점을 낱낱이 지적했으며 적잖은 핵심 인력들이 회사를 떠나기 시작했다. 결국, 우버는 215건의 불만사항을 접수하고 대대적인 내부 조사를 벌여 20명 이상을 해고 조치했다.』

우버 CEO 칼라닉은 반(反)이민정책을 표방한 트럼프 행정부의 경제 자문위원을 맡아 비판을 받던 중 사내 성 추문사건까지 터지면서 모든 비난을 받게 되었다. 그리고 마케팅, 재무, 커뮤니케이션, AI 랩 담당 책임자들이 줄줄이 CEO의 리더십을 비판하면서 회사를 떠났다. 또한 성 추문을 조사하는 과정에서 그동안 칼라닉이 1만 2,000명을 마음대로 고용할 정도로 과도한 인사권을 가진 사실이 추가로 밝혀졌다. 우버 이사 허핑턴은 "칼라닉은 글로벌 리더에 걸맞은 품격을 가져야 한다."라면서 CEO의 경영자질을 지적했고, 결국 익스피디아 CEO를 역임한 코스로샤히를 새로운 CEO로 영입했다.

15. 다음 중 윗글에서 드러난 우버의 경영상 문제점이라고 보기 어려운 것은?

① 고객 안전에 대한 서비스의 문제
② 성희롱이 횡행한 그릇된 조직 문화
③ 반이민정책에 동조하는 CEO의 정치성향
④ 문제를 덮으려고 직원을 협박 · 회유하는 안일한 사태 인식

16. 다음 중 윗글의 『 』 부분과 관련 있는 사자성어가 아닌 것은?

① 雪上加霜(설상가상)
② 烏飛梨落(오비이락)
③ 賊反荷杖(적반하장)
④ 四面楚歌(사면초가)

17. 다음은 □□시와 ◇◇시의 202X년 5월의 미세먼지 농도를 나타낸 표이다. □□시와 ◇◇시의 5월 미세먼지 농도의 평균의 차는?

□□시	미세먼지 농도($\mu g/m^3$)	◇◇시	미세먼지 농도($\mu g/m^3$)
A구	70.3	갑구	84.0
B구	65.8	을구	68.4
C구	50.4	병구	73.7
D구	76.0	정구	95.6
E구	69.5	무구	75.3

① 13.0$\mu g/m^3$
② 13.1$\mu g/m^3$
③ 13.2$\mu g/m^3$
④ 13.3$\mu g/m^3$

18. A와 B가 가진 돈의 비는 5 : 4이다. B가 2,000원을 가지고 있을 때, A가 가지고 있는 돈은 얼마인가?

① 2,500원
② 3,000원
③ 3,500원
④ 4,000원

19. 현재 채린이와 삼촌의 나이 차는 18세이고, 4년 후에는 삼촌의 나이가 채린이 나이의 2배가 된다. 채린이의 현재 나이는 몇 세인가?

① 14세
② 16세
③ 18세
④ 20세

20. 다음 전개도를 접었을 때 모양이 나머지와 다른 것은?

①

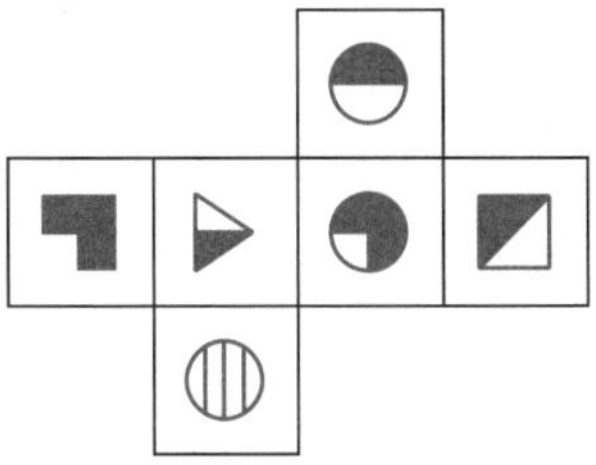

②

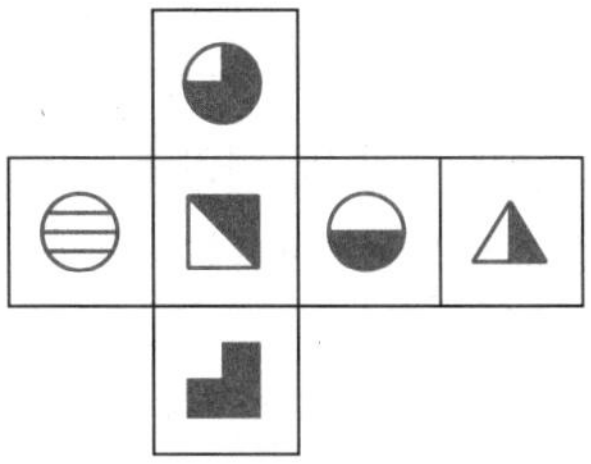

③

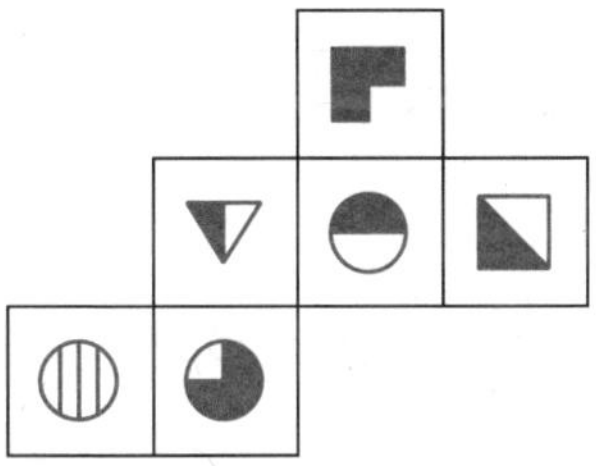

④

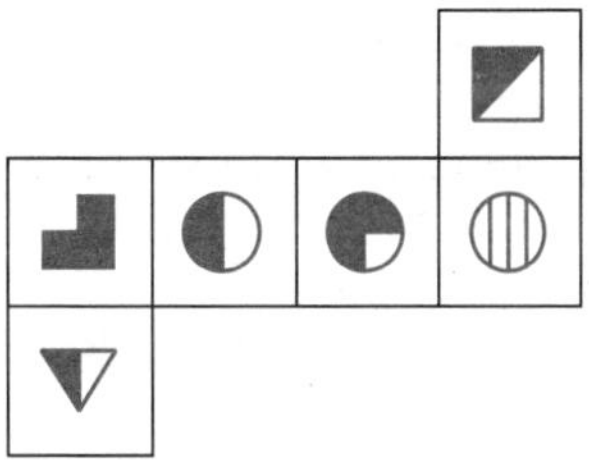

21. 다음 〈보기〉의 내용 중 하나만 진실이고, 나머지는 모두 거짓이다. 갑, 을, 병 세 사람이 강아지, 고양이, 토끼 중 각각 서로 다른 동물을 키운다고 할 때, 다음 중 옳은 것을 고르면?

보기

㉠ 갑은 강아지를 키우지 않는다.
㉡ 갑은 고양이를 키우지 않는다.
㉢ 병은 고양이를 키우지 않는다.
㉣ 병은 토끼를 키운다.

① 을은 토끼를 키우지 않는다.
② 병은 고양이를 키우지 않는다.
③ 갑은 강아지를 키우지 않는다.
④ 을은 고양이를 키우지 않는다.

22. 최 사원은 졸업하는 후배 12명에게 다음과 같이 장미꽃 한 송이씩을 전달하였다. 〈보기〉 중 항상 옳은 것을 모두 고르면?

> • 꽃은 붉은색, 노란색, 하얀색, 하늘색 4종류로 각각 한 송이 이상 있고 총 12송이이다.
> • 하얀 장미를 받은 사람은 노란 장미를 받은 사람보다 적다.
> • 붉은 장미를 받은 사람은 하얀 장미를 받은 사람보다 적다.
> • 하늘색 장미는 붉은 장미보다 많고, 하얀 장미보다는 적다.

보기

> ㉠ 노란 장미를 받은 사람은 5명 이상이다.
> ㉡ 붉은 장미를 받은 사람이 1명이면, 하얀 장미를 받은 사람은 4명이다.
> ㉢ 노란 장미를 받은 사람이 6명이라면, 하늘색 장미를 받은 사람은 2명이다.

① ㉠　　② ㉢
③ ㉠, ㉡　　④ ㉠, ㉢

23. 다음 글의 밑줄 친 부분과 같은 의미로 쓰인 것은?

> 회복을 위해 한동안 자리를 비운 <u>사이</u> 많은 변화가 일어나 있었다. 떠나 있던 동안 마치 간단한 마술이 벌어진 것 같았다. 나의 자리에 돌아와서 그 작은 변화를 발견하자니, 마치 일상에 새로운 열기가 불어오는 듯한 느낌이 들었다. 이 변화들은 마치 삶이 나를 기다리는 동안에도 끊임없이 진행되고 있음을 알려주었다.

① 박 씨는 쉴 <u>사이</u> 없이 일했다.
② 며칠 <u>사이</u>에 살이 쏙 빠졌다.
③ 편하게 앉아 있을 <u>사이</u>가 없다.
④ 그와 그녀는 결혼을 약속한 <u>사이</u>다.

24. 다음 밑줄 친 부분 중 그 쓰임이 적절한 것은?

① 그 당나귀는 여의고 둔하여 걸음이 느렸다.

② 그 아기가 넘어질 것가치 걷는 모습에 마음이 쓰였다.

③ 그 말은 발이 높고 귀가 날카로운 준마로써 인기가 많았다.

④ 언덕과 골짜기를 달리니 하늘을 나는 듯 장쾌하였다.

25. 방송부에서 근무하는 C 대리는 방송 프로그램 외부 모니터링 결과를 보고하기 위해 프로그램별 순위를 정리하고 있다. 다음과 같은 항목별 가중치와 만족도를 고려할 때 프로그램 만족도 순위에 관한 설명으로 옳은 것은?

가중치		프로그램별 만족도		
항목	가중치	꼬리공탕	다쓰배이더	투데이JOBS
기획	0.3	4	8	10
구성 및 내용	0.4	10	5	4
진행	0.2	9	7	5
기술 및 무대	0.1	7	6	9

1) 만족도 총점=항목별 값(가중치×만족도)의 합

2) 총점이 높은 순으로 1, 2, 3위를 정렬

① 기획 항목을 가장 높게 평가하고 있다.

② 꼬리공탕이 만족도 1위 프로그램으로 선정된다.

③ 다쓰배이더는 항목별로 고르게 평가받아 만족도 순위에서 2위로 나타났다.

④ 투데이JOBS는 구성 및 내용에 대한 만족도가 낮아 만족도 순위는 3위이다.

26. ○○기관 인사팀에서는 부서별로 직원들의 정신적 및 신체적 스트레스 지수를 조사하여 다음 표와 같은 결과를 얻었다. 이를 이해한 내용으로 적절하지 않은 것은?

〈부서별 정신적 · 신체적 스트레스 지수〉

(단위 : 명, 점)

항목	부서	인원	평균점수
정신적 스트레스	생산	100	1.83
	영업	200	1.79
	지원	100	1.79
신체적 스트레스	생산	100	1.95
	영업	200	1.89
	지원	100	2.05

※ 점수가 높을수록 정신적 · 신체적 스트레스가 높은 것으로 간주한다.

① 영업이나 지원 부서에 비해 생산 부서의 정신적 스트레스가 높은 편이다.
② 세 부서 모두 정신적 스트레스보다 신체적 스트레스가 더 높은 경향을 보인다.
③ 신체적 스트레스가 가장 높은 부서는 지원 부서이며, 그다음으로는 생산, 영업 순이다.
④ 전 부서원(생산, 영업, 지원)의 정신적 스트레스 지수 평균점수와 전 부서원의 신체적 스트레스 지수 평균점수의 차이는 0.16 이상이다.

27. 다음 도형을 시계방향으로 90° 돌리고, 위로 뒤집은 후 다시 반시계 방향으로 90° 돌린 모양은?

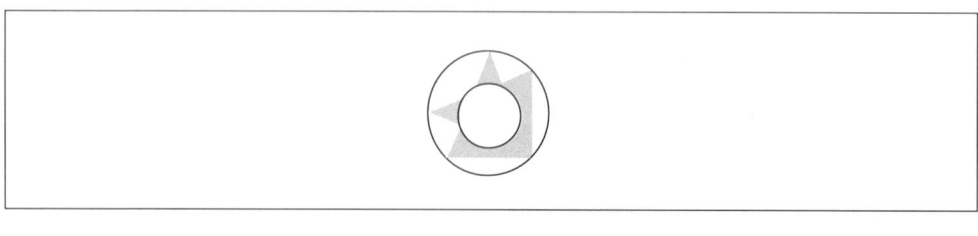

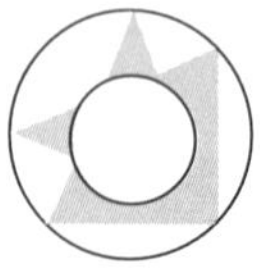

① 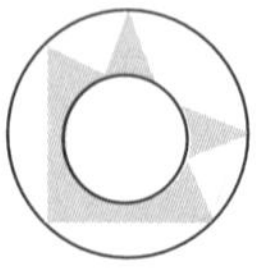
② 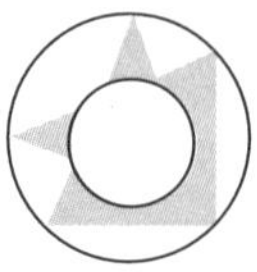
③ 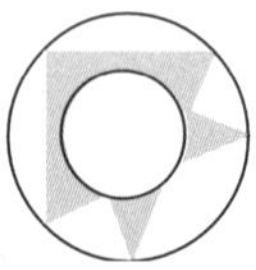
④ 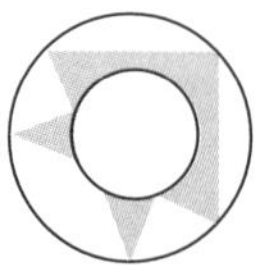

28. 다음 중 문제해결과 관련된 설명으로 옳지 않은 것은?

① 얻고자 하는 해답이 있지만 그 해답을 얻는 데 필요한 과정을 알지 못하는 상태도 '문제'라 할 수 있다.

② 문제해결을 위해서는 기존의 패러다임, 고정관념 등을 극복해야 하는데, 이러한 문제해결과정에 필요한 스킬들은 체계적인 교육훈련을 통해 얻을 수 있다.

③ '분석적 문제'는 해답의 수가 많으며, 다양한 답 가운데 보다 나은 것을 선택하는 경향을 가진다.

④ '발생형 문제(보이는 문제)'는 우리가 바로 직면하여 걱정하고 해결하기 위해 고민하는 문제를 의미한다.

29. 다음 ○○식품의 부류별(품목별) 수출동향에 대한 자료를 이해한 내용으로 옳지 않은 것은?

(단위 : 톤, 천 $)

구분		20X8년		20X9년	
		물량	금액	물량	금액
신선농산물		102,730	219,771	138,440	272,529
	채소류	27,306	104,848	57,418	153,533
	과실류	36,914	66,924	41,730	78,002
	화훼류	36,969	44,516	24,081	29,469
	버섯류	1,541	3,483	15,211	11,525
가공식품		3,868	15,700	5,706	25,954
인삼류		4,960	17,244	5,700	22,266

① 인삼은 신선농산물에 포함되지 않는다.

② 화훼류를 제외한 모든 신선농산물 품목에서 수출량이 증가하였다.

③ 인삼류의 수출량보다 가공식품의 수출량이 더 많이 증가하였다.

④ 20X9년도는 신선농산물 수출액이 가공식품 수출액의 20배 이상이다.

30. 다음의 [전제]들을 참고할 때, [결론]에 대한 설명으로 옳은 것은?

[전제] • 복지가 좋은 회사는 직원들의 불만이 적다.
• 연봉이 높지 않은 회사는 직원들의 불만이 많다.
• 복지가 좋은 회사는 직원들의 여가생활을 존중한다.
[결론] A : 복지가 좋은 회사가 연봉이 높은 것은 아니다.
B : 직원들의 여가생활을 존중하지 않는 회사는 복지가 좋지 않다.

① A만 옳다.
② B만 옳다.
③ A, B 모두 옳다.
④ A, B 모두 옳지 않다.

31. 다음 그림에서 만들 수 있는 크고 작은 사각형의 개수는?

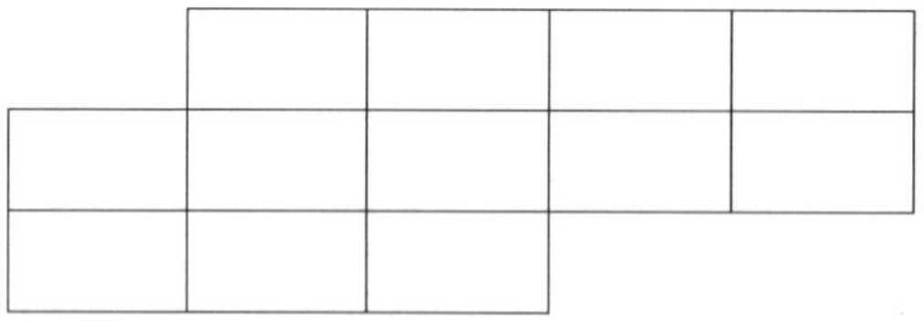

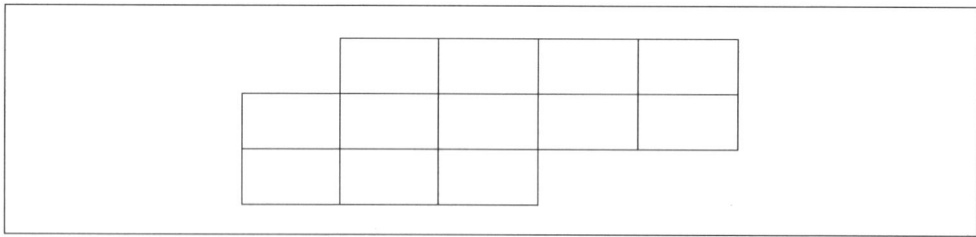

① 46개
② 48개
③ 50개
④ 52개

32. 다음 글을 읽고 이해한 내용으로 적절하지 않은 것은?

> 오늘날의 바순처럼 네 부분의 몸통으로 분리되는 바순이 처음으로 등장한 곳은 17세기 말엽 프랑스 루이 14세의 왕실이었다. 프랑스의 왕실은 각종 목관 악기의 비약적인 발전을 이끌었다. 특히나 발레를 너무도 사랑했던 태양왕 루이 14세는 각종 왕실 행사에 음악과 춤을 정치적으로 활용할 줄 알았다. 왕실 행사 중에서도 결혼식, 장례식, 불꽃놀이 행사, 외국 귀빈 방문, 군대 사열 등 야외에서 진행되는 행사에는 큰 소리를 낼 수 있는 각종 관악기가 동원되었다.
>
> 이와 함께 루이 14세의 왕실 음악가였던 작곡가 륄리는 자신의 오페라 오케스트라에 목관 악기들을 포함시키기 시작했고, 이는 각종 목관 악기들의 눈부신 발전으로 이어졌다. 그중에서도 바순의 발전을 이끈 것은 루이 14세 왕실 예배당의 바순 연주자였던 니콜라스 오트테르(Nicolas Hotteterre)였다. 네 부분으로 분리되는 몸통, 반음계 연주를 쉽게 해주는 키, 상아와 흑단 같은 고급 재료로 된 우아한 장식을 덧붙인 바순이 등장하게 된 것은 이 무렵 태양왕의 왕실에서 일어난 일이었다.
>
> 프랑스에서 개량된 바순을 접한 이들은 이 악기를 유럽 각지로 전파하기 시작했다. 특히 연주자들은 영국으로 건너가서 연주도 하고 악기 공방을 세우기도 했다. 오트테르 가문의 후손들은 런던에서 새로운 목관 악기 공방을 열었다. 그렇게 영국은 프랑스식 바순이 보편적으로 사용되기 시작했고, 바순 제작의 새로운 중심지로 떠올랐다.
>
> 특히 영국에서 널리 퍼져 있었던 교회 악단 문화는 많은 목관 악기 연주자들에게 중요한 일자리였다. 어떤 교회에서는 7명의 바수니스트를 고용하기도 했다. 또한 18세기에 들어 끊임없이 전 세계에 식민지 확장 사업을 하던 영국에서 군악대는 많은 관악기 연주자들의 중요한 일자리였다. 사회에서 바순 연주자들을 요구했던 만큼 바순의 제작과 수리 그리고 이를 처리해 줄 공방의 역할도 중요했고, 런던은 그 중심지 역할을 톡톡히 했다.

① 17세기 말 이전까지의 바순은 오늘날과는 다른 형태를 지녔다.

② 바순은 목관악기 종류 중 하나이다.

③ 프랑스에서 개량된 바순은 유럽 각지로 전파되었다.

④ 영국의 군악대는 18세기부터 바순을 사용하기 시작했다.

33. 다음은 국내 은퇴연령 신용불량자에 관한 자료이다. 이를 이해한 내용으로 적절한 것을 〈보기〉에서 모두 고르면?

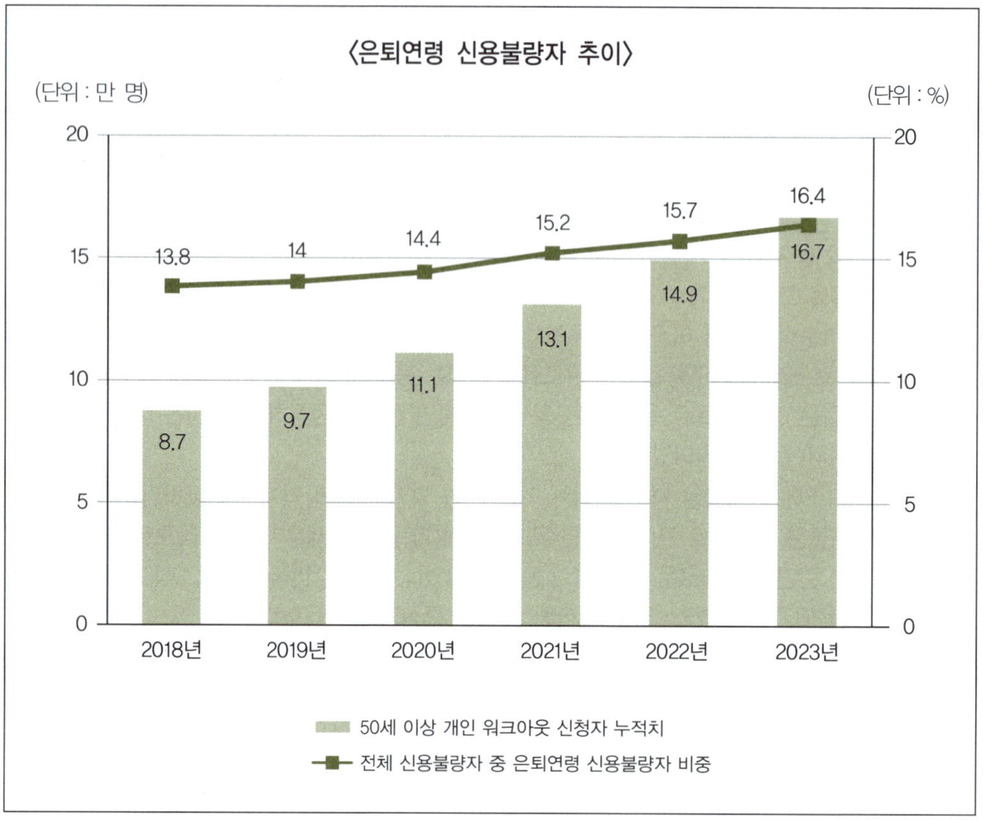

보기

ㄱ. 2023년에 50세 이상 개인 워크아웃 신청자는 2018년 대비 약 8만 명이 늘어났다.

ㄴ. 전체 신용불량자 중 은퇴연령 신용불량자 비중과 50세 이상 개인 워크아웃 신청자의 증감폭이 가장 큰 시기는 2021년과 2022년 사이이다.

ㄷ. 2019 ~ 2023년 50세 이상 개인 워크아웃 신청자 누적치의 전년 대비 증가율은 지속적으로 증가했다.

ㄹ. 2023년의 전체 신용불량자 중 은퇴연령 신용불량자 비중은 2018년 대비 2.6%p가 증가하였다.

① ㄱ, ㄹ　　② ㄴ, ㄷ

③ ㄴ, ㄷ, ㄹ　　④ ㄱ, ㄷ, ㄹ

34. 다음은 어떤 입체도형을 여러 방향에서 바라본 모양이다. 이에 해당하는 입체도형으로 옳은 것은? (단, 화살표 방향은 정면을 의미한다)

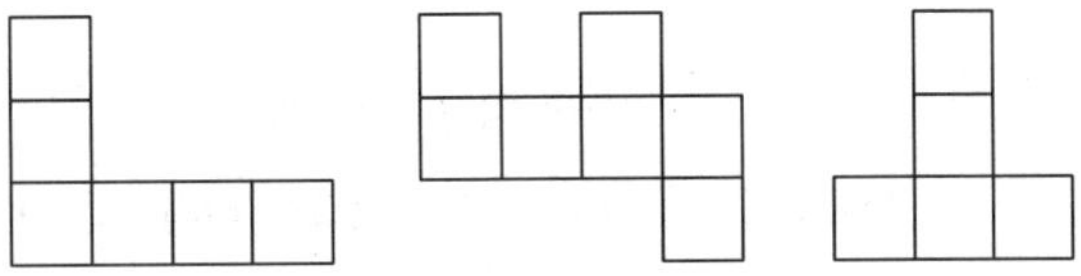

①
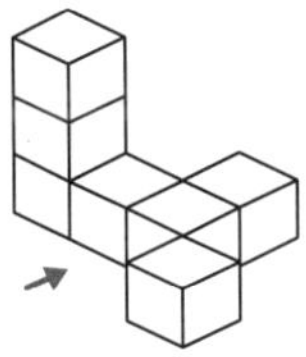

②
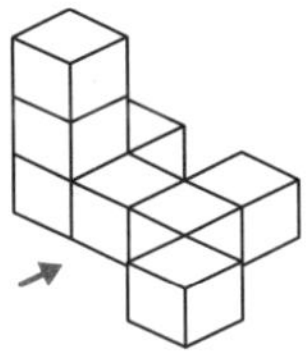

③
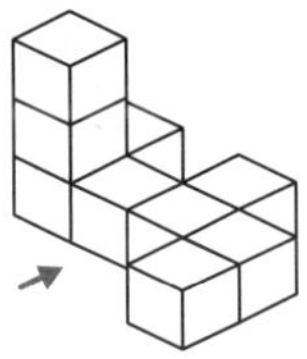

④
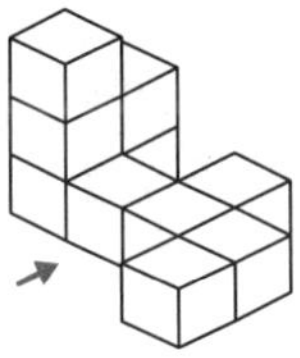

35. 다음 글에서 언급된 '포용적 성장'에 해당하는 사례로 적절한 것은?

> 한 국가의 경제적 불평등과 양극화 심화는 개별 국가만의 문제가 아닌 국가 간 개발격차에 따른 세계 공동의 문제가 되고 있다. 이 때문에 OECD, 세계은행 등 국제기구뿐만 아니라 다보스 포럼 등에서 '포용적 성장'을 주요 의제로 논의하고 있는 상황이다. 경제 성장의 성과를 폭넓게 공유하고, 모든 국민이 최소한의 복지혜택을 받음으로써 노동자들이 실질적 자유를 누리게 하는 것이 포용적 성장의 필수적인 요소라고 볼 수 있다. 포용적 성장이란 시장의 기본적 역할에 충실하면서, 성장의 과실을 함께 나누며 지속적으로도 성장하자는 패러다임이다. 따라서 종전 대기업 중심의 성장이 아니라 협력 중소기업 및 독립적 소상공인들도 함께 협력하며 성장을 추구하자는 것이다. 이렇듯 포용적 성장은 모든 기업이 성장의 주체가 된다는 특징이 있어 낙수효과(Trickle-down Effect)가 아니라 중소기업의 성장이 대기업의 성장을 촉진한다는 분수효과(Trickle-up Effect)에 기초를 두고 있다.

① 어느 곳의 부동산 가격이 상승하면 주변 지역의 가격도 덩달아 상승하는 현상
② 근로자의 최저임금 상승에 의한 서민층 경제 안정으로 국민 대다수가 행복해지는 현상
③ 기업이 많은 이익을 거두게 되면 직원들과 이익을 공유하자는 취지의 초과이익공유제
④ 특정 기업의 주가가 상승하면 연관 기업의 주가가 함께 상승하는 현상

[36 ~ 37] 다음은 직장인 1,000명을 대상으로 저축 여부를 설문조사한 결과이다. 이어지는 질문에 답하시오.

(단위 : 명)

연령	저축을 하고 있는가?		계
	저축을 하고 있다.	저축을 하지 않는다.	
20대	178	72	250
30대	175	25	200
40대	201	99	300
50대	136	64	200
60대	21	29	50

36. 다음 중 저축자의 비율이 가장 높은 연령대는?

① 20대　　② 30대
③ 40대　　④ 50대

37. 위의 자료에 대한 설명으로 옳지 않은 것은?

① 60대의 50% 이상이 저축을 하지 않는다.
② 전체 조사자 중 저축자의 수는 700명 이상이다.
③ 저축을 하지 않는 50대의 수는 저축을 하지 않는 30대 수의 2배 이상이다.
④ 30대부터 연령대가 높아질수록 저축자의 비율이 계속 낮아지고 있다.

38. 다음 기사의 제목으로 가장 적절한 것은?

10대는 성인보다 니코틴 중독에 더욱 취약하고, 이는 금연을 하지 못하고 평생 흡연으로 이어질 가능성이 높아 청소년 흡연에 대한 경각심이 높아지고 있다. 하지만 미질병통제예방센터(CDC)가 2018년 2월 발표한 청소년 흡연 실태 보고서에 따르면 고등학생의 27.1%, 중학생의 7.1%가 최근 30일 내에 담배 제품을 흡입한 적이 있고, 최근 30일 내에 흡연 경험이 있는 10대는 2017년 360만 명에서 2018년 470만 명으로 증가했음을 알 수 있다. 한편 미국에서는 18세 이상이면 담배를 구입할 수 있는 현행법이 청소년 흡연율과 연관성이 있다는 주장이 지속적으로 제기되면서 담배 구입 가능 연령 상향 조정의 필요성이 제기되고 있다. 이에 하와이, 캘리포니아, 뉴저지, 오리건, 메인, 매사추세츠, 아칸소 주 등은 21세부터 담배 구입이 가능하도록 현행법을 바꾸었고, 2019년 7월 1일부터 일리노이 주와 버지니아 주를 시작으로 워싱턴, 유타 주에서도 담배 구입 가능 연령을 상향할 것이라고 발표했다.

① 미국, 청소년 흡연 실태 조사 결과 대다수의 중 · 고등학생이 흡연 유경험자로 나타나
② 미국, 심각한 청소년 흡연율로 인한 미 전역 담배 구입 연령 상향 조정
③ 흡연 연령과 청소년 흡연율의 관계가 밝혀짐에 따라 담배 구입 연령 상향 조정
④ 미국, 심각한 청소년 흡연율에 다수의 주들 담배 구입 연령 21세로 상향 조정

39. 다음을 보고 그 규칙을 찾아 '?'에 들어갈 도형으로 적절한 것을 고르면?

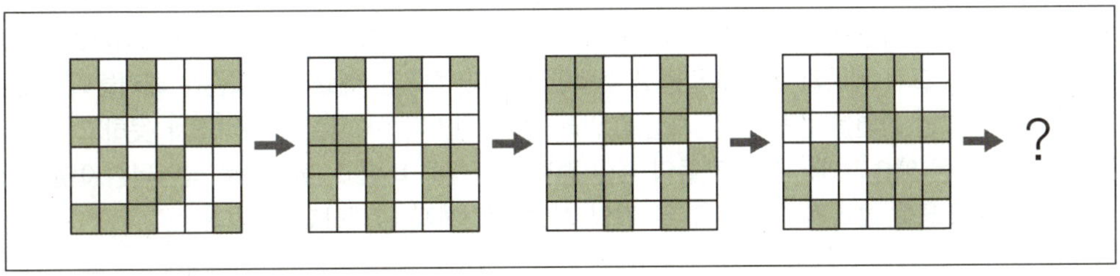

①
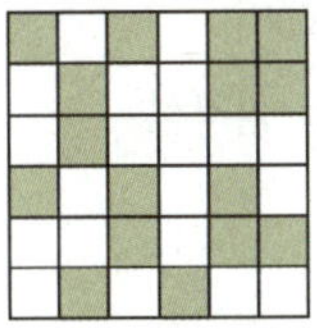

②

③
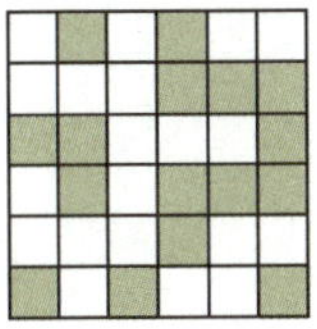

④

40. L사 영업부에는 부장, 차장, 과장, 대리, 사원, 인턴 6명이 근무하는데, 이들 가운데 4명을 한 팀으로 구성하여 해외 출장을 가게 되었다. 만일 사원이 불가피한 사정으로 갈 수 없게 되었다면, 다음 〈조건〉을 모두 만족하는 팀 구성은?

조건

- 부장 또는 차장은 반드시 가야 하지만, 부장과 차장이 함께 갈 수는 없다.
- 대리 또는 사원은 반드시 가야 하지만, 대리와 사원이 함께 갈 수는 없다.
- 만일 과장이 가지 않게 된다면 대리도 갈 수 없다.
- 만일 차장이 가지 않게 된다면 인턴도 갈 수 없다.

① 차장, 대리, 사원, 인턴
② 차장, 과장, 대리, 인턴
③ 부장, 차장, 대리, 인턴
④ 부장, 과장, 대리, 인턴

41. 다음 사건을 소개함으로써 필자가 강조하고자 하는 바로 가장 적절한 것은?

2015년 7월, 스스로 '임팩트 팀'이라 밝힌 해커 집단이 웹사이트 애슐리 매디슨(Ashley Madison)을 해킹했단 사실을 알려 왔다. 애슐리 매디슨은 기혼자들이 불륜 상대를 찾는 웹사이트로 이 해킹 사건의 피해자들에게 엄청난 정신적 피해를 주었다. 유출된 데이터는 3,700만 건의 고객 기록과 취약 비밀번호 수백만 건이다. 하지만 애슐리 매디슨은 해커들이 직원들의 로그인 화면을 통해 해킹 사실을 알려 주기 전까지 이 사실을 파악조차 못하고 있었다. 해커들은 애슐리 매디슨 고객들의 개인 정보를 공개해 버렸고, 불륜자로 낙인찍힌 이들은 정신적 고통을 호소하다가 결국 두 건의 자살 사건까지 발생하고 말았다.

① 개인정보 보호의 방법
② 해킹에 대한 철저한 대비
③ 불륜의 심각성
④ 개인정보 유출 피해의 심각성

42. R 기업은 집중 점검 기간인 5일 동안 모든 가맹점을 방문하여야 한다. 처음 4일간 방문한 매장에 관한 내역이 다음과 같을 때, 마지막 날에 방문해야 할 매장 수는 전체의 약 몇 %인가? (단, 계산은 소수점 아래 첫째 자리에서 반올림한다)

- 전체 가맹점 수는 80개이다.
- 첫째 날, 전체 매장의 15%를 방문하였다.
- 둘째 날, 12개의 매장을 방문하였다.
- 셋째 날, 남은 매장의 25%를 방문하였다.
- 넷째 날, 어제 방문한 매장 수보다 50% 더 방문하였다.

① 14%　　② 20%

③ 24%　　④ 26%

43. 왼쪽의 첫 번째 직육면체는 두 번째와 세 번째의 입체도형에 한 가지 입체도형을 추가로 결합시켜 만들 수 있다. 추가할 입체도형으로 옳은 것은?

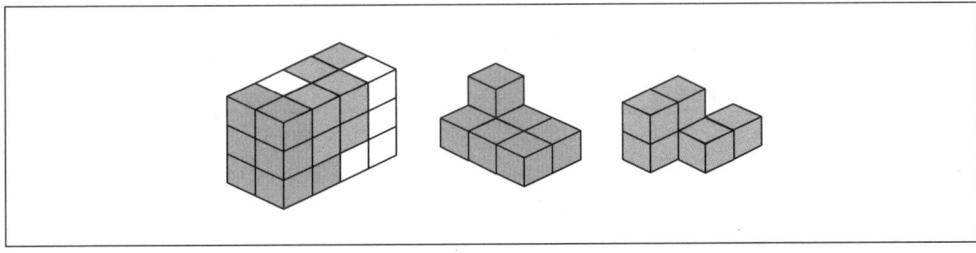

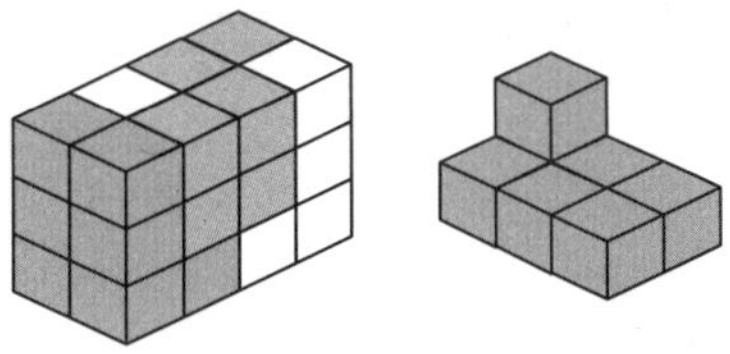

①
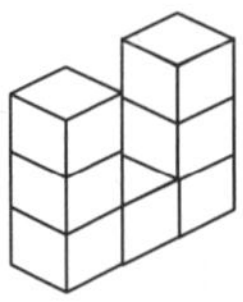

②
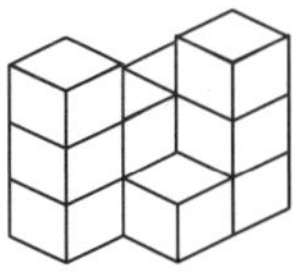

③
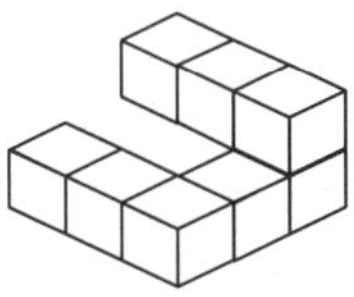

④
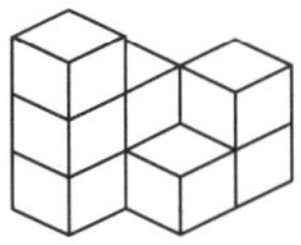

44. 다음 글의 주제로 적절한 것은?

> 우리는 학교에서 한글 맞춤법이나 표준어 규정과 같은 어문 규범을 교육받고 학습한다. 어문 규범은 언중들의 원활한 의사소통을 위해 만들어진 공통된 기준이며 사회적으로 정한 약속이기 때문이다. 그러나 문제는 급변하는 환경에 따라 변화하는 언어 현실에서 언중들이 이와 같은 어문 규범을 철저하게 지키며 언어생활을 하기란 쉽지 않다는 것이다. 그래서 이러한 언어 현실과 어문 규범의 괴리를 줄이고자 하는 여러 주장과 노력이 곳곳에 나타나고 있다.
>
> 최근, 어문 규범이 언어 현실을 따라오기에는 한계가 있기 때문에 어문 규범을 폐지하고 아예 언중의 자율에 맡기자는 주장이 있다. 또한 어문 규범의 총칙이나 원칙과 같은 큰 틀만을 유지하되, 세부적인 항목 등은 사전에 맡기자는 주장도 있다. 그러나 어문 규범을 부정하는 주장이나 사전으로 어문 규범을 대신하자는 주장에는 문제점이 있다. 전자의 경우, 언어의 생성이나 변화가 언중 각각의 자율에 의해 이루어져 오히려 의사소통의 불편함을 야기할 수 있다. 후자는 우리나라의 사전 편찬 역사가 짧기 때문에 어문 규범의 모든 역할을 사전이 담당하기에는 무리가 있으며, 언어 현실의 다양한 변화를 사전에 전부 반영하기 어렵다는 문제점이 있다.

① 의사소통의 편리함을 위해서는 어문 규범을 철저히 지켜야 한다.

② 언어 현실과 어문 규범의 괴리를 해소하기 위한 방법을 모색하는 노력이 나타나고 있다.

③ 언어의 변화와 생성은 사람들의 의사소통을 혼란스럽게 할 수 있기 때문에 최대한 자제해야 한다.

④ 어문 규범과 언어 현실의 괴리를 없애기 위해서는 언중의 자율과 사전의 역할 확대가 복합적으로 진행되어야 한다.

45. 사내 체육대회에서 각 부서별 대표 7명(A, B, C, D, E, F, G)이 달리기 시합을 하였다. 시합 결과가 다음과 같다면 첫 번째로 결승점에 들어온 직원은 누구인가?

- 네 번째로 들어온 사람은 D이다.
- F보다 나중에 D가 들어왔다.
- G보다 나중에 F가 들어왔다.
- B보다 나중에 E가 들어왔다.
- D보다 나중에 E가 들어왔다.
- G보다 나중에 B가 들어왔다.
- A보다 나중에 F가 들어왔으나 A가 1등은 아니다.

① A　　② B

③ E　　④ G

6회 기출예상문제

문항수 | 45문항
시험시간 | 50분

정답과 해설 60쪽

01. 다음 글의 밑줄 친 부분과 바꿔 쓰기에 적절한 단어는?

> 하얀색을 돋보이게 하고 싶을 때 하얀색만 보여 주기보다는 그 옆에 정반대되는 색, 즉 검정색을 가져다 놓으면 더 눈에 띄게 된다. 이와 마찬가지로 글쓴이도 자신의 의견을 두드러지게 하기 위해서 자신의 의견과 정반대인 일반론이나 개념을 가져오는 경우가 있다.

① 강세(強勢) ② 모색(摸索)
③ 약조(弱調) ④ 강조(强調)

02. 다음 밑줄 친 ㉠ ~ ㉣ 중 그 쓰임이 올바른 것은?

> 5월 31일은 세계보건기구(WHO)가 지정한 세계 금연의 날이다. 담배는 폐암뿐 아니라 후두암, 구강암, 식도암, 신장암, ㉠ 체장암, 방광암 등 각종 암의 주요 원인이며, 심혈관질환, 만성호흡기질환 등 각종 만성질환을 유발하는 물질이다. 그러나 금연은 누구에게나 쉽지 않은 과제다. 담배를 ㉡ 끈으려다 실패한 ㉢ 사람만이 금연의 어려움을 안다. 담배를 태우지 않는 사람은 ㉣ 번번히 금연에 실패하는 흡연자를 이해하기 어렵다. 이들은 건강에 무책임하거나 의지가 약한 사람으로 보이고 때론 가족들로부터 안쓰러운 시선을 받기도 한다.

① ㉠ ② ㉡
③ ㉢ ④ ㉣

03. 25 ~ 29세와 30 ~ 34세 각각에서 2005 ~ 2025년의 고용률 변동 추이가 한국과 같은 나라를 바르게 짝지은 것은?

〈국가별 청년 고용률(2005 ~ 2025년)〉

(단위 : %)

구분	25 ~ 29세					30 ~ 34세				
	2005년	2010년	2015년	2020년	2025년	2005년	2010년	2015년	2020년	2025년
한국	86.3	88.2	74.7	70.0	69.3	95.4	91.2	89.8	87.5	90.0
프랑스	82.4	83.5	83.2	81.9	77.9	89.0	88.5	89.1	88.0	83.5
독일	79.2	81.1	74.2	78.7	80.6	88.4	89.3	84.8	87.1	88.5
이탈리아	71.1	69.4	72.7	66.8	58.6	86.5	86.3	86.6	82.6	76.3
일본	92.8	90.3	87.6	86.5	87.8	95.6	93.7	92.1	91.2	91.7
영국	83.0	87.6	86.4	83.4	84.9	86.2	89.7	89.0	86.6	89.4
미국	87.1	88.9	85.8	78.0	82.0	89.2	91.5	89.0	82.1	85.9
OECD	84.4	85.2	83.1	79.5	80.5	89.3	90.4	88.9	86.0	87.0

① 독일, 일본
② 프랑스, 영국
③ 프랑스, 일본
④ 미국, 이탈리아

04. 다음 전개도를 접었을 때 모양이 나머지와 다른 것은?

①
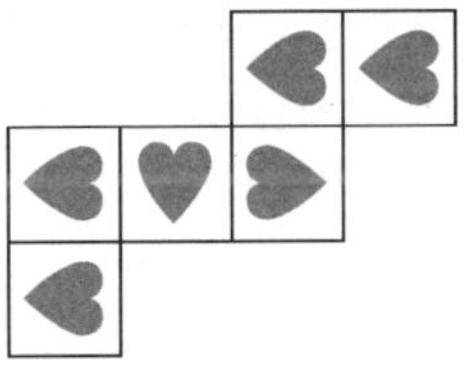

②
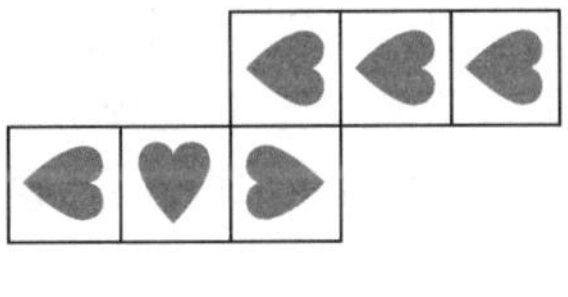

③
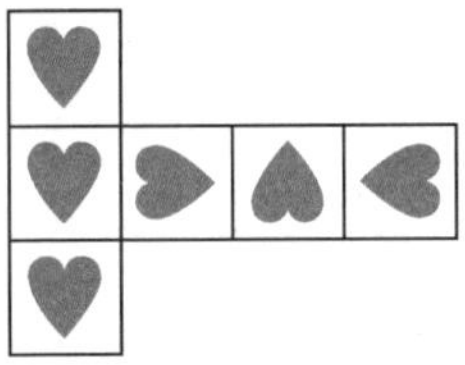

④
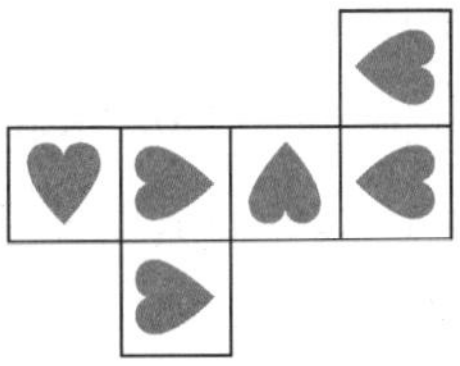

05. 다음 (가) ~ (바)를 문맥에 따라 바르게 나열한 것은?

> (가) 우리보다 먼저 힐링이 정착된 서구에서는 질병 치유의 대체 요법 또는 영적 · 심리적 치료 요법 등을 지칭하고 있다.
> (나) 종교적 명상, 자연 요법, 운동 요법 등 다양한 형태의 힐링 상품이 존재한다.
> (다) 우선 명상이나 기도 등을 통해 내면에 눈뜨고, 필라테스나 요가를 통해 육체적 건강을 회복하여 자신감을 얻는 것부터 출발할 수 있다.
> (라) 그러나 많은 돈을 들이지 않고서도 쉽게 할 수 있는 일부터 찾는 것이 좋다.
> (마) 힐링(Healing)은 사회적 압박과 스트레스 등으로 손상된 몸과 마음을 치유하는 방법을 포괄적으로 일컫는 말이다.
> (바) 국내에서도 최근 힐링과 관련된 갖가지 상품이 유행하고 있다.

① (가)－(마)－(나)－(바)－(라)－(다)
② (가)－(바)－(나)－(마)－(라)－(다)
③ (마)－(가)－(바)－(나)－(라)－(다)
④ (마)－(바)－(가)－(라)－(나)－(다)

06. 다음 박 팀장이 김 사원에게 하는 말을 통해 알 수 있는 박 팀장의 지시 방식의 문제점으로 적절한 것은?

> 김 사원, 이번 프로젝트에서 최 과장의 발표를 서포트하는 역할만 합시다. 지난번에 오 대리를 서포트하라고 했을 때 옆에서 졸면서 하품만 해 가지고 내가 이사님 볼 면목이 없었던 건 압니까? 그 전에도 그랬던 것 같은데, 이번에도 그러면 정말 곤란합니다.

① 상대방의 행동이 아니라 인간성에 초점을 맞춘 지시를 하고 있다.
② 상대방을 다른 사람과 비교하고 있다.
③ 상대방에게 지시를 하는 것이 아니라 위협을 하고 있다.
④ 과거의 안 좋았던 일을 들추어 상대방의 기분을 나쁘게 하거나 주눅이 들게 하고 있다.

07. 왼쪽의 첫 번째 입체도형은 두 번째와 세 번째의 입체도형에 한 가지 입체도형을 추가로 결합시켜 만들 수 있다. 추가할 입체도형으로 적절한 것은?

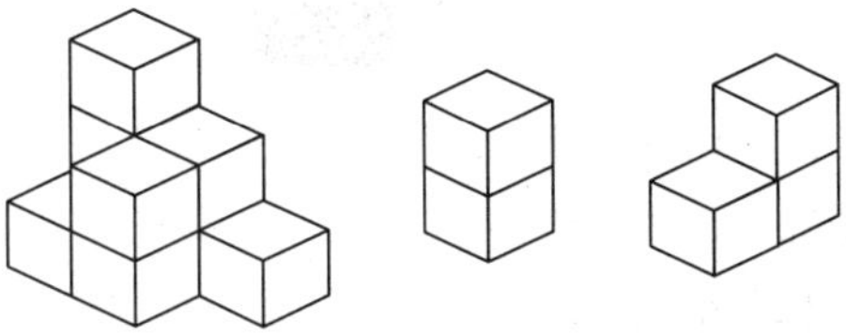

①
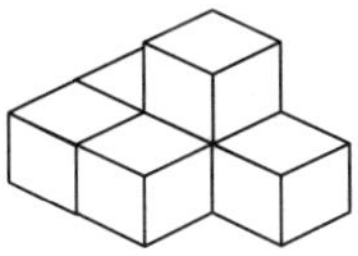

②
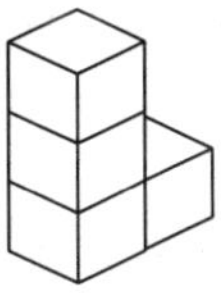

③
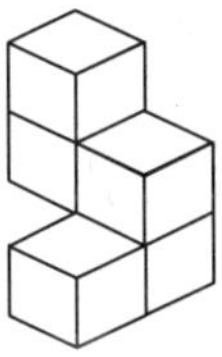

④
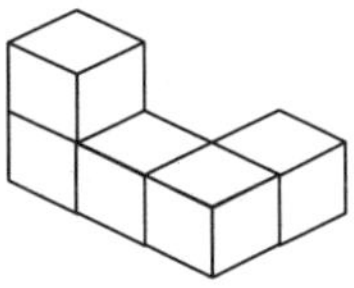

08. 다음 명제들이 항상 참이라 할 때 적절한 것은?

- 달리기를 못하는 사람은 수영을 못한다.
- 달리기를 잘하는 사람은 항상 운동화를 신는다.
- 윤재는 항상 구두를 신는다.

① 윤재는 달리기를 잘한다.

② 윤재는 수영을 못한다.

③ 수영을 잘하는 사람은 구두를 신는다.

④ 수영을 못하는 사람은 운동화를 신지 않는다.

09. 어느 부서의 직원 A, B, C, D, E, F가 월요일부터 연속하여 하루씩 휴가를 쓰려고 한다. 하루에 한 명씩, 평일에만 휴가를 쓸 수 있으며 다음 〈조건〉이 모두 참일 때, 목요일에 휴가를 쓰는 사람은?

조건

- B는 E보다 늦게 휴가를 쓴다.
- A가 휴가를 쓴 3일 뒤에 F가 휴가를 쓴다.
- E와 F는 같은 요일에 휴가를 쓴다.
- D는 수요일에 휴가다.
- B가 휴가를 쓴 바로 다음 날 D가 휴가를 쓴다.

① A
② B
③ C
④ D

10. 다음 도형에 색을 칠하려고 한다. 색을 여러 번 사용할 수는 있으나 이웃하는 영역은 서로 다른 색으로 칠해야 한다. 노란색, 보라색, 빨간색, 검정색, 회색 5가지 색을 사용할 때, 색을 칠할 수 있는 경우의 수는 모두 몇 가지인가?

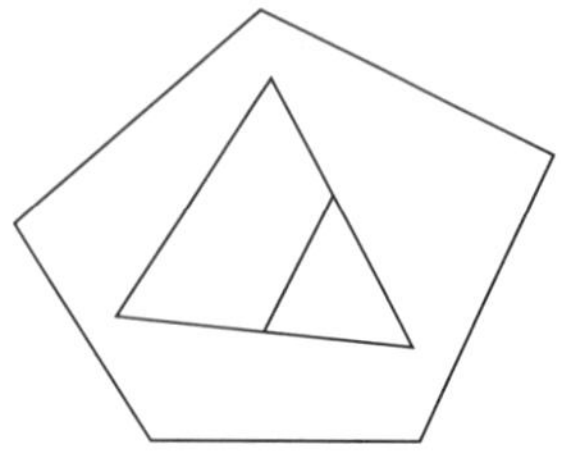

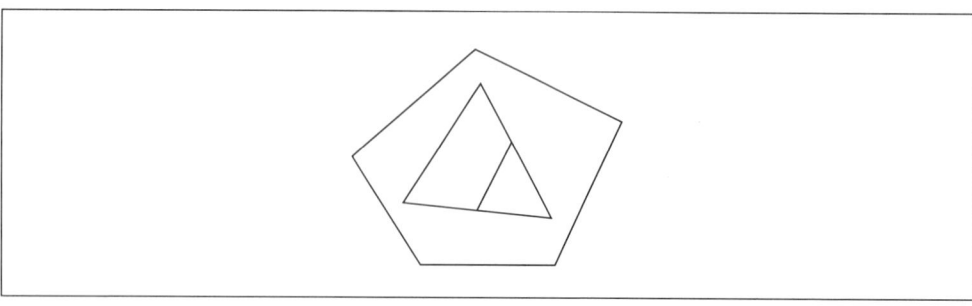

① 25가지
② 40가지
③ 55가지
④ 60가지

11. 다음 ○○기관의 연도별 공개채용 응시 현황에 대한 자료를 참고하여 〈보기〉의 ㉠～㉢에 들어갈 부등호를 바르게 짝지은 것은? (단, 소수점 아래 둘째 자리에서 반올림한다)

〈연도별 공개채용 응시 현황〉

(단위 : 명)

구분	20X1년	20X2년	20X3년	20X4년
접수인원	5,740	3,450	4,680	5,020
응시인원	3,650	3,020	3,610	4,350
합격인원	1,210	1,360	1,030	1,280

※ 응시율 $= \frac{\text{응시인원}}{\text{접수인원}} \times 100$

※ 합격률 $= \frac{\text{합격인원}}{\text{응시인원}} \times 100$

보기

- 20X2년 응시율 ㉠ 20X3년 응시율
- 20X1년 합격률 ㉡ 20X4년 합격률
- 20X1년 합격률+20X2년 합격률 ㉢ 20X3년 합격률+20X4년 합격률

	㉠	㉡	㉢
①	<	<	<
②	<	<	>
③	>	>	<
④	>	>	>

12. 다음은 ○○기관에서 8개 부서의 사무실에 커피머신, 대용량 가습기, 캐비닛 중 하나를 구입하여 지급하려고 한다. 지급 조건과 희망 순위가 다음과 같을 때, 희망하는 물품을 받지 못하는 부서는?

〈지급 조건〉

- 본관과 별관 중 본관의 시설이 더 낙후되었으므로 본관에 사무실이 위치한 부서에 지급 우선권을 준다.
- 건물이 같은 경우 실적 등급이 더 높은 부서 순으로 지급 우선권이 있다.
  ※ 단, 등급은 1 ~ 5등급으로 구분되며, 숫자가 작을수록 등급이 높다.
- 각 물품별로 최대 3개까지만 지급될 수 있다.
- 각 부서별로 물품 희망 1순위와 2순위를 조사하여 1순위 선물을 우선 지급하고, 1순위 선물이 이미 모두 지급된 경우 2순위 선물을 지급한다.
- 2순위 물품까지 모두 지급된 경우 마지막에 남는 물품을 지급한다.

〈부서별 물품 지급 희망 순위〉

부서명	건물	실적 등급	희망 1순위	희망 2순위
A	별관	3등급	대용량 가습기	캐비닛
B	본관	2등급	대용량 가습기	커피머신
C	본관	1등급	커피머신	캐비닛
D	별관	1등급	커피머신	대용량 가습기
E	별관	4등급	대용량 가습기	커피머신
F	본관	5등급	커피머신	캐비닛
G	본관	3등급	커피머신	대용량 가습기
H	별관	2등급	캐비닛	대용량 가습기

① A 부서　　② C 부서
③ E 부서　　④ H 부서

13. 다음 중 모양이 나머지와 다른 하나는?

①

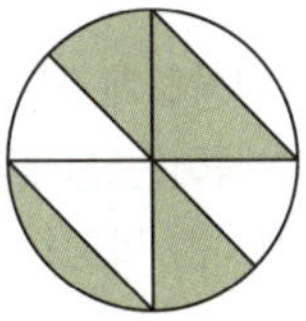

②

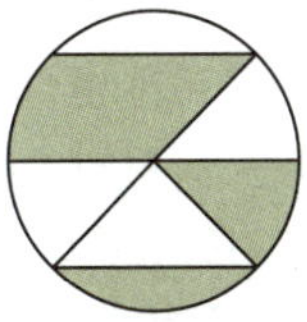

③

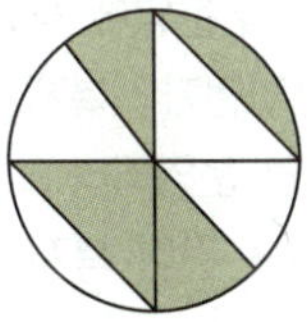

④

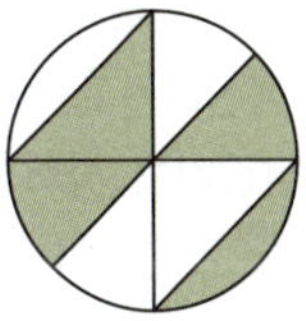

14. 다음 사실에 근거하여 추론할 때, 결론에 대한 판단으로 옳은 것은?

[사실]
- 남학생과 여학생이 5명 있다.
- 2명은 모자를 썼다.
- 티셔츠를 입은 사람은 모두 남자이다.
- 티셔츠를 입고 모자를 쓴 사람은 2명이다.

[결론]
- A : 여자는 1명이다.
- B : 모자를 쓴 사람은 모두 남자이다.

① A만 옳다.　　② B만 옳다.

③ A, B 모두 옳다.　　④ A, B 모두 틀리다.

[15 ~ 16] 다음 글을 읽고 이어지는 질문에 답하시오.

> 복지경영이라는 말은 왠지 모르게 낯설다. 경영이라 하면 대개 기업경영을 연상하게 되는데 반해, 평등을 최우선 가치로 하는 '복지'와 이윤 추구가 최우선 목표인 '경영'의 합성어는 상대적으로 낯설게 느껴지는 것이 당연할지도 모른다. (㉠) 이전부터 사회복지 분야에서는 복지경영이라는 개념을 도입하여 활발하게 적용해 왔다.
>
> 경영은 기업의 효율적인 운영을 목표로 한다. 여기서 효율적인 운영이란 조직 운영에 투입되는 자원이나 자본 대비 최대로 생산하는 것을 의미한다. 그렇다면 복지경영은 무엇인가? 복지경영은 사회문제의 예방과 해결을 담당하는 사회적 제도를 시행하는 조직의 효율적인 운영이라고 볼 수 있다. 즉, 사회복지조직이 자본 투입 대비 최대의 사회문제 예방과 해결을 하는 것이 복지경영의 목적이 되는 것이다.
>
> 청소년 상담 기관을 예로 들어보자. 상담 기관 또한 하나의 조직이므로 이를 효율적으로 운영하기 위해서는 복지경영의 개념을 도입할 필요가 있다. (㉡) 청소년 상담 기관은 설립 목적이 공공성을 띠고 있기 때문에 투입된 자원을 활용하여 그 목적을 얼마나 달성했는지 국가기관이나 사회에 입증할 책임을 가지고 있다. 따라서 상담기관과 같은 사회복지센터도 조직을 효율적으로 운영하기 위해서는 경영적 요소들을 행정에 도입해야 한다.

15. 윗글을 읽고 내릴 수 있는 결론으로 가장 적절한 것은?

① 복지와 경영은 서로 상충되는 가치를 추구한다.
② 경영은 조직의 효율적 운영과 밀접한 관계가 있다.
③ 상담기관 행정운영에 경영 개념의 도입이 필요하다.
④ 효율적인 조직운영을 위한 노력은 모든 분야에서 중요하다.

16. 다음 중 빈칸 ㉠, ㉡에 들어갈 접속어를 바르게 나열한 것은?

	㉠	㉡
①	그리고	특히
②	그러나	특히
③	한편	이에 반해
④	그렇지만	반면

[17 ~ 18] 다음은 20X7 ~ 20X9년 K 국의 석유 수입량을 나타낸 표이다. 이어지는 질문에 답하시오.

(단위 : 만 리터)

구분	20X7년	20X8년	20X9년	국가별 합계
A 국	42,400	111,642	247,675	401,717
B 국	126,615	114,338	126,293	367,246
C 국	141,856	156,275	(ㄷ)	433,657
D 국	(ㄱ)	86,150	64,734	
E 국	305,776	(ㄴ)	305,221	
총 수입량	736,868	823,141	(ㄹ)	2,439,458

17. 다음 중 위의 표에 대한 설명으로 옳지 않은 것은?

① C 국에 대한 수입량은 지속적으로 증가하고 있다.

② 20X7 ~ 20X9년의 국가별 수입량 합계가 가장 적은 국가는 D 국이다.

③ 20X8년 총수입량은 E 국의 3개년 합계보다 적다.

④ 20X9년 A 국에 대한 석유 수입량은 20X7년과 비교하여 5배 이상 증가하였다.

18. (ㄹ)에서 (ㄱ), (ㄴ), (ㄷ)을 뺀 값은?

① 163,566

② 199,156

③ 210,846

④ 268,966

19. 다음 명제를 읽고 〈결론〉에서 옳은 설명을 모두 고른 것은?

- 드라마 셜록 홈즈를 좋아하는 사람은 영화 반지의 제왕을 좋아하지 않는다.
- 영화 반지의 제왕을 좋아하지 않는 사람은 영화 해리포터 시리즈를 좋아하지 않는다.
- 영화 반지의 제왕을 좋아하는 사람은 영화 스타트렉을 좋아한다.
- 지연이는 영화 해리포터 시리즈를 좋아한다.

결론

(가) 지연이는 영화 스타트렉을 좋아한다.
(나) 지연이는 드라마 셜록 홈즈를 좋아하지 않는다.
(다) 영화 스타트렉을 좋아하는 사람은 드라마 셜록 홈즈를 좋아하지 않는다.

① (가)　　② (나)
③ (가), (다)　　④ (가), (나)

20. 다음 도형에서 찾을 수 있는 삼각형의 개수는?

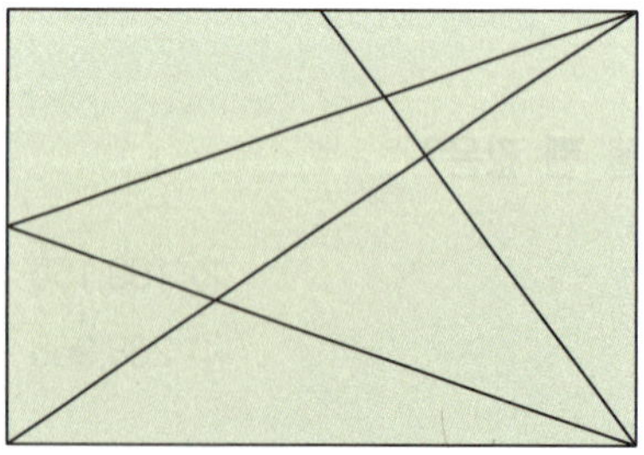

① 17개　　② 18개
③ 19개　　④ 20개

21. 동전 5개를 동시에 던졌을 때 적어도 한 개가 앞면이 나올 확률은?

① $\frac{15}{16}$　　② $\frac{31}{32}$

③ $\frac{3}{5}$　　④ $\frac{4}{5}$

22. A 레스토랑에서는 샐러드와 피자, 스파게티 세 가지 메뉴를 세트로 묶어 판매하고 있다. 샐러드는 8,800원, 피자는 16,000원, 세트 가격은 32,400원이다. 세트 가격은 각 메뉴의 가격을 합한 금액에서 10%를 할인한 값이라고 할 때, 스파게티의 원래 가격은 얼마인가?

① 7,600원　　② 10,080원

③ 11,200원　　④ 12,700원

23. 다음 신혼부부의 자녀 보육형태별 현황 도표를 통해 알 수 있는 사실이 아닌 것은?

(단위 : 명, %)

연도 \ 보육형태		합계	가정양육	어린이집	유치원	유치원 아이돌봄(종일제)	혼합				기타(미상 등)
							소계	가정양육+돌봄	어린이집+돌봄	유치원+돌봄	
20X5년 (구성비)		956,623 (100.0)	483,168 (50.5)	388,388 (40.6)	28,002 (2.9)	1,208 (0.1)	30,595 (3.2)	13,056 (1.4)	16,499 (1.7)	1,040 (0.1)	25,262 (2.6)
20X6년 (구성비)		917,883 (100.0)	458,208 (49.9)	393,205 (42.8)	28,767 (3.1)	1,147 (0.1)	23,617 (2.6)	8,485 (0.9)	14,221 (1.5)	911 (0.1)	12,939 (1.4)
전년 대비	증감	−38,740	−24,960	4,817	765	−61	−6,978	−4,571	−2,278	−129	−12,323
	증감률	−4.0	−5.2	1.2	2.7	−5.0	−22.8	−35.0	−13.8	−12.4	−48.8
	비중차 (%p)	0.0	−0.6	2.2	0.2	0.0	−0.6	−0.5	−0.2	0.0	−1.2

① 20X6년은 가정양육의 비중이 가장 높고, 그다음이 어린이집, 유치원 순이다.

② 혼합형 보육형태는 모든 유형에 있어 전년 대비 그 수가 감소하였다.

③ 20X6년의 보육형태 비중이 전년과 가장 크게 차이 나는 것은 어린이집이다.

④ 전년 대비 인원수 변동의 증감폭은 유치원이 가정양육보다 크다.

24. 다음은 인구 천 명당 주택 수에 관한 자료이다. 이에 대한 설명으로 적절하지 않은 것은?

〈20X0년, 20X5년의 인구 천 명당 주택 수〉

(단위 : 천 명, 천 호, 호/천 명)

구분	20X0년			20X5년		
	인구수	주택 수	인구 천 명당 주택 수	인구수	주택 수	인구 천 명당 주택 수
전국	48,580	17,672.1	363.8	51,069	19,559	383.0
수도권	23,836	8,173.2	342.9	25,274	9,017	356.8
서울	9,794	3,399.8	347.1	9,904	3,633	366.8
부산	3,415	1,243.1	364.0	3,449	1,370	397.2
대구	2,446	886.8	362.6	2,466	943	382.4
인천	2,663	936.7	351.7	2,890	1,055	365.1
광주	1,476	528.1	357.8	1,503	587	390.6
대전	1,502	536.1	356.9	1,538	595	386.9
울산	1,083	387.2	357.5	1,167	453	388.2

※ 수도권은 서울, 인천, 경기를 말함.

※ 전국 인구에는 표에 제시되어 있지 않은 기타 지역 인구수도 포함됨.

※ 인구 천 명당 주택 수는 소수점 아래 둘째 자리에서 반올림함.

① 20X5년에 인구 천 명당 주택 수가 가장 많은 곳은 부산이다.

② 20X5년 수도권의 주택 수는 20X0년 대비 10% 이상 증가했다.

③ 울산의 20X0년 대비 20X5년 인구 증가율은 주택 증가율보다 높다.

④ 전국적으로 20X0년 대비 20X5년에 인구수와 주택 수 모두 증가했다.

25. 논의를 통해 해결해야 하는 사항을 의미하는 문제는 일반적으로 창의적 문제와 분석적 문제로 구분할 수 있다. 다음 중 창의적 문제의 특징으로 적절하지 않은 것은?

① 객관적이며 논리적이다.

② 감각적, 정성적, 특수적이다.

③ 현재 문제가 없더라도 보다 나은 방법을 찾는다.

④ 해답의 수가 많아 다양한 답 중 보다 나은 것을 선택한다.

26. 다음 글의 밑줄 친 내용과 연관된 한자성어로 알맞은 것은?

> 친환경에너지타운은 가축분뇨와 음식물쓰레기를 바이오가스화하고 이를 정제하여 도시가스로 만드는 에너지 순환과정을 거치고 있다. 이 과정에서 생기는 슬러지는 퇴 · 액비로 만들어져 다시 마을에서 농사에 이용되고 있다. 친환경에너지타운의 성공은 지역주민의 참여 정도에 달려있다. 주민들은 사업 규약을 만들어 모든 과정에 직접 참여하고, 얻은 수익을 다른 사업주체들과 공유한다.
>
> 소각시설, 매립시설, 가축분뇨처리시설 등 폐기물 처리시설은 우리 사회에 꼭 필요한 시설이다. 많은 사람이 모여 사는 경우 더 필요한 시설임에도 인구밀도가 낮은 농촌마을에 설치되는 경우가 많다. <u>장기적으로는 지역 발전을 위해 필요하다고 여겨도 당장은 악취, 지가 하락 등의 피해를 입기도 하여 해당 마을 주민들의 반대에 부딪히기 때문이다.</u> 친환경에너지타운으로 폐기물 처리시설로 인한 피해는 최소화하면서 재생에너지 생산과 활용으로 경제적 혜택을 얻을 수 있다.

① 인순고식(因循姑息)

② 고식지계(姑息之計)

③ 연목구어(緣木求魚)

④ 염량세태(炎凉世態)

27. 다음과 같이 화살표 방향으로 종이를 접은 후, 마지막 그림과 같이 점선을 자르고 다시 펼쳤을 때의 모양으로 옳은 것은?

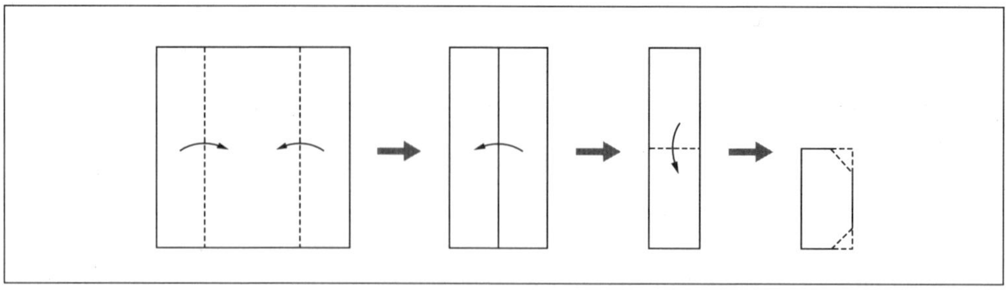

①

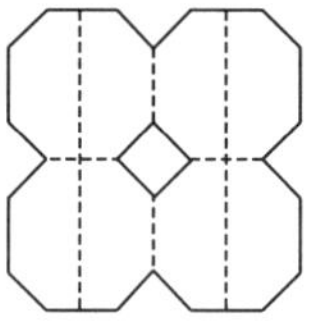

②

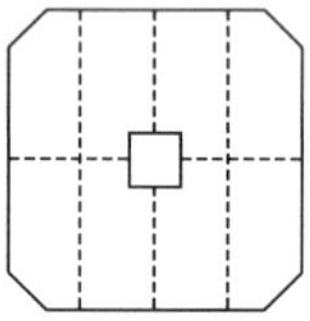

③

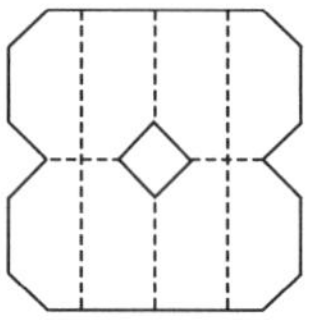

④

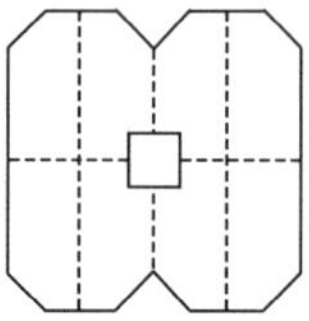

28. 다음 〈보기〉의 밑줄 친 부분에 들어갈 명제로 알맞은 것은?

보기

[전제] • ________________________________

• 맵고 짠 음식을 좋아하는 사람은 라면보다 칼국수를 더 좋아하지 않는다.

[결론] • 그러므로 형진이는 맵고 짠 음식을 좋아하지 않는다.

① 형진이는 라면보다 칼국수를 더 좋아한다.

② 형진이는 라면보다 칼국수를 더 좋아하지 않는다.

③ 맵고 짠 음식을 좋아하는 사람은 형진이다.

④ 맵고 짠 음식을 좋아하지 않는 사람은 형진이다.

29. 다음 A ~ D 중 그래프를 보고 추측한 내용이 적절하지 않은 사람은?

〈연도별 등록 외국인 · 불법체류 외국인 현황〉

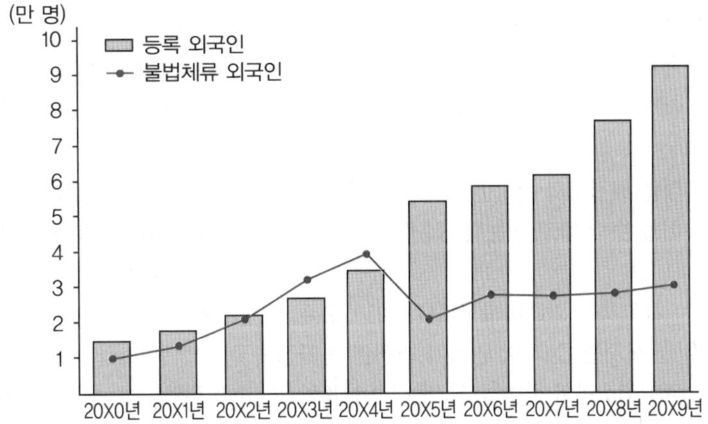

- A : 등록 외국인 수가 매년 증가하고 있지만 변수가 발생하면 그 수가 줄어들 수도 있어.
- B : 불법체류 외국인의 수는 20X4년에 최고치를 기록하면서 처음으로 등록 외국인 수보다 많아졌어.
- C : 20X5년에 등록 외국인 수가 급격히 증가한 이유는 불법체류 외국인이 등록 외국인이 되었기 때문은 아닐까?
- D : 20X6년 이후 불법체류 외국인의 수는 비교적 안정적으로 유지되고 있어.

① A　　② B

③ C　　④ D

[30 ~ 31] 다음 글을 읽고 이어지는 질문에 답하시오.

한국어 사용자들은 사람을 만날 때 대화에 앞서 상대를 높여야 하는지 낮춰도 되는지 먼저 고민한다. 언어가 그걸 요구한다. 한 문장을 말할 때마다 그렇게 상대와 자신의 지위를 확인한다. 상대방은 나에게 반말과 존댓말을 마음대로 쓸 수 있지만 나는 상대방에게 존댓말밖에 쓰지 못할 때 나는 금방 무력해지고 순종적인 자세가 되고 만다. 그런 때 존댓말은 어떤 내용을 제대로 실어 나르지 못한다. 세상을 바꿀 수도 있을 도전적인 아이디어들이 그렇게 한 사람의 머리 안에 갇혀 사라진다.

이 언어의 문제를 해결하지 못하면 상호 존중 문화를 만들 수 없고, 그 문화가 없으면 시민사회도, 민주주의도 이룰 수 없다고 믿는다. 이 적폐가 끊이지 않고 유전병처럼 후대로 이어질 것 같아 두렵다.

내가 제안하는 해결책은 가족이나 친구가 아닌 모든 성인, 예를 들면 점원에게, 후배에게, 부하 직원에게 존댓말을 쓰자는 것이다. 언어가 바뀌면 몸가짐도 바뀐다. 사회적 약자는 존댓말을 듣는 동안에는 자기 앞에 최소한의 존엄을 지키는 방어선이 있다고 느낀다. 그 선을 넘는 폭력의 언어를 공적인 장소에서 몰아내자는 것이다. 고객이 반말을 하는 순간 콜센터 상담사들이 바로 전화를 끊을 수 있게 하자는 것이다.

그리고 반말은 가족과 친구끼리, 쌍방향으로 쓰는 언어로 그 영역을 축소하자는 것이다. '직장 후배지만 가족이나 친구처럼 정말 친한 관계'라면 상대가 나에게 반말을 쓰는 것도 괜찮은지 스스로 물어보자. 상대가 입원했을 때 병원비를 내줄 수 있는지도 따져보자. 그럴 수 없다면 존댓말을 쓰자.

나는 몇 년 전부터 새로 알게 되는 사람에게는 무조건 존댓말을 쓰려 한다. 그럼에도 불구하고 앞서 말했듯이 상대의 나이는 여전히 살피게 된다. 반말을 쓰던 지인에게 갑자기 존댓말을 쓰는 것도 영 쑥스러워 하지 못한다. 존댓말과 반말이라는 감옥의 죄수라서 그렇다. 그러나 다음 세대를 위해 창살 몇 개 정도는 부러뜨리고 싶다. 다음 세대는 벽을 부수고, 다음다음 세대는 문을 열고, 그렇게 ㉠ 새 시대를 꿈꾸고 싶다.

30. 윗글의 내용 및 글쓴이의 의도를 바르게 이해하지 못한 사람은?

① 아름 : 한국어는 상대와 자신의 지위를 확인할 수 있는 언어이군.
② 다운 : 상대에게 반말을 하면 그 사람이 입원했을 때 병원비를 내줘야 한다는 내용이네.
③ 우리 : 상호 간의 존댓말은 존중받는다는 느낌을 줄 수 있군.
④ 나라 : 몇몇 고객에게 반말을 듣는 콜센터 상담사들은 무력감을 느낄 수 있겠어.

31. 윗글의 밑줄 친 ㉠의 의미로 적절한 것을 모두 고른 것은?

(가) 자신의 생각을 제대로 말하는 시대
(나) 도전적인 아이디어를 창출하는 시대
(다) 상호 존중하는 시대
(라) 직장 동료를 가족처럼 친근하게 대하는 시대

① (가)
② (가), (다)
③ (가), (나), (다)
④ (가), (나), (다), (라)

32. A, B, C, D, E, F, G, H사 8개 회사의 빌딩이 길을 사이에 두고 네 개씩 마주 보고 서 있다. 위치관계가 다음 〈조건〉과 같을 때 옳은 설명은?

조건

- F사의 빌딩은 B사와 D사의 빌딩 사이에 서 있다.
- E사 빌딩의 양옆에는 A사와 G사 빌딩이 있다.
- C사와 D사의 빌딩은 길을 사이에 두고 서로 마주 보고 있다.
- E사의 빌딩을 등 뒤로 하고 서면, 오른쪽 대각선상에 F사의 빌딩이 있다.
- B사 빌딩의 옆에는 H사 빌딩이 있다.
- A사의 빌딩과 마주 보는 곳에는 H사의 빌딩이 있다.

① B사의 빌딩과 E사의 빌딩은 대각선 위치에 서 있다.
② A사의 빌딩은 C사의 빌딩과 이웃하고 있다.
③ 길을 사이에 두고 B사 빌딩의 정면에 G사의 빌딩이 있다.
④ G사의 빌딩과 F사의 빌딩은 서로 마주 보고 서 있다.

33. 다음은 같은 크기의 블록을 쌓아 만든 입체도형을 앞에서 본 정면도와 위에서 본 평면도이다. 이러한 형태를 유지하며 쌓을 수 있는 블록의 최대 개수는?

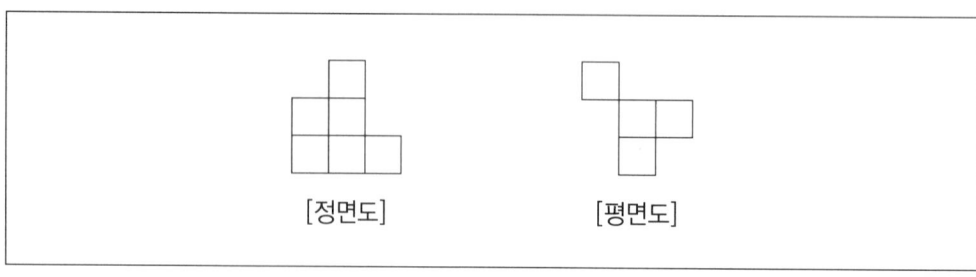

① 8개
② 9개
③ 10개
④ 11개

34. 다음 글의 중심내용으로 가장 적절한 것은?

> 문학 작품은 실로 일국(一國)의 언어 운명을 좌우하는 힘을 가지고 있다. 왜냐하면 문학 작품은 그 예술적 매력으로 대중에게 다가가고 지상(紙上)에 고착됨으로써 큰 전파력을 발휘하기 때문이다. 이렇게 볼 때 문학 작품을 산출하는 작가야말로 매우 존귀한 위치에 있으며, 동시에 국가나 민족에 대하여 스스로 준엄하게 책임을 물어야 하는 존재라고 할 수 있다. 사실, 수백 번의 논의를 하고 수백 가지의 방책을 세우는 것보다 한 사람의 위대한 문학가가 그 언어를 더 훌륭하게 만든다고 할 수 있다. 괴테의 경우가 그 좋은 예이다. 그의 문학이 독일어를 통일하고 보다 훌륭하게 만드는 데 결정적인 역할을 했다는 것은 이미 주지의 사실이기도 하다.

① 작가는 언어에 대하여 막중한 책임을 지고 있다.
② 문학 작품은 국어에 큰 영향력을 미친다.
③ 작가는 문학 작품을 씀으로써 사회에 기여한다.
④ 언어는 문학 작품에 영향을 끼친다.

35. A ~ E 다섯 명의 직원 중 잘못된 정보를 말하고 있는 직원 두 명은 누구인가?

> • A : 최 사원은 1년 전에 입사했습니다.
> • B : 최 사원은 2년 전에 이직해 왔습니다.
> • C : D는 진실을 말하고 있습니다.
> • D : 1년 전에 입사한 직원 중에 최 사원이 있습니다.
> • E : 최 사원은 올해 우리 회사에 들어왔습니다.

① A, D ② B, C
③ B, E ④ C, D

36. 다음 신입사원 시험 결과와 조건을 참고할 때, 핵심 인재로 선정될 사원은?

- 4점 이하를 받은 적이 있는 사람은 선정 대상에서 제외한다.
- 1차 시험의 점수는 20점 만점, 2차 시험의 점수는 30점 만점, 3차 시험의 점수는 50점 만점으로 환산한다.
- 환산 점수의 합이 가장 높은 사람을 핵심 인재로 선정한다.

〈신입사원 시험 결과〉

(단위 : 점)

구분	1차 시험	2차 시험	3차 시험
A	9	8	4
B	6	8	6
C	4	10	5
D	9	6	6
E	7	9	4
F	8	6	7
G	8	7	6

※ 각 시험은 10점 만점이다.

① B　② D
③ F　④ G

37. 다음 (가) ~ (라) 중 (A)가 들어갈 위치로 적절한 곳은?

(A) 일어난 일에 대한 묘사는 본 사람이 무엇을 중요하게 판단하고, 무엇에 흥미를 가졌느냐에 따라 크게 다르다.

기억이 착오를 일으키는 프로세스는 인상적인 사물을 받아들이는 단계부터 이미 시작된다. (가) 감각적인 지각의 대부분은 무의식중에 기록되고 오래 유지되지 않는다. (나) 대개는 수 시간 안에 사라져 버리며, 약간의 본질만이 남아 장기 기억이 된다. 무엇이 남을지는 선택에 의해서이기도 하고, 그 사람의 견해에 따라서이기도 하다. (다) 분주하고 정신이 없는 장면을 주고, 나중에 그 모습에 대해서 이야기하게 해 보자. (라) 어느 부분에 주목하고, 또 어떻게 그것을 해석했는지에 따라 즐겁기도 하고 무섭기도 하다. 단순히 정신 사나운 장면으로만 보이는 경우도 있다. 기억이란 원래 일어난 일을 단순하게 기록하는 것이 아니다.

① (가)
② (나)
③ (다)
④ (라)

38. 다음 글의 ㉠에 들어갈 문장으로 가장 알맞은 것은?

과거를 향유했던 사람들은 비교적 사람의 내면세계를 중요시했다. 겉으로 드러나는 모습은 허울에 불과하다고 믿었기 때문이다. 그러나 현 시대를 살아가는 사람들의 모습을 보면 인간관계에 있어, 그 누구도 타인의 내면세계를 깊이 알려고 하지 않을 뿐만 아니라 사실 그럴 만한 시간적 여유도 없다. 그런 이유로 '느낌'으로 와닿는 무언가만을 중시하며 살아간다. 그 '느낌'이란 것은 꼭 말로 설명할 수는 없다 하더라도 (㉠) 따라서 옷차림새나 말투 하나만 보고도 금방 어떤 '느낌'이 형성될 수도 있는 것이다.

① 사람과 사람 사이를 보이지 않게 연결해 주는 구실을 한다.
② 내면에서 우러나오는 것이기 때문이다.
③ 겉으로 드러난 모습에 의해 영향을 받기 마련이다.
④ 현 시대를 살아가는 사람에게는 매우 중요한 요소이다.

39. 다음 명제들이 모두 참일 때 반드시 금요일에 은행에 가는 고객은?

- J는 금요일에 은행에 간다.
- Y는 화요일과 목요일에 은행에 간다.
- K가 은행에 가지 않으면 S가 은행에 간다.
- S가 은행에 가면 M도 은행에 간다.
- Y가 은행에 가지 않으면 J는 은행에 간다.
- J가 은행에 가면 K는 은행에 가지 않는다.

① J, S, M　　② J, Y, K

③ J, S, Y　　④ J, Y, M

40. 다음을 보고 그 규칙을 찾아 '?'에 들어갈 적절한 도형은?

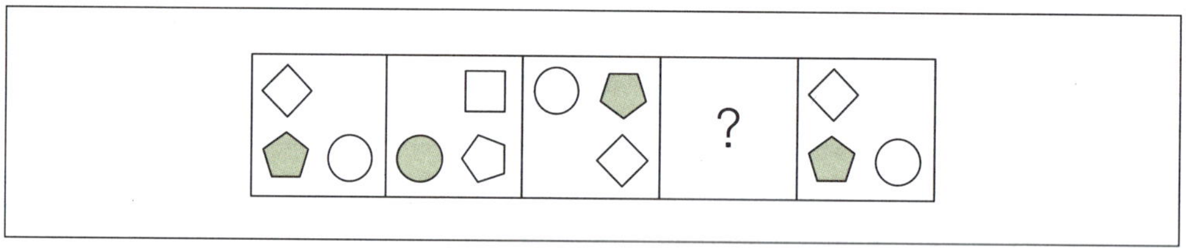

①
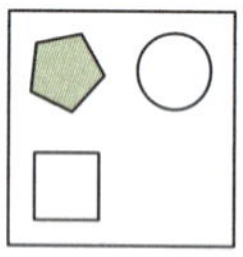

②
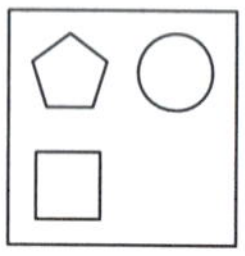

③
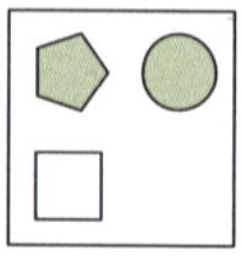

④
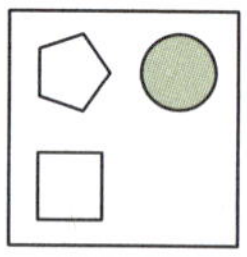

41. 다음 글을 통해 알 수 있는 내용은?

> 기업문화는 그 조직의 모든 일상과 언행의 수준을 가늠해볼 수 있는 잣대가 된다. 그리고 이러한 기업문화를 만드는 정점에 있는 것은 최고경영자다. 경영자의 스타일에 따라 갑질이 만연한 조직이 될 수도 있고, 수평적이고 자유로운 조직이 될 수도 있다는 얘기다. 안타까운 것은 종종 이슈가 되는 갑질 논란의 중심에 경영자들이 있다는 것이다. 모 식품 회사의 경영자는 직원을 폭행했고, 모 기업 회장은 자신의 운전기사에게 욕설이 섞인 폭언을 일삼았다. 이들은 대부분 해당 기업을 설립한 오너 가문 사람들이다. "내 기업에서 일하는 사람들이니 내 맘대로 해도 된다."라는 그릇된 인식이 그들의 '갑질'을 만들었다. 논란이 증폭되고 국민은 분노했다. 해당 기업에서 생산하는 브랜드들을 낱낱이 정리한 리스트가 SNS를 통해 순식간에 퍼져나갔다. "적어도 나는 해당 제품을 사용하지 않겠다."라는 댓글들이 줄을 이었다. 무한경쟁 시대에 오너의 잘못된 행동 하나가 기업 운영에 치명적인 리스크로 돌아온 것이다. 최근 소유와 경영을 분리해야 한다는 목소리에 힘이 실리는 이유다.

① 갑질이 만연한 기업은 반드시 SNS를 통해 부도덕에 대한 대가를 치르게 된다.

② 기업경영자의 인품은 기업의 문화를 형성하는 매우 중요한 요인이 된다.

③ 경영자의 갑질이 만연하지 않은 조직은 수평적이고 자유로운 조직이다.

④ 기업의 소유와 경영을 분리하면 갑질 문제가 사라질 것이다.

42. A 기업이 신입사원 채용에서 남자 8명, 여자 12명을 채용하여 기존보다 남자 직원은 50%, 여자 직원은 40%가 충원되었다. A 기업의 신입사원 채용 전 전체 직원 수는 몇 명인가?

① 36명 ② 40명

③ 42명 ④ 46명

43. B 회사에서 개최하는 체육대회에 200캔의 음료수와 80개의 떡이 협찬으로 들어왔다. 최대한 많은 사원에게 똑같이 나누어 주려면 음료수와 떡을 각각 몇 개씩 나누어 주어야 하는가?

	음료수	떡		음료수	떡
①	4캔	1개	②	5캔	2개
③	8캔	4개	④	10캔	8개

44. 인사팀 직원 A ~ G 7명은 취업박람회에 지원을 나가게 되었다. 이들은 승용차 2대에 3명 혹은 4명씩 나누어 타기로 하고, B가 4명이 탄 차를 운전하기로 하였다. 다음 〈조건〉을 바탕으로 할 때, B와 같은 차를 타고 박람회장에 갈 수 있는 3명은 누구인가?

조건

- 7명 중 운전을 할 수 있는 사람은 B, C, D 3명이다.
- B와 D는 같은 차를 타고 가지 않는다.
- B와 C는 같은 차를 타고 가지 않는다.
- A와 G는 같은 차를 타고 간다.

① A, C, E
② A, E, G
③ C, E, F
④ C, E, G

45. 다음 도형을 오른쪽으로 뒤집고 시계방향으로 90° 회전한 후 위로 뒤집었을 때의 모양은?

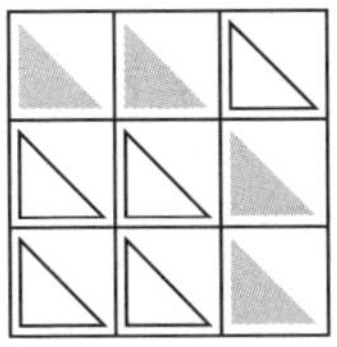

① 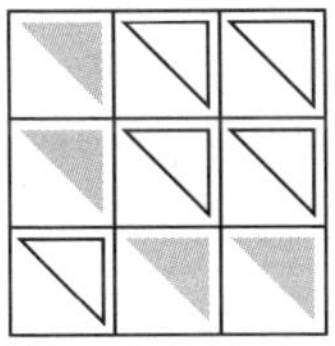

② 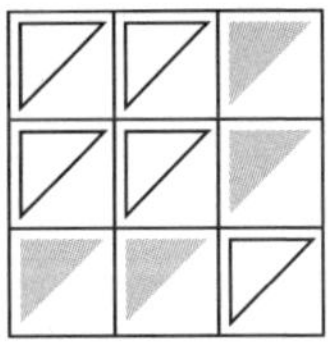

③ 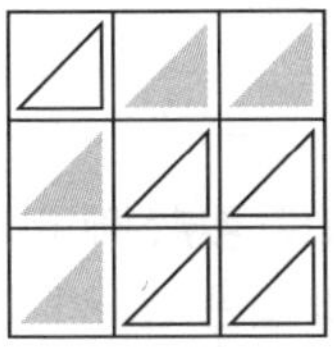

④ 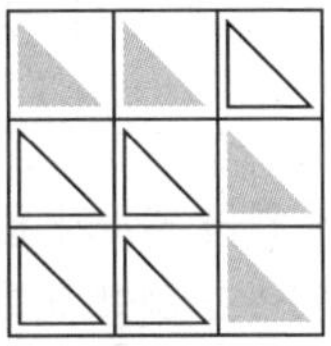

7회 기출예상문제

소양평가

문항수	45문항
시험시간	50분

정답과 해설 69쪽

01. 다음 중 밑줄 친 부분의 표기가 옳은 것은?

① 주구장창 놀고만 지내면 어쩔 셈이냐.

② 휴가 잘 다녀오시길 바래요.

③ 널따란 곳에 가서 놀아라.

④ 이 일을 반대하려면 그에 알맞는 명분을 찾아야 한다.

02. 다음 중 글의 밑줄 친 부분과 가장 유사한 의미로 단어가 사용된 것은?

> 물론 관광호 이전에 특급 열차가 없었던 것은 아니다. 일제 강점기에도 경부선에 아카쓰키호라는 특급 열차가 있었고 해방 이후에는 해방자호, 재건호, 약진호와 같은 열차가 있었다. 1955 ~ 1960년에 운행하던 경부선 특급 열차의 이름은 통일호와 무궁화호였다. 구간별로 경부선에는 맹호호, 호남선에는 백마호같이 각기 다른 이름을 붙이던 시절이다. 그 뒤를 이어 등장한 관광호는 특급 열차로 분류되었지만 일반적인 특급 열차 위에 군림하는 초특급에 해당했다.
>
> 1974년은 철도사에서 매우 중요한 해이다. 수도권 최초의 전철이 개통되었고, 특급 열차인 관광호에 '새마을'이라는 새 이름이 붙었다. 전국으로 새마을 운동이 번지던 시기였다. 열차의 구분도 새마을호, 무궁화호, 통일호, 비둘기호의 등급 체계로 바뀌었다. 기차가 달라진 것은 아니지만, 관광호 대신 새마을호라는 이름은 이때부터 고급 열차의 새로운 상징이자 한국 열차의 정점이 됐다.

① 공부방에서 간간이 책장을 번지는 소리가 들린다.

② 전염병이 마을에 번져서 손쓸 사이도 없이 많은 이가 희생되었다.

③ 일본의 역사 교과서 왜곡에 대한 규탄 대회가 전국으로 번질 기미이다.

④ 서로 주장만 내세워 계속 협상이 결렬되자 심각한 표정이 장관의 얼굴에 번졌다.

03. 다음 글의 주제 및 중심내용으로 적절한 것은?

> 소위 말하는 특종을 잡기 위해서는 재정적 뒷받침이 필요한데 그럴 여력이 없는 상태에서 언론사가 선택할 수 있는 가장 좋은 전략은 정치적 지향성을 강하게 드러내는 것이다. 구독자들은 언론사와 자신의 정치적 지향점이 같다고 느끼면 더 많은 후원을 하는 경향이 있기 때문이다. 특히 대안언론은 재정적으로 매우 열악하여 자체적인 수익 없이 구독자들의 후원을 통해 유지되는 곳이 대부분이다. 구독자 수가 많지 않은 언론에 광고를 내겠다는 회사를 찾기가 쉬운 것도 아니고, 광고를 수주해도 수익성이 낮은 실정이니 사실상 구독자들에게 받는 후원금이 대안언론의 가장 큰 수입원이 된다. 따라서 대안언론에는 후원금을 많이 받아 내는 전략이 곧 생존전략인 것이다.

① 대안언론이 정치성을 띠는 것은 불가피한 측면이 있다.

② 언론사에 대한 기부 활동은 제한되어야 한다.

③ 대안언론에 대한 지원을 확대해야 한다.

④ 언론은 공정해야 하므로 정치적인 행태를 보여서는 안 된다.

04. 다음은 같은 모양과 크기의 블록을 쌓아놓은 것이다. 밑에서 볼 때 보이는 블록의 개수는 모두 몇 개인가?

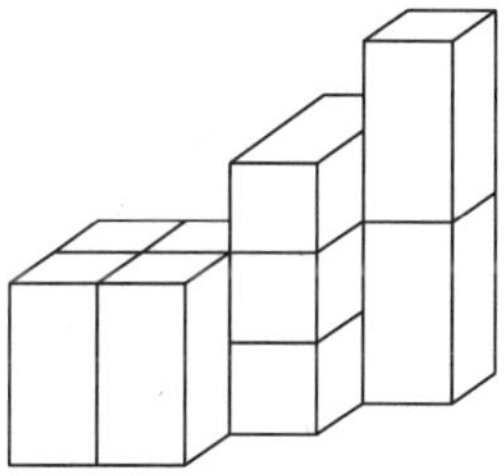

① 4개 ② 5개

③ 6개 ④ 7개

05. 팀별 자리 배치를 담당하게 된 인사팀 A 대리가 다음을 고려해 6개 팀의 자리를 배치할 때, 각 팀의 자리가 바르게 짝지어진 것은? (단, 팀장들의 관계 이외의 다른 요소는 고려하지 않는다)

A 대리는 팀장들의 관계를 고려하여 불화가 생기지 않도록 서로 관계가 나쁜 팀장끼리는 이웃하여 배치하지 않기 위해 팀장들의 관계를 파악하고자 각 팀장들과 면담을 하였다. 다음은 면담 결과를 정리한 내용이다.

- 기획팀장은 홍보팀장과 관계가 나쁘고, 재무팀장과는 관계가 좋다.
- 교육팀장은 홍보팀장과 관계가 좋고, 인사팀장과는 관계가 좋지도 나쁘지도 않다. 그 외의 팀장들과는 관계가 나쁘다.
- 재무팀장은 경영팀장, 기획팀장과는 관계가 좋고, 다른 팀장들과는 전부 관계가 나쁘다.
- 경영팀장은 홍보팀장, 교육팀장과는 관계가 나쁘다.
- 홍보팀장은 교육팀장과 관계가 좋고, 그 외의 팀장들과는 관계가 나쁘다.

〈자리배치도〉

(가)	(나)	(다)	(라)	(마)	(바)

	(가)	(나)	(다)	(라)	(마)	(바)
①	홍보팀	재무팀	인사팀	교육팀	경영팀	기획팀
②	교육팀	경영팀	홍보팀	재무팀	인사팀	기획팀
③	기획팀	재무팀	경영팀	인사팀	교육팀	홍보팀
④	인사팀	홍보팀	교육팀	경영팀	재무팀	기획팀

06. 다음 〈조건〉의 명제가 모두 참일 때, 반드시 참인 것은?

조건

(가) 대전으로 출장 가는 사람은 부산에도 간다.
(나) 대전으로 출장 가지 않는 사람은 광주에도 가지 않는다.
(다) 원주로 출장 가지 않는 사람은 대구에도 가지 않는다.
(라) 원주로 출장 가지 않는 사람은 대전에도 가지 않는다.
(마) 제주로 출장 가지 않는 사람은 부산에도 가지 않는다.

① 제주로 출장 가는 사람은 대전에도 간다.
② 부산으로 출장 가지 않는 사람은 대구에도 가지 않는다.
③ 광주로 출장 가는 사람은 대구에도 간다.
④ 제주로 출장 가지 않는 사람은 광주에도 가지 않는다.

07. 다음 자료에 대한 분석으로 옳지 않은 것은?

〈청년(20 ~ 39세)의 연령계층별 점유형태 비율〉

(단위 : %)

구분	자가	임차			무상	계
		전세	보증부월세	순수월세		
20 ~ 24세	5.1	11.9	62.7	15.4	4.9	100
25 ~ 29세	13.6	24.7	47.7	6.5	7.5	100
30 ~ 34세	31.9	30.5	28.4	3.2	6.0	100
35 ~ 39세	45.0	24.6	22.5	2.7	5.2	100

① 20 ~ 24세 청년의 78.1%가 월세 형태로 거주하고 있으며 자가 비율은 5.1%이다.
② 20 ~ 39세 전체 청년의 자가 거주 비중은 약 31.1%이나 이 중 20대 청년의 자가 거주 비중은 약 9.4%로 매우 낮은 수준이다.
③ 연령계층이 높아질수록 자가 비율이 높아지고 월세 비중은 작아지는 것으로 나타났다.
④ 25 ~ 29세 청년의 경우, 20 ~ 24세에 비해서 자가 거주의 비중이 높으며 전체의 78.9%가 임차로, 54.2%가 월세로 거주한다.

08. 철수가 시속 6km로 운동장을 달리고 있다. 30분 동안 같은 속력으로 달리기를 했다면 철수가 이동한 거리는 얼마인가?

① 2.8km　② 3km
③ 3.5km　④ 3.8km

09. 다음 식에서 빈칸에 들어갈 값은?

3시간=(　　　)초

① 180　② 300
③ 3,600　④ 10,800

10. 다음 중 모양이 나머지와 다른 하나는?

①
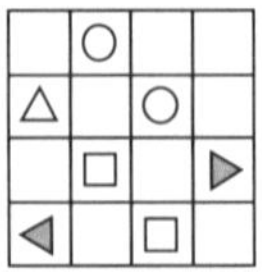

②
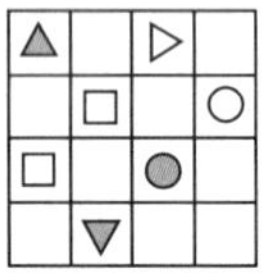

③
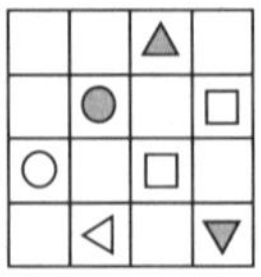

④
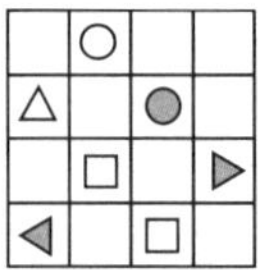

[11 ~ 12] 다음은 '성공하는 습관 찾기'에 대한 내용이다. 이어지는 질문에 답하시오.

(가) 사유방식, 생활, 학습, 언어, 행위, 노동, 예절, 도덕 등에서 드러나는 개인의 습관은 한 사람의 소양을 드러내며 그가 세상을 살아가는 방식에 영향을 미친다. 또한 습관은 우리의 선택과 외부적 환경으로부터 영향을 받는 정도를 결정하며, 나아가 우리의 인생 그리고 타인과 사회를 바라보는 관점에도 영향을 미친다.

(나) 습관의 최상위 형식은 사고방식으로 이것은 이성과 철학의 영향을 크게 받는다. 예를 들어 마르크스는 모든 문제를 두 가지의 대립된 모순으로 인식하는 경향이 있으며, 아인슈타인은 가장 간단한 사실에서 시작하여 엄밀한 추론을 통해 가장 심오한 결론에 도달한다.

(다) 습관의 힘은 실로 거대한 것으로 성공의 필수불가결한 요소이며, 가치를 따질 수 없이 귀중한 인생의 재화이자 자본이다. 좋은 습관을 기르는 것은 한 사람의 인생에 무한한 이익을 가져다 주며 평범한 삶에서 특별한 삶으로 넘어가는 데에 가장 중요한 관건이 된다.

(라) 습관의 사전적 의미는 '장기간에 걸쳐 양성되어 단기에 고치기 어려운 행위, 경향 혹은 사회적 풍습'이다. 습관은 인간의 행위를 연구하는 많은 학자들이 오랫동안 관심을 가져온 분야로 간단히 말해 일종의 안정적인 행위의 특징을 말한다.

(마) 습관의 형식에는 여러 가지가 있는데 '무조건적 반사'를 가장 기본적인 습관이라고 할 수 있다. 그보다 상위 단계의 습관으로는 언어와 동작의 습관을 들 수 있다. 일반적으로 우리가 '습관'이라고 부르는 것도 이러한 것들이다. 일부 학자들은 남녀 간에도 습관의 차이가 있다고 주장한다. 예를 들어 남자들은 집에 도착하기 전에 미리 호주머니에서 열쇠를 꺼내는 한편, 여자들은 문 앞에 도달한 다음에 가방에서 열쇠를 꺼낸다는 것이다.

11. (가) ~ (마)를 맥락에 맞게 순서대로 나열한 것은?

① (다)-(라)-(나)-(마)-(가)
② (다)-(가)-(나)-(마)-(라)
③ (라)-(가)-(마)-(나)-(다)
④ (라)-(마)-(가)-(다)-(나)

12. 다음 〈보기〉가 들어갈 위치로 가장 알맞은 것은?

보기

무엇이 좋은 습관인가? 그것은 오랜 시간을 두고 끈기 있게 다듬어 가는 품성이며 개인의 부족한 부분을 채워주고 성격을 갈고 닦아 주는 무언가이다. 좋은 습관을 가지면 목표에 도달하는 방법론을 쉽게 배울 수 있으며 인생의 성공을 얻을 수 있을 것이다.

① (가) 문단 뒤　② (나) 문단 뒤　③ (다) 문단 뒤　④ (라) 문단 뒤

13. 다음 설명을 읽고 빈칸 (가)~(마)에 해당하는 단계를 바르게 나열한 것은?

> 문제처리능력이란 목표와 현상을 분석하고 이 분석결과를 토대로 문제를 도출하여 최적의 해결책을 찾아 집행 및 평가 활동을 할 수 있는 능력을 말한다. 즉, 문제점의 근본 원인을 제거하기 위한 활동으로서 업무 수행 중 발생하는 문제의 해결, 변화하는 주변 환경과 현장상황 파악을 통한 업무의 핵심 도달, 주어진 업무를 처리하는 서류 처리, 문제해결을 위한 사례의 분석 · 개발 · 적용, 공정 개선 및 인원의 효율적 운영 등의 경우에 사용할 수 있다. 이러한 문제처리능력은 문제해결 절차를 의미하는데, 일반적인 문제해결 절차는 아래의 5단계를 따른다.
>
> (가) ⇨ (나) ⇨ (다) ⇨ (라) ⇨ (마)

	(가)	(나)	(다)	(라)	(마)
①	문제인식	원인분석	문제도출	실행 및 평가	해결안 개발
②	문제인식	문제도출	원인분석	해결안 개발	실행 및 평가
③	문제도출	문제인식	원인분석	실행 및 평가	해결안 개발
④	문제도출	원인분석	문제인식	해결안 개발	실행 및 평가

14. 다음 〈보기〉의 명제들이 항상 참일 때 옳은 것은?

> **보기**
>
> • 사과를 좋아하는 사람은 귤을 좋아한다.
> • 딸기를 좋아하지 않는 사람은 귤을 좋아하지 않는다.
> • 바나나를 좋아하는 사람은 딸기를 좋아한다.

① 귤을 좋아하는 사람은 사과를 좋아한다.
② 사과를 좋아하지 않는 사람은 딸기를 좋아한다.
③ 딸기를 좋아하는 사람은 바나나를 좋아하지 않는다.
④ 사과를 좋아하는 사람은 딸기를 좋아한다.

15. 다음 중 아래 세 개의 전개도들로 만든 주사위를 붙여 놓은 모양으로 적절한 것은?

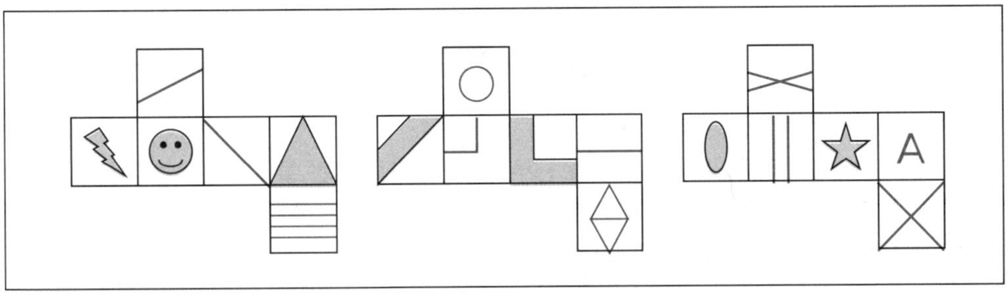

①
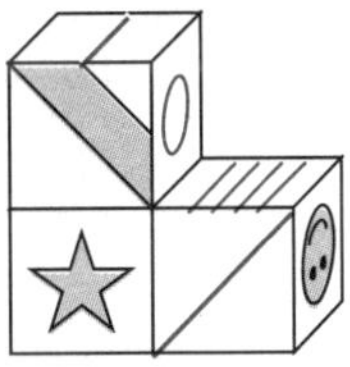

②

③
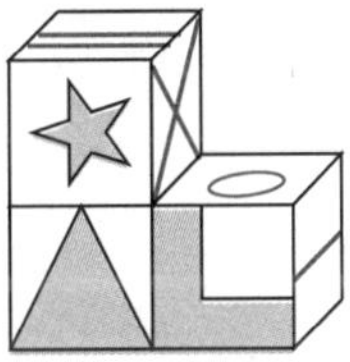

④
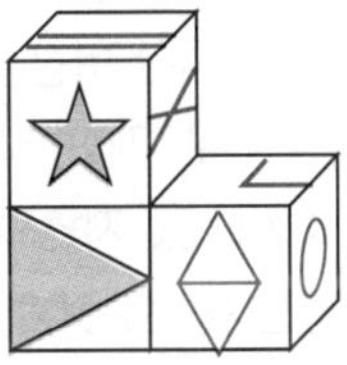

16. 다음의 〈상황〉과 〈○○기관 시간외근무 규정〉을 고려하여 ○○기관의 직원 A가 7월에 받을 시간외근무수당으로 적절한 것은?

상황

- ○○기관의 정규근로시간은 9시부터 18시이다.
- A는 대체로 정규근로시간에 맞춰 근무하였으나, 지난 6월 둘째주에는 업무량이 급증하여 몇 차례 시간외근무를 하게 되었다.
- A의 지난 6월 둘째 주 근태기록은 다음과 같다.

구분	6월 10일	6월 11일	6월 12일	6월 13일	6월 14일
출근	08 : 30	09 : 00	09 : 00	08 : 00	09 : 00
퇴근	18 : 20	18 : 00	19 : 20	19 : 50	20 : 10

〈○○기관 시간외근무 규정〉

- 시간외근무수당은 1일 1시간 이상 시간외근무를 한 경우에 발생하며, 매분 단위까지 합산하여 계산한다(단, 월 단위 계산 시 1시간 미만은 절사함).
- 시간외근무수당은 조기출근, 지연퇴근 모두를 포함한다.
- 시간외근무수당 지급단가 : 12,000원
- 시간외근무수당은 전월 말일까지 근무한 내용을 바탕으로 계산하여 익월 지급한다.

① 68,000원　② 70,000원

③ 72,000원　④ 74,000원

17. 다음 글의 (가) ~ (라)에 대한 설명으로 적절하지 않은 것은?

(가) 저는 얼마 전 신문에서 나눔 도서관에 관한 기사를 읽고 그곳을 찾아가 더 자세한 정보를 알아보았습니다. 나눔 도서관은 나눔의 정신을 실천할 수 있는 곳으로 우리가 이용해 볼 만한 충분한 가치가 있다고 생각하여 소개합니다.

(나) 나눔 도서관은 책을 공유하는 나눔의 성격이 강화된 도서관입니다. 이 도서관은 책을 필요로 하는 사람에게 책을 무료로 나눠 주기도 하고, 시민들로부터 책을 기증받기도 합니다.

(다) 보고서에 따르면 우리 국민의 절반 이상이 한 번 읽은 책은 더 이상 읽지 않고 집에 쌓아 둔다고 합니다. 여러분도 한 번 읽고 책꽂이에 꽂아 둔 책이 한두 권씩은 있을 거예요. 그리고 책을 사고 싶지만 책값이 부담되어 망설이며 고민하던 때도 있지 않았나요? 나눔 도서관이 그런 고민을 해결해 줄 것입니다.

(라) 쓰지 않는 물품은 도서관 내의 '나눔터'에서 '나눔 동전'으로 교환할 수 있습니다. 그 동전으로 나눔터에 있는 다른 물품을 구입할 수 있습니다. 혹시 사용하지 않는 물건들이 있나요? 그렇다면 여러분도 나눔 동전으로 교환하여 자신에게 필요한 물건을 구입해 보세요.

① (가) : 도입부에서 글쓴이의 실제 경험을 제시하여 독자의 관심을 유도하고 있다.
② (나) : 나눔 도서관의 특징을 부각하여 도서관에 대한 설명을 하고 있다.
③ (다) : 전문가의 의견을 인용하여 나눔 도서관의 기능에 대한 신뢰성을 높이고 있다.
④ (라) : 독자에게 질문을 던짐으로써 실천을 촉구하고 있다.

18. 직장 내에서 업무 수행 시 작성하는 문서는 기본적으로 문서작성 원칙이 있다. 다음 〈보기〉에서 기본 원칙에 해당되는 것을 모두 고르면?

보기

ㄱ. 문서의미의 전달에 그다지 중요하지 않은 경우에는 한자 사용을 자제하도록 한다.
ㄴ. 명확한 의미전달을 위해서 문장은 간결하게 작성한다.
ㄷ. 결론을 나중에 쓰는 것이 직장생활 문서작성의 핵심이다.
ㄹ. 간단한 표제를 활용하여 내용을 일목요연하게 정리한다.

① ㄱ, ㄴ
② ㄱ, ㄴ, ㄹ
③ ㄱ, ㄷ, ㄹ
④ ㄴ, ㄷ, ㄹ

19. 다음은 A 양계장에 대한 정보이다. 제시된 정보에 대한 진위여부는 확실하지 않다고 할 때, 〈보기〉에서 반드시 참인 추론을 모두 고른 것은?

> [정보 1] A 양계장에는 총 4마리의 암탉이 있다.
> [정보 2] 알을 낳을 수 있는 암탉은 하루에 최소 2개 이상의 알을 낳는다.
> [정보 3] 알을 낳을 수 있는 암탉의 수는 2마리이다.
> [정보 4] 오늘 암탉이 새로 낳은 알의 개수는 홀수 개이다.

보기

> (가) [정보 1], [정보 2]와 [정보 3]이 참이면 오늘 새로 낳은 알의 개수는 최소 4개이다.
> (나) [정보 1]과 [정보 3]이 참이면 오늘 새로 낳은 알의 개수는 최소 2개이다.
> (다) [정보 1]과 [정보 2]가 참이면 [정보 4]는 거짓이다.

① (가) ② (나)
③ (다) ④ (가), (다)

20. 다음 글에서 전달하고자 하는 바와 의미상 가장 관련이 깊은 사자성어는?

> 이번 설문에서는 직원 채용에서 가장 중요한 평가 포인트도 포함했다. 즉, '성실하고 책임감을 가진 자'가 무려 62%로, 아무리 지금의 직장 문화가 개성을 존중하고 능력 위주의 평가로 변하고 있어도 여전히 회사는 '성실'이라는 미덕을 제일 존중함을 알 수 있다. 그렇다면 '직장에서 퇴출 순위에 오르지 않으려면 어떻게 해야 할까'라는 질문에 자연스럽게 답이 나온다. 성실하고 책임감 있으면 된다. 어렵지 않다고 생각하겠지만 자기 기준이 아닌 남, 특히 상사와 조직의 눈높이를 맞춘다는 것은 결코 쉬운 일이 아니다. 성실함이 혈압이나 맥박처럼 기계적인 수치로 잴 수 있는 것도 아니고 시험 봐서 점수화할 수 있는 것도 아니기 때문이다. 이러한 '인성적인 부분'은 하루아침에 형성되거나 바뀌지 않는다. 오랜 시간, 여러 번에 걸친 공동의 작업 끝에 얻어낼 수 있는 농사와 같은 것이다. 씨앗을 뿌리고, 가꾸고, 정성을 쏟으면서 관심을 두어야 그 결실이 나온다.

① 우공이산(愚公移山) ② 칠전팔기(七顚八起)
③ 괄목상대(刮目相對) ④ 교학상장(敎學相長)

21. 다음은 어느 회사원의 20X0년과 20X1년 연봉 지출 내역이다. 20X0년의 교통비에서 20X1년의 저축비를 뺀 값은 얼마인가? (단, 20X0년의 연봉은 2,500만 원, 20X1년의 연봉은 3,000만 원이다)

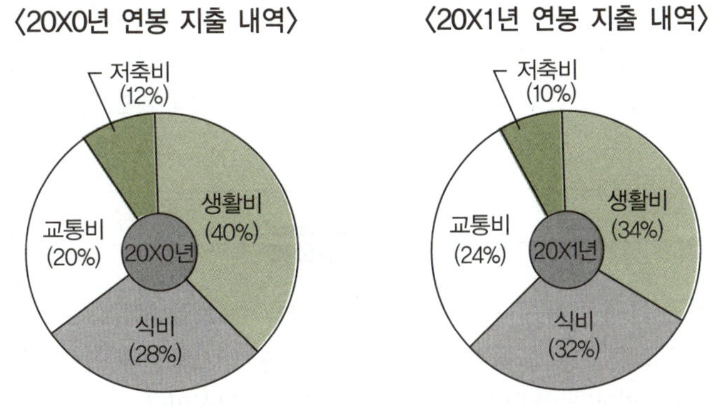

① 200만 원　② 300만 원
③ 400만 원　④ 500만 원

22. 1부터 9까지의 자연수가 하나씩 적힌 카드 9장이 있다. 승호는 1, 5, 8이 적힌 카드를, 정민은 2, 7, 9가 적힌 카드를, 선우는 3, 4, 6이 적힌 카드를 나눠 가졌다. 세 사람이 동시에 카드를 한 장씩 꺼낼 때, 선우가 꺼낸 카드의 숫자가 가장 클 확률은?

① $\frac{2}{27}$　② $\frac{4}{27}$
③ $\frac{1}{9}$　④ $\frac{2}{9}$

23. 선진이가 혼자 하면 8일, 수연이가 혼자 하면 12일이 걸리는 일이 있다. 이 일을 선진이와 수연이가 같이 한다면 며칠이 걸리겠는가?

① 3일　② 5일
③ 6일　④ 8일

24. 다음은 문장에서 의미하는 바를 강조하기 위한 방법에 대한 설명이다. 이를 참고한 예시로 적절한 것을 〈보기〉에서 모두 고르면?

설의법이란 이미 알고 있는 당연한 사실이나 평서문의 내용을 의문문 형식으로 변화를 주어 표현함으로써 듣는 이로 하여금 감정의 정도를 판단하게 하는 것이다. 영탄법이란 고조된 감정을 그대로 드러내어 감탄의 형태로 표현하는 것이다. 이 둘의 차이는 설의법은 청자에게 감정의 정도에 대한 판단을 맡기고, 영탄법은 화자 자신이 판단을 하여 결론을 내리게 된다는 점에 있다.

보기

㉠ "눈부신 햇살이 비치는 아침이여!"는 영탄법을 쓴 문장이다.
㉡ "천 점의 고려자기를 도둑맞은들 이렇게야 가슴 아프겠느냐?"는 설의법을 쓴 문장이다.
㉢ "세상은 그 얼마나 아름다운가."는 영탄법을 쓴 문장이다.
㉣ "눈물 없는 사랑은 대체 어디에 있는가."는 설의법을 쓴 문장이다.

① ㉠, ㉡
② ㉠, ㉡, ㉢
③ ㉠, ㉡, ㉣
④ ㉡, ㉢, ㉣

25. 다음 〈보기〉의 명제들을 참고할 때 밑줄 친 부분에 들어갈 문장으로 알맞은 것은?

보기

• 모든 사탕은 색이 빨갛거나 모양이 둥글다.
• 둥근 모양의 사탕은 딸기 맛이 난다.
• 소연이가 산 사탕은 딸기 맛이 아니다.
• 그러므로 ____________

① 모든 사탕은 딸기 맛이 아니다.
② 소연이가 산 사탕은 색이 빨갛다.
③ 소연이가 산 사탕은 레몬 맛이다.
④ 소연이가 산 사탕은 모양이 둥글다.

26. A가 계획하는 유럽여행에 대한 진술인 ㉠ ~ ㉤이 모두 참일 때, A가 여행하게 될 나라들로 바르게 묶인 것은?

> ㉠ A가 제일 처음 여행할 나라는 독일이다.
> ㉡ A가 영국에 간다면 독일에는 가지 않는다.
> ㉢ A는 영국에 가거나 이탈리아에 간다.
> ㉣ A가 스위스에 가지 않는다면 이탈리아에도 가지 않는다.
> ㉤ A는 이탈리아에 가고 프랑스에 간다.

① 독일, 영국
② 독일, 이탈리아, 프랑스
③ 독일, 영국, 스위스, 프랑스
④ 독일, 이탈리아, 스위스, 프랑스

27. 다음 글의 내용과 일치하는 것은?

> 1950년대 프랑스의 영화 비평계에는 작가주의라는 비평 이론이 새롭게 등장했다. 작가주의란 감독을 단순한 연출자가 아닌 '작가'로 간주하고, 작품과 감독을 동일시하는 관점을 말한다.
>
> 작가주의는 상투적인 영화가 아닌 감독 개인의 영화적 세계와 독창적인 스타일을 일관되게 투영하는 작품들을 옹호한다. 감독의 창의성과 개성은 작품 세계를 관통하는 감독의 세계관 혹은 주제 의식, 그것을 표출하는 나름의 이야기 방식, 고집스럽게 되풀이되는 특정한 상황이나 배경 혹은 표현 기법 같은 일관된 문체상의 특징으로 나타난다는 것이다.
>
> 한편, 작가주의적 비평은 할리우드 영화를 재발견하기도 했다. 작가주의적 비평가들에 의해 복권된 대표적인 할리우드 감독이 바로 스릴러 장르의 거장인 알프레드 히치콕이다. 히치콕은 제작 시스템과 장르의 제약 속에서도 일관된 주제 의식과 스타일을 관철한 감독으로 평가받았다. 그는 관객의 오인을 부추기는 '맥거핀' 기법을 자신만의 이야기 법칙을 만들어 가는 데 하나의 극적 장치로 종종 활용하였다. 즉, 특정 소품을 확실한 단서처럼 보이게 한 다음 일순간 허망한 것으로 만들어 관객을 당혹스럽게 한 것이다.

① 작가주의 비평 이론은 감독을 연출자로 고정시켜 버리는 관점을 말한다.
② 작가주의는 할리우드를 영화의 범주에 들이지 않으며 무시해 버렸다.
③ 맥거핀은 관객의 오인을 부추겨 당혹스럽게 만드는 영화적 장치이다.
④ 알프레드 히치콕은 할리우드 감독으로 작가주의와는 거리가 멀다.

28. 다음과 같이 화살표 방향으로 종이를 접은 후, 마지막에서 점선 부분을 자르고 다시 펼쳤을 때의 모양으로 옳은 것은?

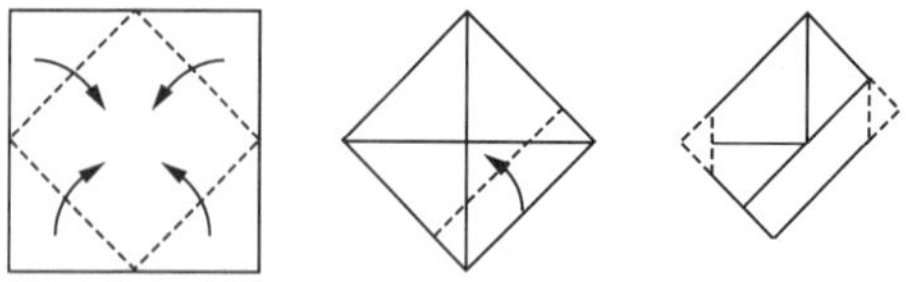

①

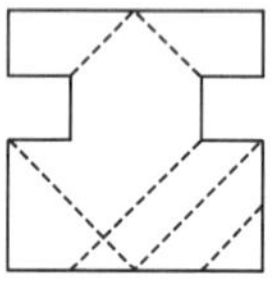

②

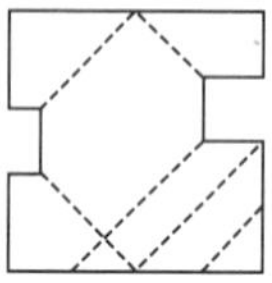

③

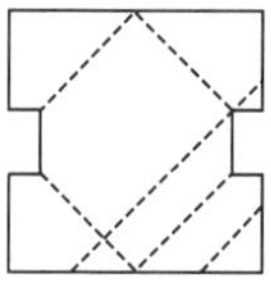

④

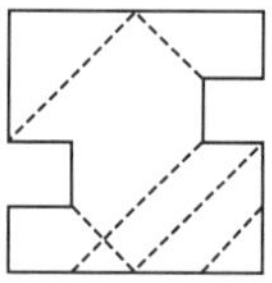

29. 다음 〈보기〉의 내용을 통해 바르게 추론한 것은?

보기

- 10층 건물에 축구부, 농구부, 야구부, 유도부, 육상부 5개의 부실이 위치해 있다.
- 축구부의 위치는 8층으로 농구부보다 높은 층에 있다.
- 야구부는 농구부보다 낮은 층에 있다.
- 유도부는 4층으로 육상부보다 높은 층에 있다.

① 야구부의 위치가 가장 낮다.
② 농구부의 위치가 두 번째로 높다.
③ 유도부의 위치가 농구부의 위치보다 높다.
④ 축구부의 위치가 육상부의 위치보다 높다.

30. 다음 글을 읽고 보일 수 있는 반응으로 적절하지 않은 것은?

> 능숙한 독자는 어떤 능력과 태도를 지니고 있을까? 능숙한 독자는 글의 의미를 이해하고 재구성하기 위해 배경지식을 효과적으로 활용하는 능력을 지닌다. 배경지식은 독자의 기억 속에 존재하는 구조화된 경험과 지식의 총체이다. 능숙한 독자는 읽을 글과 관련한 배경지식을 활성화한 후, 이를 활용해 글의 내용을 정확히 이해한다. 그런데 능숙한 독자라도 배경지식이 부족해 내용이 잘 이해되지 않는 부분을 만날 수 있다. 이 경우 능숙한 독자는 글 읽기를 중단하지 않고 글의 전후 맥락을 고려해 글의 의미를 구성한다. 그리고 필요하면 참고 자료를 찾아 관련 부분에 대한 이해를 확충한다.
>
> 능숙한 독자는 독서를 준비할 때 읽을 글의 특성을 분석하고 자신의 독서 역량을 점검하는 태도를 지닌다. 그리고 독서 목적의 달성에 필요한 독서 전략을 세운다. 그런데 막상 독서를 하다 보면 글의 특성이 예상과 다를 수 있고, 독서 환경이 변할 수도 있다. 능숙한 독자는 달라진 독서 상황을 파악하여 그에 적합한 새로운 독서 전략을 적용하고 독서 행위를 조절한다. 그리고 독서 후에는 자신이 독서의 목적과 글의 특성에 맞게 독서를 했는지를 성찰하여 평가한다.
>
> 우리 선조들도 경서를 읽으려는 독자에게 일정한 능력과 태도를 지녀야 한다고 강조했다. 경서를 읽는 목적은 글에 담긴 이치를 통해 모든 일의 섭리를 깨우칠 수 있는 경지에 이르는 것인데, 경서는 필자가 전달하려는 내용이 압축되어 있어 그 속에 담긴 의미를 쉽게 파악하기 어렵다. 따라서 일단 글의 내용에 익숙해지기 위해 반복적으로 읽는 독서 전략을 운용했다. 그 후에 독자는 이전과는 달라진 자신의 상태를 고려하여 새로운 독서 방법을 적용했고, 적극적으로 배경지식을 활용하는 등의 새로운 전략을 운용했다.
>
> 능숙한 독자는 한 편의 글을 완전하게 이해하는 데 그치지 않고 지속적인 독서 활동을 지향한다. 꾸준히 자신의 독서 이력을 점검하고 앞으로 읽을 독서 목록을 정리하여 자발적이고 균형 있는 독서를 생활화한다. 그리고 독서 경험을 통해 얻은 지식과 지혜를 자신과 사회 문제의 해결에 적극적으로 활용한다.

① 글의 전후 맥락을 고려하면 어려운 부분을 이해하는 데 도움이 될 수 있어.

② 능숙한 독자가 되기 위해 갖추어야 할 태도를 알 수 있어.

③ 우리 선조들도 경서를 읽을 때는 반복해서 읽는 독서 전략을 활용했구나.

④ 능숙한 독자라도 독서 경험과 사회 문제는 분리해서 생각할 수 있어야 해.

31. 다음 글의 '나'가 결론에 도달하기 위하여 암묵적으로 전제하고 있는 것은?

> 나는 티코의 관측 자료를 가지고 작업을 시작했다. 나는 다섯 행성의 위치를 나타내는 수만 개의 숫자로 표현된 그의 자료를 빠짐없이 반영하는 모형을 만들기 위해 나의 모든 수학적 능력을 동원했다. 하지만 이 작업은 결코 단순치 않았다. 거의 6년에 걸친 작업 끝에 마침내 화성의 위치를 설명하고 예측할 수 있도록 해주는 화성 궤도의 수학적 모형을 완성하였다.
>
> 나는 이 모형의 정확성을 확신했다. 나는 이 모형을 토대로 하짓날 자정쯤 화성이 정확히 백조자리의 베타별과 중첩되어 보일 것으로 예측했다. 그러나 지난 하짓날 밤의 관측 결과는 실망스러웠다. 화성과 백조자리 베타별의 위치 사이엔 6분 정도의 차이가 나타났다. 더욱 중요한 것은 티코의 자료와 이 모형의 예측 값 사이에 종종 8분까지 오차가 벌어진다는 사실이었다. 나는 이 정도의 오차가 어디에서 비롯되었는가를 밝히는 데 몰두했다. 문제는 내 모형이 화성의 궤도를 완전한 원으로 가정하고 있다는 사실이었다. 실제로 화성의 궤도를 원이 아닌 타원이라 가정하고 원래 모형에 약간의 간단한 수정을 가하자마자 오차들은 마법처럼 사라져 버렸다. 이렇게 해서 나는 화성의 궤도가 타원이라는 확신을 가질 수 있었다.

① 행성의 공전 궤도는 타원형이어야 한다.

② 화성은 태양이 아닌 지구 주위를 회전하는 천체다.

③ 화성의 위치에 관한 티코의 자료는 신뢰할 만하다.

④ 백조자리 베타별은 행성의 위치를 가늠하는 주요 기준이다.

32. 다음은 어떤 입체도형을 여러 방향에서 바라본 모양이다. 이에 해당하는 입체도형으로 옳은 것은? (단, 화살표 방향은 정면을 의미한다)

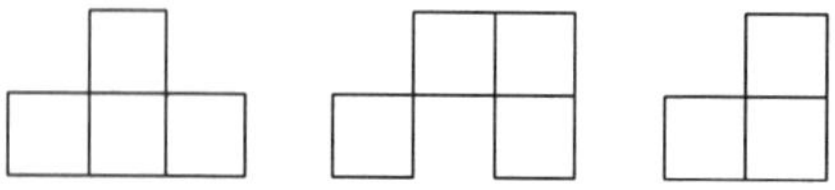

①

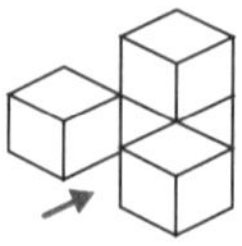

②

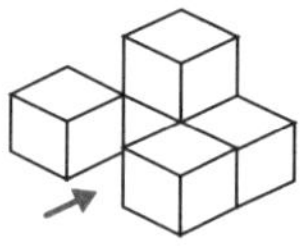

③

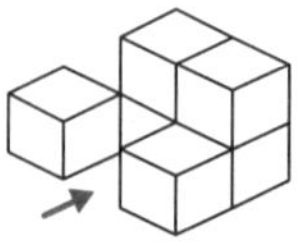

④

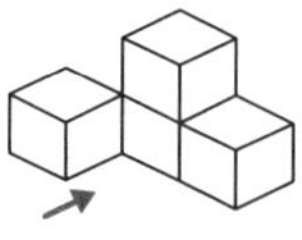

[33 ~ 34] 다음은 A ~ C 지역의 20XX년 직종별 공무직 근로자 비중과 지역별 공무직 근로자 수를 나타낸 자료이다. 이어지는 질문에 답하시오.

〈직종별 공무직 근로자 비중〉

(단위 : %)

구분	A 지역	B 지역	C 지역
교육실무사	18.6	18.6	16.9
전산실무사	( )	27.1	16.7
사서	19.1	( )	20.4
전문상담사	( )	18.4	22.6
조리실무사	22.2	13.1	23.4
합계	100.0	100.0	100.0

※ 비중은 소수점 이하 둘째 자리에서 반올림하여 소수점 이하 첫째 자리까지 나타낸 수치임.

〈지역별 공무직 근로자 수〉

(단위 : 명)

구분	A 지역	B 지역	C 지역
공무직 근로자 수	35,200	32,000	28,000

33. A 지역의 전산실무사 수와 B 지역의 사서 수가 같을 때, A 지역의 전문상담사 비중으로 옳은 것은?

① 15.6%　　② 19.4%

③ 20.7%　　④ 22.8%

34. 위 자료에 대한 설명으로 옳지 않은 것은?

① A ~ C 지역 사서 수의 합은 21,000명 이상이다.

② 조리실무사 수는 A 지역이 가장 많다.

③ 교육실무사 수는 A 지역이 B 지역보다 많다.

④ 전산실무사 대비 교육실무사 비중이 가장 높은 지역은 C 지역이다.

35. 다음은 특정 동물의 체액과 체세포를 추출하여 A, B 두 약제를 투여한 후 항목당 반응을 보인 개체 수를 나타낸 자료이다. 이를 근거로 할 때, 도출할 수 있는 결론으로 적절한 것은?

(단위 : 마리)

항목	A 약제			B 약제		
	암컷	수컷	총 개체 수(암 / 수)	암컷	수컷	총 개체 수(암 / 수)
암세포 억제	25	20	50 / 50	10	15	50 / 50
혈류 개선	37	45	50 / 50	50	25	50 / 50
소변 정화	5	10	50 / 50	25	20	50 / 50
균형감 회복	19	14	50 / 50	26	40	50 / 50

① A, B 약제 모두 수컷에게 더욱 효과적이다.
② 균형감 회복을 위해서는 암수 모두에게 A 약제가 더욱 효과적이다.
③ 암세포 억제 효과를 위해서는 암수 모두에게 A 약제를 투여해야 한다.
④ A, B 약제는 모두 소변 정화 항목에서 가장 약한 반응을 나타내고 있다.

36. 다음은 비판적 사고에 대한 설명이다. (가) ~ (라) 중 적절하지 않은 설명의 개수는?

(가) 어떤 주제나 주장에 대해 적극적으로 분석하는 것이 비판적 사고이다.
(나) 비판적 사고를 하려면 감정을 잘 다스려 중립적인 입장을 견지해야 한다.
(다) 비판적 사고의 목적은 상대방 주장의 타당성 판단보다는 단점을 찾는 데 있다.
(라) 비판적 사고는 학습을 통해 얻는 능력이지 타고나는 것은 아니다.

① 1개　② 2개
③ 3개　④ 4개

37. 다음 그림에서 만들 수 있는 크고 작은 사각형의 개수는?

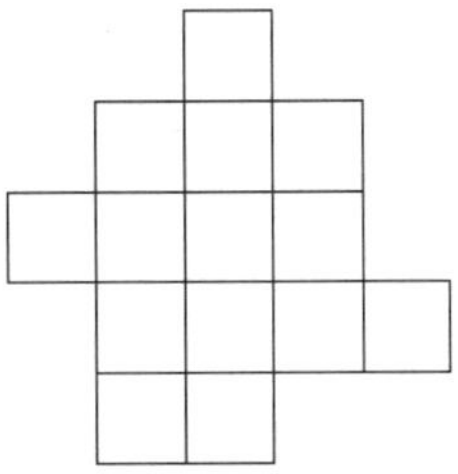

① 51개 ② 54개
③ 57개 ④ 61개

38. 다음은 B 지역의 산업체와 종사자 분포를 나타낸 자료이다. 이에 대한 설명으로 적절하지 않은 것은?

구분	사업체(개)	종사자(명)	남자(명)	여자(명)
농업	200	400	250	150
어업	50	100	35	65
광업	300	600	500	100
제조업	900	3,300	1,500	1,800
건설업	150	350	300	50
도매업	300	1,100	650	450
숙박업	100	250	50	200
합계	2,000	6,100	3,285	2,815

① 사업체당 평균 종사자 수는 제조업과 도매업이 가장 많다.
② 업종별 종사자의 남녀 구성비 중 남성과 여성의 구성비가 가장 낮은 업종은 남녀가 동일하다.
③ 업종별 종사자 수에서 여성의 구성비가 가장 높은 업종은 숙박업이다.
④ B 지역의 사업체 1개당 평균 남자 종사자의 수는 도매업종 사업체 1개당 평균 여자 종사자의 수보다 많다.

39. 다음 글에 나타난 저자의 견해로 적절하지 않은 것은?

> 가림토 문자는 논란이 되고 있는 〈환단고기〉라는 책에 등장하는 고대 한국의 문자이다. 이 책이 세간의 관심을 끈 것은 기원전 2181년에 이미 고대 한국의 문자가 만들어졌다는 기록 때문이다. 흥미롭게도 그 기록은 훈민정음의 서문이나 신숙주의 〈동국정운〉의 서문과 너무도 흡사하다. 그런데 문제는 만약 이러한 고대 한국의 문자가 있었다면 왜 우리의 고대 자료에 한 번도 등장하지 않았는가 하는 점이다.
>
> 일본에서는 훈민정음이 일본의 신대 문자를 본뜬 것이라는 주장이 있어 왔다. 두 문자가 모양과 음까지 너무도 닮았고, 신대 문자는 이미 오래 전부터 전해 내려오고 있었다니 훈민정음이 이 문자의 영향을 받지 않았나 하는 주장이 제기되었다. 그러나 이러한 주장은 그 진위를 다시 한번 고려해 볼 필요가 있다. 일본에서의 신대 문자 사용에 대한 문헌조사 결과, 그 문자의 존재를 뒷받침할 근거가 불충분하여 학계에서도 그러한 문자가 존재했을 가능성은 거의 없다는 것이 정설이다. 우리의 가림토 문자도 이와 비슷한 문제점을 가지고 있으니 언어학적으로는 그리 큰 의미가 없다고 하겠다.

① 훈민정음은 가림토 문자의 영향을 받아 만들어졌다.

② 가림토 문자는 언어학적으로 큰 의미를 가지고 있지 않다.

③ 일본의 신대 문자는 그 존재의 확실성이 부족하다.

④ 훈민정음이 일본의 신대 문자를 본뜬 것이라는 주장은 사실이 아닐 가능성이 높다.

40. 제시된 왼쪽의 도형을 오른쪽에 나타난 각도만큼 회전시킨 모양은?

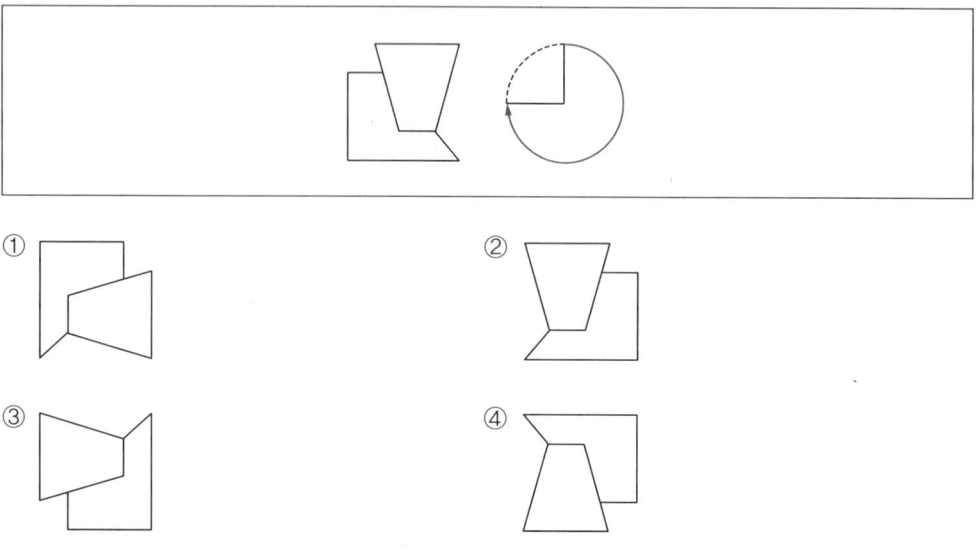

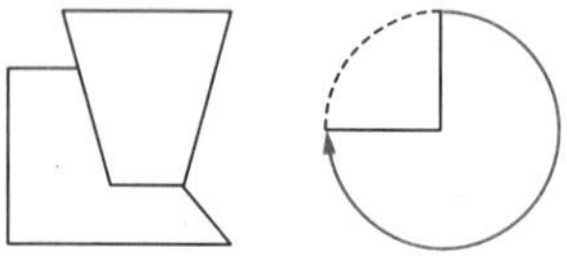

①

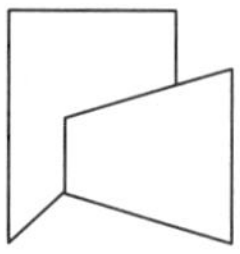

②

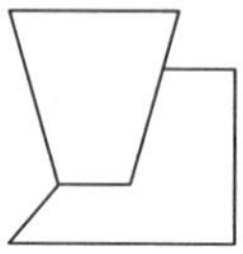

③

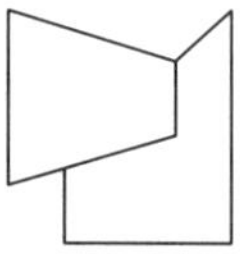

④

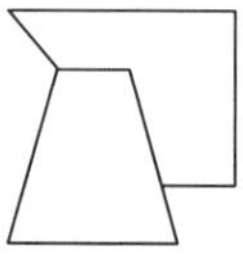

41. A, B, C, D는 가수, 탤런트, 개그맨, MC의 네 분야 중 각각 두 분야에서 활동하고 있다. 이들의 활동 영역에 대한 〈조건〉이 다음과 같을 때 B의 활동 분야는?

조건

- 개그맨인 사람은 가수 또는 MC가 아니다.
- 가수와 탤런트 분야에서 활동하는 사람들은 두 분야 모두 3명씩이다.
- D는 개그맨이다.
- B와 C의 활동 분야는 동일하다.
- MC인 사람은 한 명이다.

① 가수, 탤런트 ② 가수, MC

③ 개그맨, 탤런트 ④ MC, 탤런트

42. 다음은 20X1년 상반기 제품별 주유소 가격이다. 이에 대해 적절하게 설명하지 못한 사람은?

(단위 : 원/ℓ)

제품 \ 월	1월	2월	3월	4월	5월	6월
무연보통휘발유	1,437.15	1,411.69	1,408.20	1,416.60	1,426.95	1,454.61
실내등유	792.45	787.84	784.28	789.50	800.15	818.93
경유	1,228.37	1,207.22	1,203.04	1,211.14	1,222.73	1,249.65

① 민혜 : 5월에서 6월 사이에는 모든 제품의 가격이 인상됐어.

② 경민 : 무연보통휘발유는 항상 경유보다 비싸네.

③ 예린 : 3월의 경유 20ℓ 가격은 실내등유 30ℓ 가격보다 싸네.

④ 영숙 : 실내등유 가격이 가장 큰 폭으로 인하된 때는 1월에서 2월 사이야.

43. 경쟁사인 A 통신사와 B 통신사의 인터넷 요금제가 다음과 같을 때, 두 통신사의 인터넷 요금이 같아지려면 인터넷을 한 달에 몇 분 사용해야 하는가?

〈각 통신사의 인터넷 요금〉

구분	기본요금	사용요금
A 통신사	10,000원/월	10원/분
B 통신사	5,000원/월	20원/분

※ 인터넷 요금은 '기본요금+사용요금'으로 계산한다.

① 350분 ② 400분

③ 450분 ④ 500분

44. 가, 나, 다, 라, 마 5명은 A, B, C 3편의 영화 중 하나를 보았다. 영화 A와 B를 본 사람이 각각 2명, 영화 C를 본 사람이 1명이고 누가 어떤 영화를 보았는지는 〈조건〉과 같을 때, 영화와 이를 본 사람의 연결이 반드시 참인 것은?

조건

- 가는 영화 B를 보지 않았다.
- 가와 마는 서로 다른 영화를 보았다.
- 라와 같은 영화를 본 사람은 없다.

① A-가 ② A-나

③ B-다 ④ C-마

45. 다음을 보고 그 규칙을 찾아 '?'에 들어갈 적절한 도형을 고르면?

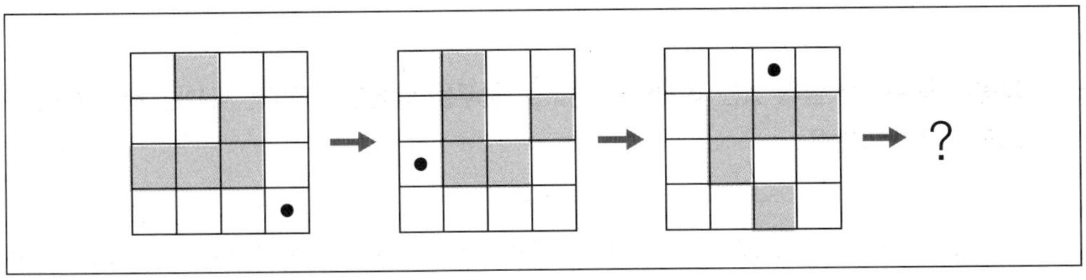

①

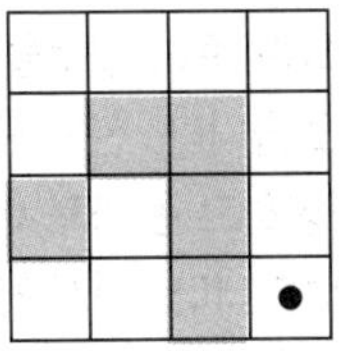

②

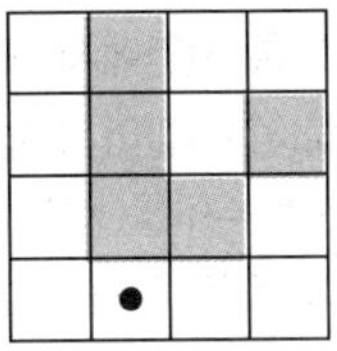

③

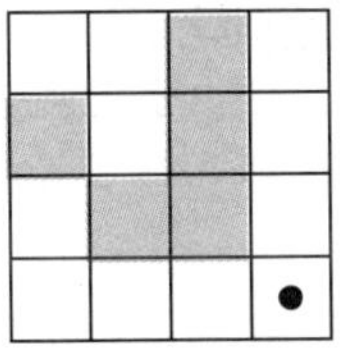

④

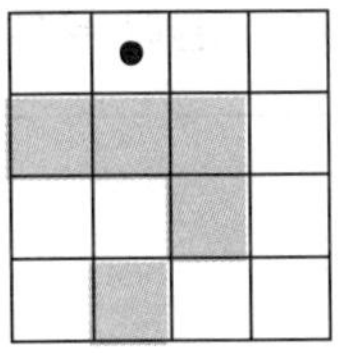

8회 기출예상문제

소양평가

문항수	45문항
시험시간	50분

정답과 해설 77쪽

01. 다음은 동문선에 실려 있는 이제현의 상소문 일부를 발췌한 것이다. 제시된 글의 목적과 가장 거리가 먼 단어는?

> 삼가 생각건대 공경을 바치고 예를 다하는 것은 임금이 이에 스승을 얻는 것이요, 어진 자를 천거하고 능한 자에게 양보하는 것은 신하가 임금을 돕는 바입니다. 신이 전번에 윤명(綸命)을 받들어 오래도록 서연에서 모셨는데, 거지(擧止)가 우소(迂疏)하여 족히 잘못을 바루지 못하였고 견문(見聞)이 거칠어서 올바르게 바루는 데에 유익함이 없었습니다. 신도 오히려 부끄러움을 알고 있는데 누구를 차마 속이겠습니까? 하물며 백발은 성성하고 눈까지 어두움이리까! 귀는 허승(許丞)처럼 어둡고 팔뚝은 두자(杜子)처럼 불수가 되었습니다. 현지(軒墀 : 임금을 가리킨다)를 사모하다가 진실로 상유(桑榆)의 늦은 햇빛을 거두지 못하면, 구렁에 굴러 떨어져 송백(松柏)이 겨울에 푸른 절개를 보전하기 어려울까 두렵습니다.

① 예찬(禮讚)
② 직언(直言)
③ 경언(鯁言)
④ 충고(忠告)

02. 다음 〈보기〉의 명제가 모두 참일 때 항상 참인 것은?

> **보기**
>
> • 요리를 잘하는 사람은 반드시 청소도 잘한다.
> • 청소를 잘하는 사람은 반드시 키가 크다.
> • 나는 요리를 잘한다.

① 키가 크면 청소를 잘한다.
② 청소를 잘하면 요리를 잘한다.
③ 키가 작으면 청소를 잘한다.
④ 나는 키가 크다.

03. 다음 〈AA 역 공영주차장 요금〉을 기준으로 할 때, 김 대리가 주차장 요금으로 지불해야 하는 총금액은?

〈AA 역 공영주차장 요금〉

단기			장기
기본(30분)	추가(10분)	1일	월정기
1,000원	300원	15,000원	120,000원

1. 50% 할인 : 경형 자동차, 장애인, 국가유공자, 독립유공자
2. 30% 할인 : 열차 이용 고객
3. 30분 무료 : 철도승차권 예매 · 변경 · 반환 고객(단, 역 방문을 필요로 하지 않는 스마트 승차권 제외)

※ 마중, 배웅(승차권 미소지) 고객은 할인 · 감면 대상에 포함되지 않습니다.

※ 중복할인불가 : 일 정기차량 할인적용 제외, 2개 이상 해당하는 경우 높은 할인율 적용

김 대리는 AA 역에서 BB 역으로 가는 기차를 왕복으로 이용하였고, 본인 소유의 경형 자동차를 기차를 탄 5시간 동안 AA 역 공영주차장에 세워 두었다.

① 4,500원 ② 4,550원
③ 5,400원 ④ 6,370원

04. 다음 중 밑줄 친 부분의 표기가 올바른 것은?

① 전망대에 있는 망원경으로 주변의 경관과 밤하늘의 <u>천채</u>를 감상했다.
② 강물 위로 초저녁의 <u>금빛</u> 햇살이 내렸다.
③ <u>산기슭</u> 어느 마을에 다다르자 갓 지은 밥 냄새가 풍겨왔다.
④ 그 글에는 산 아래 평지에서 밭 가는 농부와 눈 내린 기와집 등 조선땅의 사계절이 <u>묘사돼</u> 있다.

[05 ~ 06] 다음 글을 읽고 이어지는 질문에 답하시오.

자신의 자존심을 유지하기 위해 실패나 과오에 대한 자기 정당화 구실을 찾아내는 행위를 가리켜 구실 만들기 전략(Self-handicapping Strategy)이라고 하는데, 좀 더 넓게 보자면 그런 심리를 가리켜 ㉠ '이기적 편향(Self-serving Bias)'이라고 부르기도 한다. 이는 우리의 일상생활에서 아주 쉽게 목격할 수 있다.

우리말에 '좋은 건 자기 잘난 탓으로 돌리고 나쁜 건 부모 탓 또는 세상 탓으로 돌린다'는 말이 있는데 그게 바로 이기적 편향을 가리키는 것이다. 이기적 편향은 우리의 부정적인 행동에 대해서는 상황적 · 환경적 요소로 원인을 돌리는 반면, 긍정적인 행동에 대해서는 우리의 내부적 요소로 돌리는 경향을 의미한다. 이는 자신의 자존심을 높이거나 방어할 욕구 때문에 생겨난다.

왜 이런 이기적 편향이 생겼을까? 우리는 어떤 일을 끝마친 후 그 일에 대해 평가와 반성을 한다. 그 과정에서 일이 성공하게 된 혹은 실패하게 된 원인을 따져 보려 하지만 성공과 실패의 진정한 원인을 찾는 것이 그리 간단한 일은 아니다. 당시의 특수한 상황에서 비롯된 결과일 수 있고, 심지어는 정말 우연히 이루어진 결과일 수도 있기 때문이다.

어쨌든 원인을 찾아야 한다면 우리는 마음 편한 쪽에서 원인을 찾는다. 특히 실패를 했을 때는 우리의 자존심이 상하지 않는 방향에서 원인을 찾는다. 그리하여 실패의 원인은 늘 타인과 상황, 시기 등 나 자신이 아닌 다른 데 있게 된다.

이렇게 이기적인 것이 사람의 마음이다. 이기적 편향은 치사하고 비겁하게 보이기는 하지만, 일이 잘못됐을 때 실패의 원인을 남의 탓으로 돌림으로써 나의 자존심을 유지하는 심리적인 방어능력이다. 그러나 실패했을 때마다 자기반성은 하지 않고 남의 탓만 하다가는 자기 발전을 이룰 수 없다. 자존심이 상하더라도 실패의 진정한 원인이 어디에 있는지 냉정히 자기 내면의 소리에 귀를 기울여 볼 필요가 있다.

05. 다음 중 밑줄 친 ㉠의 사례로 옳지 않은 것은?

① 우리 학교 축구팀 선수들은 실력이 뛰어난데 이번 경기에서는 상대팀 선수가 반칙을 많이 하고 심판이 편파적이었기 때문에 졌다.

② 나와 입사 동기인 내 친구는 업무 성과가 뛰어나서 작년에 조기 승진을 했다. 하지만 나는 실력이 부족해서 올해에도 승진 대상자 명단에 이름을 올리지 못했다.

③ 우리 팀의 프로젝트는 무능한 팀장 때문에 번번이 실패한다. 내가 다른 팀으로 옮겨 가면 마음껏 나의 역량을 펼치고 내가 속한 팀의 프로젝트도 성공시킬 수 있을 것이다.

④ 나는 머리가 좋고 평소에 공부를 잘하는 학생이다. 지난 시험에서는 내가 공부를 열심히 해서 성적이 잘 나왔는데, 이번에는 성적이 좋지 않다. 시험 문제 유형이 바뀐 것이 틀림없다.

06. 다음 중 윗글에 대한 내용으로 옳은 것은?

① 구실 만들기 전략은 결과에 대해 자기반성을 하는 행위를 일컫는다.

② '좋은 것은 자기 잘난 탓이고 나쁜 것은 세상 탓'이라는 말은 이기적 편향과 상충되는 말이다.

③ 이기적 편향은 완결된 일에 대한 원인을 찾는 과정에서 자존심을 유지하고자 하는 심리적인 방어로 인해 일어나는 현상이다.

④ 이기적 편향은 긍정적인 행동에 대해서는 외부적 요소로, 부정적 행동에 대해서는 내부적 요소로 돌리는 경향을 의미한다.

07. 다음은 소멸위험 기초지자체 수에 관한 자료이다. 이에 대한 이해로 적절하지 않은 것은?

〈소멸위험 기초지자체 수(전국 시 · 군구 기준)〉

(단위 : 개)

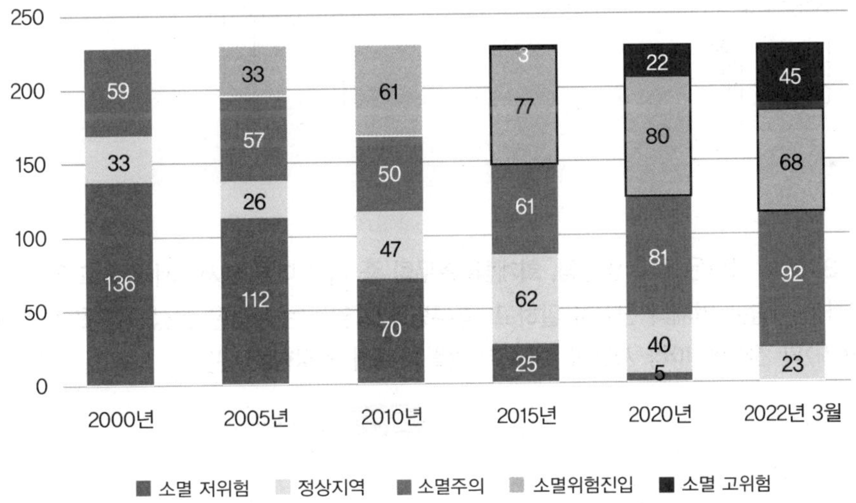

※ 소멸위험지역 : 소멸위험진입지역+소멸 고위험지역

① 기초지자체의 지역소멸 위기감이 고조되고 있다.

② 소멸주의지역의 수는 2010년 이후 지속적으로 늘고 있다.

③ 2020년 소멸위험지역은 100개 이상이다.

④ 2022년 3월 소멸위험지역은 전국 시 · 군구의 절반 이상이다.

08. 다음 전개도를 무늬가 바깥으로 나오도록 접었을 때 나타날 수 있는 입체도형으로 옳은 것은?

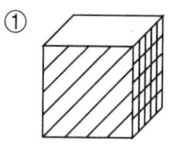

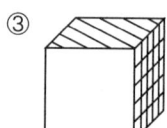

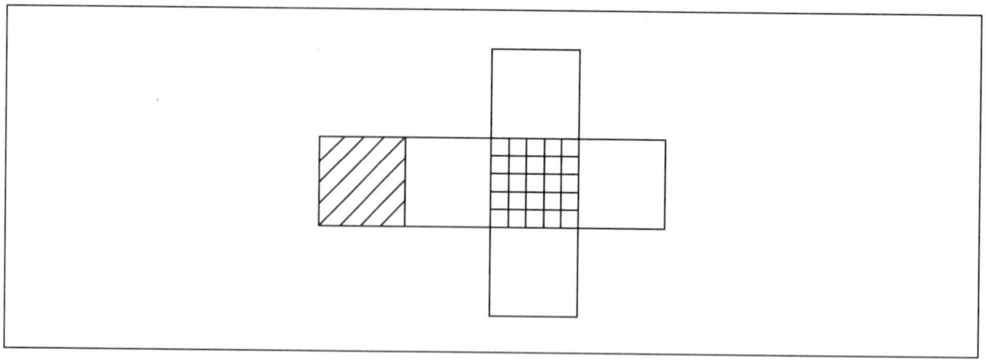

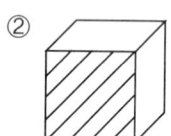

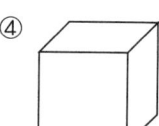

09. A, B, C 세 사람은 각각 영업팀, 회계팀, 총무팀 중 서로 다른 부서에서 일하고 있다. 회계팀에서 일하는 사람은 언제나 진실을 말하고, 총무팀에서 일하는 사람은 항상 거짓을 말한다고 할 때, 〈보기〉의 진술에 따라 사원과 해당 부서를 바르게 연결한 것은?

보기

- A : C가 회계팀에서 일한다.
- B : A의 말은 틀렸다. C는 영업팀에서 일한다.
- C : 나는 회계팀도, 영업팀도 아니다.

	A	B	C
①	회계팀	총무팀	영업팀
②	회계팀	영업팀	총무팀
③	총무팀	영업팀	회계팀
④	총무팀	회계팀	영업팀

10. 다음 글의 밑줄 친 ㉠~㉣ 중 사자성어의 쓰임이 적절하지 않은 것은?

> 김 팀장은 신제품 출시 프로젝트를 진행하며 예상보다 부진한 초기 반응에 고민이 많아졌다. 그는 긴급회의를 소집하고 문제의 원인을 분석하기 시작했다.
>
> 먼저, 광고 전략에 대한 논의하였다. 마케팅 담당자는 "이번 광고는 '신뢰감이 없다'는 피드백이 많았습니다. 고급 브랜드 이미지를 강조했지만, 실제 제품은 그 수준에 미치지 못한 듯합니다."라고 말했다. 이에 김 팀장은 깊은 한숨을 쉬며 말했다. "이건 ㉠ <u>양두구육(羊頭狗肉)</u>이군요. 겉으로는 훌륭한 제품처럼 보이게 했지만, 실제로는 그 기대를 충족하지 못했어요."
>
> 다른 직원은 마케팅 전략이 처음부터 잘못 설정되었다고 지적하며, 현실적으로 불가능한 접근을 시도했다고 설명했다. 김 팀장은 고개를 끄덕이며 덧붙였다. "㉡ <u>연목구어(緣木求魚)</u>라는 말이 떠오르는군요."
>
> 이어진 논의에서 한 직원은 "이전 성공 사례를 참고하려다가 오히려 시장 상황에 맞지 않는 전략을 고수했던 것 같습니다."라며 문제를 지적했다. 이에 김 팀장은 "맞아요, ㉢ <u>각주구검(刻舟求劍)</u>처럼 과거의 방식을 그대로 적용하려 했던 게 실수였네요. 시장은 계속 변하고 있는데 말이죠."
>
> 마지막으로, 프로젝트의 총책임자는 "결국 이런 문제들을 보니, 우리가 자원도 많고 팀의 역량도 있는데 제대로 활용하지 못하고 있는 게 아쉽습니다. ㉣ <u>망양지탄(亡羊之歎)</u>이란 말이 딱 맞는 상황이네요."라며 안타까움을 표했다.
>
> 김 팀장은 회의를 마무리하며 결론을 내렸다. "오늘 나온 문제들을 바탕으로 새로운 접근법을 찾아봅시다. 더는 잘못된 방법으로 시간을 낭비하지 말고, 우리가 가진 자원을 제대로 활용해 봐요."

① ㉠　　② ㉡

③ ㉢　　④ ㉣

[11 ~ 12] 다음은 장애인이 일상생활동작을 수행하는 능력인 자립도를 장애정도별로 나타낸 자료이다. 이어지는 질문에 답하시오.

(단위 : %)

구분	완전자립			부분도움			완전도움		
	소계	중증	경증	소계	중증	경증	소계	중증	경증
옷 벗고 입기	81.4	61.4	94.2	15.0	30.1	5.2	3.6	8.4	0.6
세수하기	89.6	76.7	97.9	7.2	16.0	1.7	3.2	7.4	0.5
양치질하기	89.4	76.0	98.0	7.5	16.8	1.5	3.1	7.1	0.5
목욕하기	76.0	54.5	89.8	17.7	31.2	8.9	6.3	14.2	1.3
식사하기	88.7	75.2	97.4	9.2	20.1	2.2	2.1	4.7	0.3
체위 변경하기	93.0	86.2	97.4	5.2	9.7	2.3	1.8	4.1	0.3
일어나 앉기	91.1	83.7	95.9	6.8	11.6	3.8	2.1	4.7	0.4
옮겨 앉기	88.6	79.1	94.7	8.8	14.9	4.9	2.6	5.9	0.4
방밖으로 나가기	83.7	71.5	91.5	12.7	20.5	7.6	3.6	8.0	0.8
화장실 사용하기	87.7	74.7	96.1	8.5	18.1	2.4	3.8	7.2	1.5
대변 조절하기	93.4	86.7	97.7	3.2	7.0	0.8	3.4	6.3	1.5
소변 조절하기	93.2	86.2	97.7	3.7	7.4	1.3	3.1	6.4	1.0

11. 다음 중 위의 자료에 대해 바르게 설명한 것은?

① 세수하기에서 부분도움이 필요한 장애인은 전체의 17.7%이다.
② 중증, 경증 장애인 모두 목욕하기에서 가장 낮은 완전자립도를 나타낸다.
③ 중증 장애인의 완전자립도가 가장 높은 동작은 체위 변경하기와 소변 조절하기이다.
④ 경증 장애인은 세수나 양치질보다 식사하는 동작에 부분도움이 필요한 사람의 비율이 더 낮다.

12. 위의 자료에서 완전자립, 부분도움, 완전도움 정도에 있어 보호자나 간병인의 도움이 필요한 중증 장애인의 비율이 가장 낮은 동작들은 순서대로 각각 무엇인가?

① 대변 조절하기, 소변 조절하기, 목욕하기
② 목욕하기, 대변 조절하기, 체위 변경하기
③ 방밖으로 나가기, 대변 조절하기, 목욕하기
④ 대변 조절하기, 대변 조절하기, 체위 변경하기

13. 다음 글의 주제로 가장 적절한 것은?

신(神)은 신성하거나 성스러운 것으로 간주되는 자연적 혹은 초자연적 존재로, 모르는 것이 없고 못하는 일이 없으며 어떠한 일이라도 다 해내는 절대자의 지혜와 능력을 가진 전지전능한 존재로 정의된다. 철학자들은 신이 존재하는가에 대해 다양한 신 존재 증명 이론을 내세웠다. 신의 존재에 대해 다양한 증명 이론 중 목적론적 신 존재 증명은 존재론적 증명, 우주론적 증명과 함께 신의 존재를 증명하기 위한 고전적 3대 증명으로 손꼽힌다.

목적론적 신 존재 증명에서 이 세계는 정연한 목적론적 질서를 드러내고 있고, 그것은 전지전능한 신에 의해 만들어진 것이라는 추론형식을 취한다. 목적론적인 질서에는 복잡한 유기체의 구조나 본능적 행동의 합목적성에서부터 우주의 정연한 질서가 상정되어 있으며, 목적론적 신 존재 증명은 이 세계가 매우 탁월한 질서를 가지고 있다고 전제한다. 이 세계를 설계하고 유기체를 창조한 고도의 이성적 능력을 가진 원인으로서의 신이 존재해야 한다고 추론하는 것이다. 따라서 목적론적 신 존재 증명은 결과인 자연현상으로부터 그 원인인 신을 추론하는 증명이다.

① 신의 존재를 증명하는 고전적 3대 이론의 비교
② 목적론적 신 존재 증명이론의 개념
③ 고전 철학자들의 진화이론과 우주의 이해
④ 삼단추론논법을 활용한 신 존재 이론에 대한 이해

14. ○○기관 영업부에 근무하는 신입사원 한 씨는 입사 후 처음으로 안전사고 예방 교육을 받게 되었다. 다음 안내 방송을 들은 직후에 한 씨가 취할 행동으로 적절한 것은?

> 안내 말씀 드립니다.
>
> 오늘은 안전사고 예방 교육이 있는 날입니다. 이번 교육은 일반 안전사고 예방 교육과 담당 업무별 안전사고 예방 교육으로 나누어 진행합니다. 따라서 일반 안전사고 예방 교육 후 담당 업무별 안전사고 예방 교육을 받게 되며, 이전에 일반 안전사고 예방 교육을 받은 직원은 담당 업무별 안전사고 예방 교육만 받으면 됩니다.
>
> 일반 교육은 1회의실에서 진행하며, 입사 2년 차 이상 사원 중 일반 교육 대상자는 2회의실로 이동하여 진행합니다. 담당 업무별 교육은 부서에 따라 영업부는 3회의실, 마케팅부는 4회의실, 연구개발부는 5회의실에서 실시합니다.
>
> 이상 안내를 마치겠습니다.

① 담당 업무별 안전사고 예방 교육을 받기 위해 5회의실로 이동한다.

② 담당 업무별 안전사고 예방 교육을 받기 위해 4회의실로 이동한다.

③ 담당 업무별 안전사고 예방 교육을 받기 위해 3회의실로 이동한다.

④ 일반 안전사고 예방 교육을 받기 위해 1회의실로 이동한다.

15. 다음을 보고 그 규칙을 찾아 '?'에 들어갈 도형으로 적절한 것을 고르면?

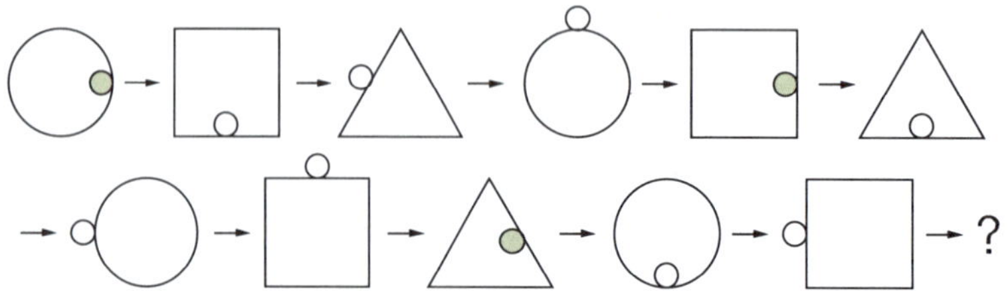

① 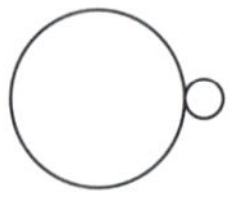

② 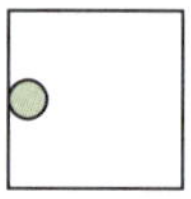

③ 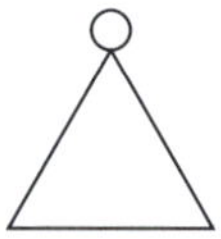

④ 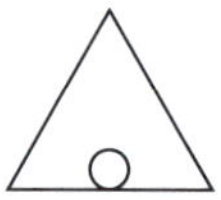

16. 다음은 1980년대 헝가리 부다페스트에서 있었던 사례이다. 이 글의 문제해결 절차 중 '원인 분석' 단계에서 내릴 수 있는 결론으로 적절한 것은?

> 부다페스트에서 버스 승객들이 민원을 제기하였다. 안 그래도 오래 기다린 버스가 항상 만원이 되어 오기 때문에 더욱 짜증이 발생한다는 것이다. 이를 해결하기 위해 승객들은 버스의 증차를 요구하였다.
>
> 버스회사는 버스운전사의 피로도와 재정적인 문제로 무조건 증차하는 것은 어려움이 있어 다른 개선안을 찾기 위해 버스 운행의 실제 상황을 조사하였다.
>
> 버스는 터미널에서 10분 간격으로 출발하고 10분마다 정거장에 도착하였다. 그러나 교통 상황 등의 이유로 정체가 발생해 5분 이상 늦어질 경우 다음 정거장까지 15분이 소요되어 기다리는 승객은 점점 증가하였다. 결국 늘어난 사람만큼 승하차 시간이 더 오래 걸려 다음 정거장에 도착하는 시간은 계속해서 지연되는 악순환이 발생했다.
>
> 게다가 앞차의 출발이 지연되는 동안 뒤차와의 간격은 점차 좁아졌다. 이로 인해 뒤차는 상대적으로 적은 수의 승객을 태우게 됐고 버스 간 공간 불균형은 점차 심해지며 승객들의 불만은 쌓여갔다.
>
> 이에 담당자는 시간 지연으로 앞차가 정거장에 오래 머무르고 있을 때는 뒤차가 앞차를 앞지를 수 있도록 버스 운행 규정을 바꾸고, 출퇴근 시간과 다른 시간대의 운행 버스 대수를 조절하여 정체가 심한 시간대에 버스 운행을 좀 더 활발히 하기로 결정했다.

① 버스운전사의 피로도가 근본적인 원인이다.

② 유연하지 못한 버스 운행 규정이 근본적인 원인이다.

③ 버스 배차간격이 긴 것이 근본적인 원인이다.

④ 버스회사에 대한 무분별한 민원 제기가 근본적인 원인이다.

17. 김 과장은 사내 퀴즈대회에서 60점을 획득했다. 전체 20문제를 풀며 문제를 맞히면 5점씩 획득하고 틀리면 5점씩 감점될 때 김 과장이 맞힌 문제는 몇 개인가?

① 7개　② 12개

③ 15개　④ 16개

18. 출근 시간이 오전 8시까지인 ○○기관의 A 대리가 8시 정각에 출근할 확률은 $\frac{1}{4}$이고, 지각할 확률은 $\frac{2}{5}$이다. A 대리가 이틀 연속으로 정해진 시간보다 일찍 출근할 확률은?

① $\frac{49}{400}$
② $\frac{3}{16}$
③ $\frac{13}{200}$
④ $\frac{64}{225}$

19. 40명으로 구성된 어느 학급에서 설문조사를 하였더니 야구를 좋아하는 학생은 24명, 농구를 좋아하는 학생은 17명이었다. 야구와 농구 중 어느 것도 좋아하지 않는 학생이 6명이었다면 농구만 좋아하는 학생은 몇 명인가?

① 7명
② 10명
③ 12명
④ 14명

20. 다음 그림에서 찾을 수 있는 크고 작은 평행사변형의 개수는? (단, 가로로 놓인 선분들과 세로로 놓인 선분들은 모두 평행하다)

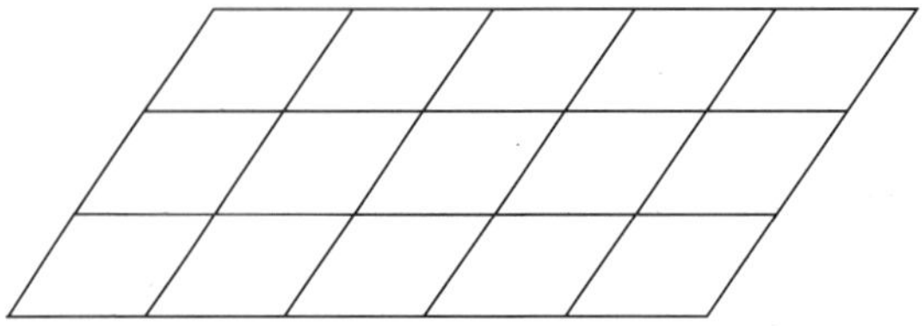

① 55개
② 75개
③ 88개
④ 90개

21. 다음 ㉠~㉤을 제시된 문장과 이어질 수 있도록 문맥에 맞게 나열한 것은?

> 음료 판매점 등에서 사용되고 버려지는 일회용 컵은 우리나라에서만 130억 개 이상이라고 한다. 그래서 최근 들어 환경보호 차원에서 '텀블러'로 불리는 휴대용 물통에 대한 관심이 높아지고 있으며, 그에 따라 휴대용 물통의 판매도 증가 추세에 있다고 한다.
>
> ㉠ 다음으로 휴대용 물통의 안전성에 대한 소비자들의 우려도 그 원인으로 볼 수 있다.
> ㉡ 휴대용 물통을 계속 들고 다녀야 하는 번거로움과 사용 후 세척의 어려움 때문에 사람들이 휴대용 물통 사용을 주저하는 것이다.
> ㉢ 그러나 여전히 휴대용 물통을 들고 다니는 사람은 그리 많지 않다.
> ㉣ 휴대용 물통에 뜨거운 물이나 음료를 넣으면 환경호르몬 물질이 배출되어 건강을 해칠 수 있다고 생각하기 때문에 잘 사용하지 않는다는 것이다.
> ㉤ 그 원인으로 먼저 사용상의 불편을 들 수 있다.

① ㉢-㉤-㉡-㉠-㉣　② ㉢-㉤-㉣-㉠-㉡
③ ㉤-㉡-㉢-㉠-㉣　④ ㉤-㉡-㉢-㉣-㉠

22. ○○기관의 인사부는 6인용 스틱 승합차를 타고 워크숍에 가려고 한다. 부장, 차장, 과장, 대리, 사원 A, 사원 B가 다음과 같은 〈조건〉에 따라 자리에 앉을 경우, 과장이 앉는 자리는? (단, 운전석의 위치는 1로 한다)

조건

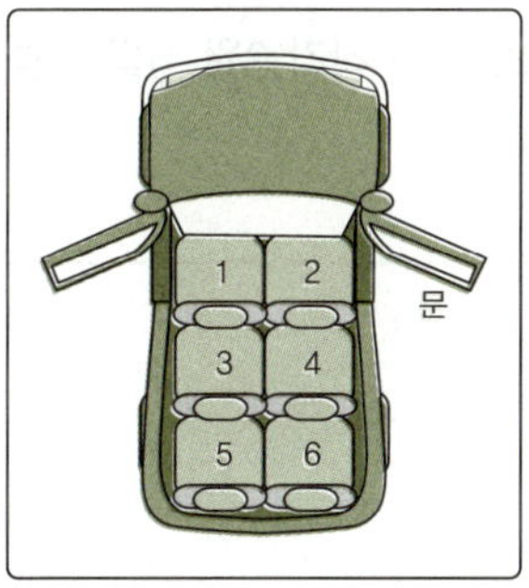

(가) 스틱 승합차를 운전할 수 있는 사람은 과장, 대리뿐이다.
(나) 부장 옆에는 차장이 앉아야 한다.
(다) 차장은 멀미 때문에 맨 뒷줄에 앉을 수 없다.
(라) 사원 A와 사원 B는 양옆으로 같이 앉을 수 없다.
(마) 부장은 짝수 번호 자리에는 앉지 않는다.
(바) 과장은 부장의 대각선 방향 자리에 앉아야 한다.

① 1　② 2
③ 5　④ 6

23. 다음 투명한 종이에 그려진 그림 (A)와 (B)를 그대로 겹쳤을 때, 빈칸 '?'에 올 그림으로 옳은 것은?

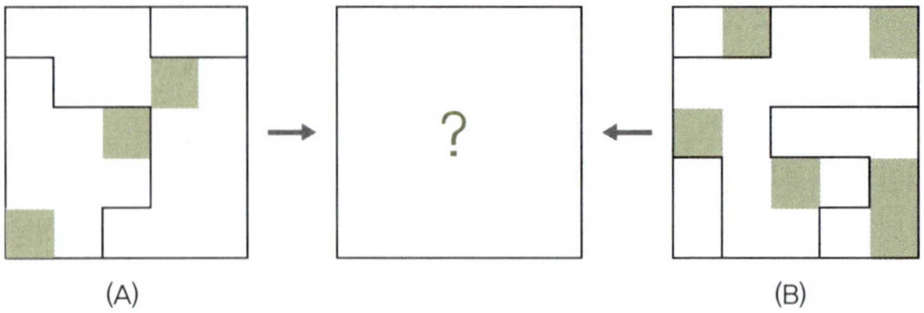

① 

② 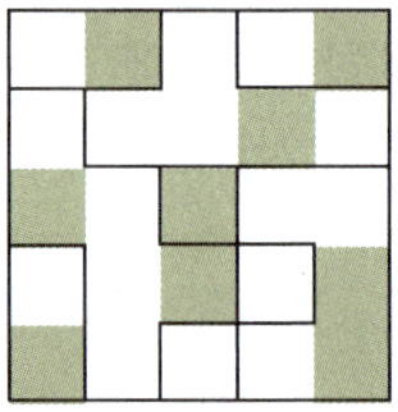

③ 

④ 

24. 기획팀의 홍일동, 홍이동, 홍삼동, 홍사동 4명이 다음 〈조건〉과 같이 각각 3월, 6월, 9월, 12월에 출장을 간다고 할 때, 이에 대한 설명으로 옳은 것은?

조건

- 홍일동은 짝수 달에 출장을 간다.
- 홍이동은 9월에 출장을 가지 않는다.
- 홍사동은 홍일동보다 늦게 출장을 간다.
- 홍이동은 홍삼동보다 먼저 출장을 간다.

① 홍사동은 9월에 출장을 간다.
② 홍삼동은 12월에 출장을 간다.
③ 홍이동은 3월에 출장을 간다.
④ 홍일동과 홍삼동은 연속해서 출장을 간다.

25. 다음 자료에 대한 해석으로 적절하지 않은 것은? (단, 모든 연령별 구간의 인원은 일정하다)

구분	연령대별 출산 인원(천 명당 명)						
	15 ~ 19세	20 ~ 24세	25 ~ 29세	30 ~ 34세	35 ~ 39세	40 ~ 44세	45 ~ 49세
2000년	2.5	38.8	149.6	83.5	17.2	2.4	0.2
2005년	2.1	17.8	91.7	81.5	18.7	2.5	0.2
2010년	1.8	16.5	79.7	112.4	32.6	4.1	0.2
2011년	1.8	16.4	78.4	114.4	35.4	4.3	0.2
2012년	1.8	16.0	77.4	121.9	39.0	4.5	0.2
2013년	1.7	14.0	65.9	111.4	39.5	4.8	0.1
2014년	1.6	13.1	63.4	113.8	43.2	5.2	0.1
2015년	1.4	12.5	63.1	116.7	48.3	5.6	0.2
2016년	1.3	11.5	56.4	110.1	48.7	5.9	0.2
2017년	1.0	9.6	47.8	97.7	47.2	6.0	0.2
증감	−0.3	−1.9	−8.6	−12.4	−1.5	0.1	0.0

① 30대 후반의 출산 여성의 수는 항상 40대 초반의 출산 여성의 수보다 7배 이상 많았다.

② 2000 ~ 2016년 동안 30대 후반과 40대 초반 출산 여성의 수는 지속적으로 증가하였다.

③ 30대의 출산 여성의 수가 20대의 출산 여성의 수보다 많아진 것은 2005년부터이다.

④ 2017년은 2000년 대비 미성년 여성 출산의 수가 절반 이상으로 감소하였고, 20대 후반과 30대 후반 출산 여성의 수 차이가 천 명당 1명 이하로 나타난다.

부산기출복원 1회 기출예상 2회 기출예상 3회 기출예상 4회 기출예상 5회 기출예상 6회 기출예상 7회 기출예상 8회 기출예상 9회 기출예상 인성검사 면접가이드

26. 다음 자료를 바르게 이해한 것은?

〈주요도시 경력단절여성 비중〉

(단위 : %, %p)

구분	15 ~ 54세 기혼여성 대비 비취업여성 비중			15 ~ 54세 기혼여성 대비 경력단절여성 비중			비취업여성 대비 경력단절여성 비중		
	20X1년	20X2년	증감	20X1년	20X2년	증감	20X1년	20X2년	증감
서울특별시	41.0	40.2	−0.8	20.0	20.9	0.9	48.9	51.9	3.0
부산광역시	41.6	41.6	0.0	19.7	18.6	−1.1	47.4	44.6	−2.8
대구광역시	38.3	35.9	−2.4	19.1	19.6	0.5	49.9	54.7	4.8
인천광역시	40.3	41.4	1.1	20.2	18.8	−1.4	50.0	45.4	−4.6
광주광역시	39.6	36.2	−3.4	20.4	19.4	−1.0	51.4	53.7	2.3
대전광역시	39.3	39.7	0.4	22.1	22.0	−0.1	56.2	55.4	−0.8
울산광역시	50.5	47.4	−3.1	27.4	26.3	−1.1	54.3	55.4	1.1

① 비취업여성 대비 경력단절여성 비중이 전년보다 증가한 도시는 3곳이다.

② 15 ~ 54세 기혼여성 대비 비취업여성 비중은 울산광역시가 전년 대비 가장 크게 감소하였다.

③ 20X2년의 15 ~ 54세 기혼여성 대비 경력단절여성 비중이 전년 대비 1%p 이상 변동된 도시는 3곳이다.

④ 20X2년의 비취업여성 중 경력단절여성이 아닌 사람의 비중은 부산광역시, 인천광역시 순으로 높다.

27. 다음 명제가 모두 참일 때, 항상 옳은 것은?

- 수빈은 축구를 좋아한다.
- 배구와 농구를 모두 좋아하는 사람은 축구를 좋아한다.
- 축구를 좋아하는 사람은 배구를 좋아한다.

① 수빈은 농구를 좋아한다.

② 수빈은 배구를 싫어한다.

③ 수빈은 축구는 좋아하지만 농구는 싫어한다.

④ 수빈이 농구를 좋아하는지 싫어하는지 알 수 없다.

28. 다음 중 모양이 나머지와 다른 하나는?

①

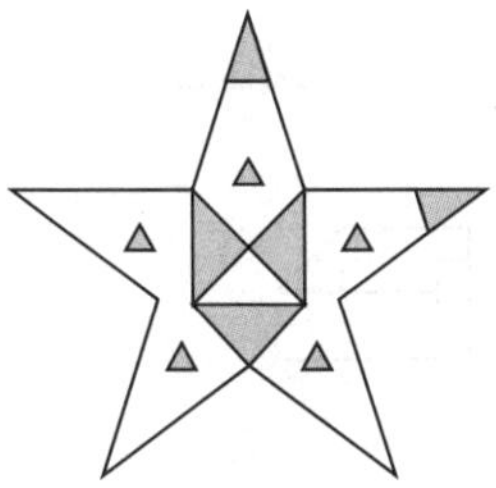

②

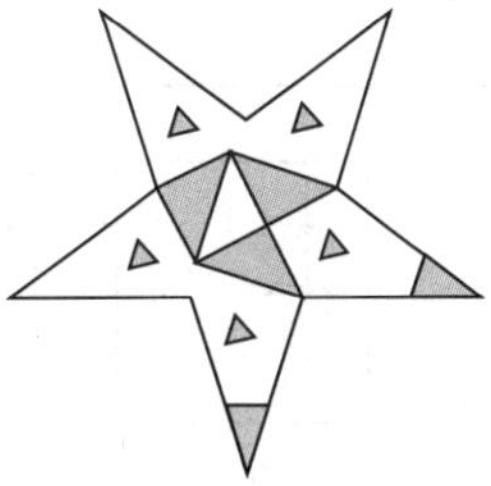

③

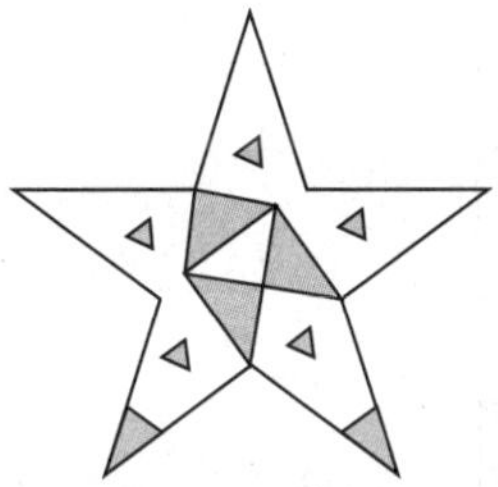

④

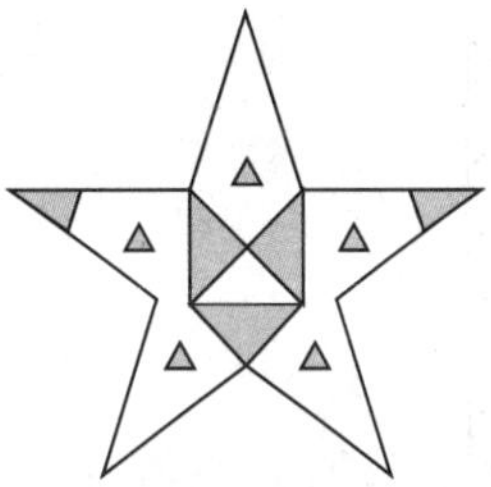

29. 다음 글에서 필자가 말하고자 하는 바는?

완벽한 글을 써 나가겠다는 압박감은 글을 쓰지 못하게 한다. 이 글에서는 이것만 써야 하는데, 저것도 안다고 말하고 싶고 좀 더 멋있게 표현하고 싶을 것이다. 그러다 보면 글쓰기 진도가 나가지 않을 뿐더러 글도 나빠진다. 핵심에서 벗어나 중언부언하기 십상이다. 형용사, 부사가 난무하여 글이 느끼해진다. 글의 성패는 여기서 갈린다. 취사선택의 분별력과 결단이 필요하다.

① 글을 잘 쓰려는 욕심을 버려야 한다.
② 누군가에게 잘 보이려는 욕심을 버려야 한다.
③ 아는 것을 최대한으로 표현하여야 한다.
④ 자신의 현재 상태를 그대로 받아들여야 한다.

부산기출복원 | 1회 기출예상 | 2회 기출예상 | 3회 기출예상 | 4회 기출예상 | 5회 기출예상 | 6회 기출예상 | 7회 기출예상 | 8회 기출예상 | 9회 기출예상 | 인성검사 | 면접가이드

30. 다음과 같이 화살표 방향으로 종이를 접은 후, 마지막 점선 부분을 자르고 다시 펼쳤을 때의 모양으로 옳은 것은?

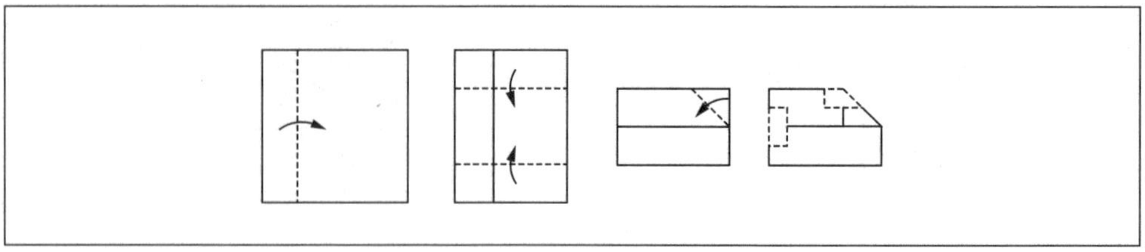

①

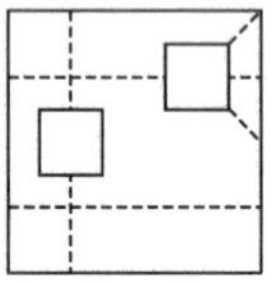

②

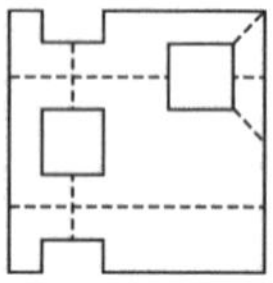

③

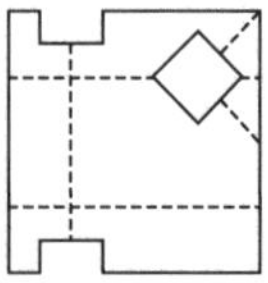

④

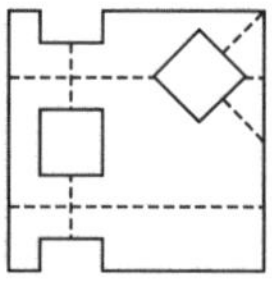

31. 문제해결을 위한 방법은 크게 소프트 어프로치, 하드 어프로치, 퍼실리테이션 등 3가지로 구분된다. 다음 〈보기〉에서 설명하는 문제해결 방법의 특징으로 가장 적절한 것은?

보기

최근 많은 조직에는 보다 생산적인 결과를 가져올 수 있도록 그룹이 어떤 방향으로 나아갈지 알려주고, 주제에 대한 공감을 이룰 수 있도록 능숙하게 도와주는 조력자가 있다. 이를 통한 문제해결 방법은 깊이 있는 커뮤니케이션을 통해 서로의 문제점을 이해하고 공감함으로써 창조적인 문제해결을 도모한다.

① 구성원의 동기가 강화되고 팀워크도 한층 강화된다.

② 문제해결을 위해서 직접적인 표현이 바람직하지 않다고 여긴다.

③ 이심전심으로 서로를 이해하는 상황을 가정한 문제해결방법이다.

④ 의견을 조정해 가는 과정에서 중심적 역할을 하는 것은 논리, 즉 사실과 원칙에 근거한 토론이다.

32. 다음 글을 통해 알 수 있는 제대로 된 휴식의 방법으로 적절한 것은?

> 운동선수들이 가장 중시하는 것은 컨디션 조절이다. 아무리 실력이 좋아도 컨디션 조절에 실패하면 경기에서 흔들리기 쉽다. 사무실에서 일하는 직장인들도 마찬가지다. 컨디션 조절의 핵심은 휴식이다. 제대로 잘 쉬는 것이 중요하다.
>
> 그런데 휴식에는 몇 가지 통념이 존재한다. "남들이 놀 때 나도 같이 놀아야 한다. 휴식을 위해서는 시간을 쪼개야 하고 그 시간을 제대로 즐기려면 많은 돈을 써야 한다. 그리고 충분한 시간을 필요로 한다. 시간만 넉넉하게 주어진다면 나도 제대로 쉴 수 있다."
>
> 하지만 이렇게 생각하는 사람들은 여가 시간을 제대로 즐기지 못하는 사람들이다. 남들과 비슷한 시기에, 비슷한 곳으로 휴가를 간다. 어딘가를 꼭 가야만 한다는 강박관념을 갖고 있다. 집에만 있는 것은 휴식이 아니라고 생각하는 사람도 있다. 그렇게 막상 휴가지에 가서도 쉬지 못하고 노동하듯이 뭔가를 한다. 쉬기는커녕 오히려 더 많은 에너지를 쓰고 오는 것이다.

① 자유 시간을 최대한 자주 갖도록 한다.
② 휴식시간을 주체적으로 보내도록 한다.
③ 시간 여유가 충분히 있을 때 휴식을 가진다.
④ 인터넷 등 외부에서 오는 정보를 다 차단하고 여유롭게 생활한다.

33. 다음은 ○○기관 기획본부 직원들의 대화 내용이다. 아래의 문서작성의 단계 중 대화의 내용과 가장 관련 있는 단계는?

> A 사원 : 이번 프로젝트를 직원들에게 소개하는 글을 작성하려는데 첫 문장을 어떻게 써야 할지 모르겠어요.
>
> B 부장 : A 사원이 작성한 글을 읽을 예상 독자를 생각해 보고 흥미를 끌만한 문장으로 글을 시작하면 좋겠습니다.
>
> 계획하기 ⇒ 내용 생성하기 ⇒ 내용 조직하기 ⇒ 표현하기 (초고 쓰기) ⇒ 고쳐쓰기

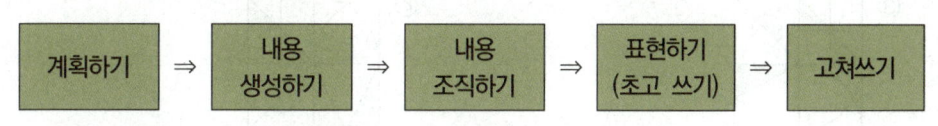

① 계획하기　　② 내용 생성하기
③ 내용 조직하기　　④ 표현하기

34. 다음 명제를 참고할 때 〈결론〉에 대한 설명으로 옳은 것은?

- 순희는 영희보다 나이가 2살 많다.
- 영수는 영희보다 1살 어리다.
- 철수는 넷 중에 가장 나이가 많다.

결론

A : 넷 중에 가장 어린 사람은 영희이다.

B : 철수는 영수보다 나이가 3살 많다.

① A만 옳다.
② B만 옳다.
③ 모두 옳지 않다.
④ 둘 다 옳고 그름을 알 수 없다.

35. 다음 도형을 시계방향으로 90° 회전했을 때의 모양으로 옳은 것은?

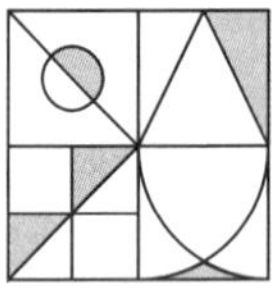

①

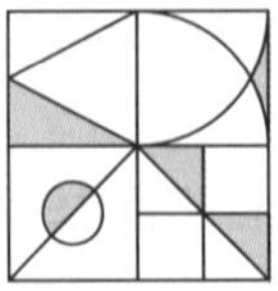

②

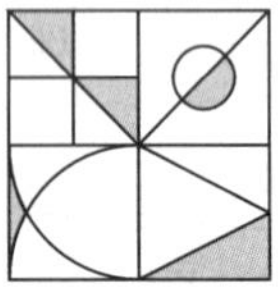

③

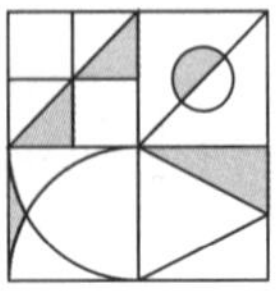

④

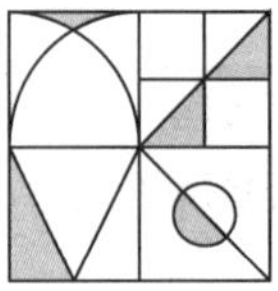

36. 15km의 언덕길을 올라갈 때는 시속 2.5km로 올라가고, 내려올 때는 올라갈 때의 2배의 속력으로 내려온다면, 이 언덕길을 2번 왕복하는 데 걸리는 시간은?

① 9시간 ② 11시간
③ 14시간 ④ 18시간

37. 원가가 2,000원인 상품에 50%의 이익을 붙여 정가를 매겼는데 잘 팔리지 않아 할인하여 팔았더니 원가의 30%가 이익으로 남았다. 이때 할인한 금액은 얼마인가?

① 200원 ② 400원
③ 600원 ④ 800원

38. 다음 20X1 ~ 20X5년의 아르바이트 동향에 관한 자료 분석으로 옳은 것은?

〈5년간 아르바이트 동향 자료〉

(단위 : 원, 시간)

구분	20X1년	20X2년	20X3년	20X4년	20X5년
월 평균 소득	642,000	671,000	668,000	726,000	723,000
평균 시급	6,210	6,950	7,100	6,900	9,100
주간 평균 근로시간	24.5	24	22	21	19.5

① 5년 동안 월 평균 소득은 꾸준히 증가하였다.
② 20X5년 평균 시급은 20X1년의 1.4배 이상이다.
③ 5년 동안 평균 시급은 꾸준히 증가하고 주간 평균 근로시간은 그 반대의 양상을 보이고 있다.
④ 5년 동안 월 평균 소득이 증가하면 평균 시급도 증가하는 양상을 보이고 있다.

39. ○○기업은 경쟁사가 해외에 생산기지를 증설 중임을 파악하고 이에 대응하기 위하여 〈정보〉를 모았다. 〈정보〉의 진위 여부가 확실하지 않다고 할 때, 〈보기〉 중 참인 의견을 제시한 사원을 모두 고른 것은?

정보

1. 경쟁사의 해외기지는 최소한 세 개 이상의 국가에 건설 중이라고 한다.
2. 경쟁사는 중동, 유럽, 아시아, 미주 중 적어도 두 지역에 생산기지를 건설 중이다.
3. 경쟁사는 중동지역 최소 두 국가, 유럽지역 최소 두 국가에 생산기지를 건설 중이다.

보기

- 사원 A : 정보 1이 참이라면, 정보 2도 참이다.
- 사원 B : 정보 2가 참이라면, 정보 1도 참이다.
- 사원 C : 정보 3이 참이라면, 정보 1도 참이다.

① 사원 A
② 사원 B
③ 사원 C
④ 사원 A, B

40. 다음 글에 이어질 내용으로 적절한 것은?

나라를 위해 헌신한 이들을 위해 나라에서 적절한 보상과 지원제도를 마련하는 것은 당연하다. 따라서 관련 법을 제정하고 이에 따라 최선의 지원이 될 수 있도록 나라에서 심혈을 기울이고 있다. 그런데 이를 실행에 옮기기 위해서는 적지 않은 국가 재정이 소요되므로 신중하고 합리적인 집행이 될 수 있도록 해야 한다. 나라를 위해 헌신한 이들에게 최대한 지원을 아끼지 않아야 하겠으나, 그렇다고 무한정 지원을 해 줄 수는 없다. 그렇기 때문에 한정된 재정을 활용하여 그 효과를 극대화하기 위한 고민을 해야 한다.

여기에서는 다른 측면의 고민 또한 포함되어 있다. 지원을 위한 재정이 국민들의 세금에 의해 마련된다는 점이다. 국민들의 세금이 어떤 의미를 담고 있으며 어떤 법적 근거에 의해 납부되는지를 생각한다면 결코 허투루 사용되어서는 안 된다.

① 세금이 의무사항이기는 하지만 나라는 국민에 의해 마련된 예산을 신중하게 사용해야 한다.
② 나라를 위해 헌신한 이들도 국민의 한 사람으로서 세금을 납부해야 할 의무를 가지고 있다.
③ 세금으로 마련한 나라의 예산은 사용 목적에 따라 적절히 구분하여 집행되어야 한다.
④ 나라를 위해 헌신한 이들은 세금을 통해 마련한 지원을 받을 만한 자격이 충분히 있다.

41. 왼쪽의 첫 번째인 정육면체는 두 번째와 세 번째의 입체도형에 한 가지 입체도형을 추가로 결합시켜 만들 수 있다. 이때 추가할 입체도형으로 옳은 것은?

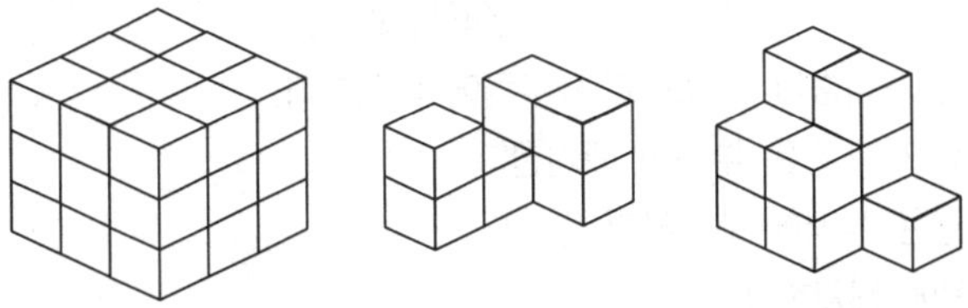

①
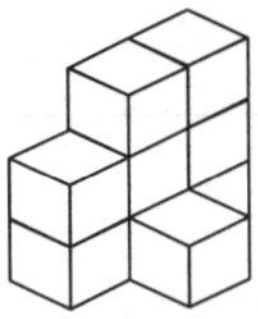

②
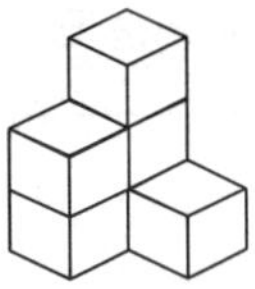

③
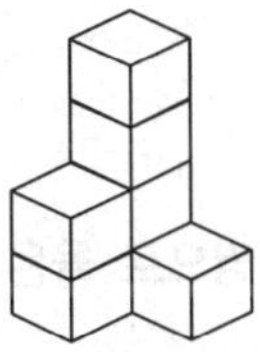

④
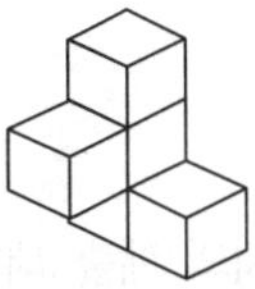

42. △△기관 직원 A, B, C, D, E 5명은 가을 체육대회 종목 가운데 100m 달리기 경기를 하였다. 다른 직원 갑, 을, 병, 정 4명에게 경기 결과를 물어보자 다음과 같은 답변을 들을 수 있었다. 모든 답변의 내용이 참이라고 할 때, B의 등수는?

갑 : A는 B보다는 먼저 들어오고, E보다는 나중에 들어왔다.
을 : C는 2등이거나 4등이다.
병 : C는 D보다 먼저 들어오고 A보다는 나중에 들어왔다.
정 : E는 D보다 먼저 들어왔다.

① 5등　　② 4등
③ 3등　　④ 2등

43. ○○기관의 인사팀장은 신입사원 A ~ H 8명을 법무팀, 영업팀, 재무팀에 각각 3명, 3명, 2명씩 배치하려고 한다. 다음 〈배치 조건〉을 따를 때, 옳은 설명은?

〈배치 조건〉

- A는 회계사 자격증이 있으므로 재무팀에 배치한다.
- B와 C는 반드시 같은 부서에 배치한다.
- D와 E는 같은 부서에 배치하지 않는다.
- E는 영업팀에 배치한다.
- F가 배치되는 부서의 인원은 총 2명이다.
- G가 배치된 부서에는 A 또는 E가 배치되어야 한다.

① A는 법무팀에 배치한다.
② D는 영업팀에 배치한다.
③ C는 재무팀에 배치한다.
④ H는 영업팀에 배치한다.

44. 다음은 P 회사 A ~ E 부서의 매출 내역에 관한 자료이다. 이에 대한 설명으로 옳은 것은?

〈P 회사 A ~ E 부서의 매출 내역〉

(단위 : 천 원)

구분	20X1년		
	1월	2월	3월
A 부서	67,922	64,951	65,516
B 부서	69,866	71,888	71,748
C 부서	71,882	70,217	68,501
D 부서	66,748	67,958	66,117
E 부서	67,429	68,657	71,967
매출합계	343,847	343,671	343,849

① D 부서가 매출합계에서 차지하는 비중은 매월 증가한다.
② C 부서와 D 부서의 매출 격차는 매월 줄어들고 있다.
③ 1월과 3월의 매출 차이가 가장 큰 부서는 E 부서이다.
④ 1 ~ 3월의 부서별 매출합계가 가장 높은 부서는 C 부서이다.

45. 다음 글의 빈칸에 들어갈 문장으로 가장 적절한 것은?

> 읽는 문화의 실종, 그것이 바로 현대사회의 특징이다. 신문의 판매 부수는 날로 감소해가는 반면 텔레비전의 시청률은 점점 높아지고 있다. 출판 시장 역시 마찬가지이다. 깨알 같은 글로 구성된 책보다 그림과 여백이 압도적으로 많이 들어간 만화 형태의 책들이 증가하고 있다. 보는 문화가 읽는 문화를 대체하고 있는 것이다. 읽는 일에는 피로가 동반하지만 보는 놀이에는 휴식이 따라온다는 인식으로 인해, 일을 저버리고 놀이만 좇는 문화가 범람하고 있다. 그러나 보는 놀이만으로는 주체적이고 능동적인 생각이 촉진되지 않는다. 읽는 일이 장려되지 않는 한 (   ) 책의 문화는 읽는 일과 직결되며, 생각하는 사회를 만드는 지름길이다.

① 놀이에 대한 현대인들의 열망은 더욱 커질 것이다.

② 우리 사회는 생각 없는 사회로 치달을 수밖에 없다.

③ '읽는 문화'와 '보는 문화'는 상생할 수 없다.

④ 현대인이 이룩한 문화 사회는 무너지고 말 것이다.

문항수	45문항
시험시간	50분

정답과 해설 87쪽

01. 다음 글에서 필자가 경계하라고 주장하는 것은?

> 제갈량은 유비 곁을 지키던 20여 년의 세월 동안 뛰어난 지략으로 늘 앞장서서 병사들을 이끌었고, 위기의 순간에도 굴복하거나 흔들리지 않았다. 하지만 사람의 몸이 강철로 만들어지지 않은 이상 계속 혹사를 시키면 누구라도 탈이 생길 수밖에 없다. 결국 제갈량도 여지없이 50대 초반의 나이에 죽음을 맞이하고 말았다. 참으로 안타까운 결말이지만 경영학의 입장에서 이 비참한 결말을 초래한 원인은 다른 사람도 아닌 제갈량 자신이라는 결론이 나온다.
>
> 많은 사장들이 경계해야 할 감정이 바로 이러한 과도한 책임감과 직원에 대한 불신, 그리고 완벽주의이다. 자신만큼 일하는 직원이 없는 것 같고, 모든 업무를 직접 다 살펴봐야 안심이 된다면, 회사의 규모가 커질수록 성장을 가로막는 방해물이 되기 때문이다.
>
> 이러한 점에서 미국의 제34대 대통령 아이젠하워는 제갈량보다 훨씬 유능한 사람이었다. 2차 세계대전이 끝난 얼마 뒤 어느 대학의 총장직을 맡게 된 아이젠하워는 십여 명과의 면담 끝에 더는 참지 못하고 부총장을 불러 앞으로 몇 명이 더 남았냐고 물었다. 아이젠하워는 앞으로 63명이 더 남아있다는 말에 크게 놀라며 "맙소사! 이보게, 내가 연합군 총사령관으로 있을 때 인류 역사상 가장 큰 규모의 군대를 이끌면서도 딱 3명의 장군에게 보고를 들으면 모든 것이 다 파악되었네. 그런데 한 대학의 총장이 이렇게 많은 사람의 보고를 들어야 한다는 건가? 나머지 일정을 모두 취소해주겠나?"라고 말했다.

① 성실성　　② 완벽주의
③ 이타주의　　④ 도덕성

02. **다음 글의 밑줄 친 ㉠과 같은 의미로 단어가 사용된 것은?**

> 과학사(科學史)를 살피면, 과학이 가치중립적이란 ㉠ 신화는 무너지고 만다. 어느 시대가 낳은 과학이론은 과학자의 인생관, 자연관은 물론 당대의 시대사조나 사회 · 경제 · 문화적 제반 요소들이 상당히 긴밀하게 상호작용한 총체적 산물로 드러나기 때문이다. 말하자면 어느 시대적 분위기가 무르익어 어떤 과학이론을 출현시키는가 하면, 그 배출된 이론이 다시 문화의 여러 영역에서 되먹임 되어 직접 또는 간접의 영향을 미친다는 얘기이다. 다윈의 진화론으로부터 사회적 다윈주의가 출현한 것이 가장 극적인 예이고, '엔트로피 법칙'이 현존 과학기술 문명에 깔린 발전 개념을 비판하고 새로운 세계관을 모색하는 틀이 되는 것도 그와 같은 맥락이다.

① 기상천외한 그들의 행적은 하나의 신화로 남았다.

② 아시아의 몇몇 국가들은 짧은 기간 동안 고도성장의 신화를 이룩하였다.

③ 월드컵 4강 신화를 떠올려 본다면 국민 소득 2만 달러 시대도 불가능한 것은 아니다.

④ 미식축구 선수 하인스 워드의 인간 승리를 보면서 단일민족이라는 신화가 얼마나 많은 다문화 가정 한국인들을 소외시켜 왔는지 절실히 깨달았다.

03. **○○기관 면접관 A, B, C, D, E는 면접장의 긴 테이블에 옆으로 나란히 앉아 있다. 이들이 앉은 위치에 대한 〈정보〉가 다음과 같을 때, 반드시 참인 것은?**

정보

- B는 가장 왼쪽에 앉거나 가장 오른쪽에 앉는다.
- C는 가장 왼쪽에 앉거나 왼쪽에서 두 번째 자리에 앉는다.
- D는 A의 왼쪽에 앉는다.
- E는 가장 오른쪽에 앉지 않으며 B의 오른쪽에 위치한다.

① D는 가장 중앙에 앉는다.

② C는 A의 바로 옆에 앉는다.

③ B는 D의 바로 옆에 앉는다.

④ A는 맨 오른쪽 자리에 앉는다.

04. 다음은 어떤 입체도형을 여러 방향에서 바라본 모양이다. 이에 해당하는 입체도형으로 옳은 것은?

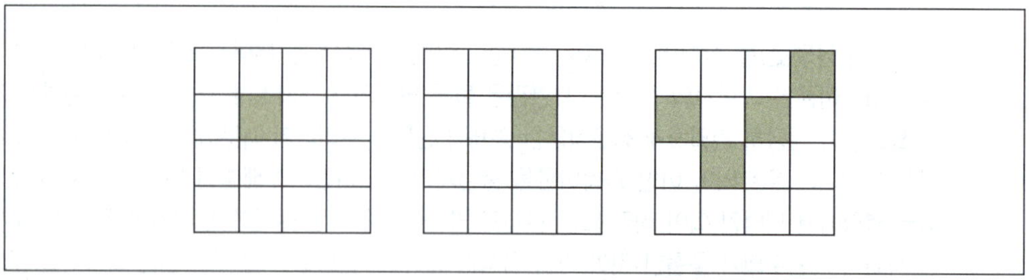

①

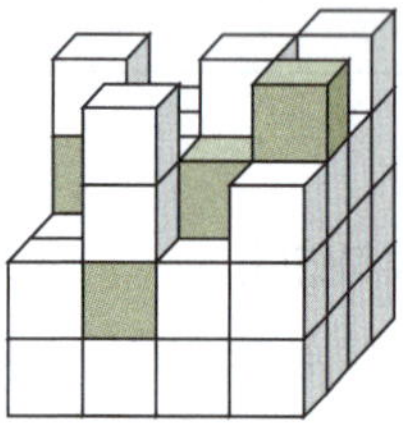

②

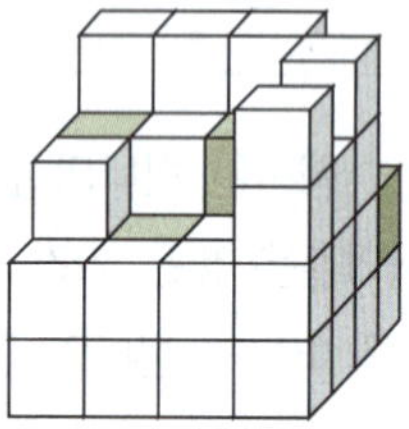

③

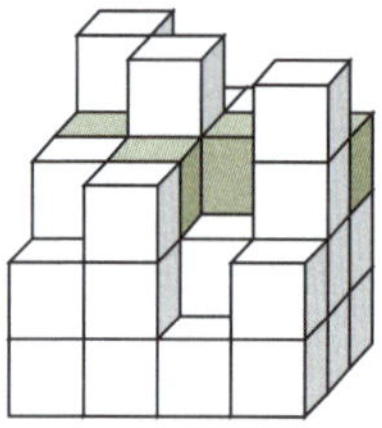

④

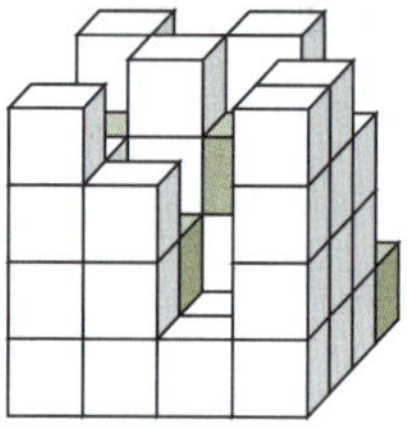

05. 다음 제시된 내용에서 설명하는 논리적 오류에 해당하는 것은?

> 어떤 명제나 전제에 대해 아직까지 참이나 거짓으로 증명되지 않았다는 것을 근거로 결론을 이끌어 낸다.

① 소금과 된장은 짜다. 그러므로 소금과 된장이 들어간 음식은 너무 짜서 도저히 먹을 수 없다.

② 세상에는 예쁜 여자와 안 예쁜 여자, 두 종류밖에 없다.

③ 저는 친구를 때리지 않았어요. 제가 친구를 때리는 걸 아무도 못 봤다고 하잖아요.

④ 이번 학회에서 김 교수가 한 발표는 잘못될 수 없어요. 왜냐하면 공동 발표자가 노벨상 수상자거든요.

06. 어떤 프로젝트를 수행하는 데 A가 혼자 하면 10일, B가 혼자 하면 15일이 걸린다. 이 프로젝트를 A, B가 함께 수행한다면 며칠 만에 완료할 수 있는가?

① 3일　② 4일
③ 5일　④ 6일

07. 여성 12명, 남성 x명으로 구성된 A 팀이 있다. 이 팀에서 남성의 70%가 14명이라면 A 팀의 총인원은 몇 명인가?

① 30명　② 31명
③ 32명　④ 33명

08. 다음 표를 참고할 때, 2020년 한육우의 농가당 마리 수는 2000년에 비해 몇 배 증가했는가? (단, 모든 계산은 소수점 아래 첫째 자리에서 반올림한다)

〈한육우 사육 동향〉

(단위 : 천 호, 천 마리)

구분		2000년	2020년
농가 수		190	119
총 마리 수		2,241	7,840
품종별	한우	2,083	7,155
	육우	158	685

① 3배　② 4배
③ 5배　④ 6배

09. 다음 〈사례〉에 나타난 문제해결의 사고는 무엇인가?

사례

1784년 벤자민 프랭클린(Benjamin Franklin)은 아침 일찍 일어나면 낮 시간을 더 많이 활용할 수 있다는 장점을 들며 흔히 '서머타임(Summer Time)'이라고 하는 일광절약시간제를 처음 제안하였다.

프랭클린이 미국대사로 파리에 근무할 때, 당시 사람들은 비싼 양초값 때문에 겨울 저녁 시간을 보내기가 많이 힘들었다. 프랑스 정부도 대책 마련에 나섰지만 뾰족한 해결책을 찾아내지 못했다. 양초에 초점을 맞춘 그들은 양초값을 내리기 위해 새로운 제조기술 개발에 나서거나 매점매석을 단속했지만 뚜렷한 성과가 나오지 않았다. 이때 프랭클린은 양초에 초점을 맞추지 않고 다른 관점에서 이 문제에 접근했다. 그리고 새로운 제안을 내놓았는데, 그것이 바로 일광절약시간제이다.

일광절약시간제는 제1차 세계대전 기간 중 독일에서 최초로 시행되었다. 미국에서는 1918년 잠시 시행하다가 이듬해 의회에서 폐지하는 등 우여곡절을 거쳤다. 그 후 제2차 세계대전 중 부활해 한때 '전쟁타임(War Time)'이라고 불리기도 했는데, 주별로 자율적으로 시행되다가 1966년 존슨 대통령의 인준으로 법안이 마련되었다. 3월 두 번째 일요일에 시작해서 11월 첫째 주 일요일에 해제하는 현재의 법안은 2005년 조지 W. 부시 대통령 때 확정되어 지금까지 실시되고 있다.

① 전략적 사고
② 분석적 사고
③ 발상의 전환
④ 내 · 외부자원을 효과적으로 활용

10. 다음 명제가 모두 참일 때, 반드시 참이라고 추론할 수 없는 것은?

- 클라이밍을 좋아하는 사람은 고양이를 좋아하지 않는다.
- 루지를 좋아하는 사람은 달리기를 잘한다.
- 달리기를 잘하는 사람은 클라이밍을 좋아한다.
- 고양이를 좋아하는 사람은 서핑을 할 수 있다.

① 고양이를 좋아하는 사람은 클라이밍을 좋아하지 않는다.
② 서핑을 할 수 없는 사람은 달리기를 잘하지 않는다.
③ 달리기를 잘하지 않는 사람은 루지를 좋아하지 않는다.
④ 달리기를 잘하는 사람은 고양이를 좋아하지 않는다.

[11 ~ 12] 다음 글을 읽고 이어지는 질문에 답하시오.

'오컴의 면도날(Occam's razor)'이라는 표현이 있다. '경제성의 원리(Principle of economy)'라고도 불리는 이 용어는 14세기 영국의 논리학자였던 오컴의 이름에서 탄생하였으며, 어떤 현상을 설명할 때 필요 이상의 가정과 개념들은 면도날로 베어낼 필요가 있다는 권고로 쓰인다.

인간의 욕구에 대한 대표적인 이론에는 20세기 미국의 심리학자인 매슬로(Maslow)의 욕구단계설이 있다. 인간의 다양한 욕구들은 강도와 중요성에 따라 피라미드 모양의 다섯 단계로 이루어진다는 것이다. 이 이론의 전제는 아래 단계의 기본적인 하위 욕구들이 채워져야 자아 성취와 같은 보다 고차원적인 상위 욕구에 관심이 생긴다는 것이다. 하지만 매슬로의 이론에 의문을 제기해 볼 수 있다. 왜 사람은 세상에서 가장 뛰어난 피아니스트가 되려 하고, 가장 빠른 기록을 가지려고 할까? 즉, 왜 자아 성취를 하려고 할까? 그동안 심리학자들은 장황한 이유를 들어 설명하려 했다. 그러나 진화 생물학적 관점에서는 모든 것이 간명하게 설명된다. 자아 성취를 위해 생리적 욕구를 채우는 것이 아니라, 식욕이나 성욕과 같은 인간의 본질적 욕구를 채우는 데 도움이 되기 때문에 자아 성취를 한다는 것이다.

행복도 오컴의 면도날로 정리할 필요가 있다. 행복은 가치나 이상, 혹은 도덕적 지침과 같은 거창한 관념이 아닌 레몬의 신맛처럼 매우 구체적인 경험이다. 그것은 쾌락에 뿌리를 둔, 기쁨과 즐거움 같은 긍정적 정서들이다. 쾌락이 행복의 전부는 아니지만, 이것을 뒷전에 두고 행복을 논하는 것은 (㉠   )이다.

11. 윗글에 대한 이해로 적절하지 않은 것은?

① 진화 생물학적 견해는 불필요한 사고의 절약에 도움을 준다.
② '오컴의 면도날'은 어떤 현상을 설명할 때 경제성의 측면에서 권고사항으로 쓰인다.
③ 매슬로와 진화 생물학적 관점은 인간의 본질에 대한 해석이 근본적으로 같다.
④ 매슬로는 하위 욕구가 전제되지 않으면 고차원적 욕구에 관심이 생기지 않는다고 본다.

12. 윗글의 흐름을 고려할 때, ㉠에 들어갈 사자성어로 적절한 것은?

① 중언부언(重言復言)　　② 어불성설(語不成說)
③ 교언영색(巧言令色)　　④ 유구무언(有口無言)

13. 다음 글의 내용이 참일 때, 반드시 참인 것을 〈보기〉에서 모두 고르면?

> 지혜로운 사람은 정열을 갖지 않는다. 정열을 가진 사람은 고통을 피할 수 없다. 정열은 고통을 수반하기 때문이다. 그런데 사랑을 원하는 사람은 정열을 가진 사람이다. 정열을 가진 사람은 행복하지 않다. 지혜롭지 않은 사람은 사랑을 원하면서 동시에 고통을 피하고자 한다. 그러나 지혜로운 사람만이 고통을 피할 수 있다.

보기

ㄱ. 지혜로운 사람은 행복하다.
ㄴ. 사랑을 원하는 사람은 행복하지 않다.
ㄷ. 지혜로운 사람은 사랑을 원하지 않는다.

① ㄱ ② ㄴ
③ ㄱ, ㄷ ④ ㄴ, ㄷ

14. 다음은 우리나라의 연도별 고용률과 실업률을 나타낸 자료이다. 20X2 ~ 20X8년 기간 동안의 평균 고용률과 실업률은 순서대로 각각 얼마인가? (단, 소수점 아래 둘째 자리에서 반올림한다)

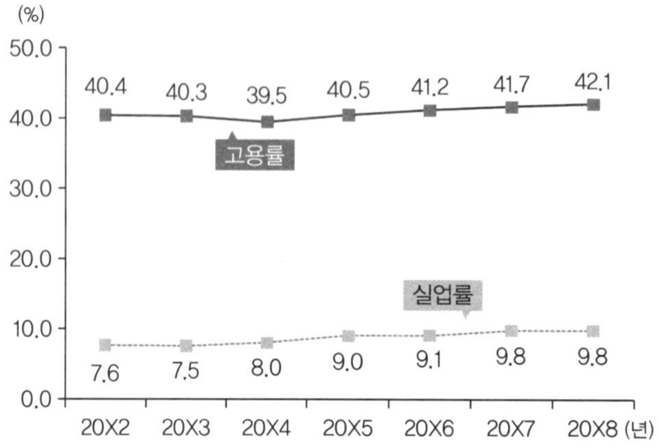

① 41.2%, 9.2% ② 40.0%, 9.0%
③ 40.8%, 8.7% ④ 40.5%, 8.5%

15. 다음과 같이 화살표 방향으로 종이를 접은 후, 색칠된 부분을 자르고 다시 펼쳤을 때의 모양으로 옳은 것은?

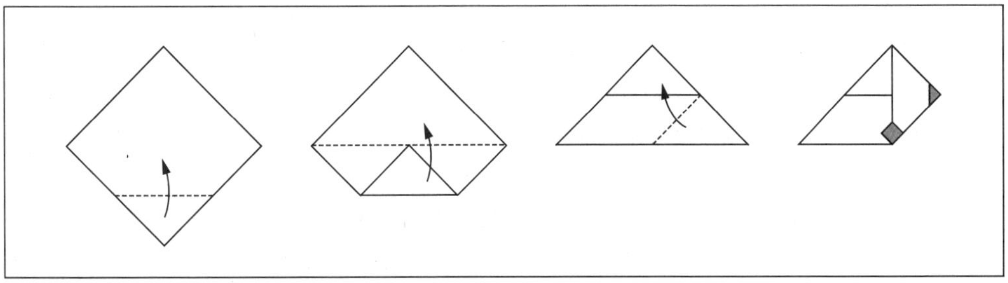

①

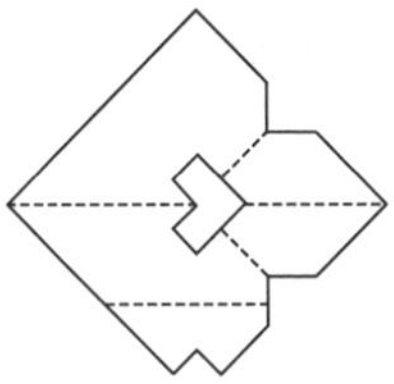

②

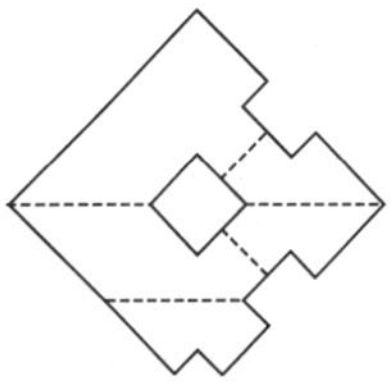

③

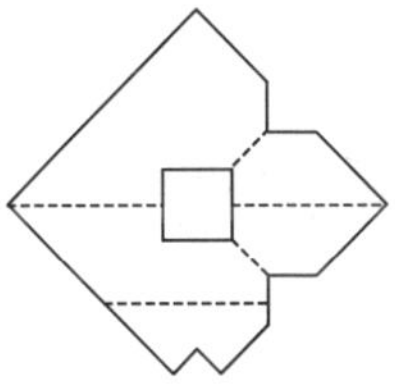

④

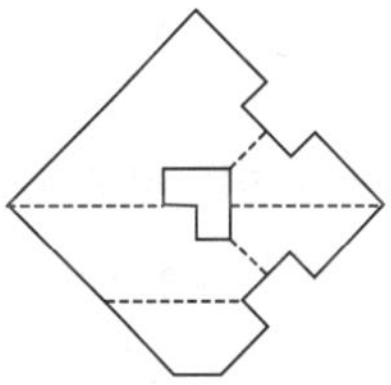

16. 다음 ㉠ ~ ㉤ 중 맞춤법에 맞는 표현을 모두 고른 것은?

> A는 올해 휴가기간에는 특별한 일정을 잡지 않고 ㉠ 오랫만에 시골 고향집에 내려갔다. 휴가 때마다 특별하게 보내려고 이런저런 신경을 쓰다 보니 오히려 스트레스를 받게 되고 피로가 쌓이는 듯하여 이번 휴가는 말 그대로 꼭 ㉡ 쉴려고 시골집에 ㉢ 들렀다. 하지만 가는 날이 장날이라고 노모 홀로 계신 고향집은 그간 제대로 돌보지 못하여 밀린 일들이 산더미처럼 쌓여 있어 잠시도 쉬지 못하고 휴가 내내 고된 노동의 ㉣ 대가를 톡톡히 치르게 ㉤ 되였다. 겉으로는 온몸이 쑤시고 결려 휴가 전보다 피로가 가중한 듯했지만 마음은 한결 가벼워졌다.

① ㉠, ㉡　　② ㉡, ㉢

③ ㉢, ㉣　　④ ㉣, ㉤

17. 다음 글의 주장에 대한 반박으로 가장 적절한 것은?

> 칭찬은 아이의 행동이나 감정에 대해 격려해 주고 지지해 주는 것이다. 이는 앞으로의 생활에서 더욱 긍정적인 방향으로 행동을 유도할 수 있는 중요한 동기를 부여한다. 그러나 부모가 칭찬을 한다고 해서 아이들이 그것을 모두 칭찬이라고 받아들이지는 않는다. 자신의 행동과 감정에 대한 충분한 공감과 지지가 뒷받침될 때 비로소 정말로 자신이 인정받고 칭찬받는다고 느낄 수 있다.
>
> 올바른 칭찬을 위해서는 결과보다는 과정을 칭찬해야 한다. 결과가 매우 만족스럽고 대견해서 이를 칭찬해 주는 것은 당연하지만, 부모는 자녀가 결과를 내기 위해 과정에 더욱 많은 노력을 기울였다는 것을 기억해야 한다. 결과만을 칭찬하다 보면 아이는 과정보다 결과가 더 중요하다고 암묵적으로 강요받게 되어 노력하는 과정보다는 잘했는가 못했는가 혹은 성공인가 실패인가에 초점을 두게 된다. 결국 잘하지 못하면, 그리고 성공하지 못하면 의기소침해지거나 심한 경우 편법을 써서라도 원하는 결과를 얻으려고 하게 된다. 그렇기 때문에 부모는 아이가 잘하지 못했거나 실패한 경우라도 아이의 '노력'에 대해 칭찬해야 하고, 성공한 경우에도 자신의 노력을 잊지 않도록 과정에 대한 칭찬을 해야 한다.

① 칭찬은 자녀의 행동을 수정하거나 강화하는 데 유용하게 쓰여야 한다.

② 남들에 비해 자녀가 잘하는 부분을 강조하며 칭찬하는 것이 올바른 칭찬이다.

③ 과정을 칭찬하는 데에만 집중하면 되레 결과를 소홀히 할 수 있다.

④ 칭찬을 최대한 구체적으로 해주는 것이 가장 중요하다.

18. 물품구매를 담당하고 있는 김 대리는 흰색 A4 용지 50박스와 컬러 A4 용지 10박스를 구매하는데 5,000원 할인 쿠폰을 사용해서 총 1,675,000원을 지출했다. 컬러 용지 한 박스의 단가가 흰색 용지 한 박스보다 2배 높았다면 흰색 A4 용지 한 박스의 단가는 얼마인가?

① 20,000원	② 22,000원
③ 24,000원	④ 26,000원

19. 물 225g에 소금 75g을 넣고 완전히 녹일 때, 이 소금물의 농도는 몇 %인가?

① 5%	② 15%
③ 25%	④ 35%

20. ○○교육청에 근무하는 A 주무관은 다음 자료를 바탕으로 중 · 고등학생에 대한 학교 정책을 마련하려고 한다. 자료에 대한 설명으로 적절하지 않은 것을 〈보기〉에서 모두 고르면?

〈중 · 고등학교 재학생의 학교생활 부문별 만족도〉

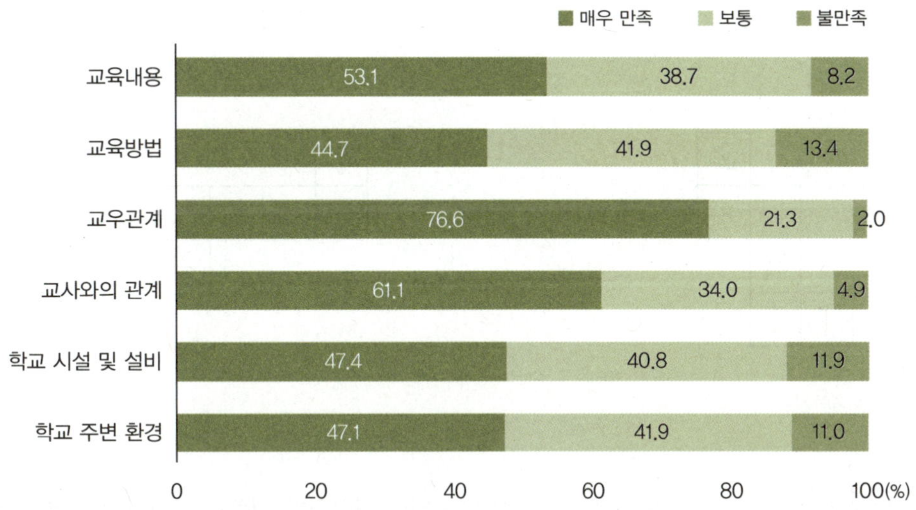

보기

㉠ 학교생활 부문별로는 '교우관계'에 대한 만족도가 76.6%로 가장 높았다.
㉡ 중 · 고등학생들은 학교 시설 및 설비나 학교 주변 환경에 대해서 매우 불만족스럽다는 반응을 나타냈다.
㉢ 교사의 교육방법에 대한 만족도가 다른 부문에 비하여 가장 낮게 나타났다.
㉣ 교사와의 관계에 있어서 불만족스럽다는 반응은 4.9%로 이는 교사에 대해 매우 우호적임을 나타낸다.

① ㉠, ㉡　　② ㉡, ㉢
③ ㉡, ㉣　　④ ㉢, ㉣

21. 다음 전개도를 접었을 때 모양이 나머지와 다른 것은?

①
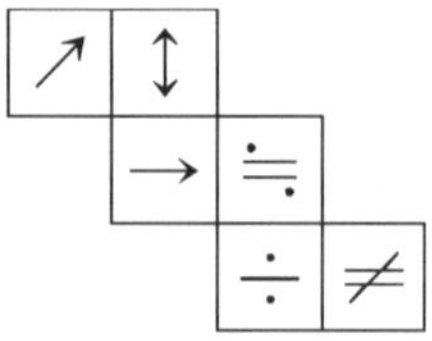

②
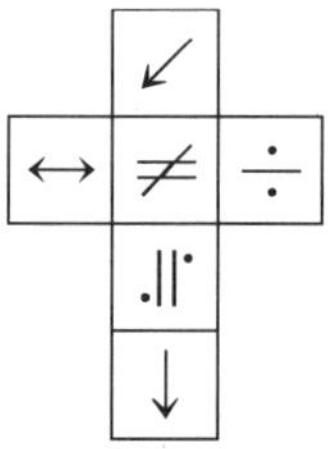

③
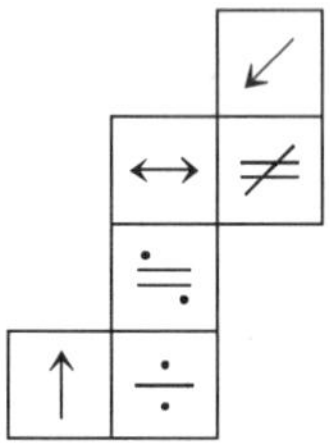

④
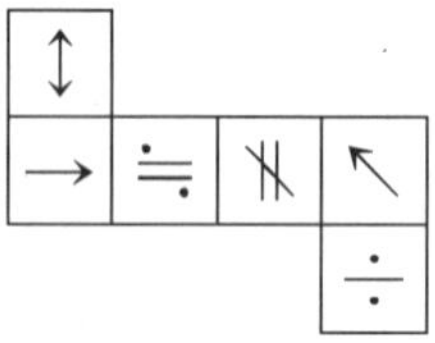

22. 다음 글을 참고할 때, 팀워크를 향상시키기 위한 바람직한 행동으로 가장 적절한 것은?

> 남들 모르게 계속 참다가 갑자기 이별을 통보하는 연인, 상사의 만행에도 잠자코 있다가 어느 날 퇴사하겠다고 하는 직장인, 가족들 사이에서 잘 지내다가 갑자기 그동안 쌓인 것을 모두 폭발적으로 토해내는 사람이 있다. 이런 사람들의 극적인 행동에 상대도 놀라고 상처를 받는다. '내가 져 주고 말지'라며 관계와 대화에 승패가 있는 것으로 생각하거나, '갈등이 없으려면 내가 참아줘야지', '누군가는 희생해야지'라고 흑백논리로 생각하는 것은 관계에 있어 유연성이 없는 경직된 사고방식이다. 이는 참거나 확 지르는 식의 대화법으로 이어지고, 참다가 병이 나거나 욱해서 관계가 깨지게 된다. 이러한 이분법적 사고방식은 건강하지 못하고 더 나아가 위험하다. 내가 굳이 이기거나 지지 않아도 나의 생각을 부드럽고 정확하게 전할 수 있고, 참지 않아도 내 의견을 일목요연하게 이야기할 수 있다. 이렇게 하는 게 계속 참다가 한 번에 터뜨리는 것보다 훨씬 더 건강한 관계를 만드는 길이다.

① 나의 입장을 우선적으로 주장하여 상대방이 내 입장에 따라오도록 이끈다.
② 가능한 한 상대방의 의견에 동조하고 맞춰 준다.
③ 융통성을 강조하기보다는 원칙과 규정에 따라 대인관계를 형성하기 위하여 노력한다.
④ 이분법적으로 생각하지 않고, 자신의 감정이 안 좋은 상황에서도 나의 의견을 차분하게 얘기한다.

23. 2층 건물에서 살고 있는 A ~ D는 각각 국적이 다르며(한국인, 영국인, 중국인, 일본인), 각자 입는 코트의 색깔 또한 다르다(노란색, 초록색, 파란색, 보라색). 다음 〈조건〉이 모두 참일 때, 한국인과 같은 층에 사는 사람은?

조건

- 건물에는 각 층별로 두 사람씩 살고 있다.
- A는 파란색 코트를 입고, B의 아래층에 산다.
- C는 보라색 코트를 입는 사람의 아래층에 산다.
- 중국인은 초록색 코트를 입고, 영국인의 옆에 산다.
- 노란색 코트를 입는 사람은 일본인이며, 1층에 산다.

① A　② B
③ C　④ D

24. ○○기관에서 채용시험을 통해 4명의 합격자가 선발되었다. 합격자의 각 분야별 점수가 다음과 같을 때, 가중치 적용 환산점수가 가장 높은 2명의 합격자 중 1위를 영업팀, 2위를 관리팀에 각각 한 명씩 배치하려고 한다. 영업팀과 관리팀에 배치될 인원을 알맞게 짝지은 것은?

(단위 : 점)

구분	이름	각 분야별 점수			
		직무능력평가	컴퓨터활용능력	영어회화	면접
1	전지현	83	75	79	87
2	김종인	81	77	86	81
3	박종필	85	71	82	85
4	조해영	79	87	92	90

※ 분야별 가중치 가산 방법 : 직무능력평가×1.45 / 컴퓨터활용능력×1.25 / 영어회화×1.2 / 면접×1.1

	영업팀	관리팀
①	김종인	박종필
②	조해영	김종인
③	전지현	조해영
④	박종필	김종인

[25 ~ 26] 다음 자료를 보고 이어지는 질문에 답하시오.

(단위 : %)

구분	계	결혼			이혼		
		해야 한다	해도 좋고 하지 않아도 좋다	하지 말아야 한다	해서는 안 된다	할 수도 있고 하지 않을 수도 있다	이유가 있으면 하는 것이 좋다
20X4년	100.0	56.8	38.9	2.0	44.4	39.9	12.0
20X6년	100.0	51.9	42.9	3.1	39.5	43.1	14.0
남자	100.0	56.3	38.9	2.4	45.0	39.5	11.5
여자	100.0	47.5	46.7	3.8	34.2	46.6	16.4
미혼 남자	100.0	42.9	49.3	3.3	34.0	44.4	13.9
미혼 여자	100.0	31.0	59.5	6.0	17.7	54.8	22.5
13 ~ 19세	100.0	37.1	52.4	4.0	28.0	46.8	14.8
20 ~ 29세	100.0	41.9	50.4	4.7	27.3	49.4	18.7
30 ~ 39세	100.0	40.7	53.7	4.0	31.7	50.2	15.0
40 ~ 49세	100.0	44.2	50.9	3.5	32.9	49.9	14.9
50 ~ 59세	100.0	59.8	36.9	2.0	43.7	41.2	12.8
60세 이상	100.0	73.2	23.6	1.7	60.6	27.6	9.8

25. 다음 중 위의 자료에 대한 설명으로 적절한 것은?

① 미혼 남성은 미혼 여성보다 결혼에 더 동의하며 이혼에 더 반대한다.

② 20X6년에는 20X4년보다 결혼과 이혼을 원하는 의견이 더 많아졌다.

③ 이혼을 해서는 안 된다는 의견은 연령대가 올라갈수록 적어진다.

④ 결혼을 해야 한다는 의견의 비중은 20대보다 30대에서 더 많다.

26. 다음 중 결혼에 대한 긍정적인 생각이 가장 적은 연령대와 이혼에 대한 부정적인 생각이 가장 적은 연령대는 각각 어느 연령대인가?

① 10대, 10대
② 10대, 20대
③ 50대, 20대
④ 60대, 60대

27. 다음 도형을 반시계 방향으로 90° 회전했을 때의 모양으로 적절한 것은?

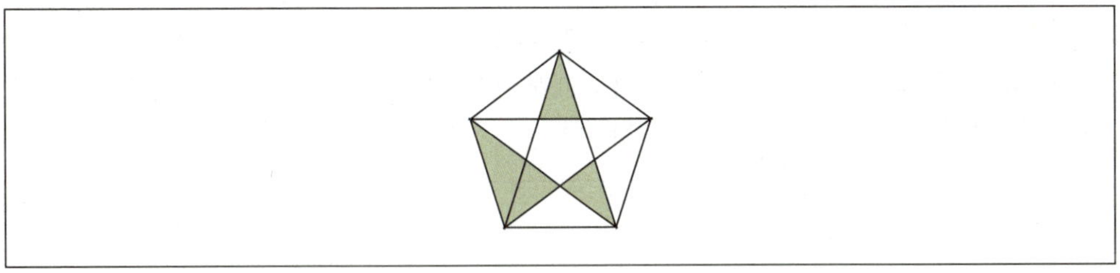

①
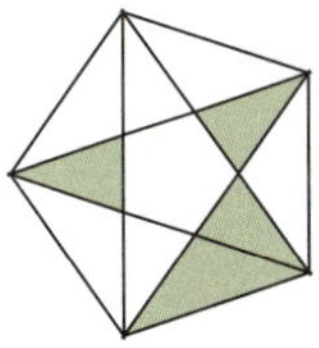

②
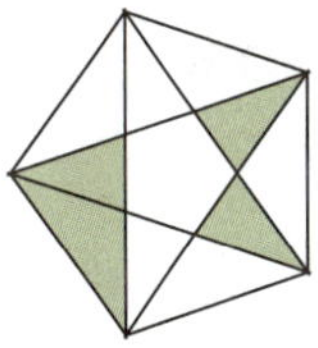

③
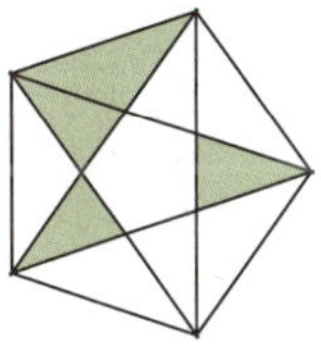

④
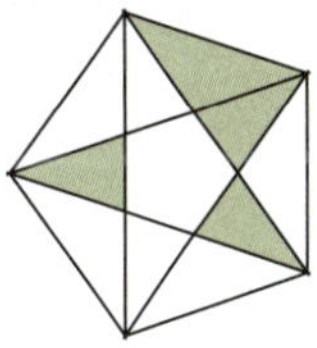

28. 다음 글의 (가) ~ (다)에 들어갈 말로 알맞은 것은?

> 2 ~ 3개의 층을 터서 하나의 주거 공간으로 꾸미는 복층 디자인은 일반 주택에서 종종 만날 수 있었지만 아파트에서는 쉽게 만날 수 있는 구조가 아니었다. 그런데 최근 주택분양시장의 일반 아파트에서 복층 구조가 점점 주목을 받고 있다. 부동산 침체와 불황이 (가) 되면서 건설업체들이 소비자를 유도하기 위해 다양한 아이디어를 내고 있는 것이다. 이런 추세를 반영하여 아파트에도 복층 구조 도입을 서두르는 민간 건설사가 늘고 있으며, 다양한 형태의 복층 세대 평면을 개발하여 특허 등록에 나서고 있다. 이에 소비자들은 기존의 단순했던 주택 디자인에서 벗어나 선택의 폭이 넓어졌다는 점에서 복층 디자인을 긍정적으로 평가하고 있다.
>
> 얼마 전 김포 한강 신도시의 한 타운하우스에 분양을 마친 어느 소비자는 2층까지 시원하게 높아진 층고와 문화공간으로 이용할 수 있는 다락방이 있어 입주할 날을 손꼽아 기다린다고 말했다. 또한 그는 아이들 방을 2층으로 배치하여 독립성을 살릴 것이라고 하였다. 이 타운하우스의 분양소장은 인터뷰에서 "그간 주택 유형이 (나) 구조였다면, 지금은 복합적이고 수직적인 구조로 변화하고 있어서 개개인별로 (다)인 공간 확보가 용이해져 앞으로 더욱 수요가 증가할 것"이라고 말하였다.

	(가)	(나)	(다)
①	가시화	일률적	기능적
②	가속화	평면적	합리적
③	가속화	수평적	창조적
④	가속화	일률적	평면적

29. 다음 중 모양이 나머지와 다른 하나는?

①

②
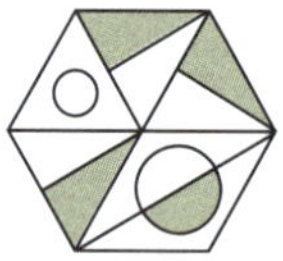

③

④
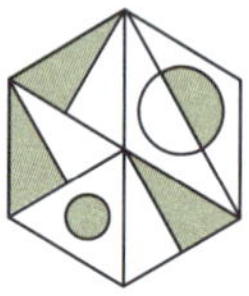

30. 다음 글을 이해한 내용으로 옳은 것은?

우리나라에서 바람에 관련된 최초의 기록은 삼국시대로 거슬러 올라간다. 고구려 모본왕(慕本王) 2년 3월(서기 49년 음력 3월)에 폭풍으로 인해 나무가 뽑혔다는 기록이 전해온다. 당시 바람의 세기를 현재의 기준으로 짐작해 보면, 평균풍속 30m/s 이상인 중형급 태풍으로 예상해 볼 수 있다.

태양으로부터 오는 열에너지는 지구의 날씨를 변화시키는 주된 원인이다. 지구는 구체의 형태이기 때문에 저위도 지역과 고위도 지역 간에 열에너지 불균형이 발생한다. 적도 부근의 경우, 태양의 고도각이 높아 많은 열에너지가 축적되어 바다에서 대류구름들이 만들어진다. 때때로 이러한 대류구름들이 모여 거대한 저기압 시스템으로 발달하게 되는데, 이를 태풍이라고 부른다. 태풍은 바다로부터 수증기를 공급받아 바람의 강도를 유지하면서 고위도로 이동하게 된다. 이와 같은 과정을 통해 태풍은 지구 남북 간의 에너지 불균형을 해소한다.

태풍은 열대저기압의 한 종류이다. 세계기상기구(WMO)는 열대저기압 중에서 중심 부근의 최대풍속이 33m/s 이상이면 태풍(TY), 25m/s 이상 ~ 32m/s 이하이면 강한 열대폭풍(STS), 17m/s 이상 ~ 24m/s 이하이면 열대폭풍(TS), 17m/s 미만이면 열대저압부(TD)로 구분한다. 반면, 우리나라와 일본에서는 최대풍속이 17m/s 이상인 열대저기압을 모두 태풍이라고 부른다. 또한 태풍은 전향력 효과가 미미한 남북위 5° 이내에서는 거의 발생하지 않으며, 일반적으로 우리나라에 영향을 미치는 태풍은 7 ~ 10월 사이에 발생한다.

한편, 태풍은 지역에 따라 각기 다른 이름으로 불리는데, 북서태평양에서는 태풍(Typhoon), 북중미에서는 허리케인(Hurricane), 인도양과 남반구에서는 사이클론(Cyclone)이라고 부른다.

① 고구려 모본왕 이전에 우리나라에 태풍이 발생한 적이 없다.
② 우리나라에서 태풍이 발생할 확률이 적도 지방에서 태풍이 발생할 확률보다 높다.
③ 중심 부근의 평균풍속이 24m/s인 경우 세계기상기구에서는 이를 강한 열대폭풍으로 분류한다.
④ 전 세계적으로 태풍을 칭하는 용어는 동일하다.

31. 다음 글을 읽고 올바른 추론을 한 사람을 〈보기〉에서 모두 고르면?

대부분의 포유류는 손과 발에 물갈퀴가 없다. 태아기에 손 · 발가락 사이에서 '세포사(細胞死)'가 일어나 세포가 제거되기 때문이다. 그렇다면 세포사는 왜 일어나는 걸까. 최근 미국과 일본 연구팀이 대기 중 산소가 중요한 역할을 한다는 사실을 밝혀내 국제 학술지에 발표했다. 세포사는 진화 과정에서 동물이 물속에서 산소가 많은 육지로 올라온 것과 관계가 있다고 한다. 조류와 포유류의 손발 모양을 만드는 세포사는 개구리 등 양서류 대부분에서는 일어나지 않는다.

보기

A : 포유류라 할지라도 태아 시기에는 물갈퀴가 있었구나.
B : 포유류의 손, 발에 물갈퀴가 없는 이유는 세포사 때문이었어.
C : 세포사는 대기 중 산소 농도로 인해 조절되는구나.
D : 진화 초기 단계에서는 산소 농도가 매우 높아 물갈퀴가 존재했겠네.

① A, B
② A, B, C
③ B, D
④ B, C, D

32. 다음을 보고 그 규칙을 찾아 '?'에 들어갈 적절한 도형을 고르면?

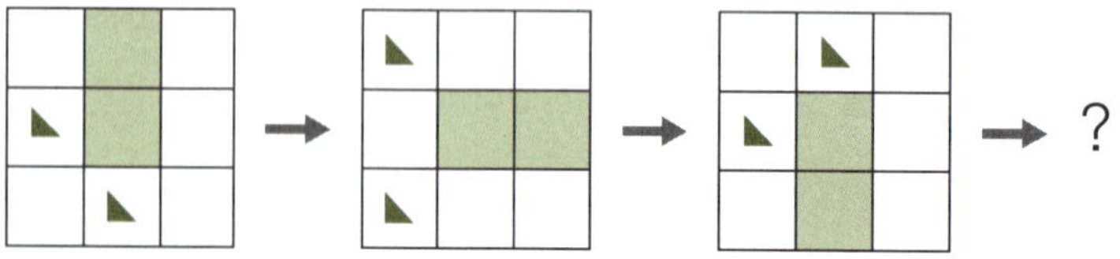

①
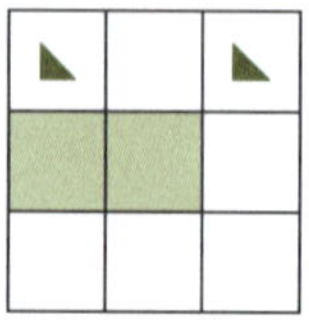

②
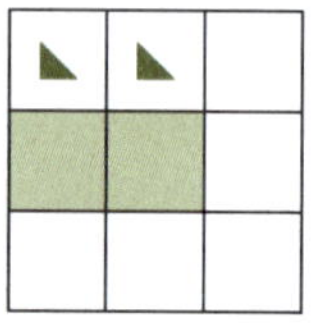

③
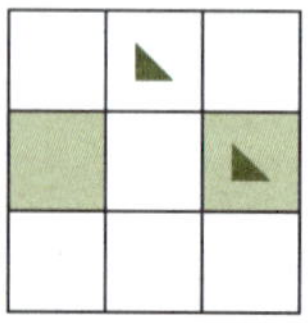

④
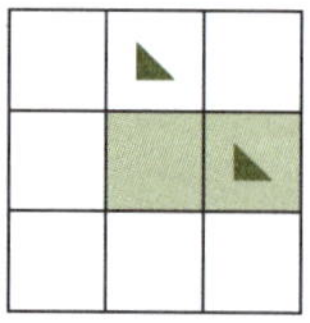

33. 다음은 어느 지역 주요 5개 공공기관의 20XX년도 직원채용에 관한 자료이다. 이에 대한 설명으로 옳지 않은 것은?

(단위 : 명)

구분	신입직		경력직	
	사무직	기술직	사무직	기술직
A 기관	92	80	45	70
B 기관	77	124	131	166
C 기관	236	360	26	107
D 기관	302	529	89	73
E 기관	168	91	69	84

※ 채용전형은 신입직과 경력직으로 구분되고, 각각은 사무직과 기술직으로 구성된다.

① B 기관 전체 채용인원은 E 기관 전체 채용인원보다 86명 많다.

② 각 기관별 전체 채용인원에서 사무직 채용인원의 비중은 E 기관이 가장 높다.

③ 5개 공공기관의 전체 채용인원에서 C 기관 채용인원의 비중은 약 25%이다.

④ D 기관 전체 채용인원에서 경력직 채용인원의 비중은 16%를 초과하지 않는다.

34. 어떤 부서 내에서 발생한 문제들은 시설 및 장비 문제, 인력 문제, 재정 문제의 3가지 문제로 분류할 수 있다. 다음 (가) ~ (마)의 5가지 사례 중 홀로 분류되는 것은?

> (가) 한 직원의 갑작스러운 퇴사로 직원 한 명당 업무 부담이 늘어 프로젝트 진행에 난항을 겪고 있다.
> (나) 정부 지원금의 제약으로 새로운 기술 도입과 인력 확충에 제한을 받고 있다.
> (다) 회사의 지속적인 매출 부진으로 인해 운영 자금이 감소하고 원가 부담으로 인한 이익 마진 악화로 재무적인 어려움이 발생하고 있다.
> (라) 생산 기계의 과도한 사용으로 부식과 고장이 빈번하여 안전과 생산 효율성에 문제가 발생하고 있다.
> (마) 사무실의 환기 시스템이 제대로 작동하지 않아 직원들은 추운 날씨에도 환기를 위해 창문을 열어야 하는 불편함을 겪고 있다.

① (가)　　② (나)

③ (다)　　④ (마)

35. 다음의 진술이 모두 참일 경우, E 사원보다 먼저 퇴근한 사람은 모두 몇 명인가?

> • A 사원은 B 사원보다 먼저 퇴근했다.
> • B 사원은 C 사원보다 늦게 퇴근했다.
> • C 사원은 A 사원보다 늦게 퇴근했다.
> • D 사원은 A 사원보다 먼저 퇴근했다.
> • C 사원은 E 사원보다 먼저 퇴근했다.

① 1명
② 2명
③ 3명
④ 알 수 없다.

36. 다음 글의 서술방식으로 알맞은 것은?

> 춘향전에서 이도령과 변학도는 아주 대조적인 사람들이다. 흥부와 놀부도 마찬가지다. 한 사람은 하나부터 열까지가 다 좋고, 다른 사람은 모든 면에서 나쁘다. 적어도 이 이야기에 담긴 '권선징악'이라는 의도가 사람들을 그렇게 믿게 만든다.
>
> 소설만 그런 것이 아니다. 우리의 의식 속에는 은연중 이처럼 모든 사람을 좋은 사람과 나쁜 사람 두 갈래로 나누는 버릇이 있다. 그래서인지 흔히 사건을 다루는 신문 보도에는 모든 사람이 경찰 아니면 도둑놈인 것으로 단정한다. 죄를 지은 사람에 관한 보도를 보면 마치 그 사람이 죄의 화신이고, 그 사람의 이력이 죄만으로 점철되었고, 그 사람의 인격에 바른 사람으로서의 흔적이 하나도 없는 것으로 착각하게 된다.
>
> 이처럼 우리는 부분만을 보고, 또 그것도 흔히 잘못보고 전체를 판단하기 부지기수이다. 부분만을 제시하면서도 보는 이가 그것이 전체라고 잘못 믿게 만들 뿐만 아니라 '말했다' 대신 '으스댔다', '우겼다', '푸념했다', '넋두리했다', '뇌까렸다', '잡아뗐다', '말해서 빈축을 사고 있다' 같은 주관적 서술로 감정을 부추겨서 상대방으로 하여금 이성적인 사실 판단이 아닌 감정적인 심리 반응으로 얘기를 들을 수밖에 없도록 만든다.
>
> 이 세상에서 가장 결백하게 보이는 사람일망정 스스로나 남이 알아차리지 못하는 결함이 있을 수 있고, 이 세상에서 가장 못된 사람으로 낙인이 찍힌 사람일망정 결백한 사람에서마저 찾지 못할 아름다운 인간성이 있을지도 모른다.

① 설의법을 적절히 활용하여 내용을 강조하고 있다.
② 열거법을 통해 말하고자 하는 바를 강조하고 있다.
③ 인용을 통해 주장을 뒷받침하고 있다.
④ 두 대상을 비교하여 자세히 설명하고 있다.

37. 다음 그림에서 만들 수 있는 크고 작은 사각형의 개수는?

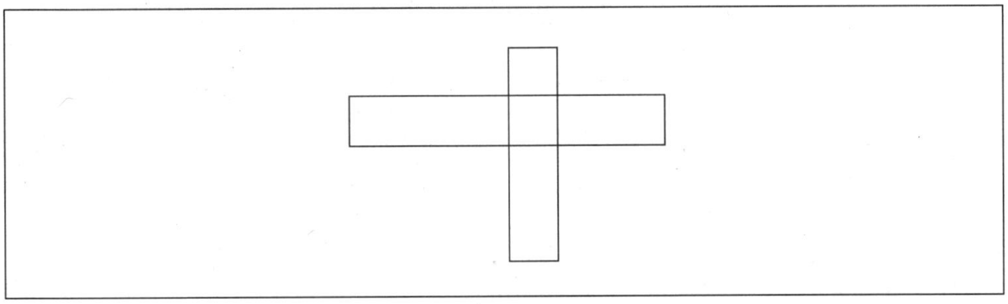

① 8개
② 9개
③ 10개
④ 11개

38. 다음 〈사실〉을 참고할 때, 〈결론〉에 대한 설명으로 옳은 것은?

사실

- 소크라테스는 인간이다.
- 남자는 인간이다.
- 돼지는 인간이 아니다.

결론

- A : 모든 소크라테스가 남자는 아니다.
- B : 돼지는 남자가 아니다.
- C : 소크라테스는 돼지이다.

① A만 옳다.
② B만 옳다.
③ C만 옳다.
④ A와 C만 옳다.

39. 다음은 세계 각국의 고령화를 조사한 자료이다. 이에 대한 설명으로 적절하지 않은 것은?

〈65세 이상 고령 인구와 80세 이상 초고령 인구 비중〉

(단위 : %, %p)

구분	65세 이상 인구			80세 이상 인구		
	2015년	2050년	변화폭	2015년	2050년	변화폭
호주	23.3	34.0	10.7	12.4	25.7	13.3
독일	21.1	37.5	16.4	16.4	29.5	13.1
프랑스	22.2	37.5	15.3	16.0	29.1	13.1
이탈리아	21.0	37.1	16.1	18.2	35.2	17.0
일본	21.9	42.2	20.3	17.3	35.4	18.1
한국	13.7	33.2	19.5	7.2	34.4	27.2
노르웨이	25.0	30.7	5.7	15.1	24.4	9.3
폴란드	16.2	26.6	10.4	12.1	29.5	17.4
스페인	21.8	33.2	11.4	16.8	36.6	19.8
스웨덴	28.0	35.7	7.7	17.7	23.2	5.5
영국	25.0	37.3	12.3	15.7	25.3	9.6
미국	26.5	36.1	9.6	12.4	20.6	8.2
12개국 평균	22.1	35.1	13.0	14.8	29.1	14.3

① 미국이 가장 느리게 초고령화되고 있다.

② 2015년 이탈리아의 초고령 인구 비율은 12개국 평균보다 높다.

③ 2015년 한국의 초고령 인구 비율이 가장 낮다.

④ 2050년 폴란드의 고령 인구의 비율은 평균보다 낮을 것이다.

40. **다음 글에 대한 설명으로 옳지 않은 것은?**

> 프랑스와 이탈리아 사람들은 @를 '달팽이'라고 부른다. 역시 이 두 나라 사람들은 라틴계 문화의 뿌리도 같고, 디자인 강국답게 보는 눈도 비슷하다. 그런데 독일 사람들은 그것을 '원숭이 꼬리'라고 부른다. 그리고 동유럽의 폴란드나 루마니아 사람들은 꼬리를 달지 않고 그냥 '작은 원숭이'라고 부른다. 더욱 이상한 것은 북유럽의 핀란드로 가면 '원숭이 꼬리'가 '고양이 꼬리'로 바뀌게 되고, 러시아로 가면 그것이 원숭이와는 앙숙인 '개'로 둔갑한다는 사실이다. 아시아는 아시아대로 다르다. 중국 사람들은 @를 점잖게 쥐에다 노(老)자를 붙여 '라오수(小老鼠)' 또는 '라오수하오(老鼠號)'라 부른다. 일본은 쓰나미의 원조인 태풍의 나라답게 '나루토(소용돌이)'라고 한다. 혹은 늘 하는 버릇처럼 일본식 영어로 '앳 마크'라고도 한다. 팔이 안으로 굽어서가 아니라 30여 개의 인터넷 사용국 중에서 @와 제일 가까운 이름은 우리나라의 '골뱅이'인 것 같다. 골뱅이 위의 단면을 찍은 사진을 보여 주면 모양이나 크기까지 어느 나라 사람이든 무릎을 칠 것이 분명하다.

① 사람들은 문화에 따라 같은 대상을 다르게 표현한다.
② 프랑스는 라틴계 문화의 영향을 받았다.
③ 다른 나라 사람들은 현재 @를 골뱅이라고 부르는 것에 동의한다.
④ 핀란드에서는 @를 고양이 꼬리로 부른다.

41. **다음 결론이 반드시 참이 되게 하는 전제로 적절한 것은?**

> **[전제]** ____________________
> 어떤 경감은 본청 소속이 아니다.
> **[결론]** 30대 중 본청 소속이 아닌 사람이 있다.

① 경감은 모두 30대이다.
② 모든 경감은 30대가 아니다.
③ 어떤 경감은 본청 소속이다.
④ 경감은 모두 본청 소속이 아니다.

42. 다음 블록을 합쳤을 때 나올 수 있는 형태로 알맞은 것은? (단, 회전은 자유롭다)

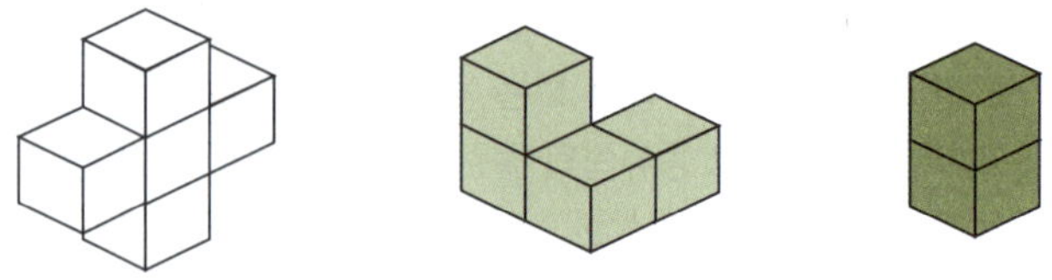

①

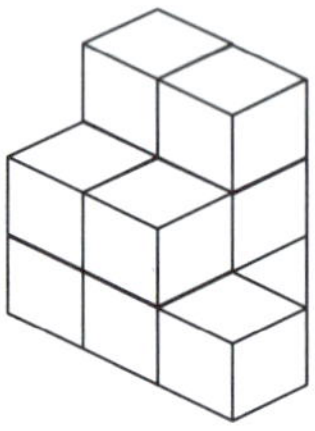

②

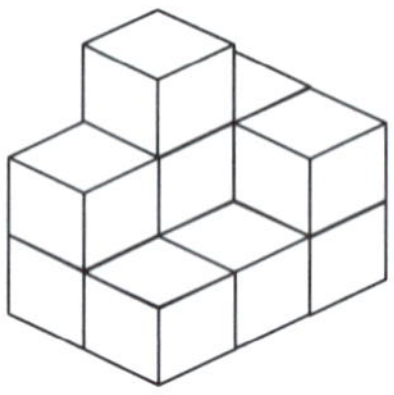

③

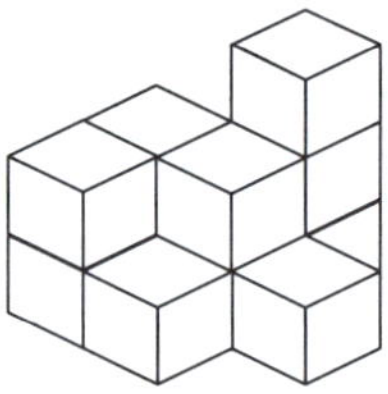

④

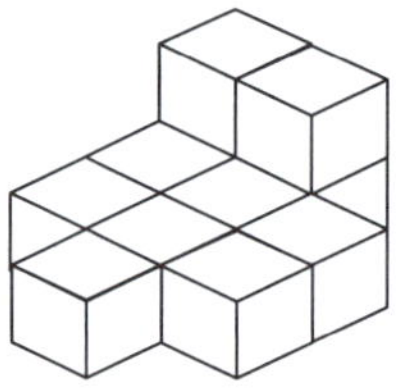

43. A와 B가 16km 떨어진 지점에서 서로를 향해 이동하였다. 두 사람이 이동한 속도가 다음과 같을 때, 두 사람이 만나기까지 소요된 시간과 두 사람이 이동한 거리의 차이는 각각 얼마인가?

- A는 걸어서 시속 3km의 속도로 이동하였다.
- B는 자전거를 타고 시속 5km의 속도로 이동하였다.
- 두 사람이 이동한 시간은 동일하다.

① 1시간, 3km
② 1시간, 4km
③ 2시간, 3km
④ 2시간, 4km

44. 다음과 같이 A, B, C 세 명이 각기 다른 주장을 두 가지씩 하고 있다. 이들의 주장 중 하나만 진실이고 나머지 하나는 거짓일 때, 취업을 한 사람은?

- A : 나는 취업을 하지 않았다. B도 취업을 하지 않았다.
- B : 나는 취업을 하지 않았다. C도 취업을 하지 않았다.
- C : 나는 취업을 하지 않았다. 누가 취업을 했는지 모른다.

① A
② B
③ C
④ 없음.

45. 다음 ㉠ ~ ㉤을 제시된 문장과 이어질 수 있도록 문맥에 따라 바르게 나열한 것은?

텔레비전은 우리에게 다양한 경험과 지식을 제공해 준다.

㉠ 예컨대, 세계 각국의 문화를 소개하는 다큐멘터리나 퀴즈 프로그램을 보면서 미처 몰랐던 것들을 알 수 있다.
㉡ 그리고 다큐멘터리를 비롯한 교양 프로그램은 인문, 사회, 자연 전반에 대한 풍성한 볼거리를 통해 지식과 경험을 제공해 준다.
㉢ 마지막으로 뉴스를 포함한 시사 프로그램을 보면서 국내의 정치, 사회, 문화 전반에 대한 정보를 얻을 수 있다.
㉣ 또한 산악 등반이나 오지 탐험 다큐멘터리를 보면서 주인공들이 겪는 극한 상황을 간접적으로 경험하기도 한다.
㉤ 먼저 드라마의 경우, 다양한 인물들과 그들이 겪는 이야기를 보여 주므로 타인의 삶을 이해하는 데 도움을 준다.

이처럼 텔레비전의 각종 프로그램은 시청자의 경험과 지식이 늘어나도록 도움을 준다.

① ㉠-㉡-㉢-㉣-㉤
② ㉠-㉡-㉤-㉣-㉢
③ ㉤-㉠-㉡-㉣-㉢
④ ㉤-㉡-㉠-㉣-㉢

부산기출복원 1회 기출예상 2회 기출예상 3회 기출예상 4회 기출예상 5회 기출예상 6회 기출예상 7회 기출예상 8회 기출예상 9회 기출예상 인성검사 면접가이드

고시넷 **부산광역시교육청** 교육공무직원

파트 3

인성검사

01 인성검사의 이해

1 인성검사, 왜 필요한가?

채용기업은 지원자가 '직무적합성'을 지닌 사람인지를 인성검사와 필기평가를 통해 판단한다. 인성검사에서 말하는 인성(人性)이란 그 사람의 성품, 즉 각 개인이 가지고 있는 사고와 태도 및 행동 특성을 의미한다. 인성은 사람의 생김새처럼 사람마다 다르기 때문에, 몇 가지 유형으로 분류하고 이에 맞추어 판단한다는 것 자체가 억지스럽고 어불성설일지 모른다. 그럼에도 불구하고 기업들의 입장에서는 입사를 희망하는 사람이 어떤 성품을 가졌는지에 대한 정보가 필요하다. 그래야 해당 기업의 인재상에 적합하고 담당할 업무에 적격한 인재를 채용할 수 있기 때문이다.

지원자의 성격이 외향적인지 아니면 내향적인지, 어떤 직무와 어울리는지, 조직에서 다른 사람과 원만하게 생활할 수 있는지, 업무 수행 중 문제가 생겼을 때 어떻게 대처하고 해결할 수 있는지에 대한 전반적인 개성은 자기소개서나 면접을 통해서도 어느 정도 파악할 수 있다. 그러나 이것들만으로는 인성을 충분히 파악할 수 없기 때문에, 객관화되고 정형화된 인성검사로 지원자의 성격을 판단하고 있다.

채용기업은 직무적성검사를 높은 점수로 통과한 지원자라 하더라도 해당 기업과 거리가 있는 성품을 가졌다면 탈락시키게 된다. 일반적으로 직무적성검사 통과자 중 인성검사로 탈락하는 비율이 10% 내외라고 알려져 있다. 물론 인성검사에서 탈락하였다 하더라도 특별히 인성에 문제가 있는 사람이 아니라면 절망할 필요는 없다. 자신을 되돌아보고 다음 기회를 대비하면 되기 때문이다. 탈락한 기업이 원하는 인재상이 아니었다면 맞는 기업을 찾으면 되고, 적합한 경쟁자가 많았기 때문이라면 자신을 다듬어 경쟁력을 높이면 될 것이다.

2 인성검사의 특징

우리나라 대다수의 채용기업은 인재개발 및 인적자원을 연구하는 한국행동과학연구소(KIRBS), 에스에이치알(SHR), 한국사회적성개발원(KSAD), 한국인재개발진흥원(KPDI) 등 전문기관에 인성검사를 의뢰하고 있다.

이 기관들의 인성검사 개발 목적은 비슷하지만 기관마다 검사 유형이나 평가 척도는 약간의 차이가 있다. 또 지원하는 기업이 어느 기관에서 개발한 검사지로 인성검사를 시행하는지는 사전에 알 수 없다. 그렇지만 공통으로 적용하는 척도와 기준에 따라 구성된 여러 형태의 인성검사지로 사전 테스트를 해 보고 자신의 인성이 어떻게 평가되는가를 미리 알아보는 것은 가능하다.

인성검사는 필기시험 당일 직무능력평가와 함께 실시하는 경우와 직무능력평가 합격자에 한하여 면접과 함께 실시하는 경우가 있다. 인성검사의 문항은 100문항 내외에서부터 최대 500문항까지 다양하다. 인성검사에 주어지는 시간은 문항 수에 비례하여 30 ~ 100분 정도가 된다.

문항 자체는 단순한 질문으로 어려울 것은 없지만, 제시된 상황에서 본인의 행동을 정하는 것이 쉽지만은 않다. 문항 수가 많을 경우 이에 비례하여 시간도 길게 주어지지만, 단순하고 유사하며 반복되는 질문에 방심하여 집중하지 못하고 실수하는 경우가 있으므로 컨디션 관리와 집중력 유지에 노력하여야 한다. 특히 같거나 유사한 물음에 다른 답을 하는 경우가 가장 위험하니 주의해야 한다.

3 인성검사 합격 전략

1 포장하지 않은 솔직한 답변

'다른 사람을 험담한 적이 한 번도 없다', '물건을 훔치고 싶다고 생각해 본 적이 없다'

이 질문에 당신은 '그렇다', '아니다' 중 무엇을 선택할 것인가? 채용기업이 인성검사를 실시하는 가장 큰 이유는 '이 사람이 어떤 성향을 가진 사람인가'를 효율적으로 파악하기 위해서이다.

인성검사는 도덕적 가치가 빼어나게 높은 사람을 판별하려는 것도 아니고, 성인군자를 가려내기 위함도 아니다. 인간의 보편적 성향과 상식적 사고를 고려할 때, 도덕적 질문에 지나치게 겸손한 답변을 체크하면 오히려 솔직하지 못한 것으로 간주되거나 인성을 제대로 판단하지 못해 무효 처리가 되기도 한다. 자신의 성격을 포장하여 작위적인 답변을 하지 않도록 솔직하게 임하는 것이 예기치 않은 결과를 피하는 첫 번째 전략이 된다.

2 필터링 함정을 피하고 일관성 유지

앞서 강조한 솔직함은 일관성과 연결된다. 인성검사를 구성하는 많은 척도는 여러 형태의 문장 속에 동일한 요소를 적용해 반복되기도 한다. 예컨대 '나는 매우 활동적인 사람이다'와 '나는 운동을 매우 좋아한다'라는 질문에 '그렇다'고 체크한 사람이 '휴일에는 집에서 조용히 쉬며 독서하는 것이 좋다'에도 '그렇다'고 체크한다면 일관성이 없다고 평가될 수 있다.

그러나 일관성 있는 답변에만 매달리면 '이 사람이 같은 답변만 체크하기 위해 이 부분만 신경 썼구나'하는 필터링 함정에 빠질 수도 있다. 비슷하게 보이는 문장이 무조건 같은 내용이라고 판단하여 똑같이 답하는 것도 주의해야 한다. 일관성보다 중요한 것은 솔직함이다. 솔직함이 전제되지 않은 일관성은 허위 척도 필터링에서 드러나게 되어 있다. 유사한 질문의 응답이 터무니없이 다르거나 양극단에 치우치지 않는 정도라면 약간의 차이는 크게 문제되지 않는다. 중요한 것은 솔직함과 일관성이 하나의 연장선에 있다는 점을 명심하자.

3 지원한 직무와 연관성을 고려

다양한 분야의 많은 계열사와 큰 조직을 통솔하는 대기업은 여러 사람이 조직적으로 움직이는 만큼 각 직무에 걸맞은 능력을 갖춘 인재가 필요하다. 그래서 기업은 매년 신규채용으로 입사한 신입사원들의 젊은 패기와 참신한 능력을 성장 동력으로 활용한다.

기업은 사교성 있고 활달한 사람만을 원하지 않는다. 해당 직군과 직무에 따라 필요로 하는 사원의 능력과 개성이 다르기 때문에, 지원자가 희망하는 계열사나 부서의 직무가 무엇인지 제대로 파악하여 자신의 성향과 맞는지에 대한 고민은 반드시 필요하다. 같은 질문이라도 기업이 원하는 인재상이나 부서의 직무에 따라 판단 척도가 달라질 수 있다.

4 평상심 유지와 컨디션 관리

역시 솔직함과 연결된 내용이다. 한 질문에 대해 오래 고민하고 신경 쓰면 불필요한 생각이 개입될 소지가 크다. 이는 직관을 떠나 이성적 판단에 따라 포장할 위험이 높아진다는 뜻이기도 하다. 오래 생각하지 말고 자신의 평상시 생각과 감정대로 답하는 것이 중요하며, 가능한 한 건너뛰지 말고 모든 질문에 답하도록 한다. 200 ~ 300개 정도의 문항을 출제하는 기업이 많기 때문에, 끝까지 집중하여 임하는 것이 중요하다.

특히 적성검사와 같은 날 실시하는 경우, 적성검사를 마친 후 연이어 보기 때문에 신체적 · 정신적으로 피로한 상태에서 자세가 흐트러질 수도 있다. 따라서 컨디션을 유지하면서 문항당 7 ~ 10초 이상 쓰지 않도록 하고, 문항 수가 많을 때는 답안지에 바로 바로 표기하도록 한다.

인성검사

02 인성검사 모의 연습

검사문항	200 문항
검사시간	40 분

[01~50] 다음 문항을 읽고 본인이 상대적으로 더 해당된다고 생각되는 쪽을 선택하여 정답지에 표기해 주십시오.

번호	문항	선택	
1	① 외향적인 성격이라는 말을 듣는다. ② 내성적인 편이라는 말을 듣는다.	①	②
2	① 정해진 틀이 있는 환경에서 주어진 과제를 수행하는 일을 하고 싶다. ② 새로운 아이디어를 활용하여 변화를 추구하는 일을 하고 싶다.	①	②
3	① 의견을 자주 표현하는 편이다. ② 주로 남의 의견을 듣는 편이다.	①	②
4	① 실제적인 정보를 수집하고 이를 체계적으로 적용하는 일을 하고 싶다. ② 새로운 아이디어를 활용하여 변화를 추구하는 일을 하고 싶다.	①	②
5	① 냉철한 사고력이 요구되는 일이 편하다. ② 섬세한 감성이 요구되는 일이 편하다.	①	②
6	① 사람들은 나에 대해 합리적이고 이성적인 사람이라고 말한다. ② 사람들은 나에 대해 감정이 풍부하고 정에 약한 사람이라고 말한다.	①	②
7	① 나는 의사결정을 신속하고 분명히 하는 것을 선호하는 편이다. ② 나는 시간이 걸려도 여러 측면을 고려해 좋은 의사결정을 하는 것을 선호하는 편이다.	①	②
8	① 계획을 세울 때 세부 일정까지 구체적으로 짜는 편이다. ② 계획을 세울 때 상황에 맞게 대처할 수 있는 여지를 두고 짜는 편이다.	①	②
9	① 나는 원하는 일이라면 성공확률이 낮을지라도 도전한다. ② 나는 실패할 가능성이 있는 일이라면 가급적 하지 않는 편이다.	①	②
10	① 일반적으로 대화 주제는 특정 주제나 일 중심의 대화를 선호한다. ② 일반적으로 대화 주제는 인간관계 중심의 대화를 선호한다.	①	②
11	① 나는 완벽성과 정확성을 추구하는 성향이다. ② 나는 융통성이 있고 유연성을 추구하는 성향이다.	①	②

12	① 나는 관계의 끊고 맺음이 정확하다. ② 나는 상대의 감정에 쉽게 흔들린다.	①	②
13	① 일을 할 때 지시받은 일을 정확하게 하길 좋아한다. ② 일을 할 때 지시받는 일보다 스스로 찾아서 하는 편이다.	①	②
14	① 나는 한번 집중하면 의문이 풀릴 때까지 집중한다. ② 나는 어려운 문제에 부딪히면 포기하는 게 마음이 편하다.	①	②
15	① 의사결정 시 논리적이고 합리적인 결정을 중시한다. ② 의사결정 시 분위기나 정서를 많이 고려한다.	①	②
16	① 나는 집단이나 모임 활동에 적극적이다. ② 개인 취미 활동에 적극적이다.	①	②
17	① 인류의 과학 발전을 위해 동물 실험은 필요하다. ② 인류를 위한 동물 실험은 없어져야 한다.	①	②
18	① 나에게 있어 사회적 책임과 의무는 그리 중요하지 않다. ② 나에게 있어 사회적 책임과 의무는 심각하고 진지하게 받아들인다.	①	②
19	① 미래를 위해 돈을 모아야 한다고 생각한다. ② 현재를 즐기기 위해 나에게 투자해야 한다고 생각한다.	①	②
20	① 바쁜 일과 중에 하루 휴식 시간이 주어지면 거리를 다니면서 쇼핑을 하거나 격렬한 운동을 한다. ② 바쁜 일과 중에 하루 휴식 시간이 주어지면 책을 읽거나 음악 감상을 하고 낮잠을 자는 등 편히 쉰다.	①	②
21	① 생활의 우선순위는 다른 사람의 필요를 채우고 봉사하는 일이다. ② 생활의 우선순위는 내 삶에 충실하고 나 자신의 경쟁력을 키우는 일이다.	①	②
22	① 원인과 결과가 논리적으로 맞는지를 확인하는 편이다. ② 과정과 상황에 대한 좋고 나쁨을 우선 고려하는 편이다.	①	②
23	① 조직이나 모임에서 분위기를 주도하고 감투 쓰기를 선호한다. ② 조직이나 모임에서 나서기보다 뒤에서 도와주는 역할을 선호한다.	①	②
24	① 자신의 속마음을 쉽게 노출하지 않는 사람이다. ② 상대방을 크게 신경 쓰지 않는 시원스러운 사람이다.	①	②
25	① 혼란을 막기 위해 매사를 분명히 결정하는 조직을 선호한다. ② 차후에 더 나은 결정을 내리기 위해 최종 결정을 유보하는 조직이 좋다.	①	②
26	① 타인을 지도하고 설득하는 일을 잘한다. ② 상대를 뒤에서 도와주고 섬기는 역할을 잘한다.	①	②

27	① 어떤 일을 할 때 주변 정리는 일 도중에 중간중간 정리해 나간다. ② 어떤 일을 할 때 주변 정리는 일을 마치고 마지막에 한꺼번에 정리한다.	①	②
28	① 일을 처리하는 데 있어서 미리 시작해서 여유 있게 마무리하는 편이다. ② 일을 처리하는 데 있어서 막바지에 가서 많은 일을 달성하는 편이다.	①	②
29	① 토론을 할 때 내 의견이 대부분 관철되고 반영된다. ② 토론을 할 때 많은 사람이 동의하는 쪽을 선택한다.	①	②
30	① 나는 적극적으로 변화를 주도하고 도전하는 것을 즐긴다. ② 기존의 방식을 문제없이 유지하는 것에 안정감을 느낀다.	①	②
31	① 나는 일반적으로 혼자 하는 일을 선호한다. ② 나는 일반적으로 함께 하는 일을 잘한다.	①	②
32	① 묶이는 것보다 자유로운 분위기가 좋다. ② 정해진 질서와 틀이 짜여 있는 곳이 좋다.	①	②
33	① 일상생활에서 미리 일별, 월별 계획을 세워 꼼꼼하게 따져가며 생활한다. ② 그때그때 상황에 맞춰 필요한 대책을 세워나간다.	①	②
34	① 처음 보는 사람과 한자리에 있으면 먼저 말을 꺼내는 편이다. ② 처음 보는 사람과 한자리에 있으면 상대가 말을 할 때까지 기다린다.	①	②
35	① 합리적이고 이성적인 것을 더 강조하는 조직을 선호한다. ② 인간적이고 감성적인 것을 더 강조하는 조직을 선호한다.	①	②
36	① 상호작용이 주로 업무를 통한 정보 교환을 중심으로 이루어지는 조직을 선호한다. ② 상호작용이 주로 개인적 인간관계를 통해 이루어지는 조직을 선호한다.	①	②
37	① 처음 만나는 사람들에게 본 모습을 바로 보여 주기보다 조금 경계하는 편이다. ② 처음 만나는 사람들에게 조금 친해지고 나면 털털한 면을 보여준다.	①	②
38	① 새로운 상황에 직면하게 되면 쉽고 빠르게 적응해 나간다. ② 새로운 상황에 직면하게 되면 적응하는 데 시간이 오래 걸린다.	①	②
39	① 아는 사람끼리 다툼이 생기면 적극적으로 개입하여 중재를 하는 편이다. ② 당사자끼리 해결하도록 상관하지 않는다.	①	②
40	① 3일 동안 여행을 떠날 때 미리 행선지나 일정을 철저히 계획하고 떠난다. ② 3일 동안 여행을 떠날 때 행선지만 정해놓고 여행지에서 발길이 닿는 대로 정한다.	①	②
41	① 나는 가능한 한 색다른 방법을 모색하는 경향이다. ② 나는 기존의 방법을 수용하고 잘 활용하는 경향이다.	①	②

42	① 나는 정해진 계획에 따라 행동하는 것을 좋아한다. ② 나는 지금 당장 마음에 내키는 것을 하기 좋아한다.	①	②
43	① 분위가 침체되어 있을 때 있는 그대로의 상황을 즐긴다. ② 분위가 침체되어 있을 때 적극 나서서 분위기를 바꾸려 애쓴다.	①	②
44	① 상대에게 부정적인 말을 들으면 농담이나 유머로 상황을 넘기려 애쓴다. ② 상대에게 부정적인 말을 들으면 조목조목 따지며 시시비비를 가린다.	①	②
45	① 규정을 준수하고 신뢰감 있게 행동하는 것을 더 강조하는 조직을 선호한다. ② 창의적이고 창조적으로 행동하는 것을 더 강조하는 조직을 선호한다.	①	②
46	① 다른 조직과의 교류가 활발하고 외부 환경을 많이 고려하는 조직을 선호한다. ② 내부 응집력이 강하고 내부 환경을 많이 고려하는 조직을 선호한다.	①	②
47	① 세부 일정까지 구체적으로 짜 놓은 계획에 따라 움직이는 조직을 선호한다. ② 상황에 따라 변할 수 있도록 융통성 있게 일정을 짜고 움직이는 조직을 선호한다.	①	②
48	① 어떤 일이 맡겨지면 건강에 무리가 가더라도 일의 완수를 우선시 한다. ② 어떤 일이 맡겨지면 열심히 하지만 심신이 피곤하도록 무리해서 일하지 않는다.	①	②
49	① 정해진 틀보다 자유로운 분위기를 선호한다. ② 원칙과 조직의 규범을 중요하게 여긴다.	①	②
50	① 일의 속도는 느리지만, 꾸준히 하는 편이다. ② 일을 신속히 처리하나 오래 하는 일은 금방 지루함을 느낀다.	①	②

[51~185] 다음 문항을 읽고 '그렇다'에 생각되면 ①, '아니다'에 생각되면 ②를 선택하여 정답지에 표기해 주십시오.

번호	문 항	그렇다	아니다
51	모임이나 조직에서 중책을 많이 맡는다.	①	②
52	일을 다른 사람에게 쉽게 맡기지 못한다.	①	②
53	나와 관심 또는 관련 없는 일도 끝까지 잘 들어준다.	①	②
54	궂은일이나 애로사항이 생기면 도맡아서 처리한다.	①	②
55	억울한 상황에서도 자신의 주장을 잘 전달하지 못한다.	①	②
56	주변 사람들에게 배려심이 많다는 말을 자주 듣는다.	①	②
57	모든 상황을 긍정적으로 인식한다.	①	②
58	분위기에 쉽게 동화된다.	①	②
59	남의 의견에 좌우되어서 쉽게 의견이 바뀐다.	①	②
60	허세를 부린 적이 한 번도 없다.	①	②
61	모든 일을 계획적으로 처리한다.	①	②
62	사람들과 만나면 이야기를 주도하는 편이다.	①	②
63	화가 나면 마음에 오래 담아 두는 편이다.	①	②
64	주변 사람들의 생일이나 경조사를 잘 챙긴다.	①	②
65	법도 사회의 변화에 따라 달라져야 한다고 생각한다.	①	②
66	가끔 색다른 음식을 의도적으로 먹는다.	①	②
67	복잡한 곳보다 조용한 곳이 좋다.	①	②
68	친구가 많지 않다.	①	②
69	다른 사람을 가르치는 일을 좋아한다.	①	②
70	한 가지 일에 집중하면 그 외 일은 소홀히 하는 경향이 있다.	①	②
71	의사결정 할 때 주도적 역할을 한다.	①	②
72	한 가지 일을 오래하지 못한다.	①	②
73	다른 사람의 의견에 장단(공감)을 잘 맞춰준다.	①	②
74	특별히 가리는 음식이 없는 편이다.	①	②

75	남을 의심해 본 적이 없다.	①	②
76	메모를 잘하고 일정표를 통해 늘 스케줄을 관리한다.	①	②
77	자신감이 없는 편이다.	①	②
78	창의성을 발휘하는 업무가 적성에 맞는다.	①	②
79	어떤 일을 결심하기까지 시간이 걸리는 편이다.	①	②
80	쉬운 문제보다 어려운 문제를 더 좋아한다.	①	②
81	쉽게 좌절하거나 의기소침해지지 않는다.	①	②
82	짜인 틀에 얽매이는 것을 싫어한다.	①	②
83	일을 주도하는 것보다 따르는 것이 좋다.	①	②
84	다른 사람의 마음을 잘 읽는 편이다.	①	②
85	신중하다는 말을 자주 듣는다.	①	②
86	맡은 일은 무슨 일이 생겨도 끝까지 완수한다.	①	②
87	계산 문제를 다루는 것이 좋다.	①	②
88	우리 가족은 항상 화목하다.	①	②
89	아침에 일어났을 때가 하루 중 가장 기분이 좋다.	①	②
90	어떤 문제가 생기면 그 원인부터 따져 보는 편이다.	①	②
91	자신의 주장을 강하게 내세우지 않으며 순종을 잘한다.	①	②
92	식사 전에는 꼭 손을 씻는다.	①	②
93	타인의 문제에 개입되는 걸 원하지 않는다.	①	②
94	주변에 못마땅해 보이는 사람들이 많다.	①	②
95	우선순위가 상황에 따라 자주 바뀐다.	①	②
96	내가 행복해지려면 주변의 많은 것들이 변해야 한다.	①	②
97	남의 일에 신경 쓰다 정작 내 일을 하지 못하는 경우가 종종 있다.	①	②
98	말이 별로 없고 과묵한 편이다.	①	②
99	기분에 따라 행동하는 경우가 많다.	①	②
100	상상력이 풍부한 편이다.	①	②
101	다른 사람에게 명령이나 지시하는 것을 좋아한다.	①	②
102	끈기가 있고 성실하다.	①	②

103	새로운 학문을 배우는 것을 좋아한다.	①	②
104	긴박한 상황에서도 차분함을 잃지 않으며 상황 판단이 빠르다.	①	②
105	어떤 상황에서든 빠르게 결정하고 과감하게 행동한다.	①	②
106	성공하고 싶은 욕망이 매우 강하다.	①	②
107	가끔 사물을 때려 부수고 싶은 충동을 느낄 때가 있다.	①	②
108	무슨 일이든 도전하는 편이다.	①	②
109	사람들과 어울릴 수 있는 모임을 좋아한다.	①	②
110	다른 사람이 한 행동의 이유를 잘 파악하는 편이다.	①	②
111	조직적으로 행동하는 것을 좋아한다.	①	②
112	처음 보는 사람에게 말을 잘 걸지 못한다.	①	②
113	일을 시작하기 전에 조건을 꼼꼼히 따져본다.	①	②
114	목표 달성을 위해서라면 사소한 규칙은 무시해도 된다.	①	②
115	많은 사람보다 몇몇의 특별한 친구를 갖고 있다.	①	②
116	남이 시키는 일을 하는 것이 편하다.	①	②
117	다른 사람들이 무심코 보다 넘기는 것에도 관심을 갖는다.	①	②
118	기상시간과 취침시간이 거의 일정하다.	①	②
119	지금까지 거짓말을 한 번도 하지 않았다.	①	②
120	약속을 한 번도 어긴 적이 없다.	①	②
121	하고 싶은 말을 잘 참지 못한다.	①	②
122	다른 사람들의 행동을 주의 깊게 관찰하는 경향이 있다.	①	②
123	주변 사람들에게 독특한 사람으로 통한다.	①	②
124	남에게 지고 싶지 않은 승부사적인 기질이 있다.	①	②
125	매사에 확인하고 또 확인해야만 마음이 놓인다.	①	②
126	다른 사람들의 이야기를 귀담아듣는다.	①	②
127	눈치가 빠르며 상황을 빨리 파악하는 편이다.	①	②
128	사람을 사귈 때 어느 정도 거리를 두고 사귄다.	①	②
129	어떤 경우라도 남을 미워하지 않는다.	①	②
130	다소 무리를 해도 쉽게 지치지 않는 편이다.	①	②

131	논리가 뛰어나다는 말을 듣는 편이다.	①	②
132	나 자신에 대해 불평한 적이 없다.	①	②
133	양보와 타협보다 내 소신이 중요하다.	①	②
134	자진해서 발언하는 일이 별로 없다.	①	②
135	결정을 내릴 때 남들보다 시간이 걸리는 편이다.	①	②
136	현실적인 사람보다 이상적인 사람을 더 좋아한다.	①	②
137	비교적 금방 마음이 바뀌는 편이다.	①	②
138	쓸데없는 고생을 하는 타입이다.	①	②
139	아무리 힘들더라도 힘든 내색을 하지 않는다.	①	②
140	확실하지 않은 것(일)은 처음부터 시작하지 않는다.	①	②
141	원하지 않는 일이라도 모든 일에 잘 적응한다.	①	②
142	상대가 원하면 마음에 안 들어도 따라주는 편이다.	①	②
143	주어진 시간 내에 맡겨진 과제를 마칠 수 있다.	①	②
144	임기응변으로 대응하는 것에 능숙하다.	①	②
145	가끔 의지가 약하다는 말을 듣는다.	①	②
146	처음 보는 사람에게도 내 의견을 자신 있게 말할 수 있다.	①	②
147	남이 나를 어떻게 생각하는지 신경이 쓰인다.	①	②
148	일의 시작은 잘하나 마무리가 안될 때가 많다.	①	②
149	나와 다른 의견을 가진 사람들을 설득하는 것을 잘한다.	①	②
150	쓸데없는 잔걱정이 끊이질 않는다.	①	②
151	이롭지 않은 약속은 무시할 때가 종종 있다.	①	②
152	나도 모르게 충동구매를 하는 경우가 많다.	①	②
153	비교적 상처받기 쉬운 타입이다.	①	②
154	낯선 사람과 대화하는 데 어려움이 있다.	①	②
155	몸이 아프고 피곤하면 만사를 뒤로하고 일단 쉬고 본다.	①	②
156	하고 싶은 일을 하지 않고는 못 배긴다.	①	②
157	애교가 별로 없고 표정관리를 잘 못한다.	①	②
158	항상 나 자신이 만족스럽다.	①	②

159	여러 사람을 통솔하는 것보다 개인을 도와주는 일을 잘한다.	①	②
160	무슨 일이든 빨리 해결하려는 경향이 많다.	①	②
161	사람을 가리지 않고 두루두루 교제한다.	①	②
162	많은 사람들이 나를 이해하지 못하는 것 같다.	①	②
163	말보다는 행동으로 보여주는 성향이다.	①	②
164	갈등이나 마찰을 피하기 위해 대부분 양보하는 편이다.	①	②
165	사소한 잘못은 지혜롭게 변명하고 넘어간다.	①	②
166	일에 집중하면 다른 것은 생각나지 않는다.	①	②
167	잘못된 규정이라도 일단 확정되면 규정에 따라야 한다.	①	②
168	사람들의 부탁을 잘 거절하지 못한다.	①	②
169	융통성이 없는 편이다.	①	②
170	세상에는 바보 같은 사람이 너무 많다고 생각한다.	①	②
171	스포츠 경기를 관람하다가 금방 흥분한다.	①	②
172	약속을 어긴 적이 한 번도 없다.	①	②
173	어울려서 일하면 집중이 잘 안된다.	①	②
174	감수성이 풍부하며 감정의 기복이 심하다.	①	②
175	무슨 일이 있더라도 상대방을 이겨야 직성이 풀린다.	①	②
176	항상 스스로 실수를 인정한다.	①	②
177	일과 사람(공과 사)의 구분이 명확하다.	①	②
178	다른 사람의 말에 쉽게 흔들린다.	①	②
179	어떤 일에든 적극적으로 임하는 편이다.	①	②
180	간단한 일은 잘하나 오래 걸리는 일은 잘 못한다.	①	②
181	팀을 위해 희생하는 편이다.	①	②
182	좋을 때나 나쁠 때나 변함없이 남을 도울 수 있다.	①	②
183	일의 성사를 위해서는 다소 거짓말도 필요하다.	①	②
184	수업시간에 발표하는 것을 즐기는 편이다.	①	②
185	내 전공 분야와 상관없는 분야의 지식에도 관심이 많다.	①	②

[186~200] 다음 제시된 문제를 읽고 하나를 선택하여 정답지에 표기해 주십시오.

186. 자신의 성격을 잘 표현할 수 있는 단어로 묶인 것은?

① 온화한, 자유로운, 침착한, 긍정적인
② 꼼꼼한, 섬세한, 감수성이 풍부한, 사려 깊은
③ 성격이 급한, 상상력이 풍부한, 승부욕이 있는, 적극적인
④ 인내심이 있는, 실패를 두려워하지 않는, 집중력이 좋은, 일관성 있는

187. 자신이 조직에서 일하는 방식은?

① 팀워크가 필요한 일을 선호한다.
② 하고 싶은 일을 먼저 하려고 한다.
③ 일을 하기 전에 미리 계획을 세운다.
④ 혼자만의 힘으로도 최고의 성과를 낼 수 있다.

188. 나의 행동 패턴은?

① 몸을 움직이는 활동을 좋아한다.
② 생각보다 행동이 앞선다.
③ 하루하루 계획을 세워 생활한다.
④ 하고 싶은 일은 망설이지 않고 도전한다.

189. 약속 장소에 가는 시간은?

① 먼저 가서 기다린다.
② 시간에 맞춰서 나간다.
③ 대부분 조금 늦게 나간다.
④ 만나는 사람에 따라 나가는 시간이 다르다.

190. 스트레스를 받는 상황은?

① 규정이나 절차가 엄격하다.
② 상황에 따라 일이 자주 바뀐다.
③ 지속적으로 결점을 지적받는다.
④ 모든 일에서 남들보다 잘해야 한다.

191. 내가 선호하는 것은?
① 혼자 여행 다니는 것
② 운동이나 쇼핑을 하는 일
③ 책을 읽거나 독서 모임에 나가는 것
④ 가족과 함께 즐거운 시간을 보내는 것

192. 나의 소비 성향은?
① 간단하고 빠르게 산다.
② 계획 없이 마음에 들면 산다.
③ 마음에 든 물건이라도 바로 구매하지 않고 한 번 더 생각한다.
④ 여러 가지 상품을 비교하면서 필요한 물건인지 확인 후 산다.

193. 중요한 결정을 할 때 가장 영향을 미치는 것은?
① 나의 직관적인 생각
② 세부적인 계획과 연구
③ 다른 사람들의 조언
④ 전체적인 분위기

194. 식사시간은?
① 편한 시간에
② 정해진 시간대에
③ 시간은 정해졌으나 신축성 있게
④ 매우 불규칙적이다.

195. 업무를 수행하는 방법은?
① 항상 새로운 것에 도전한다.
② 어려워 보이는 목표부터 달성한다.
③ 동시에 여러 일을 하는 것을 좋아한다.
④ 한 가지 일에 열중한다.

196. 자신의 성격상 단점은?

① 지구력이 없고 쉽게 포기한다.
② 의존적이고 낯을 가린다.
③ 비판적이고 오지랖이 넓다.
④ 생각보다 행동이 앞서고 자제력이 약하다.
⑤ 결정을 내릴 때 시간이 걸리고 우유부단하다.

197. 다른 사람이 자신에게 자주 하는 말은?

① 호기심이 많고 트렌드에 민감하다.
② 목표의식이 뚜렷해서 끝까지 일을 해낸다.
③ 조용하지만 사교의 깊이가 있는 사람 같다.
④ 성격이 화끈하고 남을 잘 배려할 줄 안다.
⑤ 약속 시간을 잘 지키는 신의가 있는 사람이다.

198. 자신의 주된 이미지는?

① 승부욕이 많은 사람
② 분석적이고 논리적인 사람
③ 목표의식이 뚜렷한 사람
④ 타인을 잘 도와주는 친절한 사람
⑤ 즐거움을 추구하고 사교성이 있는 사람

199. 자신의 리더십 스타일은?

① 비전을 제시하고 공정성과 유연성을 지닌 비전형 리더
② 의사결정에 구성원을 참여시키는 집단운영형 리더
③ 창조적 아이디어 제시와 지속적인 혁신 분위기를 조성하는 혁신형 리더
④ 구성원들에게 명확한 비전을 제시하고 자신을 따를 수 있도록 유도하는 카리스마형 리더
⑤ 높은 업적을 요구하며 리더가 솔선수범하여 팀을 이끄는 규범형 리더

200. 창의적인 기획안을 제출했으나 상사는 기존의 방식대로 일을 처리하자고 한다면 자신은 어떻게 하겠는가?

① 상사의 지시대로 한다.
② 수정 없이 기획안을 제출한다.
③ 동료들과 상의하여 기획안을 접수시킨다.
④ 창의적인 기획안을 실행했을 때의 장단점을 제출한다.
⑤ 기존의 방식대로 하되 기획안을 조금이라도 적용하려고 한다.

파트 4

면접가이드

01 면접의 이해

※ 능력 중심 채용에서는 타당도가 높은 구조화 면접을 적용한다.

1 면접이란?

일을 하는 데 필요한 능력(직무역량, 직무지식, 인재상 등)을 지원자가 보유하고 있는지를 다양한 면접기법을 활용하여 확인하는 절차이다. 자신의 환경, 성취, 관심사, 경험 등에 대해 이야기하여 본인이 적합하다는 것을 보여 줄 기회를 제공하고, 면접관은 평가에 필요한 정보를 수집하고 평가하는 것이다.

- 지원자의 태도, 적성, 능력에 대한 정보를 심층적으로 파악하기 위한 선발 방법
- 선발의 최종 의사결정에 주로 사용되는 선발 방법
- 전 세계적으로 선발에서 가장 많이 사용되는 핵심적이고 중요한 방법

2 면접의 특징

서류전형이나 인적성검사에서 드러나지 않는 것들을 볼 수 있는 기회를 제공한다.

- 직무수행과 관련된 다양한 지원자 행동에 대한 관찰이 가능하다.
- 면접관이 알고자 하는 정보를 심층적으로 파악할 수 있다.
- 서류상으로 미비한 사항과 의심스러운 부분을 확인할 수 있다.
- 커뮤니케이션, 대인관계행동 등 행동 · 언어적 정보도 얻을 수 있다.

3 면접의 평가요소

1 인재적합도

해당 기관이나 기업별 인재상에 대한 인성 평가

2 조직적합도

조직에 대한 이해와 관련 상황에 대한 평가

3 직무적합도

직무에 대한 지식과 기술, 태도에 대한 평가

4 면접의 유형

구조화된 정도에 따른 분류

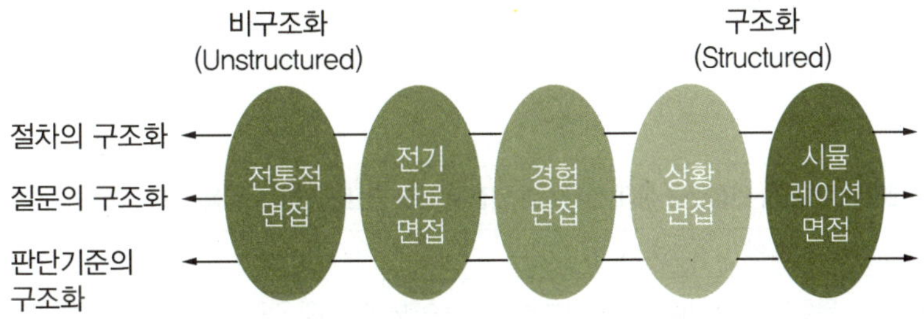

1 구조화 면접(Structured Interview)

사전에 계획을 세워 질문의 내용과 방법, 지원자의 답변 유형에 따른 추가 질문과 그에 대한 평가역량이 정해져 있는 면접 방식(표준화 면접)

- 표준화된 질문이나 평가요소가 면접 전 확정되며, 지원자는 편성된 조나 면접관에 영향을 받지 않고 동일한 질문과 시간을 부여받을 수 있음.
- 조직 또는 직무별로 주요하게 도출된 역량을 기반으로 평가요소가 구성되어, 조직 또는 직무에서 필요한 역량을 가진 지원자를 선발할 수 있음.
- 표준화된 형식을 사용하는 특성 때문에 비구조화 면접에 비해 신뢰성과 타당성, 객관성이 높음.

2 비구조화 면접(Unstructured Interview)

면접 계획을 세울 때 면접 목적만 명시하고 내용이나 방법은 면접관에게 전적으로 일임하는 방식(비표준화 면접)

- 표준화된 질문이나 평가요소 없이 면접이 진행되며, 편성된 조나 면접관에 따라 지원자에게 주어지는 질문이나 시간이 다름.
- 면접관의 주관적인 판단에 따라 평가가 이루어져 평가 오류가 빈번히 일어남.
- 상황 대처나 언변이 뛰어난 지원자에게 유리한 면접이 될 수 있음.

02 구조화 면접 기법

1 경험면접(Behavioral Event Interview)

면접 프로세스

안내: 지원자는 입실 후, 면접관을 통해 인사말과 면접에 대한 간단한 안내를 받음.

질문: 지원자는 면접관에게 평가요소(직업기초능력, 직무수행능력 등)와 관련된 주요 질문을 받게 되며, 질문에서 의도하는 평가요소를 고려하여 응답할 수 있도록 함.

세부질문:
- 지원자가 응답한 내용을 토대로 해당 평가기준들을 충족시키는지 파악하기 위한 세부질문이 이루어짐.
- 구체적인 행동·생각 등에 대해 응답할수록 높은 점수를 얻을 수 있음.

- 방식

  해당 역량의 발휘가 요구되는 일반적인 상황을 제시하고, 그러한 상황에서 어떻게 행동했었는지(과거경험)를 이야기하도록 함.
- 판단기준

  해당 역량의 수준, 경험 자체의 구체성, 진실성 등
- 특징

  추상적인 생각이나 의견 제시가 아닌 과거 경험 및 행동 중심의 질의가 이루어지므로 지원자는 사전에 본인의 과거 경험 및 사례를 정리하여 면접에 대비할 수 있음.
- 예시

지원분야		지원자		면접관	(인)
경영자원관리 조직이 보유한 인적자원을 효율적으로 활용하여, 조직 내 유·무형 자산 및 재무자원을 효율적으로 관리한다.					
주질문					
A. 어떤 과제를 처리할 때 기존에 팀이 사용했던 방식의 문제점을 찾아내 이를 보완하여 과제를 더욱 효율적으로 처리했던 경험에 대해 이야기해 주시기 바랍니다.					
세부질문					
[상황 및 과제] 사례와 관련해 당시 상황에 대해 이야기해 주시기 바랍니다. [역할] 당시 지원자께서 맡았던 역할은 무엇이었습니까? [행동] 사례와 관련해 구성원들의 설득을 이끌어 내기 위해 어떤 노력을 하였습니까? [결과] 결과는 어땠습니까?					

기대행동	평점
업무진행에 있어 한정된 자원을 효율적으로 활용한다.	① – ② – ③ – ④ – ⑤
구성원들의 능력과 성향을 파악해 효율적으로 업무를 배분한다.	① – ② – ③ – ④ – ⑤
효과적 인적/물적 자원관리를 통해 맡은 일을 무리 없이 잘 마무리한다.	① – ② – ③ – ④ – ⑤

척도해설

1 : 행동증거가 거의 드러나지 않음	2 : 행동증거가 미약하게 드러남	3 : 행동증거가 어느 정도 드러남	4 : 행동증거가 명확하게 드러남	5 : 뛰어난 수준의 행동증거가 드러남
관찰기록 : 총평 :				

※ 실제 적용되는 평가지는 기업/기관마다 다름.

2 상황면접(Situational Interview)

면접 프로세스

안내
지원자는 입실 후, 면접관을 통해 인사말과 면접에 대한 간단한 안내를 받음.

질문
- 지원자는 상황질문지를 검토하거나 면접관을 통해 상황 및 질문을 제공받음.
- 면접관의 질문이나 질문지의 의도를 파악하여 응답할 수 있도록 함.

세부질문
- 지원자가 응답한 내용을 토대로 해당 평가기준들을 충족시키는지 파악하기 위한 세부질문이 이루어짐.
- 구체적인 행동·생각 등에 대해 응답할수록 높은 점수를 얻을 수 있음.

- 방식
  직무 수행 시 접할 수 있는 상황들을 제시하고, 그러한 상황에서 어떻게 행동할 것인지(행동의도)를 이야기하도록 함.
- 판단기준
  해당 상황에 맞는 해당 역량의 구체적 행동지표
- 특징
  지원자의 가치관, 태도, 사고방식 등의 요소를 평가하는 데 용이함.

• 예시

지원분야		지원자		면접관	(인)
유관부서협업 타 부서의 업무협조요청 등에 적극적으로 협력하고 갈등 상황이 발생하지 않도록 이해관계를 조율하며 관련 부서의 협업을 효과적으로 이끌어 낸다.					
주질문					
당신은 생산관리팀의 팀원으로, 2개월 뒤에 제품 A를 출시하기 위해 생산팀의 생산 계획을 수립한 상황입니다. 그러나 원가가 곧 실적으로 이어지는 구매팀에서는 최대한 원가를 줄여 전반적 단가를 낮추려고 원가절감을 위한 제안을 하였으나, 연구개발팀에서는 구매팀이 제안한 방식으로 제품을 생산할 경우 대부분이 구매팀의 실적으로 산정될 것이므로 제대로 확인도 해 보지 않은 채 적합하지 않은 방식이라고 판단하고 있습니다. 당신은 어떻게 하겠습니까?					
세부질문					
[상황 및 과제] 이 상황의 핵심적인 이슈는 무엇이라고 생각합니까? [역할] 당신의 역할을 더 잘 수행하기 위해서는 어떤 점을 고려해야 하겠습니까? 왜 그렇게 생각합니까? [행동] 당면한 과제를 해결하기 위해서 구체적으로 어떤 조치를 취하겠습니까? 그 이유는 무엇입니까? [결과] 그 결과는 어떻게 될 것이라고 생각합니까? 그 이유는 무엇입니까?					

척도해설

1 : 행동증거가 거의 드러나지 않음	2 : 행동증거가 미약하게 드러남	3 : 행동증거가 어느 정도 드러남	4 : 행동증거가 명확하게 드러남	5 : 뛰어난 수준의 행동증거가 드러남
관찰기록 : 총평 :				

※ 실제 적용되는 평가지는 기업/기관마다 다름.

3 발표면접(Presentation)

면접 프로세스

안내
- 입실 후 지원자는 면접관으로부터 인사말과 발표면접에 대해 간략히 안내받음.
- 면접 전 지원자는 과제 검토 및 발표 준비시간을 가짐.

발표
- 지원자들이 과제 주제와 관련하여 정해진 시간 동안 발표를 실시함.
- 면접관은 발표내용 중 평가요소와 관련해 나타난 가점 및 감점요소들을 평가하게 됨.

질문응답
- 발표 종료 후 면접관은 정해진 시간 동안 지원자의 발표내용과 관련해 구체적인 내용을 확인하기 위한 질문을 함.
- 지원자는 면접관의 질문의도를 정확히 파악하여 적절히 응답할 수 있도록 함.
- 응답 시 명확하고 자신있게 전달할 수 있도록 함.

- 방식
  지원자가 특정 주제와 관련된 자료(신문기사, 그래프 등)를 검토하고, 그에 대한 자신의 생각을 면접관 앞에서 발표하며 추가 질의응답이 이루어짐.
- 판단기준
  지원자의 사고력, 논리력, 문제해결능력 등
- 특징
  과제를 부여한 후, 지원자들이 과제를 수행하는 과정과 결과를 관찰 · 평가함. 과제수행의 결과뿐 아니라 과제수행 과정에서의 행동을 모두 평가함.

4 토론면접(Group Discussion)

면접 프로세스

안내
- 입실 후, 지원자들은 면접관으로부터 토론 면접의 전반적인 과정에 대해 안내받음.
- 지원자는 정해진 자리에 착석함.

토론
- 지원자들이 과제 주제와 관련하여 정해진 시간 동안 토론을 실시함(시간은 기관별 상이).
- 지원자들은 면접 전 과제 검토 및 토론 준비시간을 가짐.
- 토론이 진행되는 동안, 지원자들은 다른 토론자들의 발언을 경청하여 적절히 본인의 의사를 전달할 수 있도록 함. 더불어 적극적인 태도로 토론면접에 임하는 것도 중요함.

마무리 (5분 이내)
- 면접 종료 전, 지원자들은 토론을 통해 도출한 결론에 대해 첨언하고 적절히 마무리 지음.
- 본인의 의견을 전달하는 것과 동시에 다른 토론자를 배려하는 모습도 중요함.

- 방식
  상호갈등적 요소를 가진 과제 또는 공통의 과제를 해결하는 내용의 토론 과제(신문기사, 그래프 등)를 제시하고, 그 과정에서 개인 간의 상호작용 행동을 관찰함.
- 판단기준
  팀워크, 갈등 조정, 의사소통능력 등
- 특징
  면접에서 최종안을 도출하는 것도 중요하나 주장의 옳고 그름이 아닌 결론을 도출하는 과정과 말하는 자세 등도 중요함.

5 역할연기면접(Role Play Interview)

• 방식
기업 내 발생 가능한 상황에서 부딪히게 되는 문제와 역할을 가상적으로 설정하여 특정 역할을 맡은 사람과 상호작용하고 문제를 해결해 나가도록 함.

• 판단기준
대처능력, 대인관계능력, 의사소통능력 등

• 특징
실제 상황과 유사한 가상 상황에서 지원자의 성격이나 대처 행동 등을 관찰할 수 있음.

6 집단면접(Group Activity)

• 방식
지원자들이 팀(집단)으로 협력하여 정해진 시간 안에 활동 또는 게임을 하며 면접관들은 지원자들의 행동을 관찰함.

• 판단기준
대인관계능력, 팀워크, 창의성 등

• 특징
기존 면접보다 오랜 시간 관찰을 하여 지원자들의 평소 습관이나 행동들을 관찰하려는 데 목적이 있음.

03 면접 최신 기출 주제

1 면접 빈출키워드

- 직무별 업무내용
- 특정 상황에서의 교육방법
- 개인정보법
- 전화 응대법
- 업무자세 / 마음가짐
- 교사, 동료와의 갈등 해결 방법
- 업무 처리 방법
- 해당 교육청의 교육목표
- 교육공무직원의 의무
- 민원 대처방법
- 업무분장
- 공문서

2 부산광역시교육청 교육공무직원 최신 면접 기출

2024년

늘봄교무행정실무원	1. 늘봄교무행정실무원이 필요한 이유와 어떤 마음으로 일한 것인지를 말해 보시오.
	2. 부산형 늘봄이 무엇인지, 늘봄교무행정실무원의 업무가 무엇인지 말해 보시오.
	3. 학생 관련 안전사고가 발생했을 때 어떻게 대처하겠는가?
	4. 늘봄 업무의 경계가 불분명할 때의 해결 방안과 동료와의 갈등 해결 방안을 말해 보시오.
교육실무원	1. 교육공무직원의 의무 3가지를 말해 보시오.
	2. 교육실무원의 업무 3가지를 구체적으로 말해 보시오.
	3. 악성민원을 처리하는 방법을 매뉴얼에 맞게 말해 보시오.
	4. 교사 두 명이 서로 다른 업무 지원을 동시에 요청한다면 어떻게 대처할 것인가?
특수교육실무원	1. 특수교육실무원의 자세 4가지를 말해 보시오.
	2. 시각장애 학생의 식사지도 방법을 말해 보시오.
	3. 장애 유형을 5가지 이상 말해 보시오.
	4. 통합반에서 교사와 갈등이 발생할 경우 어떻게 대처하겠는가?

2023년

돌봄전담사	1. 돌봄교실이 공사 중이라서 운영이 안 될 때 어떻게 할 것인가?
	2. 급식, 안전, 생활, 귀가지도 중 가장 중요하게 생각하는 분야 하나를 고르고 그 지도 방법 5가지 이상을 말해 보시오.
	3. 새 아파트 단지가 생겨서 입주할 학생이 많은데 가입학식 이후 입급 선정이 진행되면 돌봄전담사로서 어떻게 할 것인가?
	4. 학부모 만족도를 높일 수 있는 운영 방안 4가지를 말해 보시오.
특수교육실무원	1. 특수교사와 아동과의 관계에서의 올바른 자세를 말해 보시오.
	2. 장애아동이 소변 실수를 했을 때 어떻게 할 것인가?
	3. 현장학습 시 대처 및 지원방법을 말해 보시오.
	4. 본인의 장점과 학교 내 여러 사람들과 협력하는 데 그 장점을 어떻게 활용할 것인지 말해 보시오.
교육실무원	1. 교육실무원 지원동기 2가지 이상을 말해 보시오.
	2. 학교에서 학부모 대상 연수를 진행한다면 교육실무원으로서 무슨 일을 할 것인가?
	3. 교육실무원이 하는 일이 무엇인가?

2022년

특수교육실무원	1. 뇌전증이 있는 특수 아동이 수업 중 발작을 시작할 때 어떻게 대처할 것인가?
	2. 특수 아동이 계속 교문을 나가려 할 때(무단이탈) 이에 대한 사전 방안은?
	3. 특수 아동의 등교 지원 시 학생이 20분 늦게 도착하게 됐을 때 어떻게 할 것인가?
	4. 특수교육실무원의 역할과 자세는?
교육실무원	1. 학교 기록물 종류와 관리법에 대해 아는 대로 말해 보시오.
	2. 정보공개법률에 따라 정보공개가 원칙인데, 공개하지 않아도 되는 정보는 무엇인가?
	3. 교직원과 갈등이 발생할 경우 어떻게 대처할 것인가?
	4. 교육실무원의 기본자세는?

2021년

특수교육실무원	1. 특수교육실무원의 역량 및 자질에는 무엇이 있는가?
	2. 자폐아동의 특징 2가지와 지도 방식 3가지를 말해 보시오.
	3. 수업 중 난폭한 행동에 대한 대처 방안을 말해 보시오.
	4. 아동학대를 목격했을 때의 대처 방안을 말해 보시오.
	5. 학교 구성원과의 갈등 시 대처 방안을 말해 보시오.

3 그 외 지역 교육공무직원 최신 면접 기출

2025년

경남

공통질문	1. 경남교육청에서 진행하고 있는 청렴, 반부패 정책에 대해 설명하고, 본인의 직종에서 실천할 수 있는 방안을 말해 보시오.
	2. 새로운 업무를 맡게 되었는데, 그 업무가 다른 부서나 직무 담당자와 책임 범위가 겹친다. 이때 서로가 자신의 일이 아니라고 미루거나 책임을 떠넘기는 갈등이 발생할 수 있다. 그런 상황에서 어떻게 대처하겠는가?
	3. 학교 교과과정에 포함된 안전 관련 정책을 설명하고, 이와 관련한 안전사고 예방법에 대해 말해 보시오.
	4. 경남의 교육정책 중 생태전환교육에 대해 아는 대로 말하고, 본인의 직무와 관련하여 어떤 사업을 진행할 수 있을지 말해 보시오.
돌봄전담사	1. 학부모 민원이 발생했을 때 어떻게 대처하겠는가?
	2. 늘봄학교를 추진하는 이유를 말해 보시오.
유치원방과후전담사	1. 놀이중심 누리과정과 관련하여 어떻게 지도할 것인가?
	2. 유치원방과후전담사의 업무와 자신의 강점을 말해 보시오.
	3. 급 · 간식의 보존식 보관에 대해 설명해 보시오.
특수교육실무원	1. 특수교육법에 따른 장애유형을 아는 대로 말해 보시오.
	2. 시각장애 친구가 학급에 있다면 어떻게 지원할 것인가?
	3. 휠체어 등 보조도구는 장애를 가진 아이들에게 어떤 의미인가?
조리사	1. 인력이 줄었을 때 어떻게 대처할 것인가?
	2. 학교 급식에서의 해썹(HACCP)의 정의에 대해 말해 보시오.
	3. 생과일 채소 세척 순서와 전처리 시 위생 방법을 아는 대로 말해 보시오.

충남

교육복지사	1. 교육복지사가 하는 일에 대해 설명해 보시오.
	2. 폭력적인 민원인에 대응하는 방법을 말해 보시오.
	3. 동료와 갈등이 발생했을 때 어떻게 해결하겠는가?
특수교육실무원	1. 특수아동이 난폭한 행동이나 뛰쳐나가는 등의 돌발행동을 할 때 어떻게 대처하겠는가?
	2. 일을 하며 성취감이나 보람을 어떻게 느낄 것 같은가?
	3. 담임교사와 갈등이 발생한다면 어떻게 대처하겠는가?

초등돌봄 전담사	1. 동료와 갈등 상황이 발생할 때 어떻게 대처하겠는가?
	2. 지원한 동기와 돌봄 업무에 대해 아는 대로 말해 보시오.
	3. 돌봄전담사의 자세에 대해 말해 보시오.

경북

늘봄행정 실무사	1. 늘봄행정실무사로서의 자신의 강점과 일상생활에 그 강점을 적용한 사례를 말해 보시오.
	2. 늘봄 운영에 대한 심사가 곧 시작된다. 늘봄학교 운영계획에 포함되어야 할 내용 5가지를 말해 보시오.
	3. 학생들이 원하는 프로그램의 강사가 구해지지 않을 때 본인이 할 수 있는 방법 3가지를 말해 보시오.
	4. 맞춤형프로그램 학부모 만족도 조사 결과, 만족도가 낮을 경우 만족도를 올리는 방법 3가지를 말해 보시오.
	5. 늘봄학교 운영을 위해서는 교직원과의 협력이 필요한데, 교직원과 협력하기 위해 가져야 할 자세 4가지를 말해 보시오.

울산

늘봄 · 교무 행정실무사	1. 울산교육 비전이 무엇인지 응시한 직무와 연계하여 말해 보시오.
	2. 늘봄 · 교무행정실무사의 업무를 아는 대로 말해 보시오.
	3. 동료와의 갈등을 최소화할 수 있는 대처 방안을 본인의 경험과 함께 말해 보시오.

2024년

대전

특수교육 실무원	1. 교육공무직의 자세에 대해 아는 대로 말해 보시오.
	2. 장애학생 식사지도 방법 3가지를 말해 보시오.
	3. 특수교육법 장애유형을 6가지 이상 말해 보시오.
조리원	1. 영양사 선생님의 부당한 업무지시에 어떻게 대처할 것인가?
	2. 조리원 위생조리복장에 대해 말해 보시오.
	3. 조리원의 자세에 대해 말해 보시오.
	4. 안전사고가 발생했을 때 어떻게 대처해야 하는가?
돌봄전담사	1. 교육공무직원의 올바른 자세를 말해 보시오.
	2. 본인의 업무가 아닌 학교 행사 등의 지원 업무를 지시받는다면 어떻게 하겠는가?
	3. 학교폭력 예방 방안 3가지를 말해 보시오.
	4. 2학기부터 늘봄학교가 운영되는데 돌봄교실의 위상과 역할은 무엇인지, 돌봄에서 중요하다고 생각하는 점을 말해 보시오.
교무행정 늘봄실무원	1. 교육공무직원의 자세와 그중 본인이 가장 중요하게 생각하는 자세를 이유와 함께 말해 보시오.
	2. 늘봄강사가 아이를 소홀하게 봤다는 학부모의 민원이 들어올 경우 어떻게 대처하겠는가?
	2-1. 이와 같은 민원을 방지하기 위해 어떠한 대책을 세우겠는가?
	3. 늘봄실무원의 업무를 3가지 이상 말하고, 변화하는 교육환경에 대해 어떻게 대처할 것인지 말해 보시오.
	4. 초등학교 1학년 맞춤형 프로그램을 운영하기 위해 필요한 일 5가지와 지원 방법을 말해 보시오.

경남

공통질문	1. 지원한 동기를 말해 보시오.
	2. 내부적으로 청렴도를 높이기 위한 본인만의 실천 방안을 말해 보시오.
	3. 교육공무직 6대 덕목 중 2가지 고르고 고른 이유를 설명해 보시오.
	4. 기성세대와 MZ(신세대) 사이에 갈등이 많이 발생하는데, 조직 내 세대 간 갈등, 차이를 해결 또는 극복하기 위한 방안을 말해 보시오.
	5. 경남교육의 가치인 공존과 자립에 대해 아는 대로 말해 보시오.
	6. 경남교육청 브랜드슬로건 '아이좋아'에 대해 설명해 보시오.
	7. 직장동료와 트러블이 생겼을 때 어떻게 할 것인가?
	8. 본인실수로 문제가 생겼을 때 어떻게 할 것인가?

돌봄전담사	1. 학부모 동행 귀가 시 유의사항에 대해 말해 보시오.
	2. 돌봄교실 평가방법에 대해 말하시오.
	3. 돌봄교실 목표와 추진과제에 대해 말하시오.
	4. 복지와 관련해서 오후돌봄교실에 대해 말해 보시오.
	5. 알레르기가 있는 학생에 대한 급 · 간식 지도에 대해 말해 보시오.
	6. 돌봄전담사는 아동학대 신고 의무자이다. 이와 관련되어 아는 것을 모두 말해 보시오.
특수교육 실무원	1. 학부모가 통학지원 중에 상담전화를 했을 때, 어떻게 대처할 것인가?
	2. 특수아동이 돌발행동을 했을 때 어떻게 대처할 것인가?
	3. 자폐아동의 특징을 3가지 말해 보시오.

충남

교무행정사	1. 부장교사와 학부모 민원이 동시에 들어올 경우 어떻게 대처할 것인가?
	2. 업무가 과중하여 초과 근무를 해야 할 것 같을 때 어떻게 대처할 것인가?
	3. 교무행정사 지원동기와 역할을 말해 보시오.
초등 돌봄전담사	1. 자녀가 따돌림을 당했다는 학부모 민원 전화에 어떻게 대처할 것인가?
	2. 과중한 업무에 대한 대처 방법을 말해 보시오.
	3. 친절과 공정의 의무 사항을 학부모에게 어떻게 보여줄 것인가?
늘봄실무사	1. 늘봄 업무 민원을 가진 학부모가 연락해 왔을 때 어떻게 대처할 것인가?
	2. 교직원과 의견충돌 시 대처 방법을 말해 보시오.
	3. 늘봄학교 도입 배경과 늘봄실무사로서의 역할을 말해 보시오.
특수교육 실무원	1. 학교에 중요한 행사가 있는데, 집안일로 위급한 상황이 생긴 경우 어떻게 대처할 것인가?
	2. 실무원이 된다면 자기계발을 어떻게 하겠는가?
	3. 본인의 잘못으로 민원이 발생했다면 어떻게 대처할 것인가?

울산

돌봄전담사	1. 상사가 본인 업무 외의 다른 업무를 지시했을 때 또는 부당한 업무를 지시했을 때 어떻게 대처할 것인가?
	2. 돌봄전담사의 역할은 무엇이라고 생각하는가?
	3. 돌봄교실 프로그램을 구성할 때 고려해야 하는 사항은 어떤 점들이라고 생각하는가?

특수교육 실무사	1. 특수교육실무사의 상사가 부당한 업무를 지시한다면 어떻게 대처할 것인가?
	2. 특수실무 업무를 막상 해보니 적성에 맞지 않았다. 이럴 경우 어떻게 대처할 것인가?
	3. 특수교육실무사의 주된 업무 2가지를 말해 보시오.
	4. 특수아동을 지도하는 방법 2가지를 말해 보시오.
	5. 학부모 민원이 들어올 경우 어떻게 대처할 것인가?
조리사	1. 조리사에 지원한 동기를 말해 보시오.
	2. 식중독 예방법에 대해 아는 대로 말해 보시오.
	3. 조리사의 업무에 대해 아는 대로 말해 보시오.
	4. 본인 업무가 끝난 후 업무가 남은 동교가 있다면 어떻게 할 것인가?
	5. 상사가 타 업무를 추가적으로 시켰을 경우 어떻게 할 것인가?
	6. 동료와의 불화가 발생했을 때 이를 어떻게 대처할 것인가?

전북

늘봄실무사	1. 학교는 공공기관이므로 봉사정신이 필요한데, 자신의 봉사경험을 말해보고 그것을 늘봄실무사로서 일하면서 어떻게 적용시킬 것인지 말해 보시오.
	2. 자신이 살면서 경험했던 봉사활동을 토대로 교육공무직에 어떻게 적용시켜 일할 수 있는지 말해 보시오.
	3. 늘봄실무사와 돌봄전담사가 하는 일을 각각 이야기하고, 어떻게 협력하여 일할 것인지 말해 보시오.
	4. 늘봄실무사의 역할에 대해 아는 대로 말해 보시오.
	5. 전북교육청 늘봄학교의 중점 과제를 말해 보시오.
	6. 전북 교육 기본방향이 학생중심, 미래교육인데, 이 정책방향을 늘봄실무사로서 어떻게 적용하여 일할 수 있는지 말해 보시오.
교육복지사	1. 자신의 봉사경험을 말해보고 그것을 교육복지사로서 일하면서 어떻게 적용시킬 것인지 말해 보시오.
	2. 교육복지사의 역할과 업무는 무엇인지 말해 보시오.
	3. 최근 일어났던 전북지역의 일가족 사망사건과 관련하여 위기개입을 어떻게 하고 지역사회와 맞춤형 지원을 어떻게 할 것인가?

경북

특수교육 실무사	1. 특수교사와 갈등이 생겼을 경우 어떻게 대처할 것인가?
	2. 장애에 대한 특수교육법 4조의 특수교육대상자와 학부모에 대한 차별금지 사항에 관해 말해 보시오.
	3. 바지를 벗는 행동을 하는 특수교육 대상아동 지원방법을 말해 보시오.

2023년

전북

조리실무사	1. 지원한 동기를 말하고 자기소개를 해 보시오.
	2. 자신의 단점에 대해 말해 보시오.
	3. 손을 씻어야 할 때를 아는 대로 말해 보시오.
	4. HACCP에 대해 아는 대로 설명하시오.
특수교육 지도사	1. 지원동기를 말해 보시오.
	2. 자신의 단점과 보완방법을 말해 보시오.

충남

특수교육 실무원	1. 폭력적인 아이가 물건을 집어 던진다면 어떻게 대처할 것인가?
	2. 특수교육 대상자인 아동이 특수교육실무원에게 폭력을 당했다는 학부모 민원이 발생한다면 어떻게 대처할 것인가?
돌봄전담사	1. 발령받은 학교가 원한 곳이 아니거나 가정에서 먼 곳이라면 어떻게 하겠는가?
	2. 반복적인 민원이 들어온다면 어떻게 대처하겠는가?
	3. 돌봄전담사의 역할과 그 역할을 잘 수행하기 위한 자기계발 방법을 말해 보시오.

대전

공통질문	1. 교육공무직의 역할, 자세, 지원동기를 말해 보시오.
	2. 업무공백이 생길 경우 어떻게 할 것인가?
돌봄전담사	1. 돌봄교실 인원이 다 찼는데 추가인원 요청이 있을 경우 어떻게 할 것인가?
	2. 돌봄교실 내 안전사고 예방을 위해 어떻게 하겠는가?
특수교육 실무원	1. 어떠한 실무원이 되고 싶은가?
	2. 아이들과 라포형성을 어떻게 하겠는가?
	3. 특수교육실무원의 자세 3가지를 말해 보시오.
전문상담사	1. 전문상담사의 인성적 자질에 대해 말해 보시오.
	2. 비밀보장 예외원칙에 따라 상담자 비밀에 대해 요청받을 수 있는 경우는?
체험해설 실무원	1. 의식 잃은 사람에게 구급처치 하는 방법과 제세동기 사용에 대해 말해 보시오.
	2. 과학전시물 주제에 따라 시연해 보시오.

2022년

경북

조리원	1. 조리원의 역할에 대해 아는 대로 말해 보시오.
	2. 배식 중 좋아하는 반찬은 많이 받으려 하고 싫어하는 음식은 받지 않으려는 학생이 있다면 어떻게 할 것인가?
	3. 손을 씻어야 하는 경우는 어떤 것이 있는가?
돌봄전담사	1. 지원한 동기와 돌봄전담사의 역할에 대해 말해 보시오.
	2. 학교 근무자로서 가져야 할 마음가짐과 자세에 대해 말해 보시오.
	3. 돌봄 학생이 다쳤는데 학부모가 치료비를 요구할 경우 어떻게 해결할 것인가?
	4. 돌봄교실에서 학생이 타인에게 해를 끼쳐 퇴원 조치를 해야 하는 경우 어떻게 해결할 것인가?

경남

조리실무사	1. 손 씻는 방법에 대해 구체적으로 설명하시오.
	2. 식중독 예방 3대 원칙은 무엇인가?
	3. 동료 간에 불화가 발생한 경우 어떻게 대처할 것인가?
	4. 자신의 캐비닛에 남의 금품이 있다면 어떻게 처리할 것인가?
	5. 일을 하게 된 동기를 20초 이내로 말해 보시오.
	6. 경남교육공동체의 소통, 공감과 관련하여 아는 대로 말해 보시오.
	7. 조리실무사는 어떤 일을 하는 사람인가?
	8. '녹색지구' 살리기를 위해 교직원으로서 학생들을 어떻게 지도할 것인가?
	9. 소독의 종류에 대해 아는 대로 말해 보시오.
	10. 악성 민원에 대처하는 방안에 대해 말해 보시오.
	11. 손을 씻어야 하는 이유 7가지를 말해 보시오.
특수행정실무사	1. 경남교육에서 목표로 하는 철학 4가지 중 3가지를 말해 보시오.
	2. 행사나 축제 등으로 야간 업무를 해야 하는데 개인 사정으로 불참해야 할 경우 어떻게 대처할 것인가?

대전

교육복지사	1. 교육공무직원이 갖춰야 할 3가지 덕목은?
	2. 다른 부서에 업무 공백이 생길 경우 해야 할 역할은 무엇인가?
	3. 교육복지 우선 지원 사업이 시작된 이유와 시행 영역에 대해 말해 보시오.
특수교육 실무원	1. 교육공무직의 의무는?
	2. 특수실무사의 직무향상을 위해 노력한 3가지와 본인이 특수실무가가 되고 싶은지 말해 보시오.
	3. 법령에 근거하여 특수 실무원이 하는 일에 대해 말해 보시오.

세종

간호사	1. 세종시교육청의 목표와 지표, 중점기 교육분야 3가지에 대해 말해 보시오.
	2. 비협조적인 구성원과 갈등이 발생했을 때 어떻게 해결할 것인가?
	3. 경련을 일으키는 아동에 대한 5가지 대응방안을 말해 보시오.
	4. 코로나19 예방 대응 4가지를 말해 보시오.

서울

돌봄전담사	1. 시간제 돌봄 연장에 관한 개인의 제안을 말해 보시오.
	2. 돌봄교실에 필요한 것은 무엇인가?
	3. 개인 실수로 인해 민원이 발생한 경우 어떻게 대처할 것인가?
	4. 시간제 돌봄 시간이 연장되었는데 그에 대한 정보와 이에 어떻게 대처하면 좋을지에 대해 말해 보시오.
특수교육 실무사	1. 자신의 장점과 지원한 직무와의 연관성에 대해 말해 보시오.
	2. 특수실무사의 역할에 대해 아는 대로 말해 보시오.
	3. 학생의 편식지도 방법 3가지를 말해 보시오.
	4. 학부모 민원 전화가 왔을 때 어떻게 대응할 것인가?
	5. 여러 가지 장애가 있는 특수장애 아이 지원에 대해 아는 대로 말해 보시오.

전북

특수교육 지도사	1. 특수교육지도사에게 필요한 자세는?
	2. 하교지도 중 학부모가 상담을 요청할 때 어떻게 대처할 것인가?
	3. 자폐아동의 특징에 대해 말해 보시오.
조리원	1. 산업재해를 예방하기 위한 방안에 대해 말해 보시오.

충북

초등돌봄 전담사	1. 최근 초등 관련 외의 자기계발을 한 사례와 좋았던 점을 말해 보시오.
	2. 초등돌봄전담사에 지원한 동기를 말해 보시오.
	3. 교육공무직원의 의무를 말해 보시오.
	4. 동료와 갈등이 발생한 경우 어떻게 대처할 것인가?
	5. 돌봄이 하는 일은 무엇인가?
	6. 학생 간 다툼이 발생한 경우 어떻게 중재할 것인가?

2021년

울산

유치원 방과후과정 전담사	1. 울산광역시교육청의 교육방향을 말하고, 이것을 유치원 방과후과정반에 어떻게 적용시켜 운영할 것인지 말해 보시오.
	2. 본인의 업무를 하기 위해서는 어떤 능력이 필요할 것 같은가? 이를 접목시킨 적이 있다면 사례를 들어 보시오.
	3. 교사들과의 마찰 시 어떻게 행동할 것인가?
	4. 전담사에게 제일 중요한 것이 무엇이라고 생각하는가?
	5. 본인의 업무 외 다른 일을 시켰을 때 어떻게 할 것인지 말해 보시오.
	6. 본인의 장단점이 무엇이라고 생각하는가?

광주

특수 교육실무사	1. 즐거운 직장 문화를 만들기 위해 무엇을 할 수 있는지 3가지를 말해 보시오.
	2. 여러 부서가 존재하고 각 부서 간 갈등이 많은데, 이를 어떻게 해결할 수 있을지 말해 보시오.
	3. 뇌병변을 앓고 있는 아이가 갑작스런 발작 시에 어떻게 대처할 것인가?
초등 돌봄전담사	1. 학교는 학생들의 안전교육이 중요하다. 안전교육 중 안전하게 귀가조치를 하기 위한 방법 3가지를 말해 보시오.
	2. 귀가시간을 지키지 않는 학부모가 있다면 어떻게 할 것인가?
	3. 저출산과 관련지어 돌봄교실의 역할은 무엇이라고 생각하는가?
과학실무사	1. 교사들을 지원하는 행정업무에 대해 어떻게 생각하는가?
	2. 과학실무사가 가져야 하는 자세 3가지에 대해 말해 보시오.
	3. 과학중점학교에 대해 어떻게 생각하는가?

경기

특수교육 지도사	1. 그간의 경력 및 학력이 특수교육지도사에 발휘될 수 있는 점을 말해 보시오.
	2. 교실에서 중복 장애, 복합적인 장애를 가진 학생들을 만났을 경우, 어떻게 지도할 것인가?
	3. 향후 인생의 계획을 말해 보시오.
	4. 다른 교사와 문제가 있을 때 어떻게 대처할 것인지 말해 보시오.
	5. 꼬집거나 소리 지르는 문제 아동에 대한 행동 대처와 대소변 실수 시 지원 방법에 대해 말해 보시오.
	6. 기억나는 특수아동이 있다면?
	7. 학부모의 상담요청이 빈번할 경우 어떻게 대처할 것인가?
	8. 원하지 않는 동네 유치원, 초등, 중등, 고등학교 발령 시 어떻게 할 것인가?
	9. 보육교사와 특수교육지도사의 업무 차이점에 대해 아는 대로 말해 보시오.
초등 돌봄전담사	1. 근무 중 다른 좋은 조건을 가진 자리가 난다면 갈 것인가?
	2. 다른 돌봄교사와 전담관리자 선생님과 의견 차이가 있어 갈등이 생길 경우, 어떻게 대처할 것인가?
	3. 돌봄교실에서 두 아이가 다툼을 하다가 다치게 된다면 어떻게 대처할 것인가?
	4. 자신의 성격의 장점을 말해 보시오.
	5. 컴퓨터 사용 능력은 어느 정도 되는가?

서울

교무행정 지원사	1. 동료가 한 달간 출근을 못하게 되었을 때 어떻게 할 것인가?
	2. 5년마다 전보 시, 이전 학교에서 하지 않은 일을 전보를 간 학교에서 하라고 한다면?
	3. 나로 인해 민원이 발생하여 학부모가 학교로 연락을 했을 경우, 어떻게 할 것인가?
특수 교육실무사	1. 나의 실수로 민원이 들어온다면 어떻게 해결할 것인가?
	2. 자폐 학생이 다른 학생에게 폭력을 행한다면 어떻게 대처할 것인가?
	3. 장특법에 나타나는 여러 장애에 대해 아는 대로 말해 보시오.

충북

특수 교육실무사	1. 자기계발을 하기 위해 어떤 노력을 했는가? 그리고 앞으로의 일을 하면서 필요한 자기계발이 있다면 어떻게 할 것인가?
	2. A 실무원이 아이의 모든 것을 도와주고 있다. 이때의 문제점과 당신이라면 어떻게 할 것인가?

경남

교무행정원	1. 기후, 환경 문제를 해결하기 위해 학교에서 할 수 있는 것은 무엇인가?
	2. 몸이 안 좋아 병원을 예약했는데 갑자기 교감선생님이 업무를 시키신다면 어떻게 할 것인가?
	3. 성인지감수성이란 무엇이며, 교내에서 성추행 상황을 목격한다면 어떻게 할 것인가?
	4. 아이톡톡에 대해 아는 대로 말해 보시오.
	5. 교육행정지원팀의 목적과 의의는?
	6. 공문서 취급 방법 4가지 이상을 말해 보시오.
	7. 학부모 민원에 대응하는 4가지 방법을 말해 보시오.
	8. 경남교육청에서 시행하고 있는 기후위기 대응운동에 대해 아는 대로 말해 보시오.
	9. 경남교육청의 정책방향 5가지 중 소통과 공감에 대해 말해 보시오.
돌봄전담사	1. 교육감이 올해 발표한 5대 교육정책은 무엇인가?
	2. 올해 돌봄교실 운영추진 목표와 과제를 말해 보시오.
	3. 여성가족부와 보건복지부에서 운영하는 각각의 돌봄교실 유형을 말해 보시오.
특수 교육실무사	1. 편식하는 아동의 지원 방법은?
	2. 특수실무원 역할 중 교수활동지원 4가지를 말해 보시오.
	3. 학교에서 직원들이 할 수 있는 코로나 예방(방역) 방법에 대해 4가지 이상 말해 보시오.

충남

교무행정사	1. 교무행정사에게 필요한 자질에 대해 아는 대로 말해 보시오.
	2. 교무행정사가 하는 일에 대해 말해 보시오.
	3. 어린 교사와 마찰이 생길 경우 어떻게 대처할 것인가?
	4. 학교에서 과중한 업무를 시킨다면 어떻게 할 것인가?
	5. 본인이 갖고 있는 자격증과 이를 업무에 어떻게 활용할 것인가?
	6. 정해진 절차와는 다르게 업무를 처리하라고 할 경우 어떻게 할 것인가?

세종

돌봄전담사	1. 김영란법의 목적과 상한가를 예로 들어 설명하라.
	2. 돌봄간식 수요조사 후, 학생들에게 나가기 전까지의 5단계는 무엇인가?
	3. 2월에 해야 할 일 4가지 이상을 말해 보시오.
	4. 합격 후 역량 강화를 위해 해야 할 일은 무엇인가?
	5. 교장선생님의 부당한 지시에 대해 어떻게 대처할 것인가?
	6. 살면서 크게 싸운 일이 있었을 텐데 어떻게 대처하였는가?

4 그 외 면접 기출

- 자신이 급하게 처리해야 할 일을 하고 있는데 상사가 부당한 일을 시키면 어떻게 하겠는가? 거절을 했는데도 계속 시키면 어떻게 하겠는가?
- 교장선생님이 퇴근시간 이후에 새로운 일을 시키면 어떻게 하겠는가?
- 교장선생님이 시키신 일을 처리하는 중에 3학년 선생님이 전화해서 일을 부탁한다면 어떻게 대처하겠는가?
- 여러 선생님들이 동시에 일을 주었을 때 처리하는 순서에 대해 말해 보시오.
- 학교 근무 시 정말 하기 싫은 일을 시키면 어떻게 할 것인가?
- 동료들과 화합하고 갈등이 일어나지 않으려면 어떤 자세가 필요한가?
- 채용 후 근무 시 전문성을 키우기 위해 자기계발을 어떻게 하겠는가?
- 결혼하게 될 사람이 직장을 그만두라고 한다면?
- 지금까지 살면서 가장 힘들었던 순간과 그 순간을 극복한 사례를 말해 보시오.
- 사무부장이 타당하지 않은 일을 시키면 어떻게 하겠는가?
- 동료가 다른 학교로 전보를 가기 싫어하고 나는 거리가 멀어 갈 수 없는 상황이라면 어떻게 하겠는가?
- 행정실무사가 하는 업무는 무엇인지 말해 보시오. 자존심이 상하거나 교사에게 상대적인 박탈감을 느낄 수 있는데 잘 적응할 수 있겠는가?
- 살아오면서 좋은 성과를 낸 협업 경험이나 자원봉사활동 경험이 있다면 말해 보시오.
- 학교 발전을 위해 자신이 할 수 있는 것을 3가지 말해 보시오.
- 돌봄교실에서 아이들을 지도할 때 기존 프로그램과 다르게 자신만의 프로그램을 시도해 보고 싶은 것이 있다면?
- 돌봄교실에서 급식이나 간식 준비 시 유의사항 및 고려사항에 대해 말해 보시오.
- 돌봄교실에서 신경 써야 할 안전교육을 3가지 이상 말하고, 안전사고 시 대처방안에 대해 설명하시오.
- 학부모로부터 3학년 ○○○ 학생에게 방과후 수업이 끝나면 이모 집으로 가라고 전해 달라는 전화가 온다면 어떻게 할 것인가?
- 현재 학교에 없는 방과후 프로그램을 학부모가 만들어 달라고 요청하는 경우 어떻게 하겠는가?
- 2020년 개정되는 교육과정은 놀이와 쉼 중심으로 이루어지는데 이를 어떻게 운영해야 하는가?
- 아이가 다쳤을 때 어떻게 처리해야 하는지 의식이 있을 때와 없을 때를 구분하여 말해 보시오.

- 산만한 아이가 다른 아이들의 학습을 방해한다면 어떻게 해결할 것인가? 힘들게 하는 학생이 있다면 어떻게 대처하겠는가?
- 공문서에 대해 말해 보시오. 학교업무나 공문서 처리방법이나 유의사항은 무엇이 있는가?
- 사서가 되면 하고 싶은 일은 무엇이며, 독서율 증진을 위해 어떤 프로그램을 하고 싶은가?
- 전화 응대 방법에 대해 말해 보시오.
- 상급 근무부서에서 근무 중 전화가 오면 어떻게 받을 것인지 절차를 설명해 보시오.
- 민원인이 전화해서 자신의 업무와 상관없는 내용을 물어보면 어떻게 응대할 것인가?
- 고성이나 폭언 민원인을 상대하는 방법에 대해 말해 보시오.
- 다음 질문이 부정청탁 금품수수에 해당하는지 여부를 말해 보시오.
  - 퇴직한 교사가 선물을 받는 것
  - 교사가 5만 원 이하의 선물을 받는 것
  - 교직원 배우자의 금품수수
  - 기간제교사의 금품수수
- ○○교육청 교육공무직원 관리규정에 나오는 교육공무직의 8가지 의무 중 4가지 이상을 말해 보시오.
- ○○교육청의 교육비전, 교육지표, 교육정책을 말해 보시오.
- 발령지가 멀 경우 근무할 수 있는가?
- 돌발상황이 많이 일어나는데 지원한 직무와 관련하여 아는 대로 말해 보시오.
- 컴퓨터를 사용할 수 있는가?
- 해당 직무를 수행할 때 가장 중요하게 생각하는 것 세 가지를 말해 보시오.
- 본인의 최대 강점은 무엇인가?
- 본인의 인생에서 가장 뿌듯했던 경험은 무엇인가?
- 자리를 비운 사이 누군가 돈봉투를 두고 간 것을 발견했다면 어떻게 할 것인가?
- 본인의 업무가 아니지만 상사가 업무를 준다면 어떻게 할 것인가?
- 학생이 없어진 것을 알게 됐다면 어떻게 할 것인가?
- 아동학대가 발생하지 않도록 예방하는 방법은?
- 정원 외 추가로 아동을 넣어달라는 학부모의 요청에 어떻게 대처할 것인가?
- 학부모가 반을 바꿔달라고 한다면 어떻게 대처할 것인가?

gosinet (주)고시넷

교육공무직원 소양평가

감독관 확인란	

기출문제복원

성명표기란

수험번호

⓪	⓪	⓪	⓪	⓪	⓪
①	①	①	①	①	①
②	②	②	②	②	②
③	③	③	③	③	③
④	④	④	④	④	④
⑤	⑤	⑤	⑤	⑤	⑤
⑥	⑥	⑥	⑥	⑥	⑥
⑦	⑦	⑦	⑦	⑦	⑦
⑧	⑧	⑧	⑧	⑧	⑧
⑨	⑨	⑨	⑨	⑨	⑨

(주민등록 앞자리 생년제외) 월일

⓪	⓪	⓪	⓪
①	①	①	①
②	②	②	②
③	③	③	③
④	④	④	④
⑤	⑤	⑤	⑤
⑥	⑥	⑥	⑥
⑦	⑦	⑦	⑦
⑧	⑧	⑧	⑧
⑨	⑨	⑨	⑨

수험생 유의사항

※ 답안은 반드시 컴퓨터용 수성사인펜으로 보기와 같이 바르게 표기해야 합니다.
〈보기〉 ① ② ③ ❹ ⑤

※ 성명표기란 위 칸에는 성명을 한글로 쓰고 아래 칸에는 성명을 정확하게 ● 표기하십시오.
(단, 성과 이름은 붙여 씁니다)

※ 수험번호 표기란 위 칸에는 아라비아 숫자로 쓰고 아래 칸에는 숫자와 일치하게 ● 표기하십시오.

※ 출생월일은 반드시 본인 주민등록번호의 생년을 제외한 월 두 자리, 일 두 자리를 표기하십시오. 〈예〉 1994년 1월 12일 → 0112

직무능력검사

문번	답란	문번	답란	문번	답란
1	① ② ③ ④	16	① ② ③ ④	31	① ② ③ ④
2	① ② ③ ④	17	① ② ③ ④	32	① ② ③ ④
3	① ② ③ ④	18	① ② ③ ④	33	① ② ③ ④
4	① ② ③ ④	19	① ② ③ ④	34	① ② ③ ④
5	① ② ③ ④	20	① ② ③ ④	35	① ② ③ ④
6	① ② ③ ④	21	① ② ③ ④	36	① ② ③ ④
7	① ② ③ ④	22	① ② ③ ④	37	① ② ③ ④
8	① ② ③ ④	23	① ② ③ ④	38	① ② ③ ④
9	① ② ③ ④	24	① ② ③ ④	39	① ② ③ ④
10	① ② ③ ④	25	① ② ③ ④	40	① ② ③ ④
11	① ② ③ ④	26	① ② ③ ④	41	① ② ③ ④
12	① ② ③ ④	27	① ② ③ ④	42	① ② ③ ④
13	① ② ③ ④	28	① ② ③ ④	43	① ② ③ ④
14	① ② ③ ④	29	① ② ③ ④	44	① ② ③ ④
15	① ② ③ ④	30	① ② ③ ④	45	① ② ③ ④

잘라서 활용하세요.

교육공무직원 소양평가

감독관 확인란	

1회 기출예상문제

성명표기란

수험번호

(주민등록 앞자리 생년제외) 월일

문번	답란	문번	답란	문번	답란
1	① ② ③ ④	16	① ② ③ ④	31	① ② ③ ④
2	① ② ③ ④	17	① ② ③ ④	32	① ② ③ ④
3	① ② ③ ④	18	① ② ③ ④	33	① ② ③ ④
4	① ② ③ ④	19	① ② ③ ④	34	① ② ③ ④
5	① ② ③ ④	20	① ② ③ ④	35	① ② ③ ④
6	① ② ③ ④	21	① ② ③ ④	36	① ② ③ ④
7	① ② ③ ④	22	① ② ③ ④	37	① ② ③ ④
8	① ② ③ ④	23	① ② ③ ④	38	① ② ③ ④
9	① ② ③ ④	24	① ② ③ ④	39	① ② ③ ④
10	① ② ③ ④	25	① ② ③ ④	40	① ② ③ ④
11	① ② ③ ④	26	① ② ③ ④	41	① ② ③ ④
12	① ② ③ ④	27	① ② ③ ④	42	① ② ③ ④
13	① ② ③ ④	28	① ② ③ ④	43	① ② ③ ④
14	① ② ③ ④	29	① ② ③ ④	44	① ② ③ ④
15	① ② ③ ④	30	① ② ③ ④	45	① ② ③ ④

수험생 유의사항

※ 답안은 반드시 컴퓨터용 수성사인펜으로 보기와 같이 바르게 표기해야 합니다.
〈보기〉 ① ② ③ ❹ ⑤

※ 성명표기란 위 칸에는 성명을 한글로 쓰고 아래 칸에는 성명을 정확하게 ● 표기하십시오.
(단, 성과 이름은 붙여 씁니다)

※ 수험번호 표기란 위 칸에는 아라비아 숫자로 쓰고 아래 칸에는 숫자와 일치하게 ● 표기하십시오.

※ 출생월일은 반드시 본인 주민등록번호의 생년을 제외한 월 두 자리, 일 두 자리를 표기하십시오. 〈예〉 1994년 1월 12일 → 0112

교육공무직원 소양평가

감독관 확인란	

2회 기출예상문제

성명표기란

수험번호

0	0	0	0	0	0
1	1	1	1	1	1
2	2	2	2	2	2
3	3	3	3	3	3
4	4	4	4	4	4
5	5	5	5	5	5
6	6	6	6	6	6
7	7	7	7	7	7
8	8	8	8	8	8
9	9	9	9	9	9

(주민등록 앞자리 생년제외) 월일

0	0	0	0
1	1	1	1
2	2	2	2
3	3	3	3
4	4	4	4
5	5	5	5
6	6	6	6
7	7	7	7
8	8	8	8
9	9	9	9

수험생 유의사항

※ 답안은 반드시 컴퓨터용 수성사인펜으로 보기와 같이 바르게 표기해야 합니다.
〈보기〉 ① ② ③ ❹ ⑤

※ 성명표기란 위 칸에는 성명을 한글로 쓰고 아래 칸에는 성명을 정확하게 ● 표기하십시오. (단, 성과 이름은 붙여 씁니다)

※ 수험번호 표기란 위 칸에는 아라비아 숫자로 쓰고 아래 칸에는 숫자와 일치하게 ● 표기하십시오.

※ 출생월일은 반드시 본인 주민등록번호의 생년을 제외한 월 두 자리, 일 두 자리를 표기하십시오. 〈예〉 1994년 1월 12일 → 0112

직무능력검사

문번	답란	문번	답란	문번	답란
1	① ② ③ ④	16	① ② ③ ④	31	① ② ③ ④
2	① ② ③ ④	17	① ② ③ ④	32	① ② ③ ④
3	① ② ③ ④	18	① ② ③ ④	33	① ② ③ ④
4	① ② ③ ④	19	① ② ③ ④	34	① ② ③ ④
5	① ② ③ ④	20	① ② ③ ④	35	① ② ③ ④
6	① ② ③ ④	21	① ② ③ ④	36	① ② ③ ④
7	① ② ③ ④	22	① ② ③ ④	37	① ② ③ ④
8	① ② ③ ④	23	① ② ③ ④	38	① ② ③ ④
9	① ② ③ ④	24	① ② ③ ④	39	① ② ③ ④
10	① ② ③ ④	25	① ② ③ ④	40	① ② ③ ④
11	① ② ③ ④	26	① ② ③ ④	41	① ② ③ ④
12	① ② ③ ④	27	① ② ③ ④	42	① ② ③ ④
13	① ② ③ ④	28	① ② ③ ④	43	① ② ③ ④
14	① ② ③ ④	29	① ② ③ ④	44	① ② ③ ④
15	① ② ③ ④	30	① ② ③ ④	45	① ② ③ ④

잘라서 활용하세요.

직무능력검사

gosinet (주)고시넷

교육공무직원 소양평가

감독관 확인란	

3회 기출예상문제

성명표기란

ㄱ ㄴ ㄷ ㄹ ㅁ ㅂ ㅅ ㅇ ㅈ ㅊ ㅋ ㅌ ㅍ ㅎ

ㅏ ㅑ ㅓ ㅕ ㅗ ㅛ ㅜ ㅠ ㅡ ㅣ ㅐ ㅒ ㅔ ㅖ ㅘ ㅙ ㅚ ㅝ ㅞ ㅟ ㅢ

수험번호

0 1 2 3 4 5 6 7 8 9

(주민등록 앞자리 생년제외) 월일

0 1 2 3 4 5 6 7 8 9

문번	답란	문번	답란	문번	답란
1	① ② ③ ④	16	① ② ③ ④	31	① ② ③ ④
2	① ② ③ ④	17	① ② ③ ④	32	① ② ③ ④
3	① ② ③ ④	18	① ② ③ ④	33	① ② ③ ④
4	① ② ③ ④	19	① ② ③ ④	34	① ② ③ ④
5	① ② ③ ④	20	① ② ③ ④	35	① ② ③ ④
6	① ② ③ ④	21	① ② ③ ④	36	① ② ③ ④
7	① ② ③ ④	22	① ② ③ ④	37	① ② ③ ④
8	① ② ③ ④	23	① ② ③ ④	38	① ② ③ ④
9	① ② ③ ④	24	① ② ③ ④	39	① ② ③ ④
10	① ② ③ ④	25	① ② ③ ④	40	① ② ③ ④
11	① ② ③ ④	26	① ② ③ ④	41	① ② ③ ④
12	① ② ③ ④	27	① ② ③ ④	42	① ② ③ ④
13	① ② ③ ④	28	① ② ③ ④	43	① ② ③ ④
14	① ② ③ ④	29	① ② ③ ④	44	① ② ③ ④
15	① ② ③ ④	30	① ② ③ ④	45	① ② ③ ④

수험생 유의사항

※ 답안은 반드시 컴퓨터용 수성사인펜으로 보기와 같이 바르게 표기해야 합니다.
〈보기〉 ① ② ③ ❹ ⑤

※ 성명표기란 위 칸에는 성명을 한글로 쓰고 아래 칸에는 성명을 정확하게 ● 표기하십시오. (단, 성과 이름은 붙여 씁니다)

※ 수험번호 표기란 위 칸에는 아라비아 숫자로 쓰고 아래 칸에는 숫자와 일치하게 ● 표기하십시오.

※ 출생월일은 반드시 본인 주민등록번호의 생년을 제외한 월 두 자리, 일 두 자리를 표기하십시오. 〈예〉 1994년 1월 12일 → 0112

교육공무직원 소양평가

감독관 확인란	

4회 기출예상문제

성명표기란

수험번호

(주민등록 앞자리 생년제외) 월일

수험생 유의사항

※ 답안은 반드시 컴퓨터용 수성사인펜으로 보기와 같이 바르게 표기해야 합니다.
〈보기〉 ① ② ③ ● ⑤

※ 성명표기란 위 칸에는 성명을 한글로 쓰고 아래 칸에는 성명을 정확하게 ● 표기하십시오. (단, 성과 이름은 붙여 씁니다)

※ 수험번호 표기란 위 칸에는 아라비아 숫자로 쓰고 아래 칸에는 숫자와 일치하게 ● 표기하십시오.

※ 출생월일은 반드시 본인 주민등록번호의 생년을 제외한 월 두 자리, 일 두 자리를 표기하십시오. 〈예〉 1994년 1월 12일 → 0112

직무능력검사

문번	답란	문번	답란	문번	답란
1	① ② ③ ④	16	① ② ③ ④	31	① ② ③ ④
2	① ② ③ ④	17	① ② ③ ④	32	① ② ③ ④
3	① ② ③ ④	18	① ② ③ ④	33	① ② ③ ④
4	① ② ③ ④	19	① ② ③ ④	34	① ② ③ ④
5	① ② ③ ④	20	① ② ③ ④	35	① ② ③ ④
6	① ② ③ ④	21	① ② ③ ④	36	① ② ③ ④
7	① ② ③ ④	22	① ② ③ ④	37	① ② ③ ④
8	① ② ③ ④	23	① ② ③ ④	38	① ② ③ ④
9	① ② ③ ④	24	① ② ③ ④	39	① ② ③ ④
10	① ② ③ ④	25	① ② ③ ④	40	① ② ③ ④
11	① ② ③ ④	26	① ② ③ ④	41	① ② ③ ④
12	① ② ③ ④	27	① ② ③ ④	42	① ② ③ ④
13	① ② ③ ④	28	① ② ③ ④	43	① ② ③ ④
14	① ② ③ ④	29	① ② ③ ④	44	① ② ③ ④
15	① ② ③ ④	30	① ② ③ ④	45	① ② ③ ④

절라서 활용하세요.

교육공무직원 소양평가

감독관 확인란	

5회 기출예상문제

성명표기란

칸	표기 항목
1	ㄱ ㄴ ㄷ ㄹ ㅁ ㅂ ㅅ ㅇ ㅈ ㅊ ㅋ ㅌ ㅍ ㅎ
2	ㅏ ㅑ ㅓ ㅕ ㅗ ㅛ ㅜ ㅠ ㅡ ㅣ ㅐ ㅒ ㅔ ㅖ ㅘ ㅙ ㅚ ㅝ ㅞ ㅟ ㅢ
3	ㄱ ㄴ ㄷ ㄹ ㅁ ㅂ ㅅ ㅇ ㅈ ㅊ ㅋ ㅌ ㅍ ㅎ
4	ㄱ ㄴ ㄷ ㄹ ㅁ ㅂ ㅅ ㅇ ㅈ ㅊ ㅋ ㅌ ㅍ ㅎ ㄲ ㄸ ㅃ ㅆ ㅉ
5	ㅏ ㅑ ㅓ ㅕ ㅗ ㅛ ㅜ ㅠ ㅡ ㅣ ㅐ ㅒ ㅔ ㅖ ㅘ ㅙ ㅚ ㅝ ㅞ ㅟ ㅢ
6	ㄱ ㄴ ㄷ ㄹ ㅁ ㅂ ㅅ ㅇ ㅈ ㅊ ㅋ ㅌ ㅍ ㅎ ㄲ ㄸ ㅃ ㅆ ㅉ ㄺ ㄻ
7	ㄱ ㄴ ㄷ ㄹ ㅁ ㅂ ㅅ ㅇ ㅈ ㅊ ㅋ ㅌ ㅍ ㅎ ㄲ ㄸ ㅃ ㅆ ㅉ
8	ㅏ ㅑ ㅓ ㅕ ㅗ ㅛ ㅜ ㅠ ㅡ ㅣ ㅐ ㅒ ㅔ ㅖ ㅘ ㅙ ㅚ ㅝ ㅞ ㅟ ㅢ
9	ㄱ ㄴ ㄷ ㄹ ㅁ ㅂ ㅅ ㅇ ㅈ ㅊ ㅋ ㅌ ㅍ ㅎ ㄲ ㄸ ㅃ ㅆ ㅉ ㄺ ㄻ
10	ㄱ ㄴ ㄷ ㄹ ㅁ ㅂ ㅅ ㅇ ㅈ ㅊ ㅋ ㅌ ㅍ ㅎ ㄲ ㄸ ㅃ ㅆ ㅉ
11	ㅏ ㅑ ㅓ ㅕ ㅗ ㅛ ㅜ ㅠ ㅡ ㅣ ㅐ ㅒ ㅔ ㅖ ㅘ ㅙ ㅚ ㅝ ㅞ ㅟ ㅢ
12	ㄱ ㄴ ㄷ ㄹ ㅁ ㅂ ㅅ ㅇ ㅈ ㅊ ㅋ ㅌ ㅍ ㅎ ㄲ ㄸ ㅃ ㅆ ㅉ ㄺ ㄻ

수험번호

0	0	0	0	0	0
1	1	1	1	1	1
2	2	2	2	2	2
3	3	3	3	3	3
4	4	4	4	4	4
5	5	5	5	5	5
6	6	6	6	6	6
7	7	7	7	7	7
8	8	8	8	8	8
9	9	9	9	9	9

(주민등록 앞자리 생년제외) 월일

0	0	0	0
1	1	1	1
2	2	2	2
3	3	3	3
4	4	4	4
5	5	5	5
6	6	6	6
7	7	7	7
8	8	8	8
9	9	9	9

수험생 유의사항

※ 답안은 반드시 컴퓨터용 수성사인펜으로 보기와 같이 바르게 표기해야 합니다.
〈보기〉 ① ② ③ ❹ ⑤

※ 성명표기란 위 칸에는 성명을 한글로 쓰고 아래 칸에는 성명을 정확하게 ● 표기하십시오. (단, 성과 이름은 붙여 씁니다)

※ 수험번호 표기란 위 칸에는 아라비아 숫자로 쓰고 아래 칸에는 숫자와 일치하게 ● 표기하십시오.

※ 출생월일은 반드시 본인 주민등록번호의 생년을 제외한 월 두 자리, 일 두 자리를 표기하십시오. 〈예〉 1994년 1월 12일 → 0112

직무능력검사

문번	답란	문번	답란	문번	답란
1	① ② ③ ④	16	① ② ③ ④	31	① ② ③ ④
2	① ② ③ ④	17	① ② ③ ④	32	① ② ③ ④
3	① ② ③ ④	18	① ② ③ ④	33	① ② ③ ④
4	① ② ③ ④	19	① ② ③ ④	34	① ② ③ ④
5	① ② ③ ④	20	① ② ③ ④	35	① ② ③ ④
6	① ② ③ ④	21	① ② ③ ④	36	① ② ③ ④
7	① ② ③ ④	22	① ② ③ ④	37	① ② ③ ④
8	① ② ③ ④	23	① ② ③ ④	38	① ② ③ ④
9	① ② ③ ④	24	① ② ③ ④	39	① ② ③ ④
10	① ② ③ ④	25	① ② ③ ④	40	① ② ③ ④
11	① ② ③ ④	26	① ② ③ ④	41	① ② ③ ④
12	① ② ③ ④	27	① ② ③ ④	42	① ② ③ ④
13	① ② ③ ④	28	① ② ③ ④	43	① ② ③ ④
14	① ② ③ ④	29	① ② ③ ④	44	① ② ③ ④
15	① ② ③ ④	30	① ② ③ ④	45	① ② ③ ④

gosinet (주)고시넷

교육공무직원 소양평가

감독관 확인란	

6회 기출예상문제

성명표기란

㉠ ㉡ ㉢ ㉣ ㉤ ㉥ ㉦ ㉧ ㉨ ㉩ ㉪ ㉫ ㉬ ㉭	ㅏ ㅑ ㅓ ㅕ ㅗ ㅛ ㅜ ㅠ ㅡ ㅣ ㅐ ㅒ ㅔ ㅖ ㅘ ㅙ ㅚ ㅝ ㅞ ㅟ ㅢ	㉠ ㉡ ㉢ ㉣ ㉤ ㉥ ㉦ ㉧ ㉨ ㉩ ㉪ ㉫ ㉬ ㉭	㉠ ㉡ ㉢ ㉣ ㉤ ㉥ ㉦ ㉧ ㉨ ㉩ ㉪ ㉫ ㉬ ㉭ ㄲ ㄸ ㅃ ㅆ ㅉ	ㅏ ㅑ ㅓ ㅕ ㅗ ㅛ ㅜ ㅠ ㅡ ㅣ ㅐ ㅒ ㅔ ㅖ ㅘ ㅙ ㅚ ㅝ ㅞ ㅟ ㅢ	㉠ ㉡ ㉢ ㉣ ㉤ ㉥ ㉦ ㉧ ㉨ ㉩ ㉪ ㉫ ㉬ ㉭ ㄲ ㄸ ㅃ ㅆ ㅉ ㄺ ㄻ	㉠ ㉡ ㉢ ㉣ ㉤ ㉥ ㉦ ㉧ ㉨ ㉩ ㉪ ㉫ ㉬ ㉭ ㄲ ㄸ ㅃ ㅆ ㅉ	ㅏ ㅑ ㅓ ㅕ ㅗ ㅛ ㅜ ㅠ ㅡ ㅣ ㅐ ㅒ ㅔ ㅖ ㅘ ㅙ ㅚ ㅝ ㅞ ㅟ ㅢ	㉠ ㉡ ㉢ ㉣ ㉤ ㉥ ㉦ ㉧ ㉨ ㉩ ㉪ ㉫ ㉬ ㉭ ㄲ ㄸ ㅃ ㅆ ㅉ ㄺ ㄻ	㉠ ㉡ ㉢ ㉣ ㉤ ㉥ ㉦ ㉧ ㉨ ㉩ ㉪ ㉫ ㉬ ㉭ ㄲ ㄸ ㅃ ㅆ ㅉ	ㅏ ㅑ ㅓ ㅕ ㅗ ㅛ ㅜ ㅠ ㅡ ㅣ ㅐ ㅒ ㅔ ㅖ ㅘ ㅙ ㅚ ㅝ ㅞ ㅟ ㅢ	㉠ ㉡ ㉢ ㉣ ㉤ ㉥ ㉦ ㉧ ㉨ ㉩ ㉪ ㉫ ㉬ ㉭ ㄲ ㄸ ㅃ ㅆ ㅉ ㄺ ㄻ

수험번호

⓪ ① ② ③ ④ ⑤ ⑥ ⑦ ⑧ ⑨	⓪ ① ② ③ ④ ⑤ ⑥ ⑦ ⑧ ⑨	⓪ ① ② ③ ④ ⑤ ⑥ ⑦ ⑧ ⑨	⓪ ① ② ③ ④ ⑤ ⑥ ⑦ ⑧ ⑨	⓪ ① ② ③ ④ ⑤ ⑥ ⑦ ⑧ ⑨	⓪ ① ② ③ ④ ⑤ ⑥ ⑦ ⑧ ⑨

(주민등록 앞자리 생년제외) 월일

⓪ ① ② ③ ④ ⑤ ⑥ ⑦ ⑧ ⑨	⓪ ① ② ③ ④ ⑤ ⑥ ⑦ ⑧ ⑨	⓪ ① ② ③ ④ ⑤ ⑥ ⑦ ⑧ ⑨	⓪ ① ② ③ ④ ⑤ ⑥ ⑦ ⑧ ⑨

수험생 유의사항

※ 답안은 반드시 컴퓨터용 수성사인펜으로 보기와 같이 바르게 표기해야 합니다.
〈보기〉 ① ② ③ ❹ ⑤

※ 성명표기란 위 칸에는 성명을 한글로 쓰고 아래 칸에는 성명을 정확하게 ● 표기하십시오.
(단, 성과 이름은 붙여 씁니다)

※ 수험번호 표기란 위 칸에는 아라비아 숫자로 쓰고 아래 칸에는 숫자와 일치하게 ● 표기하십시오.

※ 출생월일은 반드시 본인 주민등록번호의 생년을 제외한 월 두 자리, 일 두 자리를 표기하십시오. 〈예〉 1994년 1월 12일 → 0112

직무능력검사

문번	답란	문번	답란	문번	답란
1	① ② ③ ④	16	① ② ③ ④	31	① ② ③ ④
2	① ② ③ ④	17	① ② ③ ④	32	① ② ③ ④
3	① ② ③ ④	18	① ② ③ ④	33	① ② ③ ④
4	① ② ③ ④	19	① ② ③ ④	34	① ② ③ ④
5	① ② ③ ④	20	① ② ③ ④	35	① ② ③ ④
6	① ② ③ ④	21	① ② ③ ④	36	① ② ③ ④
7	① ② ③ ④	22	① ② ③ ④	37	① ② ③ ④
8	① ② ③ ④	23	① ② ③ ④	38	① ② ③ ④
9	① ② ③ ④	24	① ② ③ ④	39	① ② ③ ④
10	① ② ③ ④	25	① ② ③ ④	40	① ② ③ ④
11	① ② ③ ④	26	① ② ③ ④	41	① ② ③ ④
12	① ② ③ ④	27	① ② ③ ④	42	① ② ③ ④
13	① ② ③ ④	28	① ② ③ ④	43	① ② ③ ④
14	① ② ③ ④	29	① ② ③ ④	44	① ② ③ ④
15	① ② ③ ④	30	① ② ③ ④	45	① ② ③ ④

잘라서 활용하세요.

교육공무직원 소양평가

감독관 확인란	

7회 기출예상문제

성명표기란

수험번호

⓪ ① ② ③ ④ ⑤ ⑥ ⑦ ⑧ ⑨

(주민등록 앞자리 생년제외) 월일

수험생 유의사항

※ 답안은 반드시 컴퓨터용 수성사인펜으로 보기와 같이 바르게 표기해야 합니다.
〈보기〉 ① ② ③ ❹ ⑤

※ 성명표기란 위 칸에는 성명을 한글로 쓰고 아래 칸에는 성명을 정확하게 ● 표기하십시오.
(단, 성과 이름은 붙여 씁니다)

※ 수험번호 표기란 위 칸에는 아라비아 숫자로 쓰고 아래 칸에는 숫자와 일치하게 ● 표기하십시오.

※ 출생월일은 반드시 본인 주민등록번호의 생년을 제외한 월 두 자리, 일 두 자리를 표기하십시오. 〈예〉 1994년 1월 12일 → 0112

직무능력검사

문번	답란	문번	답란	문번	답란
1	① ② ③ ④	16	① ② ③ ④	31	① ② ③ ④
2	① ② ③ ④	17	① ② ③ ④	32	① ② ③ ④
3	① ② ③ ④	18	① ② ③ ④	33	① ② ③ ④
4	① ② ③ ④	19	① ② ③ ④	34	① ② ③ ④
5	① ② ③ ④	20	① ② ③ ④	35	① ② ③ ④
6	① ② ③ ④	21	① ② ③ ④	36	① ② ③ ④
7	① ② ③ ④	22	① ② ③ ④	37	① ② ③ ④
8	① ② ③ ④	23	① ② ③ ④	38	① ② ③ ④
9	① ② ③ ④	24	① ② ③ ④	39	① ② ③ ④
10	① ② ③ ④	25	① ② ③ ④	40	① ② ③ ④
11	① ② ③ ④	26	① ② ③ ④	41	① ② ③ ④
12	① ② ③ ④	27	① ② ③ ④	42	① ② ③ ④
13	① ② ③ ④	28	① ② ③ ④	43	① ② ③ ④
14	① ② ③ ④	29	① ② ③ ④	44	① ② ③ ④
15	① ② ③ ④	30	① ② ③ ④	45	① ② ③ ④

교육공무직원 소양평가

감독관 확인란	

8회 기출예상문제

성명표기란

수험번호

⓪	⓪	⓪	⓪	⓪	⓪
①	①	①	①	①	①
②	②	②	②	②	②
③	③	③	③	③	③
④	④	④	④	④	④
⑤	⑤	⑤	⑤	⑤	⑤
⑥	⑥	⑥	⑥	⑥	⑥
⑦	⑦	⑦	⑦	⑦	⑦
⑧	⑧	⑧	⑧	⑧	⑧
⑨	⑨	⑨	⑨	⑨	⑨

(주민등록 앞자리 생년제외) 월일

⓪	⓪	⓪	⓪
①	①	①	①
②	②	②	②
③	③	③	③
④	④	④	④
⑤	⑤	⑤	⑤
⑥	⑥	⑥	⑥
⑦	⑦	⑦	⑦
⑧	⑧	⑧	⑧
⑨	⑨	⑨	⑨

수험생 유의사항

※ 답안은 반드시 컴퓨터용 수성사인펜으로 보기와 같이 바르게 표기해야 합니다.
〈보기〉 ① ② ③ ❹ ⑤

※ 성명표기란 위 칸에는 성명을 한글로 쓰고 아래 칸에는 성명을 정확하게 ● 표기하십시오. (단, 성과 이름은 붙여 씁니다)

※ 수험번호 표기란 위 칸에는 아라비아 숫자로 쓰고 아래 칸에는 숫자와 일치하게 ● 표기하십시오.

※ 출생월일은 반드시 본인 주민등록번호의 생년을 제외한 월 두 자리, 일 두 자리를 표기하십시오. 〈예〉 1994년 1월 12일 → 0112

직무능력검사

문번	답란	문번	답란	문번	답란
1	① ② ③ ④	16	① ② ③ ④	31	① ② ③ ④
2	① ② ③ ④	17	① ② ③ ④	32	① ② ③ ④
3	① ② ③ ④	18	① ② ③ ④	33	① ② ③ ④
4	① ② ③ ④	19	① ② ③ ④	34	① ② ③ ④
5	① ② ③ ④	20	① ② ③ ④	35	① ② ③ ④
6	① ② ③ ④	21	① ② ③ ④	36	① ② ③ ④
7	① ② ③ ④	22	① ② ③ ④	37	① ② ③ ④
8	① ② ③ ④	23	① ② ③ ④	38	① ② ③ ④
9	① ② ③ ④	24	① ② ③ ④	39	① ② ③ ④
10	① ② ③ ④	25	① ② ③ ④	40	① ② ③ ④
11	① ② ③ ④	26	① ② ③ ④	41	① ② ③ ④
12	① ② ③ ④	27	① ② ③ ④	42	① ② ③ ④
13	① ② ③ ④	28	① ② ③ ④	43	① ② ③ ④
14	① ② ③ ④	29	① ② ③ ④	44	① ② ③ ④
15	① ② ③ ④	30	① ② ③ ④	45	① ② ③ ④

잘라서 활용하세요.

교육공무직원 소양평가

감독관 확인란	

9회 기출예상문제

성명표기란

ㄱ	ㅏ	ㄱ	ㄱ	ㅏ	ㄱ	ㄱ	ㅏ	ㄱ	ㄱ	ㅏ	ㄱ
ㄴ	ㅑ	ㄴ	ㄴ	ㅑ	ㄴ	ㄴ	ㅑ	ㄴ	ㄴ	ㅑ	ㄴ
ㄷ	ㅓ	ㄷ	ㄷ	ㅓ	ㄷ	ㄷ	ㅓ	ㄷ	ㄷ	ㅓ	ㄷ
ㄹ	ㅕ	ㄹ	ㄹ	ㅕ	ㄹ	ㄹ	ㅕ	ㄹ	ㄹ	ㅕ	ㄹ
ㅁ	ㅗ	ㅁ	ㅁ	ㅗ	ㅁ	ㅁ	ㅗ	ㅁ	ㅁ	ㅗ	ㅁ
ㅂ	ㅛ	ㅂ	ㅂ	ㅛ	ㅂ	ㅂ	ㅛ	ㅂ	ㅂ	ㅛ	ㅂ
ㅅ	ㅜ	ㅅ	ㅅ	ㅜ	ㅅ	ㅅ	ㅜ	ㅅ	ㅅ	ㅜ	ㅅ
ㅇ	ㅠ	ㅇ	ㅇ	ㅠ	ㅇ	ㅇ	ㅠ	ㅇ	ㅇ	ㅠ	ㅇ
ㅈ	ㅡ	ㅈ	ㅈ	ㅡ	ㅈ	ㅈ	ㅡ	ㅈ	ㅈ	ㅡ	ㅈ
ㅊ	ㅣ	ㅊ	ㅊ	ㅣ	ㅊ	ㅊ	ㅣ	ㅊ	ㅊ	ㅣ	ㅊ
ㅋ	ㅐ	ㅋ	ㅋ	ㅐ	ㅋ	ㅋ	ㅐ	ㅋ	ㅋ	ㅐ	ㅋ
ㅌ	ㅒ	ㅌ	ㅌ	ㅒ	ㅌ	ㅌ	ㅒ	ㅌ	ㅌ	ㅒ	ㅌ
ㅍ	ㅔ	ㅍ	ㅍ	ㅔ	ㅍ	ㅍ	ㅔ	ㅍ	ㅍ	ㅔ	ㅍ
ㅎ	ㅖ	ㅎ	ㅎ	ㅖ	ㅎ	ㅎ	ㅖ	ㅎ	ㅎ	ㅖ	ㅎ
	ㅘ		ㄲ	ㅘ	ㄲ	ㄲ	ㅘ	ㄲ	ㄲ	ㅘ	ㄲ
	ㅙ		ㄸ	ㅙ	ㄸ	ㄸ	ㅙ	ㄸ	ㄸ	ㅙ	ㄸ
	ㅚ		ㅃ	ㅚ	ㅃ	ㅃ	ㅚ	ㅃ	ㅃ	ㅚ	ㅃ
	ㅝ		ㅆ	ㅝ	ㅆ	ㅆ	ㅝ	ㅆ	ㅆ	ㅝ	ㅆ
	ㅞ		ㅉ	ㅞ	ㅉ	ㅉ	ㅞ	ㅉ	ㅉ	ㅞ	ㅉ
	ㅟ			ㅟ	ㄺ		ㅟ	ㄺ		ㅟ	ㄺ
	ㅢ			ㅢ	ㄻ		ㅢ	ㄻ		ㅢ	ㄻ

수험번호

0	0	0	0	0	0
1	1	1	1	1	1
2	2	2	2	2	2
3	3	3	3	3	3
4	4	4	4	4	4
5	5	5	5	5	5
6	6	6	6	6	6
7	7	7	7	7	7
8	8	8	8	8	8
9	9	9	9	9	9

(주민등록 앞자리 생년제외) 월일

0	0	0	0
1	1	1	1
2	2	2	2
3	3	3	3
4	4	4	4
5	5	5	5
6	6	6	6
7	7	7	7
8	8	8	8
9	9	9	9

수험생 유의사항

※ 답안은 반드시 컴퓨터용 수성사인펜으로 보기와 같이 바르게 표기해야 합니다.
〈보기〉 ① ② ③ ❹ ⑤

※ 성명표기란 위 칸에는 성명을 한글로 쓰고 아래 칸에는 성명을 정확하게 ● 표기하십시오. (단, 성과 이름은 붙여 씁니다)

※ 수험번호 표기란 위 칸에는 아라비아 숫자로 쓰고 아래 칸에는 숫자와 일치하게 ● 표기하십시오.

※ 출생월일은 반드시 본인 주민등록번호의 생년을 제외한 월 두 자리, 일 두 자리를 표기하십시오. 〈예〉 1994년 1월 12일 → 0112

직무능력검사

문번	답란	문번	답란	문번	답란
1	① ② ③ ④	16	① ② ③ ④	31	① ② ③ ④
2	① ② ③ ④	17	① ② ③ ④	32	① ② ③ ④
3	① ② ③ ④	18	① ② ③ ④	33	① ② ③ ④
4	① ② ③ ④	19	① ② ③ ④	34	① ② ③ ④
5	① ② ③ ④	20	① ② ③ ④	35	① ② ③ ④
6	① ② ③ ④	21	① ② ③ ④	36	① ② ③ ④
7	① ② ③ ④	22	① ② ③ ④	37	① ② ③ ④
8	① ② ③ ④	23	① ② ③ ④	38	① ② ③ ④
9	① ② ③ ④	24	① ② ③ ④	39	① ② ③ ④
10	① ② ③ ④	25	① ② ③ ④	40	① ② ③ ④
11	① ② ③ ④	26	① ② ③ ④	41	① ② ③ ④
12	① ② ③ ④	27	① ② ③ ④	42	① ② ③ ④
13	① ② ③ ④	28	① ② ③ ④	43	① ② ③ ④
14	① ② ③ ④	29	① ② ③ ④	44	① ② ③ ④
15	① ② ③ ④	30	① ② ③ ④	45	① ② ③ ④

교육공무직원 소양평가

감독관 확인란

기출예상문제_연습용

성명표기란

수험번호

(주민등록 앞자리 생년제외) 월일

직무능력검사

문번	답란	문번	답란	문번	답란
1	① ② ③ ④	16	① ② ③ ④	31	① ② ③ ④
2	① ② ③ ④	17	① ② ③ ④	32	① ② ③ ④
3	① ② ③ ④	18	① ② ③ ④	33	① ② ③ ④
4	① ② ③ ④	19	① ② ③ ④	34	① ② ③ ④
5	① ② ③ ④	20	① ② ③ ④	35	① ② ③ ④
6	① ② ③ ④	21	① ② ③ ④	36	① ② ③ ④
7	① ② ③ ④	22	① ② ③ ④	37	① ② ③ ④
8	① ② ③ ④	23	① ② ③ ④	38	① ② ③ ④
9	① ② ③ ④	24	① ② ③ ④	39	① ② ③ ④
10	① ② ③ ④	25	① ② ③ ④	40	① ② ③ ④
11	① ② ③ ④	26	① ② ③ ④	41	① ② ③ ④
12	① ② ③ ④	27	① ② ③ ④	42	① ② ③ ④
13	① ② ③ ④	28	① ② ③ ④	43	① ② ③ ④
14	① ② ③ ④	29	① ② ③ ④	44	① ② ③ ④
15	① ② ③ ④	30	① ② ③ ④	45	① ② ③ ④

수험생 유의사항

※ 답안은 반드시 컴퓨터용 수성사인펜으로 보기와 같이 바르게 표기해야 합니다.
〈보기〉 ① ② ③ ❹ ⑤

※ 성명표기란 위 칸에는 성명을 한글로 쓰고 아래 칸에는 성명을 정확하게 ● 표기하십시오. (단, 성과 이름은 붙여 씁니다)

※ 수험번호 표기란 위 칸에는 아라비아 숫자로 쓰고 아래 칸에는 숫자와 일치하게 ● 표기하십시오.

※ 출생월일은 반드시 본인 주민등록번호의 생년을 제외한 월 두 자리, 일 두 자리를 표기하십시오. 〈예〉 1994년 1월 12일 → 0112

잘라서 활용하세요.

교육공무직원 소양평가

감독관 확인란	

인성검사

성명표기란

㉠	ㅏ	㉠	㉠	ㅏ	㉠	㉠	ㅏ	㉠	㉠	ㅏ	㉠
㉡	ㅑ	㉡	㉡	ㅑ	㉡	㉡	ㅑ	㉡	㉡	ㅑ	㉡
㉢	ㅓ	㉢	㉢	ㅓ	㉢	㉢	ㅓ	㉢	㉢	ㅓ	㉢
㉣	ㅕ	㉣	㉣	ㅕ	㉣	㉣	ㅕ	㉣	㉣	ㅕ	㉣
㉤	ㅗ	㉤	㉤	ㅗ	㉤	㉤	ㅗ	㉤	㉤	ㅗ	㉤
㉥	ㅛ	㉥	㉥	ㅛ	㉥	㉥	ㅛ	㉥	㉥	ㅛ	㉥
㉦	ㅜ	㉦	㉦	ㅜ	㉦	㉦	ㅜ	㉦	㉦	ㅜ	㉦
㉧	ㅠ	㉧	㉧	ㅠ	㉧	㉧	ㅠ	㉧	㉧	ㅠ	㉧
㉨	ㅡ	㉨	㉨	ㅡ	㉨	㉨	ㅡ	㉨	㉨	ㅡ	㉨
㉩	ㅣ	㉩	㉩	ㅣ	㉩	㉩	ㅣ	㉩	㉩	ㅣ	㉩
㉪	ㅐ	㉪	㉪	ㅐ	㉪	㉪	ㅐ	㉪	㉪	ㅐ	㉪
㉫	ㅒ	㉫	㉫	ㅒ	㉫	㉫	ㅒ	㉫	㉫	ㅒ	㉫
㉬	ㅔ	㉬	㉬	ㅔ	㉬	㉬	ㅔ	㉬	㉬	ㅔ	㉬
㉭	ㅖ	㉭	㉭	ㅖ	㉭	㉭	ㅖ	㉭	㉭	ㅖ	㉭
	ㅘ		ㄲ	ㅘ	ㄲ	ㄲ	ㅘ	ㄲ	ㄲ	ㅘ	ㄲ
	ㅙ		ㄸ	ㅙ	ㄸ	ㄸ	ㅙ	ㄸ	ㄸ	ㅙ	ㄸ
	ㅚ		ㅃ	ㅚ	ㅃ	ㅃ	ㅚ	ㅃ	ㅃ	ㅚ	ㅃ
	ㅝ		ㅆ	ㅝ	ㅆ	ㅆ	ㅝ	ㅆ	ㅆ	ㅝ	ㅆ
	ㅞ		ㅉ	ㅞ	ㅉ	ㅉ	ㅞ	ㅉ	ㅉ	ㅞ	ㅉ
	ㅟ			ㅟ	ㄺ		ㅟ	ㄺ		ㅟ	ㄺ
	ㅢ			ㅢ	ㄻ		ㅢ	ㄻ		ㅢ	ㄻ

수험번호

⓪	⓪	⓪	⓪	⓪	⓪
①	①	①	①	①	①
②	②	②	②	②	②
③	③	③	③	③	③
④	④	④	④	④	④
⑤	⑤	⑤	⑤	⑤	⑤
⑥	⑥	⑥	⑥	⑥	⑥
⑦	⑦	⑦	⑦	⑦	⑦
⑧	⑧	⑧	⑧	⑧	⑧
⑨	⑨	⑨	⑨	⑨	⑨

(주민등록 앞자리 생년제외) 월일

⓪	⓪	⓪	⓪
①	①	①	①
②	②	②	②
③	③	③	③
④	④	④	④
⑤	⑤	⑤	⑤
⑥	⑥	⑥	⑥
⑦	⑦	⑦	⑦
⑧	⑧	⑧	⑧
⑨	⑨	⑨	⑨

수험생 유의사항

※ 답안은 반드시 컴퓨터용 수성사인펜으로 보기와 같이 바르게 표기해야 합니다.
〈보기〉 ① ② ③ ❹ ⑤

※ 성명표기란 위 칸에는 성명을 한글로 쓰고 아래 칸에는 성명을 정확하게 ● 표기하십시오. (단, 성과 이름은 붙여 씁니다)

※ 수험번호 표기란 위 칸에는 아라비아 숫자로 쓰고 아래 칸에는 숫자와 일치하게 ● 표기하십시오.

※ 출생월일은 반드시 본인 주민등록번호의 생년을 제외한 월 두 자리, 일 두 자리를 표기하십시오. 〈예〉 1994년 1월 12일 → 0112

인성검사

문번	답란	문번	답란	문번	답란	문번	답란	문번	답란	문번	답란
1	① ②	36	① ②	71	① ②	106	① ②	141	① ②	176	① ②
2	① ②	37	① ②	72	① ②	107	① ②	142	① ②	177	① ②
3	① ②	38	① ②	73	① ②	108	① ②	143	① ②	178	① ②
4	① ②	39	① ②	74	① ②	109	① ②	144	① ②	179	① ②
5	① ②	40	① ②	75	① ②	110	① ②	145	① ②	180	① ②
6	① ②	41	① ②	76	① ②	111	① ②	146	① ②	181	① ②
7	① ②	42	① ②	77	① ②	112	① ②	147	① ②	182	① ②
8	① ②	43	① ②	78	① ②	113	① ②	148	① ②	183	① ②
9	① ②	44	① ②	79	① ②	114	① ②	149	① ②	184	① ②
10	① ②	45	① ②	80	① ②	115	① ②	150	① ②	185	① ②
11	① ②	46	① ②	81	① ②	116	① ②	151	① ②	186	① ② ③ ④
12	① ②	47	① ②	82	① ②	117	① ②	152	① ②	187	① ② ③ ④
13	① ②	48	① ②	83	① ②	118	① ②	153	① ②	188	① ② ③ ④
14	① ②	49	① ②	84	① ②	119	① ②	154	① ②	189	① ② ③ ④
15	① ②	50	① ②	85	① ②	120	① ②	155	① ②	190	① ② ③ ④
16	① ②	51	① ②	86	① ②	121	① ②	156	① ②	191	① ② ③ ④
17	① ②	52	① ②	87	① ②	122	① ②	157	① ②	192	① ② ③ ④
18	① ②	53	① ②	88	① ②	123	① ②	158	① ②	193	① ② ③ ④
19	① ②	54	① ②	89	① ②	124	① ②	159	① ②	194	① ② ③ ④
20	① ②	55	① ②	90	① ②	125	① ②	160	① ②	195	① ② ③ ④
21	① ②	56	① ②	91	① ②	126	① ②	161	① ②	196	① ② ③ ④ ⑤
22	① ②	57	① ②	92	① ②	127	① ②	162	① ②	197	① ② ③ ④ ⑤
23	① ②	58	① ②	93	① ②	128	① ②	163	① ②	198	① ② ③ ④ ⑤
24	① ②	59	① ②	94	① ②	129	① ②	164	① ②	199	① ② ③ ④ ⑤
25	① ②	60	① ②	95	① ②	130	① ②	165	① ②	200	① ② ③ ④ ⑤
26	① ②	61	① ②	96	① ②	131	① ②	166	① ②		
27	① ②	62	① ②	97	① ②	132	① ②	167	① ②		
28	① ②	63	① ②	98	① ②	133	① ②	168	① ②		
29	① ②	64	① ②	99	① ②	134	① ②	169	① ②		
30	① ②	65	① ②	100	① ②	135	① ②	170	① ②		
31	① ②	66	① ②	101	① ②	136	① ②	171	① ②		
32	① ②	67	① ②	102	① ②	137	① ②	172	① ②		
33	① ②	68	① ②	103	① ②	138	① ②	173	① ②		
34	① ②	69	① ②	104	① ②	139	① ②	174	① ②		
35	① ②	70	① ②	105	① ②	140	① ②	175	① ②		

gosinet
(주)고시넷

대기업·금융

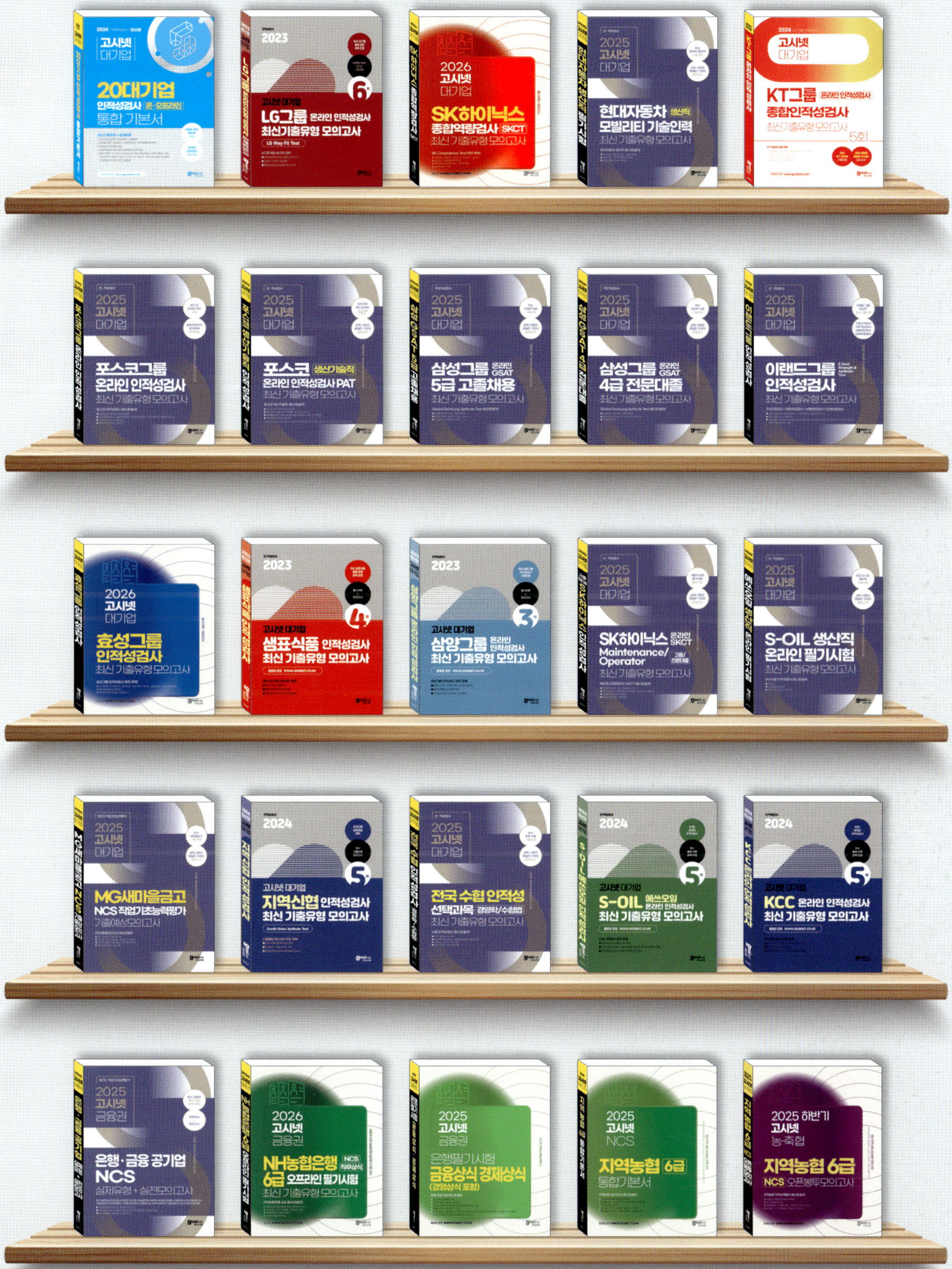

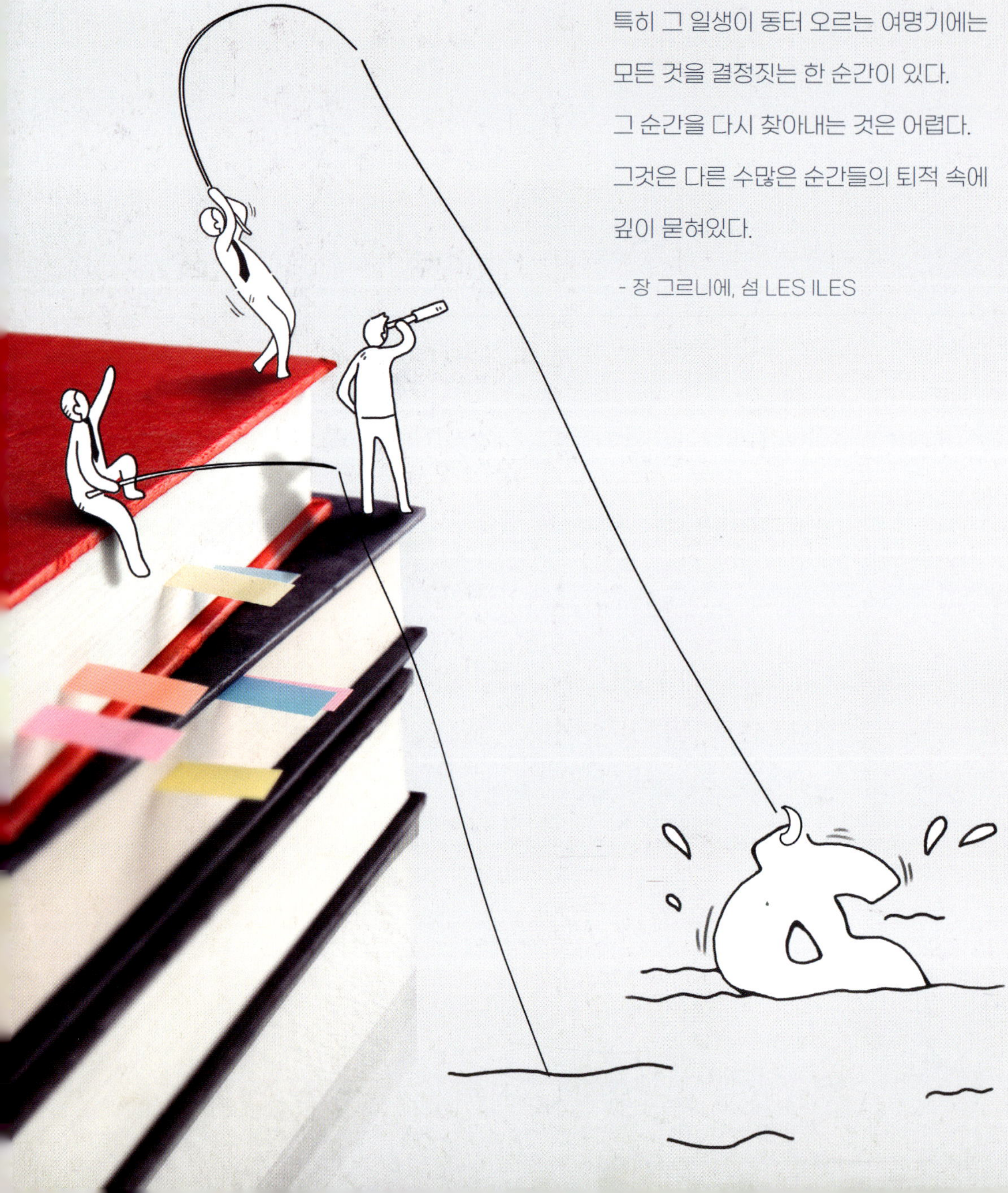

저마다의 일생에는,

특히 그 일생이 동터 오르는 여명기에는

모든 것을 결정짓는 한 순간이 있다.

그 순간을 다시 찾아내는 것은 어렵다.

그것은 다른 수많은 순간들의 퇴적 속에

깊이 묻혀있다.

- 장 그르니에, 섬 LES ILES

2026
고시넷

부산광역시교육청
교육공무직원 소양평가
최신기출유형 모의고사

정답과 해설

교육공무직원 소양평가

gosinet
(주)고시넷

2026

고시넷

부산광역시교육청

교육공무직원 소양평가

최신기출유형 모의고사

정답과 해설

교육공무직원 소양평가

gosinet
(주)고시넷

정답과 해설

파트1 부산광역시 기출문제복원

▶ 문제 18쪽

01	①	02	①	03	①	04	②	05	③
06	③	07	③	08	①	09	④	10	③
11	④	12	④	13	③	14	①	15	①
16	①	17	②	18	①	19	①	20	③
21	①	22	③	23	③	24	③	25	③
26	①	27	③	28	②	29	③	30	②
31	④	32	④	33	④	34	③	35	②
36	②	37	①	38	④	39	①	40	④
41	①	42	③	43	②	44	④	45	①

01 언어논리력 올바른 표기법 이해하기

| 정답 | ①

| 해설 | 먹고 난 뒤 그릇을 씻어 정리하는 일을 의미하는 단어 표기는 '설거지'이다. '설겆이'는 '설거지'의 옛말로 '설거지'만을 표준어로 한다.

| 오답풀이 |

② 높고 한랭한 곳을 의미하는 한자어 고랭지(高冷地)의 랭(冷)은 어두에 위치하지 않으므로 두음법칙을 적용하지 않아 원음 그대로 '고랭지'로 표기한다.

③ '넙적하다'는 '말대답을 하거나 무엇을 받아먹기 위해 입을 벌렸다가 닫는다'는 의미이다. '편편하고 얇으면서도 꽤 넓다'는 의미의 표기는 '넓적하다'이며, 자음으로 시작하는 접미사가 붙을 때에는 명사나 어간의 원형을 밝히어 '넓적한'이라고 표기해야 한다.

④ '그렇다'에 사실과 반대되는 내용을 의미하는 어미 '-지마는'이 결합하여 '그렇지마는' 혹은 그 준말인 '그렇지만'이 옳은 표기이다.

02 언어논리력 내용 추론하기

| 정답 | ①

| 해설 | 제시된 글에서 G사는 구성원의 학력, 성비 균형 등을 효율적인 팀 구성의 요소라고 가정하고 팀워크에 대해 조사를 진행했지만, 해당 요소들보다는 팀원 간의 소통 방식 그리고 자신의 의견이 중요하게 받아들여진다는 심리적 안정감이 팀워크의 핵심 요소라는 결과를 얻었다. 따라서 팀을 효율적으로 만드는 방안으로 구성원들의 학력이나 성비를 균등하게 분포시키는 것은 적절하지 않다.

| 오답풀이 |

②, ③ 구성원들이 자유롭게 문제를 제기하고 개선할 수 있는 기회를 얻는 것이 G사의 성장 원동력이라고 하였으므로 자유로운 토론 문화와 의견 개진이 가능한 근무 환경을 조성하는 것은 적절하다.

④ 어떤 의견을 제시해도 안전할 것이라는 심리적 안정감이 효율적인 팀의 특성 중 하나이므로, 이를 실현하기 위하여 서로 존중하는 것은 적절한 방안이다.

03 문제해결력 조건을 바탕으로 추론하기

| 정답 | ①

| 해설 | 갑, 을, 병의 직급이 모두 다르므로 직급을 임의로 과장, 대리, 사원으로 설정하여 추론할 수 있다.

세 번째 조건에 의해 을이 갑보다 직급이 높으므로 을은 사원이 아니고, 갑은 과장이 아니다. 또한 네 번째 조건에 의해 갑의 취미는 등산이 아니다. 이를 정리하면 다음과 같다.

구분	갑	을	병
취미	등산X		
직급	과장X	사원X	

다음으로 갑의 직급이 대리인지, 사원인지로 경우를 나누어 추론할 수 있다.

• 갑이 대리인 경우 : 을은 과장이 되고 나머지 병은 사원이 되므로, 마지막 조건에 의해 병의 취미는 낚시이다. 또한 네 번째 조건에 의해 갑은 등산이 취미가 아니므로 을의 취미가 등산이 되고, 갑의 취미는 수영이 된다. 이를 정리하면 다음과 같다.

구분	갑	을	병
취미	수영	등산	낚시
직급	대리	과장	사원

• 갑이 사원인 경우 : 갑의 직급이 가장 낮으므로 갑의 취미는 낚시이다. 마지막 조건에 의해 갑은 취미에 가장 적은

시간을 투자해야 하지만, 이는 네 번째 조건과 상충된다. 따라서 갑은 사원이 아니다.

따라서 갑은 수영, 을은 등산, 병은 낚시가 취미이다.

04 언어논리력 세부 내용 이해하기

| 정답 | ②

| 해설 | ㄱ. 책 읽기로 다양한 정보를 얻고, 책 읽기를 다른 사람과 소통하기 위한 매개로 이용할 수 있다.

ㄷ. 책 읽기는 책을 매개로 글쓴이와 대화를 나누는 것이며, 책을 읽고 느끼고 깨달은 바를 다른 사람과 나눌 수 있다는 점에서 책 읽기는 의사소통으로 볼 수 있다.

| 오답풀이 |

ㄴ. 융합적 사고에 대한 내용은 제시되어 있지 않다.

ㄹ. 책을 읽고 다른 사람과 생각을 나누는 방법으로 발표가 제시되나, 이러한 발표를 경험하는 것의 중요성에 대한 내용은 제시되어 있지 않다.

05 공간지각력 평면도형 결합하기

| 정답 | ③

| 해설 | (가), (나), (라) 조각을 다음과 같이 합치면 정사각형이 나올 수 있으며, (다)는 정사각형을 만드는 데 필요하지 않다.

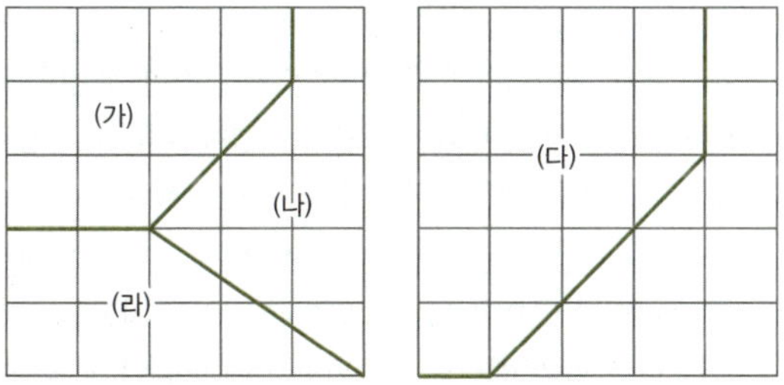

06 언어논리력 알맞은 사자성어 찾기

| 정답 | ③

| 해설 | 팀원 A는 팀 프로젝트를 진행하던 도중 실수가 있었으나 이를 부정하였고, 프로젝트 실패의 원인이 자신에게 있음에도 다른 팀원들에게 책임을 전가하고 있다. 즉, 자신의 잘못을 인정하지 않고 오히려 부끄러움 없이 뻔뻔하게 남을 탓하고 있는 상황이다.

'교각살우(矯角殺牛)'는 '뿔을 잡으려다 소를 죽인다'라는 뜻으로 사소한 문제를 바로잡으려다가 전체를 망치는 상황을 가리킨다. 제시된 상황은 책임 전가나 뻔뻔함과 관련된 상황이지 본질과 무관한 사소한 문제로 인해 더 큰 문제를 초래한 상황이 아니므로, '교각살우'는 제시된 상황과 관련이 없다.

| 오답풀이 |

① '적반하장(賊反荷杖)'은 '도둑이 도리어 몽둥이를 든다'라는 뜻으로 잘못을 저지른 사람이 오히려 큰소리치는 뻔뻔함을 나타낸다. 팀원 A는 실수를 했음에도 오히려 다른 팀원들에게 책임을 전가하고 있으므로 상황과 일치한다.

② '면장우피(面張牛皮)'는 '얼굴에 소가죽을 씌운다'라는 뜻으로 부끄러움 없이 뻔뻔스럽고 뻿뻿한 태도를 의미한다. 자신의 실수를 끝까지 인정하지 않는 팀원 A의 모습과 일치한다.

④ '후안무치(厚顔無恥)'는 '얼굴이 두껍고 부끄러움을 모른다'라는 뜻이다. 부끄러움을 모르는 팀원 A의 행동을 나타낼 수 있다.

07 언어논리력 올바른 어법 사용하기

| 정답 | ③

| 해설 | ㉡ '-ㄹ지'는 판단과 관련된 하나의 연결어미로, 조사나 어미 다음에 오는 말은 띄어 써야 한다. 따라서 '출근할지 말지'가 옳은 표기이다. 한편 '-지'가 시간의 경과를 의미할 때는 의존명사이므로 띄어 써야 한다.

㉢ '-데'가 의존명사로 쓰인 경우 띄어 쓰지만 어미로 쓰인 경우에는 붙여 쓴다. '-데'가 장소, 일, 경우를 의미할 때는 의존명사로 쓰인 것인데, '산출하는데'의 경우 '-는데'가 그 대상과 관련된 상황을 미리 언급할 때 사용하는 연결어미로 쓰였으므로 붙여 쓰는 것이 옳다.

㉤ 앞 단어에 받침이 없거나 'ㄴ' 받침이 올 경우 '율'을 쓰고, 'ㄴ'외 받침이 올 경우 '률'을 사용한다. 따라서 '증감률'이 옳은 표기이다.

| 오답풀이 |

㉠ '밖에'는 한정의 의미를 나타내는 조사이므로 앞말인 체언 '수'와 붙여 쓴다.

㉣ '-ㄹ'은 관형사형 어미로 '보다'의 어간 '보-'에 붙어 관형사와 같은 기능을 수행하게 하며, 관형사형 어미 뒤에 오는 말은 띄어 써야 한다. 또한 '때'는 시간의 어떤 순간이나 부분을 나타내는 명사이므로 조사 '는'을 붙여 쓸 수 있다. 따라서 '볼 때는'은 적절한 표기이다.

08 문제해결력 명제 판단하기

| 정답 | ①

| 해설 | 두 번째 명제에서 어떤 남자는 신입사원이라 하였고, 첫 번째 명제에서 모든 신입사원은 높은 급여를 원한다고 하였다. 따라서 신입사원인 '어떤 남자는 높은 급여를 원한다'는 참이다.

| 오답풀이 |

② 첫 번째 명제의 역으로 항상 참은 아니다. 모든 신입사원이 높은 급여를 원한다고 해서 높은 급여를 원하는 사람이 모두 신입사원인 것은 아니다.

③ 두 번째 명제와 첫 번째 명제를 삼단논법으로 연결하면 '어떤 남자는 높은 급여를 원한다'는 참이 된다. 어떤 남자가 높은 급여를 원한다고 해서 높은 급여를 원하지 않는 사람 모두 남자가 아닌 것은 아니다.

④ 두 번째 명제에 의해 반드시 참은 아니다.

09 공간지각력 도형의 변환 규칙 파악하기

| 정답 | ④

| 해설 | 제시된 첫 번째 도형의 변화를 통해 정사각형의 왼쪽 위 모서리와 오른쪽 아래 모서리를 잇는 대각선을 대칭축 삼아 대칭을 시킨 것을 알 수 있다. 따라서 문제의 그림에도 같은 대각선을 그어 대칭하면 '?'에 들어갈 도형은 ④가 된다.

10 문제해결력 문제의 유형 구분하기

| 정답 | ③

| 해설 | 발생형 문제란 눈앞에 보이는, 이미 발생하여 해결해야 하는 문제이다. (가), (다), (마)의 사례는 상담 기회를 놓치거나, 제품의 불량률이 지난해에 비해 크게 증가하였거나, 차량 접촉 사고를 당하는 등 이미 문제가 발생한 상황이므로 발생형 문제에 해당한다.

| 오답풀이 |

(나) 김 사원이 팀의 조직문화에 적응하지 못하는 문제는 이대로 방치하면 후에 '팀워크상 문제'라는 손실이 발생하는 눈에 보이지 않는 문제이므로 탐색형 문제에 해당한다.

(라) 노 부장의 경우는 내년 진급이라는 미래지향적인 새로운 목표를 설정함에 따라 발생하는 목표 지향적 문제이므로 설정형 문제에 해당한다.

11 언어논리력 글의 내용 수정하기

| 정답 | ④

| 해설 | ㉣의 '함양하다'는 능력이나 품성 따위를 길러 쌓거나 갖추다는 의미이므로, 나쁜 말을 지속적으로 사용하면 진취성과 창의성을 갖추기 어렵다는 의미로 사용되었다고 보기 어렵다. 따라서 '해친다'로 수정하여야 한다.

| 오답풀이 |

① '나쁜 말'은 글 전체에서 반복적으로 사용되며, 필자가 문제의 심각성을 강조하기 위해 의도적으로 사용한 표현이다. '부정적인 말'로 바꾸면 표현의 힘이 약해지고 글의 논지가 약화될 수 있으므로 반드시 수정해야 할 사항은 아니다.

② 세대 간 갈등과 단절을 조장한다는 내용은 글의 도입부에서 문제 제기 차원으로 자연스럽게 등장한 것이며, 글의 흐름상 논리적 비약이라 보기 어렵다. 따라서 점층적인 방식으로 고쳐야 한다는 수정 사항은 적절하지 않다.

③ '모난 돌이 정 맞는다'의 의미가 두 번째 문단에 올바르게 제시되어 있으며 해당 속담이 부정적인 사고를 부추기는 나쁜 말의 예시로 사용되었기 때문에 앞뒤 내용에 부합하므로 삭제하거나 다른 속담으로 대체한다는 수정 사항은 적절하지 않다.

12 언어논리력 세부 내용 이해하기

| 정답 | ④

| 해설 | 제시된 글에서 사람들이 독후감을 중 · 고등학생이나

대학생의 것으로 치부하곤 하는 문제가 있다고 하였고, 독후감은 문리가 트인 사람들이라면 쓸 수 있다고 하였다. 따라서 독후감을 학생들이 쓰는 글이라고 하는 설명은 적절하지 않다.

| 오답풀이 |

① 글에서 독후감은 맡겨진 책을 읽는 것, 서평은 맡겨진 책 이상을 읽는 것이라고 하였다. 따라서 독후감과 서평은 그 속성이 다르므로 질적으로 차이가 있다.

② 독후감은 책을 읽은 후 감상이나 비평을 해야 한다는 강박에서 자유롭다고 하였다.

③ 독후감은 책을 요약 · 정리하는 작업이고, 요령 있게 요약 · 정리하기 위해서는 신기의 솜씨가 없으면 못한다고 하였다.

13 언어논리력 내용 추론하기

| 정답 | ③

| 해설 | 제시된 글에서 서평을 쓰기 위해서는 책과 그 주제를 다른 지은이의 입장이나 성취 수준과 비교할 수 있어야 한다고 하였다. 따라서 비교를 통해 서평 대상인 책에 나타나 있는 글쓴이의 생각이나 주제에 대하여 동조하거나 비판할 수 있으므로, 서평 대상인 책의 주장에 비판적인 입장을 드러내었다는 이유로 감점하는 것은 적절한 평가 지침이 아니다.

14 공간지각력 투상도로 입체도형 찾기

| 정답 | ①

| 해설 | 정면도와 평면도를 참고했을 때 블록을 최대로 쌓아 만든 입체도형은 다음과 같다.

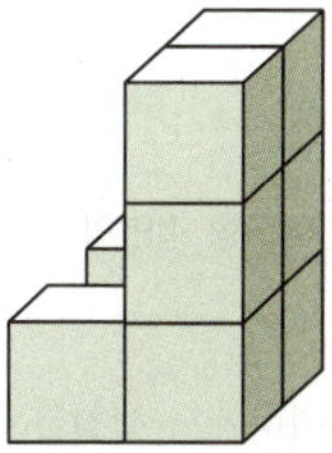

따라서 총 8개의 블록을 사용할 수 있다.

15 문제해결력 자료를 바탕으로 선정하기

| 정답 | ①

| 해설 | 제시된 조건에 따라 후보자들의 인사고과 점수에 가점과 가점을 반영한다. 부서장 추천을 받은 을과 병은 3점을 가점하고 징계를 받은 병과 무는 5점을 감점한다. 가점과 감점을 반영한 최종 점수를 정리하면 다음과 같다.

(단위 : 점)

후보자	갑	을	병	정	무	기
점수	90	88	83	92	83	84

이때, TOEIC 점수가 유일하게 980점 이상인 무가 1순위가 되며, 이후 인사고과 점수가 높은 정>갑>을>기>병 순으로 순위가 높다. 따라서 3순위는 갑이다.

16 언어논리력 관점 비교하기

| 정답 | ①

| 해설 | 작품 해석의 관점으로는 작품 자체를 해석하는 내재적 관점과 작품을 둘러싼 외적인 요소에 초점을 두어 해석하는 외재적 관점이 있다. A 과장은 「자화상」이 그려진 시대적 배경인 작품 외적인 요소에 초점을 두고 작품을 해석하고 있는 반면, 나머지는 작품 자체에서 보고 느껴지는 작품 내적인 요소에 초점을 두고 작품을 해석하고 있다.

17 공간지각력 전개도 파악하기

| 정답 | ②

| 해설 | ①, ②의  과  이 맞닿는 모양이 서로 다르므로, 이 두 면을 기준으로 다른 선택지의 모양을 비교한다.

①, ③, ④는  이고 ②는  이다.

②의 전개도를 나머지와 같게 수정하면 다음과 같다.

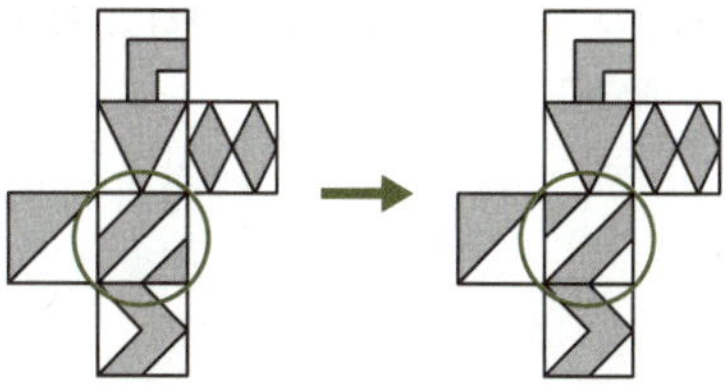

18 문제해결력 직업인의 기본자세 이해하기

| 정답 | ①

| 해설 | 제시된 자료의 내용은 가급적 채무를 가지지 말고, 부패를 멀리하고 부탁을 거절하는 방법을 연습할 것을 주문하고 있다는 점에서 부정청탁 방지와 관련된 매뉴얼의 내용임을 알 수 있다. 이와 관련된 직업인의 기본자세는 공평무사한 자세이다. 직업인의 기본자세에서 공평무사한 자세란 직무상 요구되는 윤리기준과 법규를 준수하고, 공정하고 투명하게 업무를 처리하는 것을 의미한다.

| 오답풀이 |

② 직업인의 봉사정신과 협동정신이란 나의 일을 필요로 한다는 사람에게 봉사한다는 마음자세와 직무를 수행하는 과정에서 관계한 사람과 상호신뢰하고 협력하여 원만한 관계를 유지하는 것을 의미한다.

③ 직업인의 소명의식과 천직의식이란 일을 통해 자신의 존재를 실현하고, 자기의 직업을 사랑하며, 긍지와 자부심을 가지고 성실하게 일하는 마음가짐을 의미한다.

④ 직업인의 책임의식과 전문의식이란 직업인이 자신의 책임을 완벽하게 수행하기 위해 자신이 맡은 분야에 대한 전문적인 능력과 역량을 갖추고 지속적으로 자기계발을 해 나가는 것을 의미한다.

19 언어논리력 올바른 어법 사용하기

| 정답 | ①

| 해설 | 최 부장은 정 사원과 홍 대리보다 높은 직위의 사람이므로 압존법을 지켜 홍 대리를 높이지 못한다. 따라서 "홍 대리가 지시했습니다."로 대답해야 한다.

| 오답풀이 |

② '-님'은 주체를 높이는 어미이므로 압존법이 적용된 상태에서는 쓰면 안 된다.

③ 주제 높임 선어말 어미 '-시-'를 사용하고 있으므로 주체인 홍 대리를 높여 압존법에 위배된다.

④ 주제 높임의 '-님', '-께서', '-시-'를 사용하고 있으므로 압존법에 위배된다.

20 문제해결력 조건을 바탕으로 추론하기

| 정답 | ③

| 해설 | 주 차장의 직급이 차장으로 가장 높으므로 여섯 번째 조건에 따라 가장 마지막에 출근 요일을 정하는 것이다. 먼저, 두 번째 조건에 따라 월 2회만 금요일 재택근무가 가능한데 이미 1주차와 2주차 금요일이 "×"이므로 4주차 금요일은 사무실 근무인 "○"이어야 한다. 다섯 번째 조건에 따라서는 월 ~ 목요일에 하루에 적어도 4명이 "○"이어야 하므로 주 차장은 4주차 화요일과 목요일에 반드시 "○"이어야 한다. 또한, 첫 번째 조건에 따라 반드시 주 2회는 재택근무를 해야 하므로 나머지 월요일과 수요일이 "×"가 된다. 따라서 주 차장의 근무표는 월, 수가 "×", 화, 목, 금이 "○"인 ③적절하며, 이는 세 번째, 네 번째 조건과도 상충하지 않는다.

21 문제해결력 조건을 바탕으로 추론하기

| 정답 | ①

| 해설 | 두 번째와 세 번째 진술에 따라 A와 F가 가입할 수 있는 동호회는 뮤지컬과 댄스 동호회이다. 그러나 한 동호회에 최대 2명까지 가입할 수 있으므로 C가 가입한 댄스 동호회에 A와 F가 동시에 가입할 수 없다. 따라서 A와 F가 가입한 동호회는 뮤지컬 동호회이다. 마지막 진술에 따르면 E는 뮤지컬 또는 댄스 동호회에 가입하였는데 마찬가지로 최대 2명까지 가입할 수 있기 때문에 E는 A와 F가 가입한 뮤지컬 동호회에 가입할 수 없으므로 댄스 동호회에 가입하였다. 이때 D는 각 2명이 가입한 뮤지컬과 댄스 동호회에 가입할 수 없고 두 번째 진술에 따라 가입자가 B뿐인 영화 동호회에도 가입할 수 없다. 따라서 D는 독서 동호회에 가입했다.

22 공간지각력 입체도형 겉면의 수 구하기

| 정답 | ③

| 해설 | 큰 정육면체 하나에서 색칠할 수 있는 겉면의 수는 6개이며, 여기에 작은 정육면체를 하나씩 뗄 때마다 색칠할 수 있는 겉면의 수가 늘어난다. 이때 아래와 같이 모서리에

있는 작은 정육면체를 뗄 때 늘어나는 겉면의 수는 3개, 모서리가 아닌 변에 있는 정육면체를 뗄 때 늘어나는 겉면의 수는 4개가 된다.

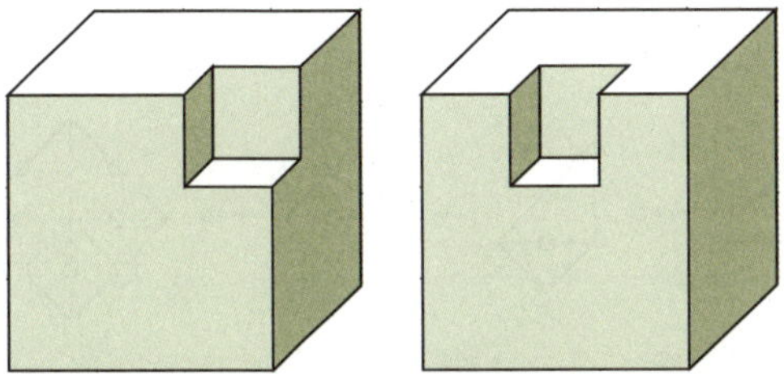

도형 (나)는 도형 (가)에서 모서리에 있는 작은 정육면체 3개와 모서리가 아닌 변에 있는 정육면체 1개를 떼어낸 것이므로 총 13개의 겉면이 늘어난다. 따라서 도형 (나)에서 색칠할 수 있는 겉면의 수는 총 6+13=19(개)이다.

23 수리력 거듭제곱 활용하기

| 정답 | ③

| 해설 | 세균이 1시간마다 2배로 증가하므로 n시간 후에는 2^n 배만큼 증가한다. 현재 세균 수가 3,000마리이므로 4시간 후에는 총 $3,000 \times 2^4 = 48,000$(마리)가 된다.

24 수리력 거리 · 속력 · 시간 활용하기

| 정답 | ③

| 해설 | 회사에서 거래처까지의 거리를 $x$km라고 한다면 다음과 같은 식을 세울 수 있다. 이때, '시간=$\frac{거리}{속력}$'을 활용한다.

$$\frac{x}{60} + \frac{x}{50} = \frac{99}{60}$$

$$50x + 60x = 99 \times 50$$

$$11x = 99 \times 5$$

$$\therefore \ x = 45(\text{km})$$

따라서 회사에서 거래처까지의 편도 거리는 45km이다.

25 수리력 비율 활용하기

| 정답 | ③

| 해설 | A 직종의 월급은 222.36−218=4.36(만 원) 증가하였고, 이는 2023년 A 직종 월급의 $\frac{4.36}{218} \times 100 = 2(\%)$를 차지한다. 따라서 2024년 B 직종의 월급 또한 전년에 비해 2% 증가하였으므로, 2023년 B 직종의 월급은 $\frac{211.14}{1.02}$= 207(만 원)이다.

26 수리력 확률 구하기

| 정답 | ①

| 해설 | 어느 하루 동안 기계 A와 B에서 생산되는 불량품의 개수는 다음과 같다.

- 기계 A : $180 \times 0.03 = 5.4$(개)
- 기계 B : $150 \times 0.04 = 6$(개)

하루에 생산되는 불량품의 개수는 모두 11.4개이므로 이 중 불량품이 기계 A에서 발생할 확률은 $\frac{5.4}{11.4} \times 100 \fallingdotseq 47(\%)$이다.

27 수리력 비용 계산하기

| 정답 | ③

| 해설 | 권역별 교통비 지원 비용을 계산하면 다음과 같다.

- 수도권 : $150 \times 1 = 150$(만 원)
- 강원권 : $30 \times 3 = 90$(만 원)
- 충청권 : $50 \times 2 = 100$(만 원)
- 경상권 : $80 \times 4 = 320$(만 원)
- 전라권 : $70 \times 5 = 350$(만 원)

따라서 설명회 당일 교통비 지급을 위해 준비할 금액은 총 1,010만 원이다.

28 수리력 최소공배수 활용하기

| 정답 | ②

| 해설 | A는 3분, B는 5분 간격으로 도착하므로, 두 기차가

동시에 도착하는 간격은 최소공배수인 15분이다. 처음 동시에 도착한 시각인 오후 3시 35분 이후 15분마다 동시에 도착하게 된다. 그러므로 3시 35분, 3시 50분, 4시 5분, 4시 20분으로 총 4번 동시에 도착한다.

29 수리력 그래프 분석하기

| 정답 | ③

| 해설 | ㄱ. 그래프를 보면 2018년에 공무원 처우개선율이 가장 높았다는 것을 알 수 있다.

ㄴ. 2016년부터 2017년까지는 그래프에 표시된 처우개선율이 없으므로 동결 상태였다는 것을 알 수 있다.

ㄷ. 민간임금접근율은 2016년에 가장 높았고, 그 뒤로 현재까지 2016년 수준에 도달하지 못하고 있다는 것을 알 수 있다.

| 오답풀이 |

ㄹ. 공무원 임금 수준은 100인 이상 민간기업의 전 업종에 종사하는 사람이 아닌 사무 · 관리직에 종사하는 사람과의 비교로 정해진다.

30 문제해결력 논리적 오류 이해하기

| 정답 | ②

| 해설 | 제시된 글에서 필자는 외계인이 존재하지 않는다는 점을 증명할 수 없으므로 외계인이 존재한다고 말하고 있다. 이는 증명할 수 없거나 반대되는 증거가 없음을 증거로 제시하여 자신의 주장이 옳다고 정당화하는 무지의 오류에 해당한다.

| 오답풀이 |

① 애매어의 오류 : 둘 이상의 의미가 있는 다의어나 애매한 말의 의미를 혼동하여 생기는 오류이다.

③ 분할의 오류 : 전체가 참인 것을 부분에 대해서도 참이라고 단정하여 발생하는 오류이다.

④ 성급한 일반화의 오류 : 부적합한 사례나 제한된 정보를 근거로 주장을 일반화할 때 생기는 오류이다.

31 공간지각력 펼친 모양 찾기

| 정답 | ④

| 해설 | 접었던 선을 축으로 하여 역순으로 펼치면 다음과 같다.

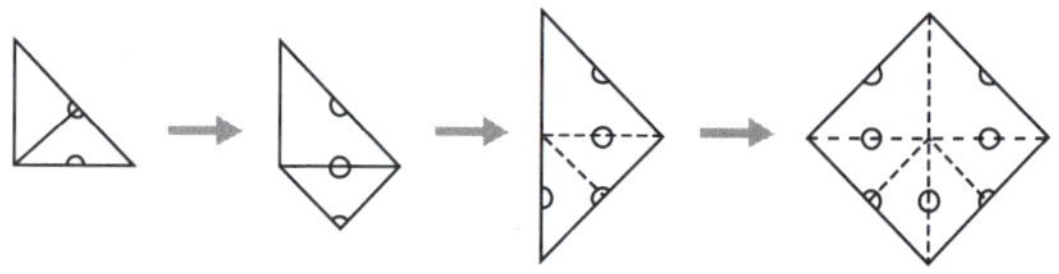

32 문제해결력 자료를 바탕으로 계산하기

| 정답 | ④

| 해설 | 직원 갑은 11일, 직원 정은 11일에 지각하여 각각 해당 일에 초과근무한 시간은 초과근무 수당에 반영되지 않는다. 이에 따라 7시 이후 초과근무를 한 시간과 수당을 다음과 같이 정리할 수 있다.

구분	초과근무 인정 시간	초과근무 수당
직원 갑	20분	0원
직원 을	1시간 15분	5,000×2=10,000(원)
직원 병	1시간 1분	5,000×2=10,000(원)
직원 정	1시간 34분	5,000×3=15,000(원)

따라서 직원 정이 15,000원으로 가장 많은 초과근무 수당을 받게 된다.

33 수리력 자료의 수치 분석하기

| 정답 | ④

| 해설 | (가) 〈표 2〉에 따라 D 구에서 다른 구로 전출한 사람은 4+10+11=25(명), 다른 구에서 D 구로 전입한 사람은 10+22+13=45(명)이므로 D 구의 근로자 수는 총 20명 증가하였다. 〈표 1〉에서 2024년 D 구의 근로자 수는 290명이고 2025년에는 이보다 20명 많은 310명이므로 신규 채용 없이 근무지 이동만 있었음을 알 수 있다.

(나) 〈표 2〉에서 각 구별로 표의 세로열에 있는 숫자들을 합한 값이 전입한 인원수이다. 그러므로 A 구는 27명,

B 구는 41명, C 구는 39명, D 구는 45명이다. 따라서 타 구에서의 전입 인원이 가장 많은 지역은 D 구로 옳은 설명이다.

(다) 각 구별로 전출 인원 대비 전입 인원을 구하면 다음과 같다.

- A 구 : $\frac{15+8+4}{20+15+10}=\frac{27}{45}=0.6$(명)
- B 구 : $\frac{20+11+10}{15+13+22}=\frac{41}{50}\fallingdotseq 0.8$(명)
- C 구 : $\frac{15+13+11}{8+11+13}=\frac{39}{32}\fallingdotseq 1.2$(명)
- D 구 : $\frac{10+22+13}{4+10+11}=\frac{45}{25}=1.8$(명)

따라서 전출 인원 대비 전입 인원이 가장 많은 지역은 D 구로 옳은 설명이다.

(라) 각 구별로 2024년 근로자 수 대비 전출 인원 비중을 구하면 다음과 같다.

- A 구 : $\frac{45}{350}\times 100\fallingdotseq 12.9$(%)
- B 구 : $\frac{50}{440}\times 100\fallingdotseq 11.4$(%)
- C 구 : $\frac{32}{320}\times 100=10$(%)
- D 구 : $\frac{25}{290}\times 100\fallingdotseq 8.6$(%)

따라서 근로자 수 대비 전출 인원 비중이 가장 높은 지역은 A 구로 옳은 설명이다.

그러므로 옳은 설명은 모두 4개이다.

34 언어논리력 중심내용 파악하기

| 정답 | ③

| 해설 | 제시된 글에는 여러 민족, 언어, 종교가 뒤섞이면서 생겼던 갈등을 극복하고 서로 다른 문화가 공존할 수 있도록 스위스 정부가 한 노력들이 제시되어 있다. 이를 바탕으로 글의 중심내용이 '갈등을 극복하고 공존하기 위한 노력'임을 알 수 있다.

| 오답풀이 |

① 제시된 글에서는 민족, 언어, 종교 등의 다양한 차이가 언급되었는데 민족적 차이만 강조하였으므로 내용의 일부만 반영한 것이다.

② 제시된 글에서 스위스 정부는 언어 정책의 필요성을 인식한 수준이 아니라, 실제로 정책을 실행하고 있는 상황이다.

④ 제시된 글에 지역 간 분쟁은 언급되지 않았으며, 다양한 언어 집단 간의 언어적 갈등과 공존 노력이 내용의 중심이다.

35 문제해결력 명제 판단하기

| 정답 | ②

| 해설 | 각 결과에 기호를 붙여 정리하면 다음과 같다.

- p : 고객접촉에 열심이다.
- q : 영업실적이 좋다.
- r : 자기계발에 열심이다.
- s : 사교성이 좋다.

기호에 따라 주어진 명제와 그 대우를 정리하면 다음과 같다.

- $p\rightarrow q(\sim q\rightarrow \sim p)$
- $r\rightarrow \sim q(q\rightarrow \sim r)$
- $s\rightarrow p(\sim p\rightarrow \sim s)$

이때 '$\sim q\rightarrow \sim p$'와 '$\sim p\rightarrow \sim s$'의 삼단논법에 의해 '$\sim q\rightarrow \sim s$'는 반드시 참이 된다. 따라서 '영업실적이 좋지 않은 직원은 사교성이 좋지 않다'는 반드시 참이다.

| 오답풀이 |

① '$r\rightarrow \sim q$', '$\sim q\rightarrow \sim p$', '$\sim p\rightarrow \sim s$'가 모두 참이므로 삼단논법에 의해 '$r\rightarrow \sim s$'도 반드시 참이 된다. 따라서 '자기계발에 열심인 직원은 사교성이 좋다'는 거짓이다.

③ '$r\rightarrow \sim q$', '$\sim q\rightarrow \sim p$'가 모두 참이므로 삼단논법에 의해 '$r\rightarrow \sim p$'도 반드시 참이 된다. 제시된 '$\sim r\rightarrow p$'는 명제의 이에 해당하므로 반드시 참이라고 할 수 없다.

④ 제시된 명제만으로 참·거짓을 알 수 없다.

36 언어논리력 올바른 어휘 고르기

| 정답 | ②

| 해설 | 제시된 글은 인간의 착각과 환각에 대한 설명이다.

㉠ "일상생활에서는 착각이 잘못된 것을 의미하지만, 착각에 정상과 비정상의 경계는 없다."라는 문장에서 알 수 있듯, 공상과 정상 지각이 혼합된 상태이므로 '착각'이다.

㉡ '그리고'라는 접속어를 통해 앞 문장과 같은 맥락이 이어지고 있으므로 역시 '착각'이다.

㉢ '이에 비해'라는 대조 표현 뒤에 제시되어, 앞의 착각과 대비되는 '환각'이 적절하다.

㉣ 외부 대상인 개가 존재하는 상태에서 발생한 지각이므로 '착각'이다.

㉤ 외부 대상이 전혀 없는 상태에서 소리를 지각하는 것이므로 '환각'이다.

따라서 ㉠, ㉡, ㉣은 '착각', ㉢, ㉤은 '환각'이다.

37 언어논리력 글에 알맞은 사례 파악하기

| 정답 | ①

| 해설 | ②, ③, ④는 수건, 디지털 이미지, 마임의 몸짓과 같은 감각을 유발하는 외부 대상이 존재하므로 '착각'이지만 ①은 외부 대상이 전혀 없는 상태에서 발자국 소리와 목소리가 들리므로 '환각'에 해당한다.

38 공간지각력 조각을 조합한 도형의 개수 파악하기

| 정답 | ④

| 해설 | 제시된 도형에 있는 삼각형은 다음과 같다.

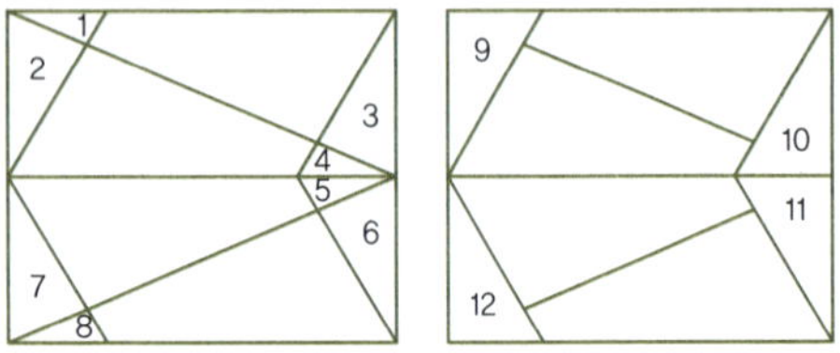

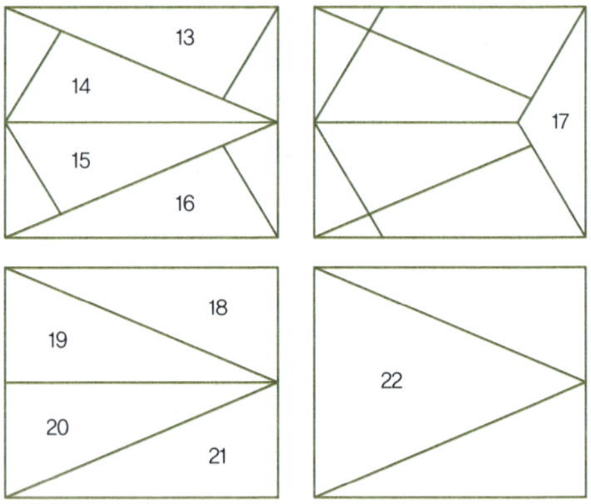

따라서 도형에서 찾을 수 있는 삼각형의 개수는 총 22개이다.

39 문제해결력 문제해결을 위한 사고 이해하기

| 정답 | ①

| 해설 | 창의적 사고는 기존의 틀에 얽매이지 않고 새로운 아이디어를 발굴하는 사고 방식이다. 이를 개발하기 위해 강제 연상법, 자유 연상법, 비교 발상법이 사용된다.

- 강제 연상법 : 체크리스트 등을 통해 힌트를 강제로 연결하여 아이디어를 발상
- 자유 연상법 : 브레인스토밍처럼 생각나는 대로 자유롭게 발상
- 비교 발상법 : Synectics, NM법처럼 주제의 본질과 닮은 것을 힌트로 발상

| 오답풀이 |

② 브레인스토밍은 창의적 사고 방법으로, 알렉스 오즈번이 고안한 것이다. 집단 효과를 살려 아이디어의 연쇄 반응을 통해 자유로운 아이디어를 내는 방법이다.

③ 비판적 사고에 대한 설명이다. 논리적 사고는 사고의 전개에 있어서 전후의 관계가 일치하고 있는가를 살피고, 아이디어를 평가하는 사고방식을 의미한다.

④ 논리적 사고에 대한 설명이다. 피라미드 구조화 방법은 보조 메시지들을 통해 주요 메인 메시지를 얻고 다시 메인 메시지를 종합한 최종 정보를 도출하는 방법이고, So What 방법은 '그래서 무엇이지'라는 자문자답의 의미로, 눈앞에 있는 정보로부터 의미를 찾아내서 가치 있는 정보를 끌어내는 사고 방법이다.

40 언어논리력 세부 내용 이해하기

| 정답 | ④

| 해설 | 제시된 글의 '조직문화가 전략을 낳는다', '문화가 전략을 낳고 선택하고 자라게 한다'는 내용을 통해 조직문화와 전략의 관계는 환경에 의해 산출물이 만들어지고 달라지는 것과 같음을 알 수 있으므로, 환경과 산출물의 관계라고 할 수 있다.

41 공간지각력 미로에서 길 찾기

| 정답 | ①

| 해설 | 다음의 세 가지 방법으로 이동할 수 있다.

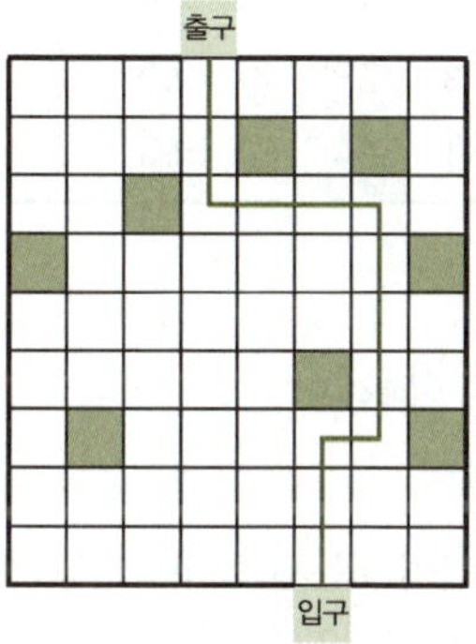

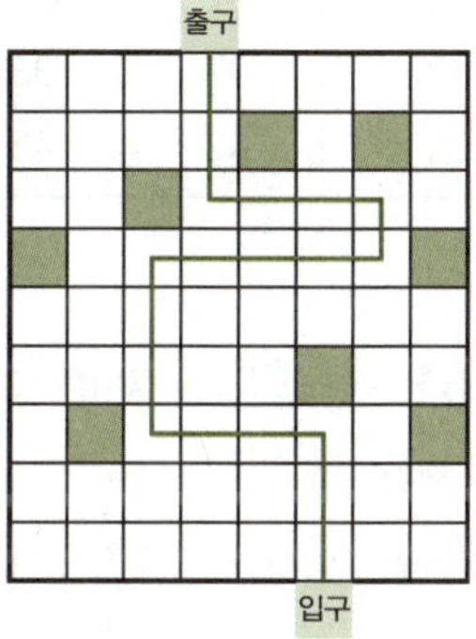

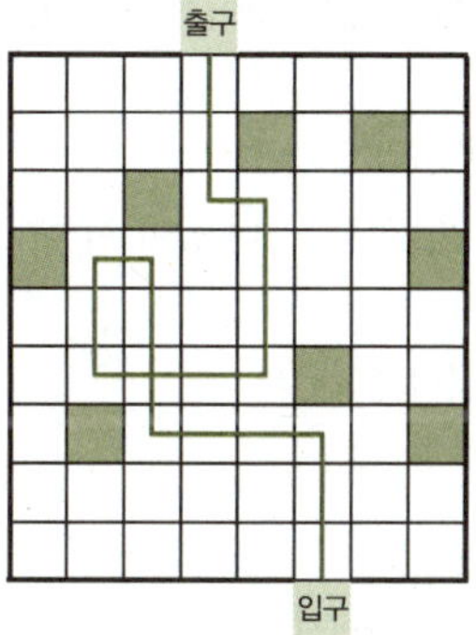

첫 번째 경우는 4번, 두 번째는 6번, 세 번째는 8번이므로 최소 4번 장애물에 부딪힌다.

42 문제해결력 기준 파악하기

| 정답 | ③

| 해설 | ㄱ, ㄴ, ㄹ은 상대방의 의도를 파악하고 자신의 의견을 논리와 어법에 맞게 정확히 전달하는 데 필요한 논리적 사고력에 대한 평가기준이지만 ㄷ은 진지한 태도와 성실한 자세를 가지는 직업윤리적 태도에 대한 평가기준이다.

43 수리력 금액 계산하기

| 정답 | ②

| 해설 | 박 대리가 주문할 밀가루의 총무게를 구하면 $2.5\times(8+9+8)=62.5$(kg)로, 10% 할인을 받을 수 있다.

중력분의 총금액은 $4,700\times9=42,300$(원), 박력분의 총금액은 $5,100\times8=40,800$(원)이다. 따라서 최종 결제금액은 10% 할인을 적용한 $(51,600+42,300+40,800)\times0.9=121,230$(원)이다.

44 수리력 방정식 활용하기

| 정답 | ④

| 해설 | 구하고자 하는 원가를 x원으로 가정하면 다음과 같이 정리할 수 있다.

- 정가 = 원가 × (1 + 0.3) = $x\times1.3=1.3x$(원)
- 판매가 = 정가 × (1 − 0.2) = $1.3x\times0.8=1.04x$(원)

'판매가 − 원가 = 이익'이므로

$1.04x-x=2,000$

$0.04x=2,000$

$\therefore\ x=50,000$(원)

따라서 원가는 50,000원이다.

보충 플러스+

원가와 이익률과 정가, 정가와 할인율의 관계를 확인한다.

- 원가 100원의 상품으로 30%의 이익을 얻는 정가는 130원

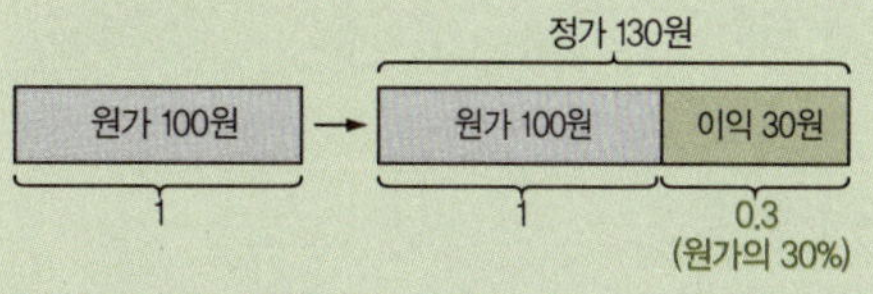

원가의 30%의 이익을 얻는 정가 = 원가×1 + 원가×0.3 = 원가×(1+0.3)

- 정가 1,000원의 상품을 20% 할인한 판매가는 800원

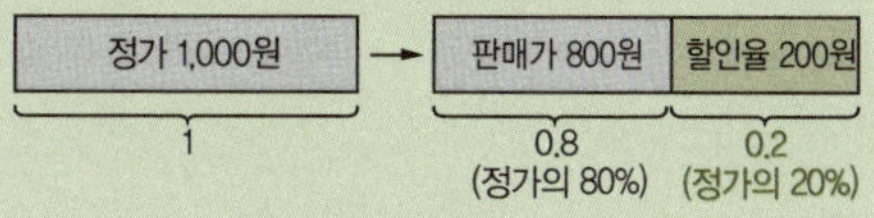

정가의 20% 할인 = 정가 − 정가×0.2 = 정가×(1−0.2)

45 공간지각력 퍼즐 무늬 파악하기

| 정답 | ①

| 해설 | 〈그림 2〉를 〈그림 1〉의 번호표에 대응하는 숫자로 나타내면 다음과 같다.

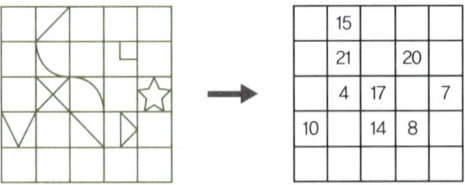

→

	15			
	21		20	
	4	17		7
10		14	8	

파트2 기출예상문제

1회 기출예상문제

▶ 문제 46쪽

01	③	02	②	03	①	04	②	05	②
06	①	07	④	08	③	09	①	10	③
11	④	12	④	13	③	14	①	15	②
16	①	17	③	18	④	19	①	20	③
21	③	22	③	23	③	24	②	25	①
26	③	27	④	28	③	29	②	30	③
31	③	32	①	33	③	34	③	35	③
36	④	37	①	38	③	39	④	40	②
41	③	42	④	43	④	44	④	45	③

01 언어논리력 올바른 표기법 이해하기

| 정답 | ③

| 해설 | '일정한 결과를 얻기 위하여 하는 노력이나 희생'의 뜻을 지닌 '대가(代價)'의 잘못된 표기이다. 한자어끼리의 합성어에서는 사이시옷을 표기하지 않는 것이 원칙이다.

| 오답풀이 |

① 매달리다 : 붙잡고 늘어지다.

② 아무튼 : 의견 또는 일의 형편, 성질, 상태 등이 어떻게 되어 있든

④ 부리나케 : 서둘러서 매우 급하게

02 언어논리력 흐름에 맞게 글 배열하기

| 정답 | ②

| 해설 | 사람들이 세금을 '억울하게 뜯기는 돈'으로 인식한다고 설명하는 (나)가 제일 먼저 온 후, 탈세 소식에도 무덤덤한 반응으로 보인다는 내용인 (다)가 제시되어야 한다. 이후 탈세에 대해 부정적인 의견을 내세우는 (가)가 와야 한다. 이어서 탈세자들의 호칭을 정정해서 불러야 한다는 내용을 제시하는 (마)와 (라)가 차례로 올 수 있다. 따라서 (나)–(다)–(가)–(마)–(라) 순이 적절하다.

03 문제해결력 명제 판단하기

| 정답 | ①

| 해설 | 각 명제를 'p : 떡볶이를 좋아한다', 'q : 화통하다', 'r : 닭강정을 좋아한다'라고 할 때 [사실]을 정리하면 다음과 같다.

• p → q　　• q → ~r　　• p → ~r

A. 'p → ~r'이 사실이므로 이 명제의 대우인 'r → ~p'도 사실이다.

B. '~r → q'는 'q → ~r'의 역에 해당하므로 반드시 사실이라고 할 수 없다.

따라서 A만 항상 옳다.

04 언어논리력 관용어의 의미 파악하기

| 정답 | ②

| 해설 | ㉢ '손이 빠르다'는 '일 처리가 빠르다'는 의미이다. '다른 사람에게 도움을 받다'를 의미하는 관용어는 '손을 벌리다'이다.

따라서 ㉢ 1개만 적절하지 않다.

| 오답풀이 |

㉠ '손에 붙다'는 '능숙해져서 의욕과 능률이 오르다' 또는 '마음이 차분해져 일할 마음이 내키고 능률이 나다'의 뜻을 지니며, 제시된 문장에서는 후자의 의미에 가깝다.

㉣ '손이 맵다'는 '손으로 슬쩍 때려도 몹시 아프다', '일하는 것이 빈틈없고 매우 야무지다' 등의 뜻을 지니며, 제시된 문장에서는 후자의 의미로 쓰였다.

㉤ '손이 크다'는 '씀씀이가 후하고 크다' 또는 '수단이 좋고 많다'의 뜻을 지니며, 제시된 문장에서는 전자의 의미로 쓰였다.

05 공간지각력 도형 변환 규칙 파악하기

| 정답 | ②

| 해설 |

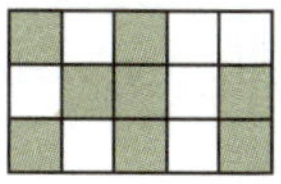 의 각 세로줄을 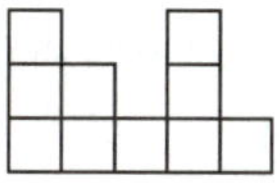 형태에 맞추어 오른쪽으로 한 칸씩 이동한 것이다.

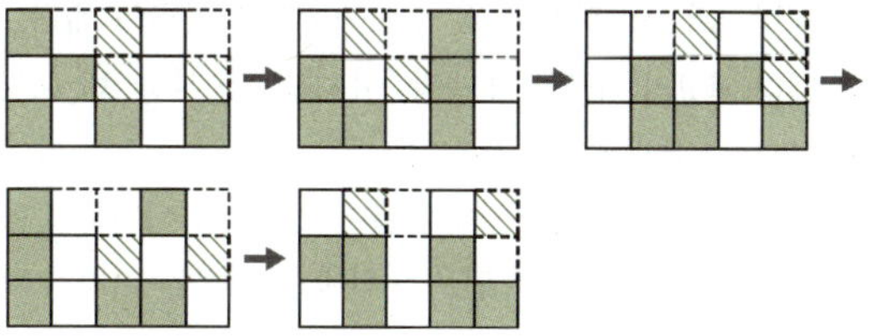

06 수리력 자료의 수치 분석하기

| 정답 | ①

| 해설 | 40 ~ 44세와 45 ~ 49세 간의 출산율 차이는 A 도시는 7.1−0.2=6.9(명), B 도시는 5.4−0.1=5.3(명), C 도시는 6−0.1=5.9(명), D 도시는 9.5−0.3=9.2(명), E 도시는 5.5−0.2=5.3(명)으로, D 도시가 가장 크다.

| 오답풀이 |

② 모의 연령별 출산율을 보면, A ~ E 도시 모두 30 ~ 34세의 여성이 가장 높은 출산율을 보이는 것을 알 수 있다.

③ D 도시의 합계출산율은 1.566명으로 A 도시 합계출산율인 0.761명의 $\frac{1.566}{0.761}$ ≒ 2.1(배)로 2배 이상이다.

④ 가임기 여성 인구수는 A 도시, E 도시, B 도시, C 도시, D 도시 순으로 많고, 합계출산율은 D 도시, C 도시, B 도시, E 도시, A 도시 순으로 높으므로, 가임기 여성 인구수가 적을수록 합계출산율이 올라가는 경향을 보인다고 할 수 있다.

07 문제해결력 조건을 바탕으로 추론하기

| 정답 | ④

| 해설 | C에게만 불만이 있는 김 사원이 이직을 하였으므로 C에 대한 불만이 이직에 중요하게 작용한다고 볼 수 있다. 하지만 A에게 불만이 있는 김 부장은 이직을 하지 않았으므로 A에 대한 불만이 이직에 중요하게 작용한다고 볼 수 없다.

| 오답풀이 |

① 재직 중인 이 대리와 김 부장은 C에게 불만이 없다.

② 대리 이상의 직급인 최 과장, 이 대리, 김 부장, 박 대리는 모두 B에게 불만이 있다.

③ 이 대리와 김 부장은 B에게 불만이 있으나 이직하지 않았으므로 B에 대한 불만은 이직에 큰 영향을 미치지 않는다고 볼 수 있다.

08 공간지각력 펼친 모양 찾기

| 정답 | ③

| 해설 | 표시된 부분을 자르고 역순으로 종이를 펼치면 다음과 같다.

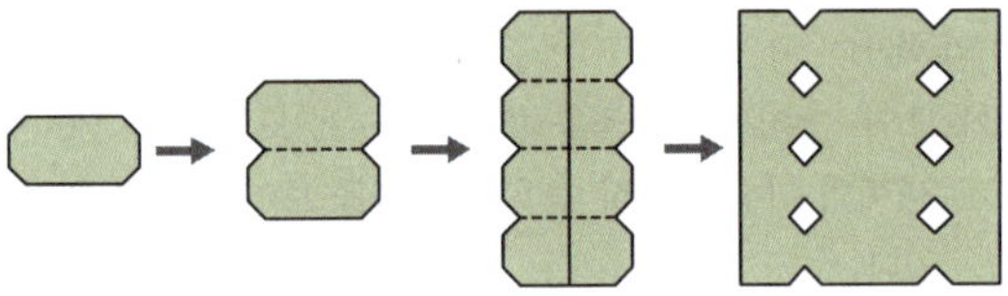

09 문제해결력 명제 판단하기

| 정답 | ①

| 해설 | 첫 번째 전제와 세 번째 전제를 삼단논법으로 연결하면 '프랑스의 물가는 미국과 스위스보다 비싸다'는 명제가 성립한다. 따라서 반드시 참이 되는 결론은 스위스 물가가 프랑스보다 싸다는 ①뿐이다.

| 오답풀이 |

② 홍콩과 스위스의 물가는 모두 프랑스보다 싸지만 제시된 전제만으로는 홍콩과 스위스 간의 물가를 비교할 수 없다.

③, ④ 홍콩과 미국의 물가는 모두 프랑스보다 싸지만 제시된 전제만으로는 홍콩과 미국 간의 물가를 비교할 수 없다.

10 수리력 거리 · 속력 · 시간 활용하기

| 정답 | ③

| 해설 | '시간$=\frac{거리}{속력}$'를 활용한다. 집과 워터파크 사이의 거리를 $x$km라고 할 때, 갈 때 걸린 시간은 $\frac{x}{90}$, 올 때 걸린 시간은 $\frac{x}{60}$이고, 이 둘의 차이가 20분, 즉 $\frac{20}{60}=\frac{1}{3}$(시간) 이상이므로 다음의 식이 성립한다.

$$\frac{x}{60}-\frac{x}{90}\geq\frac{1}{3}$$

$\therefore\ x\geq 60$(km)

따라서 집과 워터파크 사이의 거리는 최소 60km이다.

11 수리력 방정식 활용하기

| 정답 | ④

| 해설 | 벽걸이 달력의 개수를 x개라 하면 탁상용 달력의 개수는 $12-x$개이므로 다음과 같은 식이 성립한다.

$7,500(12-x)+9,000x+3,000=105,000$

$(9,000-7,500)x+90,000+3,000=105,000$

$1,500x=12,000$

$\therefore\ x=8$(개)

따라서 A가 주문한 벽걸이 달력은 8개이다.

12 언어논리력 흐름에 맞게 글 배열하기

| 정답 | ④

| 해설 | 우선 (마)에서 원하는 것을 이루기 위한 핵심비결로 명확한 목표 세우기를 말하고 있으므로 (마) 다음에는 목표 설정을 이야기하는 (라)가 와야 한다. 그다음으로는 꿈에 대한 이야기를 이어받아 더 자세히 설명하는 (다)가 올 수 있다. 이어서 꿈이 있는 사람과 없는 사람에 대한 이야기를 이어받은 (나), 마지막으로 글을 아우르며 자기 성찰로 마무리하는 (가)로 연결된다. 따라서 (마)－(라)－(다)－(나)－(가) 순이 적절하다.

13 언어논리력 내용 추론하기

| 정답 | ③

| 해설 | 제시된 글은 원하는 것을 이루기 위해서는 마음속 깊은 곳에 존재하는 이상과 희망인 꿈을 가지고 이를 분명히 해야 한다는 목표의 명확성을 강조하고 있다. 하지만 그러한 꿈의 크기나 내용에 대해서는 언급하고 있지 않으므로 ③은 적절한 질문이 아니다.

| 오답풀이 |

① (라)에서 꿈이 구체화된 것이 목표라고 하였으므로 설정한 목표가 꿈을 충분히 구체화한 것인지에 대한 질문은 적절하다.

② (다)에서 꿈이 목표를 정하고 목표는 행동을 계획하며 행동은 결과를 만든다고 하였으므로 행동과 결과로 이어질 만큼 꿈이 분명한지에 대한 질문은 적절하다.

④ (다)에서 꿈은 힘과 열정의 원천을 제공한다고 하였으므로 꿈이 목표한 곳을 향한 열정을 충분히 담고 있는지에 대한 질문은 적절하다.

14 공간지각력 입체도형 결합하기

| 정답 | ①

| 해설 | ①과 A, B를 조합해 각 단별로 나누어 보면 다음과 같다.

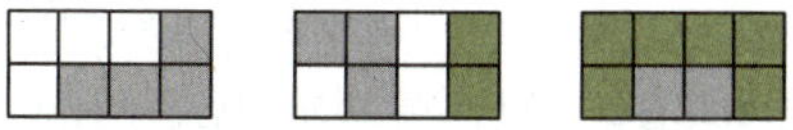

1단째(제일 윗면)　2단째　3단째(제일 밑면)

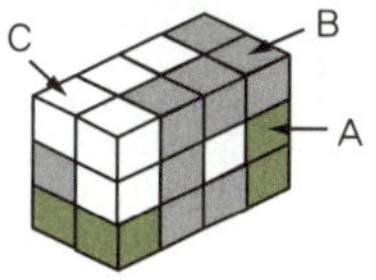

따라서 C에 들어갈 입체도형은 ①이다.

| 오답풀이 |

③ 〈보기〉의 직육면체의 블록은 모두 24개이고 A는 8개, B는 9개이므로 C는 블록이 7개이어야 하는데, 블록이 6개이므로 적절하지 않다.

15 언어논리력 알맞은 사자성어 찾기

| 정답 | ②

| 해설 | '다기망양(多岐亡羊)'은 갈림길이 많아 잃어버린 양을 찾지 못한다는 뜻으로, 계획이나 방침이 너무나 많아 도리어 어찌할 바를 모른다는 말이다. 제시된 글은 너무 많은 생각을 하면 오히려 '생각 과다'에 시달리게 되어 생각의 가지치기가 필요하다는 내용이므로 '다기망양'이 가장 적절하다.

| 오답풀이 |

① 곡학아세(曲學阿世) : 바른 길에서 벗어난 학문으로 세상 사람에게 아첨함.

③ 입신양명(立身揚名) : 출세하여 이름을 세상에 떨침.

④ 읍참마속(泣斬馬謖) : 큰 목적을 위하여 자기가 아끼는 사람을 버림.

16 사고력 명제 판단하기

| 정답 | ①

| 해설 | ㄱ. 제시된 조건의 대우는 '동정심이 강하지 않거나(약하거나) 성실하지 않으면 규칙을 잘 지키지 않고 협동 정신이 강하지 않다(약하다)'이므로 참인 추론이다.

| 오답풀이 |

ㄴ. 조건의 앞, 뒤를 부정하는 이는 항상 참이 되지 않는다.

ㄷ. '규칙을 잘 지키고 협동 정신이 강하다'는 조건의 가정인 '규칙을 잘 지키거나 협동정신이 강하다'에 포함된다. 그러므로 '동정심이 강하고 성실하다'가 적절한 추론이다.

17 공간지각력 전개도 파악하기

| 정답 | ③

| 해설 | 전개도가 다음과 같이 바뀌어야 한다.

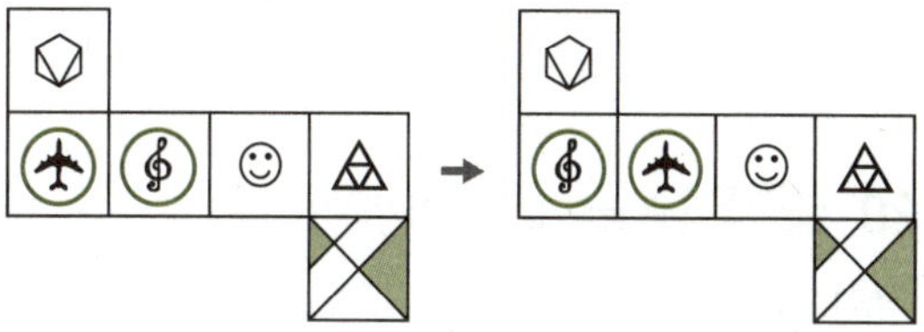

부산기출복원
1회 기출예상
2회 기출예상
3회 기출예상
4회 기출예상
5회 기출예상
6회 기출예상
7회 기출예상
8회 기출예상
9회 기출예상

18 문제해결력 문제해결의 태도 파악하기

| 정답 | ④

| 해설 | 제시된 글에서 나타난 문제 상황은 '두 집단이 다른 상황에 처해 있고 완벽히 같은 대우를 받을 수 없다'는 것이다. 화자는 이에 대해 '모두 좋은 상황에 놓일 수 있도록 계속해서 고민하고 행동을 취하고, 또 행동을 수정할 뿐이다'라며 차별을 줄이기 위해 끊임없이 노력해야 한다는 태도를 드러내고 있다. ④는 남성과 여성이 모두 인정할 수 있는 정책은 드물지만 어느 성별도 차별하지 않도록 노력해야 한다고 하였으므로 제시된 글과 같이 두 집단의 차별을 줄이기 위해 노력한다는 태도를 드러내고 있다.

| 오답풀이 |

① 계속해서 노력하는 이유가 두 집단 사이의 차별을 최소화하는 것이 아닌 인간의 절대적인 완성의 경지에 도달하는 것이므로 제시된 글의 문제 상황과 동일하지 않다.

② 제시된 글은 상황이 좋지 못한 집단에게 더 나은 대우를 해 주는 것이 절대적으로 옳은 것은 아니라고 하였으므로 같은 성격의 문제해결 태도라고 볼 수 없다.

③ 지역적으로 서로 다른 자원을 보유하고 있다는 문제 상황은 유사하지만 서로 다른 점을 고려해야 한다는 수준에서 그칠 뿐 차별이나 노력에 대한 언급이 없다.

19 문제해결력 동기부여의 이유 이해하기

| 정답 | ①

| 해설 | 제시된 글에 따르면 직원의 신뢰를 받는 리더들은 직원에게 필요한 피드백을 적시에 제공하고 개선된 점을 바로 알아봐 주는 공통점이 있으며, 이러한 리더와 함께할 때 직원들은 자신이 성장할 수 있을 것 같다고 생각한다. 이는 코칭형 리더십의 특징과 연결되며, 코칭은 질문, 경청, 지원을 통해 직원의 생산성을 높이고 기술 향상과 자기계발, 업무 만족도를 돕는 과정이다. 따라서 '나의 성장을 전적으로 지원해 줄 것 같은 리더'가 가장 적절하다.

20 언어논리력 글의 통일성 파악하기

| 정답 | ③

| 해설 | 제시된 글은 화장품 산업이 패션 산업과 비교하여 상대적으로 수익성이 높다는 내용을 설명하고 있으나 ㉢은 홈쇼핑 채널에 대한 소비자들의 신뢰도 상승이 패션 산업과 화장품 산업의 매출 규모 확대를 가져왔다는 내용이므로 글의 흐름상 적절하지 않다.

21 공간지각력 투상도로 입체도형 찾기

| 정답 | ③

| 해설 | 좌측면도 → 평면도(윗면) → 정면도 순으로 확인해 보면 블록의 개수와 위치가 모두 일치하는 입체도형은 ③이다.

| 오답풀이 |

① 좌측면과 윗면을 나타낸 첫 번째와 두 번째 그림이 각각 다음과 같아야 한다.

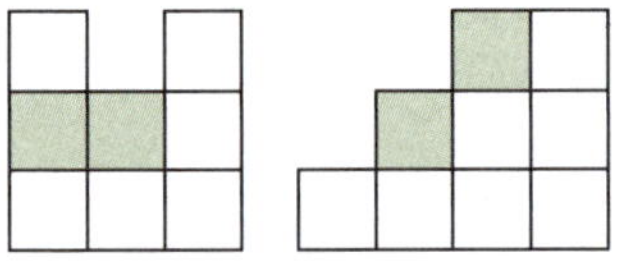

② 좌측면과 윗면, 정면을 나타낸 세 그림이 각각 다음과 같아야 한다.

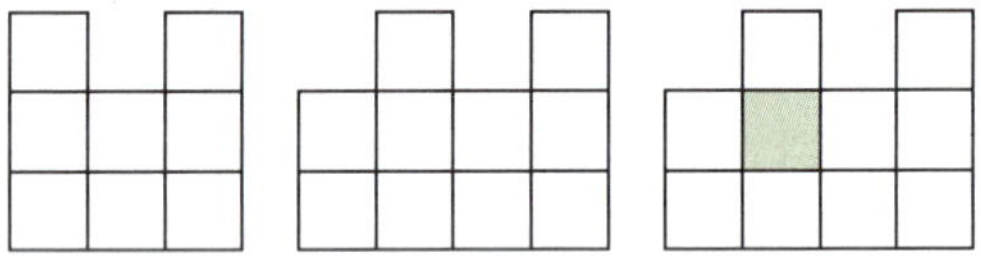

④ 제시된 첫 번째 그림은 우측면의 그림으로 본다. 한편, 정면의 모습을 나타낸 세 번째 그림은 다음과 같아야 한다.

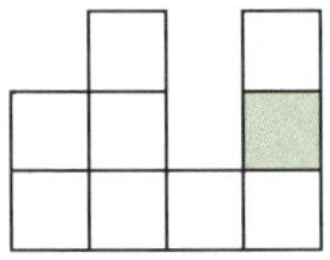

22 수리력 평균점수 활용하기

| 정답 | ③

| 해설 | E의 점수를 x점으로 놓고 식을 세우면 다음과 같다.

$$\frac{(65\times2)+(75\times2)+x}{5}=72$$

$130+150+x=360$

$\therefore x=80$(점)

따라서 E의 점수는 80점이다.

23 수리력 자료를 바탕으로 수치 계산하기

| 정답 | ③

| 해설 | A 유원지의 총 매출액 중 소인 남자의 비율은 100−(19.2+23.5+17.8+21.4+12.3)=5.8(%)이다.

24 수리력 자료를 바탕으로 수치 계산하기

| 정답 | ②

| 해설 | D 유원지의 총 매출액 중 여학생이 차지하는 비율은 34.4%이다. 이 중 37%가 고등학생이므로 D 유원지의 총 매출액 중 여자 고등학생이 차지하는 비율은 $100\times\frac{34.4}{100}\times\frac{37}{100}\fallingdotseq12.7$(%)이다.

25 문제해결력 규칙 파악하여 추론하기

| 정답 | ①

| 해설 |

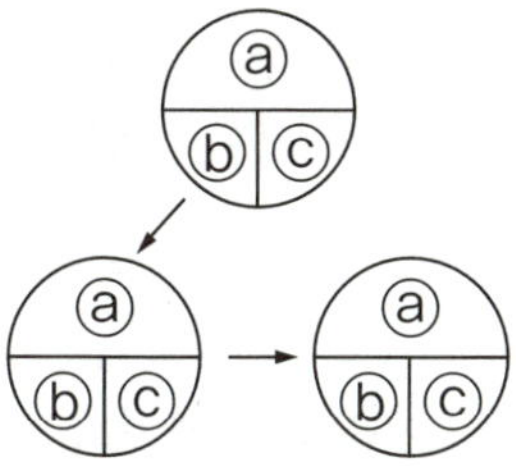

각 도형은 화살표의 방향으로 다음과 같은 규칙을 따른다.

ⓐ 칸 : 변 3개 → 변 4개 → 변 5개

ⓑ 칸 : 변 4개 → 변 5개 → 변 6개

ⓒ 칸 : 변 5개 → 변 6개 → 변 7개

따라서 '?'에는 도형의 변이 6개인 ①이 들어가는 것이 적절하다.

26 언어논리력 어휘 의미 파악하기

| 정답 | ③

| 해설 | 〈보기〉의 밑줄 친 '고치다'는 문맥상 '고장나거나 허름한 데를 손보아 고치다'의 뜻을 지닌 '수리(修理)하다'의 의미로 사용되었고, 이와 유사한 의미로 '고치다'를 사용한 것은 ③이다.

| 오답풀이 |

① '본디의 것을 손질하여 다른 것이 되게 하다'의 뜻을 지닌 '개조(改造)하다'란 의미로 쓰였다.

② '순우리말로'라는 부사어를 고려할 때, '순화(醇化)하다'의 의미로 쓰였다.

④ 목적어가 사물이 아니라 '법'이므로, '개정(改正)하다'의 의미로 쓰였다.

27 문제해결력 자료를 바탕으로 선정하기

| 정답 | ④

| 해설 | 가중치를 적용한 A ~ D의 평가점수 총점을 계산하면 다음과 같다.

- A : 80×0.3+86×0.3+90×0.4=85.8(점)
- B : 84×0.3+80×0.3+92×0.4=86(점)
- C : 85×0.3+90×0.3+87×0.4=87.3(점)
- D : 93×0.3+88×0.3+85×0.4=88.3(점)

따라서 평가점수의 총점이 가장 높은 D가 우수 인재로 선발된다.

28 수리력 자료의 수치 분석하기

| 정답 | ③

| 해설 | 30 ~ 34세 남성과 여성의 경우 재학 · 비취업의 비중이 각각 0.9%와 0.7%로 가장 작으며, 15 ~ 19세 여성의 경우 비재학 · 취업의 비중이 2.7%로 가장 작다.

| 오답풀이 |

① 20 ~ 24세에서 재학 · 비취업의 비중은 남성의 경우 41.6%, 여성의 경우 36.2%로 가장 큰 비중을 차지한다.

② 20 ~ 24세 여성의 비취업자 비중은 36.2+20.8=57(%), 20 ~ 24세 남성의 비취업자 비중은 41.6+26.8=68.4(%)로 남성이 여성보다 68.4−57=11.4(%p) 더 높다.

④ 30 ~ 34세 남성 중 재학 중인 사람의 비중은 1.2+0.9=2.1(%), 30 ~ 34세 여성 중 재학 중인 사람의 비중은 0.9+0.7=1.6(%)로 모두 2.5% 미만이다.

29 수리력 자료의 수치 분석하기

| 정답 | ②

| 해설 | 26 ~ 30세 응답자 51명 중 4회 이상 방문한 응답자는 총 7명으로 그 비율은 $\frac{7}{51}\times 100 ≒ 13.7$(%)로 15% 미만이다.

| 오답풀이 |

① 전체 응답자 113명 중 20 ~ 25세 응답자는 총 53명으로, 20 ~ 25세 응답자가 차지하는 비율은 $\frac{53}{113}\times 100$ ≒46.9(%)로 50% 미만이다.

③ 방문 횟수가 2 ~ 3회, 4 ~ 5회와 같이 범위로 주어진 경우 평균을 구할 때 범위의 중간값을 사용하므로 2 ~ 3회는 2.5회, 4 ~ 5회는 4.5회로 하여 평균을 구한다. 따라서 31 ~ 35세 응답자의 1인당 평균 방문 횟수는 $\frac{(1\times 3)+(2.5\times 4)+(4.5\times 2)}{9}$ ≒2.4(회)로 2회 이상이다.

④ 전체 응답자 113명 중 직업이 학생 또는 공무원인 응답자는 총 49+2=51(명)으로 그 비율은 $\frac{51}{113}\times 100 ≒ 45.1$(%)로 50% 미만이다.

30 문제해결력 명제 판단하기

| 정답 | ③

| 해설 | 복숭아에 대한 각 명제와 그 대우를 정리하면 다음과 같다.

- 씨가 뾰족 → 오이향(~오이향 → ~씨가 뾰족)
- 껍질이 파랑 → ~오이향(오이향 → ~껍질이 파랑)
- 씨가 둥글 → ~씨가 뾰족(씨가 뾰족 → ~씨가 둥글)

첫 번째 명제와 두 번째 명제의 대우를 삼단논법으로 연결하면 '씨가 뾰족 → 오이향 → ~껍질이 파랑'이 성립한다. 따라서 씨가 뾰족한 복숭아는 껍질이 파랗지 않음을 알 수 있다.

| 오답풀이 |

① 두 번째 명제의 대우에 의하면 오이향이 나는 복숭아는 껍질이 파랗지 않다.

②, ④ 제시된 명제로는 알 수 없다.

31 공간지각력 도형 회전하기

| 정답 | ③

| 해설 | ①은 제시된 도형이 거울에 비친 형태이고, 이를 180° 회전시키면 ③이 된다.

| 오답풀이 |

②, ④ 제시된 도형을 어떻게 회전하여도 나올 수 없는 모양이다.

32 언어논리력 글의 제목 작성하기

| 정답 | ①

| 해설 | 제시된 글의 앞부분에서 한국 한자음의 기원에 대해 이야기하고 있으나, 뒤로 가면서 한국 한자음은 중국과 일본의 그것과는 전혀 다르다는 이야기로 발전하고 있으므로 제시된 글의 전체적인 내용을 포괄하는 제목으로는 '한국 한자음의 특성'이 적절하다.

| 오답풀이 |

② 역사는 시간의 흐름에 따른 변화와 발전 과정을 뜻하는데, 제시된 글은 한국 한자음의 시대별 변화 과정에 대해 다루는 내용은 아니다.

③ 제시된 글의 앞부분에서 한국의 한자음이 어느 시대 중국 한자음에 기반을 두었는지에 대한 이견을 다루고 있지만, 이것이 글 전체를 관통하는 핵심 주제는 아니다.

④ 계통은 언어 간 친족 관계나 계열을 말하는데, 제시된 글은 계통적 분류나 언어의 계열 관계를 분석하지 않는다.

33 언어논리력 세부 내용 이해하기

| 정답 | ③

| 해설 | ㉡ 네 번째 문단을 통해 우리나라 사람이 참여한 최초의 올림픽은 제10회 미국 LA대회임을 알 수 있다.

㉢ 네 번째 문단을 통해 제4회 동계대회가 독일 가르미슈파르텐키르헨에서, 제11회 하계대회(통상 올림픽대회)가 독일 베를린에서 열린 것을 알 수 있다. 따라서 우리나라가 동계와 하계 올림픽을 모두 개최한 유일한 국가는 아니다.

㉣ 마지막 문단을 통해 제5회 스위스 생모리츠 동계대회와 제14회 영국 런던대회가 같은 해인 1948년에 개최된 것을 알 수 있다.

| 오답풀이 |

㉠ 마지막 문단을 통해 우리나라 선수들이 스위스 생모리츠 동계대회에서 입상에 실패했음을 알 수 있다.

㉤ 두 번째와 세 번째 문단을 통해 제1회 하계 올림픽은 1896년 그리스 아테네에서, 제1회 동계 올림픽대회는 1924년 프랑스 샤모니에서 개최된 것을 알 수 있고, 두 나라는 모두 유럽에 있다.

34 문제해결력 조건을 바탕으로 추론하기

| 정답 | ③

| 해설 | 우선, 두 번째 조건에 따라 4층에는 회계팀만 있다. 그리고 네 번째 조건에 따라 홍보팀은 3층의 복사기를 사용한다. 이때, 회계팀만 자기 층이 아닌 타 층의 복사기를 사용하는데, 이는 회계팀을 제외한 다른 팀들은 본인들이 위치한 층의 복사기를 사용한다는 의미이다. 그러므로 홍보팀은 3층에 있고, 홍보팀보다 위층에 있는 마케팅팀은 회계팀이 있는 4층을 제외한 5층, 세 번째 조건에 따라 총무팀은 홍보팀의 바로 아래층인 2층에 있다. 마지막으로 첫 번째 조건에 따라 마케팅팀과 기획관리팀은 복사기를 같이 사용하고 한 층에는 최대 2개 팀만 있을 수 있으므로 5층에 위치한다. 이를 정리하면 2층－총무팀, 3층－홍보팀, 4층－회계팀, 5층－마케팅팀과 기획관리팀이 된다. 따라서 총무팀은 2층의 복사기를 사용하므로 ③이 옳지 않다.

| 오답풀이 |

② 4층에 있는 회계팀은 위층의 복사기를 사용하므로 5층의 복사기를 사용하는 것이 된다.

35 공간지각력 조각을 조합한 도형의 개수 파악하기

| 정답 | ③

| 해설 | 그림에서 삼각형을 만들 수 있는 경우는 다음의 두 가지이다.

• 작은 삼각형 하나로 구성된 삼각형 10개
• 아래와 같이 작은 삼각형 4개로 구성된 삼각형 2개

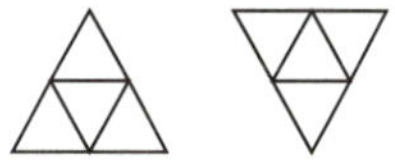

따라서 그림에서 만들 수 있는 삼각형은 총 12개이다.

36 문제해결력 문제의 유형 구분하기

| 정답 | ④

| 해설 | ㉣의 문제 사항은 건물의 방음이 제대로 되지 않는다는 내용으로, 방음시설을 개선해야 하는 문제로서 'ㄱ. 시설 및 장비 문제'에 해당한다.

37 수리력 확률 구하기

| 정답 | ①

| 해설 | 정육면체 주사위의 눈은 1, 2, 3, 4, 5, 6으로 모두 6개인데 이 중 2의 배수는 2, 4, 6으로 3개이므로 2의 배수가 나올 확률은 $\frac{3}{6}=\frac{1}{2}$이다.

38 언어논리력 내용 추론하기

| 정답 | ③

| 해설 | MBTI는 캐서린 쿡 브릭스와 이사벨 브릭스 마이어스의 이론을 바탕으로 만들어진 것이 아니라 융의 심리유형론을 바탕으로 캐서린 쿡 브릭스와 이사벨 브릭스 마이어스가 고안한 자기보고서 성격유형 자료이다.

| 오답풀이 |

① 코로나19로 집에 머무는 시간이 많아지면서 생겨난 '나'라는 사람의 본질에 집중하려는 흐름이 MBTI의 유행으로 이어졌다고 설명하고 있다.

② '나'라는 사람의 본질에 집중하려는 흐름에 따라 유행한 MBTI는 있는 그대로의 나를 설명하고 이해하는 도구로서 사용되고 있다고 설명하고 있다.

④ MBTI는 다른 유형의 타인을 이해하고 존중하기 위한 목적을 가지고 있기 때문에 검사 결과에 따라 타인을 특정 집단 안에 집어넣고 판단하는 도구로 사용해서는 안된다고 설명하고 있다.

39 언어논리력 세부 내용 이해하기

| 정답 | ④

| 해설 | 마지막 문단의 '전문가들은 비타민 제품을 고를 때 자신에게 필요한 성분인지, 함량이 충분한지, 활성형 비타민이 맞는지 등을 충분히 살펴본 다음 선택하라고 권고한다'를 통해 시중에 있는 다양한 비타민 제품은 사람마다 다른 효과를 낼 수 있음을 알 수 있다.

| 오답풀이 |

① 과로로 인한 피로가 6개월 이상 지속되면 만성피로로 진단한다고 제시되어 있다. 따라서 피로가 1년 이상 지속될 경우 만성피로로 진단될 수 있다.

② 만성피로를 내버려두면 면역력이 떨어져 감염병에도 취약해질 수 있다고 했으므로 피로는 독감과 같은 전염병에 걸리기 쉽게 만든다는 것을 알 수 있다.

③ 비타민 B군으로 대표되는 활성비타민은 스트레스 완화, 면역력 강화, 뇌신경 기능 유지, 피부와 모발 건강 등에도 도움을 준다고 하였다.

40 공간지각력 도형 모양 비교하기

| 정답 | ②

| 해설 | ②는 ①의 도형을 좌우반전시킨 것과 비교했을 때, 아래와 같이 빗금 친 부분의 색이 반전되어 있어 나머지와 모양이 다르다.

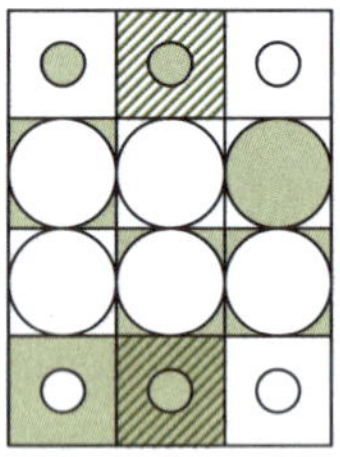

| 오답풀이 |

③ ①의 도형을 반시계 방향으로 90° 회전한 모양이다.

④ ①의 도형을 시계방향으로 90° 회전한 후 상하반전시킨 모양이다.

41 수리력 자료의 수치 분석하기

| 정답 | ③

| 해설 | 34 ~ 36개국의 OECD 회원국 중에서 매년 27위 이하이므로 상위권이라 볼 수 없다.

| 오답풀이 |

① CPI 순위가 가장 낮은 해는 52위의 20X5년이고, OECD 순위가 가장 낮은 해는 30위의 20X7년이다.

②, ④ 청렴도가 가장 높은 해는 20X8년으로 59.0점이고, 20X1년도의 청렴도 점수는 56.0점이므로 점수의 차이는 3.0점이다.

42 수리력 그래프 분석하기

| 정답 | ④

| 해설 | 신고건수 대비 출동건수의 비율은 '$\frac{\text{출동건수}}{\text{신고건수}} \times 100$'으로 구하며 20X0년은 $\frac{9,344}{19,115} \times 100 \fallingdotseq 49(\%)$이고, 다른 해는 출동건수가 신고건수의 절반을 초과하므로 모두 50% 이상이다.

| 오답풀이 |

① 범죄 발생이 반드시 신고로 이어졌다고 볼 수 없다. 따라서 제시된 자료만으로는 알 수 없는 내용이다.

② 신고건수 대비 출동건수는 '$\frac{\text{출동건수}}{\text{신고건수}}$'로 구하며 20X9년에 $\frac{11,338}{19,117} \fallingdotseq 0.59$(건)으로 가장 많다. 반면에 20X2년의 신고건수 대비 출동건수는 $\frac{10,719}{19,104} \fallingdotseq 0.56$(건)이다.

③ 신고건수 그래프의 기울기로 파악할 수 있다. 20X6년과 20X7년의 감소 그래프 기울기가 가장 크며 20X4년과 20X5년 사이의 그래프의 기울기는 이보다 완만하다. 따라서 전년 대비 신고건수가 가장 많이 감소한 해는 20X7년이다. 실제로 각 해의 전년 대비 신고 건수 감소량을 계산하면 20X7년이 18,976−18,296=680(건)으로 가장 크다.

43 문제해결력 진위 추론하기

| 정답 | ④

| 해설 | B 사원과 D 사원의 발언이 서로 상충하므로 B 사원이 거짓을 말하는 경우와 D 사원이 거짓을 말하는 경우로 나누어 생각해 본다.

- B 사원이 거짓말을 하는 경우 : A 사원은 E 사원 바로 다음으로 휴가를 간다. C 사원은 D 사원보다 늦게 휴가를 가고, D 사원은 B, C 사원보다 늦게 휴가를 가므로 C 사원과 D 사원의 발언이 서로 상충한다. 따라서 B 사원은 진실을 말하고 있다.
- D 사원이 거짓말을 하는 경우 : A 사원은 E 사원 바로 다음으로 휴가를 간다. B 사원은 마지막으로 휴가를 가고, C 사원은 D 사원보다 늦게, E 사원은 가장 먼저 휴가를 가므로 E−A−D−C−B 순으로 휴가를 감을 알 수 있다.

따라서 거짓말을 한 사원은 D 사원이다.

44 수리력 금액 계산하기

| 정답 | ④

| 해설 | 각 박물관에 방문할 단체 입장객의 총 입장료를 계산하면 다음과 같다.

- (가) 박물관 : 1,500×48×0.9=64,800(원)
- (나) 박물관 : 1,700×42×0.9=64,260(원)
- (다) 박물관 : 2,800×24=67,200(원)
- (라) 박물관 : 2,200×29=63,800(원)

따라서 총 입장료가 제일 낮은 박물관은 (라) 박물관이다.

45 문제해결력 조건을 바탕으로 추론하기

| 정답 | ③

| 해설 | 먼저 (라)에 의해 마케팅팀장은 A에 위치하며 E, F, G, H 라인에 생산, 법무, 감사, 물류팀장이 위치해야 한다. 이때, (가)에 따라 자금, 감사팀장은 서로 대각선으로 가장 멀리 위치해야 하므로 D와 E 중 E에 감사팀장, D에 자금팀장이 있게 된다.

외환, 지원팀장의 자리는 B, C 또는 C, B가 되는데, (다)에 의해 B에는 지원팀장, G에는 물류팀장이 위치해야 하며, (나)에 의해 C에 외환팀장이 위치해야 한다. 남은 생산, 법무팀장의 자리는 각각 F, H 또는 H, F임을 알 수 있다.

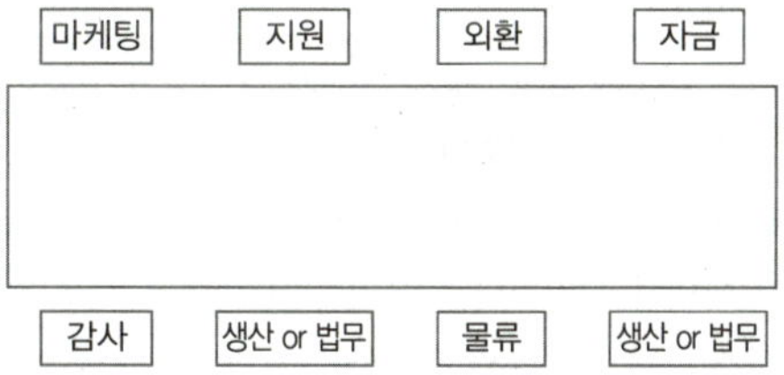

따라서 어떠한 경우에도 성현의 의견은 참이 된다.

| 오답풀이 |

① 마케팅팀장과 지원팀장은 서로의 바로 옆자리에 앉아 있다.

② 법무팀장의 자리가 F일 경우 감사팀장과 법무팀장 사이에는 자리가 없으므로 항상 참인 발언이 아니다.

④ 생산팀장의 자리가 H일 경우 생산팀장의 건너편에는 자금팀장이 위치하므로 항상 참인 발언이 아니다.

2회 기출예상문제

▶ 문제 70쪽

01	④	02	③	03	③	04	②	05	①
06	④	07	④	08	①	09	④	10	①
11	④	12	②	13	①	14	①	15	④
16	④	17	①	18	②	19	③	20	②
21	④	22	④	23	③	24	③	25	③
26	④	27	①	28	④	29	①	30	③
31	④	32	①	33	④	34	④	35	③
36	②	37	③	38	④	39	①	40	④
41	③	42	④	43	③	44	③	45	③

01 언어논리력 어휘 의미 파악하기

| 정답 | ④

| 해설 | 〈보기〉와 ④에 쓰인 '맞다'는 '어떤 대상의 맛, 온도, 습도 따위가 적당하다'의 의미를 갖는다.

| 오답풀이 |

① '어떤 대상의 내용, 정체 따위가 무엇임이 틀림이 없다'의 의미로 사용되었다.

② '어떤 행동, 의견, 상황 따위가 다른 것과 서로 어긋나지 아니하고 같거나 어울리다'의 의미로 사용되었다.

③ '모습, 분위기, 취향 따위가 다른 것에 잘 어울리다'의 의미로 사용되었다.

02 언어논리력 글의 이어질 내용 파악하기

| 정답 | ③

| 해설 | 제시된 글은 인간이 두뇌의 일부만 사용한다는 주장과 인간의 두뇌 활용도 수치의 변화에 관한 내용이다. 그러므로 글의 중심 소재인 두뇌 활용도와 그 향상 방안과 관련된 내용이 이어져야 하는데 ③의 '개성적인 인간으로 성장'은 중심 소재와 관련이 없으므로 가장 적절하지 않다.

| 오답풀이 |

① 인간의 두뇌를 제대로 활용하지 못하는 이유를 분석하려는 접근은 글의 중심내용인 두뇌 활용 부족과 밀접한 관련이 있다.

② 제시된 글에서는 연령대에 제한을 두지 않고 인간 전반의 두뇌 활용도를 언급하고 있다. 따라서 어른도 노력으로 두뇌가 가진 능력을 발휘할 수 있도록 해야 한다는 내용은 적절하다.

④ 인간의 두뇌 개발을 촉진시키는 프로그램 개발은 글의 중심내용인 두뇌 활용 부족에 관한 구체적인 해결 방안이 될 수 있다.

03 수리력 자료의 수치 분석하기

| 정답 | ③

| 해설 | 두 해의 평균 점수 차이와 순위를 구하면 다음과 같다.

항목	평균 점수(순위)		평균차
	201X년	202X년	
복리후생	2.66(5)	2.59(8)	−0.07
조직문화	2.83(3)	2.92(4)	0.09
근무 지역	1.53(8)	2.79(6)	1.26
회사 규모	1.55(7)	2.97(3)	1.42
직무 적합성	2.98(2)	3.08(2)	0.10
고용 안정성	3.27(1)	3.40(1)	0.13
대외적 인지도	2.77(4)	2.87(5)	0.10
기업의 성장 가능성	2.66(5)	2.66(7)	0

따라서 순위가 하락한 항목은 '복리후생', '조직문화', '대외적 인지도', '기업의 성장 가능성'으로 총 4개이다.

| 오답풀이 |

① 두 해 모두 1위를 차지한 항목은 '고용 안정성', 2위를 차지한 항목은 '직무 적합성'이다.

② 두 해의 평균 점수가 동일한 항목은 2.66점인 '기업의 성장 가능성'으로 1개이다.

④ '복리후생' 항목과 '기업의 성장 가능성' 항목을 제외한 나머지 6개 항목에서 평균 점수가 올랐다.

04 수리력 거리 · 속력 · 시간 활용하기

| 정답 | ②

| 해설 | 소영이가 뛴 거리를 $x$km로 놓고 '시간$=\frac{거리}{속력}$'을

활용하여 식을 세우면 다음과 같다. 이때, 2시간 20분은 $2+\frac{20}{60}=2+\frac{1}{3}=\frac{7}{3}$(시간)이다.

$\frac{10-x}{4}+\frac{x}{6}=\frac{7}{3}$

$3(10-x)+2x=28$

$\therefore x=2(\text{km})$

따라서 소영이가 뛴 시간은 $\frac{2}{6}$시간, 즉 $\frac{2}{6}\times 60=20$(분)이다.

05 문제해결력 명제 판단하기

| 정답 | ①

| 해설 | (가) [정보 1]과 [정보 2]가 참일 경우 손님 한 명당 최소 2마리 이상의 반려견과 함께 방문하는데 총 3명의 손님이 방문하므로 이날 최소 6마리의 반려견이 방문한다는 [정보 3]은 참이 된다.

| 오답풀이 |

(나) [정보 2]에 따라 만약 손님이 3마리의 반려견과 함께 방문한다면 이날 방문한 반려견의 수는 짝수라는 [정보 4]는 거짓이 된다.

(다) [정보 1]과 [정보 3]에 따라 만약 3명의 손님이 각각 1마리, 2마리, 3마리의 반려견과 함께 방문한다면 손님은 각각 최소 2마리 이상의 반려견과 함께 방문한다는 [정보 2]는 거짓이 된다.

06 공간지각력 조각을 조합한 도형의 개수 파악하기

| 정답 | ④

| 해설 | 조각 1개로 만들 수 있는 사각형은 9개, 조각 2개로 만들 수 있는 사각형은 10개, 조각 3개로 만들 수 있는 사각형은 4개, 조각 4개로 만들 수 있는 사각형은 2개이다. 따라서 그림에서 만들 수 있는 크고 작은 사각형은 모두 25개이다.

07 언어논리력 올바른 표기법 이해하기

| 정답 | ④

| 해설 | 자격을 나타낼 때는 '-로서'로 표기하는 것이 옳다. '-로써'는 어떤 일의 수단이나 도구를 나타낼 때 쓴다.

| 오답풀이 |

① '오랜만'은 '오래간만'의 준말인 하나의 단어로, '오랜만에'가 옳은 표기이다.

② 어원이 불분명한 말은 소리 나는 대로 적는다는 한글 맞춤법 규정에 따라 '몇일'이 아닌 '며칠'이 옳은 표기이다.

③ 한자어로만 이루어진 합성어일 경우 원칙적으로 사이시옷을 붙이지 않으므로, '전세방'이 옳은 표기이다.

08 언어논리력 내용 추론하기

| 정답 | ①

| 해설 | 제시된 글에서는 협력과 화합의 중요성을 강조하고 있다. 동시에 다른 이들과의 경쟁과 투쟁에 대해서는 비판적인 태도를 보이고 있으므로 주변 사람들과의 평화를 주장하는 ㉠과 ㉡이 적절하다.

| 오답풀이 |

㉢ 제시된 글에는 창의성이나 창의적 아이디어에 관한 언급이 없다.

㉣ 필자는 경쟁 자체를 부정적으로 바라보고 있으므로 적절하지 않다.

09 문제해결력 조건을 바탕으로 추론하기

| 정답 | ④

| 해설 | 두 번째 조건에 따라 지원자 병은 면접관 감의 테이블에 앉지 않고, 세 번째 조건에 따라 지원자 정은 지원자 갑보다 왼쪽에 앉아야 한다. 또한 마지막 조건에 따라 지원자 을은 면접관 리의 테이블에 앉지 않으므로 지원자 을을 기준으로 경우의 수를 살펴보면 다음과 같다.

• 지원자 을이 면접관 건의 테이블에 앉는 경우

건	곤	감	리
을	병	정	갑
	정	갑	병

• 지원자 을이 면접관 곤의 테이블에 앉는 경우

건	곤	감	리
병	을	정	갑
정		갑	병

• 지원자 을이 면접관 감의 테이블에 앉는 경우

건	곤	감	리
병	정	을	갑
정	병		갑
정	갑		병

따라서 지원자 정은 어떠한 경우에도 면접관 리의 테이블에 앉지 않는다.

10 문제해결력 명제 판단하기

| 정답 | ①

| 해설 | 각 명제를 'p : 껌을 좋아한다', 'q : 사탕을 좋아한다', 'r : 초콜릿을 좋아한다', 's : 감자칩을 좋아한다'라고 할 때 제시된 명제를 정리하면 다음과 같다.

• $p \rightarrow q$

• $\sim r \rightarrow \sim q$

• $s \rightarrow q$

'$\sim r \rightarrow \sim q$'가 참이므로 이 명제의 대우인 '$q \rightarrow r$'도 참이다. 따라서 삼단논법에 의해 '$s \rightarrow q \rightarrow r$'이 성립하므로 '감자칩을 좋아하는 아이는 초콜릿도 좋아한다'가 참임을 알 수 있다.

| 오답풀이 |

②, ③ 제시된 명제로는 알 수 없다.

④ 삼단논법에 의해 '$p \rightarrow q \rightarrow r$'이 성립하므로 껌을 좋아하는 아이는 초콜릿도 좋아함을 알 수 있다.

11 공간지각력 펼친 모양 찾기

| 정답 | ④

| 해설 | 마지막에서 점선 부분을 자르고 역순으로 종이를 펼치면 다음과 같다.

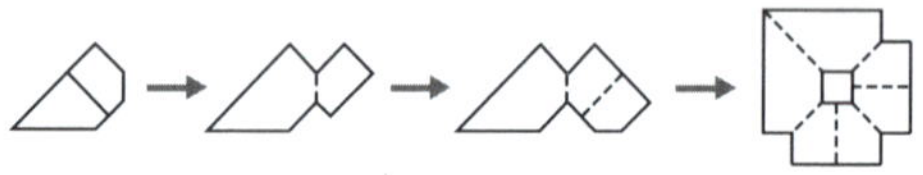

12 언어논리력 의사소통 방법 이해하기

| 정답 | ②

| 해설 | ㄱ. 지나치게 스스로를 낮추는 태도는 경청을 방해하는 요인이다.

ㄴ. 상사와 의견이 다르더라도 상사의 말에 어느 정도 공감을 표하고 수용하는 태도를 보인 후에 예의를 갖춰 자신의 의견을 제시해야 한다. 이때 분명한 근거를 들어 자신이 그렇게 생각한 이유를 충분히 설명할 수 있어야 한다.

ㅁ. 상사의 말에 추임새를 넣으면 상사가 자신의 말이 잘 전달되고 있으며 상대가 잘 경청하고 있다는 사실을 확인할 수 있으므로, 대화를 더 자연스럽게 이어나갈 수 있다.

| 오답풀이 |

ㄷ. 상사가 정확한 의사표현을 하지 않았을 경우에는 짐작하여 판단하지 말고 다시 한번 정확하게 물어서 이후 업무에 차질이 없도록 해야 한다.

ㄹ. 업무와 관련해 확실하게 알지 못하는 부분이 있으면 추측성 표현 대신 '잘 모르겠습니다'와 같은 정확한 표현을 사용해 오해와 실수를 방지해야 한다.

13 언어논리력 내용 추론하기

| 정답 | ①

| 해설 | 세 번째 문단에서 소비자가 기업이 제공하는 정보에 의존하던 예전과 달리 오늘날에는 간접적인 경험을 통해 구매를 결정하는 방향으로 진화했기 때문에 기업은 진정성을 보여 주는 것이 중요한 과제가 되었다고 설명하고 있다.

| 오답풀이 |

② 마지막 문단을 통해 광고로는 진정성을 효과적으로 전달할 수 없음을 알 수 있다.

③ 세 번째 문단의 '오늘날의 소비는 기업이 지닌 철학과 기업의 이미지를 고려하여 비록 가격이 조금 더 비싸더

라도 사회적으로 긍정적인 효과를 주는 제품을 구매하기도 한다'라는 문장을 통해 진정성을 보여 주는 것이 단순한 이미지 개선뿐만 아니라 실질적인 매출 증대에도 영향을 줌을 알 수 있다.

④ 마지막 문단의 '기업은 제품 자체에 대해 진정성을 나타낼 수 있고 때로는 고객에 대해, 때로는 사회적 가치에 대해 진정성을 나타낼 수도 있다'라는 문장에 의하면 저소득층에게 옷을 기부하는 것은 사회적 가치에 대해 진정성을 나타내는 방법이다.

14 수리력 자료의 수치 분석하기

| 정답 | ①

| 해설 | 2020년에 가장 많은 농가 수를 보이는 농업 경영형태는 식량작물, 특용작물, 과수, 기타작물로 4가지이다.

| 오답풀이 |

② 과수를 경영하는 농가의 수는 143→145→170→172천 호로 지속적인 증가 추이를 보인다.

③ 논벼가 −42.4%로 2005년 대비 2020년 증감률에서 가장 큰 감소율을 나타내고 있다.

④ 전체 농가의 수는 1,383→1,273→1,177→1,088천 호로 지속적인 감소 추이를 보인다.

15 수리력 자료의 수치 분석하기

| 정답 | ④

| 해설 | 연도별 채소 경영 농가 수의 비율은 다음과 같다.

- 2005년 : $\frac{238}{1,383} \times 100 ≒ 17.2(\%)$
- 2010년 : $\frac{230}{1,273} \times 100 ≒ 18.1(\%)$
- 2015년 : $\frac{224}{1,177} \times 100 ≒ 19.0(\%)$
- 2020년 : $\frac{198}{1,088} \times 100 ≒ 18.2(\%)$

따라서 2015년−2020년−2010년−2005년 순으로 비율이 높다.

16 언어논리력 세부 내용 이해하기

| 정답 | ④

| 해설 | 2050년 온실가스 배출 전망치 대비 37%를 감축하기로 했다는 정부의 감축 계획은 언급하고 있지만, 구체적인 규제방법에 대해서는 제시하고 있지 않다.

| 오답풀이 |

① NOAA의 기후현황보고서, 기상청 자료 등을 통해 지구온난화가 심화되고 있다는 주장의 근거를 제시하고 있다.

② "무엇이 있을까?"와 같은 질문을 던져 주의를 환기시키고 있다.

③ 유엔기후변화협약, 교토의정서, 파리협약 등 지구온난화 대응을 위한 국제협약을 제시하고 있다.

17 문제해결력 명제 추론하기

| 정답 | ①

| 해설 | A의 대우는 '운동을 싫어하는 사람은 게으르다'이며, B와 A의 대우를 삼단논법으로 정리하면 '긍정적이지 않은 사람은 게으르다'라는 명제가 참임을 알 수 있다.

| 오답풀이 |

② 제시된 명제로는 알 수 없다.

③ B의 대우는 '운동을 싫어하지 않는 사람은 긍정적이다'이므로 옳지 않다.

④ B의 명제가 참이므로 옳지 않다.

18 수리력 연속된 짝수 구하기

| 정답 | ②

| 해설 | 연속된 세 개의 짝수이므로 가장 큰 수를 x라고 한다면 가운데 수는 $x-2$, 가장 작은 수는 $x-4$이므로 다음과 같은 식이 성립한다.

$x+(x-2)+(x-4)=54$

$3x-6=54$

$3x=60$

$\therefore x=20$

따라서 더한 값이 54가 되는 세 개의 연속된 짝수 중 가장 큰 수는 20이다.

부산기출복원 1회 기출예상 2회 기출예상 3회 기출예상 4회 기출예상 5회 기출예상 6회 기출예상 7회 기출예상 8회 기출예상 9회 기출예상

| 별해 |

연속된 세 개의 짝수 : $x-2$, x, $x+2$

$x-2+x+x+2=3x=54$

$\therefore x=18$

따라서 가장 큰 수는 18+2=20이다.

19 수리력 확률 계산하기

| 정답 | ③

| 해설 | 적어도 한 명이 합격한다는 것은 두 명이 합격하는 것과 세 명 모두 합격하는 것까지 포함하므로 전체 확률인 1에서 모두 불합격할 확률을 빼면 된다. 정수가 합격할 확률은 $\frac{1}{4}$이므로 불합격할 확률은 $\frac{3}{4}$이고, 현민이 불합격할 확률은 $\frac{4}{5}$, 지혜가 불합격할 확률은 $\frac{1}{2}$이다. 따라서 적어도 한 명이 합격할 확률은 $1-\left(\frac{3}{4}\times\frac{4}{5}\times\frac{1}{2}\right)=\frac{7}{10}=0.7$이다.

20 수리력 자료의 수치 분석하기

| 정답 | ②

| 해설 | 제시된 내용을 토대로 A ~ C 지역의 남성과 여성의 인구를 구하면 다음과 같다.

구분	A 지역	B 지역	C 지역	합계
남성	45명 (15%)	165명 (55%)	90명 (30%)	300명 (100%)
여성	189명 (42%)	135명 (30%)	126명 (28%)	450명 (100%)
합계	234명	300명	216명	750명

ㄱ. A 지역 남성 인구는 45명이므로 B 지역 여성 인구 135명의 $\frac{45}{135}\times100\fallingdotseq33(\%)$이다.

ㄹ. B 지역 남성 인구 중 80명이 C 지역으로 이주한다면, C 지역의 인구는 216+80=296(명)이 된다. 이는 A ~ C 지역 총인구 750명의 $\frac{296}{750}\times100\fallingdotseq39.47(\%)$이다.

| 오답풀이 |

ㄴ. A 지역 총인구는 234명으로 C 지역 총인구인 216명보다 18명이 많다.

ㄷ. C 지역의 남성 인구는 90명이고 여성 인구는 126명이다. 남성 인구는 여성 인구보다 36명 적다.

21 공간지각력 입체도형 결합하기

| 정답 | ④

| 해설 | 두 번째와 세 번째 입체도형에 ④를 다음과 같이 결합하면 첫 번째 입체도형이 만들어진다.

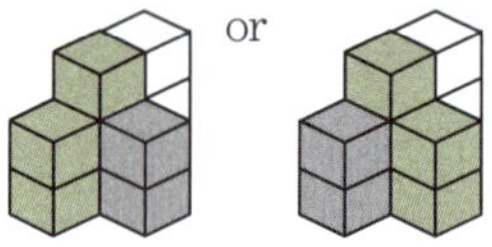

22 문제해결력 문제해결을 위한 사고 이해하기

| 정답 | ④

| 해설 | 제시된 글은 먹지 못하는 장식인 용꽃을 본 K 씨가 발상을 전환하여 먹을 수 있는 새싹채소를 장식용으로 사용한다는 아이디어를 통해 사업을 성공시킨 사례이다.

23 언어논리력 글에 알맞은 사례 파악하기

| 정답 | ③

| 해설 | 제시된 글에서 "누군가의 책상 옆을 지나는 일이 없으므로 우연한 사건이나 마주침이 발생하지 않는다. 하지만 일부러라도 이런 일을 만들려고 노력해야 한다."라고 언급하고 있다. 즉, ⓐ는 회의실, 엘리베이터, 휴게실과 같은 직장이란 공간에서의 우연한 사건이나 마주침을 의미한다. 따라서 우연한 사건이나 마주침과 관련이 없는 ③은 ⓐ의 사례로 적절하지 않다.

24 언어논리력 필자의 견해 파악하기

| 정답 | ③

| 해설 | 제시된 글의 필자는 직장 내 사회적 관계 형성이 직업과 개인 생활 모두에 영향을 미치며 조직에 소속되어 있다는 유대감이 노동의 의미를 더욱 심층적으로 체감하도록 한다고 언급하고 있다. 즉, 필자가 주장하는 직장이란 사람들과의 교류를 보장하는 작은 사회이다.

25 공간지각력 도형의 변환 규칙 파악하기

| 정답 | ③

| 해설 |

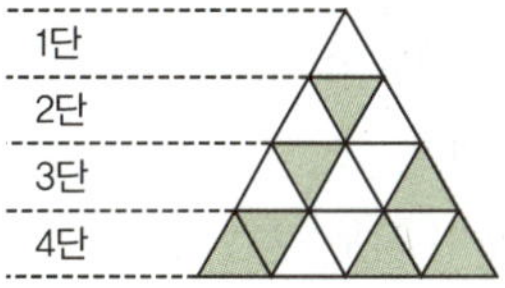

1단은 색칠된 부분이 없고, 2, 4단은 색칠된 부분이 각각 오른쪽으로 한 칸씩 이동한다. 3단은 색칠된 부분이 왼쪽으로 한 칸씩 이동한다. 따라서 '?'에는 ③이 적절하다.

26 수리력 자료의 수치 분석하기

| 정답 | ④

| 해설 | 20X6년 남한의 총 교육기관 수는 6,001+5,562+1,532=13,095(개교), 북한의 총 교육기관 수는 4,800+4,600+490=9,890(개교)이다. 따라서 남한의 총 교육기관 수는 북한의 $\frac{13,095}{9,890}$ ≒ 1.32(배)로 1.5배 미만이다.

| 오답풀이 |

① 조사기간 동안 북한의 소학교 수는 4,800개교, 중학교 수는 4,600개교로 변화가 없었다.

② 조사기간 동안 남한의 대학 수는 매년 1,500개교 이상이고 북한의 대학 수는 매년 500개교 이하이므로 남한의 대학 수가 북한의 대학 수의 3배 이상이다.

③ 조사기간 동안 남한의 초등학교와 중등학교의 수는 지속적으로 증가한 반면 대학의 수는 20X5년부터 감소하는 추이를 보였다.

27 도표분석능력 자료의 수치 분석하기

| 정답 | ①

| 해설 | 〈대사증후군 위험요인별 보유자 수〉에서 복부비만을 보유한 남성과 고혈압을 보유한 남성의 수의 합은 4,929+9,010=13,939(명)이나, 이는 복부비만과 고혈압을 둘 다 보유한 남성의 수를 의미하지 않는다. 또한 〈대사증후군 위험요인 보유개수별 보유자 수〉에서 대사증후군 위험요인을 2개 이상 보유한 남성의 수는 4,325+3,055+1,611=8,991(명)으로 13,393명 미만이다.

| 오답풀이 |

② 남성 중 복부비만 보유자의 비율은 $\frac{4,929}{17,505}\times 100$ ≒ 28.2(%), 여성 중 고혈압 보유자의 비율은 $\frac{6,217}{18,498}\times 100$ ≒ 33.6(%)이므로 여성 중 고혈압 보유자의 비율이 더 높다.

③ '대사증후군 주의군'에 해당하는 남성, 즉 대사증후군 위험요인을 1 ~ 2개 보유한 남성은 4,534+4,325=8,859(명)이며, '대사증후군 질환자'에 해당하는 남성, 즉 대사증후군 위험요인을 3 ~ 5개 보유한 남성은 3,055+1,611=4,666(명)이다. 따라서 '대사증후군 주의군'에 해당하는 남성의 수는 '대사증후군 질환자'에 해당하는 남성의 수의 $\frac{8,859}{4,666}$ ≒ 1.9(배)로 2배 미만이다.

④ 대사증후군 위험요인 보유자 수에서 대사증후군 위험요인을 보유하지 않은 여성, 즉 보유개수가 0개인 여성은 18,498−11,333=7,165(명)이며, '대사증후군 주의군'에 해당하는 여성, 즉 대사증후군 위험요인을 1 ~ 2개 보유한 여성은 4,440+3,000=7,440(명)이므로 대사증후군 위험요인을 보유하지 않은 여성의 수가 더 적다.

28 문제해결력 조건을 바탕으로 추론하기

| 정답 | ④

| 해설 | 모임은 모든 사원이 도착해야 시작되는데 민아와 천호가 모임의 사원 전부인지 알 수 없으며, 또한 천호가 도착하면 모임이 시작된다는 언급이 없어 모임의 시작 여부를 알 수 없다.

|오답풀이|

① 모임에 참가하는 사람은 민아, 천호를 포함하여 최소 2명 이상이다.

② 민아는 벌금을 냈으므로 19시까지 약속장소에 도착하지 못했음을 알 수 있다.

③ 천호는 벌금을 낸 민아보다 늦게 도착하므로 벌금을 내야 한다.

29 공간지각력 도형 회전하기

|정답| ①

|해설| 반시계 방향으로 90° 회전한 모양은 다음과 같다.

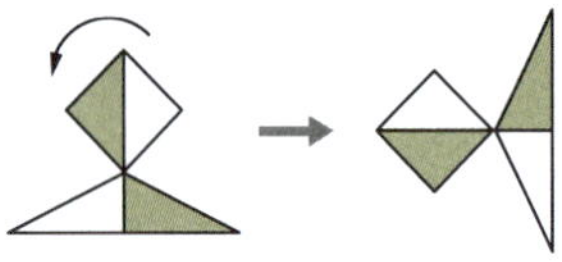

|오답풀이|

② 시계방향으로 90° 회전한 모양이다.

③ 180° 회전한 모양이다.

④ 반시계 방향으로 90° 회전한 후 상하 대칭한 모양이다.

30 언어논리력 글의 주제 찾기

|정답| ③

|해설| '함께 추구한다'라는 경쟁의 어원처럼 본래의 경쟁은 사회의 여러 부문에서 상생 · 상보적인 요소로 작용하였으나, 오늘날의 경쟁은 지배 이데올로기로 자리잡아 어원과는 다른 의미로 사용되고 있음을 소개하고 있다. 따라서 '경쟁의 변모'가 글의 주제로 가장 적절하다.

31 문제해결력 진위 추론하기

|정답| ④

|해설| A ~ E 각각이 범인인 경우로 나누어 성립되는 경우를 찾는다. 먼저 A가 범인인 경우, A의 말은 거짓이므로 B도 범인이 되어 범인은 한 명이라는 조건에 상충한다. B가 범인인 경우, 범인이 아닌 A의 말이 거짓이 되어 범인만 거짓을 말한다는 조건에 상충한다. C가 범인인 경우, 범인이 아닌 E의 말이 거짓이 되어 범인만 거짓을 말한다는 조건에 상충한다. D가 범인인 경우, A, B, C, E의 말이 모두 참이 되므로 조건에 상충하지 않는다. E가 범인인 경우, E의 말은 거짓이므로 E 외의 범인이 있게 되어 범인이 한 명이라는 조건에 상충한다. 따라서 거짓을 말한 범인은 D이다.

32 문제해결력 조건을 바탕으로 추론하기

|정답| ①

|해설| 각각의 선택지를 〈조건〉과 비교하여 아닌 것을 소거하면 쉽게 비밀번호를 찾을 수 있다.

① 〈조건〉을 모두 만족한다.

② 연속된 두 숫자의 합이 모두 같지 않다.

③ 모든 숫자가 홀수로 구성되어 있지 않고, 연속된 두 숫자의 합이 모두 같지 않으며, 두 번째 숫자와 네 번째 숫자의 곱이 9가 아니다.

④ 첫 번째와 세 번째 숫자의 합이 두 번째와 네 번째 숫자의 합보다 작지 않고, 연속된 두 숫자의 합이 모두 같지 않으며, 두 번째 숫자와 네 번째 숫자의 곱이 9가 아니다.

따라서 알맞은 비밀번호는 1313이다.

33 공간지각력 도형 모양 비교하기

|정답| ④

|해설| ④의 그림은 네모 상자의 모양이 ①과 같이 가로로 긴 직사각형이 되어야 한다.

34 수리력 그래프 분석하기

|정답| ④

|해설| 20X7년 대비 20X8년의 기타종사자 종사자 수는 12천 명 더 증가하였다.

| 오답풀이 |

① 〈우리나라의 종사상 지위별 종사자 수〉를 통해 상용근로자 수가 월등히 많은 것을 알 수 있다.

② 20X7년 대비 20X8년에 자영업자 및 무급가족종사자 수는 59천 명, 상용근로자 수는 173천 명, 임시 및 일용근로자 수는 89천 명, 기타종사자는 12천 명이 증가하여 가장 많은 증가를 보이는 지위는 상용근로자이다.

③ 20X7년 대비 20X8년 지위별 종사자 수는 모두 증가하였으나 비중은 임시 및 일용근로자의 경우에만 0.2%p 증가하였고, 자영업자 및 무급가족종사자와 기타종사자의 경우에는 동일하였으며, 상용근로자의 경우에는 오히려 0.2%p 감소하였다.

35 수리력 부등식 활용하기

| 정답 | ③

| 해설 | 네 과목의 평균이 89.5점이라고 하였으므로 네 과목의 총점수는 $89.5 \times 4 = 358$(점)이다. 다섯 과목의 평균 점수가 90점 이상이 되기 위해서는 총점수가 $90 \times 5 = 450$(점) 이상이어야 하므로 영어 점수를 x점이라 하면 다음과 같은 식이 성립한다.

$358 + x \geq 450$

$\therefore x \geq 92$(점)

따라서 영어에서 받아야 할 최소 점수는 92점이다.

36 언어논리력 알맞은 사자성어 찾기

| 정답 | ②

| 해설 | 제시된 글과 관련 있는 사자성어는 '새옹지마(塞翁之馬)'로 인생은 변화가 많아서 길흉화복을 예측하기가 어려움을 의미한다.

| 오답풀이 |

① 유비무환(有備無患) : 미리 준비가 되어 있으면 걱정할 것이 없음.

③ 전화위복(轉禍爲福) : 재앙과 근심, 걱정이 오히려 복으로 바뀜.

④ 자업자득(自業自得) : 자기가 저지른 일의 결과를 자기가 받음.

37 공간지각력 전개도 파악하기

| 정답 | ③

| 해설 | 전개도를 접었을 때 서로 만나는 변을 표시하면 다음과 같다.

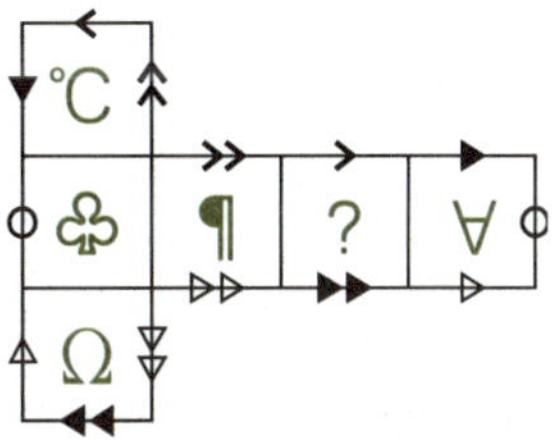

따라서 ③은 다음과 같이 바뀌어야 한다.

38 문제해결력 문제점 파악하기

| 정답 | ④

| 해설 | 포드는 핀토가 사고 위험이 높다는 사실을 알았지만 핀토를 계속 판매하였고 그로 인해 사고 피해자가 발생하였다. 이는 기업의 이익만을 우선시하여 일어난 사건으로 사회 · 윤리적 직업의식의 결여가 문제점이라고 볼 수 있다.

39 수리력 연립방정식 활용하기

| 정답 | ①

| 해설 | 2만 원에서 4,500원을 빼면 시장에서 쓴 비용은 15,500원임을 알 수 있다. 무의 가격을 x원, 배추의 가격을 y원이라 하면 다음 식이 성립한다.

$$\begin{cases} 5x+8y=15{,}500 \cdots\cdots ㉠ \\ x=y+500 \quad \cdots\cdots ㉡ \end{cases}$$

㉡을 ㉠에 대입하여 풀면

$5(y+500)+8y=15{,}500$

$13y=13{,}000$

$\therefore x=1{,}500$(원), $y=1{,}000$(원)

따라서 무는 1,500원, 배추는 1,000원이다.

40 언어논리력 세부 내용 이해하기

| 정답 | ④

| 해설 | 제시된 글에서는 형식과 내용을 조화시키는 글쓰기, 전체를 한눈에 알 수 있는 쉽고 간결한 글쓰기, 사소한 부분에도 신경쓰는 세심한 글쓰기, 업무 성과로 이어지는 목적지향적인 글쓰기를 강조하고 있다.

사소한 실수가 글의 인상을 흐리게 만들며 부분의 실수가 전체의 실수로 이어진다고 말하고 있다. 따라서 사소한 오기나 맞춤법에도 세심하게 주의를 기울여야 한다.

| 오답풀이 |

① 두 번째 문단의 형식과 내용을 조화시키는 글쓰기에 해당한다.

② 두 번째 문단의 전체를 한눈에 알 수 있는 쉽고 간결한 글쓰기에 해당한다.

③ 세 번째 문단의 업무 성과로 이어지는 목적지향적인 글쓰기에 해당한다.

41 문제해결력 조건을 바탕으로 선정하기

| 정답 | ③

| 해설 | 예산을 초과하지 않는 여행지인 서울, 전주, 부산의 최종 점수를 구하면 다음과 같다.

구분	서울	전주	부산
M 씨의 선호순위	1	2	4
배우자의 선호순위	2	4	3
딸의 선호순위	3	1	2
교통 편의성 가점	3(3위)	1(1위)	4(4위)
총합(점)	9	8	13

따라서 최종 점수가 가장 낮은 전주를 여행지로 선택하게 된다.

42 문제해결력 자료를 바탕으로 선정하기

| 정답 | ④

| 해설 | 평가 비율을 반영하여 합산한 점수는 다음과 같다.

(단위 : 점)

구분	A	B	C	D
서류평가	60×0.2 =12	70×0.2 =14	50×0.2 =10	50×0.2 =10
필기시험	80×0.3 =24	60×0.3 =18	70×0.3 =21	90×0.3 =27
실기시험	70×0.4 =28	80×0.4 =32	90×0.4 =36	80×0.4 =32
면접평가	50×0.1 =5	60×0.1 =6	60×0.1 =6	50×0.1 =5
합계	69	70	73	74

따라서 점수가 제일 높은 D가 합격자로 선정된다.

43 공간지각력 투상도로 입체도형 찾기

| 정답 | ③

| 해설 | 정면도 → 평면도 → 우측 또는 좌측면도 순으로 확인할 때 블록 개수와 위치가 모두 일치하는 입체도형은 ③이다.

| 오답풀이 |

① 정면도와 우측 또는 좌측면도가 일치하지 않는다.

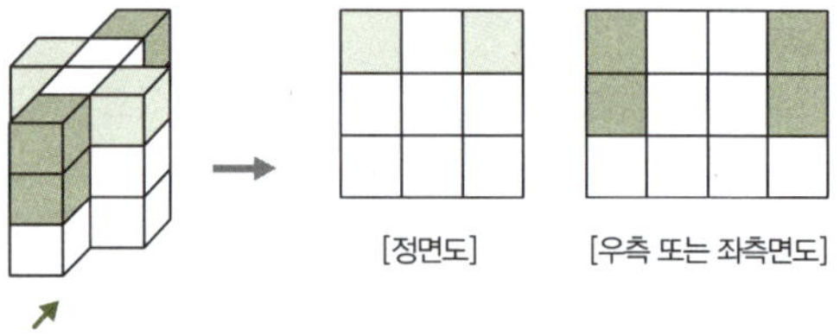

② 우측 또는 좌측면도가 일치하지 않는다.

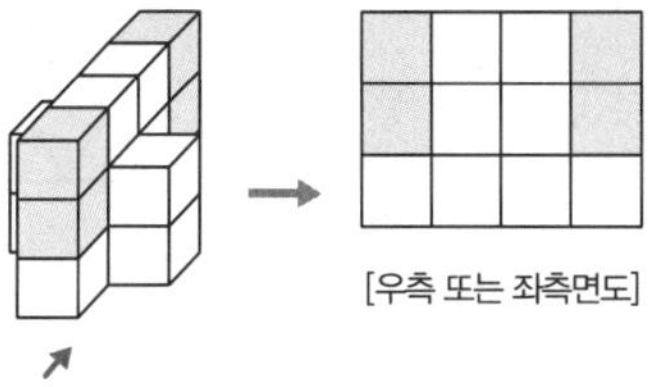

[우측 또는 좌측면도]

④ 정면도가 일치하지 않는다.

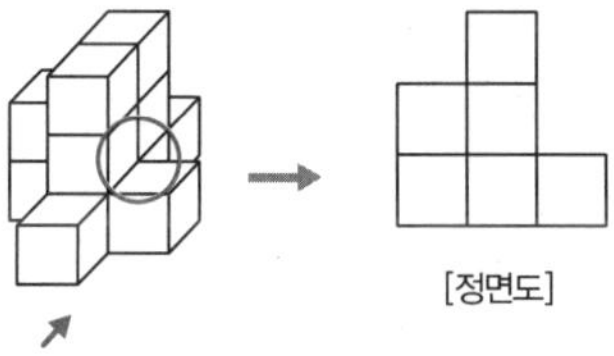

[정면도]

44 문제해결력 조건을 바탕으로 추론하기

| 정답 | ③

| 해설 | 두 번째 정보와 다섯 번째, 여섯 번째 정보를 정리하면 E, F → G → D → A가 된다.

세 번째와 마지막 정보를 보면 G를 만난 후 C를 만나는데 D와 A 사이에 다른 사람을 만나므로 G → D → C → A 순이 된다.

B와 E, F의 경우, 첫 번째 정보에서 B는 처음에 만나는 사람이 아니며 네 번째 정보에서 B를 F보다 먼저 만난다고 하였으므로 E → B → F 순임을 알 수 있다.

이를 정리하면 E → B → F → G → D → C → A 순이다. 따라서 세 번째로 만나는 사람은 F이다.

45 문제해결력 좌석배치 방법 이해하기

| 정답 | ③

| 해설 | 제시된 그림은 U자형 좌석배치 방법을 나타낸 것이다. U자형 좌석배치 방법은 가운데 의장을 기준으로 서열에 따라 의장의 자리에서 멀어지도록 자리가 배치된다. 주로 테이블 반대편에 대형 스크린 등을 배치하여 미디어를 활용한 발표 중심의 공식적인 회의에 적합하다.

| 오답풀이 |

① 반원형 좌석배치 방법에 대한 설명이다.

② U자형 좌석배치 방법은 서열에 따라 자리배치가 결정된다. 제시된 내용은 원형 좌석배치 방법에 대한 설명이다.

④ 강의식 좌석배치 방법에 대한 설명이다. 참가자들이 발표자를 향해 일렬 또는 다열로 정면 배치되며, 모두 발표자나 스크린 방향을 바라보게 구성된다.

3회 기출예상문제

▶ 문제 94쪽

01	①	02	②	03	②	04	①	05	②
06	③	07	③	08	③	09	③	10	③
11	④	12	①	13	④	14	③	15	②
16	③	17	②	18	①	19	①	20	④
21	②	22	①	23	④	24	④	25	③
26	④	27	④	28	①	29	①	30	①
31	②	32	④	33	②	34	①	35	①
36	③	37	③	38	④	39	①	40	④
41	③	42	①	43	②	44	②	45	④

01 언어논리력 어휘 의미 파악하기

| 정답 | ①

| 해설 | 〈보기〉의 문장과 ①의 '어쩌다가'는 '뜻밖에 우연히'라는 뜻으로 사용되었다.

| 오답풀이 |

②, ④ '이따금 또는 가끔가다가'라는 뜻으로 사용되었다.

③ '어떠한 방법으로 하다'라는 뜻의 '어찌하다가'의 준말로 사용되었다.

02 언어논리력 글의 의도 파악하기

| 정답 | ②

| 해설 | (가)의 왕발은 바람으로 인해 쉽게 등왕각에 이르러 훗날 이름을 떨칠 수 있었으며, (나)의 가난한 서생은 천복비에 거의 다다랐으나 벼락으로 인해 탁본을 하지 못하였다. 이는 사람의 일은 알 수 없어서 하늘이 이끄는 것에 따라 때가 이르면 운수가 차고, 아무리 애를 써도 안 될 일은 안 된다는 것을 보여 준다.

03 공간지각력 조각을 조합한 도형의 개수 파악하기

| 정답 | ②

| 해설 | 만들 수 있는 삼각형과 그 개수는 다음과 같다.

• 작은 삼각형() : 24개

• 작은 삼각형 4개로 만들어진 중간 삼각형 :  과  모양 각각 6개로 총 12개

• 작은 삼각형 9개로 만들어진 큰 삼각형 : 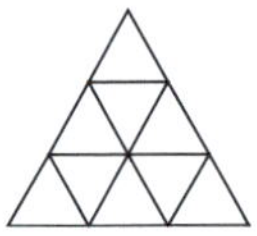 과  모양 각각 2개로 총 4개

이때, 역삼각형 형태의 중간 삼각형과 큰 삼각형( , 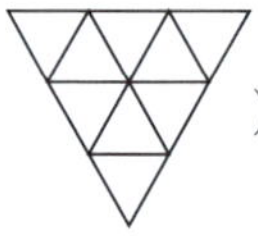)을 누락하지 않도록 한다. 따라서 만들 수 있는 삼각형은 모두 24+12+4=40(개)이다.

04 문제해결력 문제해결 절차 이해하기

| 정답 | ①

| 해설 | 제조품의 불량률이 증가한 것이 문제의 원인으로, 이와 관련한 사례들을 수집하여 분석하는 것은 문제 상황을 명확히 이해하는 데 도움이 된다. 또한 이를 통해 문제의 우선순위를 정할 수도 있다. 따라서 ①이 1단계인 '문제 인식' 단계에 해당한다.

| 오답풀이 |

② 문제의 근본 원인을 파악하기 위해 불량률 증가의 원인을 다각적으로 분석하므로 3단계인 '원인 분석' 단계에 해당한다.

③ 어떤 부분을 해결할 것인지 결정하는 것은 해결해야 할 사항을 명확히 하는 것으로, 2단계인 '문제 도출' 단계에 해당한다.

④ 해결안을 적용하고 그 결과를 평가하는 것으로 5단계인 '실행 및 평가' 단계에 해당한다.

05 언어논리력 글의 제목 작성하기

| 정답 | ②

| 해설 | 제시된 글에서는 다양성을 중시하며 미래의 시대를 대표하는 주역이자 소비자의 주역으로 성장할 Z세대에 대해 설명하고 있으며, 그들을 대표하는 언어문화인 '급식체'와 '사물인터넷' 등에 관해 언급하고 있으므로 글의 제목으로는 '미래의 고객 Z세대 탐구'가 적절하다.

| 오답풀이 |

① Z세대의 밝은 면과 어두운 면을 언급하는 것이 아니라 Z세대의 특징에 관해 설명하고 있으므로 적절하지 않다.

③ '밀레니엄 세대'는 Z세대의 앞 세대인 Y세대를 일컫는 말로, 청년 실업과 스마트폰, 태블릿 등으로 대표되는 세대를 뜻한다. 제시된 글은 이들의 부활이 아닌 Z세대에 초점을 맞추고 있으므로 적절하지 않다.

④ 마지막 문단에서 기업이 기존과는 다른 전략이 필요함을 언급하고 있으나, 이는 글 전반에서 다루는 Z세대의 특성에 기반한 결론일 뿐 기업의 성공 전략에 대해 본격적으로 탐구하는 글은 아니다.

06 언어논리력 세부 내용 이해하기

| 정답 | ③

| 해설 | Z세대의 소비는 자신의 소비에 영향을 주는 사람으로 '나 자신'을 꼽을 만큼 철저히 '나'에 집중되어 있다. 하지만 이들은 사회적 문제를 일으킨 기업 상품의 불매 운동에 참여하고, 친환경적이고 사회적 책임을 다하는 브랜드를 선택하는 등의 '착한 소비'를 선호하며 자신의 개인 정보 공유에 대해서도 '보호'가 가능한 선에서 상당히 유연한 사고를 가지고 있다고 하였으므로 ③의 설명은 Z세대의 특징으로 적절하지 않다.

| 오답풀이 |

① 첫 번째 문단에서 우리 사회에 '급식체'로 대표되는 Z세대의 문화가 확산되고 있으며 이러한 급식체는 Z세대들의 언어에서 시대적 문화콘텐츠로 성장하고 있다고 하였다.

② 마지막 문단에서 Z세대는 자신들의 의견이 존중되고, 가치 있게 여겨진다는 느낌을 중시하며, 관계를 맺고 함께 만들어 나갈 수 있어야 한다고 하였다.

④ 두 번째 문단에서 Z세대는 청년 실업과 스마트폰, 태블릿으로 대표되는 밀레니엄 세대(Y세대)와는 다르게 다양성을 중시하고 사물인터넷(IoT)으로 대표된다고 하였다.

07 수리력 거리 · 속력 · 시간 활용하기

| 정답 | ③

| 해설 | 두 사람 사이의 간격은 1시간에 $100-85=15$(km) 벌어진다. 20분은 $\frac{20}{60}=\frac{1}{3}$(시간)이므로 20분 후 두 사람의 간격은 $15\times\frac{1}{3}=5$(km) 벌어진다.

08 수리력 확률 구하기

| 정답 | ③

| 해설 | 먼저 A 상자에서 진짜 보석이 나올 확률은 $\frac{4}{4+5}=\frac{4}{9}$이다. 이때 A 상자에서 꺼낸 진짜 보석을 B 상자에 넣으면 B 상자에는 진짜 보석 4개와 가짜 보석 5개가 있게 되므로 B 상자에서 진짜 보석을 꺼낼 확률은 $\frac{4}{4+5}=\frac{4}{9}$이다. 따라서 두 번 다 진짜 보석을 꺼낼 확률은 $\frac{4}{9}\times\frac{4}{9}=\frac{16}{81}$이다.

09 수리력 부등식 활용하기

| 정답 | ③

| 해설 | x개월 후에 A가 모은 금액은 $200+20x$만 원이고 B가 모은 금액은 $100+50x$만 원이다. B가 모은 돈이 A가 모은 돈의 두 배가 넘는 시기를 구해야 하므로 다음의 식이 성립한다.

$2(200+20x)<100+50x \qquad 10x>300$

$\therefore x>30$(개월)

따라서 지금부터 31개월 후부터 B가 모은 돈이 A가 모은 돈의 두 배가 넘는다.

10 언어논리력 문서작성 시 주의사항 이해하기

| 정답 | ③

| 해설 | ㉠ 문서의 의미를 전달하는 데 오류가 없다면 가능한 한 문장은 짧고 간결하게 작성한다.

㉡ 문서를 작성할 때에는 주요한 내용이 담겨 있는 결론 부분을 먼저 쓰도록 한다.

㉣ 문서의 의미를 전달하는 데 문제가 없다면 한자나 영어 등의 전문 용어 사용은 삼간다.

보충 플러스+

직장 내 문서작성의 원칙

- 문장은 짧고 간결하게 작성한다.
- 상대방이 이해하기 쉽게 작성한다.
- 불필요한 한자의 사용은 배제한다.
- 간결체로 작성한다.
- 긍정문으로 작성한다.
- 간단한 표제를 붙인다.
- 문서의 주요한 내용을 먼저 쓰도록 한다.

11 문제해결력 자료를 바탕으로 결과 도출하기

| 정답 | ④

| 해설 | 〈조건〉을 바탕으로 A ~ D의 각 채용절차 점수의 총합을 구하면 다음과 같다.

- A : $85\times0.1+80\times0.4+(45+45)\times0.5=85.5$(점)
- B : $70\times0.1+90\times0.4+(40+35)\times0.5=80.5$(점)
- C : $90\times0.1+80\times0.4+(30+45)\times0.5=78.5$(점)
- D : $80\times0.1+85\times0.4+(40+50)\times0.5=87$(점)

따라서 D가 최고득점을 받았고 D는 희망부서인 재무팀으로 배정받게 된다.

12 공간지각력 투상도로 입체도형 찾기

| 정답 | ①

| 해설 | 제시된 투상도는 왼쪽부터 정면도, 평면도, 우측면도 순이며 블록 개수와 모양이 모두 일치하는 입체도형은 ①이다.

| 오답풀이 |

② 정면도가 일치하지 않는다.

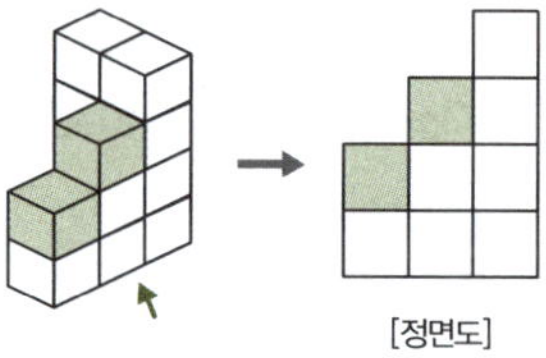

[정면도]

③ 우측면도가 일치하지 않는다.

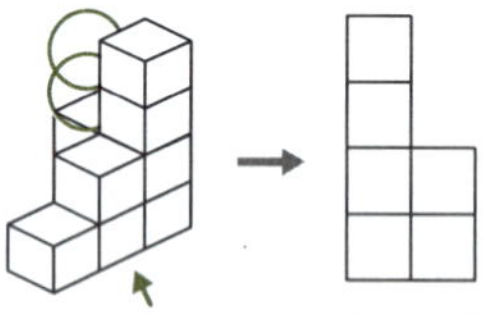

[우측면도]

④ 정면도와 평면도가 일치하지 않는다.

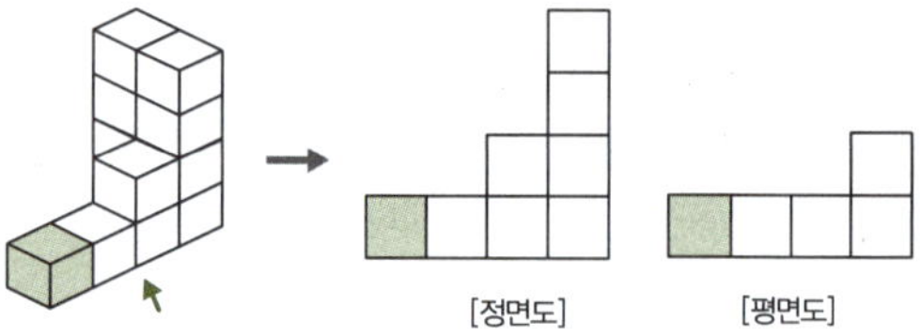

[정면도] [평면도]

13 언어논리력 속담 이해하기

| 정답 | ④

| 해설 | '부모가 반팔자'라는 속담은 어떤 부모에게서 태어나느냐 하는 것이 사람의 운명을 결정하는 중요한 요소임을 비유적으로 이르는 말이다.

14 언어논리력 글의 서술 방식 파악하기

| 정답 | ③

| 해설 | 전반적으로 사실의 나열을 통하여 논지를 전개하고 있으며, 비판을 통해 독자의 동의를 얻으려는 시도는 엿볼 수 없다.

| 오답풀이 |

① 청소년인권과 내용적으로 관련이 깊은 UN아동권리협약에 제시된 4가지 인권영역을 열거하고 있다.

② 일부 학자들의 청소년 참여 수준에 대한 의견을 인용하여 의사결정과정 참여 보장을 최소한의 참여권 성취기준으로 분류하였다고 근거를 제시하고 있다.

④ 청소년 연령이 18세 미만으로 정의되는 아동연령과 중복되는 점을 들어 청소년인권은 아동권리에 대한 국제조약인 UN아동권리협약에 규정된 내용과 관련이 깊다는 주관적 해석의 정당성을 확보하였다.

15 문제해결력 명제 판단하기

| 정답 | ②

| 해설 | 제시된 문장을 각 명제와 그 대우로 정리한다.

축구 ○ → 유산소 열 야구 ○ → 유산소 열	대우 ⇔	유산소 열× → 축구 × 유산소 열× → 야구 ×

첫 문장의 대우는 '유산소 운동을 열심히 하지 않는 사람은 축구를 좋아하지 않는다'이고, 그다음 문장의 대우는 '유산소 운동을 열심히 하지 않는 사람은 야구를 좋아하지 않는다'이다. 따라서 유산소 운동을 열심히 하지 않는 사람은 축구도 야구도 좋아하지 않음을 알 수 있다.

| 오답풀이 |

① '유산소 운동을 열심히 하지 않는 사람은 축구도 야구도 좋아하지 않는다'의 이에 해당하므로 반드시 참이라고 할 수 없다.

③, ④ 제시된 명제를 통해서는 알 수 없는 내용이다.

16 공간지각력 도형의 변환 규칙 파악하기

| 정답 | ③

| 해설 | 도형 전체가 시계방향으로 90°씩 회전하고 있으므로, '?'에는 첫 번째 도형에서 시계방향으로 270° 회전한 도형인 ③이 와야 한다.

| 오답풀이 |

①, ②, ④ 제시된 도형을 회전할 때 나타날 수 없는 모양이다.

17 문제해결력 조건을 바탕으로 추론하기

| 정답 | ②

| 해설 | 두 번째, 네 번째 조건에 따라 하늘은 구름보다 늦게 들어왔고, 보리는 구름보다 먼저 들어왔으므로 보리-구름-하늘 순으로 들어왔다. 세 번째, 마지막 조건에 따라 태양은 반달보다 먼저 들어왔고, 반달은 보리보다 먼저 들어왔으므로 태양-반달-보리 순으로 들어왔다. 이를 종합하면 태양-반달-보리-구름-하늘 순으로 들어왔음을 알 수 있다. 따라서 3등으로 들어온 사람은 보리이다.

18 문제해결력 조건을 바탕으로 추론하기

| 정답 | ①

| 해설 | 첫 번째, 두 번째 조건에 따라 김아영-박주영-백지원-한지민-배주현 순으로 선물 지급 우선권을 갖는다.

- 김아영은 희망 1순위인 머그컵을 받는다.
- 박주영은 희망 1순위인 휴대용 가습기를 받는다.
- 백지원은 희망 1순위인 머그컵을 받는다.
- 한지민은 희망 1순위인 머그컵이 소진되었으므로 희망 2순위인 휴대용 가습기를 받는다.
- 배주현은 희망 1순위인 휴대용 가습기와 2순위인 머그컵 모두 소진되었으므로 남은 디퓨저를 받는다.

따라서 박주영-휴대용 가습기, 김아영-머그컵, 백지원-머그컵, 한지민-휴대용 가습기, 배주현-디퓨저이다.

19 수리력 비용 계산하기

| 정답 | ①

| 해설 | 구매 영수증의 항목별로 구매액을 구하면 다음과 같다.

- 애호박(5개 이상 구입) : 1,850×7−200×7=11,550(원)
- 호박 고구마 : 6,000×2=12,000(원)
- 달걀 : 6,980×6=41,880(원)
- 한우 : 8,980×3=26,940(원)
- 배추김치 : 6,880×2=13,760(원)

따라서 구매 총액은 11,550+12,000+41,880+26,940+13,760=106,130(원)이다.

20 수리력 비율 활용하기

| 정답 | ④

| 해설 | 화이트초콜릿의 개수를 x개, 다크초콜릿의 개수를 $60-x$개라고 정한 뒤 식을 세우면 다음과 같다.

$1:4=x:60-x$

$5x=60$

$\therefore x=12$(개)

따라서 화이트초콜릿은 12개를 준비한다.

21 수리력 자료의 수치 분석하기

| 정답 | ②

| 해설 | 전체 사교육비는 20X5년부터 점점 감소하는 추세인데 20X9년에 유일하게 증가하였다. 그러므로 20X9년에 최고 전년 대비 증가폭을 보였음을 알 수 있다.

| 오답풀이 |

① 전년 대비 증감률은 20X6 ~ 20X8년에는 중학교가 가장 크고 20X9년에는 고등학교가 가장 크다.

③ 20X8년 대비 20X9년에 중학교 학생 수가 1,586천 명에서 1,457천 명으로 감소하였으므로 중학교 사교육비 감소의 원인이 학생 수의 감소일 수도 있다. 따라서 사교육비 감소를 비용의 순수 경감 효과라고 부를 수 없다.

④ 20X9년에는 중학교를 제외하고 사교육비가 증가하였다. 그러므로 시간의 흐름에 따라 사교육비가 감소했다고 볼 수 없다.

22 공간지각력 입체도형 결합하기

| 정답 | ①

| 해설 |

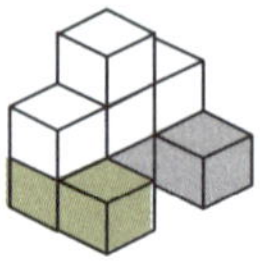

첫 번째 입체도형에 들어간 블록은 9개, 두 번째 입체도형에 들어간 블록은 4개, 세 번째 입체도형에 들어간 블록은 2개이므로 추가로 필요한 입체도형은 $9-(4+2)=3$(개) 블록으로 이루어진 입체도형이어야 한다.

23 문제해결력 조건을 바탕으로 추론하기

| 정답 | ④

| 해설 | 선배 3을 통해 회사－피트니스센터이고, 선배 4를 통해 카페－학원임을 알 수 있고, 선배 5를 통해 회사－피트니스센터－카페－학원이 왼쪽부터 오른쪽으로 일렬로 있음을 알 수 있다. 또한, 선배 3이 피트니스센터가 큰길 위쪽에 있다고 하였으므로 〈약도〉에서 A ~ D에는 차례대로 회사－피트니스센터－카페－학원이 있게 된다. 선배 1이 D에 있는 학원 맞은편에 문구점이 있다고 하였으므로 H에는 문구점이 있게 되며, 선배 2의 정보에 따라 A인 회사 맞은편인 E에 베이커리가 있게 된다. 또한, 중국집은 E인 베이커리의 오른쪽인 F 또는 G에 있어야 하는데, 선배 5가 C인 카페의 큰길 건너 맞은편에 편의점이 있다고 하였으므로 G에 편의점, F에 중국집이 있게 된다. 이를 〈약도〉로 나타내면 다음과 같다.

A 회사	B 피트니스센터	C 카페	D 학원
← 왼쪽	큰길		오른쪽 →
E 베이커리	F 중국집	G 편의점	H 문구점

따라서 문구점의 위치는 H이다.

24 언어논리력 올바른 표기법 이해하기

| 정답 | ④

| 해설 |
- 짤막한 : 한글 맞춤법 제21항에서 '명사나 혹은 용언의 어간 뒤에 자음으로 시작된 접미사가 붙어서 된 말은 그 명사나 어간의 원형을 밝히어 적는다'고 규정되어 있으나 '짤막하다'처럼 겹받침의 끝소리가 드러나지 아니하는 것은 소리대로 적는다고 하였으므로 '짤막하다'로 써야 한다.
- 벼르다가 : '어떤 일을 이루기 위해 마음속으로 단단히 준비하고 기회만 엿봄'의 뜻인 '벼르다'와 '어떤 동작이나 상태 따위가 중단되고 다른 동작이나 상태로 바뀜'의 뜻인 연결 어미 '－다가'가 결합된 말이다. 따라서 기본형 '벼르－'에 '－다가'가 붙은 '벼르다가'로 써야 한다.
- 나는 : 기본형 '날다'에 '－는'이 붙어 연결되면 'ㄹ'이 탈락되어 '나는'이 되며, '날으는', '날르다', '날랐다', '날르는'은 잘못된 표현이다.

25 언어논리력 흐름에 맞게 글 배열하기

| 정답 | ③

| 해설 | 우선 과거에는 우리나라가 선진국의 문턱으로 들어서게 한 교육에 대해 현재는 학생, 기업, 학부모, 대학 등이 불평을 제기하기 시작하였다는 내용의 (가)에서 시작하여, 이러한 내용이 단순히 불평으로 끝나는 것이 아닌 국가의 주요 문제가 되고 있다는 내용의 (라)가 다음으로 이어진다. 다음으로 (라)에서 제시된 교육비 부담, 교육기회의 불균형, 지나친 경쟁 유도로 인한 청소년 자살률 증가 등 우리나라 교육의 문제는 단편적인 처방으로 해결될 일이 아니라는 내용의 (나)가 이어진다. 이어 (나)에서 언급한 교육의 틀을 근본적으로 바꾸는 교육개혁에는 이해관계와 이념적 대립 등의 상당한 저항이 있을 것이라고 예측하는 (다)가 마지막으로 온다. 따라서 (가)－(라)－(나)－(다) 순이 적절하다.

26 언어논리력 중심내용 파악하기

| 정답 | ④

| 해설 | 제시된 글에서는 우리나라의 교육 문제가 국가의 주요 문제가 되었으며, 이를 해결하기 위해서는 단편적인 처방이 아닌 교육의 틀을 근본적으로 바꾸는 사회적 대전환, 대대적인 교육개혁이 필요하다고 설명한다. 이와 함께 대대적인 교육개혁에는 이해관계의 문제와 이념의 대립 등 저항이 있을 것이나 이 때문에 교육개혁을 포기할 수는 없으며, 교육개혁을 위한 타협에 많은 시간이 소요될 것이나 늦었다고 생각할 때 가장 빠르다는 생각으로 담대한 교육개혁을 추진해야 한다고 주장하고 있다.

27 문제해결력 논리적 오류 이해하기

| 정답 | ④

| 해설 | '대형 마트는 야간에도 운영한다'가 전제, '늦게 퇴근하는 직장인들도 쉽게 이용할 수 있다'는 결론이 되어 전제와 결론 사이의 인과 관계가 타당하므로 논리적 오류가 없다.

| 오답풀이 |

① 소설가는 작가의 한 유형이다. 단어 범주의 관계를 잘못 인식하고 있으므로 '범주의 오류'에 해당한다.

② 두 사건이 동시에 발생하여 우연히 일치한 것일 뿐인데 한 사건이 다른 사건의 원인이라고 생각하는 '원인 오판의 오류(잘못된 인과관계의 오류)'에 해당한다.

③ 제한된 정보, 부적합한 증거, 대표성을 결여한 사례를 근거로 일반화하는 '성급한 일반화의 오류'에 해당한다.

28 수리력 그래프 분석하기

| 정답 | ①

| 해설 | (가) 아시아 인구 중 한국이 차지하는 비중은 1970년 $\frac{32}{2,142} \times 100 ≒ 1.5$(%)에서 2019년 $\frac{52}{4,601} \times 100 ≒ 1.1$(%)로 낮아졌다.

(나) 우선 2019년과 2067년의 세계 인구를 구하면 다음과 같다.

- 2019년 : 4,601＋1,308＋747＋648＋367＋42＝7,713(백만 명)
- 2067 : 5,238＋3,189＋673＋763＋450＋64＝10,377(백만 명)

따라서 아프리카 인구의 비중은 2019년 $\frac{1,308}{7,713} \times 100 ≒ 17.0$(%)에서 2067년 $\frac{3,189}{10,377} \times 100 ≒ 30.7$(%)로 높아진다.

| 오답풀이 |

(다) 북아메리카는 1970년 200백만 명에서 2067년 450백만 명으로 2배가 조금 넘게 변하나, 오세아니아는 1970년 20백만 명에서 2067년 64백만 명으로 3배가 넘는 수치 변동을 보이고 있다. 따라서 오세아니아의 인구 증가율이 더 크다. 2067년의 1970년 대비 인구 증가율을 계산해 보면 다음과 같다.

- 북아메리카 : $\frac{450-200}{200} \times 100 = 125$(%)
- 오세아니아 : $\frac{64-20}{20} \times 100 = 220$(%)

(라) 2067년의 유럽의 인구는 673백만 명으로 2019년 747백만 명에서 74백만 명 감소하였으므로 모든 대륙의 인구가 증가한 것은 아니다.

29 문제해결력 조건을 바탕으로 추론하기

| 정답 | ①

| 해설 | 〈조건〉을 보면 E와 F는 다른 리그이고, C와 A 또는 C와 B는 같은 리그이다. 따라서 ACE-BDF, ACF-BDE, BCE-ADF, BCF-ADE의 네 가지 경우로 리그를 나눌 수 있다.

| 오답풀이 |

② A, B, E 팀이 같은 리그라면 다른 리그는 C, D, F 팀으로 구성되어 C가 소속된 리그에 A 혹은 B 팀이 반드시 소속되어야 한다는 조건에 부합하지 않는다.

③ A, B, C 팀이 같은 리그라면 다른 리그는 D, E, F 팀으로 구성되어 E와 F 팀은 다른 리그에 속해야 한다는 조건에 부합하지 않는다.

④ E와 F 팀이 같은 리그에 속하여 다른 리그에 속해야 한다는 조건에 부합하지 않는다.

30 공간지각력 펼친 모양 찾기

| 정답 | ①

| 해설 | 표시된 부분을 자르고 역순으로 종이를 펼치면 다음과 같다.

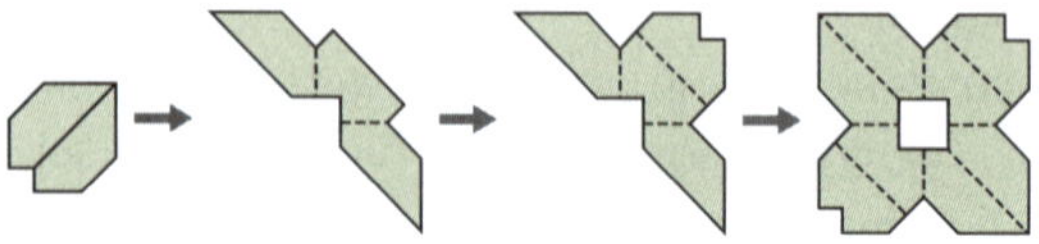

31 수리력 자료의 수치 분석하기

| 정답 | ②

| 해설 | 〈20X2년 주택형태별 에너지 소비 현황〉의 모든 주택형태에서 가장 많이 소비한 에너지 유형은 도시가스 에너지이다.

| 오답풀이 |

① 전체 에너지 소비량의 30%는 $7,354 \times 0.3 = 2,206.2$(천 TOE)로 단독주택에서 소비한 전력 에너지량인 2,118천 TOE보다 많으므로 전력 에너지량은 전체의 30% 미만이다.

③ 제시된 자료에 가구 수는 나와 있지 않으므로 가구당 에너지 소비량은 알 수 없다.

④ 모든 주택형태에서 소비되는 에너지 유형은 석유, 도시가스, 전력으로 3가지이다.

32 수리력 자료를 바탕으로 수치 계산하기

| 정답 | ④

| 해설 | 아파트 전체 에너지 소비량 중 도시가스 에너지 소비량이 차지하는 비율은 $\frac{5,609.3}{10,125} \times 100 ≒ 55.4(\%)$이다.

33 수리력 자료를 바탕으로 수치 계산하기

| 정답 | ②

| 해설 | 40 ~ 49세 항목의 합계는 $12+8=20(\%)$이므로 20 ~ 29세 항목의 합계는 $100-8-27-20-7-3=35(\%)$이고, 20 ~ 29세 남성은 $35-20=15(\%)$이다.

따라서 20대 남성은 $12,000 \times 0.15 = 1,800$(명)이다.

34 공간지각력 전개도 파악하기

| 정답 | ①

| 해설 | 전개도 한 면의 방향이 다음과 같이 바뀌어야 한다.

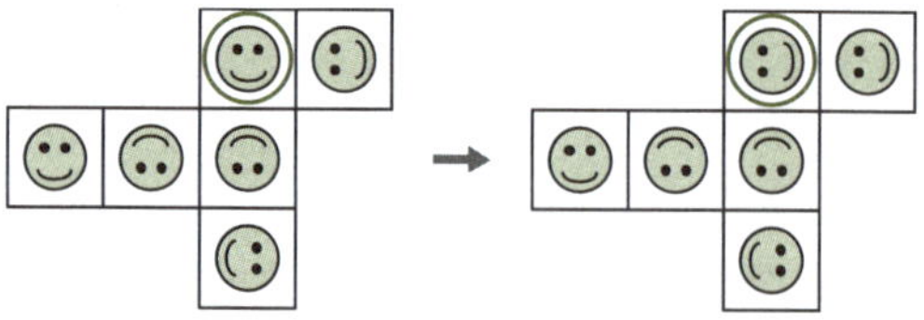

35 문제해결력 진위 추론하기

| 정답 | ①

| 해설 | 거짓말을 하고 있는 사람은 두 명인데 A는 E의 진술과 일치하고, D는 B의 진술과 일치하므로 나머지 C의 진술은 반드시 참이 되어야 한다. C의 진술에 따라 C는 야근을 하지 않았으므로 C가 야근을 했다고 진술한 B와 D의 진술은 거짓이 되고 A와 E의 진술은 참이 된다. 따라서 E의 진술에 따라 전날 야근을 한 사람은 A이다.

36 문제해결력 명제 판단하기

| 정답 | ③

| 해설 | 제시된 명제와 그 대우를 정리하면 다음과 같다.

장갑 ○ → 운동화 ×		운동화 ○ → 장갑 ×
양말 ○ → 운동화 ○	대우	운동화 × → 양말 ×
운동화 ○ → 모자 ○	⇔	모자 × → 운동화 ×
장갑 × → 목도리 ×		목도리 ○ → 장갑 ○

(가) 첫 번째 명제에서 장갑을 낀 사람은 운동화를 신지 않고, 두 번째 명제의 대우에서 운동화를 신지 않은 사람은 양말을 신지 않는다고 하였으므로 삼단논법에 따라 '장갑을 낀 사람은 양말을 신지 않는다'는 참이 된다.

(다) 두 번째 명제에서 양말을 신은 사람은 운동화를 신고, 첫 번째 명제의 대우에서 운동화를 신은 사람은 장갑을 끼지 않으며, 네 번째 명제에서 장갑을 끼지 않은 사람은 목도리를 하지 않는다고 하였으므로 삼단논법에 따라 '양말을 신은 사람은 목도리를 하지 않는다'는 참이 된다.

따라서 (가), (다)만 항상 옳다.

| 오답풀이 |

(나) 마지막 명제에서 수민이는 목도리를 하고 있고, 네 번째 명제의 대우에서 목도리를 한 사람은 장갑을 끼며, 첫 번째 명제에서 장갑을 낀 사람은 운동화를 신지 않는다고 하였으므로 삼단논법에 따라 '수민이는 운동화를 신고 있지 않다'가 참이 된다.

37 언어논리력 글에 알맞은 사례 파악하기

| 정답 | ③

| 해설 | ㉠에서 말하고 있는 자본주의 사회의 놀이가 대개 구경이나 소비의 형태로 이루어지는 이유는 생산자가 이미 특정한 방식으로 소비하도록 놀이 상품을 만들어 놓았기 때문이라고 하였으므로, 이와 가장 관련된 사례는 생산자인 여행사에서 마련해 놓은 상품을 구입하여 여행한 민지가 된다.

| 오답풀이 |

① 식당에서 저녁을 먹는 행위는 일상적인 소비 활동에 해당하며, 제시된 글에서 말하는 놀이의 상품화나 정해진 방식으로 소비되는 놀이 구조와는 관련이 없다.

② 미술관 관람은 '구경'의 요소를 지닌 놀이라고 볼 수 있으나, 사례의 초점이 놀이의 상품화보다는 가격 할인에 맞추어져 있어 자본주의 사회의 놀이 개념과는 거리가 있다.

④ 놀이공원을 방문하긴 했지만, 이는 드라마 속 광고에 자극받아 자발적으로 소비한 행위이며, 생산자가 기획한 놀이 상품을 정해진 방식대로 소비한 사례라고 보기는 어렵다.

38 문제해결력 조건을 바탕으로 추론하기

| 정답 | ④

| 해설 | 먼저 세 번째, 네 번째 조건에 따라 은주와 지유는 커피를 받았으므로 예지와 지수가 받은 음료는 둘 다 홍차임을 알 수 있다. 두 번째 조건에 따라 지수는 자신이 주문한 음료를 받았으므로 홍차를 주문하였고, 첫 번째 조건에 따라 예지는 주문한 음료를 받지 못했으므로 커피를 주문하였다. 따라서 지유는 커피를 주문했음을 알 수 있다. 이를 정리하면 다음과 같다.

구분	예지	지수	은주	지유
주문한 음료	커피	홍차	홍차	커피
받은 음료	홍차	홍차	커피	커피

39 언어논리력 글의 주제 찾기

| 정답 | ①

| 해설 | 인류가 가지고 있었던 탐욕이라는 본능이 저장을 통하여 비로소 발현되기 시작하였고, 이를 통해 수익성이 가장 높은 생산 활동인 약탈과 경쟁이 시작되었다는 내용을 담고 있다. 따라서 글의 내용을 포괄하는 핵심적인 주제는 저장의 시작을 통하여 인류의 탐욕 추구가 본격적으로 시작되었다는 것이다.

40 공간지각력 도형 회전하기

| 정답 | ④

| 해설 | 제시된 도형을 좌우대칭한 후 시계방향으로 90° 회전했을 때의 모양으로 적절한 것은 ④이다.

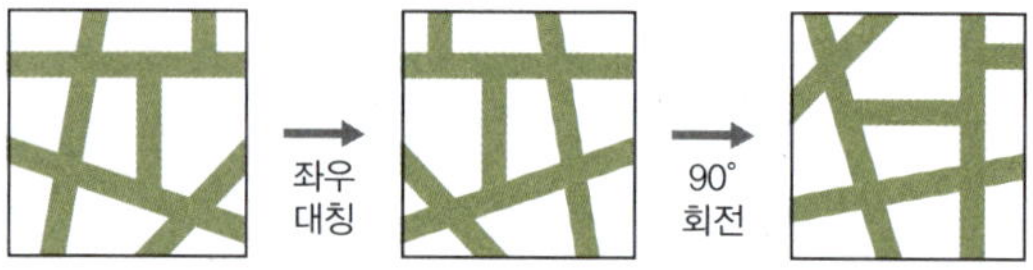

| 오답풀이 |

① 반시계 방향으로 90° 회전한 모양이다.

② 180° 회전한 후 좌우대칭한 모양이다.

③ 180° 회전한 모양이다.

41 문제해결력 명제 판단하기

| 정답 | ③

| 해설 | A : 닭 → 개∩고양이

닭 → 개(㉠) 닭 → 고양이(㉡)	대우	개× → 닭× 고양이× → 닭×

B : 개∩고양이× → 닭∪물고기(㉢)

C : 물고기×∪원숭이 → 고양이×

물고기× → 고양이×(㉣) 원숭이 → 고양이×(㉤)	대우	고양이 → 물고기 고양이 → 원숭이×

이를 토대로 〈보기〉를 검토하면 다음과 같다.

(가) 고양이 → 원숭이× : ㉤의 대우이므로 옳다.

(나) 원숭이 → 닭 : ㉤과 ㉡의 대우를 삼단논법으로 연결하면 원숭이 → 고양이× → 닭×이므로 옳지 않다.

(다) 닭 → 물고기 : ㉡과 ㉣의 대우를 삼단논법으로 연결하면 닭 → 고양이 → 물고기이므로 옳다.

따라서 옳은 것은 (가)와 (다)이다.

42 언어논리력 글의 결론 추론하기

| 정답 | ①

| 해설 | 제시된 글은 입수한 정보를 언제 사용할지 모르는 채 계속 쌓아두기만 한다면, 결국 도움이 되지 않는 정보를 구분하는 판단력은 둔해지고 그 결과 도움이 되지 않는 제로 정보를 도움이 되는 플러스 정보와 함께 보존하게 된다는 내용이다. 따라서 쓸모없는 정보는 과감히 버려야 함을 유추할 수 있다.

| 오답풀이 |

② 제시된 글의 첫 번째 문단에서 정보를 언제 사용하게 될지 몰라 쌓아두게 된다고 하였으나, 마지막 문단에서 정보를 계속해서 쌓아두게 되었을 때의 문제를 언급하고 있으므로 정보를 잘 갖고 있어야 한다는 내용은 글의 문제의식과 상충한다.

③ 제시된 글은 정보가 지나치게 쌓일 경우 판단력이 둔해지고, 쓸모없는 제로 정보까지 함께 축적되어 악순환이 반복된다는 문제점을 강조하고 있다. 따라서 '정보를 어떻게 활용할 것인가'보다 '불필요한 정보를 과감히 버려야 한다'라는 방향이 글의 결론으로 더 적절하다.

④ 제시된 글은 정보의 단순 관리보다 필요 없는 정보를 버리는 것의 필요성에 더 초점을 맞추고 있다.

43 공간지각력 도형 모양 비교하기

| 정답 | ②

| 해설 | ③은 ①을 180° 회전한 형태이고, ④는 ①을 시계방향으로 90° 회전한 모양이다. 그러나 ②는 아래 동그라미 친 부분이 나머지와 다르다.

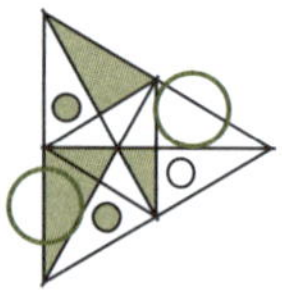

44 수리력 자료의 수치 분석하기

| 정답 | ②

| 해설 | 제시된 식 중 첫 번째 식에 따라 '구매한 대상=광고에 반응한 회사×$\frac{구매율}{100}$'이고, 두 번째 식에 따라 '광고에 반응한 회사=광고 수신 회사×$\frac{광고\ 반응\ 비율}{100}$'이므로 '구매한 대상=광고 수신 회사×$\frac{광고\ 반응\ 비율}{100}$×$\frac{구매율}{100}$'로 정리할 수 있다. 지역별 구매한 대상 수를 구하면 다음과 같다.

- 서울 : 1,600×0.3×0.6=288(곳)
- 부산 : 2,600×0.6×0.5=780(곳)
- 인천 : 3,300×0.7×0.3=693(곳)
- 대구 : 1,800×0.3×0.7=378(곳)

따라서 제품을 구매한 곳이 가장 많은 지역은 부산이다.

45 수리력 방정식 활용하기

| 정답 | ④

| 해설 | 작년 바둑동호회 남성 회원 수를 x명이라 하면 작년 바둑동호회 여성 회원 수는 $60-x$명이다. 따라서 다음과 같은 식이 성립한다.

$1.05x+0.9(60-x)=60$

$0.15x=6$

$\therefore x=40$(명)

따라서 작년 남성 회원 수는 40명이고 올해의 남성 회원 수는 작년에 비해 5% 증가했으므로 40×1.05=42(명)이다.

4회 기출예상문제

▶ 문제 118쪽

01	③	02	②	03	④	04	③	05	③
06	③	07	②	08	②	09	④	10	③
11	②	12	④	13	④	14	①	15	③
16	④	17	④	18	③	19	④	20	④
21	①	22	①	23	③	24	④	25	②
26	④	27	③	28	③	29	①	30	①
31	③	32	④	33	①	34	②	35	④
36	④	37	④	38	①	39	②	40	④
41	④	42	③	43	③	44	①	45	④

01 언어논리력 어휘 의미 파악하기

| 정답 | ③

| 해설 | '겻불'은 '겨를 태우는 불로 불기운이 미미한 것'을 의미하며, 주어진 문장에는 '얻어 쬐는 불'이라는 뜻의 '곁불'을 사용하는 것이 적절하다.

| 오답풀이 |

① • 들리다 : 병이 걸리다, 귀신이나 넋 따위가 덮치다.
  • 들르다 : 지나는 길에 잠깐 들어가 머무르다.

② • 겨누다 : 한 물체의 길이나 넓이 따위를 대중이 될 만한 다른 물체와 견주어 헤아리다.
  • 겨루다 : 서로 버티어 승부를 다투다.

④ • 그을다 : 햇볕이나 불, 연기 따위를 오래 쬐어 검게 되다.
  • 그슬다 : 불에 겉만 약간 타게 하다.

02 언어논리력 내용 추론하기

| 정답 | ②

| 해설 | 첫 번째 문단에서 상대방의 반응을 따라 대화를 하고, 두 번째 문단에서 자신의 유머에 상대방이 동참해야 하며, 세 번째 문단에서 청중들의 반응을 이끌어내야 프로 연설가라고 하였다. 따라서 대인관계 시 상대방을 고려하는 ②가 적절하다.

| 오답풀이 |

① 제시된 글은 전문성이 아닌 상대방과의 상호작용에 초점을 두고 있다.

③ 유머는 두 번째 문단에서만 일부 언급된 내용으로, 단순히 유머를 사용하는 것이 아니라 유머를 통한 상호 반응이 중요하다.

④ 달변가도 연설할 때 청중과의 소통을 고려해야 하며, 청중을 무시하고 혼자 말하면 재미없는 설교로 치부된다고 하였으므로 말을 잘하는 것이 중요하다는 설명은 적절하지 않다.

03 언어논리력 알맞은 사자성어 찾기

| 정답 | ④

| 해설 | '발본색원(拔本塞源)'은 '좋지 않은 일의 근본 원인이 되는 요소를 완전히 없애 버려서 다시는 그러한 일이 생길 수 없도록 함'을 의미한다.

| 오답풀이 |

① 박이부정(博而不精) : 널리 알지만 정밀하지는 못함.

② 부화뇌동(附和雷同) : 줏대 없이 남의 의견에 따라 움직임.

③ 도탄지고(塗炭之苦) : 진구렁에 빠지고 숯불에 타는 괴로움을 이르는 말

04 문제해결력 자료를 바탕으로 선정하기

| 정답 | ③

| 해설 | 각 점수에 가중치를 적용한 각 인원별 점수 합계는 다음과 같다.

(단위 : 점)

이름	서류심사		면접		합계
	1차	2차	개별	집단토의	
김길동	9×1.2 =10.8	6×1.4 =8.4	8×1.15 =9.2	6×1.25 =7.5	35.9
최길동	7×1.2 =8.4	7×1.4 =9.8	8×1.15 =9.2	7×1.25 =8.75	36.15
박길동	6×1.2 =7.2	8×1.4 =11.2	6×1.15 =6.9	9×1.25 =11.25	36.55
조길동	8×1.2 =9.6	8×1.4 =11.2	9×1.15 =10.35	7×1.25 =8.75	39.9
권길동	7×1.2 =8.4	8×1.4 =11.2	9×1.15 =10.35	6×1.25 =7.5	37.45

따라서 최종 탈락자는 최종 점수가 가장 낮은 김길동과 최길동이 된다.

05 문제해결력 문제의 유형 구분하기

| 정답 | ③

| 해설 | 탐색형 문제는 눈에 보이지 않는 문제로, 현재의 상황을 개선하거나 효율을 높이기 위한 문제를 의미한다. 또한, 문제를 방치하면 뒤에 큰 손실이 따르거나 결국 해결할 수 없는 문제로 나타나게 된다.

㉠은 현재 제품 상태나 서비스에 개선이 필요하다는 판단에 따른 문제, ㉡은 현재 인사배정에 대한 문제인식에 따른 문제, ㉢은 현재 상태에 대한 분석을 통해 개선이 필요하다고 인식한 문제로 모두 탐색형 문제에 해당한다.

한편, 설정형 문제는 기존과 관계없이 미래지향적인 새로운 과제와 목표를 설정함에 따라 발생하는 문제로 ㉠ ~ ㉣ 중에는 해당하는 것이 없다.

| 오답풀이 |

㉣ 새로 산 장비가 작동하지 않는 것은 발생형 문제에 해당한다. 발생형 문제는 눈에 보이는 문제로, 이미 또는 바로 직면하여 걱정하고 해결하기 위해 고민하는 문제를 의미한다.

06 수리력 확률 구하기

| 정답 | ③

| 해설 | 80명 중에서 70%의 인원이 1차 시험을 통과했으므로 2차 시험에 응시한 사람은 $80\times0.7=56$(명)이다. 이 중 $\frac{3}{4}$의 인원이 3차 시험에 응시했으므로, $56\times\frac{3}{4}=42$(명)에서 18명을 제외한 24명이 최종 승진에 합격한 것이 된다.

따라서 승진한 사람은 처음 인원 중 $\frac{24}{80}\times100=30$(%)이다.

07 수리력 평균점수 활용하기

| 정답 | ②

| 해설 | 나머지 한 명의 점수를 x점이라 하면 다음의 식이 성립한다.

$$x=\frac{630+84\times 2+x}{12}+16$$

$12(x-16)=798+x$

$12x-192=798+x$

$11x=990$

$\therefore\ x=90$(점)

따라서 학생 12명의 평균 점수는 90－16＝74(점)이다.

08 수리력 자료의 수치 분석하기

| 정답 | ②

| 해설 | 2014년 세계 시장에서의 스마트폰 가입자 수 비중은 전년 대비 18%p 증가하였고, 2015년은 전년 대비 20%p 증가하였다. 세계 시장에서 스마트폰 가입자 수의 증가가 둔화되기 시작한 것은 2015년 이후이다.

| 오답풀이 |

① 2014년 ○○국의 스마트폰 가입자 수 비중은 80%로 세계 시장 내 가입자 수 비중의 50%를 추월하였다.

③ 2011년 이후 D사의 ○○국 내 시장 점유율은 각각 42%, 55%, 50%, 55%로 3사 중 가장 높았다.

④ L사의 ○○국 내 시장 점유율이 M사보다 높은 해는 2013년, 2015년, 2017년으로 3개이다.

09 문제해결력 진위 추론하기

| 정답 | ④

| 해설 | A, B, E는 서로 상반된 진술을 하고 있으므로 셋 중 두 명은 거짓을 말하고 있다. 따라서 C와 D는 반드시 진실을 말하고 있으며, D의 말이 진실이므로 D와 같은 내용을 말하는 A의 말도 진실이 된다. 따라서 거짓을 말하는 사람은 B와 E이다.

10 언어논리력 글의 주제 찾기

| 정답 | ③

| 해설 | 제시된 글은 음료를 통해 카페인을 섭취하고자 할 때 커피보다 녹차가 더 나은 선택임을 설명하고 있다. 녹차에 들어 있는 성분들에 대해 설명하면서 녹차에 함유된 카페인이 커피에 함유된 카페인보다 신체에 유익한 이유를 여러 근거를 들어 입증하고 있다. 따라서 주제로는 ③이 적절하다.

11 언어논리력 세부 내용 이해하기

| 정답 | ②

| 해설 | 첫 번째 문단에서 녹차는 커피에 비해 낮은 온도의 물에서 우려내므로 카페인 성분이 60 ~ 70%만 용출된다고 설명하고 있다.

| 오답풀이 |

① 첫 번째 문단을 통해 카페인의 다량 섭취 기준이 매일 400mg 이상임을 알 수 있다.

③ 두 번째 문단을 통해 녹차에 아미노산의 일종인 테아닌 성분이 있음을 알 수 있다.

④ 첫 번째 문단에 녹차 1잔에 들어 있는 카페인의 양이 커피의 4분의 1 수준도 안 된다고 제시되어 있다. 즉, 커피에 함유된 카페인은 녹차의 4배 이상이다.

12 공간지각력 입체도형 결합하기

| 정답 | ④

| 해설 | A, B와 ④인 C를 종합해 〈보기〉의 직육면체를 만들면 다음과 같다.

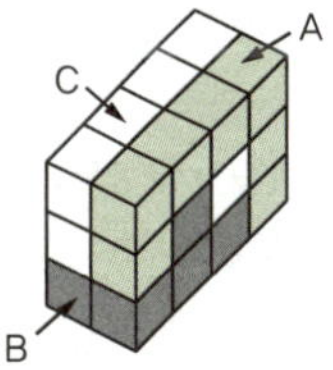

보충 플러스+

〈보기〉의 직육면체의 블록 개수는 모두 2×4×3=24(개)이고, A와 B는 각각 8개와 9개이므로 C의 블록 개수는 7개여야 한다. 따라서 블록 개수가 6개인 ②와 ③, 블록 개수가 8개인 ①을 제외하고 블록 개수가 7개인 ④만 C로 가능하다.

13 문제해결력 명제 판단하기

|정답| ④

|해설| 각 명제를 'p : 축구를 잘한다', 'q : 감기에 걸린다', 'r : 휴지를 아껴 쓴다'로 정리하면 다음과 같다.

- p → ～q
- ～q → r
- 나는 → p

따라서 삼단논법에 의해 '나는 → p → ～q → r'이 성립하므로 '나는 휴지를 아껴 쓴다'가 참임을 알 수 있다.

|오답풀이|

① '나는 → p → ～q'이므로 '나는 감기에 자주 걸린다'는 참이 아니다.

②, ③ 제시된 명제로는 알 수 없다.

14 문제해결력 조건을 바탕으로 추론하기

|정답| ①

|해설| '근태기록 파일 – 출장보고서 파일 – 경비집행 내역서 파일' 순으로 꽂혀 있는 상태에서 인사기록 파일을 출장보고서 파일보다 좌측에 꽂았다. 이는 근태기록 파일보다 우측일 수도 있고, 좌측일 수도 있다. 또한 퇴직금 정산 파일을 인사기록 파일보다 우측에 꽂았는데, 이는 출장보고서 파일보다 좌측일 수도, 경비집행 내역서 파일보다 좌측일 수도, 우측일 수도 있다. 따라서 맨 우측에 있는 서류가 경비집행 내역서 파일인지, 퇴직금 정산 파일인지 알 수 없다.

|오답풀이|

② 처음에 '근태기록 파일 – 출장보고서 파일 – 경비집행 내역서 파일' 순으로 꽂았으므로 근태기록 파일은 맨 우측에 있을 수 없다.

③ 출장보고서 파일 우측에 경비집행 내역서 파일이 무조건 있으므로 출장보고서 파일이 맨 우측에 있을 수는 없다.

④ 퇴직금 정산 파일이 경비집행 내역서 파일보다 우측일 수도, 좌측일 수도 있으므로 경비집행 내역서 파일이 아닌 퇴직금 정산 파일이 맨 우측에 있을 수도 있다.

15 수리력 월 적금액 구하기

|정답| ③

|해설| 연봉이 37,500,000원이므로 월 세전 수령액은 37,500,000÷12=3,125,000(원)이다. 세액 공제가 320,000원이므로 실수령액은 3,125,000−320,000=2,805,000(원)이다. 매달 실수령액의 10%가 적금액이므로 월 적금액은 2,805,000×0.1=280,500(원)이다.

16 수리력 자료의 수치 분석하기

|정답| ④

|해설| 20X4년 대비 20X7년 연간 연금 가입인원 수의 증가량은 계약직은 193−145=48(백 명), 사업자는 265−188=77(백 명)으로 계약직보다 사업자의 연금 가입인원 수의 증가량이 더 크다.

|오답풀이|

① 가입인원이 하락 없이 꾸준히 상승한 직종은 계약직과 사업자뿐이다. 전문직은 20X7년에, 정규직은 20X6년에, 노동자는 20X5년과 20X7년에 하락하였다.

② 매년 가입률이 가장 높은 직종은 정규직으로, 20X4년부터 순서대로 98.3%, 99.3%, 95.6%, 90.4%이다.

③ 매년 가입률은 정규직〉전문직〉사업자〉계약직〉노동자 순으로 높다.

17 수리력 자료의 수치 분석하기

|정답| ④

|해설| 20X4 ～ 20X7년 동안의 정규직의 연금 가입률은 전년 대비 상승–하락–하락한 반면, 노동자는 같은 기간 하락–상승–상승하였으므로 정반대의 추이를 보인다고 할 수 있다.

|오답풀이|

① • 계약직 : 상승–상승–상승
 • 노동자 : 하락–상승–상승

② • 전문직 : 상승–상승–상승
 • 노동자 : 하락–상승–상승

③ • 정규직 : 상승–하락–하락
 • 사업자 : 상승–상승–상승

18 문제해결력 논리적 오류 이해하기

| 정답 | ③

| 해설 | 헌혈에 동참하면 인간적인 처사이고, 동참하지 않으면 비인간적인 처사라고 하여 비인간적인 행위를 하지 않으려면 어쩔 수 없이 헌혈에 동참하도록 유도하고 있다. 따라서 제시된 글에 나타나는 논리적 오류는 반론의 가능성을 원천적으로 봉쇄하는 '원천 봉쇄의 오류'에 해당한다.

| 오답풀이 |

① 인신공격의 오류 : 발화자의 말 자체가 아니라 그 말을 하는 발화자를 트집잡아 그의 주장을 비판하는 오류이다.

② 의도 확대의 오류 : 상대방이 의도하지 않은 일의 결과에 대해 상대방이 그렇게 할 의도가 있었다고 판단하여 발생하는 오류이다.

④ 허수아비 공격의 오류 : 상대방의 입장과 피상적으로는 유사하지만 실제로는 다른 관점이나 입장을 내세워 환상을 만들어내고 이 환상을 반박하는 오류이다.

19 공간지각력 전개도 파악하기

| 정답 | ④

| 해설 | 전개도 한 면의 방향이 다음과 같이 바뀌어야 한다.

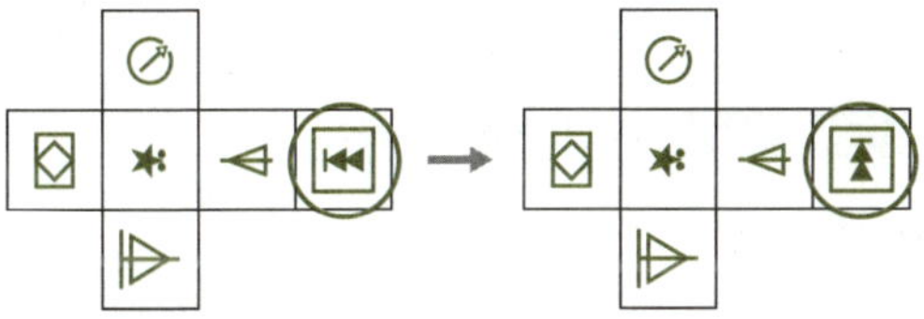

20 언어논리력 올바른 표기법 이해하기

| 정답 | ④

| 해설 | ㉠ 뇌혈관이 막히거나 터져서 뇌에 손상이 오고 이로 인하여 갑작스럽게 반신마비, 발음장애 등의 신체장애가 나타나는 질환은 '뇌졸중(腦卒中)'으로 표기한다.

㉡ 마음에 걸리는 구석이 있어 언짢은 기분이 드는 상태는 '꺼림칙하다'로 표기한다.

21 공간지각력 투상도로 입체도형 찾기

| 정답 | ①

| 해설 | 제시된 그림은 ①을 각각 좌측면, 정면, 윗면에서 바라본 모양이다.

| 오답풀이 |

② 좌측면과 윗면을 나타낸 그림이 다음과 같아야 한다.

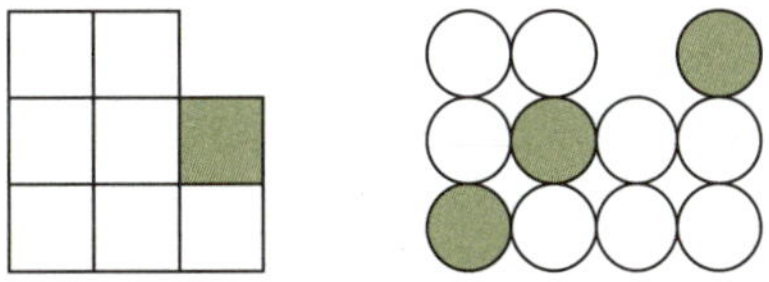

③ 윗면을 나타낸 세 번째 그림이 다음과 같아야 한다.

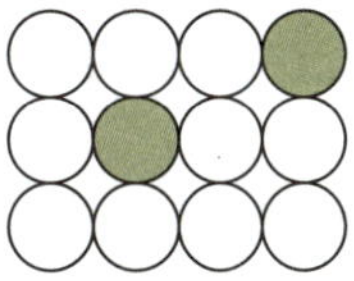

④ 좌측면을 나타낸 첫 번째 그림은 다음과 같아야 한다.

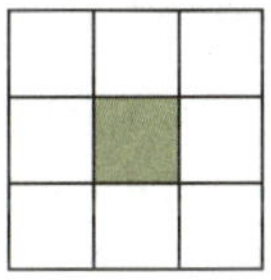

22 문제해결력 조건을 바탕으로 추론하기

| 정답 | ①

| 해설 | 원형 테이블에서 기준이 되는 한 명의 위치를 임의로 배치한 후 다른 조건을 적용해 보면서 해결할 수 있다. 우선 네 번째 조건에 따라 마주 보고 앉는 사원 A와 부장의 자리를 정한다. 그리고 첫 번째 조건에 따라 대리는 사원 A와 나란히 앉는데, 대리가 사원 A의 오른쪽에 앉을 경우 과장이 대리의 왼쪽 옆자리에 앉아 있다는 세 번째 조건과 어긋난다. 그러므로 대리는 사원 A의 왼쪽 옆자리에 앉고, 그 왼쪽 옆에 과장이 앉는다. 마지막으로 두 번째 조건에 의해 사원 B의 왼쪽 옆자리는 비어 있어야 하므로 사원 B는 부장의 왼쪽 옆자리에 앉게 된다. 이를 그림으로 정리하면 다음과 같다.

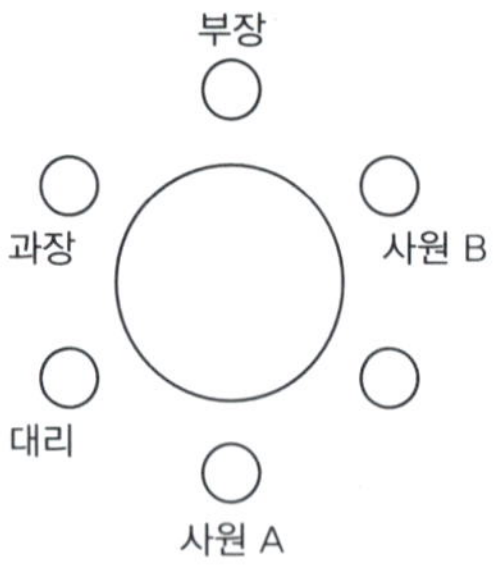

따라서 부장의 오른쪽 바로 옆자리에 앉은 사람은 과장이다.

23 수리력 자료의 수치 분석하기

| 정답 | ③

| 해설 | ㉢ 임시근로자 중 육상 운송업 종사자 수는 모두 21,790명으로, 이는 전체 임시근로자 수의 50%인 $\frac{42,870}{2}=21,435$(명)보다 많으므로 50%가 넘는다.

㉣ 운송 관련 서비스업에 종사하는 남자 임시근로자 수는 14,407명이고, 항공 운송업에 종사하는 여자 상용근로자 수는 11,150명이므로 올바른 설명이다.

| 오답풀이 |

㉠ 육상 운송업 종사자가 가장 많다.

㉡ 상용근로자 중 여자는 모두 74,983명으로, 이는 전체 상용근로자 수의 10%인 $531,511\times0.1=53,151.1$(명)보다 많다. 따라서 10%가 넘는다.

24 사고력 명제 판단하기

| 정답 | ④

| 해설 | 각 명제를 'p : 음악을 감상한다', 'q : 졸리다', 'r : 책을 읽는다', 's : 자전거를 탄다', 't : 커피를 마신다'라고 할 때, 주어진 명제와 그 대우를 다음과 같이 나타낼 수 있다.

- $p\rightarrow\sim q(q\rightarrow\sim p)$
- $\sim q\rightarrow r(\sim r\rightarrow q)$
- $s\rightarrow\sim t(t\rightarrow\sim s)$
- $\sim t\rightarrow\sim r(r\rightarrow t)$
- $t\rightarrow\sim q(q\rightarrow\sim t)$

이를 바탕으로 ㉠ ~ ㉤의 진위여부를 판단하면 다음과 같다.

㉠ $s\rightarrow\sim p$: $s\rightarrow\sim t\rightarrow\sim r\rightarrow q\rightarrow\sim p$로 도출할 수 있다.

㉡ $\sim t\rightarrow q$: $\sim t\rightarrow\sim r\rightarrow q$로 도출할 수 있다.

㉢ $t\rightarrow\sim p$: 진위여부를 알 수 없다.

㉣ $r\rightarrow\sim q$: $r\rightarrow t\rightarrow\sim q$로 도출할 수 있다.

㉤ $q\rightarrow s$: 진위여부를 알 수 없다.

따라서 ㉢, ㉤은 반드시 참인 명제가 아니다.

25 문제해결력 직업인의 기본자세 이해하기

| 정답 | ②

| 해설 | AA사는 미래를 내다봄으로써 친환경적 경영정책을 수행할 것에 서약하였다. 이를 위해 2040년까지 사업 전반에 걸쳐 탄소중립을 실천하기로 하였는데, 이는 더 나은 미래를 위해 기업적 차원에서 오랜 기간 끈기와 인내를 가지고 친환경 사업을 실천하기로 결정한 것이라 볼 수 있다.

26 언어논리력 필자의 견해 파악하기

| 정답 | ④

| 해설 | 필자는 시장형 성격의 사람과 희생의 의미에서 사랑을 주는 사람은 사랑에 대해 오해하고 있다고 본다. 교환하는 사랑과 고통을 감수하는 희생의 사랑을 사랑으로 보지 않는 것이다.

| 오답풀이 |

① 필자는 사랑을 자신의 잠재적인 능력을 표현하는 생산적 활동 즉, 능동적인 활동으로 본다.

② 사랑은 착취 없이 존경하는 것이라 하였으므로 상대방을 있는 그대로 존중하는 태도를 말한다.

③ 사랑은 상대방의 생명과 성장에 적극적인 관심을 가지는 것이라 하였으므로 상대방에 대해 적극적인 관심을 가지는 것이다.

27 언어논리력 어휘 의미 파악하기

| 정답 | ③

| 해설 | '무릇'은 '대체로 생각해 보아'의 의미이며, 유의어로는 '대저', '대범', '대컨' 등이 있다.

| 오답풀이 |

① '언제나 변함없이 한 모양으로 줄곧'의 의미를 가진다.

② '생각보다 매우'의 의미를 가진다.

④ 부정하는 말 앞에서 '다만, 오직'의 뜻으로 쓰이는 말이다.

28 수리력 확률 구하기

| 정답 | ③

| 해설 | A 지역에 비가 올 확률이 0.7이므로 A 지역에 비가 오지 않을 확률은 0.3이다. 또한 A와 B 지역 모두 비가 올 확률이 0.4라고 하였으므로 B 지역에 비가 올 확률을 x라 하면 $0.7\times x=0.4$이다. $x=\frac{4}{7}$이며 따라서 B 지역에 비가 오지 않을 확률은 $\frac{3}{7}$이다.

29 수리력 넓이 구하기

| 정답 | ①

| 해설 | 직사각형의 세로 길이를 xm라고 한다면 가로 길이는 $2x$m이므로 다음과 같은 식이 성립한다.

$2\times x+2\times 2x=3$

$2x+4x=3$

$\therefore x=0.5$(m)

따라서 세로 길이는 0.5m, 가로 길이는 1m이므로 이 직사각형의 넓이는 $0.5\times1=0.5$(m^2)이다.

30 공간지각력 펼친 모양 찾기

| 정답 | ①

| 해설 | 색칠된 부분을 자르고 역순으로 종이를 펼치면 다음과 같다.

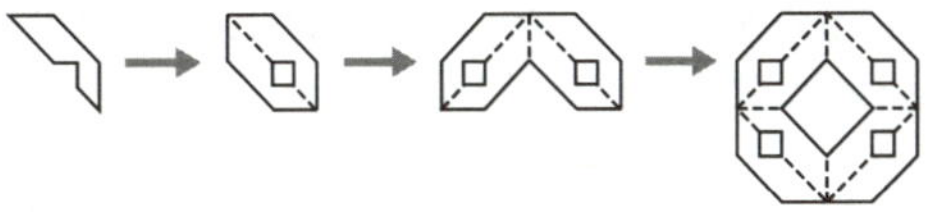

31 수리력 그래프 분석하기

| 정답 | ③

| 해설 | 2010년 대비 2020년의 총인구는 $\frac{51,974-49,554}{49,554}\times100≒4.9$(%) 증가하여 10% 미만 증가하였다.

| 오답풀이 |

① 꺾은선 그래프를 보면 1980년부터 청소년 인구 구성비가 지속적으로 감소하였으므로, 향후에도 계속 감소할 것으로 전망된다.

② 1980년 청소년 인구 대비 1990년 청소년 인구는 $\frac{13,553-14,015}{14,015}\times100≒-3.3$(%)로, 약 3.3% 감소하였다.

④ 2000년의 10년 전 대비 청소년 인구는 $\frac{11,501-13,553}{13,553}\times100≒-15.1$(%)로 약 15.1% 감소했고, 2010년의 10년 전 대비 청소년 인구는 $\frac{10,370-11,501}{11,501}\times100≒-9.8$(%)로 약 9.8% 감소하였다. 따라서 10년 전 대비 청소년 인구의 감소율은 2000년이 더 크다.

32 문제해결력 조건을 바탕으로 추론하기

| 정답 | ④

| 해설 | 조건에 제시된 과목은 국어, 수학, 미술, 음악, 영어이며, 필수 과목인 국어와 수학을 기준으로 살펴본다.

- 국어를 수강하는 경우 : 네 번째 조건에 따라 국어를 수강하면 음악을 수강할 수 없고, 세 번째 조건에 따라 미술도 수강할 수 없다. 따라서 국어, 수학, 영어를 수강할 수 있다.
- 수학을 수강하는 경우 : 두 번째 조건에 따라 수학을 수강하면 미술을 수강할 수 없고, 세 번째 조건에 따라 음악도 수강할 수 없다. 따라서 수학, 국어, 영어를 수강할 수 있다.

따라서 두 경우 모두 수학, 국어, 영어를 수강할 수 있으며, 나머지 조건들과도 상충하지 않는다.

33 공간지각력 도형 회전하기

| 정답 | ①

| 해설 | 시계방향으로 90° 회전한 모양은 다음과 같다.

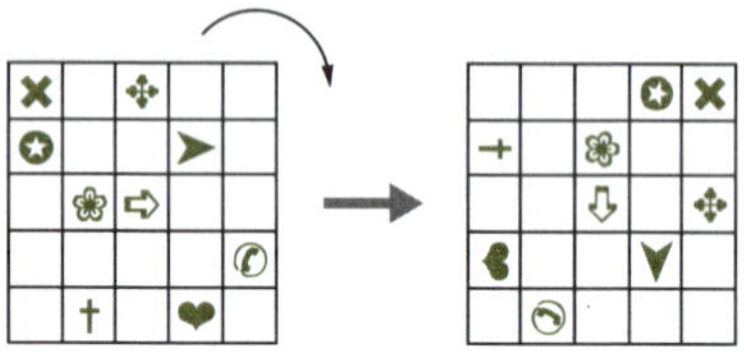

| 오답풀이 |

② 제시된 도형을 시계방향으로 90° 회전한 모양에서 아래와 같이 동그라미 친 부분이 잘못되었다.

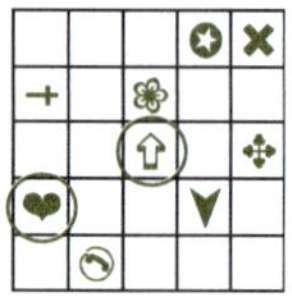

③ 제시된 도형을 반시계 방향으로 90° 회전한 모양이다.

34 언어논리력 글의 흐름에 맞게 문장 수정하기

| 정답 | ②

| 해설 | 의료보험 적용 대상의 범위가 확대되어야 대부분의 국민이 혜택을 볼 수 있으므로 ㉡을 '1989년에는 도시 자영업자까지 적용 범위가 확대되면서'로 수정해야 한다는 설명은 적절하다.

| 오답풀이 |

① 기존 문장과 수정 문장이 비슷한 의미이므로 ㉠은 수정할 필요가 없다.

③ 맥락상 의료 보험 혜택이 늘어나는 내용이어야 하므로 급여항목이 축소된다는 내용으로 수정하는 것은 적절하지 않으며, 비급여 항목을 급여 항목으로 전환해야 의료보험 혜택이 늘어나므로 ㉢은 수정할 필요가 없다.

④ 급여 항목이 늘어나 비급여 항목으로 발생하는 수익이 줄면서 의원급 병원에서 비급여 항목을 늘린 것이므로 ㉣은 수정할 필요가 없다.

35 수리력 자료의 수치 분석하기

| 정답 | ④

| 해설 | 초등학교의 교원 1인당 학생 수는 2005년 28.7명에서 2024년 14.5명으로 절반 가까이 감소했고, 학급당 학생 수는 35.8명에서 22.3명으로 감소하여 교원 1인당 학생 수 감소율에 크게 못 미치고 있다. 실제 각각의 2005년 대비 2024년의 감소율은 다음과 같다.

- 교원 1인당 학생 수 : $\frac{14.5-28.7}{28.7}\times 100 \fallingdotseq -49.5(\%)$
- 학급당 학생 수 : $\frac{22.3-35.8}{35.8}\times 100 \fallingdotseq -37.7(\%)$

| 오답풀이 |

① 교원 1인당 학생 수는 '$\frac{\text{학생 수}}{\text{교원 수}}$'로, 학급당 학생 수는 '$\frac{\text{학생 수}}{\text{학급 수}}$'로 구하며, 특정 연도 내에서 학생 수는 서로 같다. 제시된 자료에 나타난 모든 연도에서 교원 1인당 학생 수는 학급당 학생 수보다 적은데, 분수의 분자인 학생 수가 동일하므로 분모인 교원 수는 학급의 수보다 많다는 것을 추론할 수 있다.

② 2019년과 2021년에는 중학교의 교원 1인당 학생 수가 초등학교의 교원 1인당 학생 수보다 많다.

③ 2015년 고등학교의 학급당 학생 수는 33.7명으로 이전 조사연도인 2010년의 32.7명보다 증가하였다.

36 공간지각력 도형 모양 비교하기

| 정답 | ④

| 해설 | ②는 ①의 도형의 오른쪽 변을 밑변으로 한 후 좌우대칭한 모양이고, ③은 ①의 도형의 왼쪽 변을 밑변으로 한 모양이다. 반면, ④는 아래 동그라미 친 두 부분의 삼각형의 색이 반전되어 있어 나머지와 다르다.

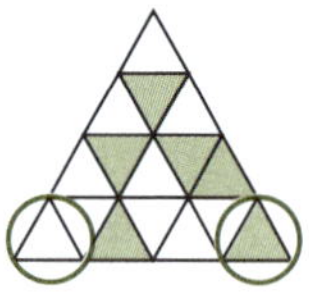

37 문제해결력 조건을 바탕으로 추론하기

| 정답 | ④

| 해설 | 첫 번째 정보에 따라 ●●<□□, ★ 순이고, 두 번째 정보에 따라 □□<▲<♧ 순이며, 마지막 정보에서 ★이 가장 무겁지 않다고 했으므로 ●●가 가장 가볍고 ♧가 가장 무거운 물체임을 알 수 있다. 두 번째로 무거운 물체는 ★이 될 수 없으므로 ▲이며, 세 번째로 무거운 물체가 ★이다. 따라서 가벼운 물체부터 무거운 물체 순으로 나열하면 ●●<□□<★<▲<♧이다.

38 문제해결력 명제 판단하기

| 정답 | ①

| 해설 | 제시된 명제를 정리하면 다음과 같다.

- 고양이 → 호랑이
- 개 → ~ 호랑이
- 치타 → 고양이

세 번째 명제와 첫 번째 명제의 삼단논법에 의해 '치타 → 고양이 → 호랑이'가 성립하므로 대우인 '~ 호랑이 → ~ 고양이 → ~ 치타'도 성립한다. 따라서 호랑이를 키우지 않는다면 치타를 좋아하지 않음을 알 수 있다.

| 오답풀이 |

② 두 번째 명제의 대우를 통해 '호랑이 → ~ 개'가 성립하므로 호랑이를 키우는 사람은 개를 좋아하지 않는다.

③ 세 번째 명제의 역에 해당하므로 항상 옳은 것은 아니다.

④ 두 번째 명제와 첫 번째 명제의 대우의 삼단논법에 의해 '개 → ~ 호랑이 → ~ 고양이'가 성립하므로 개를 좋아하는 사람은 고양이를 좋아하지 않는다.

39 언어논리력 세부 내용 이해하기

| 정답 | ②

| 해설 | 두 번째 문단에서 이부프로펜과 덱시부프로펜이 비스테로이드성 소염진통제임을 알 수 있다. 그러나 세 번째 문단에서 일반적으로 이부프로펜은 6 ~ 8시간, 덱시부프로펜은 4 ~ 6시간 간격으로 복용한다는 것을 알 수 있다.

| 오답풀이 |

① 세 번째 문단에서 해열제를 보관할 때는 복약지시서나 케이스를 함께 보관하라고 하였다.

③ 두 번째 문단에서 아이가 약을 먹고 토하거나 다른 이유로 약을 먹일 수 없다면 해열 좌약을 사용할 수 있다고 하였다.

④ 세 번째 문단에서 해열제인 해열진통제와 소염진통제를 교차 복용할 때 투여 간격은 최소 2 ~ 3시간을 유지하는 것이 좋다고 하였다.

40 공간지각력 조각을 조합한 도형의 개수 파악하기

| 정답 | ④

| 해설 | 하나의 사각형을 이루는 조각의 개수에 따라 크고 작은 사각형의 수를 파악하면 다음과 같다.

- 조각 1개 :  13개,  3개로 총 16개
- 조각 2개 : 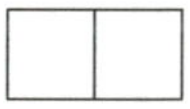 6개,  6개로 총 12개
- 조각 3개 : 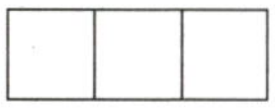 2개, 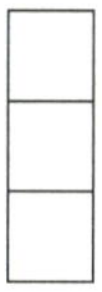 2개, 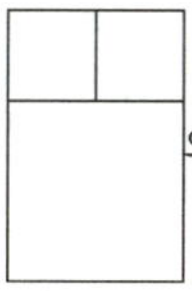 와 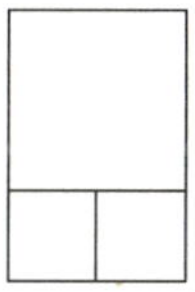 4개, 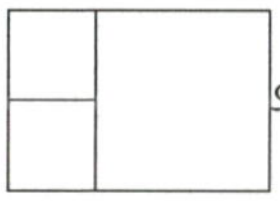 와 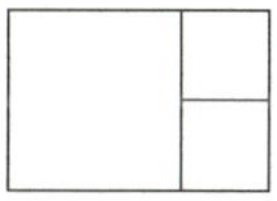 4개로 총 12개
- 조각 4개 : 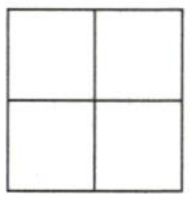 1개
- 조각 5개 : 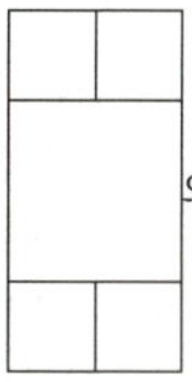 와 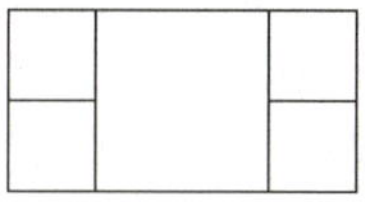 2개,

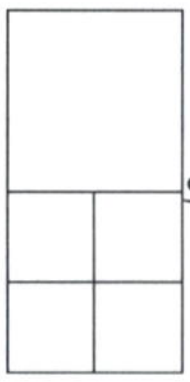 와  2개로 총 4개

• 조각 6개 : 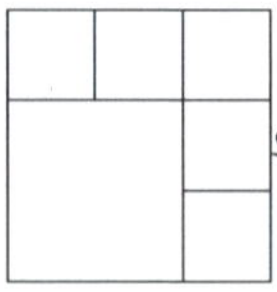 와 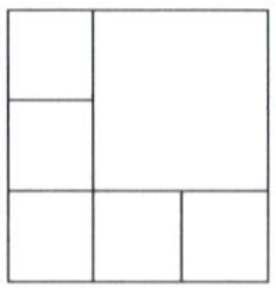 3개

• 조각 7개 : 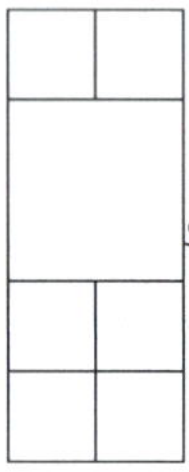 와 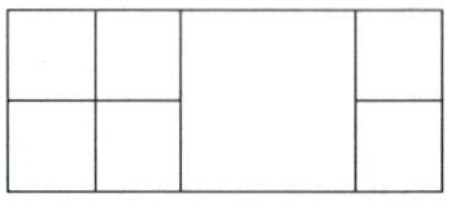 2개

• 조각 9개 : 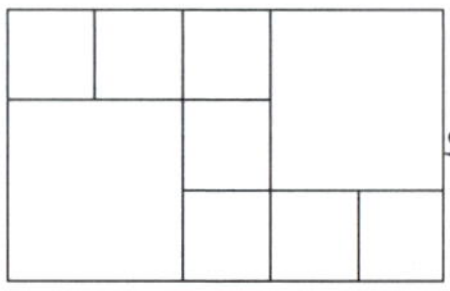 와 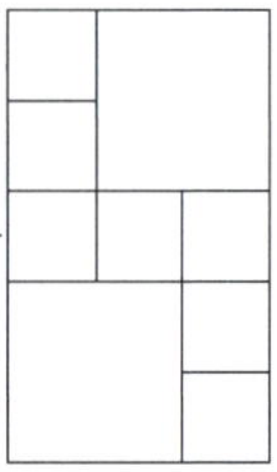 2개

• 조각 16개 : 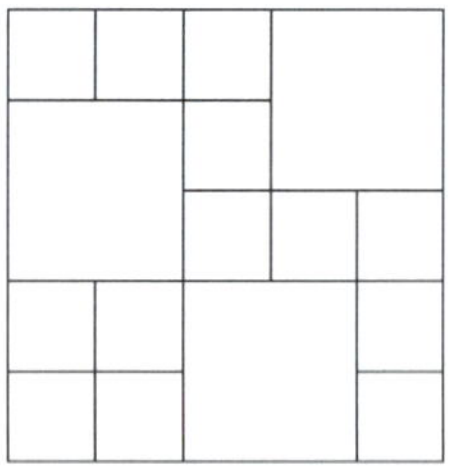 1개

따라서 도형에서 찾을 수 있는 크고 작은 사각형은 모두 16+12+12+1+4+3+2+2+1=53(개)이다.

41 언어논리력 흐름에 맞게 문장 삽입하기

| 정답 | ④

| 해설 | 〈보기〉의 문장은 필자가 바라는 세상의 모습이다. 또한 '그리고'로 시작하고 있으므로 앞 문장 역시 필자가 바라는 세상의 모습에 대한 내용인 것을 유추할 수 있다. (ㄹ)의 앞 문장에서 그러한 바람이 나타나고 있으며, (ㄹ)의 뒤 문장은 '그런 세상들'로 시작하고 있으므로 〈보기〉의 문장이 들어가기에 (ㄹ)이 가장 적절하다.

42 수리력 자료의 수치 분석하기

| 정답 | ③

| 해설 | 2010년의 인천의 주택 1호당 평균 인구수는 $\frac{2,475}{632.1} \fallingdotseq 3.92$(명)으로 4명 미만이다.

| 오답풀이 |

① 인구 천 명당 주택 수가 가장 많은 지역은 2010년에는 255.4호인 인천, 2020년에는 364호인 부산이다.

② 주어진 산식에 따라 '인구수=$\frac{\text{주택 수}}{\text{천 명당 주택 수}} \times 1,000$'이다. 빈칸에 들어갈 인구수는 다음과 같다.

- 2010년 서울 인구 : $\frac{1,973.2}{199.4} \times 1,000 \fallingdotseq 9,896$(천 명)
- 2010년 부산 인구 : $\frac{830.2}{226.7} \times 1,000 \fallingdotseq 3,662$(천 명)
- 2020년 서울 인구 : $\frac{3,399.8}{347.1} \times 1,000 \fallingdotseq 9,795$(천 명)
- 2020년 부산 인구 : $\frac{1,243.1}{364} \times 1,000 \fallingdotseq 3,415$(천 명)

따라서 2010년의 인구수 상위 3개 도시인 서울, 부산, 대구는 모두 2020년에 인구가 감소하였다.

④ 울산의 2010년 대비 2020년의 주택 수 증가량은 387.2−239=148.2(천 호)로 다른 주요 도시보다 적다.

43 공간지각력 도형의 변환 규칙 파악하기

| 정답 | ③

| 해설 | 두 개의 별이 각각 반시계 방향으로 세 칸씩 이동하고 있다.

44 언어논리력 중심내용 파악하기

| 정답 | ①

| 해설 | 제시된 글은 이동통신에 사용되는 주파수 대역의 전자파가 성인에 비해 어린이들에게 더 많이 흡수되며, 이러한 전자파가 어린이들에게 안 좋은 영향을 미칠 수 있다는 내용을 담고 있다. 따라서 '휴대폰 전자파는 성인보다 어린이들에게 더 해로울 수 있다'로 요약할 수 있다.

| 오답풀이 |

② 휴대폰의 전자파가 어린이에게 좋지 않은 영향을 미친다고 하였지만, 어린이에게 휴대폰을 사용하게 해서는 안 된다는 당위적인 표현이 나타나 있지는 않다.

③ 7세 미만 어린이들은 성인에 비해 특정 주파수 대역에서 전자파를 더 많이 흡수하는 것으로 조사되었다고 하였으므로 일부 옳은 설명이지만, 글 전체의 핵심 내용을 포괄하지는 못하는 내용이다.

④ 제시된 글의 요지가 아니며, 휴대폰 전자파에 발암 가능성이 있는 물질이 포함되어 있는 것이 아니라 휴대폰 전자파 자체가 발암 가능성이 있는 물질로 분류된 것이다.

45 언어논리력 흐름에 맞게 글 배열하기

| 정답 | ④

| 해설 | 우선 (나)에서 Z세대의 특징을 설명하며 글의 중심 소재인 '하이퍼텍스트'를 언급한다. 이어서 (가)에서는 하이퍼텍스트에 대해 정의하며 구체적으로 설명하고 있다. 다음으로 (라)가 이어져 하이퍼텍스트와 일반적인 문서의 차이를 제시하고 있으며, 마지막으로 (다)에서는 하이퍼텍스트가 등장함에 따라 생길 변화에 대해 설명하고 있다. 따라서 (나)-(가)-(라)-(다) 순이 적절하다.

5회 기출예상문제

▶ 문제 142쪽

01	③	02	④	03	②	04	②	05	④
06	④	07	④	08	②	09	③	10	③
11	②	12	②	13	④	14	③	15	③
16	②	17	①	18	①	19	①	20	③
21	④	22	④	23	②	24	④	25	②
26	④	27	①	28	③	29	④	30	②
31	③	32	④	33	①	34	③	35	②
36	②	37	④	38	④	39	④	40	②
41	④	42	④	43	②	44	②	45	④

01 언어논리력 흐름에 맞게 글 배열하기

| 정답 | ③

| 해설 | 먼저 제정 러시아 표트르 1세의 네바강 하구 탈환이라는 중심 소재를 제시하는 (라)가 와야 한다. 그 뒤로 그 장소에 도시를 건설했다는 설명을 하고 있는 (나)와 그 도시에 대해 부연해 설명하는 (가)가 이어져야 한다. 그리고 (마)에서 '이렇게 시작된 이 도시'로 앞의 내용을 이어가고, 마지막으로 (다)에서 상트페테르부르크의 현재에 대해 설명해야 한다. 따라서 (라)-(나)-(가)-(마)-(다) 순이 적절하다.

02 문제해결력 명제 판단하기

| 정답 | ④

| 해설 | 제시된 명제를 정리하면 다음과 같다.

- 땅콩 → ~ 아몬드
- 밤 → 아몬드
- ~ 호두 → 잣

첫 번째 명제와 두 번째 명제의 대우를 삼단논법으로 연결하면 '땅콩 → ~ 아몬드 → ~ 밤'이 성립하므로 땅콩을 먹으면 밤을 먹지 않음을 알 수 있다.

| 오답풀이 |

①, ③ 제시된 명제를 통해서는 알 수 없다.

② 두 번째 명제의 대우를 통해 '~ 아몬드 → ~ 밤'이 성립하므로 아몬드를 먹지 않는 사람은 밤을 먹지 않는다.

부산기출복원 1회 기출예상 2회 기출예상 3회 기출예상 4회 기출예상 5회 기출예상 6회 기출예상 7회 기출예상 8회 기출예상 9회 기출예상

03 언어논리력 올바른 외래어 표기법 이해하기

| 정답 | ②

| 해설 | frypan의 올바른 외래어 표기는 '프라이팬'이다.

04 언어논리력 내용 추론하기

| 정답 | ②

| 해설 | (가)는 저소득층 가정에 보급한 정보 통신기기가 아이들의 성적향상에 별다른 영향을 미치지 못하거나, 오히려 부정적인 영향을 미친다는 것을 설명하고 있다. (나)는 정보 통신기기의 활용에 대한 부모들의 관리와 통제가 학업성적에 영향을 준다는 것을 설명하고 있다. 따라서 아이들의 학업성적에는 정보 통신기기의 보급보다 기기 활용에 대한 관리와 통제가 더 중요하다는 것을 결론으로 도출할 수 있다.

05 공간지각력 펼친 모양 찾기

| 정답 | ④

| 해설 | 표시된 부분을 자르고 역순으로 종이를 펼치면 다음과 같다.

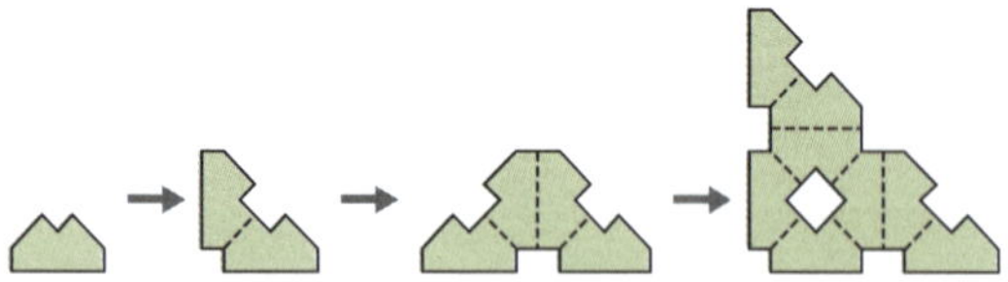

06 문제해결력 조건을 바탕으로 추론하기

| 정답 | ④

| 해설 | 영화 B가 2관에서 상영되고 영화 A와 C가 상영되는 관이 이웃해야 하므로 영화 D의 상영관은 1관이 된다. 남은 3관과 4관 중 4관에서는 영화 C를 상영하지 않으므로 영화 C는 3관에서, 남은 영화 A는 4관에서 상영된다.

1관	2관	3관	4관
영화 D	영화 B	영화 C	영화 A

따라서 영화 C는 3관에서 상영된다.

07 언어논리력 경어체 이해하기

| 정답 | ④

| 해설 | 경어체는 상대에 대하여 공경의 뜻을 나타내기 위하여 사용하는 문체이다. D 사원과 Y 대리는 서로 직급이 다르지만 경어체를 사용하고 있고 예산 보고서에 대해서는 높이지 않고 있다. 따라서 갑 대표의 발언과 가장 부합하는 대화이다.

| 오답풀이 |

① A 사원은 '자리'를 높이고 있으므로 사물에는 경어체를 쓰지 않는 것에 부합하지 않는다.

② Z 부장은 B 사원에서 경어체를 사용하지 않고 있으므로 선후배 간에 경어체를 사용하는 것에 부합하지 않는다.

③ C 사원은 회사를 지칭할 때 '우리 회사'라고 말하고 있으므로 회사를 지칭할 때 '저희 회사'라고 통일하는 것에 부합하지 않는다.

08 수리력 방정식 활용하기

| 정답 | ②

| 해설 | 신발은 30% 할인된 가격인 $30,000 \times 0.7 = 21,000$(원)에 구입하였으므로 옷은 $125,000 - 21,000 = 104,000$(원)에 구입한 것이다.

104,000원은 정가에 20% 할인된 가격이므로 다음의 식이 성립한다.

$0.8x = 104,000$

$\therefore\ x = 130,000$(원)

따라서 할인 전 신발과 옷의 총가격은 $30,000 + 130,000 = 160,000$(원)이다.

09 수리력 벤다이어그램 활용하기

| 정답 | ③

| 해설 | 제시된 정보를 토대로 벤다이어그램을 그리면 다음과 같다.

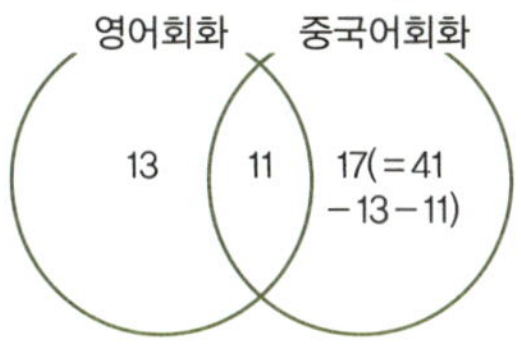

따라서 중국어회화 수업만 신청한 학생의 수는 17명이다.

10 수리력 자료의 수치 분석하기

| 정답 | ③

| 해설 | 20X3년 이후 밤 시간대 소음도가 소음환경기준 55dB 이하를 기록한 도시는 대전뿐이다.

| 오답풀이 |

① 매해 낮 시간대 소음환경기준을 만족한 도시는 광주와 대전이다.

② 대전의 밤 시간대 소음도는 20X2년에서 20X3년 사이 2dB이 감소하였다.

④ 밤 시간대 평균 소음도는 20X1년(61dB)>20X0년, 20X2년(60.8dB)>20X3년, 20X4년(60.3dB) 순이다. 20X1년의 평균 소음도는 소음환경기준인 55dB보다 6dB 더 높았다.

11 언어논리력 글의 통일성 파악하기

| 정답 | ②

| 해설 | ㉡의 앞에서 한류 열풍은 배우에 의존한 형태로 지속할 수 없으며 유명 배우가 출연한 영화를 중국에 수출하는 방식에는 한계가 있음을 지적하고 있으나 ㉡은 앞의 내용과는 다르게 스타 배우를 끊임없이 발굴해야 함을 주장하고 있으므로 글의 흐름상 적절하지 않다.

12 문제해결력 팀워크 이해하기

| 정답 | ②

| 해설 | 팀워크란 구성원이 공동목적을 달성하기 위하여 상호관계성을 가지고 협력하여 업무를 수행하는 것이다. 면접관은 질문을 통해 협업과 팀 전체의 목표를 강조하며 지원자의 팀워크 능력에 대해 묻고 있다.

13 공간지각력 평면도형 결합하기

| 정답 | ④

| 해설 | 선택지에 있는 도형으로 평행사변형을 만드는 방법은 다음과 같다.

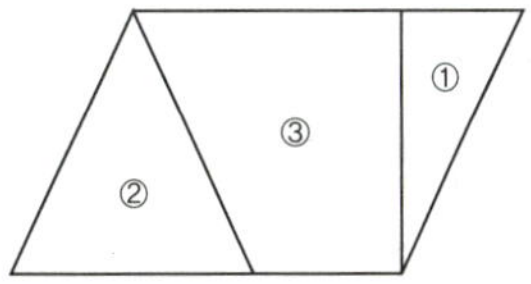

따라서 평행사변형을 만드는 데 필요 없는 모양은 ④이다.

14 문제해결력 좌석배치 방법 이해하기

| 정답 | ③

| 해설 | 회의나 행사에서 좌석을 배치할 때는 서열을 고려해야 하는데, 일반적으로 최상석은 출입문에서 가장 먼 자리, 전망 좋은 곳으로 한다. 따라서 그림에서 색으로 칠해진 의자는 신입사원인 A 씨가 아닌 부서에서 가장 직급이 높은 사람이 앉아야 한다.

| 오답풀이 |

① 원형 테이블은 일반적으로 상하 구분 없이 자유로운 의견 교환을 유도하기 위한 구조이므로 적극적이고 개방적인 소통을 추구한다고 볼 수 있다.

②, ④ 원형 테이블은 서로 마주보기가 쉬워 의사소통에 유리하므로 의견을 교환하기가 보다 수월하다고 볼 수 있다. 반면, 처음 회의에 참여하는 신입사원의 입장에서는 이러한 구조가 모든 시선에 노출되는 듯한 부담감으로 느껴질 수 있다.

15 언어논리력 세부 내용 이해하기

| 정답 | ③

| 해설 | 우버 CEO 칼라닉이 반이민정책을 표방한 트럼프 행정부의 경제 자문위원을 맡은 것은 정치적인 해석의 문제이므로 이를 기업 경영상의 문제점으로 볼 수 없다.

| 오답풀이 |

① 2017년 연말에 영국대사관 여직원이 우버 택시 운전기사에게 살해당하는 사건이 발생하자 우버 서비스의 고객 안전에 대한 문제가 제기되었다.

②, ④ 우버 소프트웨어 엔지니어 파울러가 성희롱 사실을 인사부에 내부고발했지만 관리자는 잘못된 사내 문제를 해결하는 대신 오히려 파울러를 회유, 협박하였다.

16 언어논리력 알맞은 사자성어 찾기

| 정답 | ②

| 해설 | 인사부는 소속 팀장의 성희롱 사실을 내부고발한 파울러에게 적반하장으로 대응했고 이후 우버 사가 언론의 비판을 받고 핵심 인력들이 회사를 떠나기 시작한 것에서 '사면초가'와 '설상가상'의 처지에 놓였음을 알 수 있다. '烏飛梨落(오비이락)'은 까마귀 날자 배 떨어진다는 뜻으로 아무 관계도 없이 한 일이 공교롭게도 때가 같아 억울하게 의심을 받거나 난처한 위치에 서게 됨을 이르는 말이다. 제시된 상황은 오비이락과는 관련이 없다.

| 오답풀이 |

① 雪上加霜(설상가상) : 눈 위에 서리가 내린다는 뜻으로 불행하거나 어려운 일이 잇따라 일어난 것을 이르는 말

③ 賊反荷杖(적반하장) : 도둑이 도리어 매를 든다는 뜻으로 잘못한 사람이 아무 잘못도 없는 사람을 나무람을 이르는 말

④ 四面楚歌(사면초가) : 사방에서 들리는 초나라의 노래라는 뜻으로 어느 누구의 도움도 받을 수 없고 곤란한 상황에 빠진 형편을 이르는 말

17 수리력 평균점수 활용하기

| 정답 | ①

| 해설 | □□시의 미세먼지 농도 평균은

$\frac{70.3+65.8+50.4+76.0+69.5}{5}=66.4(\mu g/m^3)$이고,

◇◇시의 미세먼지 농도 평균은

$\frac{84.0+68.4+73.7+95.6+75.3}{5}=79.4(\mu g/m^3)$이다.

따라서 두 도시의 5월 미세먼지 농도 평균의 차는 $13.0\mu g/m^3$이다.

18 수리력 비율 활용하기

| 정답 | ①

| 해설 | A가 가진 돈을 x원이라 하고, A와 B가 가진 돈을 비례식으로 나타내면 다음과 같다.

$5:4=x:2,000$

$4x=10,000$

$\therefore x=2,500$(원)

따라서 A는 2,500원을 가지고 있다.

19 수리력 방정식 활용하기

| 정답 | ①

| 해설 | 채린이의 현재 나이를 x세라 하면 삼촌의 나이는 $x+18$세이다. 4년 후 삼촌의 나이가 채린이 나이의 2배가 되므로 다음 식이 성립한다.

$x+18+4=2(x+4)$

$x+22=2x+8$

$\therefore x=14$(세)

따라서 채린이의 현재 나이는 14세이다.

20 공간지각력 전개도 파악하기

| 정답 | ③

| 해설 | 전개도 한 면의 방향이 다음과 같이 바뀌어야 한다.

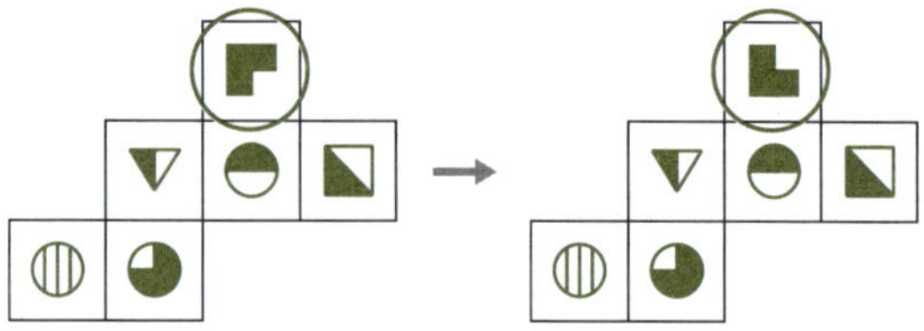

21 문제해결력 진위 추론하기

| 정답 | ④

| 해설 | ㉠ ~ ㉣이 진실일 경우를 나누어 추론하면 다음과 같다.

- ㉠이 진실일 경우
  ㉡에 따라 갑은 고양이를 키우는데, ㉢에 따라 병도 고양이를 키우므로 각각 서로 다른 동물을 키운다는 조건과 상충한다.
- ㉡이 진실일 경우
  ㉠에 따라 갑은 강아지를, ㉢에 따라 병은 고양이를 키우고 을은 토끼를 키우고 있음을 추론할 수 있다.
- ㉢이 진실일 경우
  ㉠에 따라 갑은 강아지를 키우는데, ㉡에 따라 갑은 고양이도 키우므로 각각 서로 다른 동물을 키운다는 조건과 상충한다.
- ㉣이 진실일 경우
  ㉢에 따라 병은 고양이를 키우는데, ㉣에 따라 병은 토끼도 키우게 되므로 각각 서로 다른 동물을 키운다는 조건과 상충한다.

따라서 ㉡만 진실이고 옳은 것은 ④이다.

22 문제해결력 조건을 바탕으로 추론하기

| 정답 | ④

| 해설 | 조건에 의하면 장미의 수는 붉은색<하늘색<하얀색<노란색 순이며 장미는 총 12송이다.

㉠ 노란 장미가 4송이 이하면 전체 장미의 수가 4+3+2+1=10(송이) 이하가 되므로 노란 장미를 받은 사람은 5명 이상이다.

㉢ 노란 장미가 6송이이면 나머지 장미들의 합은 6송이이므로 붉은 장미는 1송이, 하늘색 장미는 2송이, 하얀 장미는 3송이이다.

| 오답풀이 |

㉡ 붉은 장미가 1송이면 다음의 경우가 가능하다.

붉은색	하늘색	하얀색	노란색
1송이	2송이	4송이	5송이
	2송이	3송이	6송이

따라서 붉은 장미가 1송이이면 하얀 장미는 3송이 또는 4송이일 수 있다.

23 언어논리력 어휘 의미 파악하기

| 정답 | ②

| 해설 | 제시된 글의 '사이'와 ②의 '사이'는 '한때로부터 다른 때까지의 동안'을 의미한다.

| 오답풀이 |

①, ③ (주로 '없다'와 함께 쓰이며) '어떤 일에 들이는 시간이나 여유나 겨를'을 의미한다.

④ '서로 맺은 관계. 또는 사귀는 정분'을 의미한다.

24 언어논리력 올바른 표기법 이해하기

| 정답 | ④

| 해설 | '장쾌하다'는 가슴이 벅차도록 장하고 통쾌하다는 의미로 문맥상 적절한 표현이다.

| 오답풀이 |

① 몸의 살이 빠져 파리하게 된다는 뜻의 '여위고'가 문맥상 적절한 표현이다.

② 앞말에 보이는 전형적인 어떤 특징처럼이라는 뜻을 나타내는 격조사 '같이'를 사용한 것으로 '넘어질 것같이'로 표기해야 한다.

③ 지위나 자격을 나타내는 격조사인 '-로서'를 사용하여 '준마로서'로 표기해야 한다.

25 문제해결력 자료를 바탕으로 결과 도출하기

| 정답 | ②

| 해설 | 가중치를 고려한 만족도 총점을 구하면 다음과 같다.

구분	꼬리공탕	다쓰배이더	투데이JOBS
기획	0.3×4=1.2	0.3×8=2.4	0.3×10=3.0
구성 및 내용	0.4×10=4.0	0.4×5=2.0	0.4×4=1.6
진행	0.2×9=1.8	0.2×7=1.4	0.2×5=1.0
기술 및 무대	0.1×7=0.7	0.1×6=0.6	0.1×9=0.9
총점	7.7	6.4	6.5

따라서 점수가 가장 높은 꼬리공탕이 만족도 1위 프로그램으로 선정된다.

| 오답풀이 |

① 가중치가 가장 높은 '구성 및 내용' 항목을 가장 높게 평가하고 있다.

③ 다쓰배이더는 총점 6.4점으로 만족도 순위는 3위이다.

④ 투데이JOBS는 총점 6.5점으로 만족도 순위는 2위이다.

26 수리력 자료의 수치 분석하기

| 정답 | ④

| 해설 | 부서별로 인원수가 다르므로, 전체 평균 계산 시 가중치를 고려하여야 한다.

• 전 부서원의 정신적 스트레스 지수 평균점수 :

$$\frac{1\times 1.83+2\times 1.79+1\times 1.79}{4}=1.80(\text{점})$$

• 전 부서원의 신체적 스트레스 지수 평균점수 :

$$\frac{1\times 1.95+2\times 1.89+1\times 2.05}{4}=1.945(\text{점})$$

따라서 두 평균점수의 차이는 0.145이므로 0.16 미만이다.

| 오답풀이 |

① 생산 부서의 정신적 스트레스 평균점수는 1.83점으로 영업, 지원 부서의 정신적 스트레스 평균점수 1.79점보다 높다.

② 세 부서 각각의 신체적 스트레스 평균점수는 가장 높은 정신적 스트레스 지수를 보이는 생산 부서의 정신적 스트레스 평균점수인 1.83점보다 높다.

③ 신체적 스트레스 지수는 지원 부서(2.05점), 생산 부서(1.95점), 영업 부서(1.89점) 순으로 높다.

27 공간지각력 도형 회전하기

| 정답 | ①

| 해설 |

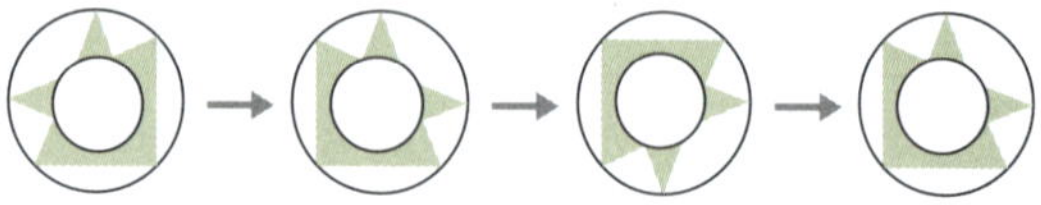

28 문제해결력 문제해결의 의미 이해하기

| 정답 | ③

| 해설 | 해답 수가 많으며 다양한 답 중에서 보다 나은 것을 선택하는 것은 창의적 문제에 대한 설명이다. 창의적 문제는 현재는 문제가 없더라도 보다 나은 방법을 찾기 위해 방법을 탐구하는 것으로 문제가 명확하지 않기 때문에 창의력에 의해 도출된 다양한 아이디어를 통해 문제를 해결한다.

분석적 문제는 현재 문제 또는 미래에 예상되는 문제에 대해 탐구하는 것으로 문제가 명확하기 때문에 분석, 논리, 귀납과 같은 논리적 방법을 통해 문제를 해결한다. 해답 수가 적기 때문에 한정된 답 중에서 해답을 선택한다.

| 오답풀이 |

① 해결하기를 원하지만 해결하는 방법을 모르는 상태 또는 얻고자 하는 해답이 있지만 그 해답을 얻는 데 필요한 일련의 과정을 알지 못하는 상태도 '문제'라고 할 수 있다.

② 문제는 원활한 업무수행을 위해 해결해야 하는 질문이나 의논 대상이다. 한편, 문제점은 문제의 근본 원인이 되는 사항으로 문제해결에 필요한 핵심 사항으로 개선해야 할 사항이나 손을 써야 할 사항, 이로 인해 해결될 수 있고 문제의 발생을 미리 방지할 수 있는 사항을 의미한다.

29 수리력 자료의 수치 분석하기

| 정답 | ④

| 해설 | 20X9년도 신선농산물 수출액은 가공식품 수출액의 $\frac{272,529}{25,954}≒10.5$(배)로 20배 미만이다.

| 오답풀이 |

① 제시된 자료의 구분에 따라 인삼류는 신선농산물과 구별되는 부류이다. 신선농산물에는 채소류, 과실류, 화훼류, 버섯류가 포함된다.

② 신선농산물 품목에서 화훼류만 36,969톤에서 24,081톤으로 수출량이 감소하였다.

③ 인삼류의 수출량은 5,700−4,960=740(톤) 증가하였고, 가공식품의 수출량은 5,706−3,868=1,838(톤) 증가하였다. 따라서 가공식품의 수출량이 더 많이 증가하였다.

30 문제해결력 명제 판단하기

| 정답 | ②

| 해설 | • A : 두 번째 전제의 대우는 '직원들의 불만이 적은 회사는 연봉이 높다'이므로 첫 번째 전제와 삼단논법으로 연결하면 '복지가 좋은 회사 → 직원들의 불만이 적음 → 연봉이 높은 회사'가 성립한다. 따라서 복지가 좋은 회사는 연봉이 높은 회사이므로 결론 A는 옳지 않다.

• B : 세 번째 전제의 대우는 '직원들의 여가생활을 존중하지 않는 회사는 복지가 좋지 않다'이므로 결론 B는 옳다.

따라서 B만 옳다.

31 공간지각력 조각을 조합한 도형의 개수 파악하기

| 정답 | ③

| 해설 | 한 사각형을 이루는 칸의 개수에 따라 만들 수 있는 크고 작은 사각형의 개수는 다음과 같다.

• 1칸 : 12개 • 가로 2칸 : 9개
• 세로 2칸 : 7개 • 가로 3칸 : 6개
• 세로 3칸 : 2개 • 가로 4칸 : 3개
• 2×2칸 : 5개 • 5칸 : 1개
• 6칸 : 4개 • 8칸 : 1개

따라서 크고 작은 사각형의 개수는 모두 50개이다.

32 언어논리력 세부 내용 이해하기

| 정답 | ④

| 해설 | 18세기 영국의 군악대는 많은 관악기 연주자들의 중요한 일자리가 되었다는 내용이 제시되어 있으나, 이때부터 바순을 사용하기 시작했다는 내용은 제시되어 있지 않다.

| 오답풀이 |

① 첫 번째 문단을 통해 오늘날의 바순처럼 네 부분의 몸통으로 분리되는 바순이 처음으로 등장한 곳은 17세기 말엽 프랑스 루이 14세의 왕실인 것을 알 수 있다.

② 두 번째 문단의 "목관 악기들의 눈부신 발전으로 이어졌다. 그중에서도 바순의 ~"를 통해 바순 역시 목관 악기의 한 종류임을 알 수 있다.

③ 세 번째 문단을 통해 프랑스에서 개량된 바순을 접한 이들에 의해 유럽 각지로 전파되었음을 알 수 있다.

33 수리력 그래프 분석하기

| 정답 | ①

| 해설 | ㄱ. 누적치이므로 2023년의 누적치에서 2018년의 누적치를 빼면 된다. 따라서 16.7−8.7=8(만 명) 늘어났다.

ㄹ. 2018년 대비 2023년 전체 신용불량자 중 은퇴연령 신용불량자 비중은 16.4−13.8=2.6(%p) 증가하였다.

| 오답풀이 |

ㄴ. 두 항목의 증감폭이 가장 큰 시기는 2020년과 2021년 사이로, 그 수치는 차례대로 15.2−14.4=0.8(%p), 13.1−11.1=2(만 명)이다.

ㄷ. 연도별 50세 이상 개인 워크아웃 신청자 누적치의 전년 대비 증가율을 구하면 다음과 같다.

• 2019년 : $\frac{9.7-8.7}{8.7}\times 100 \fallingdotseq 11.5(\%)$

• 2020년 : $\frac{11.1-9.7}{9.7}\times 100 \fallingdotseq 14.4(\%)$

• 2021년 : $\frac{13.1-11.1}{11.1}\times 100 \fallingdotseq 18.0(\%)$

• 2022년 : $\frac{14.9-13.1}{13.1}\times 100 \fallingdotseq 13.7(\%)$

• 2023년 : $\frac{16.7-14.9}{14.9}\times 100 \fallingdotseq 12.1(\%)$

따라서 전년 대비 증가율은 지속적으로 증가하지 않았다.

34 공간지각력 투상도로 입체도형 찾기

| 정답 | ③

| 해설 | 제시된 투상도는 왼쪽부터 정면도, 평면도, 우측면도이며 블록 개수와 위치가 모두 일치하는 입체도형은 ③이다.

| 오답풀이 |

① 평면도가 일치하지 않는다.

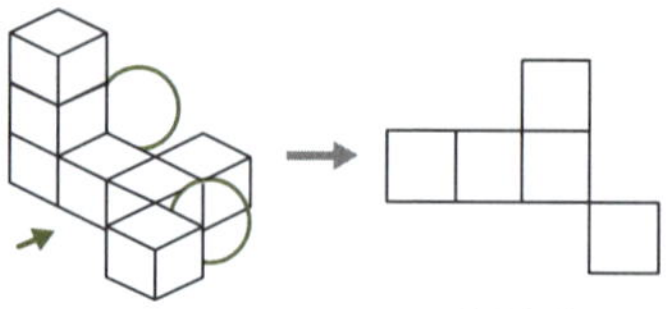

[평면도]

② 평면도가 일치하지 않는다.

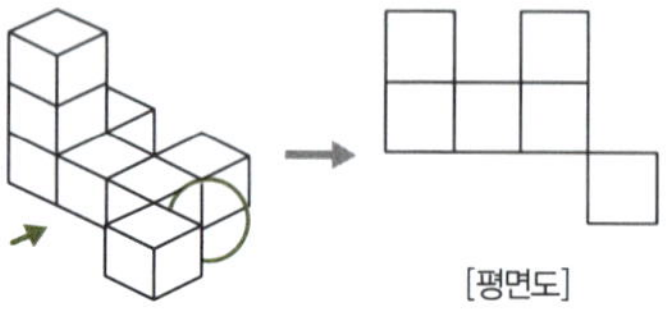

[평면도]

④ 우측면도가 일치하지 않는다.

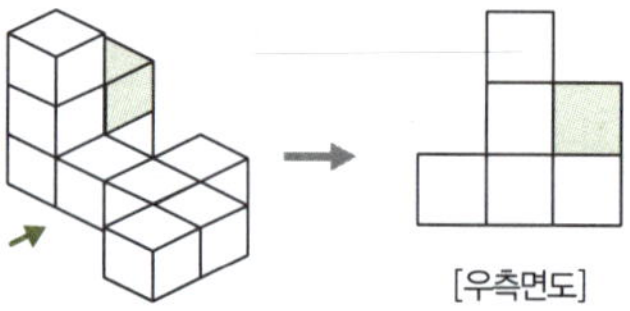

[우측면도]

35 언어논리력 글에 알맞은 사례 파악하기

| 정답 | ②

| 해설 | 포용적 성장은 낙수효과가 아닌 중소기업의 성장이 대기업의 성장을 촉진한다는 분수효과에 기초를 둔 개념이라고 설명하고 있다. 따라서 근로자의 삶의 질 개선을 통한 전 국민의 행복을 유도하는 것이 분수효과에 해당된다.

| 오답풀이 |

①, ③, ④ 전형적인 낙수효과에 해당하는 현상들이다.

36 수리력 자료의 수치 분석하기

| 정답 | ②

| 해설 | • 20대의 저축자 비율 : $\frac{178}{250}\times100=71.2(\%)$

• 30대의 저축자 비율 : $\frac{175}{200}\times100=87.5(\%)$

• 40대의 저축자 비율 : $\frac{201}{300}\times100=67(\%)$

• 50대의 저축자 비율 : $\frac{136}{200}\times100=68(\%)$

• 60대의 저축자 비율 : $\frac{21}{50}\times100=42(\%)$

따라서 저축자의 비율이 가장 높은 연령대는 30대이다.

37 수리력 자료의 수치 분석하기

| 정답 | ④

| 해설 | 40대의 저축자 비율인 67%보다 50대의 저축자 비율인 68%가 더 높다. 따라서 연령대가 높아질수록 저축자의 비율이 계속 낮아지는 것은 아니다.

| 오답풀이 |

① 60대의 비저축자 비율은 $\frac{29}{50}\times100=58\%$로, 50% 이상이 저축을 하지 않는다.

② 전체 조사자 중 저축자의 수는 178+175+201+136+21=711(명)으로 700명 이상이다.

③ 저축을 하지 않는 50대는 64명으로 저축을 하지 않는 30대 25명의 2배 이상이다.

38 언어논리력 글의 제목 작성하기

| 정답 | ④

| 해설 | 제시된 기사는 미국의 청소년 흡연율이 높은 수치를 기록하며, 높은 청소년 흡연율과 낮은 담배 구입 연령 제한이 연관이 있다는 연구 결과가 나와 미국의 여러 주가 담배 구입 연령 제한을 상향했다는 내용이다. 따라서 '미국, 심각한 청소년 흡연율에 다수의 주들 담배 구입 연령 21세로 상향 조정'이 기사의 제목으로 가장 적절하다.

39 공간지각력 도형 변환 규칙 파악하기

| 정답 | ④

| 해설 |

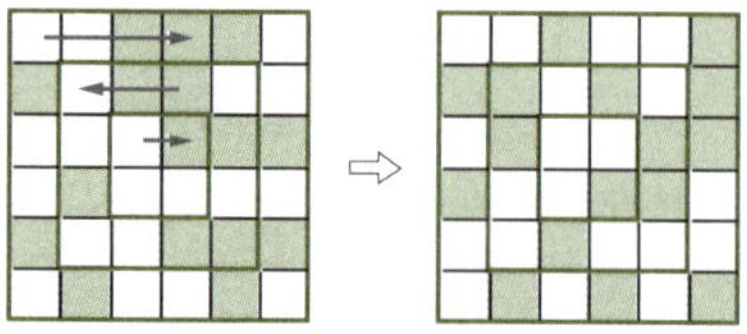

가장 안쪽에 있는 색칠된 사각형은 시계방향으로 1칸, 중간에 있는 색칠된 사각형은 각각 반시계 방향으로 2칸, 가장 바깥쪽에 있는 색칠된 사각형은 각각 시계방향으로 3칸씩 이동한다.

40 문제해결력 조건을 바탕으로 추론하기

| 정답 | ②

| 해설 | 우선 사원이 불가피한 사정으로 출장을 갈 수 없다고 했으므로 ①은 제외된다. 그리고 두 번째 조건에 의해 대리와 사원 중 한 명은 반드시 가야 하는데 사원이 가지 못하므로 대리가 구성원으로 반드시 들어가야 한다. 또한 첫 번째 조건에 따라 부장과 차장은 함께 출장을 갈 수 없으므로 ③은 불가능한 팀 구성이다. 마지막 조건에 의해 차장이 가지 않으면 인턴도 출장을 갈 수 없는데 ④는 차장 없이 인턴이 있는 구성이므로 제외된다. 따라서 모든 조건을 만족하는 팀 구성은 차장, 과장, 대리, 인턴이다.

41 언어논리력 글의 의도 파악하기

| 정답 | ④

| 해설 | 제시된 글에서 필자가 이야기하고 있는 내용의 핵심은 개인정보 유출이 자살 사건까지 불러오는 심각한 사회적 문제로 비화되었다는 것이다. 따라서 이 글에서 필자가 강조하고자 하는 바는 '개인정보 유출 피해의 심각성'이라고 볼 수 있다.

42 수리력 비율 계산하기

| 정답 | ④

| 해설 | 처음 4일의 남은 방문 매장 수는 다음과 같다.

- 첫째 날 방문 후 남은 매장 수 : $80 \times 0.85 = 68$
- 둘째 날 방문 후 남은 매장 수 : $68 - 12 = 56$
- 셋째 날 방문 후 남은 매장 수 : $56 \times 0.75 = 42$(방문 매장 수 : $56 \times 0.25 = 14$)
- 넷째 날 방문 후 남은 매장 수 : $42 - (14 \times 1.5) = 21$

따라서 마지막 날에 방문해야 할 매장은 전체의 $\frac{21}{80} \times 100 = 26.25$(%)이므로 약 26%이다.

43 공간지각력 입체도형 결합하기

| 정답 | ②

| 해설 | 첫 번째 입체도형에 들어간 블록은 24개, 두 번째 입체도형에 들어간 블록은 7개, 세 번째 입체도형에 들어간 블록은 6개이므로 추가로 필요한 입체도형은 $24-(7+6)=11$(개)의 블록으로 이루어진 입체도형이어야 한다.

따라서 ②가 적절하다.

44 언어논리력 글의 주제 찾기

| 정답 | ②

| 해설 | 제시된 글은 언어 현실과 어문 규범과의 괴리를 줄이기 위한 방법으로 어문 규범을 없애고 언중의 자율에 맡기자는 주장과 어문 규범의 큰 틀만 유지하고 세부적인 것은 사전에 맡기자는 주장이 사회에 등장하고 있음을 설명하고 있다. 이를 통해 언어 현실과 어문 규범의 괴리를 해소하기 위한 방법을 모색하는 노력이 나타나고 있다는 글의 주제를 도출해 낼 수 있다.

| 오답풀이 |

④ 제시된 글은 언어 현실과 어문 규범의 괴리를 줄이기 위한 여러 주장과 노력, 그리고 각각의 한계점에 관한 내용으로, 특정한 해결책을 제시하거나 한 가지 방안을 강조하는 글은 아니다.

45 문제해결력 조건을 바탕으로 추론하기

| 정답 | ④

| 해설 | 제시된 조건에 따르면 F가 4등인 D보다 먼저 들어오고(F−D), G가 F보다 먼저 들어왔다(G−F−D). 또한 A가 F보다 먼저 들어왔으나 1등은 아니므로 G−A−F−D 순으로 들어왔음을 알 수 있다. 따라서 첫 번째로 결승점에 들어온 직원은 G이다.

6회 기출예상문제

▶ 문제 166쪽

01	④	02	③	03	③	04	④	05	③
06	④	07	②	08	②	09	③	10	④
11	④	12	③	13	②	14	②	15	③
16	②	17	①	18	④	19	④	20	③
21	②	22	③	23	④	24	③	25	①
26	②	27	①	28	①	29	②	30	②
31	③	32	④	33	②	34	①	35	③
36	③	37	④	38	③	39	①	40	④
41	②	42	④	43	②	44	②	45	②

01 언어논리력 어휘 의미 파악하기

| 정답 | ④

| 해설 | '강조(强調)'는 '어떤 부분을 특별히 강하게 주장하거나 두드러지게 함'이라는 의미이다.

| 오답풀이 |

① 강세(强勢) : 강한 세력이나 기세

② 모색(摸索) : 일이나 사건 따위를 해결할 수 있는 방법이나 실마리를 더듬어 찾음.

③ 약조(弱調) : 여린 음조

02 언어논리력 올바른 표기법 이해하기

| 정답 | ③

| 해설 | '사람만이'의 '만'은 다른 것으로부터 제한하여 어느 것을 한정함을 나타내는 보조사로 앞말과 붙여 쓴다.

| 오답풀이 |

① '쉐장암'이 맞는 표기이다.

② '끊으려다'가 맞는 표기이다.

④ '번번이'가 맞는 표기이다.

03 수리력 자료의 수치 분석하기

| 정답 | ③

| 해설 | 한국의 25 ~ 29세의 고용률은 2010년에 증가한 이후 계속 감소하였다. 이와 같은 고용률 변동 추이는 프랑스에서 나타나고 있다. 한국의 30 ~ 34세의 고용률은 계속 감소하다가 2025년에 증가하였다. 이와 같은 고용률 변동추이는 일본에서 나타나고 있다.

04 공간지각력 전개도 파악하기

| 정답 | ④

| 해설 | 전개도 한 면의 방향이 다음과 같이 바뀌어야 한다.

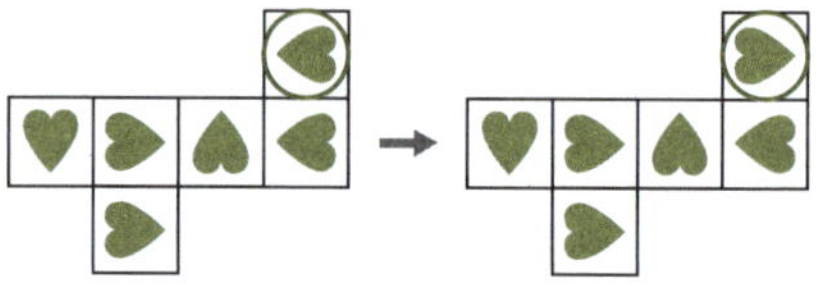

05 언어논리력 글의 흐름에 맞게 문장 배열하기

| 정답 | ③

| 해설 | 제시된 글의 제재는 '힐링(Healing)'이므로, 힐링이 무엇인지 정의하고 있는 (마)가 첫 문장으로 오고, 이러한 정의의 부연설명인 (가)가 그다음에 이어진다. (가)의 서구의 사례에 상응하여 국내의 사례를 제시한 (바)가 그 뒤로 연결되고, (바)에 대한 구체적인 상품 예를 보여주고 있는 (나)가 연결될 수 있다. 이어서 역접의 기능을 하는 접속부사 '그러나'를 통해 앞서 제시한 상품보다는 많은 돈을 들이지 않고 쉽게 할 수 있는 일을 찾는 것이 좋다는 내용의 (라)가 오고, 마지막으로 (라)의 구체적인 예를 제시한 (다)가 이어진다. 따라서 (마)-(가)-(바)-(나)-(라)-(다) 순이 적절하다.

06 언어논리력 의사소통 방법 이해하기

| 정답 | ④

| 해설 | 박 팀장은 업무를 지시하면서 김 사원이 과거에 잘못했던 일을 들추어 김 사원을 주눅이 들게 하고 있다.

07 공간지각력 입체도형 결합하기

| 정답 | ②

| 해설 | 주어진 두 입체도형과 ②를 다음과 같이 결합하면 된다.

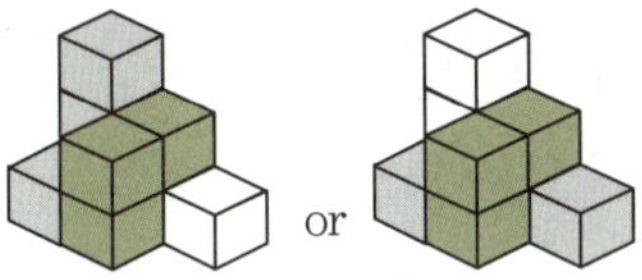

08 문제해결력 명제 판단하기

| 정답 | ②

| 해설 | 각 명제를 'p : 달리기를 잘한다', 'q : 수영을 잘한다', 'r : 항상 운동화를 신는다'라고 할 때, 〈보기〉를 정리하면 다음과 같다.

- ~ p → ~ q
- p → r

이때 윤재는 항상 구두를 신으므로 '~ r'로 표현할 수 있다. 'p → r'이 참이므로 이 명제의 대우인 '~ r → ~ p'도 참이 되며 '~ p → ~ q'와의 삼단논법에 의해 '~ r → ~ q'도 참임을 알 수 있다. 따라서 ②는 항상 참이다.

| 오답풀이 |

① 'p → r'이 참이므로 이 명제의 대우인 '~ r → ~ p'도 참이 되어 옳지 않은 설명이다.

③ '~ p → ~ q'가 참이므로 이 명제의 대우인 'q → p'도 참이 된다. 이 명제와 'p → r'의 삼단논법에 의해 'q → r'이 되어 옳지 않은 설명이다.

④ 제시된 명제로는 알 수 없다.

09 사고력 조건을 바탕으로 추론하기

| 정답 | ③

| 해설 | 네 번째와 다섯 번째 조건에 따라 B는 화요일, D는 수요일에 휴가를 간다. E와 F는 같은 요일, 즉 휴가 시작 요일이자 마지막 요일인 월요일에 휴가를 간다. 첫 번째 조건에 따라 B가 E보다 휴가를 늦게 가므로 B는 첫 번째 월요일, F는 두 번째 주 월요일에 휴가를 간다. 두 번째 조건에 따라 A는 금요일에 휴가를 쓰므로 C가 목요일에 휴가를 가게 된다.

10 수리력 경우의 수 계산하기

| 정답 | ④

| 해설 | 다섯 가지 색을 사용할 수 있으나 영역은 세 개이므로 색을 나누는 방법은 다음과 같다.

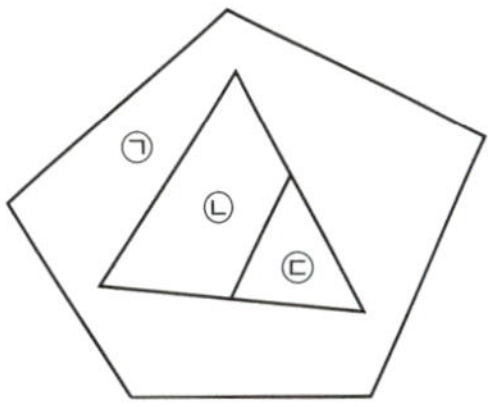

㉠ : 노란색, 보라색, 빨간색, 검정색, 회색의 다섯 가지 색

㉡ : ㉠ 이외의 네 가지 색

㉢ : ㉠, ㉡ 이외의 세 가지 색

따라서 색을 칠할 수 있는 경우의 수는 $5\times4\times3=60$(가지)이다.

11 수리력 자료의 수치 분석하기

| 정답 | ④

| 해설 | ㉠ 20X2년 응시율은 $\frac{3,020}{3,450}\times100 ≒ 87.5(\%)$, 20X3년 응시율은 $\frac{3,610}{4,680}\times100 ≒ 77.1(\%)$이므로 20X2년 응시율>20X3년 응시율이다.

㉡ 20X1년 합격률은 $\frac{1,210}{3,650}\times100 ≒ 33.2(\%)$, 20X4년 합격률은 $\frac{1,280}{4,350}\times100 ≒ 29.4(\%)$이므로 20X1년 합격률>20X4년 합격률이다.

㉢ 20X2년 합격률은 $\frac{1,360}{3,020}\times100 ≒ 45.0(\%)$, 20X3년 합격률은 $\frac{1,030}{3,610}\times100 ≒ 28.5(\%)$이므로, 20X1년 합격률+20X2년 합격률은 $33.2+45.0=78.2$(%p), 20X3년 합격률+20X4년 합격률은 $28.5+29.4=57.9$(%p)이다. 따라서 20X1년 합격률+20X2년 합격률>20X3년 합격률+20X4년 합격률이다.

12 문제해결력 조건을 바탕으로 추론하기

| 정답 | ③

| 해설 | 〈지급 조건〉에 따르면 건물이 본관이고 실적 등급이 높을수록 지급 우선순위가 높다. 따라서 C(본관, 1등급)－B(본관, 2등급)－G(본관, 3등급)－F(본관, 5등급)－D(별관, 1등급)－H(별관, 2등급)－A(별관, 3등급)－E(별관, 4등급) 순으로 물품을 지급한다.

- C 부서는 희망 1순위인 커피머신을 받는다.
- B 부서는 희망 1순위인 대용량 가습기를 받는다.
- G 부서는 희망 1순위인 커피머신을 받는다.
- F 부서는 희망 1순위인 커피머신을 받는다.
- D 부서는 희망 1순위인 커피머신이 소진되었으므로 희망 2순위인 대용량 가습기를 받는다.
- H 부서는 희망 1순위인 캐비닛을 받는다.
- A 부서는 희망 1순위인 대용량 가습기를 받는다.
- E 부서는 희망 1순위인 대용량 가습기와 희망 2순위인 커피머신이 모두 소진되었으므로 나머지 물품인 캐비닛을 받는다.

따라서 희망하는 물품을 받지 못하는 부서는 E 부서이다.

13 공간지각력 도형 모양 비교하기

| 정답 | ②

| 해설 | ③은 ①의 도형을 180° 회전한 모양이고, ④는 ①의 도형을 반시계 방향으로 90° 회전한 모양이다. 반면, ②는 아래 동그라미 표시한 부분이 나머지와 다르다.

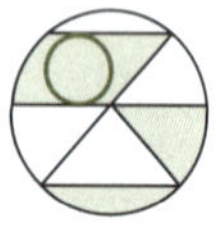

14 문제해결력 명제 판단하기

| 정답 | ②

| 해설 | A : 티셔츠를 입은 사람은 모두 남자이지만 티셔츠를 입지 않은 사람 중에서도 남자가 있을 수 있다. 이때, 네 번째 사실을 통해 남자가 2명 이상이라는 것만 파악할 수 있지만 정확한 남자와 여자의 수는 알 수 없다.

B : 모자를 쓴 사람, 티셔츠를 입고 모자를 쓴 사람이 모두 2명이므로 모자를 쓴 사람은 모두 티셔츠를 입은 것이 된다. 티셔츠를 입은 사람은 모두 남자이므로 모자를 쓴 사람은 모두 남자임을 알 수 있다.

따라서 B만 옳다.

15 언어논리력 글의 의도 파악하기

| 정답 | ③

| 해설 | 제시된 글은 경영의 개념을 통해 복지경영의 의미를 설명하며 사회복지 분야에서도 경영의 요소를 행정에 도입할 필요가 있다고 주장하고 있다. 따라서 글의 결론으로 ③이 가장 적절하다.

| 오답풀이 |

①, ② 제시된 글을 통해 알 수 있는 내용이지만 결론이라고 할 수는 없다.

16 언어논리력 알맞은 접속어 찾기

| 정답 | ②

| 해설 | ㉠ '복지경영'이 낯설게 느껴지는 이유를 설명하면서도 사회복지 분야에서 이를 이전부터 적용하고 있다고 설명하고 있으므로, 역접의 의미를 나타내는 '그러나'나 '그렇지만'과 같은 접속어가 들어가야 한다.

㉡ 청소년 상담기관과 같은 사회복지센터에서도 조직의 효율적인 운영을 위해 경영적 요소를 도입해야 한다고 설명하고 있으므로, 강조의 의미를 나타내는 '특히'가 들어가야 한다.

17 수리력 자료의 수치 분석하기

| 정답 | ①

| 해설 | (ㄷ)에 들어갈 값은 433,657－(141,856＋156,275)

=135,526이다. 즉 20X9년에는 전년도에 비해 C 국에 대한 수입량이 감소하였다.

| 오답풀이 |

② (ㄱ)에 들어갈 값은 736,868−(42,400+126,615+141,856+305,776)=120,221이므로 D 국의 수입량 합계는 271,105이다. 따라서 최근 3개년 국가별 합계가 가장 적은 국가는 D 국이다.

③ (ㄴ)에 들어갈 값은 823,141−(111,642+114,338+156,275+86,150)=354,736이므로 E 국의 3개년 합계는 305,776+354,736+305,221=965,733이다. 따라서 20X8년의 총 수입량인 823,141이 더 적다.

④ 20X9년 A 국에 대한 석유 수입량은 20X7년과 비교하여 약 $\frac{247,675}{42,400} \fallingdotseq 5.8$(배) 증가하였다.

18 수리력 자료를 바탕으로 수치 계산하기

| 정답 | ④

| 해설 | 표의 (ㄱ) ~ (ㄹ)에 들어갈 값은 각각 (ㄱ)은 120,221, (ㄴ)은 354,736, (ㄷ)은 135,526, (ㄹ)은 879,449이므로 (ㄹ)에서 (ㄱ), (ㄴ), (ㄷ)을 뺀 값은 879,449−120,221−354,736−135,526=268,966이다.

19 문제해결력 명제 판단하기

| 정답 | ④

| 해설 | 각 명제를 'p : 드라마 셜록 홈즈를 좋아한다', 'q : 영화 반지의 제왕을 좋아한다', 'r : 영화 스타트렉을 좋아한다', 's : 영화 해리포터 시리즈를 좋아한다'라고 할 때 정리하면 다음과 같다.

- p → ~ q
- ~ q → ~ s
- q → r

(가) '~ q → ~ s'가 참이므로 이 명제의 대우인 's → q'도 참이다. 지연이는 영화 해리포터 시리즈를 좋아하므로 영화 반지의 제왕도 좋아하며 'q → r'에 의해 영화 스타트렉도 좋아함을 알 수 있다.

(나) 'p → ~ q'가 참이므로 이 명제의 대우인 'q → ~ p'도 참이다. 's → q'가 참이므로 삼단논법에 의해 's → ~ p'도 참이 되며 지연이는 영화 해리포터 시리즈를 좋아하므로 드라마 셜록 홈즈를 좋아하지 않음을 알 수 있다.

(다) 'r → ~ p'가 참이 되기 위해서는 'q → r'의 역인 'r → q'가 참이어야 한다. 하지만 역의 참·거짓 여부는 알 수 없으므로 옳은 설명이 아니다.

따라서 옳은 설명은 (가), (나)이다.

20 공간지각력 조각을 조합한 도형의 개수 파악하기

| 정답 | ③

| 해설 | 하나의 삼각형을 이루는 칸의 개수에 따라 찾을 수 있는 삼각형을 정리하면 다음과 같다.

- 1칸 :

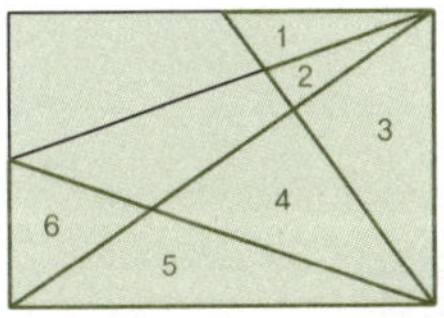

- 2칸 :

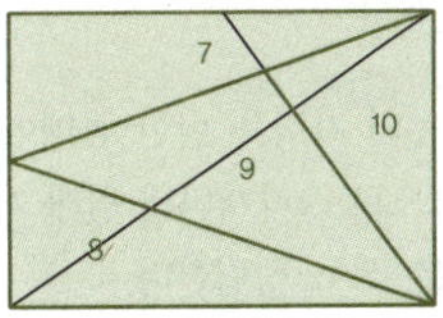

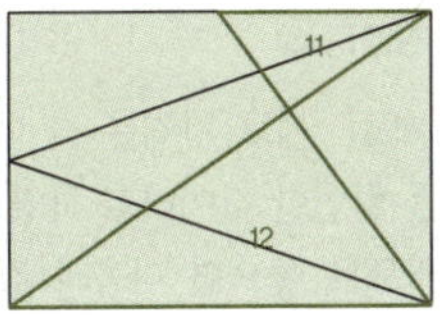

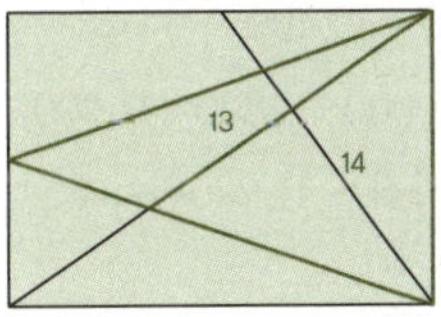

- 3칸 :

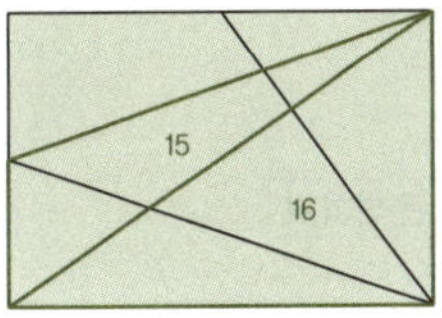

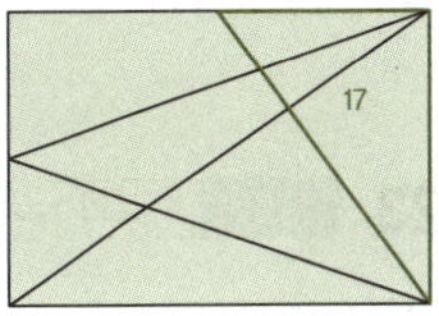

- 4칸 :

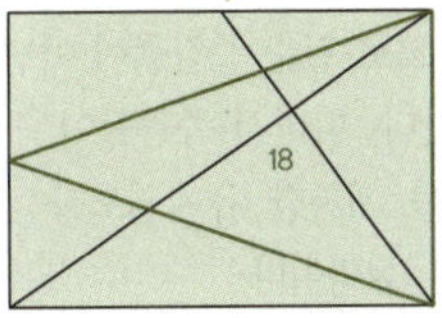

• 5칸 :

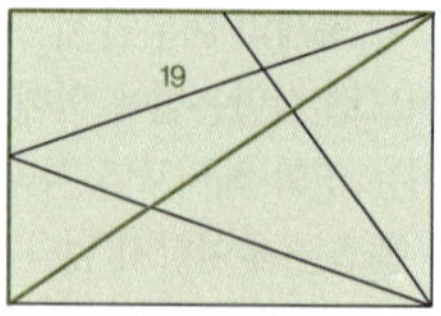

따라서 19개의 삼각형을 찾을 수 있다.

21 수리력 확률 구하기

| 정답 | ②

| 해설 | 동전을 5개 던질 때 나오는 모든 경우의 수는 $2^5=32$(개)이다. 이때 적어도 한 개가 앞면이 나오는 확률은 전체 확률 1에서 모두 뒷면이 나올 확률인 $\frac{1}{32}$을 뺀 $\frac{31}{32}$이다.

22 수리력 방정식 활용하기

| 정답 | ③

| 해설 | 세트 가격은 각 메뉴의 가격을 합한 금액에서 10%를 할인한 값이라고 하였으므로 스파게티의 원래 가격을 x원으로 놓으면 다음과 같은 식이 성립한다.

$(8,800+16,000+x)\times0.9=32,400$

$\therefore x=(32,400\div0.9)-16,000-8,800=11,200$(원)

따라서 스파게티의 원래 가격은 11,200원이다.

23 수리력 자료의 수치 분석하기

| 정답 | ④

| 해설 | 증감폭을 묻고 있으므로 단순 증감률이 아닌 증감률의 절댓값을 따져보아야 한다. 따라서 증감률이 −5.2%를 기록한 가정양육이 2.7%를 기록한 유치원보다 절댓값이 더 크므로 ④는 옳지 않은 설명이다.

| 오답풀이 |

① 가정양육(49.9%), 어린이집(42.8%), 유치원(3.1%)의 순으로 비중이 높음을 알 수 있다.

② 혼합형 보육형태의 인원수는 모두 감소하였다.

③ 어린이집은 전년 대비 2.2%p의 비중이 변동되어 가장 큰 차이를 보이고 있다.

24 수리력 자료의 수치 분석하기

| 정답 | ③

| 해설 | 울산의 20X0년 대비 20X5년 인구 증가율은 $\frac{1,167-1,083}{1,083}\times100≒7.8$(%)로 10% 미만이지만, 주택 증가율은 $\frac{453-387.2}{387.2}\times100≒17$(%)이므로 주택 증가율이 인구 증가율보다 더 높다. 이는 어림잡아 20X0년 주택 수인 387.2천 호의 10%인 약 38천 호를 더해도 20X5년 주택 수인 453천 호보다 적다는 것을 통해 빠르게 판단할 수 있다.

| 오답풀이 |

① 부산이 397.2호/천 명으로 가장 높다.

② $\frac{9,017-8,173.2}{8,173.2}\times100≒10.3$(%) 증가했다.

④ 전국 계 항목의 인구수와 주택 수가 모두 증가하였다.

25 문제해결력 문제의 유형 구분하기

| 정답 | ①

| 해설 | 창의적 문제는 현재 문제가 없더라도 보다 나은 방법을 탐구하는 것으로, 해답 수가 많아 다양한 답 중 보다 나은 것을 선택하게 된다. 주관적, 직관적, 감각적, 정성적, 개별적, 특수적 특징을 보인다. 객관적, 논리적인 것은 분석적 문제이다.

26 언어논리력 알맞은 사자성어 찾기

| 정답 | ②

| 해설 | '고식지계(姑息之計)'는 당장의 편한 것만을 찾는 일시적인 계책을 이르는 말이다. 밑줄 친 문장에서 지역 주민들의 고식지계에 의해 정작 지역에 필요함에도 불구하고 설치되지 못하는 폐기물 처리시설을 언급하고 있으므로 적절한 한자성어라고 볼 수 있다.

| 오답풀이 |

① 인순고식(因循姑息) : 낡은 습관이나 폐단을 벗어나지 못하고 눈앞의 편안함만을 취함을 이르는 말

③ 연목구어(緣木求魚) : 나무에 올라 물고기를 구한다는 뜻으로, 불가능한 일을 무리해서 굳이 하려 함을 비유적으로 이르는 말

④ 염량세태(炎涼世態) : 권세가 있을 때는 아첨하여 좇고, 권세가 없어지면 푸대접하는 세상의 인심을 이르는 말

27 공간지각력 펼친 모양 찾기

| 정답 | ①

| 해설 | 점선 부분을 자르고 역순으로 종이를 펼치면 다음과 같다.

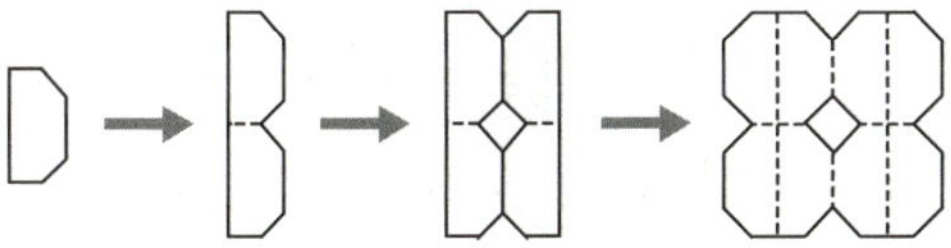

28 문제해결력 명제 추론하기

| 정답 | ①

| 해설 | 제시된 전제인 '맵고 짠 음식을 좋아하는 사람은 라면보다 칼국수를 더 좋아하지 않는다'의 대우는 '라면보다 칼국수를 더 좋아하는 사람은 맵고 짠 음식을 좋아하지 않는다'가 된다. 결론에서 '형진이는 맵고 짠 음식을 좋아하지 않는다'라고 하였으므로 삼단논법에 의해 빈칸에 들어갈 전제는 '형진이는 라면보다 칼국수를 더 좋아한다'가 적절하다.

보충 플러스+

두 번째 전제에서 'q : 맵고 짠 음식을 좋아한다', '$\sim r$: 라면보다 칼국수를 더 좋아하지 않는다', 결론에서 'p : 형진이', '$\sim q$: 맵고 짠 음식을 좋아하지 않는다'가 된다.

삼단논법			
$p \to q$ $q \to r$ ――― $p \to r$	$? \to ?$ $q \to \sim r$ ――― $p \to \sim q$	대우 →	$? \to ?$ $r \to \sim q$ ――― $p \to \sim q$

두 번째 전제의 대우와 삼단논법에 따라 추론해 보면 첫 번째 전제는 '$p \to r$', 즉 '형진이는 라면보다 칼국수를 더 좋아한다'가 성립됨을 알 수 있다.

29 수리력 그래프 분석하기

| 정답 | ②

| 해설 | 불법체류 외국인의 수가 20X4년에 최고치를 기록한 것은 사실이지만, 처음으로 등록 외국인 수보다 많아진 것은 20X3년이다.

| 오답풀이 |

① A : 등록 외국인 수는 꾸준히 증가하고 있지만 변수가 발생하면 감소할 수도 있다.

③ C : 20X5년도에 불법체류 외국인의 수가 급격히 감소하면서 등록 외국인의 수가 급격히 늘어났으므로 서로 관련이 있을 것이라 예상할 수 있다.

④ D : 20X6년 이후 큰 증가 없이 유지되고 있으므로 옳다.

30 언어논리력 세부 내용 이해하기

| 정답 | ②

| 해설 | 네 번째 문단에서 글쓴이가 말하고자 하는 바는 상대방이 병원에 입원했을 때 병원비를 내줄 수 있을 만큼 친근하다면 반말을 쓰고 그 정도가 아니라면 존댓말을 쓰자는 말이지, 상대방에게 반말을 하면 무조건 병원비도 내줘야 한다는 것은 아니다.

| 오답풀이 |

① 첫 번째 문단을 통해 알 수 있다.

③ 두 번째 문단과 세 번째 문단에서 언어의 문제를 해결하지 못하면 상호 존중 문화를 만들 수 없다고 하면서 그 해결책으로 상호 존댓말을 사용하자고 제안한다. 사회적 약자는 존댓말을 듣는 동안 최소한의 존엄이 지켜지고 있다고 느끼기 때문이다. 따라서 상호 간의 존댓말은 존중받는다는 느낌을 줄 수 있다고 이해할 수 있다.

④ 첫 번째 문단에서 상대와 다르게 본인이 존댓말밖에 쓰지 못할 때 금방 무력해진다고 하였다. 또한 세 번째 문단 마지막 문장을 통해 콜센터 상담사들은 고객이 반말을 해도 전화를 끊을 수 없어 고객의 반말을 들을 수밖에 없다는 것을 추론할 수 있으므로, 올바른 설명이다.

31 언어논리력 내용 추론하기

| 정답 | ③

| 해설 | '새 시대'는 존댓말과 반말로 상대의 지위를 확인하는 한국어의 문제가 해결된 시대를 말한다. 글쓴이는 이 언어의 문제가 해결되면 어떤 내용을 제대로 실어 나를 수 있게 되고, 세상을 바꿀 수도 있을 도전적인 아이디어들이 창출될 것이며, 상호 존중 문화를 만들 수 있게 된다고 보고 있다.

| 오답풀이 |

(라) 네 번째 문단에서 언급된 직장 동료에 관한 이야기는 정말 가족이나 친구처럼 친한 관계가 아니라면 직장 내에서도 직급에 상관없이 상호 간에 존댓말을 해야 한다는 의도가 담긴 것이므로, '새 시대'가 직장 동료를 가족처럼 친근하게 대하는 시대라는 설명은 옳지 않다.

32 문제해결력 조건을 바탕으로 추론하기

| 정답 | ④

| 해설 | 첫 번째, 다섯 번째 조건으로 H B F D 또는 D F B H 순으로 위치해 있음을 알 수 있다. 이어서 세 번째 조건을 추가하면

H B F D
길
○ ○ ○ C

또는

D F B H
길
C ○ ○ ○

이고, 두 번째, 여섯 번째 조건을 추가하면

H B F D
길
A E G C

또는

D F B H
길
C G E A

임을 알 수 있다. 이 중 네 번째 조건을 충족하는 것은

H B F D
길
A E G C

이다. 이때 G사의 빌딩과 F사의 빌딩은 서로 마주 보고 서 있다.

| 오답풀이 |

①, ③ 길을 사이에 두고 B사 빌딩의 정면에 E사의 빌딩이 있다.

② A사와 C사의 빌딩은 이웃하지 않는다.

33 공간지각력 투상도로 입체도형 찾기

| 정답 | ②

| 해설 | 정면도와 평면도를 참고했을 때 블록을 최대로 쌓아 만든 입체도형은 다음과 같다.

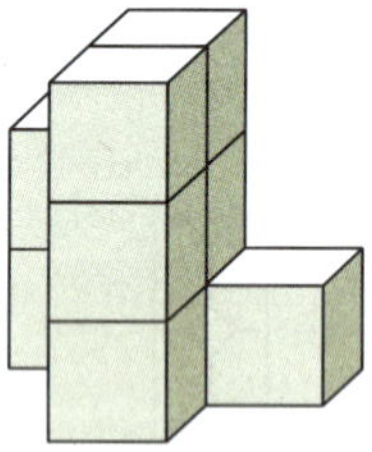

따라서 총 9개의 블록을 사용할 수 있다.

34 언어논리력 중심내용 파악하기

| 정답 | ①

| 해설 | 제시된 글의 전체적인 내용을 살펴보면 문학 작품은 언어에 큰 영향을 미치는데, 이러한 문학 작품은 작가에 의해 산출되므로 언어에 대한 작가의 책임이 막중함을 강조하고 있다.

| 오답풀이 |

② 제시된 글의 도입부에 해당하는 내용으로 중심 주장에 이르는 전제일 뿐, 전체 글의 중심내용은 아니다.

③ 사회 기여는 언어의 운명이나 작가의 책임감이라는 글의 핵심 주제와는 직접적인 관련이 없다.

④ 제시된 글에서는 문학 작품이 언어에 영향을 준다고 설명하고 있다.

35 문제해결력 진위 추론하기

| 정답 | ③

| 해설 | A, B, E는 서로 상반된 진술을 하고 있으므로, 이 셋 중 두 명이 잘못된 정보를 말하고 있다. 따라서 C와 D는 진실을 말하고 있다고 볼 수 있다. 이때 진실인 D의 말에 따라 A의 말 또한 진실이므로, 잘못된 정보를 말하는 사람은 B와 E이다.

36 문제해결력 자료를 바탕으로 선정하기

| 정답 | ③

| 해설 | 먼저 4점 이하를 받은 적이 있는 A, C, E를 제외하고, 나머지 사람의 점수를 제시된 기준에 따라 환산하여 정리한다. 이때, 본래 각 시험별 만점은 10점인데 1차는 20점, 2차는 30점, 3차는 50점을 만점으로 환산하므로 1차 시험 점수에는 2, 2차 시험 점수에는 3, 3차 시험 점수에는 5를 곱하여 각 신입사원의 환산 점수를 구한다.

(단위 : 점)

구분	1차 시험	2차 시험	3차 시험	합계
B	6×2=12	8×3=24	6×5=30	66
D	9×2=18	6×3=18	6×5=30	66
F	8×2=16	6×3=18	7×5=35	69
G	8×2=16	7×3=21	6×5=30	67

따라서 환산 점수의 합이 가장 높은 F가 핵심 인재로 선정된다.

37 언어논리력 흐름에 맞게 문장 삽입하기

| 정답 | ④

| 해설 | 한 장면을 보여준 후 나중에 그 모습에 대해 이야기하게 하라는 내용인 (다)의 뒤 문장에 이어서 묘사는 본 사람의 판단과 흥미에 따라 크게 달라진다는 내용인 (A)가 온 후, (라)의 뒤 문장이 와야 글의 흐름이 자연스럽다.

38 언어논리력 빈칸에 적절한 문장 찾기

| 정답 | ③

| 해설 | ㉠의 뒤에서 옷차림새나 말투 등으로 느낌이 형성될 수 있음을 이야기하고 있으므로, ㉠에는 겉모습의 중요성에 대해 언급한 ③이 가장 적절하다.

39 문제해결력 조건을 바탕으로 추론하기

| 정답 | ①

| 해설 | 첫 번째 명제에 따라 J는 금요일에 은행에 간다. 이때 여섯 번째 명제에 따라 K는 금요일에 은행에 가지 않으며 대신에 세 번째 명제에 따라 S는 은행에 간다. 그리고 네 번째 명제에 따라 S가 은행에 가면 M도 가므로 M도 금요일에 은행에 간다. 따라서 금요일에 은행에 가는 고객은 J, S, M이다. 한편 Y는 화요일과 목요일에 은행을 가지만 금요일에 은행을 가는지는 주어진 명제로 알 수 없다.

40 공간지각력 도형의 변환 규칙 파악하기

| 정답 | ④

| 해설 | 큰 사각형 안에 있는 각 도형의 규칙을 살펴보면 사각형은 45°씩 회전하며 큰 사각형의 네 귀퉁이를 시계방향으로 이동하고 있다.

오각형은 반시계 방향으로 90°씩 회전하며 큰 사각형의 네 귀퉁이를 반시계 방향으로 이동하고, 이동할 때마다 색이 반전되고 있다.

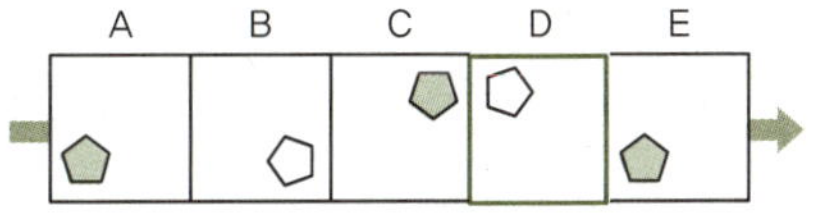

원은 큰 사각형의 네 귀퉁이를 시계방향으로 이동하고, 이동할 때마다 색이 반전되고 있다.

이를 종합하면 '?'에 들어갈 도형은 ④가 된다. →

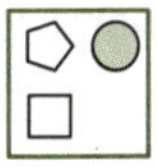

41 언어논리력 세부 내용 이해하기

| 정답 | ②

| 해설 | 제시된 글은 기업 오너의 잘못된 행동이 기업 운영에 리스크로 돌아오는 사례를 보여주며 경영자의 인품에 따라 기업은 갑질이 만연한 조직이 될 수도, 수평적이고 자유로운 조직이 될 수도 있다고 설명하고 있다.

| 오답풀이 |

① SNS를 통한 국민들의 반응은 분노를 표시하는 방법의 하나이며 분노가 반드시 그런 방법으로만 표출된다고 볼 수는 없다.

③ 경영자의 갑질이 만연하지 않다는 것이 수평적이고 자유로운 조직의 충분조건은 아니다.

④ 기업의 소유와 경영을 분리하면 오너의 갑질 문제가 줄어들 수 있으나 모든 갑질 문제의 근절책이라고는 볼 수 없다.

42 수리력 비율 활용하기

| 정답 | ④

| 해설 | 남자 직원은 50% 충원되었으므로 채용 전 남자 직원은 $8 \div 0.5 = 16$(명)이고, 여자 직원은 40% 충원되었으므로 채용 전 여자 직원은 $12 \div 0.4 = 30$(명)이다. 따라서 A 기업의 신입사원 채용 전 전체 직원 수는 46명이다.

43 수리력 최대공약수 활용하기

| 정답 | ②

| 해설 | 최대한 많은 사원에게 똑같이 나누어 주어야 하므로 최대공약수를 구해야 한다.

$200 = 2 \times 2 \times 2 \times 5 \times 5$

$80 = 2 \times 2 \times 2 \times 2 \times 5$

두 수의 최대공약수는 $2 \times 2 \times 2 \times 5 = 40$으로 40명에게 음료수와 떡을 나누어 줄 수 있다.

따라서 음료수는 $200 \div 40 = 5$(캔), 떡은 $80 \div 40 = 2$(개)씩 나누어 주었을 때 똑같이 나누어 줄 수 있다.

| 별해 |

2)	200	80
2)	100	40
2)	50	20
5)	25	10
	5	2

$2 \times 2 \times 2 \times 5 = 40$

44 문제해결력 조건을 바탕으로 추론하기

| 정답 | ②

| 해설 | 4명이 타는 차는 B가 운전을 하고 3명이 타는 차는 B와 같은 차를 타지 않는 C와 D 중 한 명이 운전을 한다. A와 G는 같은 차를 타고 가야 하는데, C와 D가 있는 차에는 이미 2명이 있으므로 탈 수가 없다. 그러므로 B가 운전하는 차를 타고 가는 사람은 A, E(혹은 F), G이다.

45 공간지각력 도형 회전하기

| 정답 | ②

| 해설 |

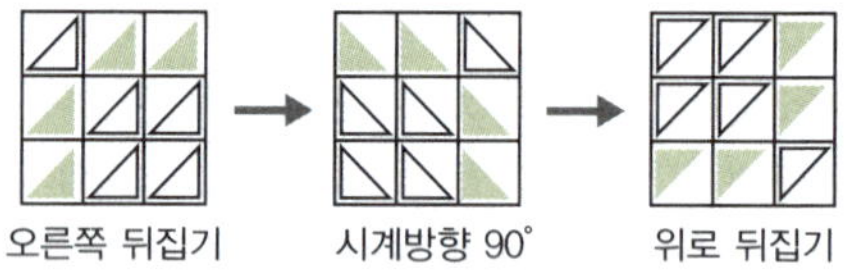

7회 기출예상문제

▶ 문제 192쪽

01	③	02	③	03	①	04	③	05	③
06	④	07	②	08	②	09	④	10	①
11	③	12	③	13	②	14	④	15	②
16	③	17	③	18	②	19	①	20	①
21	①	22	②	23	②	24	③	25	②
26	④	27	③	28	②	29	④	30	④
31	③	32	②	33	②	34	①	35	③
36	②	37	④	38	②	39	①	40	③
41	①	42	③	43	④	44	①	45	①

01 언어논리력 올바른 표기법 이해하기

| 정답 | ③

| 해설 | 밑줄 친 부분의 원형이 '널따랗다'이므로 '널따란'이 맞는 표현이다. '넓다란'은 옳지 않은 표기이다.

| 오답풀이 |

① '주구장창'은 없는 말로, '밤낮으로 쉬지 아니하고 연달아'라는 뜻의 '주야장천'으로 써야 한다.

② '바라요'는 '마음속으로 기대하다'라는 뜻의 '바라다'의 어간 '바라-'에 종결어미 '-아요'가 붙은 말이며, '바래요'는 '볕이나 습기를 받아 색이 변하다'라는 뜻의 '바래다'의 어간 '바래-'에 종결어미 '-어요'가 붙은 말이다. 따라서 문맥상 '바라요'가 옳다.

④ '알맞다'는 형용사이며, 형용사는 관형사형 전성어미 '-는'이 결합할 수 없다. 형용사에는 관형사형 전성어미로 '-은'이 붙으므로, '알맞은'이 옳은 표기이다.

02 언어논리력 어휘 의미 파악하기

| 정답 | ③

| 해설 | 제시된 글의 '번지던'은 새마을 운동이 퍼지는 것을 나타내므로, '풍습, 풍조, 불만, 의구심 따위가 어떤 사회 전반에 차차 퍼지다'의 의미로 사용되었다. 그러므로 ③의 일본의 역사 교과서 왜곡에 대한 규탄 대회가 전국적으로 번지는 것과 같은 의미라고 볼 수 있다.

| 오답풀이 |

① '책장 따위를 한 장씩 넘기다'의 의미로 사용되었다.

② '병이나 불, 전쟁 따위가 차차 넓게 옮아가다'의 의미로 사용되었다.

④ '빛, 기미, 냄새 따위가 바탕에서 차차 넓게 나타나거나 퍼지다'의 의미로 사용되었다.

03 언어논리력 중심내용 파악하기

| 정답 | ①

| 해설 | 제시된 글은 언론사들이 정치적 지향을 강하게 드러낼수록 자신의 정치적 성향과 동일하다고 생각하는 구독자들이 더 많은 후원금을 내고 이를 통해 수입을 얻어 언론사를 운영할 수 있다고 하면서 대안언론이 정치성을 드러내는 이유에 대해 설명하고 있다.

04 공간지각력 평면도 파악하기

| 정답 | ③

| 해설 | 밑에서 보이는 모양은 다음과 같다.

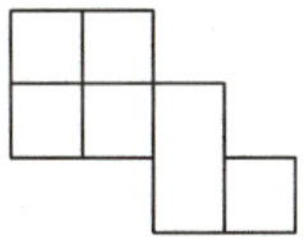

따라서 총 6개의 블록이 보인다.

05 문제해결력 조건을 바탕으로 추론하기

| 정답 | ③

| 해설 | 면담 결과를 종합하면 재무팀장과 경영팀장, 기획팀장의 한 그룹이 서로 관계가 좋으며, 교육팀장과 홍보팀장의 한 그룹이 서로 관계가 좋다. 따라서 다른 팀장들과의 관계가 좋지도 나쁘지도 않은 인사팀장을 중심으로 기획팀장과 재무팀장, 경영팀장으로 구성된 그룹과 교육팀장과 홍보팀장으로 구성된 그룹을 좌우로 나누어 배치하는 것이 가장 적절하다.

| 오답풀이 |

① 서로 관계가 나쁜 홍보팀장과 재무팀장이 이웃하여 배치되어 있어 적절하지 않은 배치이다.

②, ④ 서로 관계가 나쁜 교육팀장과 경영팀장이 이웃하여 배치되어 있어 적절하지 않은 배치이다.

06 문제해결력 명제 판단하기

| 정답 | ④

| 해설 | 제시된 명제를 p ~ u로 정리하면 다음과 같다.

p : 대전으로 출장 간다.

q : 부산으로 출장 간다.

r : 광주로 출장 간다.

s : 원주로 출장 간다.

t : 대구로 출장 간다.

u : 제주로 출장 간다.

(가) $p \rightarrow q$(대우 : $\sim q \rightarrow \sim p$)

(나) $\sim p \rightarrow \sim r$(대우 : $r \rightarrow p$)

(다) $\sim s \rightarrow \sim t$(대우 : $t \rightarrow s$)

(라) $\sim s \rightarrow \sim p$(대우 : $p \rightarrow s$)

(마) $\sim u \rightarrow \sim q$(대우 : $q \rightarrow u$)

'$\sim u \rightarrow \sim q \rightarrow \sim p \rightarrow \sim r$'이므로 '제주로 출장 가지 않는 사람은 광주에도 가지 않는다'는 참이다.

| 오답풀이 |

① 제시된 조건을 통해 알 수 없다.

② '$\sim q \rightarrow \sim p \rightarrow \sim r$'인 것은 알 수 있으나 대구에도 가지 않는지는 알 수 없다.

③ '$r \rightarrow p \rightarrow q \rightarrow u$'이거나 '$r \rightarrow p \rightarrow s$'이지만 대구에도 가는지는 알 수 없다.

07 수리력 자료의 수치 분석하기

| 정답 | ②

| 해설 | 연령계층별로 인원수를 알 수 없기 때문에 20 ~ 39세 전체 청년의 자가 거주 비중은 알 수 없다.

| 오답풀이 |

① 20 ~ 24세 청년 중 62.7%가 보증부월세, 15.4%가 순수월세로, 78.1%가 월세 형태로 거주하고 있으며 자가 비율은 5.1%이다.

③ 연령계층이 높아질수록 자가 거주 비율은 5.1 → 13.6 → 31.9 → 45.0으로 높아지고 있으나 월세 비중은 78.1 → 54.2 → 31.6 → 25.2로 작아지고 있다.

④ 25 ~ 29세 청년의 자가 거주 비중은 13.6%로 5.1%인 20 ~ 24세보다 높다. 25 ~ 29세 청년 중 임차 형태로 거주하는 비중은 24.7+47.7+6.5=78.9(%)이며, 월세로 거주하는 비중은 47.7+6.5=54.2(%)이다.

08 수리력 거리 · 속력 · 시간 활용하기

| 정답 | ②

| 해설 | '거리=속력×시간'이므로, 철수가 시속 6km로 30분, 즉 0.5시간 동안 달렸을 때 이동한 거리는 6×0.5=3(km)이다. 이때, 철수의 속력이 시속이므로 30분을 0.5시간으로 바꾸어 계산해야 함에 유의한다.

09 수리력 단위 변환하기

| 정답 | ④

| 해설 | 1시간=60분=3,600초이므로 3시간은 3,600×3=10,800(초)이다.

10 공간지각력 도형 모양 비교하기

| 정답 | ①

| 해설 | ③은 ②의 도형을 180° 회전한 모양이고, ④는 ②의 도형을 반시계 방향으로 90° 회전한 모양이다. 반면, ①은 아래와 같이 동그라미 친 부분이 나머지와 다르다.

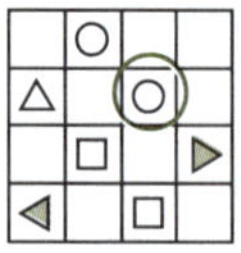

11 언어논리력 흐름에 맞게 글 배열하기

| 정답 | ③

| 해설 | (라)는 '습관'의 사전적 의미에 대해 말하고 있으므로 가장 먼저 위치한다. 또한 (나)와 (마)는 모두 습관의 형식에 대해 얘기하고 있는데 (나)는 최상위 단계의 습관을, (마)는 가장 기본적인 습관과 상위 단계의 습관을 설명하고 있으므로 (마)－(나) 순서가 됨을 알 수 있다. 따라서 선택지 중 (라)가 가장 먼저 나오고 (마)－(나) 순서로 나열된 ③이 가장 적절하다.

12 언어논리력 흐름에 맞게 문단 삽입하기

| 정답 | ③

| 해설 | 〈보기〉는 무엇이 '좋은 습관'인지에 대해 말하고 있다. 따라서 앞부분에서 좋은 습관에 대한 언급이 있었음을 추론할 수 있다. (다) 문단에서 좋은 습관을 기르는 것에 대해 말하고 있으므로 〈보기〉는 (다) 문단 뒤에 들어가는 것이 가장 알맞다.

13 문제해결력 문제해결 절차 이해하기

| 정답 | ②

| 해설 | 문제해결을 위해서는 먼저 문제인식(가) 단계에서 해결해야 하는 문제를 파악하여 우선순위와 목표를 정하고, 문제도출(나) 단계에서 해결해야 할 것이 무엇인지 명확히 해야 한다. 그다음 원인분석(다) 단계에서 파악된 핵심문제의 원인을 도출하고, 해결안 개발(라) 단계에서 최적의 해결방안을 수립한다. 이후 실행 및 평가(마) 단계를 통해 해결방안을 실제 상황에 적용하고 평가한다.

14 문제해결력 명제 판단하기

| 정답 | ④

| 해설 | 각 명제를 'p : 사과를 좋아한다', 'q : 귤을 좋아한다', 'r : 딸기를 좋아한다', 's : 바나나를 좋아한다'라고 할 때 〈보기〉를 정리하면 다음과 같다.

- $p \rightarrow q$
- $\sim r \rightarrow \sim q$
- $s \rightarrow r$

'$\sim r \rightarrow \sim q$'가 참이므로 이 명제의 대우인 '$q \rightarrow r$'도 참이다. 따라서 '$p \rightarrow q$'와의 삼단논법에 의해 '$p \rightarrow r$'도 참임을 알 수 있다.

| 오답풀이 |

① '$p \rightarrow q$'의 역에 해당하므로 항상 참인지 알 수 없다.

②, ③ 주어진 명제로는 알 수 없다.

15 공간지각력 전개도 파악하기

| 정답 | ②

| 해설 | 전개도를 바탕으로 옳은 주사위로만 이루어진 것은 ②이다.

| 오답풀이 |

① 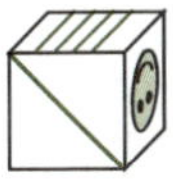 이 옳은 모양이다.

③  이 옳은 모양이다.

④  면과  면은 전개도상 평행을 이루고 있으므로 맞닿을 수 없다.

16 문제해결력 자료를 바탕으로 계산하기

| 정답 | ③

| 해설 | 제시된 조건을 바탕으로 A가 받을 시간외근무수당을 계산하면 다음과 같다.

일자	시간외근무	총 시간외근무 시간	시간외근무수당
6월 10일	조건 미달 (1시간 미만)	6시간 20분	72,000원 (=6시간×12,000원) ※1시간 미만 절사
6월 11일	－		
6월 12일	1시간 20분		
6월 13일	2시간 50분		
6월 14일	2시간 10분		

따라서 7월에 받을 시간외근무수당은 72,000원이다.

17 언어논리력 글의 서술방식 파악하기

| 정답 | ③

| 해설 | (다)에서 신뢰성을 확보하기 위해 전문적인 보고서를 언급한 것은 사실이지만, 이는 나눔 도서관의 기능에 대한 신뢰성을 높이기 위한 인용이 아니다.

18 언어논리력 문서작성의 원칙 이해하기

| 정답 | ②

| 해설 | 문서를 작성하는 기본 원칙에는 다음과 같은 것들이 있다.

- 문장을 짧고, 간결하게 작성하도록 한다. – ㄴ
- 상대방이 이해하기 쉽게 쓴다.
- 한자의 사용을 자제해야 한다. – ㄱ
- 간결체로 작성한다.
- 긍정문으로 작성한다.
- 간단한 표제를 붙인다. – ㄹ
- 문서의 주요한 내용을 먼저 쓰도록 한다.

| 오답풀이 |

ㄷ. 결론을 먼저 쓰는 것이 문서작성의 핵심이다.

19 문제해결력 명제 판단하기

| 정답 | ①

| 해설 | (가) [정보 1]과 [정보 2], [정보 3]이 참일 경우 2마리의 암탉이 최소 2개씩 알을 낳았을 것이므로 오늘 새로 낳은 알의 개수는 최소 4개이다.

| 오답풀이 |

(나) [정보 1], [정보 3]에 따르면 알을 낳을 수 있는 암탉의 수는 2마리이다. 이때 알을 낳을 수 있는 암탉이 하루에 낳을 수 있는 알의 개수를 알 수 없으므로 최소 개수를 타당하게 추정할 수 없다.

(다) 알을 낳을 수 있는 암탉은 하루에 최소 2개 이상의 알을 낳으므로 3개, 4개 혹은 그 이상의 알을 낳는 것이 가능하다. 따라서 새로 낳은 알의 총 개수가 홀수일 수도 있다.

20 언어논리력 알맞은 사자성어 찾기

| 정답 | ①

| 해설 | 직원 채용 시 가장 중요한 평가 포인트는 '성실'이며, 이러한 인성적인 부분을 가꾸기 위해서는 오랜 시간 가꾸고 정성을 쏟아야 그 결실이 나온다고 하였다. 이와 관련된 사자성어는 '우공이산(愚公移山)'으로, 쉬지 않고 끝까지 노력하면 언젠가는 목적을 이룰 수 있음을 의미한다.

| 오답풀이 |

② 칠전팔기(七顚八起) : 여러 번 실패해도 포기하지 않고 꾸준히 노력한다는 뜻으로 강한 정신력을 나타내는 말

③ 괄목상대(刮目相對) : 상대방의 학식이나 재주가 갑자기 몰라볼 정도로 나아졌음을 이르는 말

④ 교학상장(敎學相長) : 가르치는 일과 배우는 일이 모두 자신의 학업을 성장시킴.

21 수리력 자료를 바탕으로 수치 계산하기

| 정답 | ①

| 해설 | 20X0년의 교통비는 $2,500\times\frac{1}{5}=500$(만 원), 20X1년의 저축비는 $3,000\times\frac{1}{10}=300$(만 원)이므로 $500-300=200$(만 원)이다.

22 수리력 확률 구하기

| 정답 | ②

| 해설 | (승호가 꺼낸 숫자, 정민이 꺼낸 숫자, 선우가 꺼낸 숫자)로 나열할 때 선우가 가장 큰 숫자를 꺼낸 경우는 (1, 2, 3), (1, 2, 4), (1, 2, 6), (5, 2, 6)의 4가지이다. 전체 경우의 수는 $3\times3\times3=27$(가지)이므로 확률은 $\frac{4}{27}$이다.

23 수리력 일의 양 계산하기

| 정답 | ②

| 해설 | 전체 일의 양을 1로 생각하면, 선진이와 수연이의 하루 일의 양은 다음과 같다.

• 선진이가 하루에 하는 일의 양 : $\frac{1}{8}$

• 수연이가 하루에 하는 일의 양 : $\frac{1}{12}$

따라서 둘이 함께 한다면 $1 \div \left(\frac{1}{8}+\frac{1}{12}\right)=1 \div \left(\frac{3}{24}+\frac{2}{24}\right)$ $=\frac{24}{5}=4.8$, 즉 5일이 걸린다.

24 언어논리력 글에 알맞은 사례 파악하기

| 정답 | ③

| 해설 | ㉠ 화자 자신의 판단에 따라 내려진 결론과 감정이 감탄의 형태로 표현되었으므로 영탄법을 쓴 문장이다.

㉡ 의문문의 형식을 취하고 있으며 가슴 아픈 감정의 정도에 대한 판단을 청자에게 맡기므로 설의법을 쓴 문장이다.

㉣ 의문문의 형식을 취하고 있으며 판단을 청자에게 맡기므로 설의법을 쓴 문장이다.

| 오답풀이 |

㉢ 세상이 아름답다는 의미를 나타내고 있으나, 얼마나 아름다운지에 대한 정도를 청자의 판단에 맡기고 있으므로 설의법을 쓴 문장이 된다. 이를 영탄법으로 표현하면, "아, 아름다운 세상이여."가 될 수 있다.

25 문제해결력 명제 판단하기

| 정답 | ②

| 해설 | '둥근 모양의 사탕은 딸기 맛이 난다'가 참이므로 대우 명제인 '딸기 맛이 아니면 둥근 모양의 사탕이 아니다'도 참이다. 세 번째 명제에 의해 '소연이가 산 사탕은 딸기 맛이 아님'을 알 수 있으므로 '소연이가 산 사탕은 둥근 모양이 아님' 역시 참이 된다. 이때 첫 번째 명제에서 '모든 사탕은 색이 빨갛거나 모양이 둥글다'고 하였으므로 '소연이가 산 사탕은 색이 빨갛다'가 참임을 알 수 있다.

26 문제해결력 명제 판단하기

| 정답 | ④

| 해설 | ㉠에 의해 A는 독일을 반드시 여행한다. ㉡의 대우에 의하면 '독일에 가면 영국에는 가지 않는다'가 성립하는데, ㉠에 따라 독일에 반드시 가므로 영국은 가지 않는다. ㉢과 ㉤에 의해 A는 이탈리아와 프랑스를 여행하게 되며, ㉣의 대우에 의하면 '이탈리아에 가면 스위스에도 간다'가 성립하므로 A는 스위스도 여행한다. 따라서 A는 독일, 이탈리아, 스위스, 프랑스에 여행을 갈 것이다.

27 언어논리력 세부 내용 이해하기

| 정답 | ③

| 해설 | 마지막 문단에서 히치콕은 '맥거핀' 기법을 하나의 극적 장치로 종종 활용하였다고 했는데, 이 '맥거핀' 기법에 대해 특정 소품을 활용하여 확실한 단서로 보이게 한 다음 일순간 허망한 것으로 만들어 관객을 당혹스럽게 하는 것으로 설명하고 있다.

| 오답풀이 |

① 작가주의 비평은 감독을 단순한 연출자가 아닌 '작가'로 간주하고 작품과 감독을 동일시하는 관점을 말한다.

② 작가주의적 비평을 통해 할리우드 영화를 재발견한 사례가 존재하므로 무시해 버렸다는 설명은 적절하지 않다.

④ 알프레드 히치콕은 할리우드 감독이지만 작가주의 비평가들에 의해 복권된 대표적인 감독이므로 작가주의 비평과 관련이 없다는 설명은 적절하지 않다.

28 공간지각력 펼친 모양 찾기

| 정답 | ②

| 해설 | 점선 부분을 자르고 역순으로 종이를 펼치면 다음과 같다.

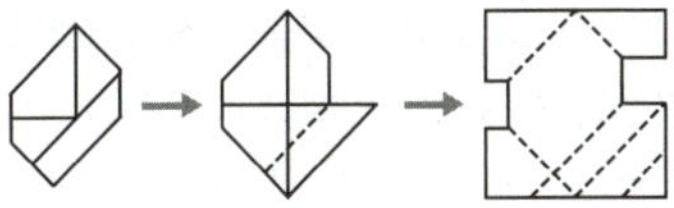

29 문제해결력 조건을 바탕으로 추론하기

| 정답 | ④

| 해설 | 축구부의 위치가 8층이고 유도부의 위치가 4층이므로, 축구부는 유도부보다 높은 층에 위치해 있다. 그런데 유도부의 위치가 육상부보다 높다고 하였으므로, 축구부>유도부>육상부가 성립되어 ④가 바른 추론이 된다.

| 오답풀이 |

①, ②, ③ 농구부 및 야구부의 위치와 유도부 및 육상부의 위치의 상하 관계를 제시된 내용만으로 추론할 수 없기 때문에 알 수 없다.

30 언어논리력 세부 내용 이해하기

| 정답 | ④

| 해설 | 마지막 문단을 통해 능숙한 독자는 독서 경험을 통해 얻은 지식과 지혜를 자신과 사회 문제의 해결에 적극적으로 활용해야 한다는 것을 알 수 있다. 따라서 독서 경험과 사회 문제를 분리해서 생각해야 한다는 반응은 적절하지 않다.

| 오답풀이 |

① 첫 번째 문단을 통해 알 수 있다.

② 두 번째 문단을 통해 능숙한 독자의 태도를 알 수 있다.

③ 세 번째 문단을 통해 알 수 있다.

31 언어논리력 전제 파악하기

| 정답 | ③

| 해설 | '나'의 원래 가정은 '화성의 궤도는 완전한 원이다'라는 것이었는데, 티코의 자료와 오차가 발생하자 '나'는 스스로 세운 최초의 '완전한 원'이라는 가정을 '타원'으로 수정하여 '화성의 궤도는 타원이다'라는 결론을 얻었다. 이러한 추론 과정에서 '나'는 티코의 자료를 불신하기보다 자기 스스로 세운 가정을 수정하는 방향으로 문제를 해결했다. 즉, '나'의 가정보다 티코의 자료가 더 신뢰할 만하다는 것을 전제하고 있다.

| 오답풀이 |

① '나'의 최초 가정과 일치하지 않는다.

② 근거가 없을뿐더러 결론에 도달하기까지 직접적으로 필요한 전제는 아니다.

④ 백조자리 베타별이 화성의 위치를 가늠하는 하나의 기준인 것은 사실이나, 그보다 더 결론에 도달하기 위한 결정적인 전제는 티코의 자료 기준과의 오차에 대한 것이다.

32 공간지각력 투상도로 입체도형 찾기

| 정답 | ②

| 해설 | 정면도 → 평면도 → 우측면도 순으로 확인해 보면 블록 개수와 위치가 모두 일치하는 입체도형은 ②이다.

| 오답풀이 |

① 평면도가 일치하지 않는다.

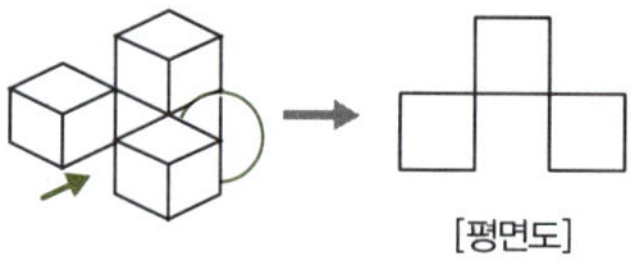

[평면도]

③ 정면도가 일치하지 않는다.

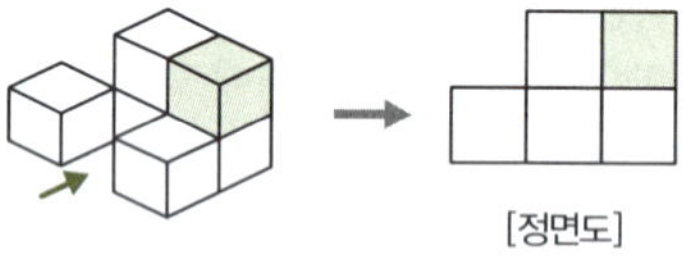

[정면도]

④ 평면도가 일치하지 않는다.

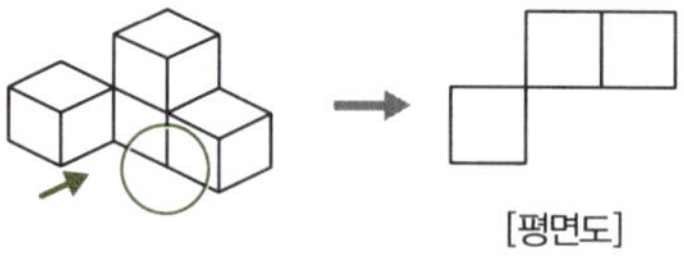

[평면도]

33 수리력 자료를 바탕으로 수치 계산하기

| 정답 | ②

| 해설 | 〈직종별 공무직 근로자 비중〉에서 B 지역의 공무직 근로자 중 사서의 비중은 $100-(18.6+27.1+18.4+13.1)=22.8(\%)$이므로, B 지역의 사서 수는 $32,000\times\frac{22.8}{100}=$

7,296(명)이다. A 지역의 전산실무사 수가 B 지역의 사서 수와 같다고 하였으므로, A 지역의 전산실무사의 비중은 $\frac{7,296}{35,200}\times 100 \fallingdotseq 20.7(\%)$이다. 따라서 A 지역의 전문상담사 비중은 100－(18.6＋20.7＋19.1＋22.2)＝19.4(%)가 된다.

34 수리력 자료의 수치 분석하기

| 정답 | ①

| 해설 | 각 지역의 사서 수는 A 지역은 $35,200\times\frac{19.1}{100}=6,723.2$(명), B 지역은 $32,000\times\frac{22.8}{100}=7,296$(명), C 지역은 $28,000\times\frac{20.4}{100}=5,712$(명)이다. 따라서 A～C 지역의 사서 수의 합은 6,723.2＋7,296＋5,712＝19,731.2(명)으로 21,000명 미만이다.

| 오답풀이 |

② 조리실무사 수를 구하면 A 지역은 $35,200\times\frac{22.2}{100}=7,814.4$(명), B 지역은 $32,000\times\frac{13.1}{100}=4,192$(명), C 지역은 $28,000\times\frac{23.4}{100}=6,552$(명)이므로 A 지역이 가장 많다.

③ A 지역과 B 지역의 교육실무사 비중은 동일하나 A 지역이 공무직 근로자 수가 더 많으므로 교육실무사 수도 A 지역이 더 많다. 실제 수를 구하면 A 지역이 $35,200\times\frac{18.6}{100}=6,547.2$(명), B 지역이 $32,000\times\frac{18.6}{100}=5,952$(명)으로 A 지역이 더 많다.

④ C 지역은 A, B 지역과 달리 교육실무사 비중이 전산실무사 비중보다 크므로 전산실무사 대비 교육실무사 비중이 가장 높다는 것을 알 수 있다. 지역별 전산실무사 대비 교육실무사 비중을 계산하면 A 지역은 $\frac{18.6}{20.7}\times 100 \fallingdotseq 89.9$, B 지역은 $\frac{18.6}{27.1}\times 100 \fallingdotseq 68.6$, C 지역은 $\frac{16.9}{16.7}\times 100 \fallingdotseq 101.2$이다.

35 수리력 자료의 수치 분석하기

| 정답 | ③

| 해설 | 암세포 억제 항목에서는 A 약제에 반응을 보인 개체 수가 암컷은 25마리, 수컷은 20마리인 반면, B 약제에는 암컷 10마리, 수컷 15마리만이 반응을 보이고 있으므로 A 약제를 투여하는 것이 이 동물의 암세포 억제에 더욱 효과적이라고 볼 수 있다.

| 오답풀이 |

① A, B 약제는 항목당 암수에 반응하는 정도가 일정하지 않게 나타나고 있다.

② 균형감 회복은 암수 모두에게 반응을 보이는 절대 개체 수가 더 많은 B 약제가 더욱 효과적인 것으로 나타나고 있다.

④ A 약제는 소변 정화, B 약제는 암세포 억제에서 가장 약한 반응을 나타내고 있다.

36 문제해결력 비판적 사고 이해하기

| 정답 | ②

| 해설 | (나) 비판적 사고를 하기 위해서는 어떤 주장을 견지하는 태도가 아닌 다양한 신념을 받아들이고 고정성, 경직성을 배격하는 개방성과 융통성의 태도가 필요하다.

(다) 비판적 사고의 목적은 주장의 단점을 찾아내는 것이 아니라 종합적인 분석과 검토를 통해서 그 주장이 타당한지 아닌지를 밝혀내는 것이다.

따라서 적절하지 않은 설명은 2개이다.

| 오답풀이 |

(가) 비판적 사고는 어떤 주제나 주장 등에 대해서 적극적으로 분석하고 종합하며 평가하는 능동적인 사고이다.

(라) 비판적 사고는 논증, 추론, 증거, 가치에 대한 문제의 핵심을 파악하는 방법을 학습을 통해 얻을 수 있으며 타고난 능력이라고 할 수 없다.

37 공간지각력 조각을 조합한 도형의 개수 파악하기

| 정답 | ④

| 해설 | 하나의 사각형을 이루는 칸의 개수별로 나누어 세면 다음과 같다.

- 1개 : 14개
- 2개 : 18개
- 3개 : 11개
- 4개 : 2×2칸 5개, 1×4칸 5개
- 5개 : 1개
- 6개 : 5개
- 8개 : 1개
- 9개 : 1개

따라서 사각형의 개수는 총 14+18+11+5+5+1+5+1+1=61(개)이다.

38 수리력 자료의 수치 분석하기

| 정답 | ②

| 해설 | 업종별 종사자 수의 구성비는 남성의 경우 $\frac{50}{250}\times100=20(\%)$로 숙박업이 가장 낮은 반면, 여성의 경우 $\frac{50}{350}\times100\fallingdotseq14.3(\%)$로 건설업이 가장 낮다.

| 오답풀이 |

① 제조업과 도매업은 사업체당 평균 종사자 수가 각각 3,300÷900≒3.7(명)과 1,100÷300≒3.7(명)으로 가장 많다.

③ 숙박업은 $\frac{200}{250}\times100=80(\%)$로 종사자 중 여성의 구성비가 가장 높은 업종이다.

④ B 지역의 사업체 1개당 평균 남자 종사자의 수는 3,285÷2,000≒1.64(명)으로 도매업종 사업체 1개당 평균 여자 종사자의 수인 450÷300=1.5(명)보다 많다.

39 언어논리력 필자의 견해 파악하기

| 정답 | ①

| 해설 | 저자는 고대 한국의 문자라 불리는 가림토 문자의 존재에 대해 일본의 신대 문자와 같이 존재 근거가 불충분하여 언어학적으로 큰 의미가 없다고 하였다. 따라서 훈민정음이 가림토 문자의 영향을 받아 만들어졌다는 주장은 저자의 견해와 일치하지 않는다.

| 오답풀이 |

②, ③, ④ 두 번째 문단을 통해 알 수 있다.

40 공간지각력 도형 회전하기

| 정답 | ③

| 해설 | 제시된 도형을 시계방향으로 270°, 즉 반시계 방향으로 90° 회전한 모양은 ③이다.

41 문제해결력 조건을 바탕으로 추론하기

| 정답 | ①

| 해설 | D의 활동 분야 중 하나는 개그맨인데, 개그맨인 사람은 가수 또는 MC가 아니라고 했으므로 D의 다른 활동 분야는 탤런트이다. 또한 가수는 총 3명이라 했으므로 D를 제외한 A, B, C는 모두 가수이다. MC인 사람은 한 명인데 B와 C는 활동 분야가 동일하므로 MC는 A가 된다. 그리고 탤런트 역시 총 3명이라 했으므로 B와 C의 다른 활동 분야는 탤런트가 된다. 이를 정리하면 다음과 같다.

A	B	C	D
가수, MC	가수, 탤런트	가수, 탤런트	개그맨, 탤런트

따라서 B의 활동 분야는 가수, 탤런트이다.

42 수리력 자료의 수치 분석하기

| 정답 | ③

| 해설 |
- 3월의 경유 20ℓ 가격 : 1,203.04(원/ℓ)×20(ℓ)=24,060.8(원)
- 3월의 실내등유 30ℓ 가격 : 784.28(원/ℓ)×30(ℓ)=23,528.4(원)

따라서 3월의 경유 20ℓ 가격은 실내등유 30ℓ 가격보다 싸지 않다.

| 오답풀이 |

④ 실내등유 가격이 전월보다 하락한 달은 2월과 3월이다. 1월과 2월 사이에는 792.45−787.84=4.61(원/ℓ), 2월과 3월 사이에는 787.84−784.28=3.56(원/ℓ)만큼 인하되어 2월의 인하폭이 가장 크다.

43 수리력 방정식 활용하기

| 정답 | ④

| 해설 | 인터넷 사용량을 x분이라 하면 다음과 같은 식이 성립한다.

$10,000+10\times x=5,000+20\times x$

$20x-10x=10,000-5,000$

$\therefore x=500$(분)

따라서 한 달에 500분을 사용해야 두 통신사의 요금이 같아진다.

44 문제해결력 조건을 바탕으로 추론하기

| 정답 | ①

| 해설 | 세 번째 조건에 의해 라는 영화 C를 본 것이 된다. 그 결과 가는 영화 A 또는 B를 봤음을 알 수 있는데 첫 번째 조건에 의해 영화 A를 본 것이 된다. 그리고 두 번째 조건에 따라 마는 영화 B를 보게 된다. 따라서 주어진 선택지 중 반드시 참인 것은 'A－가'이다.

45 공간지각력 도형의 변환 규칙 파악하기

| 정답 | ①

| 해설 | 제시된 그림은 전체가 시계방향으로 90°씩 회전하면서 그 안의 [•]는 시계방향으로 한 칸씩 이동하며 함께 회전하고 있다. 따라서 '?'에는 ①이 들어가는 것이 적절하다.

8회 기출예상문제

▶ 문제 216쪽

01	①	02	④	03	②	04	④	05	②
06	③	07	④	08	②	09	④	10	④
11	②	12	④	13	②	14	④	15	③
16	②	17	④	18	①	19	②	20	④
21	①	22	④	23	②	24	③	25	③
26	④	27	④	28	④	29	①	30	②
31	①	32	②	33	④	34	③	35	②
36	④	37	②	38	②	39	③	40	①
41	①	42	③	43	④	44	③	45	②

01 언어논리력 어휘 의미 파악하기

| 정답 | ①

| 해설 | 필자는 자신이 늙고 능력이 부족함을 이유로 들며 임금에게 때에 맞춰 관직에서 물러남으로써 벼슬아치의 도리를 다할 수 있도록 해달라고 간언하고 있다.

'예찬(禮讚)'은 무엇이 훌륭하거나 좋거나 아름답다고 찬양한다는 뜻으로, 제시된 글에는 예찬하는 내용이 제시되어 있지 않다.

| 오답풀이 |

②, ③ '직언(直言)'과 '경언(鯁言)'은 자신이 생각하는 바를 기탄없이 말한다는 뜻으로, 필자는 관직에 물러나겠다는 뜻을 기탄없이 밝혔다.

④ '충고(忠告)'는 남의 잘못이나 허물을 충심으로 타이른다는 뜻으로, 필자는 늙은 신하의 관직을 제때 거두지 않으면 신하로서의 도리를 다하지 못할 수도 있다고 언급함으로써 충심에서 우러난 조언을 하고 있다.

02 문제해결력 명제 판단하기

| 정답 | ④

| 해설 | 각 명제를 'p : 요리를 잘한다', 'q : 청소를 잘한다', 'r : 키가 크다'라고 할 때 〈보기〉를 정리하면 다음과 같다.

• p → q

• q → r

'p → q'와 'q → r' 두 명제를 삼단논법으로 연결하면 'p → r'이 성립한다. 따라서 '나 → p → r'에 따라 ④는 항상 옳다.

| 오답풀이 |

①, ② 제시된 명제로는 알 수 없다.

③ 'q → r'이 참이므로 이 명제의 대우인 '~ r → ~ q'도 참이 된다. 따라서 '키가 작으면 청소를 잘하지 못한다'가 참이다.

03 문제해결력 자료를 바탕으로 계산하기

| 정답 | ②

| 해설 | AA 역에서 BB 역으로 가는 기차를 이용하였으므로 열차 이용 고객에 해당하는 30% 할인을 받을 수 있다. 또한 경형 자동차를 세워 두었으므로 50% 할인을 받을 수 있다. 중복할인이 불가능하므로 더 높은 할인율인 50%를 적용하면 다음과 같다.

$1,000+300\times 27=9,100$

$9,100\times 0.5=4,550$(원)

따라서 김 대리는 4,550원을 지불한다.

04 언어논리력 올바른 표기법 이해하기

| 정답 | ④

| 해설 | '묘사되다'는 '어떤 대상이나 사물, 현상 따위가 언어로 서술되거나 그림으로 그려져 표현되다'의 의미를 가지는 동사로 '묘사되+어'로 활용될 때는 '묘사돼'로 축약해 쓸 수 있다.

| 오답풀이 |

① 우주에 존재하는 모든 물체 즉 항성, 행성, 위성, 혜성, 성단, 성운, 성간 물질, 인공위성 따위를 통틀어 뜻하는 단어는 '천체'로 써야 한다.

② 황금과 같이 광택이 나는 누런빛을 뜻하는 단어는 '금빛'으로 써야 한다.

③ 산의 비탈이 끝나는 아랫부분을 뜻하는 단어는 '산기슭'으로 써야 한다.

05 언어논리력 글에 알맞은 사례 파악하기

| 정답 | ②

| 해설 | '이기적 편향(Self－serving Bias)'은 부정적인 행동의 원인을 상황적 · 환경적 요소(외부적 요소)로 돌리는 행위이다. ②는 승진하지 못한 원인을 자신(내부적 요소)으로 돌리고 있기 때문에 적절한 사례로 볼 수 없다.

| 오답풀이 |

① 축구경기에서 진 원인을 상대팀 선수의 반칙과 심판의 편파성(외부적 요소)으로 돌리고 있으므로 적절한 사례로 볼 수 있다.

③ 팀의 프로젝트 실패 원인을 팀장의 무능함(외부적 요소)으로 돌리고 있으므로 적절한 사례라고 볼 수 있다.

④ 시험 성적이 좋지 않은 원인을 시험 문제 유형의 변화(외부적 요소)로 돌리고 있으므로 적절한 사례로 볼 수 있다.

06 언어논리력 세부 내용 이해하기

| 정답 | ③

| 해설 | 두 번째 문단에서 이기적 편향은 자신의 자존심을 높이거나 방어할 욕구로 인해 생겨난다고 설명하고 있다.

| 오답풀이 |

① 첫 번째 문단에서 구실 만들기 전략은 실패나 과오에 대해 자기 정당화의 구실을 찾아내는 행위로 정의하고 있다.

② 두 번째 문단에서 '좋은 건 자기 잘난 탓으로 돌리고, 나쁜 건 부모 탓 또는 세상 탓으로 돌린다'는 말은 이기적 편향을 가리키는 것으로 설명하고 있다.

④ 두 번째 문단에서 이기적 편향은 부정적인 행동에 대해서는 외부적 요소인 상황적 · 환경적 요소로 원인을 돌리고, 긍정적인 행동에 대해서는 내부적 요소로 돌리는 경향으로 정의하고 있다.

07 수리력 그래프 분석하기

| 정답 | ④

| 해설 | 2022년 3월 기준으로 소멸위험지역의 수는 소멸위험진입과 소멸 고위험 기초지자체 수를 합한 것이다. 따라서 113개 지역이며, 이는 전국 시 · 군구 45+68+92+23=228(개) 지역의 $\frac{113}{228}\times 100 \fallingdotseq 49.6$(%)에 해당한다.

| 오답풀이 |

① 해가 지날수록 소멸 저위험지역의 수는 줄어들고 소멸주의 수준 이상의 기초지자체 수가 증가하고 있으므로, 기초지자체의 지역소멸 위기감이 고조되고 있다고 볼 수 있다.

② 소멸주의지역은 2010년부터 50→61→81→95개로 지속적으로 증가하였다.

③ 2020년 소멸위험진입지역은 80개, 소멸 고위험지역은 22개이므로 소멸위험지역은 102개이다.

08 공간지각력 전개도 파악하기

| 정답 | ②

| 해설 | 전개도를 접었을 때 서로 맞닿는 면을 화살표로 이으면 다음과 같다.

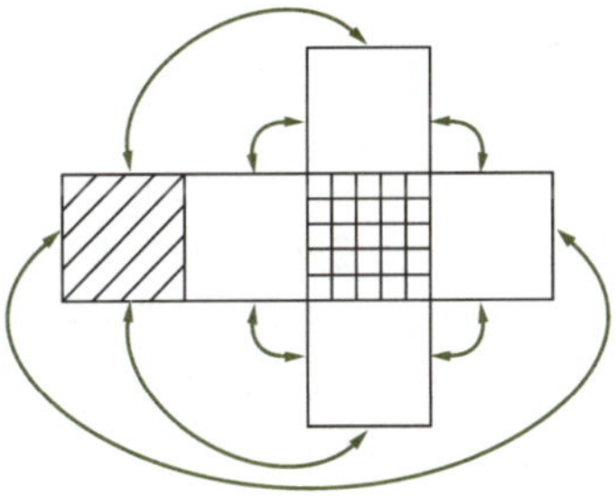

무늬가 있는 면과 맞닿아 있는 면은 모두 무늬가 없다. 즉, 무늬가 있는 두 면이 붙어 있는 경우는 없으므로 ①, ③은 답이 아니다. 또한 무늬가 없는 세 개의 면이 한 모서리에서 만나는 경우는 없으므로 ④ 역시 답이 될 수 없다. 따라서 나타날 수 있는 입체도형은 ②이다.

09 문제해결력 진위 추론하기

| 정답 | ④

| 해설 | A, B, C가 각각 회계팀에서 일하는 경우로 나누어 생각하면 다음과 같다.

- A가 회계팀에서 일하는 경우 : A의 말은 항상 진실이어야 하는데, 이 경우 A와 C 모두 회계팀에서 일하는 것이 되므로 조건에 상충한다.
- B가 회계팀에서 일하는 경우 : B의 말은 항상 진실이어야 하므로 C는 영업팀에서 일하는 것이 된다. 이때 총무팀에서 일하게 되는 A의 말도 거짓이므로 조건에 부합한다.
- C가 회계팀에서 일하는 경우 : C의 말은 항상 진실이어야 하는데, 이 경우 C의 발언은 거짓이 되므로 조건에 상충한다.

따라서 A는 총무팀, B는 회계팀, C는 영업팀에서 일한다.

10 언어논리력 알맞은 사자성어 찾기

| 정답 | ④

| 해설 | '망양지탄(亡羊之歎)'은 갈림길이 매우 많아 잃어버린 양을 찾을 길이 없음을 탄식한다는 뜻으로, 학문의 길이 여러 갈래여서 한 갈래의 진리도 얻기 어려움을 이르는 말이다. 이는 충분한 자원이나 역량을 활용하지 못해서 아쉽다는 내용에 적합하지 않다.

| 오답풀이 |

① 양두구육(羊頭狗肉) : 양의 머리를 걸어 놓고 개고기를 판다는 뜻으로, 겉보기만 그럴듯하게 보이고 변변하지 아니함을 이르는 말

② 연목구어(緣木求魚) : 나무에 가서 물고기를 구한다는 뜻으로, 도저히 불가능한 일을 굳이 하려 함을 비유적으로 이르는 말

③ 각주구검(刻舟求劍) : 융통성 없이 현실에 맞지 않는 낡은 생각을 고집하는 어리석음을 이르는 말

11 수리력 자료의 수치 분석하기

| 정답 | ②

| 해설 | 목욕하기가 중증 장애인 54.5%, 경증 장애인 89.8%로 전체 동작 중 가장 낮은 완전자립도를 나타내고 있다.

| 오답풀이 |

① 전체 장애인에 대한 해당 동작의 비율을 의미하는 것이므로 소계인 7.2%이다.

③ 중증 장애인의 완전자립도가 가장 높은 동작은 86.7%인 대변 조절하기이며, 체위 변경하기와 소변 조절하기는 모두 86.2%이다.

④ 경증 장애인은 세수나 양치질 동작에서 각각 부분도움이 필요한 사람이 1.7%, 1.5%인데, 식사하는 동작에서 부분도움이 필요한 사람은 2.2%로 더 높다.

12 수리력 자료의 수치 분석하기

| 정답 | ④

| 해설 | 제시된 자료에서 완전자립의 비율은 높을수록, 부분도움과 완전도움의 비율은 낮을수록 보호자나 간병인의 도움이 필요한 사람의 비율은 낮다. 따라서 완전자립과 부분도움 정도에서는 각각 86.7%와 7.0%를 나타내는 대변 조절하기 동작이 도움이 필요한 사람의 비율이 가장 낮으며 완전도움 정도에서는 4.1%를 나타내는 체위 변경하기 동작이 도움이 필요한 사람의 비율이 가장 낮다.

13 언어논리력 글의 주제 찾기

| 정답 | ②

| 해설 | 제시된 글은 철학자들이 내세운 다양한 신 존재 증명이론 중 목적론적 신 존재 증명의 개념에 대해 서술하고 있다. 따라서 글의 주제로 '목적론적 신 존재 증명이론의 개념'이 가장 적절하다.

| 오답풀이 |

① 신의 존재를 증명하는 이론 중 고전적 3대 증명인 목적론적 신 존재 증명, 존재론적 증명, 우주론적 증명이 언급되기는 하지만 이들을 비교하는 내용은 제시되어 있지 않다.

③ 제시된 글에서는 진화이론에 대한 언급이 없고, 우주의 일반적 이해에 대해서도 다루지 않았다.

④ 삼단논법의 구조나 개념에 대한 설명은 제시되어 있지 않다.

14 언어논리력 세부 내용 이해하기

| 정답 | ④

| 해설 | 한 씨는 신입사원이며 처음으로 안전사고 예방 교육을 받는다고 하였으므로 일반 안전사고 예방 교육을 받기 위해 1회의실로 이동해야 한다.

15 공간지각력 도형의 변환 규칙 파악하기

| 정답 | ③

| 해설 | ○ → □ → △ 순서대로 도형이 전개되고 있고 크기가 작은 ○는 시계방향으로 90°씩 이동하면서 두 번은 도형의 안쪽에 위치하고, 두 번은 도형의 바깥쪽에 위치한다. 또한, 네 번을 주기로 작은 동그라미의 색깔이 변한다.

16 문제해결력 문제 원인 파악하기

| 정답 | ②

| 해설 | 문제해결 절차 중 '원인 분석' 단계는 핵심 문제의 분석을 통해 근본 원인을 도출하는 단계이다. 제시된 사례에서는 배차가 10분 간격이지만 정체로 인해 늦어질 경우 늦은 시간만큼 승객이 많아져서 타고 내리는 시간도 늘어나 만족도가 낮아지는 악순환이 반복되고 있다. 이에 대해 마지막 단락에서 버스 운행 규정을 바꾸어 적용하는 내용을 언급하고 있으므로 버스회사가 도출해낸 원인은 '유연하지 못한 버스 운행 규정'이 된다. 따라서 문제의 근본 원인을 도출하는 '원인 분석' 단계에서 내릴 수 있는 결론으로 ②가 적절하다.

| 오답풀이 |

① 버스운전사의 피로도는 무조건적인 증차가 어려운 이유

중 하나일 뿐 버스 지연이나 승객 불만의 직접적인 원인은 아니다.

③ 본래 버스 배차간격은 10분이지만 문제는 교통 정체로 인한 지연과 간격 붕괴로 발생하였으므로 배차간격 자체가 근본적인 원인은 아니다.

④ 버스 승객들의 민원은 실제 문제로부터 비롯된 정당한 반응이며, 민원 자체가 문제의 원인이라고 보기는 어렵다.

17 수리력 방정식 활용하기

| 정답 | ④

| 해설 | 맞힌 문제를 x개, 틀린 문제를 $20-x$개라고 하면 다음과 같은 식을 세울 수 있다.

$5x-5(20-x)=60$

$10x-100=60$

$\therefore x=16$(개)

따라서 맞힌 문제는 16개이다.

18 수리력 확률 구하기

| 정답 | ①

| 해설 | A 대리가 정각에 출근하거나 지각할 확률은 $\frac{1}{4}+\frac{2}{5}=\frac{13}{20}$이므로, 정해진 출근 시간보다 일찍 출근할 확률은 $1-\frac{13}{20}=\frac{7}{20}$이다. 따라서 이틀 연속 제시간보다 일찍 출근할 확률은 $\frac{7}{20}\times\frac{7}{20}=\frac{49}{400}$가 된다.

19 수리력 벤다이어그램 활용하기

| 정답 | ②

| 해설 | 야구와 농구를 모두 좋아하는 사람을 x명이라 하면 벤다이어그램은 다음과 같다.

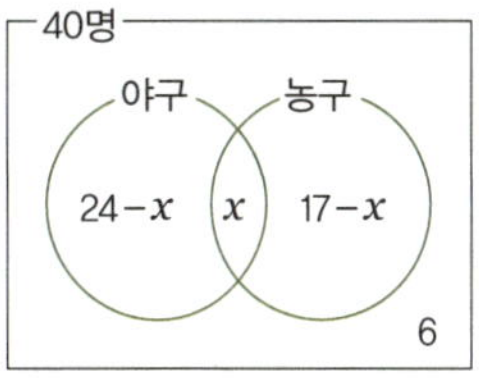

$40=(24-x)+(17-x)+x+6$

$40=24+17+6-x$

$\therefore x=7$(명)

따라서 농구만 좋아하는 학생은 $17-7=10$(명)이다.

20 공간지각력 조각을 조합한 도형의 개수 파악하기

| 정답 | ④

| 해설 | 평행사변형을 이루는 칸의 개수를 나누어 세면 다음과 같다.

- 한 칸으로 구성되는 평행사변형 : 15개
- 두 칸으로 구성되는 평행사변형 : 22개
- 세 칸으로 구성되는 평행사변형 : 14개
- 네 칸으로 구성되는 평행사변형 : 14개
- 다섯 칸으로 구성되는 평행사변형 : 3개
- 여섯 칸으로 구성되는 평행사변형 : 10개
- 여덟 칸으로 구성되는 평행사변형 : 4개
- 아홉 칸으로 구성되는 평행사변형 : 3개
- 열 칸으로 구성되는 평행사변형 : 2개
- 열두 칸으로 구성되는 평행사변형 : 2개
- 열다섯 칸으로 구성되는 평행사변형 : 1개

따라서 크고 작은 평행사변형은 모두 $15+22+14+14+3+10+4+3+2+2+1=90$(개)이다.

21 언어논리력 흐름에 맞게 글 배열하기

| 정답 | ①

| 해설 | ㉠ ~ ㉤을 보면 모두 휴대용 물통에 대한 단점을 나열하고 있다. 그러나 제시된 글의 마지막 줄을 보면 휴대용

물통의 판매는 증가 추세에 있다고 하였으므로 서로 반대되는 내용을 이어주는 접속어가 나와야 한다. 따라서 ㉢이 가장 먼저 와야 하며, 휴대용 물통을 쓰지 않는 첫 번째 원인을 얘기하는 ㉤이 다음에 온다. 이어 첫 번째 원인에 대해 구체적으로 설명하고 있는 ㉡이 오고, 두 번째 원인인 ㉠과 이에 대해 구체적으로 설명하고 있는 ㉣이 마지막에 온다. 따라서 ㉢-㉤-㉡-㉠-㉣ 순이 적절하다.

22 문제해결력 조건을 바탕으로 추론하기

| 정답 | ④

| 해설 | 먼저 제시된 조건을 통해 쉽게 지정할 수 있는 자리부터 정리해 보면 조건 (가), (나), (다), (마)에 따라 3에는 부장이, 4에는 차장이 앉게 된다. 이어서 운전석인 1에는 스틱 승합차를 운전할 수 있는 과장이나 대리만 앉을 수 있고, 조건 (바)에서 과장은 부장의 대각선 자리에 앉아야 한다고 하였으므로 과장의 자리는 2 또는 6이어야 한다. 그런데 과장이 2에 앉게 되면 사원 둘이 맨 뒷줄에 나란히 앉게 되므로 조건 (라)에 모순된다. 따라서 과장의 자리는 6이 된다. 이를 정리하면 1에는 대리, 2에는 사원 A 또는 사원 B, 3에는 부장, 4에는 차장, 5에는 사원 A 또는 사원 B, 6에는 과장이 앉는다.

23 공간지각력 종이 겹치기

| 정답 | ②

| 해설 | (A)와 (B)를 겹치면 (A)와 (B) 각각의 색칠된 칸과 각 칸의 테두리가 하나의 그림에 적용된다. 그 모양은 ②와 같다.

| 오답풀이 |

나머지는 동그라미 친 부분이 잘못되었다.

①

③

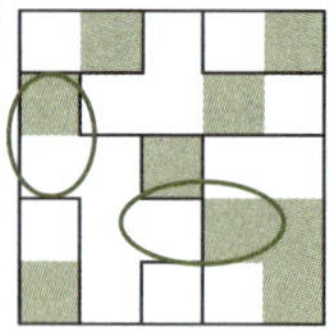

④

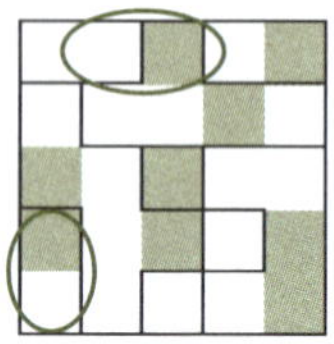

24 문제해결력 조건을 바탕으로 추론하기

| 정답 | ③

| 해설 | 홍일동은 첫 번째 조건에 따라 짝수 달(6월, 12월)에 출장을 가는데, 세 번째 조건에 따라 홍사동보다 먼저 가야 하므로 6월에 출장을 간다. 이에 따라 홍사동은 3, 6월에 출장이 불가능하다. 홍이동은 두 번째 조건에 따라 9월에 출장을 가지 않으므로 3월이나 12월 중 출장을 가야 하는데, 네 번째 조건에 따라 홍삼동보다 먼저 출장을 가야 하므로 3월에 출장을 간다. 이를 표로 정리하면 다음과 같다.

구분	3월	6월	9월	12월
홍일동	×	○	×	×
홍이동	○	×	×	×
홍삼동	×	×		
홍사동	×	×		

따라서 홍이동은 3월에 출장을 간다.

| 오답풀이 |

①, ②, ④ 제시된 조건으로는 홍삼동과 홍사동이 9월과 12월 중 각각 어느 달에 출장을 갔는지 알 수 없다.

25 수리력 자료의 수치 분석하기

| 정답 | ③

| 해설 | 2005년에는 20대 출산 여성의 수가 천 명당 17.8+91.7=109.5(명)으로 81.5+18.7=100.2(명)인 30대 출산 여성의 수보다 많았다.

| 오답풀이 |

① 35 ~ 39세의 출산 여성의 수는 40 ~ 44세의 출산 여성의 수보다 항상 7배 이상 많았다.

② 2000 ~ 2016년 동안 35 ~ 39세의 출산 여성의 수와 40 ~ 44세의 출산 여성의 수는 지속적으로 증가하였다.

④ 2000년 미성년 출산 여성의 수는 천 명당 2.5명이었으나 2017년에는 1.0명으로 절반 이상의 감소를 나타냈으며, 2017년의 25 ~ 29세와 35 ~ 39세 출산 여성의 수 차이는 천 명당 47.8−47.2=0.6(명)이다.

26 수리력 자료의 수치 분석하기

| 정답 | ④

| 해설 | 20X2년의 비취업여성 중 경력단절여성의 비중이 부산광역시, 인천광역시 순으로 낮으므로 경력단절여성이 아닌 여성의 비중은 부산광역시, 인천광역시 순으로 높다.

| 오답풀이 |

① 비취업여성 대비 경력단절여성 비중이 전년보다 증가한 도시는 서울특별시, 대구광역시, 광주광역시, 울산광역시 4곳이다.

② 15 ~ 54세 기혼여성 대비 비취업여성 비중은 광주광역시가 전년 대비 가장 크게 감소하였다.

③ 20X2년의 15 ~ 54세 기혼여성 대비 경력단절여성 비중이 전년 대비 1%p 이상 변동된 도시는 부산광역시, 인천광역시, 광주광역시, 울산광역시 4곳이다.

27 문제해결력 명제 판단하기

| 정답 | ④

| 해설 | 첫 번째 명제와 세 번째 명제를 삼단논법으로 연결하면 '수빈은 축구와 배구를 좋아한다'가 성립한다. 그러나 두 번째 명제는 연결되지 않으므로 수빈이 농구를 좋아하는지 싫어하는지는 알 수 없다.

28 공간지각력 도형 모양 비교하기

| 정답 | ④

| 해설 | 아래와 같이 동그라미 친 별 모양의 꼭짓점에 위치한 삼각형의 위치가 나머지와 다르다.

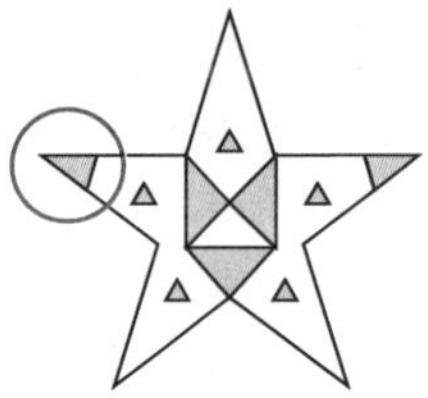

29 언어논리력 글의 의도 파악하기

| 정답 | ①

| 해설 | 제시된 글에서는 글을 쓸 때 좀 더 멋있게 표현하고 싶은 생각에 이것저것 다 아는 체할 경우 결국 글의 핵심에서 벗어나게 되고 형용사나 부사가 난무하여 글이 느끼해진다며, 글의 성패는 여기서 갈린다고 하였다. 즉 필자는 글을 쓸 때는 멋있게 쓰려는 욕심을 버려야 함을 말하고 있다.

30 공간지각력 펼친 모양 찾기

| 정답 | ②

| 해설 | 점선 부분을 자르고 역순으로 종이를 펼치면 다음과 같다.

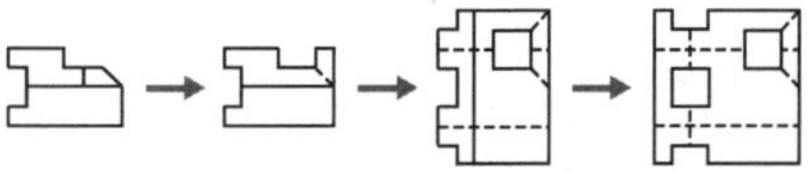

31 문제해결력 문제해결 방법 파악하기

| 정답 | ①

| 해설 | 퍼실리테이션은 '촉진'을 의미하며 보다 생산적인 결과를 가져올 수 있도록 그룹의 나아갈 방향을 알려주고, 주제에 대한 공감이 이루어지도록 도와주는 방법이다. 초기에 생각하지 못했던 창조적인 해결 방법이 도출되고 구성원의 동기와 팀워크가 강화될 수 있다. 이때의 조력자는 퍼실리테이터라고 하며, 퍼실리테이션의 효과로 자기 변혁의 추구가 가능해진다.

| 오답풀이 |

②, ③ 소프트 어프로치에 관한 설명으로, 이는 무언가를 시사하거나 암시하여 의사를 전달하고 서로의 기분을 통하게 하여 문제해결을 도모하는 방법이다.

④ 하드 어프로치에 관한 설명으로, 이는 서로의 생각을 직설적으로 주장하고 논쟁이나 협상을 통해 서로의 의견을 조정하는 방법이다.

32 언어논리력 세부 내용 이해하기

| 정답 | ②

| 해설 | 제시된 글에서는 휴식시간을 다른 사람들과 똑같이 보내기보다 자신에게 집중해서 주체적으로 쉬어야 함을 강조한다.

33 언어논리력 문서작성 단계 이해하기

| 정답 | ④

| 해설 | 제시된 대화의 문서작성 단계는 문서를 작성하기 위해 설정한 예상 독자를 고려하여 내용의 표현을 결정하는 '표현하기' 단계에 해당한다.

보충 플러스+

글쓰기의 과정

1. 계획하기 : 글을 쓰기 전 글의 주제, 글을 쓰는 목적, 예상 독자를 고려하여 글을 쓰기 위한 계획을 세운다.
2. 내용 생성하기 : 설정한 주제를 뒷받침하기 위한 내용을 찾는다.
3. 내용 조직하기 : 내용을 전개하는 조직을 구성하고 개요를 작성한다.
4. 표현하기 : 글을 쓰기 위해 세운 계획에 따라 그 내용을 글로 표현한다.
5. 고쳐쓰기 : 작성한 글을 검토하여 바르게 고친다.

34 문제해결력 명제 판단하기

| 정답 | ③

| 해설 | A : 첫 번째 명제와 두 번째 명제에 따라 나이는 순희 > 영희 > 영수의 순이고, 철수는 넷 중에 나이가 가장 많다고 하였으므로 가장 어린 사람은 영희가 아니라 영수이다.

B : 순희와 영희의 나이 차가 2살이고, 영수와 영희의 나이 차가 1살이므로 순희와 영수의 나이 차는 3살이다. 철수와 다른 사람과의 나이 차는 제시된 명제만으로 알 수 없지만, 철수의 나이가 영수보다 3살 많다고 하면 순희와 동갑이 되므로 마지막 명제와 모순이 된다. 따라서 철수는 영수보다 4살 이상 많음을 알 수 있다.

따라서 A와 B 모두 옳지 않다.

35 공간지각력 도형 회전하기

| 정답 | ②

| 해설 | 시계방향으로 90° 회전한 모양은 다음과 같다.

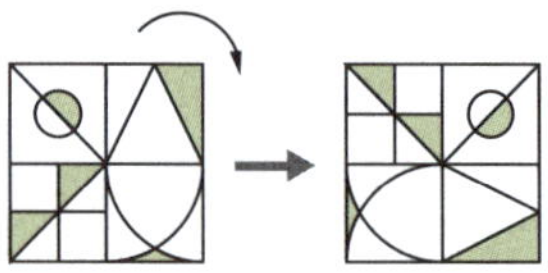

36 수리력 거리 · 속력 · 시간 활용하기

| 정답 | ④

| 해설 | '$시간=\frac{거리}{속력}$'이므로 언덕길을 올라갈 때는 $15 \div 2.5 = 6$(시간), 내려올 때는 $15 \div 5 = 3$(시간)이 소요된다.

따라서 15km의 언덕길을 두 번 왕복하는 데 걸리는 시간은 (6+3)×2=18(시간)이다.

37 수리력 비용 계산하기

| 정답 | ②

| 해설 | • 정가 : 2,000+(2,000×0.5)=3,000(원)

• 할인 판매가 : 2,000+(2,000×0.3)=2,600(원)

따라서 할인한 금액은 400원이다.

38 수리력 자료의 수치 분석하기

| 정답 | ②

| 해설 | 20X5년의 평균 시급은 20X1년의 $\frac{9,100}{6,210} \fallingdotseq 1.47$(배)이다.

| 오답풀이 |

① 20X3년, 20X5년에는 월 평균 소득이 감소하였다.

③ 평균 시급은 꾸준히 증가하지 않았다. 20X3년에는 7,100원이지만 20X4년에는 6,900원으로 감소하였다.

④ 20X3년에서 20X4년 사이에 월 평균 소득은 증가하지만 평균 시급은 감소하였다.

39 문제해결력 명제 판단하기

| 정답 | ③

| 해설 | • 사원 A : 정보 1이 참이라고 하더라도, 어느 지역에 생산기지를 건설하는지는 알 수 없다.

• 사원 B : 정보 2가 참이라고 하더라도, 두 지역에만 생산기지를 건설할 수도 있으므로 옳지 않다.

• 사원 C : 정보 3이 참이라면, 최소 네 국가에 생산기지를 건설한 것이 되므로 정보 1도 참이 된다.

따라서 사원 C만 참인 의견을 제시하였다.

40 언어논리력 이어질 내용 유추하기

| 정답 | ①

| 해설 | 두 번째 문단에서는 나라를 위해 헌신한 이들의 지원을 위한 재정이 국민들의 세금에 의해 마련되므로 결코 허투루 사용되어서는 안 된다는 내용이 나온다. 따라서 다음 내용으로는 세금이 신중하게 사용되어야 한다는 내용이 이어져야 하므로, 국민들이 세금을 납부하는 것이 의무사항이기는 하지만 나라는 이러한 예산을 신중하게 사용해야 한다는 내용이 이어져야 자연스럽다.

41 공간지각력 입체도형 결합하기

| 정답 | ①

| 해설 | 첫 번째 입체도형의 블록의 개수는 총 27개이다. 두 번째와 세 번째 입체도형 블록의 개수가 각각 7개, 11개이므로 나머지 블록의 개수는 9개이다. 따라서 첫 번째 입체도형을 만들기 위해 추가할 블록의 개수가 9개인 입체도형은 ①이다.

42 문제해결력 조건을 바탕으로 추론하기

| 정답 | ③

| 해설 | 갑과 병의 답변에 따르면 E−A−C−D, A−B 순서로 결승점에 들어옴을 알 수 있다. 을의 답변에 의하면 C는 2등이나 4등인데 C 앞에는 E와 A가 있어야 하므로 2등은 될 수 없다. 따라서 C는 4등이 되고, E−A−B−C−D 순서대로 결승점에 들어왔다. 따라서 B의 등수는 3등이다.

43 문제해결력 조건을 바탕으로 추론하기

| 정답 | ④

| 해설 | 먼저 첫 번째와 다섯 번째 조건에 의해 A와 F가 재

무팀에 배치되는 것을 알 수 있다. 다음으로 A가 속한 재무팀은 인원이 다 찼기 때문에 마지막 조건과 네 번째 조건에 따라 E와 G는 같은 부서인 영업팀에 배치된다. D는 E와 같은 부서가 아니라 했으므로 법무팀이 된다. 또한 두 번째 조건에 의해 B와 C는 같은 부서인데 영업팀은 한 자리만 비어있으므로 남은 H가 영업팀에 배치되고, B와 C가 배치되는 곳은 D와 같은 법무팀임을 알 수 있다. 이를 정리하면 다음과 같다.

법무팀(3명)	영업팀(3명)	재무팀(2명)
B, C, D	E, G, H	A, F

44 수리력 자료의 수치 분석하기

| 정답 | ③

| 해설 | 1월과 3월의 매출 차이는 다음과 같다.

- A 부서 : 67,922−65,516=2,406(천 원)
- B 부서 : 71,748−69,866=1,882(천 원)
- C 부서 : 71,882−68,501=3,381(천 원)
- D 부서 : 66,748−66,117=631(천 원)
- E 부서 : 71,967−67,429=4,538(천 원)

따라서 1월과 3월의 매출 차이가 가장 큰 부서는 E 부서이다.

| 오답풀이 |

① D 부서가 매출합계에서 차지하는 비중은 다음과 같다.

- 1월 : $\frac{66,748}{343,847}\times 100 \fallingdotseq 19.4$(%)
- 2월 : $\frac{67,958}{343,671}\times 100 \fallingdotseq 19.8$(%)
- 3월 : $\frac{66,117}{343,849}\times 100 \fallingdotseq 19.2$(%)

따라서 매월 증가하지 않는다.

② C 부서와 D 부서의 매출 격차는 다음과 같다.

- 1월 : 71,882−66,748=5,134(천 원)
- 2월 : 70,217−67,958=2,259(천 원)
- 3월 : 68,501−66,117=2,384(천 원)

따라서 매월 줄어들고 있지 않다.

④ 1 ~ 3월의 부서별 매출합계는 다음과 같다.

- A 부서 : 67,922+64,951+65,516=198,389(천 원)
- B 부서 : 69,866+71,888+71,748=213,502(천 원)
- C 부서 : 71,882+70,217+68,501=210,600(천 원)
- D 부서 : 66,748+67,958+66,117=200,823(천 원)
- E 부서 : 67,429+68,657+71,967=208,053(천 원)

따라서 B 부서가 가장 높다.

45 언어논리력 빈칸에 적절한 문장 찾기

| 정답 | ②

| 해설 | 빈칸의 전후 문장을 살펴보면, 보는 놀이는 주체적이고 능동적인 생각을 촉진시키지 못하므로 생각하는 사회를 만들기 위해서는 읽는 문화가 중요하다는 내용이 나온다. 따라서 그 사이에는 읽는 문화가 사라지면 생각 없는 사회가 될 수 있다는 우려를 나타내는 내용이 들어가는 것이 자연스럽다.

9회 기출예상문제

▶ 문제 240쪽

01	②	02	④	03	④	04	④	05	③
06	④	07	③	08	④	09	③	10	②
11	③	12	②	13	④	14	③	15	①
16	③	17	③	18	③	19	③	20	③
21	②	22	④	23	③	24	②	25	①
26	②	27	①	28	③	29	④	30	②
31	②	32	①	33	④	34	①	35	④
36	②	37	④	38	②	39	①	40	③
41	①	42	③	43	④	44	②	45	④

01 언어논리력 세부 내용 이해하기

| 정답 | ②

| 해설 | 제시된 글에서는 뛰어난 능력을 가졌지만 스스로 완벽하게 하고자 타인을 믿지 않고 스스로를 혹사하여 안타까운 결말을 맞은 제갈량을 예시로 들며 필자는 과도한 책임감과 직원에 대한 불신, 그리고 완벽주의를 경계해야 한다고 주장하고 있다.

02 언어논리력 어휘 의미 파악하기

| 정답 | ④

| 해설 | 밑줄 친 ㉠의 문맥적 의미는 '한때의 허상'이다. 따라서 ④의 '신화'가 가장 유사한 의미로 사용되었다.

| 오답풀이 |

① 신비스러운 이야기를 의미한다.

②, ③ 절대적이고 획기적인 업적을 의미한다.

03 문제해결력 조건을 바탕으로 추론하기

| 정답 | ④

| 해설 | 첫 번째와 네 번째 정보에 의해 B는 가장 왼쪽에 앉게 되고, 두 번째 정보에 의해 C는 왼쪽에서 두 번째 자리에 앉게 된다. 네 번째 정보에 의해 E는 가장 오른쪽에 앉지 못하므로, E는 왼쪽에서 세 번째 자리에 앉거나 네 번째 자리에 앉게 된다. 또한 세 번째 정보에 의해 D는 A보다 왼쪽에 앉으므로 세 번째 자리에 앉거나 네 번째 자리에 앉게 된다.

따라서 모든 정보를 반영한 위치의 조합은 왼쪽부터 순서대로 BCEDA, BCDEA의 두 가지 경우가 가능하며 어떠한 경우에도 A는 가장 오른쪽 자리에 앉는다.

04 공간지각력 투상도로 입체도형 찾기

| 정답 | ④

| 해설 | 좌측면도 → 정면도 → 평면도 순으로 확인할 때 블록 개수와 위치가 모두 일치하는 입체도형은 ④이다.

| 오답풀이 |

①, ③ 세 그림과 일치하는 면이 모두 없다.

② 좌측면도가 다음과 같아야 한다.

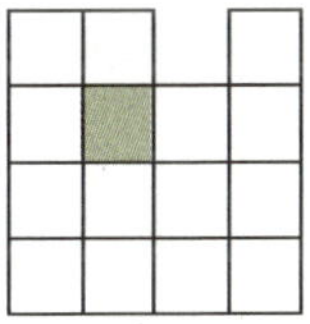

05 문제해결력 논리적 오류 이해하기

| 정답 | ③

| 해설 | 제시된 내용은 어떤 주장이 증명되지 못했기 때문에 거짓이라고 추론하거나, 반박되지 않았기 때문에 참이라고 추론할 때 발생하는 '무지에 호소하는 오류'를 설명하고 있다. 이와 같은 논리적 오류를 범하고 있는 것은 ③이다.

| 오답풀이 |

① 부적합한 사례나 제한된 정보를 근거로 주장을 일반화할 때 발생하는 '성급한 일반화의 오류'에 해당한다.

② '흰 것' 또는 '검은 것'밖에 없다고 생각하는 '흑백논리의 오류'에 해당한다.

④ 논지와 직접적 관련이 없는 권위나 명성을 근거로 자신의

주장을 정당화하려고 할 때 발생하는 '부적합한 권위에 호소하는 오류'에 해당한다.

06 수리력 일의 양 계산하기

| 정답 | ④

| 해설 | 전체 프로젝트의 양이 1일 때, A의 1일 수행량은 $\frac{1}{10}$, B의 1일 수행량은 $\frac{1}{15}$이다.

따라서 A, B 둘이 함께 프로젝트 전체를 완료하는 데에는 $1 \div \left(\frac{1}{10}+\frac{1}{15}\right)=1 \div \frac{3+2}{30}=\frac{30}{5}=6$(일)이 걸린다.

07 수리력 방정식 활용하기

| 정답 | ③

| 해설 | 남성의 70%가 14명이므로 A 팀에 속한 전체 남성의 수(x)는 다음과 같이 구할 수 있다.

$$x \times \frac{70}{100}=14$$

$\therefore x=20$(명)

따라서 남성이 20명이므로 A 팀의 총인원은 12+20=32(명)이다.

08 수리력 자료를 바탕으로 수치 계산하기

| 정답 | ④

| 해설 | • 2020년 농가당 마리 수 : $\frac{7,840}{119} \fallingdotseq 66$(마리)

• 2000년 농가당 마리 수 : $\frac{2,241}{190} \fallingdotseq 12$(마리)

따라서 2020년 농가당 마리 수는 $66 \div 12 \fallingdotseq 6$(배) 증가하였다.

09 문제해결력 문제해결을 위한 사고 이해하기

| 정답 | ③

| 해설 | 프랑스 정부가 비싼 양초값 때문에 발생한 겨울 저녁 시간 활용의 어려운 문제를 해결하고자 양초값에만 초점을 맞출 때 벤자민 프랭클린은 낮 시간을 더 많이 활용할 수 있는 일광절약시간제를 제안하였다. 이는 사물과 세상을 새로운 관점에서 바라보는 발상의 전환을 통해 문제를 해결하려 한 사례이다.

| 오답풀이 |

① 전략적 사고는 현재의 문제와 해결방안이 상위 시스템 또는 다른 문제와 어떻게 연결되어 있는지를 생각하는 것이다.

② 분석적 사고는 전체를 각각의 요소로 나누어 그 요소의 의미를 도출한 후 우선순위를 부여하여 구체적인 문제 해결방법을 실행하는 것이다.

④ 내 · 외부자원을 효과적으로 활용하는 것은 기술, 재료, 방법, 사람 등 필요한 내 · 외부 자원 확보 계획을 수립하여 효과적으로 활용하는 것이다.

10 문제해결력 명제 판단하기

| 정답 | ②

| 해설 | 제시된 명제만으로 추론할 수 없다.

| 오답풀이 |

① 첫 번째 명제의 대우에 해당하므로 참이다.

③ 두 번째 명제의 대우에 해당하므로 참이다.

④ 세 번째 명제와 첫 번째 명제를 삼단논법으로 연결하면 '달리기를 잘하는 사람 → 클라이밍을 좋아함 → 고양이를 좋아하지 않음'이 성립한다.

11 언어논리력 세부 내용 이해하기

| 정답 | ③

| 해설 | 자아 성취를 위해 생리적 욕구를 채워야 한다는 매슬로의 이론과는 달리 진화 생물학적 관점은 인간의 본질적

욕구를 채우는 데 도움이 되기 때문에 자아 성취를 한다는 입장이다. 따라서 두 관점의 인간의 본질에 대한 해석은 다르다.

| 오답풀이 |

① 장황한 이유를 들어 설명하려는 심리학자들과는 달리 진화 생물학적 관점에서는 모든 것이 간명하게 설명된다고다 언급되었다. 따라서 진화 생물학적 견해가 사고의 절약에 도움을 줌을 알 수 있다.

② 오컴의 면도날은 경제성의 원리라고도 불리는 용어로 어떤 현상을 설명할 때 필요 이상의 가정이나 개념들은 면도날로 베어낼 필요가 있다는 권고로 쓰인다.

④ 매슬로의 욕구단계설의 전제는 아래 단계의 기본적인 하위 욕구들이 채워져야 자아 성취와 같은 보다 고차원적인 상위 욕구에 관심이 생긴다는 것이다. 따라서 하위 욕구가 전제되지 않으면 고차원적 욕구에 관심이 생기지 않는다.

12 언어논리력 알맞은 사자성어 찾기

| 정답 | ②

| 해설 | ㉠의 앞뒤 문맥을 고려할 때 쾌락을 뒷전에 두고 행복을 논하는 것은 이치에 맞지 않다는 의미가 완성되어야 한다. 따라서 '말이 조금도 사리에 맞지 아니하다'는 뜻의 '어불성설(語不成說)'이 들어가야 한다.

| 오답풀이 |

① 중언부언(重言復言) : 이미 한 말을 자꾸 되풀이함. 또는 그런 말

③ 교언영색(巧言令色) : 아첨하는 말과 알랑거리는 태도를 이르는 말

④ 유구무언(有口無言) : 변명할 말이 없거나 변명을 못함을 이르는 말

13 문제해결력 명제 판단하기

| 정답 | ④

| 해설 | ㄴ. 사랑을 원하는 사람은 정열을 가진 사람이고, 정열을 가진 사람은 행복하지 않다고 했으므로 '사랑을 원하는 사람은 행복하지 않다'는 참인 진술이다.

ㄷ. 사랑을 원하는 사람은 정열을 가진 사람이라고 했으므로 이것의 대우는 정열을 갖지 않은 사람은 사랑을 원하지 않는 사람이다. 첫 번째 줄에서 지혜로운 사람은 정열을 갖지 않는다고 했으므로 '지혜로운 사람은 사랑을 원하지 않는 사람이다'는 참인 진술이다.

| 오답풀이 |

ㄱ. 제시된 내용만으로는 참 · 거짓 여부를 알 수 없다.

14 수리력 평균 구하기

| 정답 | ③

| 해설 | 제시된 기간 동안의 평균 고용률과 실업률을 구하면 다음과 같다.

• 고용률

$$\frac{40.4+40.3+39.5+40.5+41.2+41.7+42.1}{7}$$

$\fallingdotseq 40.8(\%)$

• 실업률

$$\frac{7.6+7.5+8.0+9.0+9.1+9.8+9.8}{7} \fallingdotseq 8.7(\%)$$

15 공간지각력 펼친 모양 찾기

| 정답 | ①

| 해설 | 색칠된 부분을 자르고 역순으로 종이를 펼치면 다음과 같다.

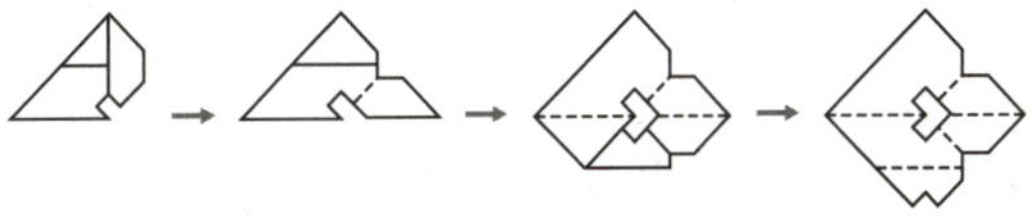

16 언어논리력 올바른 표기법 이해하기

| 정답 | ③

| 해설 | ㉢의 '들렀다'는 기본형 '들르다'에 '-었-'이 결합된 것으로, 맞춤법에 맞는 표현이다. ㉣의 '대가'는 '노력이나 희생을 통하여 얻게 되는 결과'를 나타내는 말로, 맞춤법에 맞는 표현이다.

| 오답풀이 |

㉠ 오랫만에 → 오랜만에

㉡ 쉴려고 → 쉬려고

㉤ 되였다 → 되었다.

17 언어논리력 글의 의도 파악하기

| 정답 | ③

| 해설 | 제시된 글의 핵심 주장은 올바른 칭찬을 위해서는 결과보다는 과정을 칭찬해야 한다는 것이다. 따라서 그에 대한 반박으로 과정을 칭찬하는 데에만 집중하면 되레 결과를 소홀히 할 수 있다는 것이 가장 적절하다.

18 수리력 방정식 활용하기

| 정답 | ③

| 해설 | 흰색 A4 용지 한 박스의 단가를 x원이라 하면, 컬러 A4 용지 한 박스의 단가는 $2x$원이므로 다음 식이 성립한다.

$(50\times x)+(10\times 2x)-5,000=1,675,000$

$70x=1,680,000$

$\therefore x=24,000$(원)

따라서 흰색 A4 용지 한 박스의 단가는 24,000원이다.

19 수리력 농도 계산하기

| 정답 | ③

| 해설 | '농도(%)$=\dfrac{\text{소금의 양}}{\text{소금물의 양}}\times 100$'이므로, $\dfrac{75}{75+225}\times 100=25$(%)이다.

20 수리력 그래프 분석하기

| 정답 | ③

| 해설 | ㉡ 학교 시설 및 설비와 학교 주변 환경 부문 모두 매우 만족과 보통이라고 답한 비율이 90%에 가깝기 때문에 매우 불만족스럽다고 판단하기는 어렵다.

㉣ 보통이라고 답한 비율도 낮지 않기 때문에 매우 우호적이라고 판단하기는 어렵다.

| 오답풀이 |

㉢ 교육방법 부문에서 매우 만족한다고 답한 비율이 44.7%로 다른 부문과 비교했을 때 가장 낮으며 보통이라고 답한 비율을 합하여도 44.7+41.9=86.6(%)로 가장 낮게 나타났다.

21 공간지각력 전개도 파악하기

| 정답 | ②

| 해설 | ①, ②에서 ≒과 →의 붙는 모양이 서로 다르다. ≒를 기준으로 하여 →의 모양이 다르게 붙는 것을 찾는다.

①

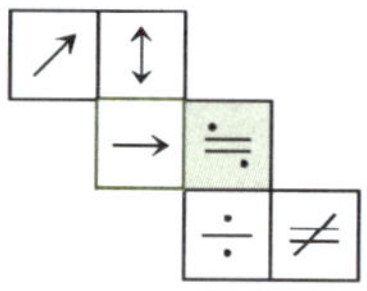

②

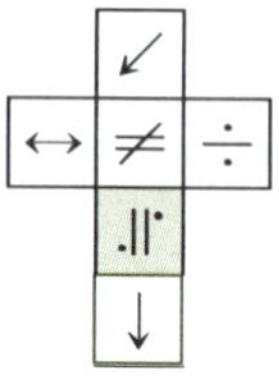

③

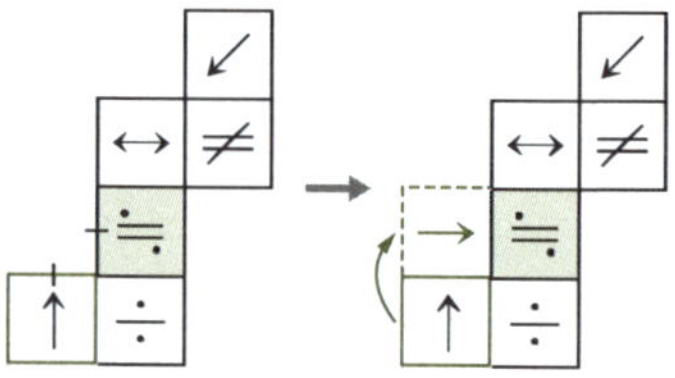

④

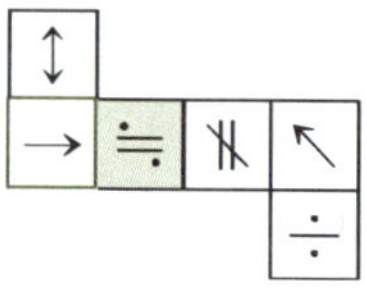

②의 모양이 틀렸음을 확인할 수 있고, 모양이 같아지도록 수정하면 다음과 같다.

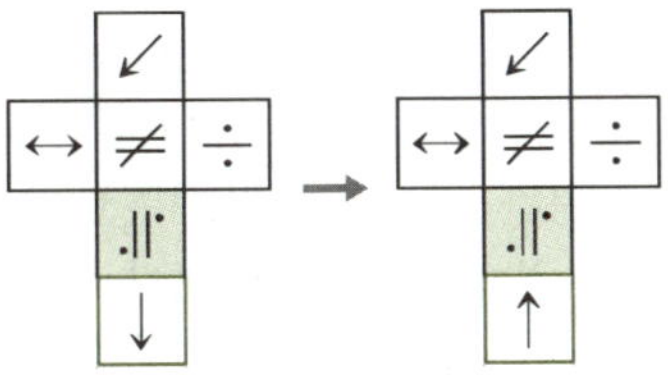

22 언어논리력 세부 내용 이해하기

| 정답 | ④

| 해설 | 제시된 글은 '갈등이 없으려면 내가 참아줘야지'와 같은 이분법적 사고방식은 유연성이 없는 경직된 사고방식이며 건강하지 못하고 더 나아가 위험하다고 경고하고 있다. 그리고 자신의 감정을 참지 않아도 자기 의견을 일목요연하게 이야기하는 것이 경직된 이분법적 사고방식보다 훨씬 더 건강한 관계를 만든다고 설명하고 있다.

23 문제해결력 조건을 바탕으로 추론하기

| 정답 | ③

| 해설 | 두 번째 조건에서 파란색 코트를 입는 A가 B의 아래층에 살고, 세 번째 조건에서 C가 보라색 코트를 입는 사람의 아래층에 산다고 했으므로, A, C는 1층, B, D는 2층에 산다는 것을 알 수 있다. 또한 다섯 번째 조건에서 노란색 코트를 입는 일본인이 1층에 산다고 했으므로 이 사람은 C가 되고, 네 번째 조건의 초록색 코트를 입는 중국인이 B가 되며, 그 옆에 사는 D가 영국인이 된다. 그러므로 파란색 코트를 입는 A가 한국인이 되고, 이를 표로 정리하면 다음과 같다.

2층	B-초록, 중국	D-보라, 영국
1층	A-파랑, 한국	C-노랑, 일본

따라서 한국인과 같은 층에 사는 사람은 C이다.

24 문제해결력 자료를 바탕으로 계산하기

| 정답 | ②

| 해설 | 가중치를 적용한 각 환산점수는 다음 표와 같다.

(단위 : 점)

구분	직무능력 평가	컴퓨터 활용능력	영어회화	면접	계
전지현	83×1.45 =120.35	75×1.25 =93.75	79×1.2 =94.8	87×1.1 =95.7	404.6
김종인	81×1.45 =117.45	77×1.25 =96.25	86×1.2 =103.2	81×1.1 =89.1	406
박종필	85×1.45 =123.25	71×1.25 =88.75	82×1.2 =98.4	85×1.1 =93.5	403.9
조해영	79×1.45 =114.55	87×1.25 =108.75	92×1.2 =110.4	90×1.1 =99	432.7

따라서 환산점수 1위인 조해영은 영업팀, 2위인 김종인은 관리팀으로 배치된다.

25 수리력 자료의 수치 분석하기

| 정답 | ①

| 해설 | 미혼 남성은 결혼을 해야 한다는 의견이 미혼 여성보다 10%p 이상 많고, 이혼을 해서는 안 된다는 의견이 미혼 여성보다 16%p 이상 많다. 따라서 미혼 남성은 미혼 여성보다 결혼에 더 동의하며 이혼에 더 반대한다고 볼 수 있다.

| 오답풀이 |

② 20X6년에는 이유가 있으면 이혼을 하는 것이 좋다는 의견이 20X4년보다 2%p 증가하였지만 결혼을 해야 한다는 의견이 20X4년보다 4.9%p 감소하였다.

③ 이혼을 해서는 안 된다는 의견이 20대에는 감소하였지만 30대 이상부터는 연령대가 올라갈수록 증가한다.

④ 결혼을 해야 한다는 의견의 비중은 20대가 30대보다 1.2%p 더 많다.

26 수리력 자료의 수치 분석하기

| 정답 | ②

| 해설 | 결혼에 대한 긍정적인 생각은 '결혼을 해야 한다'이므로 37.1%를 나타낸 10대가 가장 적고, 이혼에 대한 부정

적인 생각은 '이혼을 해서는 안 된다'이므로 27.3%를 나타낸 20대가 가장 적은 연령대이다.

27 공간지각력 도형 회전하기

| 정답 | ①

| 해설 | 제시된 도형을 반시계 방향으로 90° 회전했을 때 모양은 ①과 같다.

| 오답풀이 |

③ 제시된 도형을 시계방향으로 90° 회전시킨 모양이다.

④ 제시된 도형을 좌우반전한 후 반시계 방향으로 90° 회전시킨 모양이다.

28 언어논리력 빈칸에 적절한 말 찾기

| 정답 | ③

| 해설 | 제시된 글은 과거의 아파트에서는 복층 구조를 보기 힘들었지만 최근 부동산 시장이 점점 침체됨에 따라 소비자의 수요를 유도할 목적으로 아파트에서도 복층 구조의 바람이 일고 있다는 내용이다. 따라서 (가)에는 부동산 침체와 불황에 점점 더 속도가 붙고 있다는 의미의 '가속화', (나)에는 현재의 수직적인 구조로 변화되기 이전에는 한 층으로만 구성되어 있었다는 의미의 '수평적', (다)에는 단층 구조에서는 이용할 수 없었던 공간 활용으로서 '창조적'이 들어가는 것이 가장 적절하다.

29 공간지각력 도형 모양 비교하기

| 정답 | ④

| 해설 | ②는 ①의 도형을 시계방향으로 90° 회전한 도형이고, ③은 ①의 도형을 180° 회전한 도형이다. 반면, ④는 아래와 같이 동그라미 친 부분이 나머지와 다르다.

30 언어논리력 세부 내용 이해하기

| 정답 | ②

| 해설 | 세 번째 문단을 통해 잔향력 효과가 미미한 남북위 5° 이내에서는 태풍이 거의 발생하지 않는 것을 알 수 있다. 그리고 적도는 위도 0°(남북위 0°)에 해당하기 때문에 적도보다 우리나라에서 태풍이 발생할 확률이 더 높다.

| 오답풀이 |

① 우리나라에서 태풍과 관련한 피해 기록 중 가장 오래된 기록이 고구려 모본왕 시절의 기록일 뿐, 그 이전에 태풍이 발생한 적이 없는지는 알 수 없다.

③ 세계기상기구에서는 중심 부근의 평균풍속이 아니라 최대풍속이 25m/s 이상 ~ 32m/s 이하인 경우를 강한 열대폭풍으로 분류한다.

④ 마지막 문단을 통해 태풍을 칭하는 용어는 지역에 따라 다르다는 것을 알 수 있다.

31 언어논리력 내용 추론하기

| 정답 | ②

| 해설 | • A, B : 태아기에 손 · 발가락 사이에서 세포사(細胞死)가 일어나 세포가 제거되기 때문에 물갈퀴가 없다고 하였으므로 올바른 추론이다.

• C : 미국과 일본 연구팀이 대기 중 산소가 중요한 역할을 한다는 사실을 밝혀냈다고 하였으므로 올바른 추론이다.

| 오답풀이 |

• D : 진화 초기 단계에서는 산소가 많은 육지로 올라오기 전이므로 산소 농도가 낮아 물갈퀴가 존재했을 것이라고 추론하는 것이 적절하다.

32 공간지각력 도형의 변환 규칙 파악하기

| 정답 | ①

| 해설 | 색칠된 두개의 칸으로 이루어진 직사각형 모양은 시계방향으로 90°씩 회전하고 있으며, 두 개의 삼각형은 각각 시계방향으로 한 칸씩 이동하고 있다. 따라서 '?'에는 ①이 들어가야 한다.

33 수리력 자료의 수치 분석하기

| 정답 | ④

| 해설 | 우선 각 기관별 전체 채용인원을 구하면 다음과 같다.

(단위 : 명)

구분	신입직		경력직		합계
	사무직	기술직	사무직	기술직	
A 기관	92	80	45	70	287
B 기관	77	124	131	166	498
C 기관	236	360	26	107	729
D 기관	302	529	89	73	993
E 기관	168	91	69	84	412

D 기관 전체 채용인원에서 경력직 채용인원의 비중은 $\frac{89+73}{993}\times 100 \fallingdotseq 16.3(\%)$로 16%를 초과한다.

| 오답풀이 |

① B 기관 전체 채용인원은 498명으로 E 기관 전체 채용인원인 412명보다 86명이 많다.

② 각 기관별 전체 채용인원에서 사무직 채용인원의 비중은 다음과 같다.

- A 기관 : $\frac{92+45}{287}\times 100 \fallingdotseq 47.7(\%)$
- B 기관 : $\frac{77+131}{498}\times 100 \fallingdotseq 41.8(\%)$
- C 기관 : $\frac{236+26}{729}\times 100 \fallingdotseq 35.9(\%)$
- D 기관 : $\frac{302+89}{993}\times 100 \fallingdotseq 39.4(\%)$
- E 기관 : $\frac{168+69}{412}\times 100 \fallingdotseq 57.5(\%)$

따라서 E 기관이 가장 높다.

③ 5개 공공기관의 채용인원을 더하면 287+498+729+993+412=2,919(명)으로, 전체 채용인원에서 C 기관 채용인원의 비중은 $\frac{729}{2,919}\times 100 \fallingdotseq 25(\%)$이다.

34 문제해결력 문제의 유형 구분하기

| 정답 | ①

| 해설 | 각각을 분류하면 다음과 같다.

(가) : 인력 충원이 필요한 상황이므로 인력 문제에 해당한다.

(나), (다) : 모두 재정 관련 원인으로 발생한 문제이므로 재정 문제에 해당한다.

(라), (마) : 장비인 생산 기계와 시설인 환기 시스템 관련 문제이므로 시설 및 장비 문제에 해당한다.

따라서 (가) 홀로 인력 문제로 분류된다.

35 문제해결력 조건을 바탕으로 추론하기

| 정답 | ④

| 해설 | 제시된 진술들에 의하면 퇴근한 순서는 다음과 같다.

> D 사원－A 사원－C 사원－E 사원, B 사원

E 사원과 B 사원 중 누가 먼저 퇴근했는지를 알 수 없으므로 E 사원보다 먼저 퇴근한 사람이 모두 몇 명인지 정확히 알 수 없다.

36 언어논리력 글의 서술방식 파악하기

| 정답 | ②

| 해설 | 제시된 글은 이분법적 사고와 부분만을 보고 전체를 판단하는 것의 위험성을 예시를 들어 설명하고 있다. 특히 세 번째 문단에서는 '으스댔다', '우겼다', '푸념했다', '넋두리했다', '뇌까렸다', '잡아뗐다', '말해서 빈축을 사고 있다' 등의 서술어를 열거해 주관적 서술로 감정적 심리 반응을 유발하는 것이 극단적인 이분법적 사고로 이어질 수 있음을 강조하고 있다.

| 오답풀이 |

① 이미 명확히 알려진 사실을 의도적으로 의문의 형식으로 표현하는 기법인 설의법은 나타나 있지 않다.

③ 남의 말이나 글을 자신의 말이나 글 속에 끌어 쓰는 인용 문구는 제시되어 있지 않다.

④ 어떤 대상 간을 자세하게 비교하고 설명하는 내용은 제시되어 있지 않다.

37 공간지각력 조각을 조합한 도형의 개수 파악하기

| 정답 | ④

| 해설 | • 조각 1개로 만들 수 있는 사각형 : 5개

• 조각 2개로 만들 수 있는 사각형 : 4개

• 조각 3개로 만들 수 있는 사각형 : 2개

따라서 그림에서 만들 수 있는 사각형은 총 11개이다.

38 문제해결력 명제 판단하기

| 정답 | ②

| 해설 | • A : 소크라테스와 남자는 모두 인간이지만, 모든 소크라테스가 남자는 아니라는 명제는 제시된 사실만으로 알 수 없다.

• B : 두 번째 명제의 대우와 세 번째 명제를 삼단논법으로 연결하면 '돼지 → ~ 인간 → ~ 남자'가 성립한다. 따라서 B는 옳은 설명이다.

• C : 첫 번째 명제와 세 번째 명제의 대우를 삼단논법으로 연결하면 '소크라테스 → 인간 → ~ 돼지'가 성립한다. 따라서 소크라테스는 돼지가 아니다.

따라서 B만 옳다.

39 수리력 자료의 수치 분석하기

| 정답 | ①

| 해설 | 80세 이상 초고령 인구 비중의 변화폭이 가장 작은 것은 5.5%p의 스웨덴이다.

| 오답풀이 |

② 2015년 이탈리아의 초고령 인구 비율은 18.2%로 당해 12개국 평균인 14.8%보다 높다.

③ 2015년 한국의 초고령 인구 비율은 7.2%로 12개국 중 가장 낮다.

④ 2050년 폴란드의 예상 고령 인구 비율은 26.6%로 당해 12개국 평균인 35.1%보다 낮을 것으로 전망된다.

40 언어논리력 세부 내용 이해하기

| 정답 | ③

| 해설 | 마지막 문장에서 글쓴이가 다른 나라 사람들이 골뱅이를 보면 우리가 @를 골뱅이라고 부르는 이유를 받아들일 것이라고 했을 뿐, 현재 동의한다는 설명은 잘못되었다.

| 오답풀이 |

① 국가 및 문화에 따라 @를 부르는 말이 서로 다름을 알 수 있다.

② 첫 번째 줄의 내용을 통해 프랑스와 이탈리아는 라틴계 문화에 뿌리를 두고 있음을 알 수 있다.

41 문제해결력 명제 추론하기

| 정답 | ①

| 해설 | [전제]와 [결론]을 벤다이어그램으로 표현하면 다음과 같다.

[전제]

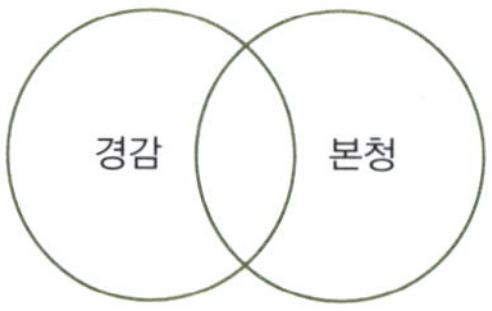

[결론]

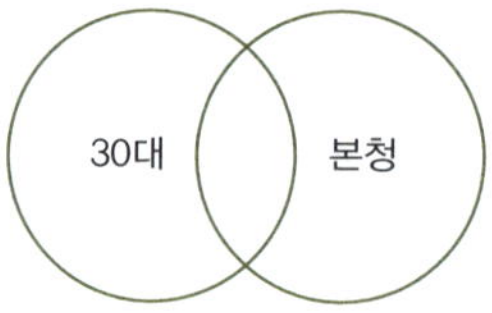

따라서 [결론]이 반드시 참이 되기 위해서는 '경감은 모두 30대이다'라는 전제가 필요하다.

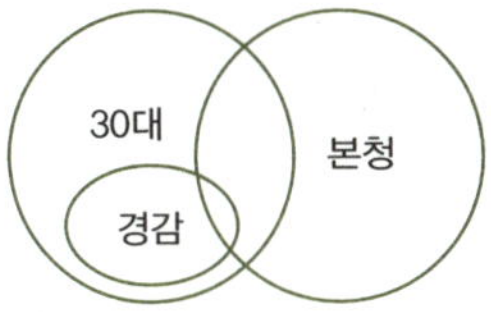

42 공간지각력 입체도형 결합하기

| 정답 | ③

| 해설 | 제시된 도형을 결합하면 다음과 같다.

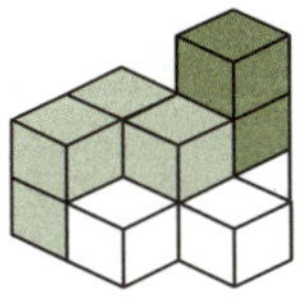

43 수리력 거리 · 속력 · 시간 활용하기

| 정답 | ④

| 해설 | A와 B가 이동한 시간을 t시간이라고 한다면

- A의 이동 거리 : $3t$
- B의 이동 거리 : $5t$

두 사람이 이동한 거리의 합은 16km이므로

$3t+5t=16$

$\therefore t=2$(시간)

따라서 두 사람이 이동한 시간은 2시간이고, A의 이동 거리는 3×2=6(km), B의 이동 거리는 5×2=10(km)이므로 두 사람이 이동한 거리의 차이는 10−6=4(km)이다.

44 문제해결력 진위 추론하기

| 정답 | ②

| 해설 | 진술의 유형이 나머지 두 사람과 다른 C의 주장을 먼저 살펴볼 때, 만일 '나는 취업을 하지 않았다'가 거짓이라면 두 번째 주장인 '누가 취업을 했는지 모른다'는 말이 진실이 되어야 한다. 이때 본인이 취업한 사실을 본인이 모른다는 모순이 생기므로 C의 '나는 취업을 하지 않았다'는 첫 번째 주장이 진실임을 알 수 있다.

이 경우 'C도 취업을 하지 않았다'고 말한 B의 두 번째 주장이 진실이 되므로 B의 첫 번째 주장은 거짓이 되어야 한다. A의 진술을 확인해 보면, 'B도 취업을 하지 않았다'가 거짓이어야 하므로 첫 번째 주장인 '나는 취업을 하지 않았다'는 진실이 되어 모순이 없게 된다.

따라서 취업을 한 사람은 B이다.

45 언어논리력 흐름에 맞게 글 배열하기

| 정답 | ④

| 해설 | 각 문장의 앞부분을 살펴본다. ㉤은 '먼저'라는 부사로 시작하므로 가장 앞에 배치하고, ㉢은 '마지막으로'라고 시작하여 내용을 종결한다는 뜻을 드러내므로 마지막에 배치되어야 적절하다. 나머지 ㉠, ㉡, ㉣은 모두 다큐멘터리 등 교양 프로그램에 대한 내용을 담고 있는데, 이 중 상위 범주의 내용을 전달하는 ㉡을 먼저 배치하는 것이 적절하다. 이어서 ㉠과 ㉣은 세부적인 정보를 제시하고 있으므로 '예컨대'라는 표지로 시작한 다음 '또한'으로 이어지는 것이 자연스럽다. 그러므로 ㉡-㉠-㉣ 순으로 연결되어야 한다. 따라서 ㉤-㉡-㉠-㉣-㉢ 순이 적절하다.

Memo

미래를 창조하기에 꿈만큼 좋은 것은 없다.
오늘의 유토피아가 내일 현실이 될 수 있다.

There is nothing like dream to create the future.
Utopia today, flesh and blood tomorrow.

빅토르 위고 Victor Hugo

2026
고시넷

부산광역시교육청
교육공무직원
최신기출유형 모의고사

교육공무직원 소양평가

gosinet
(주)고시넷

공기업_NCS

2025 고시넷 공기업
초록이① NCS 통합기본서
2025 고시넷 공기업
초록이② NCS 통합문제집
고시넷 공기업
NCS 피듈형 통합 오픈봉투모의고사 6회
2025 고시넷 공기업
LH 한국토지주택공사 5·6급 NCS 기출예상모의고사
2025 고시넷 공기업
LH 한국토지주택공사 7급 업무직원 NCS 기출예상모의고사
2025 고시넷 공기업
코레일 한국철도공사 NCS + 철도법 기출예상모의고사
2025 고시넷 공기업
코레일 한국철도공사 경영학 직무수행능력평가 기출문제집
2025 고시넷 공기업
코레일 한국철도공사 보훈·고졸채용 NCS + 철도법 기출예상모의고사
고시넷 공기업
서울교통공사 NCS 기출예상모의고사 8회
2025 고시넷 공기업
부산교통공사 부산시 공공기관 통합채용 NCS 기출예상모의고사
2025 고시넷 공기업
경기도 공공기관 통합채용 NCS 직업기초능력평가 기출예상모의고사
2025 고시넷 공기업
한국산업인력공단 NCS + 한국사 + 영어 기출예상모의고사
2025 고시넷 공기업
한국가스공사 NCS 직업기초능력 기출예상모의고사
2025 고시넷 공기업
한국도로공사서비스 NCS 기출예상모의고사
고시넷 공기업
한국전력공사 NCS 기출예상모의고사 5회
고시넷 공기업
사람인 NCS 출제유형모의고사
고시넷 공기업
인크루트 NCS 출제유형모의고사
고시넷 공기업
휴노 NCS 출제유형모의고사
고시넷 공기업
매일경제 NCS 출제유형모의고사
고시넷 공기업
휴스테이션 한국사회능력개발원 NCS 출제유형모의고사
2025 고시넷 공기업
한국도로공사 NCS 직업기초능력 기출예상모의고사
2025 고시넷 공기업
사무직 통합전공 핵심이론 + 문제풀이
고시넷 공기업
한국수자원공사 NCS 기출예상모의고사 6회
2025 고시넷 공기업
코레일 한국철도공사 경영학 통합기본서
2025 고시넷 공기업
한국수력원자력 NCS 직업기초능력 + 상식 기출예상모의고사